新经济地理学研究

杨开忠 著

Research on New
ECONOMIC
GEOGRAPHY

图书在版编目(CIP)数据

新经济地理学研究/杨开忠著.—北京：北京大学出版社，2021.7
ISBN 978-7-301-32264-2

Ⅰ.①新… Ⅱ.①杨… Ⅲ.①经济地理学-研究 Ⅳ.①F119.9

中国版本图书馆 CIP 数据核字（2021）第 120191 号

书　　　名	新经济地理学研究 XINJINGJI DILIXUE YANJIU
著作责任者	杨开忠　著
责 任 编 辑	王树通
标 准 书 号	ISBN 978-7-301-32264-2
出 版 发 行	北京大学出版社
地　　　址	北京市海淀区成府路 205 号　100871
网　　　址	http://www.pup.cn　新浪微博：@北京大学出版社
电 子 信 箱	zpup@pup.cn
电　　　话	邮购部 010-62752015　发行部 010-62750672　编辑部 010-62764976
印　刷　者	北京虎彩文化传播有限公司
经　销　者	新华书店 730 毫米×1020 毫米　16 开本　25.75 印张　548 千字 2021 年 7 月第 1 版　2024 年 11 月第 3 次印刷
定　　　价	110.00 元

未经许可，不得以任何方式复制或抄袭本书之部分或全部内容。
版权所有，侵权必究
举报电话: 010-62752024　电子信箱: fd@pup.pku.edu.cn
图书如有印装质量问题，请与出版部联系，电话: 010-62756370

国家自然科学基金重点项目"我国产业集聚演进与新动能培育发展研究"(71733001)阶段性成果

序 言

(一)

  空间经济学也称地理经济学、区位经济学、集聚经济学、经济地理学,是经济学的一个分支,其使命和任务就是将地理空间维纳入经济分析,建立含空间维的经济学理论和方法,主要包括经济区位、空间相互作用、空间经济增长与发展、城市体系、土地利用的理论和方法等。空间经济学的定义丰富多样,几乎每一位空间经济学家或每一本空间经济学教科书都有自己关于这门学科与众不同的定义。然而,这些定义归纳起来无非描述性和分析性两类。从描述性定义来看,空间经济学一般可定义为研究经济地理(经济分布)、经济空间(经济区位)或地理经济(空间经济)的经济学,有时还定义为研究经济分布不平衡或经济集聚的经济学;从分析性定义来看,空间经济学一般可定义为研究企业、家庭(个人)、公共部门的区位选择及其影响的经济学,有时也被定义为解释经济集聚和分散机理的经济学。从空间经济学与相关学科相互关系来看,空间经济学、区域经济学、城市经济学之间关系紧密且有点复杂。一方面,强调空间经济学的学者认为区域经济学和城市经济学是空间经济学两个最重要的分支,其中,区域经济学是基于离散空间的,而城市经济学则是基于连续空间的。另一方面,强调区域经济学的学者则有两种观点,一种观点认为区域经济学等于空间经济学,城市经济学则是研究城市地域的区域经济学分支,另一种观点认为区域经济学是研究特定区域经济运行的经济学,前者是区域经济学的正统和主流,后者则是我国学者对"区域经济学"这一术语顾名思义的产物,是非正统和主流的。另外,强调城市经济学的学者则认为城市经济学是一门独立于区域经济学、空间经济学的经济学分支。

  空间经济学与区域科学具有难以分割的关系。区域科学是 20 世纪 50 年代由美国经济学家沃尔特·艾萨德(Walter Isard)创立的,正如艾萨德创立区域科学之初所指出的,它的目标有二:一是建立一般区位理论,进而将空间纳入主流经济学。为此,艾萨德于 1956 年完成并出版了著作《区位与空间经济:关于产业区位、市场区、土地利用、贸易和城市结构的一般理论》。克鲁格曼认为,这是将空间纳入经济学的第一次重大努力,新经济地理学是一般区位理论的延续。从这种意义来看,区域科学与空间经济学是同一的,不过称谓不同而已。二是发展一套地域/空间定量分析技术,为检验空间理论和解决空间问题提供有效工具。为此,艾萨德于 1960 年会同大卫·布拉姆霍尔(David F. Bramhall),杰拉尔德·卡罗瑟斯(Gerald A. P. Carrothers),约翰·坎伯兰(John H. Cumberland),利昂·摩西(Leon N. Moses),丹尼尔·普赖斯(Daniel O. Price)和尤金·斯库勒(Eugene W. Schooler)发表了区域定量分析方法的开山之作《区域分析方法:区域科学导论》(*Methods of Regional Analysis: An Introduction to Regional Science*);1998 年吸纳空间计量经济分析、多区域、可计算一般均衡(CGE)模型、复杂性分析和区域整合式模拟方法形成并出版了其修订版《区际和区域分析方法》(*Methods of Interregional and Regional Analysis*)。显然,这一套定量分析技术一方面来源于经济学、地理学、社会学、复杂性科学、管理科学、规划等不同学科的工作,另一方面又用于不同学科分析和解决地域相关的问题。因此,从这种意义来讲,正如克鲁格曼所指出的,区域科学是一门交叉学科。这门学科更为广大,包含但不限于空间经济学。

空间经济学作为研究经济地理的经济学分支常常被称为经济地理学。然而,应该注意的是,经济地理学历来有作为经济学传统和作为地理学传统的两种含义。作为地理学传统的经济地理学是描述性的,以区划、类型和制图为特征内容,以归纳为基本方法,相对强调自然地理等先天性空间异质性因素即"第一自然"(first nature)的作用。与此不同,作为经济学传统的经济地理学则是解释性的,以理论和模型为特征内容,以演绎推理、实证研究为主要方法,相对重视报酬递增等后天性因素即"第二自然"(second nature)的作用。因此,空间经济学当被称为经济地理学时,是指作为经济学传统的经济地理学,不应将之与作为地理学传统的经济地理学相混淆。

1776 年英国经济学家亚当·斯密的著作《国民财富的性质和原因的研究》(简称《国富论》)的问世标志着现代经济学的诞生。在经济学诞生 50 年后的 1826 年,德国古典经济学者约翰·海因里希冯·杜能(J. H. Von Thunen)的著作《孤立国》的发表则标志着空间经济学的诞生。自此至 20 世纪 40 年代,又相继提出了构成现代空间经济学主要传统渊源的理论,主要包括:1909 年德国经济学家阿尔弗雷德·韦伯(Alfred Weber)发表《工业区位论》,创立了工业区位理论;1929 年美国统计学家、经济学家、数学家哈罗德·霍特林(Harold Hotelling,1895—1973)提出空间竞争理论;1933 年德国经济学家沃尔特·克里斯泰勒(Walter Christaller,1893—1969)发表《德国南部的中心地》,创立了中心地理论(简称"中地论"),同年,瑞典经济学家伯特尔·俄林(Ohlin Bertil)在其著作《区域贸易与国际贸易》中开拓了将贸易理论和区位理论结合起来加以发展的方向;1939 年德国经济学家奥古斯特·廖什(August Losch,1906—1945)发表《经济空间秩序:经济财货与地理间的关系》,创立市场区位理论。然而,直到20世纪90年代,空间在主流经济学中一直没有一席之地。究其原因可能有三。一是存在决定意识,现代经济学主要发祥于幅员小、人口少的小国,经济不均衡分布问题不突出,因而人们的空间经济意识比较淡薄。二是西方区域科学奠基人艾萨德(Isard,1956)所指出的偏见。英国经济学家、西方经济学新古典学派创始人阿尔弗雷德·马歇尔(Alfred Marshall,1842—1924)于1890年发表了西方经济学继《国富论》之后最伟大的著作《经济学原理》。在《经济学原理》中,马歇尔写道"时间的影响要比空间的影响更为根本"。之后,主流经济学都倾听了马歇尔的这一声音,而几乎全神贯注于把时间要素全面引入其分析。三是厂商层面的规模经济和不完全竞争市场是空间经济的基本特征,但直到1977年迪克西特-斯蒂格利茨模型(Dixit-Stiglitz Model,简称D-S模型)提出以前,经济学缺乏与一般均衡理论相融的、处理规模收益递增和不完全竞争的技术工具,空间经济主要理论均基于外生的空间异质性。

20世纪50年代,艾萨德和他的学生威廉·阿隆索(William Alonso)掀起了将空间纳入主流经济学的第一波、第二波重大努力,并创立区域科学(Regional Science)和城市经济学,使空间经济学、区域科学及其分支城市经济学成为正式学科。区域科学由艾萨德奠定,建立一般区位理论和空间分析方法是其两大目标。1956年,艾萨德(Isard,1956)出版《区位与空间经济:关于产业区位、市场区、土地利用、贸易和城市结构的一般理论》,指出新古典学派完全竞争一般均衡框架没有也无法纳入空间,建立区位和空间经济一般均衡理论需要运用垄断竞争方法,并把厂商成本最小化或利润最大化的区位决策表述为一个标准的替代问题——运输成本和生产成本的权衡,在此基础上将杜能、韦伯、克里斯泰勒、廖什等人的模型整合为一个统一框架,尝试建立了一般区位理论。这构成第一波将空间冲向主流经济学的努力。

城市经济学是由艾萨德学生阿隆索开创的区域科学分支之一,其标志性工作有三个方面:一是阿隆索发表著作《区位和土地利用:地租的一般理论》(威廉·阿隆索,2007),将基于外生空间异质性的杜能模型应用于城市而提出区位竞租理论模型,奠定了城市经济学;二是在阿隆索模型基础上引入技术外部性,亨德森(J. Vernon Henderson,1974)提出城市等级体系理论;三是小川和藤田(Ogawa and Fujita,1980)提出内生的阿隆索模型。城市经济学基于空间异质性或技术外部性建立竞争性均衡模型,构成第二波将空间纳入主流经济学的重大努力。

然而,尽管有上述一般区位理论和城市经济学将空间纳入一般均衡框架的两波努力,但直到20世纪80年代末,西方主流经济学仍然没有意识到经济体并不是没有空间意义的点。1977年迪克西特和斯蒂格利茨(Dixit,Stiglitz,1977)发表《垄断竞争和最优产品的多样性》论文,提出一般均衡的D-S模型,引起产业组织、经济增长、贸易和空间经济理论的相继革命。作为艾萨德一般区位理论的延续,1988年藤田昌久(Masahisa Fujita)在《区域科学和城市经济学》期刊上发表

《空间集聚的垄断竞争模型：细分产品方法》(A monopolistic competition model of spatial agglomeration: a differentiated product approach)阐释 D-S 模型空间意义，1991 年保罗·克鲁格曼(Paul Krugman)在《政治经济学期刊》(JPE)上发表的《报酬递增与经济地理》(Increasing returns and economic geography)，将空间因素纳入 D-S 模型，提出核心-边缘模型(Core-Periphery Model，简称 C-P 模型)。这标志着新经济地理学诞生，形成冲向主流经济学科的第三波。克鲁格曼因在新贸易理论和新经济地理学的贡献被授予 2008 年度诺贝尔经济学奖，标志着主流经济学对新经济地理学的普遍认可，也意味着新经济地理学是当代空间经济学的最高成就。

(二)

我国是一个超大规模国家，幅员辽阔，人口众多，区域多样性极为丰富，"在哪里"对于经济活动是十分重要的，甚至是决定命运的。个人和企业为落脚最优区位会发生迁移。政府为促进社会经济发展会不断塑造经济空间结构，因而新中国成立以来先后实施了沿海内地平衡发展、不平衡发展和区域协调发展战略。这意味着，在我国，没有地理空间的经济发展分析常常是不切实际的，难以充分解释中国经济发展，也无法为党和国家在这方面的方针和政策提供有效的学理支撑。一个重要的例子是改革开放以来"中国经济奇迹"的一些经济学解释，因忽视了全球化背景下中国地理空间因素，结果难以令人信服。针对这一不足，我们提出了"中国经济奇迹"的经济地理解释，引起了比较广泛的关注和重视。因此，为了有效描述、分析、解释和指导我国经济运行，中国特色主流经济学应纳入地理因素，重视空间差异和空间互动，使空间经济学成为中国特色经济学的重要支柱。

新中国空间经济学发展分为社会主义计划经济和社会主义市场经济两个时期。在社会主义计划经济时期，空间经济学是在马克思主义政治经济学指导下，苏联生产(力)布局学理论和实践与中国实际结合的产物，特别是 20 世纪 50 年代苏联援建的 156 个项目布局和 1965 年开始的"三线建设"，其内容基本限于生产(力)宏观、中观、微观布局的规范性理论和方法。改革开放后，我国空间经济学逐渐进入以社会主义市场经济为基础的时期，空间经济学发展借鉴了西方空间经济学、经济增长与发展理论和实践，发展了基于市场经济的空间经济学理论和方法。

正如哈佛大学教授、世界著名管理学家迈克尔·波特(Michael E. Porter)在其名著《国家竞争优势》中所指出的，按竞争优势来源不同，国家经济发展可分为生产要素驱动、规模驱动即投资驱动、创新驱动、财富驱动几种不同的方式(波特，2007)。粗略来讲，我国改革开放以来经济发展方式经历了 1978—1997 年生产要素驱动发展、1998—2020 年规模驱动发展以及 2021 年开始进入创新驱动的高质量发展的阶段性转变。不同经济驱动方式下的空间经济活动拥有不尽相同的逻辑，需要不尽相同的理论解释。因此，与发展方式转变相适应，市场经济时期的中国空间经济学经历面向生产要素驱动、规模驱动、创新驱动发展需求的三个阶段,目前正进入面向创新驱动发展需求的新阶段,如表0-1所示。

表0-1 新中国空间经济学演变

时期、阶段		时间范围	代表性学理	代表性方针政策
计划经济时期		1949—1977年	中国生产(力)布局学	内陆地区发展战略、三线建设、发展中小城市、城市规划
市场经济时期	生产要素驱动	1978—1997年	基于空间异质性和外部性的区位、分工与贸易理论,经济增长收敛性,平衡、不平衡、一体化发展理论	沿海地区发展战略,控制大城市、合理发展中等城市、积极发展小城镇,形成区域互动机制,城市规划、土地利用规划
	规模驱动	1998—2020年	中国新经济地理学	城市化战略,区域发展总体战略、健全区域互动机制,城乡规划(2007年)、土地利用规划、主体功能区规划
	创新驱动	2021年—?	新空间经济学	新型城镇化、区域协调发展战略、国土空间规划

面向生产要素驱动的阶段从20世纪70年代到90年代,适应要素驱动发展的战略要求,空间经济学重点引入了韦伯工业区位理论、克里斯泰勒-廖什中心地理论、阿隆索区位竞租理论、李嘉图比较优势理论、赫克歇尔-俄林要素禀赋理论以及梯度发展理论等各种基于先天的空间异质性的空间经济学理论,发展了基于中国经验的地域分工转型理论和空间一体化理论。与此同时,空间经济学亦从依附于经济地理学、城市经济学、国民经济学转变为一门迅速发展的经济学正式学科,除产生了诸如中国区域分工转型、空间一体化发展等本土化学说外,其主要标志是:在已故著名经济学家孙尚清、吴树青,已故著名经济地理学家、中国科学院院士吴传钧,以及西方区域科学大师艾萨德、玛纳斯·恰特季(Manas Chatterji)、阿隆索、马丁·贝克曼(Martin J. Beckmann)、藤田昌久等国内外学者的支持下,我组织成立中国区域科学协会(1991年),并以北京大学为依托开始主办几近一年一度的区域科学国际高级研讨班,以上国际区域科学大师先后邀前来讲学,从此空间经济学者有了一个开展学术交流的、全覆盖的学术共同体;国务院学位委员会《授予博士、硕士学位和培养研究生的学科、专业目录》(1997年颁布)将"区域经济学"(旗下包括城市经济学、经济地理学,就其实质来讲应理解为空间经济学)定为应用经济学二级学科,这使区域经济学硕士、博士点在全国许多高校建立起来。

面向规模驱动的阶段从20世纪末到21世纪20年代,适应规模/投资驱动发展的战略需求,我国空间经济学接轨国际前沿,在继续基于完全竞争、空间异质性、技术外部性的城市经济学研究的同时,重点引进和发展了基于后天因素的新经济地理学(New Economic Geography),包括"新"新经济地理学("new" New Economic Geography),并提出了基于本土经验的"4D"理论。然而,随着理论趋于完善,近些年来,与国际上一样,新经济地理学步入成熟期。因此,面向规模驱动的阶段是我国新经济地理学发展的黄金期。

党的十八大以来,随着我国逐步转入创新驱动发展,到2020年我国全面建成了小康社会,形成了创新型国家的基础,基本跨入创新驱动的高质量发展阶段。适应这种转变,我国空间经济学开始进入探索新方向的新阶段。面向新阶段,近些年来,我一直倡导新空间经济学。正如我在《新空间经济学》一书所指出的,与以往的空间经济学不同,新空间经济学具有几个方面的基本特点:① 强调资本追逐人才、知识,而不是相反;② 强调不可贸易品和空间品质而非可贸易品的关键作用;③ 强调人物运输成本而非货物等可贸易品运输成本;④ 强调基于节约人物运输成本的集聚经济而非基于节约货物运输成本的集聚经济。

(三)

20世纪90年代后期,我基于空间一体化发展开展了中国西部大开发战略研究,提出"西部空间格局不经济"假说,研究成果《中国西部大开发战略》于2001年由广东教育出版社出版。为把西部空间格局不经济背后的逻辑一般化,我于1999年申请主持承担了国家自然科学基金面上项目"区域复杂空间格局演化规律的研究",在这个项目支持下,我带领我的学生较早地开始了中国新经济地理学理论和实证研究,指导完成了一系列博士论文和博士后研究报告,发表了一批学术论文,并在1993—2003年几乎每年举办"区域科学国际高级研讨班",持续邀请新经济地理学国际旗帜性学者藤田昌久、雅克-弗朗科斯·蒂斯(Jacques-Francois Thisse)、曾道智等来北京大学,面向全国在区域科学国际高级研讨班讲授新经济地理学,培养了一大批中国新经济地理学人才。本书集成了过去20余年我带着我的学生完成的主要成果,共分五篇二十章。

第一篇为总论。其中,第一章介绍了新经济地理学的垄断竞争理论基础、报酬递增思想演进及其与复杂性区位模型的异同;第二章首先回顾克鲁格曼的核心-边缘模型,而后根据不同模型建模的方法及其反映的区位决策机制的区别,介绍了新经济地理模型的五类改进方向,并对新经济地理学的实证研究和政策含义做了归纳总结;第三章总结了基于微观异质性的"新"新经济地理学的深远意义、建模框架和策略,分析了异质性企业空间选择效应和产业区位渐进式调整过程,梳理了异质性企业集聚模型、异质性消费者集聚模型和异质性劳动力集聚模型的主要进展。

第二篇为 Krugman 核心-边缘模型创新研究。其中,第四章在核心-边缘模型架构下开发了一个厂商数目有限、交易费用不同的垄断竞争空间模型,该模型表明克鲁格曼核心-边缘模型是其特例;第五章构建了一个具有不对称性特点的空间一般均衡模型,把规模经济、旅行成本以及多样性偏好和产品差异化等因素纳入一个统一的分析框架中,并分析了这些因素对旅游空间结构的影响;第六章将相对效用引入理论模型中,构建包含相对效用的新经济地理学模型;第七章构建了一个整合竞争性地方政府的新经济地理学模型,表明集聚均衡支撑与否不仅取决于贸易自由度的高低,而且取决于地方政府实施的竞争政策能否超过某一"门槛"水平。

第三篇为城市体系模型。其中,第八章在回顾城市体系理论模型基础上,提出纳入竞争性地方政府的新经济地理城市体系模型框架,考察了竞争性地方政府基于土地和税收财政工具的竞争行为对城市体系演化的影响;第九章构建了同时整合城市内部空间结构和外部规模经济效应的新经济地理学模型,分析表明城市内部通勤成本和马歇尔外部规模经济效应都对经济活动的集聚程度有重要影响,引入这两个因素使得模型更加接近经济现实;第十章基于D-S模型框架构建一个基于异质性企业的城市空间结构模型,分析表明:企业呈钟形集聚于城市中心周围,每一企业有且仅有一处最优生产区位及生产规模,企业间的竞争越激烈,科技水平越高,消费者的福利水平越高;第十一章构建了一种结合自组织与新经济地理学理论的空间格局演变模型,模拟的结果表明该模型能够较好地抓住单一中心城市和多中心城市在不同给定条件下的演化。

第四篇为集聚与增长整合模型。其中,第十二章系统梳理了集聚与增长整合模型研究框架、研究方法及其理论演进路径;第十三章针对传统经济地理增长模型中运输成本外生给定这一短板,构建了一个更加符合现实的、包含运输成本内生动态化机制的经济地理增长模型;第十四章在第十三章的基础上,增加了微观个体异质性特征,构建了一个内生动态化运输成本和企业异质性的新经济地理增长模型;第十五章在藤田和蒂斯(M. Fujita, J. Thisse, 2002)模型基础上,放松"人口不变"假设以及细分熟练劳动力,构建一个集聚与增长整合模型,使藤田和蒂斯模型成为本模型的特例,进一步探讨了集聚与增长整合领域相关文献尚未涉及的其他重要区域经济问题;第十六章构建了一个包含人力资本形成、交易成本、迁移成本的空间均衡模型,探讨了跨代际的人力资本形成、区域的交易成本和迁移成本在区域经济差异演化中的作用。

第五篇为历史与预期篇。其中,第十七章构建了一个纳入比较优势的异质性企业区位选择一般均衡模型,探讨产业再区位如何影响区域平衡发展;第十八章基于中国经验构建了转轨经济条件下空间异质性大国区域发展模型,分析区域经济格局的演化过程;第十九章进一步提出基于迁移有限理性的大国区域发展模型,模拟不同条件下区域经济差异和人口流动;第二十章梳理了新经济地理学模型关于预期的处理方式,指出完全近视的静态预期和完美预见的前瞻预期之不足,展望改进方向。

本书主要章节系在我带领学生完成的相关论文基础上写成的,相关章节虽专门以脚注说明和感谢,但他们的合作与贡献是十分重要的,在此应再次致以谢意。在本书的诞生过程中,还得到了多方面的支持。我的新空间经济学团队推动了各个阶段的工作,他们的推动是写作本书的动力。感谢北京大学董亚宁博士、首都经济贸易大学范博凯博士协助组织的写作研讨和承担的学术助理工作;感谢首都经济贸易大学博士后顾芸、王媛玉,北京大学博士研究生王聪、陈威、余跃,首都经济贸易大学博士研究生史晓辉、李少鹏、王宇光、孙一先和硕士研究生苏悦,中国社会科学院大学博士研究生徐晓辰等人的积极参与和协助;感谢北京大学首都发展研究院李雯、首都经济贸易大学彭佳慧行政助理,她们承担了本书大量排版和沟通工作。另外,我要特别感谢北京大学出版社编审王树通对本书不辞辛苦的精心编辑。

应该特别指出的是,我在康奈尔大学访学时的合作导师艾萨德以及老朋友贝克曼、恰特季、藤田昌久、曾道智等教授应邀在北京大学的历次讲学,给本书相关研究以许多激励和启示,在此我要特别感谢他们的支持。本书有关研究先后得到国家自然科学基金面上项目"区域复杂空间格局演化规律的研究"、国家自然科学基金重点项目"我国产业集聚演进与新动能培育发展研究"的资助,对此深表谢意!

希望本书的出版能够为中国空间经济学发展添砖加瓦!

2021 年 3 月

参考文献

[1] Alfred Marshall. Principles of Economics[M]. Cosimo Classics, 2006.

[2] Christaller W. Central Places in Southern Germany[M]. Englewood Cliffs: Prentice Hall, 1933.

[3] Dixit A K, J E Stiglitz. Monopolistic competition and optimum product diversity[J]. American Economic Review, 1977, 67: 297—308.

[4] Fujita M, J Thisse. On the relation between agglomeration and growth. (In) Economics of Agglomeration. Cambridge, U. K.: Cambridge University Press, 2002: 388—432.

[5] Henderson J V. The sizes and types of cities[J]. American Economic Review, 1974, 64(4): 640—56.

[6] Hideaki Ogawa, Masahisa Fujita. Equilibrium and use patterns in a nonmonocentric City[J]. Journal of Regional Science, 1980, 20(4): 455—475.

[7] Hotelling H. Stability in competition[J]. The Economic Journal, 1929, 39: 41—57.

[8] Isard W, Azis I J, Drennan M P, Miller R E, Saltzman S, Thorbecke E. Methods of Interregional and Regional Analysis[M]. Routledge, 1998.

[9] Isard W, Bramhall D F, Carrothers G A P, Moses L N, Price D O, Schooler E W. Methods of regional analysis: an introduction to regional science[J]. Econometrica, 1960, 28(4): 1—10.

[10] Isard W. Location and Space-economy: A General Theory Relating to Industrial Location, Market areas, Land use, Trade and Urban Structure[M]. Cambridge: MIT Press, 1956.

[11] Isard W. Methods of Regional Analysis: An Introduction to Regional Science[M]. Cambridge: MIT Press, 1960.

[12] Krugman P. Increasing returns and economic geography[J]. Journal of Political Economy, 1991, 99(3): 483—499.

[13] Masahisa Fujita. A monopolistic competition model of spatial agglomeration: a differentiated product approach[J]. Regional Science and Urban Economics, 1988, 18: 87—124.

[14] Ohlin B. International and Inter-Regional Trade[M]. Cambridge: Harvard University Press, 1933.

[15] Weber A. Theory of the Location of Industries[M]. Chicago: University of Chicago, 1909.

[16] (德)阿尔弗雷德·韦伯. 工业区位论[M]. 商务印书馆, 2011.

[17] (美)艾萨德.区域科学导论[M].北京:高等教育出版社,1992.
[18] (德)奥古斯特·勒施.经济空间秩序:经济财货与地理间的关系[M].商务印书馆,1995.
[19] (德)杜能.孤立国同农业和国民经济的关系[M].商务印书馆,1986.
[20] (美)迈尔克·波特.国家竞争优势[M].李明轩,邱如美译.北京:中信出版社,2007.
[21] (美)威廉·阿朗索.区位和土地利用:地租的一般理论[M].商务印书馆,2007.
[22] (美)沃尔特·艾萨德.区位与空间经济:关于产业区位、市场区、土地利用、贸易和城市结构的一般理论[M].北京:北京大学出版社,2011.
[23] (德)沃尔特·克里斯塔勒.德国南部的中心地原理[M].常正文,王兴中等译.北京:商务印书馆,1998.
[24] (英)亚当·斯密.国富论[M].唐日松译.北京:华夏出版社,2005.
[25] 杨开忠.中国西部大开发战略[M].广州:广东教育出版社,2001.

目　录

第一篇　总　论

第一章　新经济地理学性质与基础……………………………………………(3)
第一节　新经济地理学：空间经济垄断竞争模型……………………(3)
第二节　报酬递增革命…………………………………………………(5)
一、报酬递增思想渊源………………………………………………(5)
（一）外部经济…………………………………………………(6)
（二）累积因果循环关系………………………………………(7)
（三）市场潜能方法……………………………………………(8)
二、报酬递增革命四次浪潮…………………………………………(9)
（一）新贸易理论………………………………………………(9)
（二）新增长理论………………………………………………(10)
（三）新经济地理学……………………………………………(10)
第三节　新经济地理学与复杂性区位模型比较………………………(11)
一、新经济地理学区位选择…………………………………………(12)
二、复杂科学区位选择模型…………………………………………(13)
三、两种区位选择模型的异同………………………………………(15)
（一）两种区位选择模型的差异………………………………(15)
（二）两种区位选择模型的相似之处…………………………(16)
第四节　小结……………………………………………………………(17)
参考文献…………………………………………………………………(18)

第二章　新经济地理学发展……………………………………………………(24)
第一节　Krugman 的核心-边缘模型…………………………………(24)
一、模型的基本结构…………………………………………………(24)
二、消费者行为………………………………………………………(25)

三、生产者行为 …………………………………………………（27）
　　四、运输成本 ……………………………………………………（27）
　　五、均衡分析 ……………………………………………………（28）
　　　　（一）动态过程 ……………………………………………（29）
　　　　（二）核心-边缘模型的累积因果循环过程 ………………（29）
　　六、模型的数学模拟结果 ………………………………………（31）
　　　　（一）运输成本的变化 ……………………………………（31）
　　　　（二）替代参数 ρ 的变化 ……………………………（31）
　　　　（三）制造业产品消费份额 δ ………………………（32）
　　七、核心-边缘模型总结 ………………………………………（32）
第二节　新经济地理学模型拓展 ………………………………（33）
　　一、基于生产结构修改的新经济地理学模型 …………………（33）
　　二、基于生产要素修改的新经济地理学模型 …………………（35）
　　三、基于空间处理方式修改的模型 ……………………………（37）
　　四、基于运输成本修改的新经济地理模型 ……………………（39）
　　五、基于动态修改的新经济地理模型 …………………………（42）
第三节　新经济地理学实证研究 ………………………………（44）
　　一、新经济地理理论的实证检验 ………………………………（45）
　　　　（一）本地市场效应 ………………………………………（45）
　　　　（二）工资方程 ……………………………………………（47）
　　　　（三）运输成本 ……………………………………………（48）
　　二、新经济地理理论应用的实证分析 …………………………（49）
　　　　（一）人口区位选择 ………………………………………（49）
　　　　（二）厂商区位选择 ………………………………………（50）
　　　　（三）国际贸易应用 ………………………………………（51）
第四节　新经济地理学政策效应 ………………………………（51）
　　　　（一）区域附带效应 ………………………………………（52）
　　　　（二）门槛效应 ……………………………………………（52）
　　　　（三）地区滞后效应 ………………………………………（53）
　　　　（四）突变放大效应 ………………………………………（53）
　　　　（五）协作效应（预期实现效应）………………………（53）
　　　　（六）异质性效应 …………………………………………（53）
　　　　（七）非线性效应 …………………………………………（55）
　　　　（八）政策"失灵"效应 …………………………………（56）
　　　　（九）非均衡效应 …………………………………………（56）

（十）非对称性效应 …………………………………………………… (57)
 第五节 小结 ………………………………………………………………… (58)
  参考文献 ……………………………………………………………………… (58)
第三章 "新"新经济地理模型 …………………………………………………… (65)
 第一节 "新"新经济地理学：新经济地理学的拓展 …………………… (65)
 第二节 "新"新经济地理学建模框架和策略 ………………………… (66)
  一、建模框架 ……………………………………………………………… (66)
  二、建模策略 ……………………………………………………………… (66)
 第三节 异质性企业空间选择效应和产业区位渐进式调整 …………… (69)
  一、空间选择效应 ………………………………………………………… (69)
  二、产业区位渐进式转移过程 …………………………………………… (70)
 第四节 "新"新经济地理学的主要模型 ……………………………… (71)
  一、异质性企业集聚模型研究 …………………………………………… (72)
  二、异质性消费者集聚模型研究 ………………………………………… (73)
  三、异质性劳动力集聚模型研究 ………………………………………… (74)
 第五节 "新"新经济地理学前沿课题 ………………………………… (75)
  一、理论前沿 ……………………………………………………………… (75)
  二、政策与微观主体异质性经济地理模型 ……………………………… (77)
  三、"新"新经济地理学实证前沿 ……………………………………… (78)
 第六节 小结 ………………………………………………………………… (79)
  参考文献 ……………………………………………………………………… (79)

第二篇 Krugman 核心-边缘模型创新研究

第四章 厂商数量有限的核心-边缘模型 ……………………………………… (87)
 第一节 考虑厂商生产规模的市场规模效应问题 ……………………… (87)
 第二节 厂商数量有限的核心-边缘模型 ………………………………… (88)
  一、消费者行为 …………………………………………………………… (88)
  二、生产者行为 …………………………………………………………… (89)
  三、引入交易成本 ………………………………………………………… (90)
  四、均衡及劳动力流动的动态过程 ……………………………………… (91)
 第三节 与克鲁格曼核心-边缘模型的比较 …………………………… (91)
  一、厂商的规模 …………………………………………………………… (91)
  二、产品价格 ……………………………………………………………… (91)
  三、厂商的产出 …………………………………………………………… (92)
  四、产品种类数 …………………………………………………………… (93)

五、模型的累积因果循环过程 …………………………………… (94)
　第四节　小结 ……………………………………………………………… (95)
　参考文献 ……………………………………………………………………… (95)

第五章　旅游系统的空间结构：一个具有不对称特点的空间一般均衡模型 …………………………………………………… (96)
　第一节　旅游空间结构 …………………………………………………… (96)
　第二节　基于不对称的垄断竞争分析框架的空间模型 ……………… (97)
　　一、市场结构和空间关系 ……………………………………………… (97)
　　二、消费者行为 ………………………………………………………… (97)
　　　（一）由两层CES函数构成的效用函数 …………………………… (97)
　　　（二）旅游支出在两个区域间的分配 ……………………………… (98)
　　　（三）需求函数 ……………………………………………………… (99)
　　三、生产者行为 ………………………………………………………… (99)
　　四、零利润的均衡条件 ……………………………………………… (100)
　第三节　关于旅游空间结构的讨论 …………………………………… (100)
　　一、模型讨论的几点说明 …………………………………………… (100)
　　二、地区间旅游产品不存在差异性的情况 ………………………… (101)
　　三、地区间旅游产品不存在替代性的情况 ………………………… (101)
　　四、地区间旅游产品的差异性高于地区内旅游产品的差异性 …… (101)
　　　（一）固定成本投入与旅游空间结构 ……………………………… (102)
　　　（二）旅行成本与旅游空间结构 …………………………………… (102)
　　　（三）区间产品替代弹性（产品差异化）与旅游空间结构 ………… (102)
　第四节　小结 …………………………………………………………… (104)
　参考文献 …………………………………………………………………… (105)

第六章　基于相对效用函数的核心-边缘模型 ……………………… (106)
　第一节　相对效用函数拓展的必要性 ………………………………… (106)
　第二节　相对效用函数的设定 ………………………………………… (109)
　　一、偏好与需求 ……………………………………………………… (110)
　　二、生产行为 ………………………………………………………… (111)
　第三节　短期均衡与长期均衡分析 …………………………………… (112)
　　一、短期均衡 ………………………………………………………… (112)
　　二、长期均衡 ………………………………………………………… (115)
　第四节　外生变量的空间干扰 ………………………………………… (117)
　　一、具备相对效用产品的支付份额对空间格局的影响 …………… (118)
　　二、劳动力要素禀赋对空间格局的影响 …………………………… (119)

三、运输成本对空间格局的影响 (120)
第五节 小结 (122)
参考文献 (123)

第七章 整合政府竞争的核心-边缘模型 (126)
第一节 模型和短期均衡 (128)
一、经济主体的行为 (128)
（一）居民的私人消费决策 (128)
（二）地方政府的公共支出决策 (129)
（三）厂商的生产决策 (130)
二、短期均衡 (131)
第二节 "核心-边缘"格局与地方政府竞争 (132)
一、集聚租金和居民福利 (132)
二、空间经济稳定性 (133)
三、区域一体化的影响 (137)
第三节 小结 (139)
参考文献 (139)

第三篇 城市体系模型

第八章 城市体系理论 (143)
第一节 导言 (143)
第二节 传统城市体系理论 (144)
一、中心地理论的核心思想及其继承 (144)
二、亨德森城市体系理论 (145)
第三节 基于新经济地理的城市体系理论 (145)
第四节 整合竞争性地方政府的空间一般均衡理论 (147)
第五节 小结 (148)
参考文献 (149)

第九章 纳入城市空间结构和外部规模经济的新经济地理模型 (151)
第一节 问题的提出 (151)
第二节 模型 (153)
一、消费 (153)
二、生产 (154)
三、城市内部空间结构 (156)
四、两区域均衡 (157)
第三节 外部规模经济效应的定性分析 (159)

- 第四节　数值模拟 (161)
  - 一、外部规模经济效应（ε）对集聚程度的影响 (161)
  - 二、城市内部通勤成本（t）对集聚程度的影响 (163)
  - 三、外部规模经济效应和城市内部通勤成本的交互作用 (163)
- 第五节　小结 (165)
- 参考文献 (165)

第十章　基于异质性企业的城市空间结构模型 (168)
- 第一节　经济学中的空间问题 (168)
  - 一、新经济地理学中企业空间分布结构 (168)
  - 二、城市经济学中的空间分布结构 (169)
  - 三、研究思路 (170)
- 第二节　理论模型 (170)
  - 一、消费者部门 (171)
  - 二、生产部门 (172)
    - （一）城市脉络——城市中异质性企业的区位选择机制 (172)
    - （二）城市轮廓——城市中异质性企业的生产区位 (174)
  - 三、城市空间结构图 (176)
  - 四、人口数量变动对消费者福利的影响 (177)
- 第三节　小结 (177)
- 参考文献 (179)

第十一章　城市空间格局演变模型 (181)
- 第一节　理论模型 (181)
  - 一、静态模型 (181)
    - （一）消费者 (181)
    - （二）生产者 (182)
  - 二、动态模型 (184)
- 第二节　数值模拟 (186)
- 第三节　小结 (188)
- 参考文献 (189)

第四篇　集聚与增长整合模型

第十二章　集聚与增长整合研究 (193)
- 第一节　集聚与增长整合研究的由来 (193)
- 第二节　集聚与增长整合研究进展 (195)
  - 一、整合研究的方法与框架 (195)

二、整合模型的分类和演进 …………………………………………（196）
　　三、整合模型的主要结论 ………………………………………………（200）
第三节　小结 ……………………………………………………………（201）
参考文献 …………………………………………………………………（202）

第十三章　微观同质性集聚与增长整合模型 ……………………………（205）
第一节　文献述评 ………………………………………………………（205）
第二节　模型假设 ………………………………………………………（208）
第三节　均衡分析 ………………………………………………………（211）
　　一、短期均衡分析 ……………………………………………………（211）
　　　（一）消费者均衡分析 ……………………………………………（211）
　　　（二）农业部门均衡分析 …………………………………………（212）
　　　（三）工业部门均衡分析 …………………………………………（212）
　　　（四）资本收益分析 ………………………………………………（212）
　　　（五）市场支出份额 ………………………………………………（213）
　　二、长期均衡分析 ……………………………………………………（213）
　　三、参数模拟分析 ……………………………………………………（214）
第四节　区域交通政策模拟分析 ………………………………………（215）
　　一、一体化政策分析 …………………………………………………（216）
　　二、差异化政策分析 …………………………………………………（216）
第五节　小结 ……………………………………………………………（218）
参考文献 …………………………………………………………………（219）

第十四章　微观异质性集聚与增长整合模型 ……………………………（221）
第一节　文献述评 ………………………………………………………（221）
第二节　模型假设与理论框架 …………………………………………（223）
第三节　均衡分析 ………………………………………………………（226）
　　一、短期均衡分析 ……………………………………………………（226）
　　　（一）消费者均衡分析 ……………………………………………（226）
　　　（二）工业部门均衡分析 …………………………………………（227）
　　　（三）资本收益分析 ………………………………………………（227）
　　　（四）市场支出份额分析 …………………………………………（227）
　　二、长期均衡分析 ……………………………………………………（227）
　　　（一）长期迁移稳定条件分析 ……………………………………（227）
　　　（二）长期均衡条件分析 …………………………………………（228）
　　三、参数模拟分析 ……………………………………………………（228）
第四节　区域交通政策动态模拟分析 …………………………………（230）

一、一体化政策分析 …………………………………………………… (230)
　　二、差异化政策分析 …………………………………………………… (231)
　第五节　小结 ……………………………………………………………… (233)
　参考文献 …………………………………………………………………… (234)

第十五章　基于人口移动和知识溢出的集聚与增长整合模型 …………… (236)
　第一节　基本模型 ………………………………………………………… (237)
　　一、消费者 ……………………………………………………………… (237)
　　二、生产者 ……………………………………………………………… (238)
　　三、均衡 ………………………………………………………………… (239)
　　　（一）利润最大化下的生产均衡 …………………………………… (239)
　　　（二）劳动力市场出清与消费均衡 ………………………………… (239)
　　　（三）一种特殊假设下的区位均衡 ………………………………… (241)
　第二节　人力资本的动态 ………………………………………………… (242)
　　一、熟练劳动力 ………………………………………………………… (242)
　　二、人力资本积累 ……………………………………………………… (243)
　　　（一）R&D 部门 ……………………………………………………… (244)
　　　（二）R&D 部门工人工资 …………………………………………… (246)
　　　（三）R&D 工人均衡支出 …………………………………………… (247)
　　三、期望与人口迁移 …………………………………………………… (247)
　　　（一）期望 …………………………………………………………… (247)
　　　（二）人口迁移 ……………………………………………………… (249)
　第三节　知识溢出下的经济增长与集聚 ………………………………… (251)
　　一、假设 $k_N = k_S$ 为一固定值 ……………………………………… (251)
　　　（一）交通成本比较低的情形 ……………………………………… (254)
　　　（二）交通成本比较高的情形 ……………………………………… (256)
　　二、假设 $k_N = k_S$ 下的短期最优值 ………………………………… (257)
　　三、假设 $k_N \neq k_S$ 下的长期最优值 ……………………………… (259)
　　　（一）交通成本比较低的条件下 …………………………………… (259)
　　　（二）交通成本比较高的条件下 …………………………………… (260)
　　　（三）$k* = \min\left\{\dfrac{1}{\varepsilon}, 1\right\}$ 为长期最优值的必要条件 …… (261)
　　　（四）均衡下成为核心区域的必要条件 …………………………… (262)
　　四、k 值变化的区域博弈 ……………………………………………… (262)
　第四节　集聚路径与均衡 ………………………………………………… (264)
　　一、均衡集聚路径 ……………………………………………………… (264)

|　　（一）市场结果 …………………………………………………………（264）
|　　（二）集聚动态定性分析 …………………………………………………（266）
|　二、长期均衡 …………………………………………………………………（269）
|　　（一）均衡的表现 …………………………………………………………（269）
|　　（二）均衡下集聚的动态有效性 …………………………………………（270）
|　　（三）长期均衡下的福利分析 ……………………………………………（273）
|　第五节　小结 …………………………………………………………………（277）
|　一、模型结论小结 ……………………………………………………………（277）
|　二、模型的现实含义 …………………………………………………………（279）
|　三、模型政策建议 ……………………………………………………………（280）
|　四、下一步扩展研究 …………………………………………………………（281）
|　参考文献 ………………………………………………………………………（282）

第十六章　包含人力资本形成、交易成本、迁移成本的空间均衡模型 ……（285）
　第一节　相关研究进展 ………………………………………………………（285）
　第二节　模型构建 ……………………………………………………………（286）
　　一、模型基本假设 …………………………………………………………（286）
　　二、消费者行为 ……………………………………………………………（286）
　　三、生产者行为 ……………………………………………………………（287）
　第三节　模型均衡条件的求解 ………………………………………………（288）
　第四节　模型的数字模拟 ……………………………………………………（291）
　　一、交易成本的变化（取参数 $\tau_3=0.8, \tau_4=0.7, \tau_5=0.9$） …………（291）
　　二、迁移成本的变化 ………………………………………………………（293）
　第五节　小结 …………………………………………………………………（293）
　参考文献 ………………………………………………………………………（294）

第五篇　历史与预期篇

第十七章　市场一体化、比较优势与产业区位 ………………………………（297）
　第一节　文献综述 ……………………………………………………………（297）
　第二节　理论模型 ……………………………………………………………（300）
　　一、基本模型假设 …………………………………………………………（300）
　　二、短期均衡分析 …………………………………………………………（301）
　　三、长期均衡分析 …………………………………………………………（301）
　第三节　数理分析 ……………………………………………………………（302）
　　一、市场一体化程度影响产业区位分析 …………………………………（302）
　　二、比较优势影响产业区位分析 …………………………………………（303）

第四节　模拟分析 (304)
一、市场一体化程度影响产业区位分析 (304)
二、比较优势影响产业区位分析 (305)
第五节　小结 (307)
参考文献 (307)

第十八章　转轨经济条件下空间异质性大国区域经济发展模型 (310)
第一节　模型主要假设 (310)
一、几个特别处理 (310)
(一) 市场化全球化转轨中的大国 (310)
(二) 贸易成本和关税 (311)
(三) 沿海-内陆的贸易成本差异 (311)
(四) 转型过程的动态演化 (311)
二、一般假设 (313)
三、作为中间投入的细分产品 (313)
第二节　投资与就业行为的动态方程 (315)
一、投资与就业行为的动态方程 (315)
二、就业动态模拟 (315)
三、投资和厂商活动模拟 (316)
第三节　分为三个阶段的经济试验 (316)
一、阶段Ⅰ (317)
二、阶段Ⅱ (319)
三、阶段Ⅲ (323)
四、区域经济发展差距展望 (325)
第四节　市场开放、贸易成本与经济增长的相互作用 (326)
第五节　小结 (328)
参考文献 (329)

第十九章　基于迁移有限理性的大国区域发展模型 (330)
第一节　人口迁移、有限理性与空间有限理性 (330)
一、有限理性与空间有限理性 (330)
(一) 有限理性 (330)
(二) 空间有限理性 (333)
二、人口迁移有限理性——空间有限理性的应用 (334)
(一) 低技术劳动力的"有限理性" (335)
(二) 高技术劳动力的"有限理性" (336)
三、"空间理性"小结 (337)

第二节　基本模型 (337)

一、基本假设 (337)
(一) 空间结构 (337)
(二) 生产要素 (338)
(三) 生产部门 (338)
(四) 禀赋 (339)

二、消费者行为 (339)
(一) 效用函数 (339)
(二) 消费者的预算约束 (339)

三、生产者行为 (340)
(一) 农业部门 (340)
(二) 制造业部门 (340)
(三) 中间产品部门 (340)
(四) 劳动力流动 (340)

四、模型方程 (341)

五、模型的简化：区域内两城市对称情形 (344)

六、模型的数学模拟结果 (344)
(一) 全球化进程对区域差异的影响(贸易成本率的变化) (346)
(二) 区域间贸易壁垒对区域差异的影响(运输成本率的变化) (350)
(三) 政府限制劳动力流动的作用(迁移限制系数的变化) (352)
(四) 区域内自由贸易 (354)
(五) 计算结果的分析 (357)

七、模型的特征 (360)
(一) 相同点 (360)
(二) 不同点 (360)

第三节　小结 (361)

一、模型的现实含义 (361)

二、模型对我国区域经济发展的启示 (361)

附录 (362)
(一) 城市 C_1 的消费者行为 (362)
(二) 城市 C_2 的消费者行为 (363)
(三) 城市 I_1 的消费者行为 (364)
(四) 城市 I_2 的消费者行为 (365)
(五) 国外的消费者行为 (366)
(六) 对制造业产品和农产品的总需求 (367)

（七）对 S 产品的需求和制造业劳动力的需求 …………………………（368）
　　（八）中间产品种类数的决定 ……………………………………………（371）
　参考文献 ………………………………………………………………………（371）
第二十章　新经济地理学预期问题 …………………………………………（373）
　第一节　工人对区位工资的静态预期 ………………………………………（374）
　第二节　厂商对区位利润的静态预期 ………………………………………（375）
　第三节　预期和历史的相互作用 ……………………………………………（376）
　第四节　新区位增长模型中的前瞻预期 ……………………………………（378）
　第五节　新经济地理学研究的历史与预期问题展望 ………………………（379）
　第六节　小结 …………………………………………………………………（381）
　参考文献 ………………………………………………………………………（381）

第一篇 总 论

第一章 新经济地理学性质与基础

第一节 新经济地理学：空间经济垄断竞争模型

20世纪50年代，阿罗和德布鲁（Arrow-Debreu）利用Kakutani不动点定理证明了竞争性一般均衡存在性之后（Arrow，Debreu，1954），在一般均衡框架中如何纳入地理空间因素，迅速成为学界争论的焦点并逐渐形成了针锋相对的新古典和艾萨德两派。新古典派认为，空间因素可以视为商品属性的一个变量纳入一般均衡分析，而艾萨德派则认为，为了抓住空间对经济系统的本质影响，需要打破传统意义上以完全竞争为基础的一般均衡理论框架，构建包含空间异质性的新模型。1978年斯塔雷特（Starrett）提出令人信服的空间不可能定理（the spatial impossibility theorem），即：均质空间且存在运输成本的情况下不存在竞争性均衡（Starrett，1978），证明了艾萨德空间垄断竞争思想的正确性。

根据空间不可能定理，将空间因素融入一般均衡框架的途径至少包括空间异质性、技术外部性以及不完全竞争三个方面，如图1-1所示。其中，比较优势理论、要素禀赋理论、杜能区位论、阿隆索单中心城市模型，经由空间异质性途径，在完全竞争框架中尝试让空间因素融入一般均衡框架之中。亨德森的城市体系模型直接假定生产的外部性（Henderson，1974），卢卡斯（Lucas）的城市模型证明了在一个企业和住户任意分布的圆形城市中存在对称均衡的可能性（Lucas，2002），这些模型均在完全竞争框架内通过外部性的途径考虑了空间因素。然而，在空间异质性模型中，比较优势理论、要素禀赋理论忽视规模报酬递增、运输成本；杜能区位论和阿隆索单中心城市模型将城市作为外生变量，本质上是局部均衡的；技术外部性模型也忽视了厂商层面的规模经济。为了处理厂商层面的规模经济，就不得不在不完全竞争框架中进行。Beckmann在企业报酬递增和与邻近企业进行寡头竞争的条件下，最先完整严密地揭示了均衡时企业数量如何取决于内部规模报酬递增和运输费用之间的权衡问题（Beckmann，1972）。萨洛普（Salop）的圆周模型也揭示出了相同的结论(Salop,1979)。1977年，Dixit和Stiglitz把规模报酬递增和垄断竞争纳入统一的框架中，建立了规模经济和多样化消费者之间的两难选择如何实现的一般均衡模型(Dixit,Stiglitz,1977)。这一工作引起了产业组织、贸易、增长和经济地理理论的革命。1991年，保罗·克鲁格曼在D-S垄断竞争模型中纳入空间因素，构建了"核心-边缘"模型，这标志着新经济地理学的诞生(Krugman,1991)。

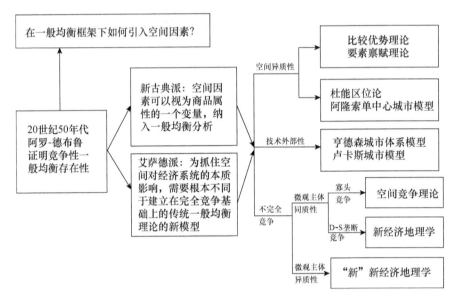

图1-1 空间因素融入一般均衡框架的途径

资料来源：杨开忠等，2016.

"新经济地理学"所以被冠之以"新"，不是因为其所研究的问题具有新意，而是在于其对空间集聚的新的思维方式和全新的处理问题的方法。正如美尔顿(Meardon,2001)所说，"新经济地理学"区别于传统的区位理论的特征是：① 空间均衡。由一组方程同时决定产品的价格和数量，厂商自由进出使得每一代表性厂商的利润为零；② 生产技术的报酬递增是产业集聚的基本机制；③ 垄断竞争的市场结构，通常是Dixit-Stiglitz类型的生产函数；④ 具有一定的空间结构；⑤ 允许至少一种生产要素在区域间流动，使得空间集聚能够实现。笔者认为，"新经济地理学"的另一显著特征是个体和厂商决策的完全理性。这样的特征和假设与主流经济学的观点相契合，使得新经济地理学模型以一种主流经济学家所认可的方式呈现于世人。

从目前的发展来讲，新经济地理学的主要工作，一是基于克鲁格曼(Krugman,1991)的核心-边缘模型。为了提高易于处理性以便获得分析结果，这类模型的后续发展对克鲁格曼核心-边缘模型进行了改进，分为基于Cobb-Douglas-CES效应函数模型和线性化效用函数(OTT)模型(Ottaviano,Tabuchi and Thisse,2002)两类，包括FKV模型(Fujita,Krugman,and Venables,1999)、自由资本(FC)模型

(Martin and Rogers,1995)、自由企业家(FE)模型(Forslid and Ottaviano,2003)。二是区域专业化模型,包括垂直联系(VL)模型、整合自由劳动力和垂直关联(CP-VL)模型(Puga,1999)。三是城市体系模型,包括 Fujita 和 Krugman(1995)结合杜能和 D-S 架构的城市体系模型,Fujita,Krugman 和 Mori(1999)的亨德森方法的新经济地理拓展以及 Tabuchi 和 Thisse(2011)的跑道经济中心地等级体系模型等。四是区域增长模型,包括物质资本积累(CC)模型(Baldwin,1999;Baldwin and Martin,2004)、水平创新模型(Fujita and Thisse,2003,2013)以及包含内生区位的内生增长模型(Desmet and Rossi-Hansberg,2014)。五是微观异质性模型。梅里兹(Melitz,2003)将企业生产率异质性纳入新贸易理论模型,开创新新贸易理论;鲍德温和大久保(Baldwin,Okubo,2006)借鉴 Melitz 的研究思路,在垄断竞争一般均衡框架内建立了第一个基于微观主体异质性的地理模型,开启了"新"新经济地理学(Ottaviano,2011;杨开忠等,2016)。六是多部门多区域模型,包括引进研发部门(Fujita and Thisse,2003,2013)或住房部门(Pfluger and Sudekum,2008)的三部门模型、"跑道经济"(race-track economy)模型(Krugman,1993;Akamatsu,Takayama and K. Ikeda,2012)。七是地理公共政策分析。新经济地理学侧重解释,在政策结论和规范性问题上一直相对保持沉默。尽管如此,仍有一些学者在致力探索新经济地理学的政策含义。其中,Baldwin 等(2003)出版《Economic Geography and Public Policy》一书,开拓了新经济地理学在保护政策、自由贸易协定、区域政策和税收竞争上的应用(曾道智,2018)。

第二节 报酬递增革命

新经济地理学认为,空间集聚内生于厂商层次的规模报酬递增、要素流动、运输成本的互动。规模报酬递增、要素流动、"冰山"贸易成本是其三大基石,其中,报酬递增是理解新经济地理学最重要的概念。早在两百年前,亚当·斯密在阐述劳动分工对经济增长的作用时即突出强调了报酬递增的重要性,但长期以来,作为决定经济集聚的重大因素,一直被空间经济理论所忽略或者回避了。然而,随着经济发展从要素驱动型向投资驱动型转变,"均质平原"的不同区域间经济集聚差距不断增长不能被传统空间经济学解释,日益急切地需要一种新的理论来解释。于是,随着报酬递增革命,新经济地理学应运而生。

一、报酬递增思想渊源

克鲁格曼将经济地理学的传统总结为五个方面(克鲁格曼,2000):第一,德国几何学,包括韦伯、克里斯泰勒、廖什等建立的"区位理论",本质上是"在一个两维平面上的区位几何学",它没有说明经济中的决策主体是谁,也没有说明经济的市场结构;第二个社会物理学,包括齐普夫法则、重力模型、市场潜能模型,它们得出了相当好的实证结果但没有明确的决策主体;第三,累积因果关系,冈纳·缪尔达尔(Myrdal)等是该传统的先驱,但这一传统对累积因果关系过程的实质就像"黑匣子"一样仍然无从知晓;第四,马歇尔外部经济即本地外部经济,由于在一个厂商层次的规模报酬不变和完全竞争的世界里,只有技术外部经济才真正重要,这一传统将导致集聚的原因归结为"黑箱"的技术外部性;第五,地租和土地利用,典型代表包括杜能的农业区位论和阿隆索区位竞租模型,它没有解释单中心是如何产生的。显而易见,其中第二、三、四传统包含了鲜明的报酬递增思想。

(一)外部经济

马歇尔在其经典著作《经济学原理》中提出外部经济是经济集聚的原因(Marshall,1920)。马歇尔认为,"可把因任何一种产品的生产规模之扩大而发生的经济分为两类,第一类取决于产业的一般发展;第二类取决于从事工商业的单个企业的资源、它们的组织以及它们的效率。"马歇尔把前者称为外部经济,后者称为内部经济。马歇尔认识到,如果存在厂商水平的报酬递增,那么将会导致与竞争均衡不相容。因此,马歇尔回避了厂商水平的报酬递增现象,而将产业内厂商之间的外部经济作为报酬递增的源泉。

马歇尔外部经济的含义包括以下三个方面(克鲁格曼,2000):

(1)劳动力市场的共享。产业集中形成了一个专业技术工人共享的劳动力市场,这个共享的市场对劳动者和厂商都有利。厂商可以随时雇用到有专业能力的劳动者,劳动者也因为共享的劳动力市场而减少了失业的风险。

(2)中间投入品的规模效益。一个产业中心可以提供该产业专用的多种类、低成本的非贸易投入品,使得厂商的生产成本降低。从1970年到1990年,美国、日本和德国的生产者服务业的工人每年扩张4.77%、4.29%和2.55%,然而总从业人员的增长要缓慢得多,这说明中间产品的生产在发达国家的作用日益显著。

(3)厂商之间的技术外溢。同类的厂商相距很近,因而有利于信息、技术的交流,厂商可以利用技术外溢获得收益。一个厂商的技术创新可以在很短时间内扩散到整个产业,从而对整个产业的发展注入新鲜的血液。

斯奇托夫斯基(Scitovsky,1954)区分了两种外部性:金钱外部性(pecuniary externality)、技术外部性(technological externality)。金钱外部性是来自市场交互作用的外部性,当市场是不完全竞争时,由于一个经济主体的决定会影响价格进而影响他人的福利,因而产生金钱外部性。马歇尔劳动力市场共享、中间投入品的规模效益即为这种外部性。技术外部性指的是一个经济人行为经由非市场交互作用产生的外部性,马歇尔厂商之间的技术外溢即为这种外部性。这种非市场交互作用通过直接影响其他消费者的效用或厂商的生产函数来实现,比如一个厂商有一个革新,则其他厂商可以模仿(Martin and Sunley,1978)。技术外部性又分两类:一类是马歇尔所强调的行业知识的外部性,企业内分工通过"边干边学"所发生的收益是"内部经济",但它的收益不能完全被内部所占用,这种活动有溢出效应;第二类是由于辅助行业的增长和专业化。产业间分工对某个企业产生的外部性,生产率是市场规模的函数,这种外部性还包括由于行业聚集产生的外部性。技术外部性的第一类是罗默(Romer,1986)关于内生增长和卢卡斯(Lucas,1988)论文推导的核心;第二类在扬格和卡尔多的论著中得到了更多的强调。金钱外部性是罗森斯坦-罗丹(Rosenstein-Rodan)-墨菲(Murphy)-施莱佛(Shleifer)-什尼(Vishny)大推动模型的基础(克鲁格曼,2000)。新经济地理学继承了这一传统,同样是以金钱外部性为基础的。

(二)累积因果循环关系

累积因果循环论最早是由瑞典经济学家冈纳·缪尔达尔在其《美国的困境》(Myrdal,1944)一书中首次提出,后又在《国际经济》(Myrdal,1956)、《富裕国家和贫穷国家》(Myrdal,1957)、《超越福利的国家》(Myrdal,1960)和《亚洲的戏剧》(Myrdal,1968)等著作中对这一理论加以丰富和发展。缪尔达尔指出:社会系统的某个变量改变的结果将不是抵消掉这个改变,而是强化这个改变,使系统在改变的方向上走得更远(Myrdal,1957)。缪尔达尔以此解释国家之间的发展差异:如果任由市场力的作用,一个在生产力和收入上都占优的国家将变得更好,而处于较低水平的国家则可能维持在现有的水平上或者恶化(Myrdal,1970)。缪尔达尔用"回波效应"(backwash effects)和"扩散效应"(spread effects)来解释国际贸易和资本流动的双向力量。回波效应是指落后地区的劳动、资本、技术、资源等因受发达地区较高的要素收益率的吸引而向发达地区流动的现象。而扩散效应则是指当发达地区发展到一定程度后,由于人口稠密、交通拥挤、污染严重、资本过剩、自然资源相对不足等原因,生产成本上升,规模经济的益处已经穷尽,这时,发达地区将主动向落后地区扩展,资本、技术、劳动力等随之向这些地区扩散。回波效应来自规模经济、知识积累等外部经济和内部经济,它们能够提高农业生产率、使制造者更为经济地使用原材料、鼓励企业开发某些稀有产品的替代产品等;扩散效应来源于外国投资者对欠发达地区本地投入品的购买、技术的扩散和落后地区对先进管理方式的运用。通常来说,回波效应居主导地位,因而缪尔达尔断言:市场的力量通常倾向于增加而不是减小区域之间的差异(Meardon,2001)。

缪尔达尔批评了由赫克歇尔和俄林发展的新古典贸易理论。他认为正是"稳定均衡"这个不现实的假设是一切问题的根源。新古典贸易理论寻找稳定均衡,并在自由贸易和要素价格均等化条件下找到了。该理论将人们引向:在自由贸易的情况下,国家的不平等可以减弱,在一定条件下可以消除。而依照缪尔达尔的理论,也正如我们所看到的,自由贸易和资本流动倾向于通过累积因果循环来加大国家间的不平等(Meardon,2001)

缪尔达尔的累积因果循环论的创新之处在于其将报酬递增不仅仅归因于经济的因素,而是充分认识到来自社会、政治和文化等方面的力量对社会经济系统的作用。这种综合的考虑虽然更为全面,但因为这些因素不能以数学形式简化或者表达,所以新经济地理学常常假设这些因素不是很重要,就像克鲁格曼所说:"这些问题最好留给社会学家"。但正是地方与区域经济的社会的、制度上的、文化和政治的深层原因在确定限制还是发展经济中扮演关键的角色(Martin,1999)。

佩鲁(Perroux)的"增长极/发展极"理论亦可归为累积因果关系学说之一。佩鲁认为市场相互作用的一个最基本的、无所不在的特征是主体作用力的非对称。这种非对称的相互作用存在于各种相同或不同的决策单元之间,无论是个人、厂商、区域或者国家。以此为基点,佩鲁认为区域集聚来源于地理空间的相互作用力。

佩鲁关于区域集聚的思想体现在其"增长极"的概念中,这些概念长期以来被区域规划者广泛应用。对于给定的主体单元的集合,"增长极"就是能够促使其他集合增长的这样一个集合,这里的"增长"指的是在空间上的某指标的不断提高。"发展极"就是能够产生经济和社会结构变化的这样一个集合,其效应是提高整体的复杂性,扩张其各方面的收益。佩鲁强调金钱的外部性,这种外部性是由主导单元的活动产生的。由于作用单元的非对称效应,经济增长是在不同部门、行业或地区,按不同速度不平衡增长的。其原因在于:某些"推进型产业"(主导产业)或有创新能力的企业在一些地区或城市集聚或优先发展,从而形成恰似"磁场极"的多功能的经济活动中心。它不仅促进自身发展,并且以其吸引和扩散作用进一步推动其他地区的发展,从而形成经济区域和经济网络。佩鲁把这种吸引和扩散效应归结为技术的创新和扩散,资本的集中和输出,规模经济效益和集聚经济效益。佩鲁的弟子、法国经济学家布代维尔(J. Boudeville)发展了佩鲁的思想,并使佩鲁的增长极理论在区域应用方面迈进了一大步。他把经济空间或经济区域划分为三类:其一是同一或均质区域;其二是极化区域;其三是计划区域。在他看来,计划区域是政府计划和政策的实施区域,因而也是实际存在的关联区域,并在性质上更具有政治性。这里布代维尔把增长极分为由市场机制支配的自发生成的增长极(极化区域)和计划机制支配的诱导生成的增长极(计划区域)。

(三)市场潜能方法

借鉴物理学的方法研究空间经济问题可以大致分为描述性和解释性两种方法。前者如齐普夫定律(Zipf's law)又称位序-规模法则(rank-size rule)、重力定律;后者如市场潜能理论。空间经济学重视解释和因果关系,因而这里仅简要说明市场潜能方法。市场潜能即各市场相对于一个地方通达性的测度。一个地方的市场潜能等于各个地方的市场规模与它们到这个地方的运输费用之比值的总和。哈里斯(Harris,1954)采用"市场潜能方法研究美国东北部和中西部地区之后,发现厂商倾向选择拥有最大市场潜能的区位,而且这选择活动是自我加强的:厂商选择市场潜能最大的区位生产,而这种选择会扩大该区位的市场潜能,市场潜能的扩大又进一步吸引厂商的进入。该思想隐含了厂商水平的规模报酬递增假定。如果没有这种报酬递增,生产者没有集聚在一起生产的动因;因为消费者是分散的,所以分散生产才是合理的区位选择。

二、报酬递增革命四次浪潮

报酬递增思想从产生伊始到现在的深入人心已有二百多年的历程,但其真正向主流经济学发起冲击则是基于D-S模型的四次浪潮(Krugman,1998)。第一次浪潮是产业组织理论革命。1977年,迪克西特和斯蒂格利茨(Dixit,Stiglitz,1977)在《美国经济评论》上发表了"垄断竞争与最优生产多样性"一文,把厂商层次的规模经济、产品种类数、消费者的多样化偏好和垄断竞争纳入统一的框架中,建立了规模经济和多样化消费之间的两难选择如何实现的一般均衡模型(Dixit,Stiglitz,1977),即D-S模型,从而使经济学处理报酬递增的技术大大前进了一步。第二次浪潮是新贸易理论革命。克鲁格曼等(1979,1980,1981,1985)和赫尔普曼(Elhanan Helpman,1981)将D-S模型应用于国际贸易理论中,用以解释相似国家国际贸易的情形,提出对国际贸易理论产生重大影响的"新贸易理论"。第三次浪潮是新增长理论革命。罗默(1990)将D-S模型内生产品种类数的模型动态化,提出用产品种类数的自发演进及规模经济来解释经济增长的罗默模型。开创了被杨小凯(1998)称为"D-S模型的动态版"。第四次浪潮是新经济地理学。以克鲁格曼为首的经济学家将D-S模型的垄断竞争框架与萨缪尔森(Samuelson,1954)的"冰山"交易技术相融合,发展了D-S模型的空间版。经过这样一些努力,报酬递增的思想逐渐被主流经济学所接受,并且一度非常流行(Arthur,1994)。由于D-S模型已深入人心,本部分仅针对后三次浪潮做相应阐释。

(一)新贸易理论

在新贸易理论产生之前,国际贸易理论经历了三个阶段。第一个阶段是国际贸易理论的创立阶段,代表性理论包括斯密提出的"绝对优势论"和李嘉图提出的"比较优势论",其中,比较优势论的提出是传统国际贸易理论确立的标志。第二阶段是1919—1949年的赫克歇尔-俄林-萨缪尔森模型发展阶段。该模型是现代国际贸易理论最重要的基石,它表明:在完全竞争和报酬不变的条件下,一国将出口密集使用该国相对富裕且廉价的要素所生产的产品,进口密集使用该国相对稀缺且昂贵的要素所生产的产品;国际贸易不仅导致各国之间商品价格的均等化,还将导致同质要素的相对与绝对回报的均等化。第三阶段是20世纪40—70年代的众说纷纭阶段。这个阶段,国际贸易发展的现实使比较优势论和要素禀赋论显得软弱无力,新的国际贸易理论众说纷纭。应该说,在完全竞争和规模报酬不变的情况下,传统贸易理论完全适用。但是,对于要素禀赋相似的国家之间的贸易,用国家之间的差异作为解释国际贸易的理由就站不住脚了。

1979年和1980年克鲁格曼先后在《国际经济学杂志》《美国经济评论》发表"报酬递增,垄断竞争和国际贸易"和"规模经济,产品细分和贸易模式"的论文,

1981年赫尔普曼在《国际经济学杂志》上发表"在产品细分、规模经济和垄断竞争条件下的国际贸易：一项张伯伦-赫克歇尔-俄林研究"，1985年，赫尔普曼和克鲁格曼出版《市场结构和对外贸易》一书。这一系列基于不完全竞争和报酬递增假设所进行的研究，成为"新贸易理论"的奠基之作。新贸易理论超越传统观点，表现在四个方面(Martin and Sunley,1996)：第一，国家间相似产品的贸易是因为从报酬递增获利的专业化而不是国家间要素禀赋的内在差异。第二，专业化在一定程度上是历史的偶然。某个产业的特别区位在很大程度上是不确定的。但一旦专业化模式建立起来就具有历史依赖性，无论是什么原因，该模式将通过累积过程而"锁定"。第三，生产要素的需求在不完全竞争条件下将依赖微观水平的生产技术条件，要素需求的演化不能预先知道。第四，相对于传统贸易理论倡导的自由贸易的模式，新贸易理论提倡使用贸易政策的可能性。战略性贸易政策可以引导一个国家转向其喜欢的国际经济专业化模式。

(二) 新增长理论

新增长理论(new growth theory)或称"内生增长理论"，将知识、人力资本等内生技术变化因素引入经济增长模式，强调经济增长不是外生而是内生的，且经济增长可以无限持续下去。新增长理论是20世纪80年代中后期以罗默(1986)和卢卡斯(1988)为代表的一批经济学家在重新思考新古典经济增长理论基础上提出来的，其思想可以追溯到20世纪30—40年代熊彼特(Joseph Schumpeter)的研究工作、特别是60年代阿罗(1962)"边干边学"模型和宇泽(1965)的AK模型。然而，1990年前的新增长理论是以完全市场竞争和技术外部性为基础的。1990年罗默在《政治经济学》上发表《内生技术变迁》一文，假定中间产品市场和知识市场是垄断竞争的，提出新增长理论代表性模型——第一个基于R&D的垄断竞争内生增长模型(刘安国、杨开忠，2008)，掀起了新增长理论变革。之后，格罗斯曼和赫尔普曼(1991)提出垂直创新模型，从品质改进的角度论证了R&D对经济增长的作用；阿吉翁和豪伊特(1992)以熊彼特"创造性毁灭"为原型建立起一类基于R&D的内生增长模型；琼斯(1995)则在批评以往新增长理论模型的基础上提出了"半内生增长理论"(刘安国、杨开忠，2008)。因对新增长理论开创性贡献，2018年罗默获诺贝尔经济学奖。

(三) 新经济地理学

新贸易理论虽然较好解释了发达国家之间同一产业内相似产品的贸易，但其一是以国家之间经济规模大小不同为前提，不能解释国家之间经济规模的差异；二是国家之间不存在要素流动的假定，不能反映全球化发展中要素流动性日益增强的现实；三是没能考虑运输成本对经济的空间配置影响。针对这些局限，克鲁格曼在D-S垄断竞争模型中纳入空间因素——要素流动、运输成本，开创了D-S模型的空间版本——新经济地理学(Krugman,1991)。

如表 1-1 所示,在新经济地理模型中,区位变得完全内生:在分析的初始,不同区域的劳动和产出的分布相同。这种分布是不稳定的。对其微小扰动都会使经济走上一条全新的均衡道路(Brulhart,1998)。新贸易理论不允许要素的区际流动,而新经济地理模型是建立在要素可以在区域间流动的基础之上的。虽然,对于国际专业化模型,国家之间要素被假设为不可流动,但通过本地市场效应和上下游企业的投入-产出联系而建立起来的产品流动间接体现了要素在国家之间的流动。

表 1-1 区位理论的三个分支

	新古典理论	新贸易理论	新经济地理学
市场结构	完全竞争	垄断竞争	垄断竞争
区位的决定	1. 技术差异 2. 自然资源禀赋 3. 要素禀赋与要素密度	1. 厂商层次的报酬递增 2. 差别化产品的替代性 3. 本地市场的大小	1. 金钱的外部性 2. 技术的外部性 3. 贸易成本
产业的区位	1. 经济活动的总体分布由给定的禀赋决定 2. 产业间的专业化 3. 唯一的均衡	1. 经济活动的总体分布内生给定 2. 产业内和产业间的专业化 3. 唯一的均衡	1. 经济活动的总体分布内生 2. 向心的集聚力 3. 产业内和产业间的专业化 4. 多重均衡 5. "U 曲线"
贸易结构	产业间贸易	产业内和产业间贸易	产业内和产业间贸易
贸易自由化的福利效应	1. 可获得净福利 2. 所有国家都获得 3. 稀缺要素拥有者损失	1. 可获得净福利 2. 大国获利更多 3. 各要素拥有者可能获得	1. 可获得净福利 2. "U 曲线":一体化中间阶段边缘区会损失,高级阶段核心区会损失

资料来源:Brulhart(1998),Table 1.

第三节 新经济地理学与复杂性区位模型比较[①]

近三十年来,以报酬递增为基础建立数学模型来解释区位问题的还有圣塔菲研究所(Santa Fe Institute)的复杂科学学派(杨开忠,薛领,2002)。下面,我们看看复杂科学中的报酬递增思想,然后对比新经济地理学和复杂性区位模型在处理问题上的异同。

---

① 本节根据著者与其博士生谢燮、刘安国合作发表在《经济地理》(2005 年第 4 期)论文"新经济地理学与复杂科学的区位选择模型"修改而成。

一、新经济地理学区位选择

我们以核心-边缘模型为例来说明。该模型假设有两个区域和两个部门：完全竞争的农业部门和不完全竞争的制造业部门。制造业部门生产大量的差别化的产品。消费者是完全理性的，根据其效用函数和预算约束决定消费量以最大化其效用。产品在区域间运输采用"冰山"形式的运输成本，即产品从产地运到消费地，其中有一部分在中途"融化"掉了。这样处理运输费用，既避免了引入运输部门所带来的复杂，同时也回避了垄断厂商如何定价的问题（Krugman，2000）。消费者消费的制造业产品是以一个综合的形式出现的，其中隐含了不同制造业产品的可替代程度或差别化程度。垄断竞争使得每个厂商只生产一种差别化产品，同时厂商的自由进出使得每个厂商的利润为零。在这样一些假设条件下，通过建立空间均衡模型，就可以给出在不同的运输成本下不同区位制造业工人的工资等结果。

上述模型实际上是静态模型。给定模型的初始参数，就可以推导出不同区域制造业工人的工资。区域间制造业工人的工资差异使得劳动力在区域之间流动。劳动力在区域间流动的动态过程是：$\dot{\lambda}_r = \gamma(\omega_r - \bar{\omega})\lambda_r$，其中 $\bar{\omega} = \sum_r \lambda_r \omega_r$ 表示平均工资，λ_r 表示某区域制造业劳动力占制造业总劳动力的份额。从上述公式可以看到，当某区域制造业劳动力的工资等于平均工资的时候，这种动态调整的过程就结束了。如藤田所说，这种动态过程与进化博弈论中"模仿者动态"（replicator dynamics）相似（Fujita et al.，1999）。

通过计算机模拟计算，在不同运输成本率情况下，结果差别很大。当运输成本率 $T=2.1$ 时，制造业劳动力在两个区域对称分布；在 $T=1.5$ 时，制造业劳动力在一个区域集中；在运输成本率为中等时，即 $T=1.7$，会呈现出更为复杂的情况。除了对称均衡是稳定的以外，还有两个不稳定均衡点，分别对应着初始某区域制造业工人的份额很高或很低的情况，可能形成核心-边缘模式，即制造业集中在一个区域，如图1-2所示。整个制造业在两区域的分布随运输成本变化的关系如图1-3所示。

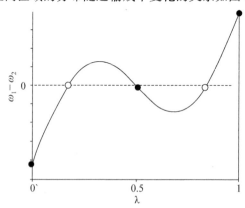

图 1-2　运输成本率 $T=1.7$ 时的多重均衡
资料来源：Fujita，Krugman and Venables，1999.

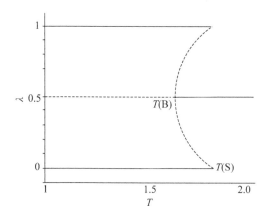

图 1-3 制造业集聚与运输成本的关系

资料来源：Fujita,Krugman and Venables,1999.

二、复杂科学区位选择模型

布莱恩·阿瑟是圣塔菲研究所复杂科学学派的代表人物之一。阿瑟（Arthur,1990）认为,报酬递增在经济中广泛存在,在报酬递增存在的情况下,经济系统显示了如下特点：第一,均衡的不可预测性,报酬递增能够导致多种可能的结果——马歇尔的"多重均衡",究竟哪种结果能被选中是不可预测的；第二,非遍历性（non-ergodicity）,即过去的历史事件对目前及未来有影响,系统具有强烈的滞后效应；第三,潜在的非效率,动态演进中的某种路径就其任何福利意义而言,可能是"劣等"的,系统可能被"锁定"在这种形态之中。经济史学家保罗·大卫以打字机键盘"锁定"于"QWERTY"设计的例子,说明了报酬递增通过一系列偶然的随机事件使打字机键盘的排列"锁定"于这种效率并不高的键盘之中。这种"锁定"绝不是偶然的、个别的事件。阿瑟与概率理论家合作,为处理这种现象发展了数学方法,这些数学推论令人清晰地看到一组组不同的历史事件是怎样导致完全不同结果的。

阿瑟认为,虽然地理差异和交通的便利是重要的,但主要的驱动力却是集聚经济——接近其他厂商或产业的益处。这样,在初期,厂商的区位决定可能是由于一个地方地理因素的吸引,但后来厂商的区位选择则与地理无关（Arthur,1994）。阿瑟自信地宣布,报酬递增不再是熊彼特所说的"无法分析的一片混沌",他在非均衡框架下建立了包含偶然性和集聚经济两方面因素的分析模型,让我们来看看他的建模方法和结果。

有 I 种类型的厂商和 N 个区域。厂商是一个接一个地根据其偏好概率和收益"填"入区域的。厂商 i 选择区域 j 的净收益为 $\pi_j^i + g(y_j)$,其中 π_j^i 代表地理因素所引致的收益,$g(y_j)$ 代表因为厂商集聚所引致的收益。某一类型的厂商出现的概率为 p_i,区域 j 被选择的概率则为 $q_j = \sum p_k, k \in K$,其中 K 为所有 $\pi_j^i + g(y_j) >$

$\pi_m^i + g(y_m)$ 的厂商类型。这样,对于 N 个区域,就有一个被选择的概率向量 $q = (q_1, q_2, \cdots, q_N)$。在这样的假设下,设初始每个区域的厂商数为零,随着厂商逐个被"填"入区域,就会形成经济集聚结构。

如果每个区域被选中的概率是给定的,则在不考虑集聚经济的情况下,厂商的区位分布收敛于这个预先给定的概率。比如,对于三个区域的情形,给定它们被选中的概率为 0.5、0.25 和 0.25。在当厂商数达到 197 的时候,它们在三个区位分布的份额为 0.528、0.221 和 0.251,接近预先给定的概率。在此情况下,历史的偶然事件对结果不会有影响,必然性占主导地位。模型的模拟结果如图 1-4 所示。

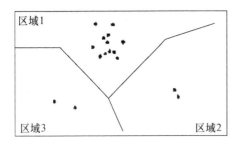
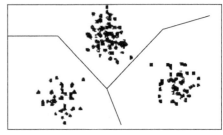

图 1-4 概率给定情况下厂商区位选择结果

如果仅考虑偶然因素所起的作用,即每个新厂商选择某个区域不受以前厂商的影响,也不会影响以后厂商的选择,则模型推演的结果如图 1-5 所示。虽然随着厂商进入,每个区域的产业份额会趋于稳定,但每次演化所呈现的结果都是不同的。由此我们可以看到,偶然性对于产业集聚的影响力。

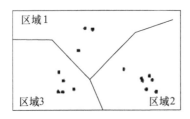
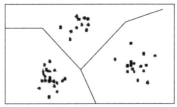
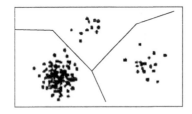

图 1-5 仅考虑偶然因素时厂商区位选择结果

在同时考虑偶然性与集聚效应的情形下,所得到的结果如图 1-6 所示。图左上显示了地理的偏好所起的作用。图右上和图左下显示了厂商集聚所起的作用。图右下显示了另一次模拟所推出的结果。在此情况下,无限的产业集聚过程一定会发生。也就是说,随着厂商的进入,某个区域的厂商会越来越多,最后居于压倒多数的地位。但我们事先又不知道哪个区域最终会胜出,所以历史的作用也相当重要。如果一个区域对多种类型的厂商都有地理的吸引力,则该区域最终更有可能发展成为厂商集聚的核心。

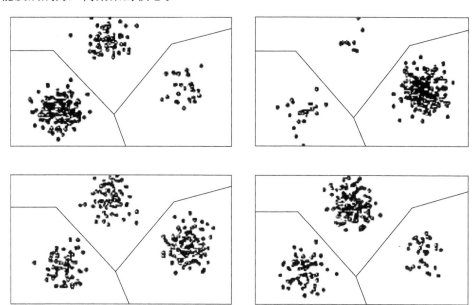

图 1-6 考虑偶然因素和集聚效应厂商区位选择结果

三、两种区位选择模型的异同

(一) 两种区位选择模型的差异

第一,假设条件。

新经济地理学首先假设经济主体的完全理性,这与主流经济学的传统一脉相承。消费者采用柯布-道格拉斯型的效用函数,这隐含了消费者的完全理性,即满足微观经济学关于消费者偏好的所有假设。另外,劳动者的迁移决策也是完全理性的,且只受区域间工资差异的影响。其实,在新经济地理的模型中,虽然有经济的参与者,但他们无差别,都具有同样的特征。决策过程体现在经济总量的变化上,而不存在事实上的微观决策主体。而且,劳动力跨区域流动的决策所依赖的参数也太过单一。

复杂科学则有很好的微观基础,每个厂商的区位选择都是厂商在考虑偏好和集聚所带来的收益后的结果。而且这种偏好以一种概率的形式出现,从而摒弃了经济主体完全理性的前提。阿瑟从认知科学的角度出发,详细地阐述了人类决策过程的有限理性。他认为,在复杂性存在的情况下,完美或演绎理性(deductive rationality)将不复存在。这是因为:我们的逻辑能力是有限的,同时复杂性的相互作用使我们不可能做出完全理性的决策。决策主体不能在预先假设其他主体完全理性的情况下做出决策,所以他不得不在决策之前猜测别人的行为,从而使决策行为建立在一环套一环的主观信念之上。这样,经济学建立在客观性之上的决策机制不复存在了。阿瑟用"归纳推理"(inductive reasoning)来描述人类行为的有限理性(Arthur,1994),即人类决策是动态的学习过程。

但从另一方面来说,复杂科学所建立的模型缺乏经济学基础。在我们惯常的经济学训练中,约束条件下的最大化或者最小化问题似乎是不变的真理,而对于复杂科学的模型处理方法还有些不适应。

第二,均衡。

新经济地理学恪守主流经济学的均衡观念。其人口流动的动态实际上是一种比较静态过程。即由给定的初始条件,计算出相应的真实工资。如果区域间工资有差异,则按照一定规则调整初始参数(人口),看调整后的参数所得的结果是否有使工资差异减小的趋势,直至这样的调整使工资差异为零为止。复杂科学建立的模型不是均衡的概念,而是按照一定规则不断演化的过程。演化的结果纷繁多样,既依赖历史的选择,又依赖集聚的力量。

(二) 两种区位选择模型的相似之处

第一,报酬递增。

报酬递增都是这两个模型的核心。新经济地理学追随新古典经济学报酬递增思想,承袭了 D-S 模型,在垄断竞争一般均衡框架下处理报酬递增,因而为主流经济学所接受。阿瑟的思想则不然,其对于经济学的观点更像一场革命。阿瑟追随扬格、卡尔多报酬递增思想,把报酬递增与非均衡相融合,打破了经济学的均衡分析、理性的"经济人"假设,而代之以有限理性强调经济过程的非均衡特征和历史条件的重要性,从而为现代经济学开创了一个广阔的视角。希克斯(Hicks)曾警告说,承认报酬递增将使大多数经济学理论蒙难。不过,在阿瑟看来,报酬递增的理论并不会破坏标准的经济学理论,而是补充它(Arthur,1996)。

第二,推演结果都有路径依赖的特征。

两个模型的结果中都包含了路径依赖的特征。新经济地理模型的结果显示,在多重均衡的情况下,哪个区域将发生制造业的集聚依赖于初始制造业的份额以及运输成本的大小。而一旦某个区域产生了集聚的力量,这种集聚力可能导致经济在此区域集聚。也就是说,一个区域处于经济的"核心"或是"边缘"可能与当初的初始状况相关。复杂科学模型的结果显示,模型每次演化的结果都是不同的,这与初始的随机性相关。一定的初始"偶然"再加上报酬递增,从而显示路径依赖的特征。

第三,事后决策或者调整。

两个模型都忽略了预期的作用,即决策者只对过去和现在的信息感兴趣。新经济地理模型的人口迁移是针对当前的工资差异的,其人口流动不包含预期的作用,所以,其动态过程类似于进化博弈论中"模仿者动态"。当然,由于新经济地理学的决策过程是以经济总量的方式出现,我们看不到单个主体的决策过程,所以用进化博弈来解释这种人口的动态给人一种牵强或者似是而非的感觉。阿瑟的模型也是一个调整的进化过程。厂商的决策与现有的厂商分布相关,所以是一种"现实的理性主义"(未来无法完全认识,即现实的有限理性)。

第四节 小 结

本章从在一般均衡框架中纳入空间因素、报酬递增思想渊源和基于 D-S 模型的革命以及与复杂科学区位模型比较的角度,对新经济地理学作为空间经济垄断竞争理论的产生、性质、基础做了相应梳理和阐述,以期对新经济地理学发展脉络有一个较为全面、系统、深刻的认识和把握。

新经济地理学对报酬递增条件下"市场扩张—生产专业化产品细分—外部经济加强—分工深化/厂商集聚—市场扩张"的累积因果循环过程的深度演绎构成对斯密-扬格定理的完整注解。报酬递增与运输成本及其变化的结合使得新经济地理学能够科学地揭示倒"U"形的产业集聚/扩散和长期增长规律。产业的区位决定在新古典理论那里来源于先天的差异,包括技术的差异、要素禀赋的差异;而对于新经济地理学,产业的区位决定是模型内生的,包括厂商水平的报酬递增程度、贸易成本的大小等因素。产业的区位由新古典理论的单一均衡发展到新经济地理学的多重均衡,由产业间的专业化发展到产业内和产业间的专业化。国际贸易由新古典理论的产业间贸易发展到了新经济地理学的产业间和产业内的贸易。对于贸易自由化的福利效应,新古典理论认为贸易自由化对所有国家都有利,而新经济地理学的结论是:是否有利还依赖运输成本的大小,即在一体化的中间阶段,会产生核心-边缘模式,这对边缘地区是不利的;在一体化的后期,经济重新回到对称均衡,这样的阶段对核心区域是不利的。

新贸易理论和新增长理论所采用的报酬递增思想为解释空间集聚现象提供了可能的途径。但是,新贸易理论和新增长理论对空间问题如何与报酬递增相结合来解释空间集聚问题却十分有限,相反,新经济地理学则展现了强大的集聚经济解释力。比如,新增长理论虽然对投资促进长期增长的时间动态机制(累积因果循环关系的时间版本)做出了一定的解释,但因为缺少空间变量,也不存在要素流动,因而不能对空间集聚现象提供解释。新贸易理论的问题在于:第一,新贸易理论和传统的贸易理论一样,通过本身特征的差异来解释生产结构的差异;第二,它没有解释为何各个特别产业的厂商倾向于相互接近,从而导致区域专业化;第三,它没有考虑工业化发展的时序性,在现实中发展中国家的工业化发展是快速工业化的波浪渐次从一国流向另一国(Ottaviano and Puga,1998)。

新经济地理学不仅建立了贸易和增长理论的直接联系,而且将贸易和增长相辅相生的机制以及变化的贸易成本对贸易、增长、专业化和分工的非线性影响都完全动态化。从这种意义上来说,新经济地理学不仅构成对贸易和增长理论的重要补充,而且构成对传统经济地理学的重要补充,是对传统经济地理理论的继承、发展和完善。新经济地理学与复杂区位模型在规模报酬递增、路径依赖以及基于历史信息的行为决策方面是一致的,不同的是:第一,新经济地理学基于主流经济学完全理性假设,而复杂区位模型则建立在有限理性基础之上;第二,复杂区位模型的经济演化分析不依赖于均衡解。

参考文献

[1] Aghion P,Howitt P. A Model of Growth Through Creative Destruction[J]. Econometrica,1992,60(2):323—351.

[2] Akamatsu T,Takayama Y,Ikeda K. Spatial discounting,fourier,and racetrack economy:a recipe for the analysis of spatial agglomeration models[J]. Journal of Economic Dynamics and Control,2012,36(11):1729—1759.

[3] Anthony J Venables. Equilibrium locations of vertically linked industries[J]. International Economic Review,1996,37(2):341—359.

[4] Arrow K J. The economic implications of learning by doing[J]. Review of Economic Studies,1962,29(3):155—173.

[5] Arrow,Debreu. Existence of an equilibrium for a competitive economy[J]. Econometrica,1954,22(3):265—290.

[6] Arthur W B. Increasing returns and the new world of business[J]. Harvard Business Review,1996,74(4):100—109.

[7] Arthur W B. Inductive reasoning and bounded rationality[J]. American Economic Reviews,1994,84(2):406—411.

[8] Arthur W B. Positive feedbacks in the economy[J]. Scientific American,1990,262(2):92—99.

[9] Baldwin R E,Krugman P. Agglomeration,integration and tax harmonization[J]. European Economic Review,2004,48(1):1—23.

[10] Baldwin R E,Martin P. Agglomeration and Regional Growth[M]. In Handbook of Regional and Urban Economics,Elsevier,North-Holland,2004.

[11] Baldwin R E,Okubo T. Heterogeneous firms,agglomeration and economic geography:spatial selection and sorting[J]. Journal of Economic Geography,2006,6(3):323—346.

［12］Baldwin R E. Agglomeration and endogenous capital[J]. European Economic Review,1999,43(2):253—280.

［13］Baldwin R,Forslid R,Martin P,et al. Economic Geography and Public Policy [M]. Princeton University Press,2003.

［14］Beckman M J. Von Thunen Revisited: A neoclassical land use model[J]. Swedish Journal of Economics,1972,74(1):1—7.

［15］Brulhart,Marius. Economic geography,industry location and trade: The evidence[J]. World Economy,1998,21(6):775—801.

［16］Desmet K,E Rossi-Hansberg. Spatial development[J]. American Economic Review,2014,104(4):1211—1243.

［17］Dixit A K,Stiglitz J E. Monopolistic competition and optimum product diversity[J]. American Economic Review,1977,67(3):297—308.

［18］Forslid R,Ottaviano G. An analytically solvable core-periphery model[J]. Journal of Economic Geography,2003,3(3):229—240.

［19］Fujita M,Krugman P,Mori T. On the evolution of hierarchical urban systems[J]. European Economic Review,1999,43(2):209—251.

［20］Fujita M,Krugman P,Venables A J. The Spatial Economy: Cities,Regions and international trade[M]. Cambridge:MIT Press,1999.

［21］Fujita M,Krugman P. When is the economy monocentric? von thiinen and chamberlin unified[J]. Regional Science and Urban Economics,1995,25(4):505—528.

［22］Fujita M,Thisse J F. Does geographical agglomeration foster economic growth? and who gains and loses from it? [J]. The Japanese Economic Review,2003,54(2):121—145.

［23］Fujita M,Thisse J F. Economics of Agglomeration: Cities,Industrial Location,and Globalization[M]. Cambridge University Press,Cambridge,2013.

［24］Fujita M,Thisse J F. Economics of agglomeration[J]. Journal of the Japanese and International Economies,1996,10(4):339—378.

［25］Fujita M,Thisse J F. Economics of Agglomeration: Cities,Industrial Location,and Regional Growth[M]. Cambridge:Cambridge University Press,2003.

［26］Gemba K,Kodama F. Diversification dynamics of the Japanese industry[J]. Research Policy,2001,30(8):1165—1184.

［27］Grossman G M,Helpman E. Innovation and Growth in the Global Economy [M]. Cambridge:MIT Press,1991.

［28］Grossman G M,Helpman E. Quality ladders in the theory of growth[J]. Review of Economic Studies,1991,58(1):43—61.

[29] Harris, C. The market as a factor in the localization of industry in the united states[J]. Annals of Association of American Geographers, 1954, 44(4): 315—348.

[30] Helpman E, Krugman P. Market Structure and International Trade[M]. Cambridge: MIT Press, 1985.

[31] Helpman E. International trade in the presence of product differentiation, Economies of scale, and monopolistic competition: a chamberlin-heckscher-ohlin approach [J]. Journal of International Economics, 1981, 11(3): 305—340.

[32] Henderson J V. The sizes and types of cities[J]. American Economic Review, 1974, 64(4): 640—656.

[33] Jones C I. Time series tests of endogenous growth models[J]. Quarterly Journal of Economics, 1995, 110(2): 495—525.

[34] Karl G. An American Dilemma[M]. Transaction Publishers Press, 1995.

[35] Kenneth L Judd. Redistributive taxation in a simple perfect foresight model [J]. Journal of Public Economics, 1985, 28(1): 59—83.

[36] Krugman P, Venables A. Globalization and the inequality of nations[J]. The Quarterly Journalof Economics, 1995, 110(4): 857—880.

[37] Krugman P. Increasing returns, monopolistic competition, and international trade[J]. Journal of International Economics, 1979, 9(4): 469—479.

[38] Krugman P. Intraindustry specialization and the gains from trade[J]. Journal of Political Economy, 1981, 89(5): 959—973.

[39] Krugman P. Scale economies, product differentiation, and the pattern of trade [J]. American Economic Review, 1980, 70(5): 950—959.

[40] Krugman P. Space: The final frontier? [J]. The Journal of Economic Perspectives, 1998, 12(2): 161—174.

[41] Krugman P. The narrow and broad arguments for free trade[J]. The American Economic Review, 1993, 83(2): 362—366.

[42] Krugman P. Geography and Trade[M]. Cambridge: MIT Press, 1993. 115.

[43] Krugman P. Increasing returns and economic geography[J]. Journal of Political Economy, 1991, 99(3): 483—499.

[44] Lucas R E, Rossi-Hansberg E. On the internal structure of cities[J]. Econometrica, 2002, 70(4): 1445—1476.

[45] Lucas R E. On the mechanics of economic development[J]. Journal of Monetary Economics, 1988, 22(1): 3—42.

[46] Marshall A. Principles of Economics[M]. London: Macmillan, 1920.

[47] Martin P, Rogers C A. Industrial location and public infrastructure[J]. Journal of International Economics,1995,39(3—4):335—351.

[48] Martin P, Ottaviano G I P. Growing locations: industry in a model of endogenous growth[J]. European Economic Review,1999(43):281—302.

[49] Martin P. Are European Regional Policies Delivering? [C]. European Investment Bank Papers 4,1999:10—23.

[50] Martin R, Sunley P. Paul Krugman's geographical economics and its implications for regional development theory: a critical assessment[J]. Economic Geography,1996,72(3):259—292.

[51] Meardon S J. Modeling agglomeration and dispersion in city and country: Gunnar Myrdal, François Perroux, and the new economic geography[J]. American Journal of Economics & Sociology,2001,60(1):25—57.

[52] Melitz J. The impact of trade on intra—industry reallocations and aggregate industry productivity[J]. Econometrica,2003,71(6):1695—1725.

[53] Myrdal G. An American Dilemma: The Negro Problem and Modern Democracy[M]. New York: Harper & Brothers,1944.

[54] Myrdal G. An International Economy: Problems and Prospects[M]. New York: Harper and Brothers,1956.

[55] Myrdal G. Asian Drama-An Inquiry Into the Poverty of Nations[M]. New York: Pantheon Press,1968.

[56] Myrdal G. Beyond the Welfare State: Economic Planning and Its International Implications[M]. New Haven: Yale University Press,1960.

[57] Myrdal G. Rich Lands and Poor: The Road to the World Prosperity[M]. New York: Harper and Brothers,1957.

[58] Myrdal, Gunnar. The Challenge of World Poverty: A World Anti-Poverty Program in Outline[M]. New York: Vintage Books,1970.

[59] Ottaviano G I P, Puga D. Agglomeration in the global economy: a survey of the 'new economic geography'[J]. The World Economy,1998,21(6):707—731.

[60] Ottaviano G I P, Tabuchi T, Thisse J. Agglomeration and trade revisited[J]. International Economic Review,2002,43(2):409—435.

[61] Ottaviano G I P. Firmheterogeneity,endogenous entry,and the business cycle[J]. NBER 17433,2011. Ottaviano G I P. Firm Heterogeneity, Endogenous Entry, and the Business Cycle[J]. NBER International Seminar on Macroeconomics,University of Chicago Press,2012,8(1):57—86.

[62] Pflüger M, Südekum J. A synthesis of footloose-entrepreneur new economic

geography models: when is agglomeration smooth and easily reversible? [J]. Journal of Economic Geography,2008,8(1): 39—54.

[63] Puga D, Vernables A J. Agglomeration and economic development: Import substitution versus trade liberation[J]. The Economic Journal, 1999, 109(455): 292—311.

[64] Puga D. The rise and fall of regional inequalities[J]. European Economic Review,1999,43(2): 303—334.

[65] Romer P M. Increasing returns and long-run growth[J]. Journal of Political Economy,1986,94(5): 1002—1037.

[66] Romer P M. Endogenous technological change[J]. Journal of Political Economy,1990,98(5): S71—S102.

[67] Salop S C. Monopolistic competition with outside goods[J]. The Bell Journal of Economics,1979,10(1): 141—156.

[68] Samuelson P. The pure theory of public expenditure[J]. The Review of Economics and Statistics,1954,36(4): 387—389.

[69] Scitovsky T. Two concepts of external economies[J]. Journal of Political Economics,1954,62(2): 143—151.

[70] Starrett D. Market allocations of location choice in a model with free mobility[J]. Journal of Economic Theory,1978,17(1): 21—37.

[71] Tabuchi T, Thisse J F. A new economic geography model of central places [J]. Journal of Urban Economics,2011,69(2): 240—252.

[72] Tabuchi T. Urban agglomeration and dispersion: a synthesis of Alonso and Krugman[J]. Journal of Urban Economics,1998,44(3),333—351.

[73] Uzawa H. Optimum technical change in an aggregative model of economic growth[J]. International Economic Review,1965,6(1): 18—31.

[74] Venables A J. Equilibrium locations of vertically linked industries[J]. International Economic Review,1996,37(2): 341—359.

[75] Zeng D Z. New economic geography with heterogeneous preferences: an explanation of segregation[J]. Journal of Urban Economics, 2008, 63(1): 306—324.

[76] 保罗·克鲁格曼著.发展、地理学与经济理论[M].蔡荣译.北京：北京大学出版社、中国人民大学出版社,2000.

[77] 刘安国,杨开忠."琼斯批评"对内生增长理论发展的影响[J].首都经济贸易大学学报,2008,(04): 102—108.

[78] 谢燮,杨开忠,刘安国.新经济地理学与复杂科学的区位选择模型[J].经济地理,2005,(04): 442—444+448.

[79] 杨开忠,董亚宁,薛领,刘安国等."新"新经济地理学的回顾与展望[J].广西社会科学,2016,(05):63—74.
[80] 杨开忠,薛领.复杂区域科学:21世纪的区域科学[J].地球科学进展,2002(01):5—11.
[81] 杨小凯.经济学原理[M].北京:中国社会科学出版社,1998.
[82] 曾道智,高塚创.空间经济学[M].北京:北京大学出版社,2018.

第二章 新经济地理学发展

1991年克鲁格曼(Krugman,1991)建立了一个一般均衡模型,沿用新贸易理论的基本建模手段,即仍采用D-S模型和差别化产品的假设,将运输成本融入该模型框架中,并令劳动力要素可因工资差异在区域间流动,从而实现了经济学向空间的扩展。该模型的均衡结果可能形成一个区域为产业集聚的核心,而另一个区域为边缘的经济空间结构,所以被称为核心-边缘模型(Core-Periphery Model),克鲁格曼将他所致力研究的学派称为"新经济地理学"。

第一节 Krugman 的核心-边缘模型

一、模型的基本结构

如图2-1所示,模型有两个区域,区域1和区域2。两个部门,制造业部门和农业部门。区域1的制造业部门有 N_1 个厂商,每个厂商都在报酬递增的技术下生产差别化产品,制造业厂商生产的产品的替代弹性为 ε。同理,区域2制造业部门有 N_2 个厂商。消费者将其收入的 $1-\delta$ 部分用来消费农产品,而将其收入的 δ 部分用来消费制造业产品。所消费的制造业产品可能来自本区域,也可能来自另外一个区域。因为消费者的多样化偏好,消费者必定要消费一定量的异地制造业产品,为此需要支付相应产品的运输成本。农产品是无差别的,且无运输成本,因而两个区域的农产品价格是相同的。对于每一个制造业厂商,其唯一的生产要素是劳动力。生产技术的报酬递增,体现在线性的生产函数上,随着厂商规模的扩大,固定成本会分担到更多的产品上,从而使平均成本降低。

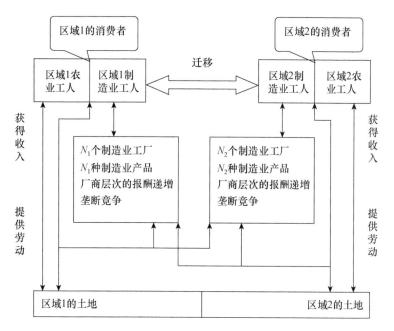

图 2-1 核心-边缘模型的结构

资料来源:Brakman et al,2001.

二、消费者行为

消费者的效用函数为

$$U = F^{1-\delta}M^{\delta}, 0 < \delta < 1 \qquad (2-1)$$

预算约束为

$$F + IM = Y \qquad (2-2)$$

将农产品的价格定为 1,则得到上述预算约束的表达式。制造业产品的消费量以一种综合的形式 M 出现,其价格 I 被称为制造业产品的价格指数。通过简单的最大化过程我们可以得到

$$F = (1-\delta)Y \text{ 和 } IM = \delta Y \qquad (2-3)$$

即消费者用其收入的 $1-\delta$ 部分消费农产品,而将其收入的 δ 部分消费制造业产品。

M 的表达式为

$$M = \Big(\sum_{i=1}^{N} c_i^{\rho}\Big)^{1/\rho}, 0 < \rho < 1 \qquad (2-4)$$

其中,c_i 代表某一制造业产品的消费量,ρ 为替代参数。

预算约束为

$$\sum_{i=1}^{N} p_i c_i = \delta Y \qquad (2-5)$$

其中，p_i 为每种制造业产品的价格。通过最大化过程的一阶条件，我们可以得到如下方程：

$$c_j = p_j^{-\varepsilon}(I^{\varepsilon-1}\delta Y) \qquad (2-6)$$

其中，$I \equiv \left(\sum_{i=1}^{N} p_i^{1-\varepsilon}\right)^{1/(1-\varepsilon)}, j=1,\cdots,N, \varepsilon = \dfrac{1}{1-\rho} > 1 \qquad (2-7)$

这里，有必要对上述表达式进行讨论。根据式(2-6)我们可以看到，对某种制造业产品的需求由4个因素决定：① 消费于制造业产品的收入份额 δY；② 该种制造业产品的价格；③ 替代弹性 ε；④ 价格指数 I。

第一，随着收入的增加，对制造业产品的消费量增加，这是显而易见的。

第二，制造业产品的价格对需求的影响是以一种负指数的方式出现的，这首先说明价格上升导致需求下降，其次说明这种下降的程度是非线性的，还与替代弹性 ε 相关。如果 ε 较大，说明制造业产品的差别化程度较小，容易替代。如果价格升高一点，需求会降低较多。如果 ε 较小，说明制造业产品的差别化程度较高，不易替代，因此价格的上升对需求的影响较小。在有很多种制造业产品的情况下，单一的制造业产品对价格指数的影响可以忽略，则我们可以将表达式(2-6)中的 $I^{\varepsilon-1}\delta Y$ 看作常数，那么就可以通过图2-2直观地看出某一制造业产品价格与需求的关系。

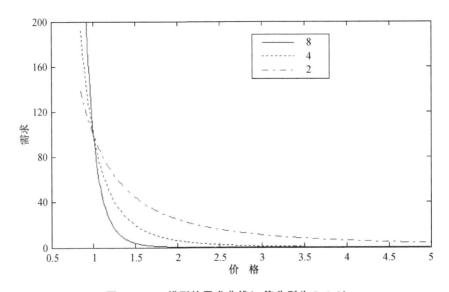

图 2-2　D-S 模型的需求曲线（ε 值分别为 8、4、2）

第三，ε 被称为替代弹性，也就是制造业某一产品的需求弹性。需求弹性的定义是 $-(\partial c_i/\partial p_i)(p_i/c_i)$，将表达式(2-6)代入可以得出其值恰好是 ε。ε 的值大于1，其越接近1，说明需求弹性越小，即产品之间的差别化程度越高。

第四，价格指数 I 反映了制造业整体的价格水平。如果价格指数 I 增加了，说明制造业总体的价格水平相对于某一种产品上升了，则对该种产品的需求也会上升。当然,在表达式(2-6)中,将 I 看作常数是一种近似。实际上,某一种产品价格的变化必然会对价格指数产生影响。不过,如果产品种类足够多,每一种产品的价格变化对价格指数的影响就可以忽略不计了。

三、生产者行为

对于农产品,因为其是在规模报酬不变的技术下生产,所以可以通过适当选择单位使得

$$F = (1-\gamma)L \tag{2-8}$$

其中,$(1-\gamma)$ 表示某区域农业就业劳动力所占的份额,L 指的是某一区域总的劳动力数量。前面已经提到,每一区域有 N 个制造业厂商,它们在报酬递增的技术下生产差别化产品。则某一制造业厂商的生产函数为

$$l_i = \alpha + \beta x_i \tag{2-9}$$

其中,l_i 为生产种类 i 的制造业产品数量 x_i 所需要投入的劳动力。

利润的最大化过程可以用来决定产品的价格,利润函数为

$$\pi = px - W(\alpha + \beta x) \tag{2-10}$$

其中,W 为制造业工人名义工资,用表达式(2-6)中的 c_j 来替换表达式(2-10)中的 x,然后用利润最大化的一阶条件可以得到:

$$p(1 - 1/\varepsilon) = \beta W \tag{2-11}$$

地理经济学的市场结构是垄断竞争的,垄断的含义体现在每个厂商只生产一种产品,产品的差别化决定了该厂商具有一定的垄断力。然而,厂商可以自由进出市场,这意味着每一厂商的利润为零。将利润为零条件代入表达式(2-10)可以得到:

$$0 = px - W(\alpha + \beta x) \tag{2-12}$$

结合(2-11)可以得到每个厂商最优生产规模:

$$x = \frac{\alpha(\varepsilon - 1)}{\beta} \tag{2-13}$$

以及相应的劳动力投入量:

$$l = \alpha\varepsilon \tag{2-14}$$

如果现在该区域从事制造业劳动的劳动力总数为 γL,则该区域制造业厂商数(制造业产品种类数)为

$$N = \gamma L/l = \gamma L/\alpha\varepsilon \tag{2-15}$$

四、运输成本

运输成本采用"冰山"运输成本(Iceberg Transport Cost)。"冰山"运输成本也称"冰山"贸易成本(Iceberg Trade Cost),是一个重要且富有争议的假设(Bosker M,Buringh E,2020),其思想最早可以追溯到空间经济学之父——杜能,1954 年由

萨缪尔森在其《运输问题和运输成本：贸易障碍效应的分析》(Samuelson,1954)一文中明确提出。这一假设将产品运输过程视为冰山移动过程 i，运输成本是产品运达过程中融化掉的部分，是产品运输量的一个比例。"冰山"运输成本虽然牺牲了相当程度的真实性，但简洁优雅，不仅引入运输部门带来的复杂性，而且简化了垄断性厂商如何定价的问题，保证了不变需求弹性。因此，克鲁格曼及其新经济地理学采用"冰山"运输成本技术处理运输成本。

为了一般性，我们首先给出多个区域的情形。经济中的总劳动力为 L，其中 γ 的劳动力从事制造业工作，而每一区域从事制造业工作的劳动力占制造业总劳动力的 λ_s 份额，则根据式(2-15)，区域 s 制造业的厂商数为

$$\lambda_s \gamma L / \alpha \varepsilon \qquad (2\text{-}16)$$

根据式(2-11)，区域 s 的消费者需承担的区域 r 的制造业产品价格为

$$\frac{\beta}{\rho} W_s T_{rs} \qquad (2\text{-}17)$$

其中，W_s 为区域 s 的制造业劳动力工资，T_{rs} 为区域 s 和区域 r 之间的运输成本率。将式(2-16)和式(2-17)代入价格指数的表达式(2-7)中，就可以得到含有运输成本的价格指数方程：

$$I_r = \left[\sum_{s=1}^{R} \left(\frac{\lambda_s \gamma L}{\alpha \varepsilon} \right) \left(\frac{\beta}{\rho} W_s T_{rs} \right)^{1-\varepsilon} \right]^{1/(1-\varepsilon)} = \left(\frac{\beta}{\rho} \right) \left(\frac{\gamma L}{\alpha \varepsilon} \right)^{1/(1-\varepsilon)} \left[\sum_{s=1}^{R} \lambda_s W_s^{1-\varepsilon} T_{rs}^{1-\varepsilon} \right]^{1/(1-\varepsilon)}$$
(2-18)

对于两区域情形，令式(2-18)中的 $R=2, r=1$，则有

$$I_1 = \left(\frac{\beta}{\rho} \right) \left(\frac{\gamma L}{\alpha \varepsilon} \right)^{1/(1-\varepsilon)} \left[\lambda_1 W_1^{1-\varepsilon} + \lambda_2 T^{1-\varepsilon} W_2^{1-\varepsilon} \right]^{1/(1-\varepsilon)} \qquad (2\text{-}19)$$

五、均衡分析

区域 1 的总收入包括制造业劳动力的收入和农业劳动力的收入。制造业劳动力共有 $\lambda_1 \gamma L$，则其总收入为 $\lambda_1 W_1 \gamma L$。区域 1 的农业劳动力总数为 $\varphi_1 (1-\gamma) L$，假设农业劳动力工资为 1，所以区域 1 的总收入为

$$Y_1 = \lambda_1 W_1 \gamma L + \varphi_1 (1-\gamma) L \qquad (2\text{-}20)$$

区域 1 的消费者对本地制造业产品的需求可以根据式(2-6)求得，即

$$(\delta \beta^{-\varepsilon} \rho^{\varepsilon}) Y_1 W_1^{-\varepsilon} I_1^{\varepsilon-1}$$

区域 2 的消费者对区域 1 的制造业产品的需求为

$$(\delta \beta^{-\varepsilon} \rho^{\varepsilon}) Y_2 W_1^{-\varepsilon} T^{-\varepsilon} I_2^{\varepsilon-1}$$

因此，对区域 1 制造业产品的总需求为上述两项之和，为

$$x_1 = (\delta \beta^{-\varepsilon} \rho^{\varepsilon}) (Y_1 W_1^{-\varepsilon} I_1^{\varepsilon-1} + Y_2 W_1^{-\varepsilon} T^{-\varepsilon} I_2^{\varepsilon-1}) \qquad (2\text{-}21)$$

将表达式(2-13)中的 x 代入式(2-21)中，经过整理可以得到如下方程：

$$W_1 = \rho \beta^{-\rho} \left(\frac{\delta}{(\varepsilon-1)\alpha} \right)^{1/\varepsilon} (Y_1 I_1^{\varepsilon-1} + Y_2 T^{-\varepsilon} I_2^{\varepsilon-1})^{1/\varepsilon} \qquad (2\text{-}22)$$

对于区域 2,同样有上述方程。这样,由方程(2-19)、(2-20)、(2-22)所决定的 6 个方程就可以确定经济中的各种变量。

这里我们处理较为简单的情形。我们假设两个区域农业劳动力的份额相等,即 $\varphi_1 = \varphi_2 = 1/2$。并且令式(2-19)和式(2-22)右边的常数项为 1,令 $L=1$ 和 $\gamma=\delta$。这样方程(2-19)、(2-20)和(2-22)简化为

$$Y_1 = \lambda_1 \delta W_1 + (1/2)(1-\delta) \qquad (2\text{-}23)$$

$$Y_2 = \lambda_2 \delta W_2 + (1/2)(1-\delta) \qquad (2\text{-}23')$$

$$I_1 = (\lambda_1 W_1^{1-\varepsilon} + \lambda_2 T^{1-\varepsilon} W_2^{1-\varepsilon})^{1/(1-\varepsilon)} \qquad (2\text{-}24)$$

$$I_2 = (\lambda_1 T^{1-\varepsilon} W_1^{1-\varepsilon} + \lambda_2 W_2^{1-\varepsilon})^{1/(1-\varepsilon)} \qquad (2\text{-}24')$$

$$W_1 = (Y_1 I_1^{\varepsilon-1} + Y_2 T^{1-\varepsilon} I_2^{\varepsilon-1})^{1/\varepsilon} \qquad (2\text{-}25)$$

$$W_2 = (Y_1 T^{1-\varepsilon} I_1^{\varepsilon-1} + Y_2 I_2^{\varepsilon-1})^{1/\varepsilon} \qquad (2\text{-}25')$$

上述 6 个非线性方程有 6 个未知数,于是我们可以通过计算机模拟来求解。上述方程中,可以变化的参数有 T、ε 和 δ,可以通过数学模拟来观察这些参数的变化对经济均衡的影响。

(一) 动态过程

方程(2-22)中的工资指的是名义工资,某区域制造业劳动者的实际工资与当地的价格指数相关,如果定义农产品的价格为 1,那么区域 1 的制造业劳动者的真实工资则为

$$w_1 = W_1 I_1^{-\delta} \qquad (2\text{-}26)$$

通过方程可以决定区域 1 和区域 2 的制造业劳动者的真实工资。如果真实工资存在差异,则允许制造业劳动力在区域之间流动,这就是地理经济学的劳动力调整过程。调整动态可以表达为

$$\frac{d\lambda_1}{\lambda_1} = \eta(w_1 - \overline{w}) \qquad (2\text{-}27)$$

其中,$\overline{w} = \lambda_1 w_1 + \lambda_2 w_2$,$\overline{w}$ 为经济的平均工资。如果区域 1 的制造业劳动者的真实工资大于平均工资,则按照上述原则进行劳动力的调整,直到两个区域制造业劳动者真实工资均等化为止。

(二) 核心-边缘模型的累积因果循环过程

通过对式(2-25)和式(2-26)求全微分,可以得到如下的表达式:

$$(1-\varepsilon)\frac{dI}{I} = \frac{\lambda}{\delta}\left(\frac{I}{W}\right)^{\varepsilon-1}(1-T^{1-\varepsilon})\left[\frac{d\lambda}{\lambda} + (1-\varepsilon)\frac{dW}{W}\right] \qquad (2\text{-}28)$$

$$\varepsilon\frac{dW}{W} = \frac{Y}{W}\left(\frac{I}{W}\right)^{\varepsilon-1}(1-T^{1-\varepsilon})\left[\frac{dY}{Y} + (\varepsilon-1)\frac{dI}{I}\right] \qquad (2\text{-}29)$$

由式(2-28)和式(2-29)并引入新变量 Z,我们得到下式:

$$\left[\frac{\varepsilon}{Z} + Z(1-\varepsilon)\right]\frac{dW}{W} + Z\frac{d\lambda}{\lambda} = \frac{dY}{Y},\ Z = \frac{1-T^{1-\varepsilon}}{1+T^{1-\varepsilon}} \qquad (2\text{-}30)$$

Z 是运输成本的一种组合表达方式,其值在 0~1 之间。如果完全自由贸易,Z 为 0;如果完全没有贸易的可能,Z 为 1。

根据表达式(2-28),我们来考察价格指数对制造业区位选择的影响。首先假设制造业劳动力的供给是完全弹性的,则有 $dw=0$,考虑到 $1-\varepsilon<0$ 和 $T>1$,方程(2-28)说明制造业劳动力的变化 $d\lambda/\lambda$ 会对价格指数 dI/I 产生负效应,我们把这种效应称为价格指数效应。这意味着具有较大制造业部门的区域具有较低的价格指数,其原因在于消费者消费的大部分制造业产品来自本地,这不需要支付运输成本。

再来观察方程(2-30)。首先,仍然假设制造业劳动力的供给是完全弹性的,则有 $dw=0$。根据方程(2-30)我们可以看到,对制造业需求 dY/Y 的 1% 的变化,可以导致 $1/Z\%$($1/Z>1$)的劳动力需求的变化。这说明,有较大的本地市场的区域具有更大的制造业部门,因此成为制造业产品的出口方。这被称为本地市场效应。其次,如果没有制造业劳动力的供给是完全弹性的假设,在劳动力供给曲线斜率向上的情况下,本地市场较大的益处可能要被更高的工资所抵消,也即对制造业具有更高需求的区域需要支付更高的名义工资。

这样,对于具有较大的本地市场的区域,其所支付的名义工资较高(本地市场效应),而相对应的价格指数较低(价格指数效应),从而使该区域所提供的制造业真实工资较高。较高的真实工资吸引劳动力流向该区域,从而实现制造业在此区域的累积因果循环过程(图 2-3)。

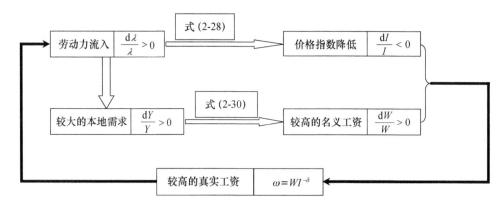

图 2-3　C-P 模型的累积因果循环过程

对于劳动力流动模型,厂商分布的一个变化能够产生两个不同的累积因果循环。第一,当厂商运动时,工人也跟着运动,这种迁移导致了消费的转移。厂商偏好于较大的市场,则消费的转移会导致更多的生产的转移,从而形成了与需求相关的循环累积过程。第二,生产的转移降低了转移目的地的价格指数,假设迁移使真实工资均等化,则最初的变化将降低接收国的名义工资。这种成本的转移或产业竞争力的变化鼓励更多的厂商前往接收国,从而形成成本联系的循环。收入等于要素价格,所以本地增长的资本存量以及国外减少的资本存量导致"消费的转移"。

六、模型的数学模拟结果

（一）运输成本的变化

在运输成本不同的情况下,得到了差别很大的结果。当运输成本率 $T=2.1$ 时,制造业劳动力在两个区域对称分布;在 $T=1.5$ 时,制造业劳动力在一个区域集中;在运输成本为中等时,即 $T=1.7$,会呈现出更为复杂的情况。除了对称均衡是稳定的以外,还有两个不稳定均衡点。这对应着初始某区域制造业工人的份额很高或很低的情况,这可能形成核心-边缘模式,即制造业集中在一个区域。其情况如图 2-4(a)所示。整个制造业在两区域的分布随运输成本变化的关系如图 2-4(b)所示。

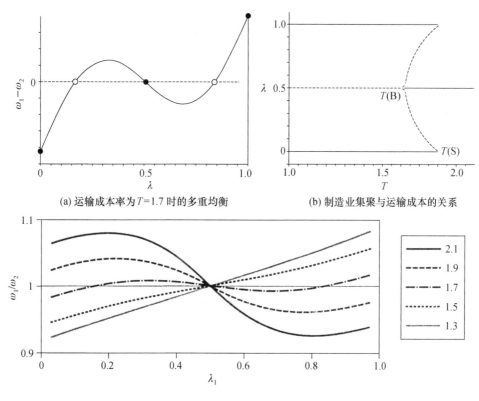

(a) 运输成本率为 $T=1.7$ 时的多重均衡　　(b) 制造业集聚与运输成本的关系

图 2-4　运输成本率 T 变动下均衡点的模拟过程

（二）替代参数 ρ 的变化

在其他参数固定的情况下,改变替代参数 ρ 相当于改变了产品的差别化程度,对应着市场中每一种制造业厂商的垄断能力的变化。当替代参数较低时,相应的替代弹性也较低,对应于制造业产品之间难以替代,这造成了市场中厂商垄断能力的加强和竞争性减弱,从而吸引厂商的进入(图 2-5)。

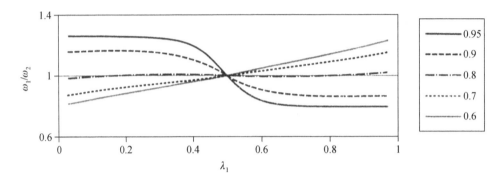

图 2-5　替代参数 ρ 的变化对两区域模型造成的影响
资料来源:Brakman S,Garretsen H,Marrewijk C V,2001.

(三)制造业产品消费份额 δ

δ 的降低,意味着劳动者消费在制造业产品上的份额降低。这说明可移动劳动力的收入更加受不可移动的农业部门的影响,从而导致分散均衡是全局稳定的,即只有在图 2-6 中的中点是稳定均衡点。

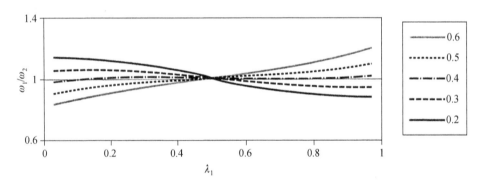

图 2-6　制造业产品消费份额 δ 的变化对两区域模型造成的影响

七、核心-边缘模型总结

核心-边缘模型假设世界经济中仅存在两个区域和两个部门——报酬不变的农业部门和报酬递增的制造业部门。农业工人在这两个区域均匀分布,农业工资处处相同;制造业工资的名义值和实际值则存在地区差异,因而制造业工人视实际工资的高低从低工资区域向高工资区域流动。它通过将报酬递增条件下的制造业份额与流动工人的份额加以内生,得出区域生产结构随运输成本变化而呈现出非线性关系的规律。模型显示,在中等水平的运输成本下前向与后向联系的效应最强;一个区域的制造业份额越大,价格指数越低,厂商能够支付的工资越高,越能吸引更多的制造业工人。在这种情况下,经济的对称结构变得不可持续,从制造业原本均匀分布的经济中将逐渐演化出一种核心-边缘结构。核心占世界产业的份额大于其占世界要素禀赋的份额,由于制造业报酬递增的缘故,它将成为制成品的净出口者。由于在这里区域(或国家)的大小及其演变都是内生的,由这一模型得出的结论比一开始就假定国家大小是外生给定的新贸易模型大大前进了一步,也更加具有说服力。

第二节 新经济地理学模型拓展

克鲁格曼(Krugman,1991)核心-边缘模型是新经济地理学的基础和核心。该模型展示外部条件原本相同的两个区域是如何在报酬递增、人口流动与运输成本交互作用的情况下最终演变出完全不同的空间结构。然而,由于许多经济活动的区位选择问题在核心-边缘模型中未能体现或解释,因此,20 世纪 90 年代以来,基于克鲁格曼的研究(Krugman,1991),针对不同区位选择问题,人们开发了不同但均具克鲁格曼建模基本特征的拓展模型,主要包括基于生产结构修改的模型、基于生产要素修改的模型、基于运输成本和空间处理方式修改的模型、基于动态修改的模型以及"新"新经济地理模型。下面,简要介绍前四类拓展模型,"新"新经济地理模型则留待专章讨论。

一、基于生产结构修改的新经济地理学模型

这一拓展集中在三个方面:第一,对生产函数进行修正,允许更多的生产要素进入模型。第二,引入中间品部门,体现前向和后向联系对经济集聚的作用。第三,采用不同于 D-S 模型的准效用函数。

Brakman(1996)等的模型,修正了制造业的生产函数,并将拥挤效应的负反馈过程引入模型。其典型的制造业生产函数为 $l_{ij} = \alpha(N_j) + \beta(N_j) x_i$,其中 l_{ij} 是区域 j 生产 x_i 单位的产品所需要投入的劳动,N_j 是区域 j 制造业的厂商数。这样的生产函数仍然包含了厂商水平的规模报酬递增,然而,因为固定成本 $\alpha(N_j)$ 和边际成本 $\beta(N_j)$ 在两个区域是可能变化的,则厂商的生产函数乃至生产成本会因为不同区域的厂商数的不同而不同,这导致了模型中的另外一种集聚力的来源。在该模型中,可以假定随着 N_j 的增长,边际成本和固定成本都会上升,这隐含了因为集聚所产生的拥挤、地价上升等现象。拥挤效应是导致较小区域也具有生存能力的原因。

第二方面的扩展假设:制造业厂商产出的很大一部分并不是作为最终产品提供给消费者的,而是作为其他厂商的中间投入品。在现实中,很多厂商的生产特征

的确如此。对于这样的假设条件的好处在于,对于国际贸易的现实状况,国家之间劳动力是不可流动的。这样厂商之间偏好集聚在一起不仅是因为劳动力供给的需求联系或者内生消费者市场所产生的金钱外部性,而且因为投入-产出联系。该思想与赫尔希曼(Hirschman,1958)的前向和后向联系相通。其核心思想是:企业间的上下游联系对所有厂商都有益。如果上游企业是报酬递增的,对其产品的需求可以促使其在更大规模下生产,上游企业可以从规模经济中获益。而对于下游企业,上游企业更高效率地生产有助于降低下游企业的投入品价格,从而对下游企业也是有利的。在这里,劳动力假设不可在区域间流动,只能在区域内的不同部门间流动。

维纳布斯(Venables,1996)提出了一个通过产业的上下游联系产生集聚过程的模型。该模型有两个不完全竞争的上下游产业和两个区位。每个区域有三个部门,一个是完全竞争的部门,另外两个是垄断竞争的部门且纵向联系,某一个部门的产品成为另一部门的投入品。一个部门产品的需求量由另一部门决定,同时另一部门的生产成本则由该部门决定。该模型的结果是:当运输成本高(产业必须接近消费者)或低(要素价格决定区位)时,生产发生在两个区位。不完全竞争和运输成本在上下游企业之间创造了前后向联系。而在贸易成本处于中间状态时,这种联系决定了区位。模型存在多重均衡,一些均衡导致在一个区域的集聚。运输成本从高向低变化导致集聚以及经济结构和收入的分异;进一步的减少可能导致集聚和收敛。

藤田等(Fujita and Hamaguchi,2001)为了更为真实地再现当今发达国家市场结构的特征,在其模型中引入了中间产品部门。纵观发达国家的经济,中间产品部门的作用与日俱增,尤其体现在发达国家的大城市中。在许多发达国家,对专业化的生产者服务的需求大大增加,这包括金融服务、信息服务、法律服务、管理、广告、保险、人力资本培训等。例如,从1970年到1990年,美国生产者服务业就业的年增长率为4.77%,日本是4.29%,德国是2.55%,与此同时,总就业的增长率要低得多。大城市发达的生产者服务业正是当今这些城市吸引各类厂商进入的原因之一,也是这些大城市新一轮发展的源泉,引入中间产品部门有一定的现实意义。

与核心-边缘模型不同的是,藤田模型(Fujita and Hamaguchi,2001)有三个部门,农业部门、制造业部门和中间产品部门。制造业产品是在报酬不变的技术下生产的,所需的投入品包括劳动力和中间产品。中间产品的生产则是报酬递增的,仅仅需要劳动力作为投入品。在这样的市场结构下,制造业与中间产品部门的纵向联系成为集聚的源泉。该模型是通过中间产品的种类以及它们的运输成本来实现集聚的,所以该模型从核心-边缘模型的消费者对多样化偏好转向了制造业对中间产品多样化的偏好。模型的结果显示,该模型可能产生两种结果。第一,被称为"一体化城市均衡"。制造业部门和中间产品部门都集聚在一个城市,并向另一城

34

市出口制造业产品。第二,"中间产品部门专业化均衡",即中间产品部门集聚在一个城市,制造业是分散分布的,其生产的产品都是为了满足本地市场。当中间产品的贸易成本较高时,可能产生一体化的城市均衡。当中间产品的贸易成本较低时,则可能产生中间产品部门专业化的均衡结果。

胡大鹏(HU Dapeng,2002)在研究了中国的经济特征之后,在其模型中创造性地引入了农村非正式工业部门(乡镇企业),试图解释中国经济中的一些特殊情况。模型的市场结构可分为农村和城市。农村有两个部门:农产品部门和农村非正式工业部门;城市有两个部门:制造业部门和中间产品部门。农村非正式工业部门在规模报酬不变的情况下使用低技术劳动力生产 R 产品。中间产品部门使用高技术劳动力在规模报酬递增的情况下生产中间产品。而制造业部门使用低技术劳动力、R 产品和中间产品作为投入品在规模报酬不变的情况下生产制造业产品。

关于第三方面扩展,奥塔维诺和蒂斯(Ottaviano and Thisse,1998)采用了不同于 D-S 模型的准效用函数来表达消费者偏好。其效用函数是:

$$U(q_0;q(i),i\in[0,N])=\alpha\int_0^N q(i)\mathrm{d}i-\frac{\beta-\gamma}{2}\int_0^N[q(i)]^2\mathrm{d}i-\frac{\gamma}{2}\left(\int_0^N q(i)\mathrm{d}i\right)^2+q_0$$

(2-31)

其中,$q(i)$ 是某一种类产品 $i\in[0,N]$ 的消费量;q_0 为计量单位。参数 $\alpha>0,\beta>\gamma>0$。α 代表对差别化产品的偏好强度,$\beta>\gamma>0$ 代表消费者对多样性的分散消费的偏好。假设个人消费差别化产品的总量为 Nq,如果在区间 $[0,x]$ 消费单位产品而在 (x,N) 消费量为零,则在 $[0,x]$ 的密度函数为 Nq/x,则上述方程变为

$$\begin{aligned}U&=\alpha\int_0^x\frac{Nq}{x}\mathrm{d}i-\frac{\beta-\gamma}{2}\int_0^x\left(\frac{Nq}{x}\right)^2\mathrm{d}i-\frac{\gamma}{2}\left[\int_0^x\frac{Nq}{x}\mathrm{d}i\right]^2+q_0\\&=\alpha Nq-\frac{\beta-\gamma}{2x}N^2q^2-\frac{\gamma}{2}N^2q^2+q_0\end{aligned}$$

(2-32)

可以看到,当 $x=N$ 时效用最大,这说明当 $\beta>\gamma>0$ 时二次效用函数反映了对多样性的偏好。给定 β 值,γ 表达了种类之间的替代性,γ 越高,替代性越强。在这样的效用函数下,厂商的定价行为不但受竞争者数量的影响,而且还受到地理区位的影响。其模型的另一特别之处在于,运输成本并非体现在对运输货物的消耗上,而是使用其他资源。该模型考虑了不同的定价策略对经济活动集聚的影响。

二、基于生产要素修改的新经济地理学模型

为了处理问题的方便,克鲁格曼核心-边缘模型假设劳动力为唯一的生产要素,这与真实情况显然不符。针对这种情况,后来的新经济地理模型不少对此进行了改进,并主要集中在两个方面:一是将劳动力细分为高技术劳动力和低技术劳动力;其二是引入其他生产要素,如土地和资本。

奥塔维诺等(Ottaviano et al.,2002)的模型有两个区域、两个部门和两个特别的要素。传统部门雇用无技术劳动力在完全竞争和自由贸易的情况下生产同一种产品,现代部门雇用技术劳动力在垄断竞争和有贸易成本的情况下生产差别化产品。为了与现实相契合,模型假设技术劳动力的流动性较无技术劳动力的流动性高。该模型显示,在低的运输成本的情况下,技术工人的流动导致现代部门集聚在一个区域,这是因为技术工人迁入的需求效应超过了现代厂商流入的竞争效应。

弗斯里德(Forslid,1999)也将劳动力分为技术劳动力和无技术劳动力。不过他将技术劳动力看作人力资本。模型的农业部门仅雇用非技术劳动力,他们在区域间是不可流动的。垄断竞争的现代部门既雇用技术劳动力又雇用非技术劳动力。技术劳动力 L^S 可以自由流动,但仅仅进入固定成本,它可以被理解为 R&D 的成本。非技术劳动力 L^U 进入制造业生产函数的可变成本。该模型的运行结果是,人力资本的流动可以导致集聚。

Baldwin(1999)提出一个更为简单的模型,将资本引入模型,并成为模型体现集聚与分散的关键。其集聚力来源于需求联系,即对未来具有预期能力的主体的内生资本。经济的运行试验是这样的:厂商拥有一定量的资本,资本与资本拥有者都不能跨国流动。经济从一个长期的均衡开始,假定本地厂商的利润有一个小幅上升,相应外国厂商的利润有一小幅下降。资本存量不能突然变动,所以利润变化增加了本地租金率,降低了外国的租金率。这种租金率的差异鼓励了本地资本的形成(即新厂商进入)。

在胡大鹏(Hu Dapeng,2002)的模型中,生产要素包括技术劳动力、非技术劳动力和可耕种的土地。由于土地要素的本身特征,所以它通常是模型分散力量的来源。农业部门使用非技术劳动力和土地来生产农产品。制造业部门也使用技术劳动力,农业部门和制造业部门都是规模报酬不变的,只有中间产品部门才在规模报酬递增的情况下使用技术劳动力生产中间产品。不过,尽管制造业部门的技术是规模报酬不变的,但因为中间产品的引入,其仍然隐含了规模报酬递增的特性,该特性与中间产品的种类数相关。制造业的生产函数如下

$$M_1 = L_{M1}^{1-\alpha-\beta} \left\{ \left[\sum_n S_j^{(\varphi-1)/\varphi} \right]^{\varphi/(\varphi-1)} \right\}^\alpha R_1^\beta \tag{2-33}$$

如果每种中间产品的投入量都相等,则有

$$M_1 = n^{\frac{\varphi\alpha}{\varphi-1}} L_{M1}^{1-\alpha-\beta} S_j^\alpha R_1^\beta \tag{2-34}$$

如果每种投入品都增加 1 倍,则产出变为原来的 $2n^{\frac{\varphi\alpha}{\varphi-1}}$,很显然大于 2,这种制造业所呈现的规模报酬递增来源于中间产品部门种类数的增加。中间产品种类数 n 越大,所呈现的规模报酬递增的程度越高,这就是制造业生产对中间产品多样化偏好的含义。

三、基于空间处理方式修改的模型

新经济地理学建模的目的是反映经济在空间的演化规律,那么经济的空间结构就成为其最为关键的问题。纵观新经济地理学的模型,各模型的空间结构仍处于较为简单的形式,在二维连续空间上探讨经济的集聚或者分散问题的模型较少。

最初的两区域模型假设每个区域的农业是均匀分布的,而制造业集中在其中的一点。制造业在城市中简化为一点,这虽然不影响其对制造业在不同城市的集聚的解释,但却不能展示制造业在城市空间是如何分布的。其后的三区域模型(Fujita et al.,1999)、连续的环状空间模型(Krugman and Venables,1995)也不过是在连续的农业空间上分布的多个城市节点,其思路仍然没有改变。

藤田等(1996)建立的模型对此进行了很好的描述。空间是一维的、同质的和无限的。两个区域各在河的两岸,土地量是相同的并不可移动。劳动力作为唯一的生产要素可以自由流动,每个工人拥有一单位的劳动。工人可以改变工作和区位。一个区域成为产业集聚的核心的驱动力仍然来源于生产的报酬递增、运输成本、本地市场效应等。假设区域1在初始时已经因为某种原因形成了经济活动的集聚,区域1专业化于制造业产品并出口制造业产品用来交换农产品。经济中有两个港口,分别在两个区域中,两个区域的距离为c。

现在假设区域1增长。这创造了更大的市场,由于本地市场效应,从而吸引经济的更加集中。随着人口增长,更多的土地将要被占用。最终,区域2土地变得具有吸引力,区域2与城市间的距离小于区域1农业土地的边缘到城市之间的距离。如果l是城市与土地边缘的距离,则要求$l>b+c$,其中,$b+c$为区域2到城市的距离。区域2的新土地将在区域2的港口两边被开发。最终,如果人口继续增长,制造业生产和农业生产需要运输更远的距离。在某些地方城市可能出现,只要新建生产的成本小于进口制造业产品的成本。

港口潜在的区位优势是明显的。有趣的是新城市不一定会出现在港口。新城市到底在哪里出现依赖于b、c、运输成本率和经济中的其他因素。

该模型所体现的新经济地理核心基础模型的特征仍然存在,制造业更为复杂的运输成本大体上不会改变主要结论,尽管在细节上可能依赖具体的运输成本的设定。

藤田等(Fujita and Hamaguchi,2001)的模型是建立在一个无界的一维空间上的,其上均匀地分布着土地,单位的距离具有1单位的土地。农业的生产需要劳动力和土地。中间产品的生产发生在经济的核心,制造业产品的生产一部分在经济的核心,剩余的部分在农业腹地上分布。各种产品在空间上的运输都存在运输成本,运输成本与运输远近相关,1单位的产品从x运到y仅有$e^{-\tau|x-y|}$的部分到达目的地。在这样的假设条件下,我们就可以观察到制造业在经济空间的分布如何随

着运输成本的变化而变化了,如图 2-7 所示。

Stelder(2000)建立了一个西欧超过 2800 个区域的地理网格系统,用来观察模型是否能够模拟出现实的城市分布情况。模型对网格中处于内陆、邻海及交通节点的区域间的运输成本做了特别的区别处理,通过沿用藤田等(1996)的模型思路,模拟出了欧洲区域集聚的图景。模型产生的最后城市分布比现实情况更为平均。模型对现实的模拟能力并不理想,但这是合理的。因为,城市形态并非完全由经济要素决定,社会、历史也对城市的形成有至关重要的影响。所以该模型的目的是要澄清纯经济要素对城市的形成过程能够有多大贡献(Brakman et al.,2001)。

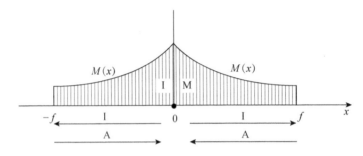

图 2-7　经济中制造业在空间的分布

资料来源:Krugman and Venables,1995.

胡大鹏(Hu Dapeng,2002)的模型将经济的空间结构处理为两个本国区域和一个国外区域,本国区域分为沿海与内地,沿海与内地的差异体现在它们与外国的贸易成本的差异。国外为本国的两个区域提供中间产品,并从本国的两个区域进口制造业产品。本国的两个区域都包含农村和城市,但该模型也如一般的新经济地理学模型一样,没有给出更为细致的空间结构。该模型说明了各部门各区域是如何生产的,却没有说明生产在空间上是如何分布的,它只是简单地说明,农业产品和非正式工业产品都是在农村生产的,中间产品和制造业产品都是在城市生产的。

在《自组织经济》(Krugman,1996)和《空间经济》(Krugman,Fujita,1999)这两本书中,克鲁格曼等人介绍了连续经济空间的建模和计算机模拟。他们的模拟结果显示,连续空间的经济分布因为报酬递增(正反馈)、运输成本(负反馈)、要素流动性及其相互作用而表现出以下主要特点:① 当运输成本很高时,制造业活动将会有相对多的、规模相对小的集中。② 商品间的替代弹性越大,作为距离的函数的商品贸易量下降越快,经济倾向于形成相对多的集聚。③ 制造业份额较高的经济倾向于形成数量有限但规模较大而非数量众多的小规模的集聚。这是因为,制造业在生活成本指数中的份额越大(前向联系)以及流动人口(及其收入和需求)的份额越大(后向联系),由产业集中所形成的前向和后向联系越强。④ 经济活动在不同层次上的集聚形成具有一定规则性的空间秩序或空间格局,同一层次的经济集聚基本上按相同间隔在空间上发生(Fujita,Krugman and Venables,1999)。由此可见,连续空间的模型所包含的内容更为丰富,它不仅探讨"集聚是否会发生",

而且探讨"会有多少个集聚形成以及它们会表现出怎样的空间位置关系"(刘安国,2002)。

四、基于运输成本修改的新经济地理模型

对于核心-边缘模型,不同运输成本情况下的均衡情况如图 2-8 所示。该图表明,在农产品不存在运输成本的情况下,当运输成本较低时,制造业呈现核心-边缘的集聚模式;而当运输成本较高时,制造业对称分布。当考虑到农产品也存在运输成本时,经济均衡时制造业的空间分布如图 2-9 所示。当运输成本处于中间阶段时,制造业集聚在一个区域。当运输成本较低时,因为农产品的生产是均匀分布的,对农产品的需求使得经济并没有呈现集聚的空间结构,而是呈现对称分布的态势。

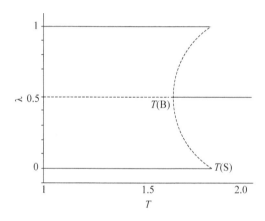

图 2-8 农产品无运输成本时的经济分叉

资料来源:Fujita,Krugman and Venables,1999.

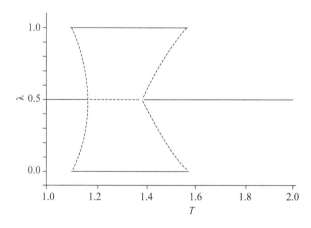

图 2-9 农产品有运输成本时的经济分叉

资料来源:Fujita,Krugman and Venables,1999.

由于国界以及语言和文化等方面的差异对人口流动构成相当大的障碍,上述以要素流动性假设为基础的人口集中所引致的集聚一般只适用于国内范围的空间集聚研究。为研究国际层次的经济活动分布,维纳布斯(Venables,1996)凭借产业间的直接"投入-产出"联系假设建立起国际专业化模型。该模型运行的结果是,在很高的运输成本下,制造业活动将趋于发散,对称均衡为稳定的,且是唯一的;在运输成本取中间值时,集聚开始发生;当运输成本足够低时,又恢复为稳定的对称均衡。这一过程如图2-10所示。与之对应的真实工资演化过程如图2-11所示。

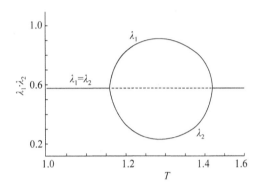

图 2-10 农业报酬递减情况下的经济分叉

资料来源:Fujita,Krugman and Venables,1999.

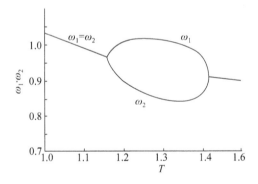

图 2-11 农业报酬递减情况下的真实工资

资料来源:Fujita,Krugman and Venables,1999.

在运输成本上的拓展包括对农业产品的运输也需要承担运输成本。对农产品施加运输成本为模型提供了另一个分散的力量。这可能并非显而易见,因为这种运输成本有两个效应。第一,进口农产品的区域具有更高的工资。如果两个区域都生产同质的农产品,则工资的差异仅依赖于运输成本的大小。对于进口区域(比如区域1),消费在农产品上的工资是区域2的T倍(T是农产品的运输成本率)。这种效应增长了区域1的工资水平,使得该区域更具有吸引力。第二,价格指数也增长了,因为区域 1 更为昂贵地进口了农产品,导致生活成本上升。可以证明第二个效应占主导地位,因为其影响是对区域 1 的所有消费者的。该模型相对于核心-边缘模型而言,经济更有可能呈现分散均衡的结果。

在胡大鹏的模型中,随着贸易成本的降低,制造业有向沿海集聚的趋势,并且沿海与内地的运输成本越高,制造业向沿海集聚的趋势越明显。该过程如图 2-12、图 2-13 所示。在其模型中,最为特别的发现是,当贸易可接近性很小时,高的运输成本对应着低的集聚水平。运输成本的存在对内地是不利的,因而如果运输成本越高对内地越不利,集聚的水平应当越高。然而,在图 2-12 中,当 $1/\tau<0.45$ 时,$T=2.0$ 的曲线事实

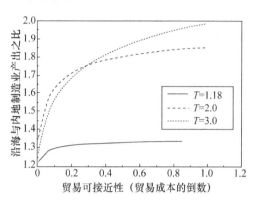

图 2-12　贸易可接近性与制造业的集聚
资料来源：Hu Dapeng,2002.

上在 $T=3.0$ 的曲线之上,此现象被称为"运输成本的反效应"。当本地可接近性($1/\tau$)从 0.1 增加到 0.45 时,内地在国际贸易中的不利地位下降,这使得曲线向下倾斜(图 2-13)。然而,当运输成本继续下降时,两个区域的商品价格的差异减小,这使得分散力减弱,所以制造业向沿海集聚的程度更为强烈。在此情况下,运输成本的进一步降低对内地是不利的,保持较高的运输成本事实上保护了内地的制造业。而当运输成本继续降低时,大量的高技术劳动力向沿海聚集,大量的低技术劳动力向城市迁移,这使得沿海的拥挤效应足够强,从而降低了沿海的真实收入并抬高了制造业产品的价格。这使得集聚水平呈下降趋势(Hu Dapeng,2002)。

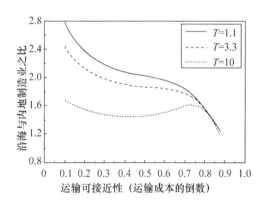

图 2-13　国内贸易条件与区域差异
资料来源：Hu Dapeng,2002.

五、基于动态修改的新经济地理模型

罗默(1990)的新增长理论是采用 D-S 模型研究经济增长的先驱,但其模型没有空间的含义,因而被称为 D-S 模型的时间版本。将 D-S 模型的时间版本和空间版本融合到一个模型中,就能够同时考察经济集聚与经济增长的相关关系。因为模型中包含了时间和空间变量,使模型过程相当复杂,因此大多数模型都做了较为严格的模型设定。

Martin 和 Ottaviano(1996)给出了一个跨时、有产业联系的新经济地理模型。模型由两个国家和三个部门组成:一个为完全竞争,一个为垄断竞争,另外一个是 R&D 部门,它也是完全竞争的,使用差别化的、专业化的生产者服务作为唯一的投入品来发明新的工业产品种类。经济的集聚导致增长率的提高。贸易成本的缩减能够导致集聚和更快的增长。

Martin 和 Ottaviano(1999)以及 Baldwin, Martin 和 Ottaviano(1998)给出了一个知识溢出导致的经济增长的过程,即将经济的内生增长与新经济地理学的模型相融合,其模型不包含劳动力的流动。如果知识溢出只是本地化的,厂商在核心区域的集聚可能刺激增长。在增长模型中,累积因果机制被加强了,整个经济的知识溢出不会影响区域增长率,因为每个人都可以从同样的知识溢出中获益。

Baldwin 和 Forslid(2000)给出了一个包含劳动力流动的内生经济增长模型。它将跨时最优化的动态框架与新经济地理学的核心模型相融合来解释人均投入的增长。该模型给出了经济一体化、制造业生产的区位选择与经济增长的相互作用的一个解释。技术的外部性或者知识溢出是模型的驱动力。生产制造业的某一产品种类需要一定量的资本作为固定成本,以一定量的劳动力作为可变成本。资本可以被看作根植于制造业设备中的知识,它们在区域间是不可流动的。制造业所需要的资本由投资部门生产,仅使用劳动力作为投入品在完全竞争的技术下生产。投资部门可以从技术的外部性获益。随着产出增加,投资部门的单位劳动力需求将减少,这是导致长期经济增长的源泉。因此,制造业的区位选择将会影响知识溢出的程度,从而影响经济增长。劳动力的迁移仍然依赖真实工资,但因为是跨时模型,真实工资其实包含对未来的预期行为。该模型的结果是:第一,经济的集聚情况与核心-边缘模型相同。所不同的是,经济的集聚强度伴随着制造业种类数的增加而不断增长。第二,在不同的知识溢出参数与不同的运输成本下,可以得到不同的稳定结果:① 分散是稳定均衡而集聚不是稳定均衡;② 集聚是稳定均衡而分散不是稳定均衡;③ 集聚和分散都是稳定均衡,如图 2-14 所示。

藤田和蒂斯(Fujita and Thisse, 2002)提出一个两个区域的经济内生增长模型,该模型在核心-边缘模型中加入了 R&D 部门,使用熟练劳动力为现代部门创造新的产品种类,消费者具有预期能力。具体地说,经济中包括两个区域 A 和 B,三个生产部门,即传统部门、现代部门和创新部门。同质的传统部门产品规模报酬不

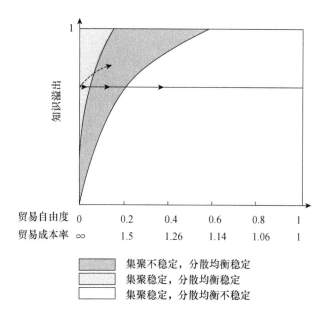

图 2-14 贸易自由度/贸易成本率与知识溢出

资料来源：Baldwin and Forslid,2000.

变,且完全竞争,可在两个区域间无成本运输,垄断竞争的现代部门的产品在区际运输有交通成本($T-1$)。有两种生产要素,非熟练劳动力(L)和熟练劳动力(H)。传统部门和现代部门均使用非熟练劳动力,而创新部门使用熟练劳动力。每一个非熟练劳动力被赋予 1 单位 L 劳动/单位时间,不可移动。每一个区域在时间上拥有等量的非熟练劳动力($L/2$),其中 L 为常数。每一个熟练劳动力被赋予 1 单位 H 劳动/单位时间,以一个正的成本(比较低)在区际流动。整个经济的熟练劳动力总量在时间上为一常数,且标准化为 1,从而 L 可解释为非熟练劳动力与熟练劳动力的相对规模。

所有工人具有相同的瞬时效用函数

$$u = \frac{Q^\mu T^{1-\mu}}{\mu^\mu (1-\mu)^{1-\mu}}, \quad 0 < \mu < 1 \quad (2\text{-}35)$$

其中,T 为同质的传统部门产品消费量,而 Q 为现代产品的消费量指标：

$$Q = \left[\int_0^M q(i)^\rho di\right]^{1/\rho}, \quad 0 < \rho < 1 \quad (2\text{-}36)$$

M 为时点 t 全球经济中可得现代产品的总量,而 $q(i)$ 代表产品种类 i 的消费量,$i \in [0, M]$。对于 R&D 部门来说是完全竞争的,可以从技术溢出中获益,使用熟练劳动力生产新产品所需的专利。假设研究者的生产率随以往思想和方法的总资本增加而上升。区域 r 的知识资本为 K_r,则每个在区域 r 的熟练劳动力的生产率由 K_r 给出。当区域 r 的熟练劳动力份额为 λ_r,单位时间内区域 r 生产的专利数量为

$$n_r = K_r \lambda_r \quad (2\text{-}37)$$

经过对知识资本的假设,由式(2-37)得到

$$g(\lambda) = \lambda k_A(\lambda) + (1-\lambda)k_B(\lambda) \tag{2-38}$$

其中,$k(\lambda)=K_r/M$。此为经济中产品种类数量的增长方程。

对于熟练劳动力而言,其迁移有成本,将影响到个体的一生效用。

在上面的假设条件下,对技术溢出的两种极端情形进行分析。

第一种极端情形,假定新产品所需的专利可以无成本地在区际转移。这种情况下,集聚经济非常强大,整个R&D活动总是集中于单一区域;另外,现代部门全部或者部分集聚在与R&D部门相同的区域。

$$\tau^{\sigma-1} > (\sigma+\mu)/(\sigma-\mu) \tag{2-39}$$

具体地说,若式(2-39)成立,核心区域包括整个创新部门和大部分的现代部门,有

$$\tau^{\sigma-1} \leqslant (\sigma+\mu)/(\sigma-\mu) \tag{2-40}$$

而当式(2-40)成立时,核心区域包括整个创新部门和现代部门。当交通费用参数 τ 向1下降时,空间格局从一种模式向另一种模式平滑转化。

第二种极端情形,一个区域发展的专利不能转移到另一个区域,大概由于采纳新技术的社会与文化障碍的存在。此时,得到与藤田等(M. Fujita, P. Krugman and A. Venables,1999)的静态核心-边缘模型本质上相似的结果。那就是,给定"无黑洞条件"成立,即

$$\sigma-1 > \mu \tag{2-41}$$

当(现代部门产品的)交通费用足够低,核心-边缘结构(创新和现代部门完全集聚于一个区域)是稳定的。随着熟练劳动力的知识外部性更地方化或消费者的主观折现率的提高,核心-边缘模型稳定时的交通费用的值域将扩大。而且,当主观折现率足够高时,即使交通费用无限高,对称的空间结构也会变得不稳定。

两种情况下,在多区域水平上R&D部门的存在都表现为强大的向心力。这样一个结果似乎证实了增长和集聚将比肩而行的思想。而且模型的福利分析发现,集聚引致的额外增长会导致帕累托改进,这一点与前面的模型都不一样。具体地说,当经济从分散转向集聚时,创新的增长速度更快。结果,给定集聚引起的增长效应足够强,即使是边缘区域的人们也会比在分散的时候福利增加。当然,居住在经济核心区域的非熟练劳动力比边缘区域的福利水平要高。因此,在此出现的是这样一种情况,因为集聚产生更多的增长,任何人都可得到更好的福利;只是,分别居住在核心和边缘区域的差距将变大。

第三节 新经济地理学实证研究

新经济地理学由于存在多重均衡现象,相应实证研究面临较大困难。库姆斯等(Combes,Mayer,Thisse,2008)试图将已有研究整合到一个基于利润方程的一

般框架,并据此指出了新经济地理学实证研究的五大策略,即分别考察厂商的区位选择过程、本地市场效应、要素价格(工资方程)、人口迁移、空间结构的稳定性,所有这些策略均以市场可达性(市场潜能)作为一个主要的解释变量。在长期的空间均衡下,区际利润差为零。实现区际利润均等的长期空间均衡一般可以通过两种方式,一是厂商重新选择区位,从市场通达度较差的地区向市场潜能较大的地区集聚;二是通过提高工资水平等生产成本来抵消核心区域的高市场接近性。库姆斯等(Combes,Mayer,Thisse,2008)的工作重点在于探讨与新经济地理理论模型密切相关的参数检验,而对新经济地理应用方面的实证研究较少涉及。因此,我们在总结新经济地理相关理论参数实证研究的基础上,对有关新经济地理应用的实证研究做简单归纳梳理。在理论参数检验层面,20世纪90年代后期以来,人们对本地市场效应、工资方程和运输成本分别进行了大量的实证研究,而在应用层面,则主要涵盖厂商区位选择、人口迁徙和国际贸易等领域,因此本节仅简要叙述这两方面的工作。

一、新经济地理理论的实证检验

(一)本地市场效应

克鲁格曼(Krugman,1980)是第一个研究本地市场效应的学者。根据赫尔普曼和克鲁格曼(Helpman and Krugman,1985),本地市场效应关系式可以表达如下:

$$\lambda^* = \frac{1}{2} + M\left(\theta - \frac{1}{2}\right)$$

其中,估计系数$M=(1+\varphi)/(1-\varphi)$,且应大于1;$\theta$表示该地区的需求份额。从这个关系式可知,如果一个区域对制造业产品的需求很低,则不能吸引任何厂商,在这种情况下,这个区域的需求份额边际增加对其生产份额不会产生任何影响。这是本地市场效应实证研究的重要理论基础。

戴维斯和温斯坦(Davis and Weistein,1996,1997,1998)建立了一种实证的方法用来保证将报酬递增与比较优势区分开来,用以验证本地市场效应存在性。他们注意到,没有运输成本的新贸易模型主张贸易导致专业化,这也是新古典贸易理论的主要含义。当有运输成本时,产生了本地市场效应。它的含义是,如果某个区域对某一制造业产品的需求增加了,则对该产品的生产增加的程度更高,从而成为该产品的出口者。新古典贸易理论认为,一个地方对某一制造业产品的本地需求增加导致外国该种产品生产的增加。他们提出的问题是:是否需求的改变与更大的生产改变相对应?如果答案是肯定的,这将正是新经济地理学的结论。如果答案是否定的,则说明新古典贸易理论或没有运输成本的新贸易理论在实证上更为合理。

戴维斯和温斯坦(Davis and Weistein,1996,1999,2003)回归模型的建立基于两个主要假定,其一是比较优势来源于产业间的贸易,其二是生产的报酬递增来源

于产业内的专业化。用来分析的地理单位可以是国家,也可以是国家内的某一区域。估计方程是:

$$X_{gnr} = k_{gnr} + k_1 \cdot SHARE_{gnr} + k_2 \cdot IDIODEM_{gnr} + END + err_{gnr}$$

其中:X_{gnr}为国家r、产业n、产品g上的产出;$SHARE_{gnr}$为国家r在产业n、产品g上的产出占产业n、产品g总产出的份额;$IDIODEM_{gnr}$为国家r对产业n的产品g的需求与其他国家对产业n的产品g的需求的差异;END国家r的要素禀赋乘以产业n的产品g投入系数;k_{gnr}为常数。$IDIODEM_{gnr}$表现的是特别的需求,它是本地市场效应的反映。如果他前面的系数超过1,说明国家r对产业n的产品g的需求的增长将导致对产出X_{gnr}更大比例的增长。$SHARE_{gnr}$反映了如果国家没有特别的需求,则国家r对产业n的产品g的生产份额要与其他国家相同。END变量用来表征禀赋对产出X_{gnr}的重要性。

Davis 和 Weistein(1996,1997)对 OECD 22 个国家 26 个产业的数据进行估计,结果显示仅有 9 个产业的参数 $k_2>1$。本地市场效应不显著的原因在于,$IDIODEM_{gnr}$中没有体现地理的内容,即国家之间相对区位并没有考虑,这显然与现实不符。因此,在 Davis 和 Weistein(1998)中,作了两个方面的修正。首先在 $IDIODEM_{gnr}$中考虑了区位的因素。其次对不同的产业引入了不同的运输成本。在这样的修正下,本地市场效应变得更为确定。塞拉诺等(Serrano et al.,2015)在利用长时间序列数据研究西班牙农业食品工业国际化进程影响因素时,在多数行业找到了本地市场效应加速国际化进程的证据。与之相反,黑德和里斯(Head and Ries,2001)利用加拿大和美国贸易流数据估计本地市场效应时发现,只考虑部门间的估计结果倾向于支持本地市场效应存在,而从时间维度看,仅考虑部门内部的估计结果则不支持本地市场效应存在,估计系数仅为0.84(明显小于1),即本地市场效应的有效性是不确定的。值得注意的是,2004 年之后才存在涉及本地市场效应的一般化研究(Behrens et al.,2004),因此早期关于本地市场效应的实证含义可能与新经济地理理论之间存在一定偏差。关于本地市场效应是否存在至今仍存在争论。Hanson 和 Xiang(2004)在研究本地市场效应的不同行业特征时发现,运输成本高、产品差异化程度高的行业往往比运输成本低、产品差异化程度低的行业更倾向于集中在大国,并使用差分重力模型发现了本地市场效应存在的有力证据,且其强度因行业而异,与理论一致。Pham 等(2014)则指出 Hanson 和 Xiang(2004)发现的本地市场效应证据对因变量和自变量的构建方式十分敏感,因此其研究结论并不可靠,且该文在使用横截面贸易流数据验证本地市场效应时并未得到积极结果。

早期关于本地市场效应的实证研究主要探讨其存在性,新近研究文献主要聚焦于本地市场效应在不同场景的应用层面。凯雷姆等(Cosar et al.,2018)以汽车产业为例,认为本地市场效应的来源除贸易成本、外国生产成本和偏好异质性外,消费者对特殊品牌的偏好亦是汽车产业本地市场效应的重要来源。阿尔通塔斯和戈斯曼(Altuntas,Goessmann,2016)以德国保险集团为例,表明企业通过国际化进程来降低对本地市场效应的依赖时,国际化反而会对本地市场产生积极影响。科斯蒂诺等(Costinot et al.,2019)利用全球制药行业的详细药品销售数据分析本地市场效应时发现,药品的本地市场需求与其国外销售收入正相关,且大于国内需求与药品进口之间的相关性,即本地市场效应的发挥在药品销售层面较为稳健。

(二) 工资方程

克鲁格曼和维纳布斯(Krugman,Venables,1995)的模型表明集聚均衡状态会导致更高的要素价格(工资提升)。该模型建立在不可流动同质劳动力、可贸易的中间产品、不变替代弹性和规模报酬递增假定下,生产者均衡要求满足产品价格边际成本定价和厂商零利润两条件,结合产品种类的均衡需求条件,每种制造品产出等于生产者产出之和。由此,制造业工资方程可表示为

$$(w_i^a P_{Mi}^{1-a})^\sigma = \varepsilon \sum_j \tau_{ij}^{1-\sigma} E_j P_{Mj}^{\sigma-1}$$

式中 i、j 为区域类别,w 为名义工资,P_M 是制造业物价指数,ε 是吸收常数,τ_{ij} 为"冰山"贸易成本,E 表示包括最终消费和中间需求在内的产品总支出。通过简单变形,可将其改写成如下形式

$$w_i = \theta MA_i^{\frac{1}{a\sigma}} SA_i^{\frac{1-a}{a(\sigma-1)}}$$

式中 MA 被称为"市场准入",用以衡量地区最终品市场邻近性,由市场潜能加权平均而来,权重取决于运输成本;SA 被称为"供应准入",用以衡量中间产品市场邻近性,以运输成本加权平均的"供给潜能"计算而来。随后的工资方程实证研究以此理论基础逐步展开。

汉森(Hanson,1996)在研究墨西哥区域工资差异时,利用服装行业中间投入数据探讨了市场准入和供给准入的差异,成为实证考察工资方程的最初文献。其后的文章(Hanson,1997)对此进行了更为深入细致的讨论。墨西哥的现实情况为工资差异的原因探析提供了很好的实例,因为战后墨西哥的贸易政策发生了明显变化。起初是高的贸易壁垒和进口替代政策,后来贸易自由化使墨西哥的制造业生产从墨西哥城转移到了美墨边境。这种转移强化了墨西哥南北的 GDP 差异。汉森的模型需要检验两个假定:第一,当运输成本(墨西哥城到美国的距离)更高的时候,区域相对工资(某一区域的工资相对于墨西哥城)更低;第二,贸易的自由化可能导致区域工资差异的减小。汉森的实证结果对假定1有很强的支持,表明区域工资与市场可接近性的正相关。假设2要求贸易的自由化使墨西哥北部地区的工资上升,而墨西哥城的工资有下降趋势,从而使工资差异呈收敛趋势,但实证的结果却并不显著支持这一结论。

后续研究主要集中于探讨市场准入与工资的关系。雷丁和维纳布斯(Redding,Venables,2004)使用关于人均收入、双边贸易和制造业产品相对价格的跨国数据来估计经济地理的结构模型,发现市场准入和供应来源的地理分布对解释人

均收入的跨国差异具有重要意义。法利等(Fally et al.,2010)在巴西的经验数据中也找到了市场准入与州际工资差异存在因果效应的证据。Lovely等(2019)借鉴了Redding和Venables(2004)关于市场准入的测算方法,利用中国家庭收入调查数据(CHIP)研究市场准入对工资的影响变化程度,证实市场准入有助于提升工资收入,且工资相对于市场准入的弹性值随时间推移而逐步放大。赫林和庞塞特(Hering,Poncet,2010)在开展地理因素对工资影响的研究工作中发现,控制个体能力和资源禀赋差异之后,市场准入的地理差异可以解释很大部分的个体工资差异,同时指出高技能劳动者尤其是外资企业的工人工资对市场准入更为敏感。卡迈勒等(Kamal et al.,2012)在研究具有更好市场准入条件的城市,就业工人工资是否更高这一问题时,通过中国家庭收入调查数据得到相关证据,且指出市场准入对技能和非技能工人工资具有显著异质性影响。李等(Li et al.,2019)在新经济地理学的理论框架下,结合空间外部性工具和分位数回归技术,证实市场准入与工资技能溢价之间存在倒"U"形关系。市场准入的增加最初会吸引高技能劳动力,增加工资回报,从而增加工资技能溢价,直到达到阈值后开始下降。

进一步地,有关工资受市场潜能影响的经验证据被广泛发掘,如米翁(Mion,2004)采用结构估计方法验证了意大利市场潜能对收入空间分布具有重大影响,巴贝罗等(Barbero et al.,2018)证实本地市场规模及其可及性均与工资高度相关,并且市场规模的可及性可以更好地解释一个国家的工资收入。

需要注意的是,已有大量证据显示市场潜能、市场准入与工资的相关性特征,但识别其中的因果关系是实证研究面临的重大挑战,工具变量法和准自然试验是解决此类问题的关键。如汉森(Hanson,1997)利用墨西哥贸易自由化冲击检验市场准入与工资之间的因果关系便是较好的应用,吴晓怡和邵军(2016)基于历史工具变量视角考察集聚经济的工资不平等问题,后续实证研究更应注意规避内生性问题。

(三)运输成本

运输成本作为新经济地理理论的"三大基石"之一,是影响经济活动空间分布的核心因素。由于运输成本与交通基础设施关系密切,大量实证研究从交通基础设施角度分析运输成本变动引致的经济活动变革,相关内容主要涉及就业、工资和贸易等方面。

在研究方法上,由于交通基础设施建设降低交通成本,进而增加城市吸引居民和企业的能力,而其存量又取决于当地就业规模和经济发展水平,两者之间互为因果,故涉及交通基础设施的相关实证研究需克服内生性困扰。在以交通基础设施为自变量的因果效应识别过程中,主要研究方法包括三类,一为规划路线工具变量法,通过先前设计路线,从中得到可观察的基础设施准随机变化;二为历史路线工具变量法,即从历史路线中寻找准随机变化;三为不重要单元法,以不可观测特征不影响区域交通基础设施为基准,构造一个虚拟交通网络,进而获取准随机变化(Duranton,Henderson,Strange,2015)。

在研究内容上,在就业方面,杜兰顿和特纳(Duranton and Turer,2012)利用历史路线工具变量法得到美国州际高速公路网络的准随机变化,以此规避内生性,发现考察期内一个城市高速公路存量增加10%,将导致其就业人数增长约1.5%。谢尔德(Sheard,2014)利用美国数据估计了机场基础设施对就业的影响,该文使用机场历史规划分布数据作为工具变量,估计出机场规模的可贸易服务就业弹性约为0.22,但对制造业和不可贸易部门就业弹性的估计无统计显著意义。在工资方面,迈克尔斯(Michaels,2008)采用高速公路历史规划线路工具变量法,识别出高速公路对于技术工人工资增长具有正向促进作用。在贸易方面,Fajgelbaum和Redding(2014)以19世纪后期阿根廷融入世界市场为准自然实验进行研究,发现交通基础设施不仅可以促进国家内部贸易,同时也可以推动内陆地区加入国际贸易。而在国内区域贸易方面,杜兰顿等(Duranton et al.,2014)在研究美国城市间贸易结构和价值时发现,高速公路增加将促使城市向生产的专业化发展,但对贸易总额的影响较小,高速公路主要起到重组经济活动的效应。与之不同,唐纳森(Donaldson,2018)利用殖民印度的档案数据研究了铁路基础设施对地区间价格差异、贸易流动和收入的历史影响,发现铁路基础设施降低贸易成本和区域间价格差距,增加区域间和国际贸易并提高实际收入水平。

二、新经济地理理论应用的实证分析

(一)人口区位选择

新经济地理理论表明,企业集聚区位倾向于接近需求地,即后向联系,同时人口迁移偏爱制成品供应地,即存在前向联系。在新经济地理框架内,相关人口迁移的实证研究主要集中于对前向联系的探讨。克洛泽(Crozet,2004)使用20世纪80年代和90年代5个欧洲国家的双边移民数据对源自克鲁格曼(Krugman,1991)的新经济地理模型进行准结构估计,实证检验前向联系的存在性,如预期所料,人口迁移遵循贴近产品供应来源的规律,即市场潜力对其具有显著吸引力。庞斯等(Pons et al.,2007)对新经济地理学模型进行结构对比,证明工人的迁徙决策与东道国的市场潜力具有直接关联,并据此解释了20世纪20年代之前西班牙国内移民明显低强度的原因。

另有部分文献从城市规模和集聚经济角度探讨了人口迁移的影响因素,如米策和施密特(Mitze,Schmidt,2015)分析了2006—2012年丹麦各城市内部移民流动的决定因素,检验了高、低技能移民对不同区域劳动力市场的异质性反应,除证实人口迁移受集聚经济影响外,另指出人口密度、专利强度、人力资本禀赋以及该地区知识密集型服务就业比重与净移民率正相关。Behrens等(2014)则把人才分类、企业选择和集聚经济三个主要因素与内生城市相结合,提供了一个解释城市规模与城市生产力关系的有效框架。即大城市选择更具生产力的企业意味着吸引高生产力人才,而高生产力人才流入反过来又加强了城市对高生产力企业的选择,由此导致高生产力企业支付高工资,从而致使城市规模更大,进而增强了集聚经济。同时,不可贸易品对于人口迁徙具有重要影响。Garcia-López等(2013)在研究西班牙城市郊区化现象时发现,每条辐射高速公路造成中心城市人口减少了5%,导致郊区人口增速约为4.6%,并进一步利用工具变量法给出了高速公路改善与人口增长之间存在因果效应的证据。迁移摩擦是影响劳动力流动的重要因素,结合中国情境,以户籍制度为主要表征的迁移摩擦深刻影响人口迁徙。如Bosker等(2012)在运用中国数据研究户籍制度与劳动力流动的研究中表明,若放松户籍限制,劳动力将更加趋向于向发达地区和大城市等中心区域流动。

在有关人口迁移实证研究方法上,除上述涉及的结构估计方法外,另有准自然试验方法应用较为普遍,如雷丁和斯特姆(Redding, Sturm, 2008)利用德国分裂导致东西德边界强制划分后,以邻边城市市场准入难度提升为准自然试验,证实分裂导致边境城市快速人口流失的因果效应。一般而言,结构估计和准自然试验为新经济地理实证研究提供了丰富工具和新思路,这对进一步实证工作开展大有裨益。

(二)厂商区位选择

厂商区位选择的影响因素主要取决于信息溢出、生产成本和市场潜能三方面。藤田昌久和蒂斯(Fujita and Thisse, 1996)指出,跨国公司的区位选择可能主要取决于产业集群产生的信息溢出,通过潜在市场的进入成本不同引致厂商区位选择差异。在生产成本方面,主要涉及工资成本和资本成本两类。斯派斯(Spies, 2010)认为本地需求和企业网络对于吸引跨国公司选址方面具有重要影响,但单位劳动力成本的上升将阻碍跨国公司落户本地。同样,资本成本对企业选址决策的影响与劳动成本类似,如巴西莱等(Basile et al., 2008)研究跨国公司在欧盟的区位选择时发现,在控制集聚经济的相关变量后,通过凝聚力基金方式降低资本成本有助于吸引跨国公司选址本地,相较而言,区域补贴政策的厂商吸引力则明显不足(Crozet et al., 2004)。在市场潜能方面,黑德和迈耶(Head and Mayer, 2004)通过分析日本厂商在欧洲投资的经验事实,构建一个与理论较为一致的区位选择模型,验证了市场潜能是厂商区位决策的重要影响因素,但并不能完全解释同行业企业的集聚趋势。新近文献涉及厂商区位选择的研究视角则较为丰富,如梅让和帕托(Mejean, Patureau, 2010)在构建一个包含最低工资约束的新经济地理模型基础上,证明最低工资对企业区位选择具有深远影响。迈耶等(Mayer et al., 2012)利用三重差分法研究法国企业区位选择时发现,税收激励政策对企业选址决策具有重大影响。

除此之外,外生冲击一定程度影响厂商区位决策,例如雷丁(Redding et al., 2007)等人利用二战之后德国的分裂和再次统一作为经济活动外部冲击的准自然试验,发现其对厂商选址行为具有深远影响。与之相反,戴维斯和温斯坦(Davis and Weistein, 2008)的研究表明,面对战争冲击,日本个别制造行业就业的空间分布也有很强的稳定性,被轰炸城市通常不仅会恢复其人口和制造业的总份额,而且还会恢复其以前拥有的行业。这一结论如果较为稳健,则将给新经济地理实证研究带来灾难。如果战争这一重大外生冲击都不能打破经济空间分布的稳定性特征,那么新经济地理模型所揭示的基于微小外生扰动诱使厂商空间再区位的政策有效性便值得怀疑。

(三)国际贸易应用

新经济地理理论是研究贸易问题的有力工具,因其"冰山"贸易成本的简洁设定,可以较好地刻画区域贸易或国际贸易规律。相关实证研究围绕贸易冲击和贸易自由化的经济影响而展开,本部分就此做简单归纳总结。在贸易冲击影响层面,阿道等(Adao et al.,2018)通过构建一个具有集聚效应并且包含跨区域、跨部门劳动力流动的新经济地理模型,并通过实证检验探讨了贸易冲击对美国当地劳动力市场的影响。卡连多等(Caliendo et al.,2019)研究了中国贸易增长对美国制造业就业的影响,认为来自中国的贸易冲击导致美国制造业就业岗位减少约55万个,约占2000年至2007年制造业就业岗位减少的16%。

在贸易自由化方面,盖斯和埃布拉亚特(Geys,Exbrayat,2012)基于税收竞争的自由资本模型研究了贸易一体化、不对称市场规模与各国企业所得税差异的关系,即贸易一体化削弱了市场规模差异与各国企业所得税差异间的正相关性,这一结论在1982—2004年OECD国家数据集中找到了证据。其后续研究(Exbrayat,2017)发现,当本国拥有较高的实际市场潜力时,它们往往会设定更高的公司税率,贸易一体化对企业税收水平产生了积极影响,且对欧洲国家公司税率施加下行压力。姚鹏(2016)在Krugman新经济地理学模型基础上引入非对称地理结构,利用中国地级市数据证明靠近海外市场的区域更能从贸易开放中获利,也更能促进人力资本丰富、人口密集的区域经济增长。阿德舍里等(Ardeshiri et al.,2019)在新经济地理理论框架下,实证检验伊朗贸易开放对制造业经济活动空间集聚的影响,结果显示,20世纪90年代以来其出口促进政策导致各省制造业趋于分散。此外,另有研究关注了异质性企业视角下,贸易开放对贸易份额等福利提升以及动态模型相对静态模型的额外福利所得(陈骁,2019)。

第四节 新经济地理学政策效应[①]

新经济地理学模型累积因果循环过程的内在机制是市场扩张效应与市场拥挤效应的相互作用。对生产厂商而言,其区位选择面临接近市场以节约运输成本还

---

① 本节部分内容基于笔者与其博士研究生谢燮论文"新经济地理学模型的政策含义及其对中国的启示"(地理与地理信息科学,2005(3)),感谢谢燮的合作。

是集中生产以获得规模经济的两难抉择。斯各特梅尔等(Scotchmer,1992)将此称为"空间经济学的古传秘笈"。因此,政策的实施如果直接或间接导致上述力量的此消彼长,则必然对经济活动的空间分布产生影响。

(一)区域附带效应

区域附带效应是指各种非区域的政策可能具有区域政策的功能,因为其可能影响市场扩张效应和市场拥挤效应的力量对比。例如,地区间贸易保护主义的实施缩减了贸易自由度。根据新经济地理学模型,这一政策将导致市场拥挤效应和市场扩张效应的加强,但市场拥挤效应更强,当贸易成本趋于零时,最终使经济活动在空间上更为均衡地分布。这就是贸易政策所导致的区域附带效应。

(二)门槛效应

门槛效应是指政策的强度需要达到某个门槛值,才可能取得预期的效果。图2-15反映的是贸易自由度与经济集聚的关系,图中实线是均衡的结果。如果经济起始于均衡点 E_1,该处贸易自由度为 φ^O。当贸易自由度增加到 φ' 时,相应的均衡点到达 E_2,此时贸易自由化对产业的区位没有影响。如果贸易自由度从 φ' 增加到 φ'',对称均衡变得不再稳定,产业会向某一区域集聚,假定 E_3 是均衡点,这时小的政策变化可以产生重要结果。该现象被藤田等(Fujita and Thisse,1996)称作"油灰黏土地理(putty clay geography)"现象:经济活动集聚于哪一区域有很大的灵活性(像油灰一样),一旦空间差异形成,将变得十分刚性(像黏土一样)。"油灰黏土地理"表明轻微的政策介入可能不会产生什么结果,只有当这种介入超过了某个门槛值,经济图景才会改变,而一旦改变结果便难以逆转。政策介入的门槛特性对政策微调提出了疑问。政策的微小改变根本起不到作用,只有超过了某一门槛,才可能起作用且作用的结果才可能是突发性的。

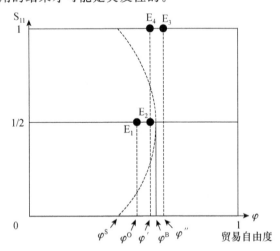

图 2-15 劳动力份额与贸易自由度的关系
资料来源:谢燮,杨开忠,2005.

(三) 地区滞后效应

当经济的门槛值有多个时,情况将变得更为复杂。在新经济地理学模型中存在两个特殊点:持续点 φ^S 和破裂点 φ^B。持续点 φ^S 指经济由集聚转向对称均衡所对应的贸易自由度,破裂点 φ^B 指经济由对称均衡转向集聚所对应的贸易自由度,二者并不重合。φ^B 和 φ^S 对政策分析很重要。笔者考虑在上述分析的基础上,贸易自由度从 φ'' 降回到 φ',这时均衡点将从 E_3 变化到 E_4,而不会回到 E_2。在此情况下,称经济遭受了"地区性滞后",即撤销政策并不会导致以前政策结果的消失。要回到 E_1,经济必须要有更低的自由度(低于 φ^S,然后再回到 φ^O),这种特性在物理上叫作滞后。这一过程体现了历史事件的重要性。历史上失败的政策,尽管其作用时间是短暂的,也可能具有长期持久的效应。此外,要消除这种效应很困难,需要更为强劲的政策介入。

(四) 突变放大效应

新经济地理学另一重要特征是参数值某一区间多重均衡的存在。如图 2-15 中在 φ^B 和 $\varphi=1$ 之间的两个均衡。在此区间,政策对均衡具有突变放大效应。例如,假设从对称均衡开始,允许贸易自由度增长超过 φ^B,产业的重新分布将会发生。只要有一个小小的扰动,将产生完全的集聚过程,然而模型没有说明哪个区域会被选择。在此情况下,很小的政策都可能具有很大的效应,将此定义为突变放大效应。例如,一个直接的补贴政策可能产生决定性的力量并导致该区域成为集聚中心。相反,一些不利于本地的政策则可能导致本地完全失去发展的机会。

(五) 协作效应 (预期实现效应)

该效应与前向预期行为相关。如前讨论(图 2-15),在区间 $\varphi^S < \varphi < \varphi^B$,分散和集聚都是潜在的长期均衡结果,则新经济地理学模型显示预期而不是历史决定哪种空间结果最终出现。原因在于预期变成了自我完成的过程:由厂商的理性选择来决定定位在其他厂商也会定位的地方。这样,即使在其他环境参数不变的情况下,预期的冲击对经济发展的路径仍具有足够大的效应。自我完成的预期为政策介入的选择效应提供了新的视角。特别是公共部门可以通过调整厂商的预期来调整经济的路径,即使在没有任何政策实施的情况下也可能产生效果。其政策含义是,某区域吸引投资的方法可以采用对某种优惠政策的宣传,这足以使厂商集聚于此。这样,一个地区的自我宣传与营销同样会对经济活动的空间分布产生影响。"区域营销"战略在这里找到了理论基础。

(六) 异质性效应

政策介入的时间异质性是新经济地理学模型的启示之一。同样的政策介入在第一次和第二次具有不同的效应。以税收政策为例,如北方政府希望增加税收,政府税收等于税率乘以税基,提高税率可能导致税基的损失(劳动力迁移出本区域)。经济起始于均衡点 E(图 2-16),如果北方税率提高 Δt,则打破了稳定的对称均衡,可移动要素从北方向南方迁移,直至北方可移动要素的真实收入 ω 减去税等于南方要素的真实收入 ω^*。图 2-16 中均衡点从点 E 移动到点 A,表明北方失去了部分可移动要素,失去的量为 $1/2-n'$。税率导致的税收增加量可能大于因劳动力迁移导致的税收减少量,所以北方总税收将上升。假设现在北方政府将税率再增加 Δt,这时新的均衡点移动到点 B,劳动力损失加大(即 $n'-n''$),其导致的税收减少超过了税率增长导致的税收增加,所以北方总税收下降了。从这个例子可以看到,同样的政策介入却产生了不同的政策结果,体现了政策介入的时间异质性效应。

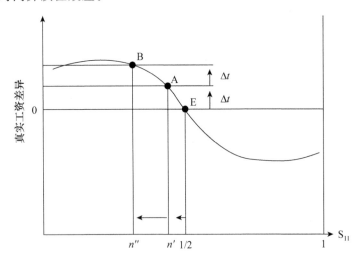

图 2-16 政策介入的时间异质性

资料来源:Baldwin,Forslid,et al.,2003.

政策介入的区域异质性是与时间异质性相对应的另一启示,即同样的政策介入在不同区域具有不同的效应。以交通运输政策为例,新经济地理学的 LS 模型可以分析运输成本对产业分布、地区收入差距、经济增长的政策效应问题。将运输成本分为区际运输成本和区内运输成本,区内运输成本分为北部区内运输成本和南部区内运输成本。从图 2-17 可以看出,改善南部地区交通基础设施条件进而降低南部区内运输成本时,s_n 将下降,s_E 右移,g 也下降,因此,改善南部区内的交通基础设施,降低运输成本后,会降低北部区域企业份额和整个经济的增长率,同时扩大南北区域之间的支出份额。当改善区际交通基础设施条件进而降低区际运输成本时,s_n 将上升,s_E 左移,g 也上升,因此,改善区际交通基础设施进而降低区际运输成本的政策与降低南部区内运输成本的政策效果恰好相反,会提高北部区域企业份额和整个经济的增长率,但是可以缩小南北区域之间的支出份额。

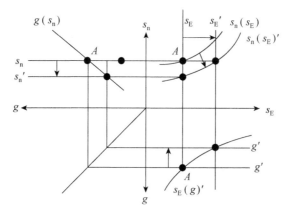

图 2-17 政策介入的区域异质性

资料来源：安虎森等，2009.

(七) 非线性效应

政策介入的非线性是新经济地理学模型的又一启示。在渐进式一体化条件下，区际税收竞争的结果使得产业转移的税收弹性具有非线性效应特征(图 2-18)。在一体化早期(阶段Ⅰ)，产业转移的税收弹性极高，区际税收竞争必然表现为"逐底"竞争，"逐底"竞争的必然结果是两个区域之间的税差为 0；在一体化中期(阶段Ⅱ)，产业转移的税收弹性下降，尽管不存在集聚租，但企业家间接效用区际差值曲线波峰形成"税收盾牌"效应，税收竞争从"逐底"转换为"逐顶"，周边地区有机会通过适用相对低的税率提供"政策租金"；在一体化后期(阶段Ⅲ)，产业在核心地区的完全集聚导致"集聚租"的本地锁定，税收减让或补贴作为"政策租金"与"集聚租金"之间存在消长与转化，集聚租为核心地区政府和企业共同瓜分；只要企业家在税后仍能享有一定的"集聚租"剩余，产业转移就不会发生，即产业转移在一定的税率区间表现为完全的无弹性，税收竞争在很大程度上可被视为一种纯粹的财政行为。

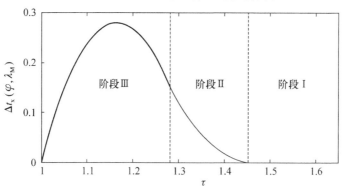

图 2-18 税收弹性的"钟"形轨迹演进路径

资料来源：刘安国，杨开忠等，2019.

(八) 政策"失灵"效应

基于新经济地理学模型的分析,在一些特定条件下,政策介入会出现"失灵"现象。比如劳动力流动问题,由于劳动力对不同地区非经济特征的认识的异质的,当考虑这种异质性偏好特征时,劳动力空间聚集度和经济一体化程度之间存在"钟"形关系(如图 2-19 所示)。考虑一个具有分割的市场的两区域经济体,其中 $v_1<v_2$ 是小于 v^h 的异质性偏好参数 v 的两个值,在 $0<v<v^h$ 的情况下,如果 $t \geqslant t_2^h$,则产业分散;如果 $t_2^h>t>t_1^h$,则产业部分聚集。在区间 $t_2^h>t>t^*/2$,产业分布的区际差异在加大;在区间 $t^*/2>t>t_1^h$,产业分布的区际差异在缩小;最后,当 $t \leqslant t_1^h$ 出时,产业再次分散。也就是说,劳动力个人偏好的异质性是很强的分散力,在 $v \geqslant v^h$ 的情况下,分散力总是占优势,任何一体化政策会出现"失灵"情况。

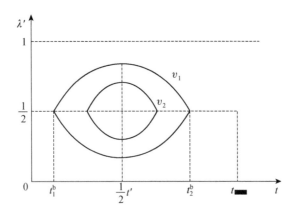

图 2-19 劳动力流动的"钟"形轨迹演进路径
资料来源:库姆斯等,2011.

(九) 非均衡效应

区域非均衡效应是新经济地理学揭示的又一机制。聚集力和分散力的相对强度随着贸易成本的变化而变化,所产生的净效应会促使形成不同程度的空间非均衡(图 2-20)。在经济一体化的第一阶段不存在区域差异,两个区域的福利水平同时且同等增进;随着非对称均衡的出现,产生了不平等现象,随着经济一体化程度加深,区际差异会持续扩大。随着经济一体化程度的加深,在第二阶段出现的一些情况将发生变化:边缘区福利水平下降趋势得到遏制,而且会出现两个区域趋同阶段,两个区域之间的福利水平差距逐渐消失。最后,如果有可能实现完全的经济一体化($\tau=1$),那么两个区域的劳动力成本和价格指数相等。此时区际差异完全消失,两个区域的福利水平相等,且高于它们最初对称均衡下的福利水平。

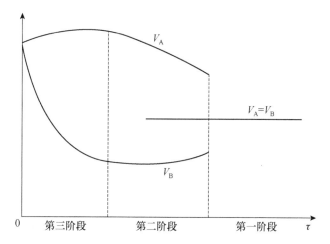

图 2-20 贸易成本变动下劳动力流动的"钟"形轨迹演进路径

资料来源：库姆斯等，2011.

（十）非对称性效应

城市体系模型是新经济地理学的重要内容。在分析城市经济体系的空间均衡问题时，随着城市人口的增加，城市空间体系的动态调整过程会呈现出非对称的特征。即在一些特定条件下，在空间 $-\bar{r}$ 和 $\bar{r}$ 两处同时发展形成两个城市可能是不稳定的。如果其中一个比另一个略多一点人口，它就会发展得更快，于是整个动态调整就是由单城市向两城市的非对称演化过程。从图 2-21 来看，横轴表示总人口

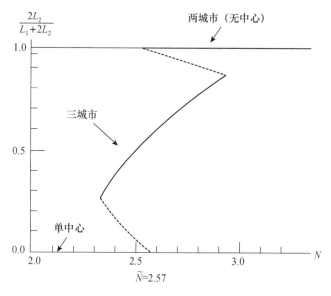

图 2-21 城市经济体系背景下劳动力流动的"钟"形轨迹演进路径

资料来源：藤田昌久等，2013.

数 N,纵轴表示侧翼城市的人口在总人口中所占的份额 $\lambda_2 = 2L_2/(L_1+2L_2)$。实线代表稳定均衡,虚线则代表不稳定均衡。以低水平的 N 值为起点,此时,单中心的格局是唯一的(稳定)均衡;当 N 的值较高时,三城市的格局将成为稳定的均衡,尽管我们的动态过程并没有说明当 N 增加至 $\tilde{N}$ 时,均衡是如何实现的。我们可以把 $\tilde{N}$ 视为支撑点的翻版;一旦越过了这一点,所有制造业都集中在一个城市的模式就不再是一种可维持的均衡,动态过程将导致三城市结构。然而,在图 2-21 所给定的参数背景下,当人口数量达到一个较高的水平即 $N=2.92$ 时,这种均衡再也无法维持下去,此时,两城市结构就会出现。

第五节 小 结

本章在详细阐述克鲁格曼核心-边缘模型思想和内容的基础上,将新经济地理学的拓展模型归为五类,即:基于生产修改模型、基于要素修改模型、基于空间处理方式修改模型、基于运输成本修改模型和新经济地理增长模型;总结了新经济地理学研究主要围绕本地市场效应和工资空间结构两方面展开的实证研究,较为详尽地分析了新经济地理模型的政策含义,包括政策的区域附带效应、门槛效应、地区滞后效应、非线性效应、选择效应和协作效应(预期实现效应)。

虽然新经济地理学从诞生到现在经历了长足发展,但在中国关于新经济地理学模型的拓展以及相应的实证与政策研究还处于起步阶段。以对外开放、高速发展、城乡差异以及区域差异为特征的中国经济为新经济地理学在中国的应用提供了很好的现实背景。由于新经济地理学的政策研究尚处于萌芽阶段,在中国的应用方面更是如此,所得到的认识仍然是一个个片段,难以全面、系统地考量。因此,将政策工具融入模型和提炼中国经济发展特征事实,仍需我们的共同努力。

参考文献

[1] Adao R, Arkolakis C, Esposito F. Trade, Agglomeration Effects, and Labor Markets: Theory and Evidence[C]. 2018 Meeting Papers. Society for Economic Dynamics, 2018.

[2] Altuntas M, Goessmann G. The relationship between home market performance and internationalization decisions: Evidence from German insurance groups[J]. Risk Management and Insurance Review, 2016, 19(1): 37—71.

[3] Ardeshiri M, Moghaddasi R, Yazdani S, et al. Tradeopenness and spatial distribution of manufacturing industries: Iranian provincial evidence[J]. Applied Economics Journal, 2019, 26(1): 21—44.

[4] Baldwin R E. Agglomeration and endogenous capital[J]. European Economic Review,1999,43(2):253—280.

[5] Baldwin R,Forslid R. The core-periphery model and endogenous growth:Stabilising and de-stabilising integration[J]. Economica,2000,67(3):307—324.

[6] Baldwin R,Martin P,Ottaviano G. Global Income Divergence,Trade and Industrialization:The Geography of Growth Take-Off[Z]. NBER Working Paper No. 6458,1998. Baldwin R,Martin P,Ottaviano G I P. Global income divergence,trade and industrialization:the geography of growth take-off[J]. Journal of Economic Growth,2001,6(1):5—37.

[7] Barberoa J,Behrens K,Zofíoe J L. Industry location and wages:The role of market size and accessibility in trading networks[J]. Regional Science and Urban Economics,2018,71:1—24.

[8] Basile R,Castellani D,Zanfei A. Location choices of multinational firms in Europe:The role of EU cohesion policy[J]. Journal of International Economics,2008,74(2):328—340.

[9] Beckmann M J. Von thunen revisited:a neoclassical land use model[J]. Swedish Journal of Economics,1972,74(1):1—7.

[10] Behrens K,Duranton G,Robert-Nicoud F. Productive cities:Sorting,selection,and agglomeration[J]. Journal of Political Economy,2014,122(3):507—553.

[11] Bosker M,Brakman S,Garresen H,Schramm M. Relaxing Hukou:Increased labor mobility and China's economic geography[J]. Urban Economics,2012(72):252—266.

[12] Bosker M,Buringh E. Ice (berg) transport costs. The Economic Journal,2020,130(629):1262—1287.

[13] Brakman S,Garretsen H,Gigengack R,Marrewijk C V,Wagenvoort R. Negative feedback s in the economy and industrial location[J]. Journal of Regional Science,1996,136(4):631—651.

[14] Brakman S,Garretsen H,Marrewijk C. An Introduction to Geographical Economics:Trade,Location and Growth [M]. Cambridge:Cambridge University Press,2001:146—148.

[15] Caliendo L,Dvorkin M,Parro F. Trade andlabor market dynamics:General equilibrium analysis of the China trade shock[J]. Econometrica,2019,87(3):741—835.

[16] Combes P P,Mayer T,Thisse J F. Economic Geography:The Integration of Regions and Nations[M]. Princeton:Princeton University Press,2008.

[17] Cosar K, Grieco P, Li S, et al. Whatdrives home market advantage? [J]. Journal of International Economics, 2018, 110: 135—150.

[18] Costinot A, Donaldson D, Kyle M, Williams H. The more we die, the more we sell? A simple test of the home-market effect[J]. The Quarterly Journal of Economics, 2019, 134(2): 843—894.

[19] Crozet M, Mayer T, Mucchielli J L. How do firms agglomerate? A study of FDI in France[J]. Regional Science and Urban Economics, 2004, 34(1): 27—54.

[20] Crozet M. Do migrants follow market potentials? An estimation of a new economic geography model[J]. Journal of Economic geography, 2004, 4(4): 439—458.

[21] Davis D, Weinstein D. A search for multiple equilibria in urban industrial structure[J]. Journal of Regional Science, 2008, 48(1): 29—65.

[22] Davis D, Weinstein D. An account of global factor trade[Z]. NBER Working Paper No. w6785, 1998. Available at SSRN: https://ssrn.com/abstract=139439.

[23] Davis D, Weinstein D. Does Economic Geography Matter for International Specialization? NBER Working Paper No. w5706, 1996. Available at SSRN: https://ssrn.com/abstract=225576.

[24] Davis D, Weinstein D. Economic Geography and Regional Production Structure: An Empirical Investigation. A1. 83 WP 6093, 1997. http://dx.doi.org/10.2139/ssrn.56190.

[25] Davis D, Weinstein D. Economic geography and regional production structure: An empirical investigation[J]. European Economic Review, 1999, 43(2): 379—407.

[26] Davis D, Weinstein D. Economic geography and regional production structure: An empirical investigation[Z]. A1. 83, WP. 6093, 1997. http://dx.doi.org/10.2139/ssrn.56190.

[27] Davis D, Weinstein D. Market access, economic geography and comparative advantage: an empirical test[J]. Journal of International Economics, 2003, 59(1): 1—23.

[28] Donaldson D. Railroads of the Raj: Estimating the impact of transportation infrastructure[J]. American Economic Review, 2018, 108(4—5): 899—934.

[29] Duranton G, Henderson V, Strange W. Handbook of Regional and Urban Economics[M]. Elsevier B. V., 2015.

[30] Duranton G, Turner M A. Urban growth and transportation[J]. The Review

of Economic Studies,2012,79(4):1407—1440.

[31] Duranton G,Morrow P M,Turner M A. Roads and trade:Evidence from the US [J]. The Review of Economic Studies,2014,81(2):681—724.

[32] Exbrayat N. Does Trade liberalisation trigger tax competition? Theory andevidence from OECD countries[J]. The World Economy,2017,40(1):88—115.

[33] Fajgelbaum P D,Redding S J. Externalintegration,structural transformation and economic development:Evidence from Argentina 1870—1914[J]. Social Science Electronic Publishing,2014,40(40):1966—1986.

[34] Fally T,Paillacar R,Terra C. Economic geography and wages in Brazil:Evidence from micro-data[J]. Journal of Development Economics,2010,91(1):155—168.

[35] Forslid R. Agglomeration with human and physical capital:an analytically solvable case [R]. CEPR Discussion Paper no. 2102,1999.

[36] Fujita M,Hamaguchi N,Intermediate goods an the spatial sructure of an economy[J]. Regional Science and Urban Economics,2001,31(1):79—109.

[37] Fujita M,Thisse J F. Economics of agglomeration:Cities,industrial location,and regional growth[M]. Cambridge:Cambridge University Press,2002.

[38] Fujita M,Thisse J F. Economics of agglomeration[J]. Journal of the Japanese and International Economies,1996,10(4):339—378.

[39] Garcia-López M-À,Viladecans-Marsal E,Holl A. Suburbanization and Highways:When the Romans,the Bourbons and the First Cars Still Shape Spanish Cities. IEB Working Paper N. 2013/005,2013. Available at SSRN:https://ssrn.com/abstract=2341633.

[40] Geys B,Exbrayat N. Trade integration and business tax differentials:Theory and evidence from OECD countries[J]. Ssrn Electronic Journal,2012.

[41] Gil-Pareja,Salvador,Garcia-Casarejos,et al. The internationalisation of the Spanish food industry:the home market effect and European market integration[J]. Spanish Journal of Agricultural Research,2015,13(3):1—13.

[42] Gopalan S,Luu N,Rajan R S. Trade configurations in Asia:Assessing de facto and de jure regionalism [J]. The World Economy,2020,43(4):1034—1058.

[43] Hanson G H,Xiang C. The home market effect and bilateral trade patterns [J]. American Economic Review,2004,94(4):1108—1129.

[44] Hanson G H. Increasing Returns,Trade,and the regional structure of wages [J]. The Economic Journal,1997,107(440):113—133.

[45] Hanson G H. Localization economies, vertical organization, and trade[J]. American Economic Review,1996,86(5): 1266—1278.

[46] Head K C, Ries J. Increasingreturns versus national product differentiation as an explanation for the pattern of US-Canada trade[J]. American Economic Review,2001,91(4): 858—876.

[47] Head K, Mayer T. Market potential and the location of Japanese investment in the European Union[J]. Review of Economics and Statistics,2004,86(4): 959—972.

[48] Helpman E, Krugman P. Market Structure and Foreign Trade: Increasing Returns, Imperfect Competition, and the International Economy[M]. Cambridge, Mass: MIT Press,1985.

[49] Henderson J V. The sizes and types of cities[J]. American Economic Review,1974,64(4): 640—656.

[50] Hering L, Poncet S. Market Access and individual wages: Evidence from China[J]. The Review of Economics and Statistics,2010,92(1): 145—159.

[51] Hu Dapeng. Trade, rural-urban migration, and regional income disparity in developing countries: a spatial general equilibrium m ode l inspired by the case of China[J]. Regional Science and Urban Economics, 2002, 32(3): 311—338.

[52] Kamal F, Lovely M E, Ouyang P. Does deeper integration enhance spatial advantages? Market access and wage growth in China[J]. International Review of Economics and Finance,2012,23: 59—74.

[53] Krugman P, Venables A J. Globalization and the inequality of nations[J]. The Quarterly Journal of Economics,1995,110(4): 857—880.

[54] Krugman P. Development, Geography, and Economic Theory[M]. Cambridge: MIT Press,1995.17.

[55] Krugman P. Increasing returns and economic geography[J]. Journal of Political Economy,1991,99(3): 483—499.

[56] Krugman P. Scale economies, Product differentiation, and the pattern of trade[J]. American Economic Review,1980,70(5): 950—959.

[57] Krugman P. The Self-organizing Economy[M]. Oxford: Blackwell Publishers,1996.

[58] Li H, Cai H, Chakraborty S. Market access, Labor mobility, and the wage skill premium: New evidence from Chinese cities[J]. Open Economies Review,2019,30: 947—973.

[59] Lovely M E, Liang Y, Zhang H. Economic geography and inequality in Chi-

na: Did improved market access widen spatial wage differences? [J]. China Economic Review,2019,54: 306—323.

[60] Martin P,Ottaviano G I P. Growing Locations: Industry in a model of endogenous growth[J]. European Economic Review,1999,43(2): 281—302.

[61] MartinP,Ottaviano G. Growth and Agglomeration,Working Papers CEPII research center,1996.

[62] Mayer T,Mayneris F,Py L. The impact of urban enterprise zones on establishments' location decisions: evidence from French ZFUs[J]. SSRN Electronic Journal,2012.

[63] Mejean I,Patureau L. Locationdecisions and minimum wages[J]. Regional Science and Urban Economics,2010,40(1): 45—59.

[64] Michaels G. The effect of trade on the demand for skill: Evidence from the interstate highway system[J]. The Review of Economics and Statistics, 2008,90(4): 683—701.

[65] Mion G. Spatial externalities and empirical analysis: the case of Italy[J]. Journal of Urban Economics,2004,56(1): 97—118.

[66] Mitze T,Schmidt T D. Internal migration,regional labor markets and the role of agglomeration economies[J]. The Annals of Regional Science,2015, 55(1): 61—101.

[67] Ottaviano G,Tabuchi T,Thisse J. Agglomeration and trade revisited[J]. International Economic Review,2002,43(2): 409—435.

[68] Ottaviano G,Thisse J F. Agglomeration and Trade Revisite[C]. Center for Economic Policy Research,1998.

[69] Paul Krugman. Scale Economies,product differentiation,and the pattern of trade[J]. American Economic Review,1980,70(5): 950—959.

[70] Pham C S,Lovely M E,Mitrac D. The home-market effect and bilateral trade patterns: A reexamination of the evidence[J]. International Review of Economics & Finance,2014,30: 120—137.

[71] Pons J,Paluzie E,Silvestre J,Tirado D A. Testing the new economic geography: migrations and industrial agglomerations in Spain[J]. Journal of Regional Science,2007,47(2): 289—313.

[72] Redding S J,Sturm D M,Wolf N. History and industry location: evidence from German airports[J]. Review of Economics and Statistics,2007,93(3): 814—831.

[73] Redding S J,Sturm D M. The costs of remoteness: Evidence from German division and reunification[J]. American Economic Review, 2008, 98(5):

1766—1797.

[74] Redding S, Venables A J. Economic geography and international inequality[J]. Journal of International Economics,2004,62(1):53—82.

[75] Romer P M. Endogenous Technological Change[J]. The Journal of Political Economy,1990,98(5):S71—S102.

[76] Salop S C. Monopolistic Competition with Outside Goods[J]. The Bell Journal of Economics,1979,10(1):141—156.

[77] Samuelson P. The pure theory of public expenditure[J]. The Review of Economics and Statistics,1954,36(4):387—389.

[78] Scotchmer S,Thisse J F. Space and competition:a puzzle[J]. Annals of Regional Science,1992,26(3):269—286.

[79] Sheard N. Airports and urban sectoral employment[J]. Journal of Urban Economics,2014,80:133—152.

[80] Spies J. Network and border effects:where do foreign multinationals locate in Germany?[J]. Regional Science and Urban Economics,2010,40(1):20—32.

[81] Stelder D. Geographical Grids in New Economic Geography Models[R]. The International Conference on the Occasion of the 150th Anniversary of Johann Heinrich von Thǔnen's Death,Rostock,2000-09-21～24.

[82] Venables A. Equilibrium locations of vertically linked industries[J]. International Economic Review,1996,37(2):341—359.

[83] 安虎森等.新经济地理学(第二版)[M].北京:经济科学出版社,2009.

[84] 陈骁.新新经济地理和资本流动的理论与实践研究[D].北京:清华大学,2019.

[85] 刘安国,卢晨曦,杨开忠.经济一体化、集聚租和区际税收政策协调[J].经济研究,2019,54(10):167—182.

[86] 皮埃尔-菲利普·库姆斯,蒂里·迈耶,雅克-弗朗索瓦·蒂斯,等.经济地理学:区域和国家一体化[M].北京:中国人民大学出版社,2011.

[87] 藤田昌久,保罗·R·克鲁格曼,安东尼·J·维纳布斯.空间经济学:城市,区域与国际贸易[M].北京:中国人民大学出版社,2013.

[88] 吴晓怡,邵军.经济集聚与制造业工资不平等:基于历史工具变量的研究[J].世界经济,2016,39(4):120—144.

[89] 谢燮,杨开忠.新经济地理学模型的政策含义及其对中国的启示[J].地理与地理信息科学,2005(03):60—64.

[90] 姚鹏.贸易开放如何影响经济活动的空间布局?——理论及中国的实证[J].世界经济文汇,2016(06):75—89.

第三章 "新"新经济地理模型[①]

第一节 "新"新经济地理学：新经济地理学的拓展

与主流经济学意义一致，为方便获得均衡解，新经济地理学的经典模型一般假定企业或个体是同质的。在这种假定下，产业内任何企业或个人的区位选择，在一定的地理和市场环境下都是同一的，经济活动空间分布仅仅被解释为环境的产物。因而，上述途径不仅停留在中观的产业层面，而且都是"环境决定论"。然而，在现实的经济地理世界中，同一产业内的不同企业之间、劳动者之间以及消费者之间存在显著差异，在同样的地理和市场环境下，它们的区位选择不尽相同。从这种意义上来讲，经济活动的空间分布是微观主体和环境互动的结果。因此，为了理解和把握经济地理的规律，必须深入微观的企业层面，重视和考虑微观主体异质性的作用。

2003年，梅里兹率先建立了一个基于异质性企业的贸易模型，尝试解释了国际贸易中企业的差异和出口决策行为，成为"新"新贸易论（NNTT）开篇之作（Melitz，2003）。2006年，鲍德温和大久保借鉴Melitz（2003）的研究思路，在垄断竞争一般均衡框架内建立了第一个基于微观主体异质性的地理模型（Baldwin and Okubo，2006），开启了基于微观主体异质性的经济地理研究潮流。2011年，奥塔维诺对这一方向的研究进行初步总结概括，正式提出了"新"新经济地理学（Ottaviano，2011）。"新"新经济地理学基于微观主体异质性，融规模报酬递增、运输成本，甚至空间异质性于一体，同时，随着贸易自由度变迁，异质企业的空间聚集和分散是渐进式的，不仅显示潜力巨大的综合能力，而且也许为我们打开了纳入时间因素、建立包含"时间"的经济地理模型的机会窗口。因而，"新"新经济地理学是一个具有深远意义的地理学和经济学结合的前沿方向和途径。

[①] 本部分系在笔者与其博士研究生董亚宁等合作发表论文"'新'新经济地理学的回顾与展望"（广西社会科学，2016(5)）基础上修改而成，感谢董亚宁博士等合作。

第二节 "新"新经济地理学建模框架和策略

一、建模框架

新经济地理学假定将不完全竞争和报酬递增、要素流动、运输成本等纳入一个一般均衡的框架之中,其建模框架主要有 DCI 框架、OTT 框架和 BEJK 框架,DCI 框架包含了 D-S 垄断竞争的市场结构、CES 效用函数、消费者多样化偏好、规模报酬递增、产品间的替代弹性、成本加成定价、"冰山"贸易成本等。OTT 框架是 Ottaviano 等(2002)建立的一个基于拟线性二次函数的分析框架。"新"新经济地理学是异质性微观主体理论与新经济地理学的结合,一方面,继承了新经济地理学将不完全竞争和报酬递增、要素流动、运输成本纳入一般均衡的分析框架,因而延续了新经济地理学的主要方法;另一方面,以异质性微观主体替代了新经济地理学的同质性微观主体假设,因而实现了对新经济地理学的超越。"新"新经济地理学延续了 DCI 和 OTT 框架。Baldwin 和 Okubo(2006)关于异质性企业的研究最早选用了 DCI 框架,后续相关拓展研究也大都沿用了该框架(Baldwin and Okubo,2009;Baldwin and Nicoud,2007;Okubo,2010;Forslid and Okubo,2012;Forslid and Okubo,2013),这样 DCI 框架成了"新"新经济地理学最常用的分析框架。然而,由于 DCI 框架忽视了预期的作用,许多模型只能通过数字模拟的方法得到模型的解,"冰山"贸易成本也缺乏现实基础,而 OTT 框架能够克服这些问题,因此近年来 OTT 框架受到了很多"新"经济地理学者的青睐,特别是关于异质性消费者和异质性劳动者的研究(Melitz and Ottaviano,2008;Nocco,2009;Okubo,Picard and Thisse,2010;Saito and Gopinath,2011;Ottaviano,2012)。当然 OTT 框架的拟线性函数假设也导致了该框架下没有收入效应,使得许多区域政策分析无法实现,这就有一定的局限性。另外,"新"新经济地理学也采用 BEJK 框架。这一框架是由 Bernard 等在研究"新"新贸易理论时发展起来的(Bernard et al.,2003)。与上述两种框架中差异化产品竞争不同,BEJK 框架中是同质产品的价格竞争。Holmes 等人采用 BEJK 模型研究了企业异质性的生产率分布问题,得出了与 D-S 框架下相似的结论。然而,BEJK 框架目前在"新"新经济地理研究中使用还较少。

二、建模策略

在"新"新经济地理学中,微观主体异质性表现在企业异质性、消费者异质性和劳动力异质性三个方面,其基本建模策略是异质性企业边际成本、异质性消费者偏好和异质性劳动技能在模型中的具体表达。

首先,企业异质性建模策略。企业异质性表现在企业规模、组织形式、产品质量、员工技能、企业家才能等诸方面,综合体现为企业生产成本和生产率的差异。"新"新经济地理学强调生产成本和生产率异质性。Melitz(2003)假设企业生产成本为线性累计分布函数 $G[a]=a, a \in [0,a_0]$。受此启发,Baldwin 和 Okubo(2006)将企业异质性引入新经济地理学 FC 模型,假设企业生产边际成本服从帕累托累计概率分布函数,即

$$G[a] = \frac{a^\rho}{a_0^\rho}, 1 = a_0 \geq a \geq 0, \rho \geq 1 \tag{3-1}$$

其中,$\rho \geq 0$ 为形状参数,a 为规模参数,表示企业生产的边际劳动投入,显然 a 越小表示企业的生产效率越高,a_0 表示效率最低企业的边际劳动投入,这为后续大量的研究所借鉴,如 Baldwin 和 Okubo(2009)、Okubo(2009)等沿用了该假定。Okubo 和 Forslid(2010)考虑到 Baldwin 和 Okubo(2006)假定中 a 的取值可以无限小,也就意味着效率最高企业的边际成本可以无限小,这显然与现实不符,于是将累积概率分布函数改造为

$$G(a) = \frac{a^\rho}{a_0^\rho - \bar{a}^\rho}, 1 = a_0 \geq a \geq 0, \rho \geq 1 \tag{3-2}$$

其中,$\bar{a} > 0$ 表示效率最高企业的边际劳动投入,Forslid 和 Okubo(2012)沿用了该假定。Melitz 和 Ottaviano(2008)在 Ottaviano 等(2002)构建的 OTT 框架下引入企业边际成本异质性,其分布函数与 Baldwin 和 Okubo(2006)一致,假设代表性消费者效用函数为

$$U = q_0^c + \alpha \int_{i \in \Omega} q_i^c di - \frac{1}{2}\gamma \int_{i \in \Omega}(q_i^c)^2 di - \frac{1}{2}\eta \left(\int_{i \in \Omega} q_i^c di\right)^2 \tag{3-3}$$

其中,c 表示企业的边际投入,有

$$G(c) = \left(\frac{c}{c_M}\right)^k, c \in [0, c_M]$$

Ottaviano(2012)等沿用了该假定。

与上述假设不同,Okubo 等人(2010)设定低效率企业需要 m_h 单位 l,高效率企业需要 m_l 单位 l,q 为企业产量,则企业成本为

$$C_i^h(q) = m_h q, C_i^l(q) = m_l q$$

其中,h 表示低效率企业,l 表示高效率企业,高效率企业与低效率企业的数量分别用 $\mu(0 < \mu < 1)$ 和 $1-\mu$ 表示,Okubo(2010)沿用了该假定。

其次,消费者异质性建模策略。消费者异质性表现为消费者个体之间消费偏好、年龄、性别、收入禀赋等方面的差异。"新"新经济地理学消费者异质性建模策略是引入异质性消费者偏好假定。Tabuchi 和 Thisse(2002)在 Ottaviano 等(2002)构建的 OTT 框架下,假定工人对所生活的区位具有异质性偏好,并且定义一个工人选择生活在 r 区域的可能性为

$$P_r(\lambda) = \frac{\exp[V_r(\lambda)/\mu]}{\exp[V_r(\lambda)/\mu] + \exp[V_s(\lambda)/\mu]} \tag{3-4}$$

其中,μ 表示个人品位的分散程度,μ 越大,则工人生活区域品位的异质性越大。$V_r(\lambda)$ 表示与在 r 区域差别化生产和计价相关联的间接效用。Murata(2003)参考 Tabuchi 和 Thisse(2002)的研究假定个体 k 的总体效用包括市场和非市场因素,定义为

$$V_r^k(\lambda) = U_r^{0/0}(\lambda) + \xi_r^k$$

其中,$U_r^{0/0}(\lambda)$ 是与在 r 地区居民共有的不同商品相关联的间接效用,ξ_r^k 是一个随机变量,呈现独立同分布,且是零均值和方差等于 $\pi^2\beta^2/6$ 的双指数分布,表示在居民区的异质性偏好。进一步地,设定异质性偏好分布函数如下:

$$F(x) = \Pr(\xi_r^k \leqslant x) = \exp\left[-\exp\left(-\frac{x}{\beta} - \gamma\right)\right] \tag{3-5}$$

其中,γ 是欧拉常数(≈ 0.5772),β 是正的常数并称为偏好异质性程度,β 的值越大,工人的异质性越大。Murata(2007)在 Murata(2003)的基础上,假设来自消费产品 j 的个人 h 的间接效用是:$V_j(h) = \ln y - \ln p_j + \zeta_j(h)$,且 $j = 1, \cdots, N$。这里,y、p_j 和 N 分别是每一个个体的收入、产品 j 的价格以及产品变量的数量,产品 j 的价格越低,来自消费产品 j 的间接效用水平越高。Picard 和 Okubo(2012)假定代表性消费者在 j 地区的线性效用函数如下:

$$U_j = \sum_i \int_{v_i} \hat{a}_i(v) q_{ij}(v) \mathrm{d}v - \frac{\beta-\gamma}{2} \sum_i \int_{v_i} [q_{ij}(v)]^2 \mathrm{d}v - \frac{\gamma}{2} \left[\sum_i \int_{v_i} q_{ij}(v) \mathrm{d}v\right]^2 + q_j^0 \tag{3-6}$$

其中,$\hat{a}_i(v): v_i(\to \underline{a}, \infty), \underline{a} > 0$,反映不同商品 v 的消费者偏好强度。当 $\hat{a}_i(v)$ 对所有变量相同时,不存在异质性。当 $\hat{a}_i(v) > \hat{a}_i(v')$,那么消费者有较高的意愿来支付 v,$q_{ij}(v)$ 代表变量 v 在 i 地区生产和 j 地区消费的数量,而 q_j^0 代表在 j 地区的同质性产品消费。Picard(2015)沿用了该假定。

第三,劳动力异质性建模策略。"新"新经济地理学劳动力异质性建模策略是在新经济地理学模型引入劳动技能异质性。Mori 和 Turrini(2005)将异质性劳动力的技能禀赋记作 s,s 分布在以下区间:$S \equiv [\underline{s}, \bar{s}]$,且 $0 < \underline{s} < \bar{s} < \infty$。$f_r(s), r = a, b$ 代表在 r 区域的技术工人的密度,在经济中的总(平均)技能被定义为 $\bar{s}$,并且等于 $\int_{s \in S} sf(s) \mathrm{d}s$。于是,有

$$n_r = \int_{s \in S} f_r(s) \mathrm{d}s, s_r = \frac{1}{\bar{s}} \int_{s \in S} sf_r(s) \mathrm{d}s \tag{3-7}$$

n_r 和 s_r 分别表示 r 区域技术人口的占有率和总技能的占有率。Wrede(2013)沿用了该假定。Amiti 和 Pissarides(2005)假设劳动者需要通过技能培训才能进入工业部门,技能培训的成本与该劳动者消费效用成比例,用 ν_k 表示,并假设 $\nu_k = 1/t$,t 越大意味着更多的培训支出。Venables(2011)将劳动者分为高技能和低技能两类,高技能的工人成为 H 型,低技能的工人称为 L 型。

第三章 "新"新经济地理模型

第三节 异质性企业空间选择效应和产业区位渐进式调整

一、空间选择效应

新经济地理学指出,地区之间生产率和发展水平的差距源于经济活动空间集聚带来的成本降低和效率提高。其中,空间集聚机理包括基于需求关联的市场接近效应、成本关联的生活成本效应和市场拥挤效应[①]。市场接近效应、生活成本效应组成集聚力促使企业空间集聚,市场拥挤效应形成分散力促使企业分散。"新"新经济地理学则认为,新经济地理学夸大了集聚经济的作用,地区之间生产率和发展水平的差距还来源于异质性微观主体的空间选择效应。微观主体的空间选择效应是市场竞争优胜劣汰的结果[②],这种空间主动选择行为在不同的模型框架、不同的市场规模和不同的贸易条件下会表现出不同的特征,但主要包括正向空间选择效应和逆向空间选择效应两类,即具有"双向选择效应"。就正向空间选择效应而言,从异质性企业来看,研究发现高生产率企业倾向于选择在核心地区,低生产率企业选择在边缘区位,它认为市场规模较大的区域存在激烈的竞争,由于高生产率企业具有更低的边际成本,能够在激烈的竞争中生存下来并且出售更多的产品和节约更多的运输成本,所以高生产率企业选择布局在核心区以占领更多的市场份额;而低生产率企业为了避免竞争,选择布局在边缘区,通过贸易成本等障碍来维持市场份额。从异质性消费者来看,研究发现偏好较强的消费者倾向于选择在核心地区。从异质性劳动力来看,微观异质性劳动力会根据个人技能禀赋进行自主区位选择。一般地,高技能劳动力倾向于核心区域,而低技能倾向于边缘地区,人才向大城市集中会吸引高效率企业选择大城市,后者则会吸引高技能人才选择大

---

① 市场接近效应,又称本地市场效应,是指企业选择市场规模较大的区域生产并向规模较小的区域出售其产品。生活成本效应,又称价格指数效应,是指核心区的产品种类多,居民消费工业品时所支付的运输成本较少,因此消费者集中在该地区也将改善自己的福利状况。市场拥挤效应,又称市场竞争效应,是指企业集聚也会导致市场竞争趋于激烈,降低企业盈利能力,因此企业选择生产区位时会考虑竞争者数量因素。

② 不同学者对选择效应及与其密切联系的分类效应并无完全统一的定义。Baldwin 和 Okubo(2006)、Melitz 和 Ottaviano(2008)从企业角度定义选择效应和分类效应。但 Baldwin 和 Okubo(2006)强调,选择效应即外围地区的高生产率企业选择到中心地区的效应,而分类效应则是中心地区的低生产率企业在受到外围地区生产补贴、税收优惠等区域政策的吸引选择到外围地区的效应;Melitz 和 Ottaviano(2008)则认为,选择效应即"优胜劣汰"的市场机制导致高效率企业选择中心地区、低效率企业选择外围地区的效应。Nocke(2006)、Behrens 等(2014)则从劳动力角度界定选择和分类效应,但 Nocke(2006)强调,选择效应即更有才能的企业家会选择到竞争更激烈的大市场的效应,而 Behrens 等(2014)则认为分类效应指高素质劳动力主动选择进入大城市。本书将选择效应理解为市场竞争"优胜劣汰"导致的异质性企业和个人区位进出选择;而将分类效应界定为政府区域政策影响下异质性微观主体进行的区位进出选择。

城市(Behrens et al.,2014)。这与 Glaeser(2001)消费者城市理论的结论是一致的 (Edward Glaeser,2011)。就逆向空间选择效应而言,目前的研究主要体现在企业层面,研究发现在特定市场环境中,高生产率企业会选择在边缘地区,而低生产率企业选择在核心地区,认为高效率企业迁移会导致更严重的竞争进而对聚集望而却步,因此最先迁移的是低效率企业,低效率企业在区位选择上更自由。这就说明,聚集会产生集聚效应,导致地区间生产率的差距,进而引起进一步的聚集,但反过来,地区间生产率的差别、空间集聚并不一定至少并不全是集聚效应的结果,因此,新经济地理学夸大了集聚效应的作用。图 3-1 所示为"新"新经济地理学的机理与过程。

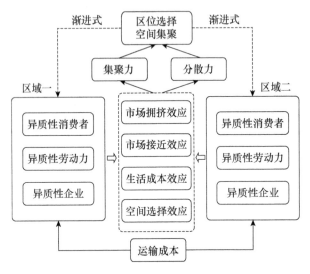

图 3-1 "新"新经济地理学的机理与过程

二、产业区位渐进式转移过程

由于假定企业是同质的,在传统新经济地理学框架下,当贸易成本下降到一定程度后,整个产业就会由最初的区域间均匀分布结构突发性地转变为核心-边缘结构;而当贸易成本下降足够低的时候,产业的核心-边缘分布结构又突然转变为区域间均匀分布结构,如图 3-2 所示。这显然与产业转移过程和经济活动动态分布的现实是不一致的。在"新"新经济地理学框架下,企业是异质的。随着贸易成本下降到一定程度后,尽管单个异质性企业的区位选择是瞬间完成的,但是从部门层面来看,由于不同异质性企业的市场承受能力不同,导致它们之间的区位选择过程是一个循序渐进的过程。具体来讲,假定最初区域间的贸易成本足够高,企业在区域间对称分布,随着贸易成本下降到一定程度后,市场机制会内生出一个决定异质性企业区位再调整的临界生产率,临界生产率两侧的企业会各选择有利于自身的区位;此后贸易成本每次的微小下降都将内生出一个与之相对应的临界生产率,临界生产率的微小变化又使得企业会不断选择有利于自身的区位,如图 3-3 所示。

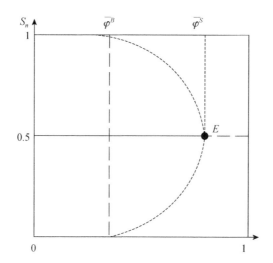

图 3-2　新经济地理学产业区位转移的突变性过程

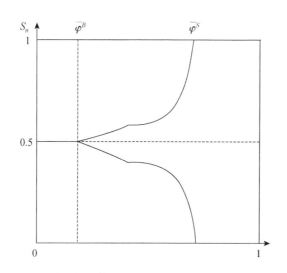

图 3-3　"新"新经济地理学产业区位转移的渐进式过程

第四节　"新"新经济地理学的主要模型

经过 10 多年的发展,"新"新经济地理学模型研究取得了长足发展。以现有研究而言,主要有异质性企业集聚模型研究、异质性消费者集聚模型研究以及异质性劳动力集聚模型研究。

一、异质性企业集聚模型研究

Melitz(2003)首次突破了同质性企业的假定,将企业生产率的差异内生到模型中,构建了一个企业生产率异质性的一般均衡模型,分析了异质性条件下企业的贸易方式和出口行为。模型显示由于存在进入成本使得生产率较高的企业选择更大的市场并且选择出口,而生产率最低的企业会被迫退出市场,最终整个行业的生产率会因为贸易开放而得到提高。Melitz 和 Ottavianio(2008)在 Melitz(2003)异质性企业假定基础上,引入 Ottaviano 等(2002)提出的 OTT 框架中并做了进一步讨论,指出由于大市场更加激烈的市场竞争导致大市场具有更高的平均生产率和更低的平均价格,并且改变贸易成本也不会导致大市场的优势消失,即大市场相对于小市场会具有出口优势。从微观企业区位选择角度来看,Baldwin 和 Okubo(2006)认为 Melitz(2003)的模型强制让生产率低的企业退出市场,而没有给予企业空间选择的机会,为了探究现实中"集聚—高效率"这一空间关联现象,他们将异质性企业假设与 FC 模型结合在一起,首次将企业异质性与新经济地理学(NEG)模型结合,并从生产率差异的角度对企业区位选择进行研究。模型认为大市场对于高效率企业最有吸引力。Okubo(2009)认为 Baldwin 和 Okubo(2006)基于 FC 构建的异质性模型无法分析经济学中的很多特征,比如循环累积因果关系、内生的非对称、突发性集聚、叠加区和预期的自我实现等,因此 Okubo(2009)将企业异质性引入自由资本垂直关联模型中进行了拓展分析,他认为异质性的引入并不根本上改变 VL 模型的主要特征,当贸易的"冰山"成本足够低时,最先转移出去的是生产率较高的企业,而生产率较低的企业则不会第一个迁移出去。但新发现是贸易自由化的逐步变化会导致集聚过程的缓慢变化,并不像新经济地理学所描述的那样会产生突发性集聚。Saito(2009)通过扩展 NEG 模型中的线性自由企业家模型,考察了生产率和技术密集方面的企业异质性在集聚过程中的作用以及集聚对区域经济发展的影响。他认为不同企业随市场选择而发生优劣企业的分离,生产率高的企业向发达的核心地区发展,而生产率低的企业由于能力和压力的因素倾向于转移到不发达的外围地区生存。不仅如此,由于在核心地区都是具有较高生产率的企业集聚区,大多数企业都有出口和内销的能力,他们更需要市场关联的专业化运作,所以核心区域的产业多样化和市场规模庞大是吸引高能力企业的关键因素,而这些因素都是边缘地区所不能提供的。Okubo(2010)认为 Baldwin 和 Okubo(2006)的模型限制了劳动力的流动,前向后向关联效应等特征也无法体现,他将企业异质性引入自由企业家模型中得出了不同的结论,认为高效率企业迁移会导致更严重的竞争进而对集聚望而却步,因此最先迁移的是低效率企业,低效率企业在区位选择上更自由;高效率的空间排序将多样化而低效率企业会选择集聚;企业异质性是一种集聚的力量,当企业的异质性更大时,这种对称性的均衡更容易破裂,更容易导致过度的集聚,以往对产业集聚的测度是有偏差的,空间选择效应可以提高全球福利,这与 Baldwin 和 Okubo(2006)等人的研究结果完全相反。Okubo 和 Forslid(2010)扩展了 Baldwin 和 Okubo(2006)的异质性企业定位选择模型,他们假定更高生产率的企业也具有更高的资本密集度,他们的模型表明具有高资本密集度从而具有高生产率的企业和具有低资本密集度从而具有低生产率的企业都倾向于集聚在大市场,而中等生产率企业倾向于集聚在小市场。迁移成本的下降会导致大市场企业平均生产率的上升以及小市场企业平均生产率的下降,并且在具有高资本密集度的行业中,大市场的企业平均生产率要高于小市场。为了将竞争效应和价格效应引入进而更好地分析微观企业集聚机制,Okubo 等(2010)将异质性企业引入 OTT 框架模型,分析了高、低两种生产率企业在不同规模市场的定位选择,模型表明:经济均衡时,高、低效率企业不会出现混合集聚,若经济均衡时部分高效率企业定位在大市场,则部分高效率企业和全部低效率企业都定位在小市场,那么随着贸易成本的下降,高效率企业向大市场迁移,低效率企业不改变定位选择,当所有的高效率企业都定位在大市场,所有的低效率企业都定位在小市场时,贸易成本的进一步下降会使得低效率企业向大市场转移,如果贸易成本足够小,大市场的市场规模足够大,那么所有的企业都将定位在大市场。上述研究主要是基于两区域模型,而 Forslid 和 Okubo(2012)将 Baldwin 和 Okubo(2006)的研究扩展到三国模型,三个国家拥有不同的市场(人口)规模,研究了贸易成本降低和企业迁移成本降低条件下异质性企业的贸易和区位选择,发现中等规模的国家在搬迁成本降低时将吸引产业,但当贸易成本降低时会失去产业;而在这两种情况下最小规模的国家都将失去产业。因此,小国家和中等国家的策略排序趋于相反。Forslid 和 Okubo(2013)则通过融入运输规模经济(密度经济)扩展了 Baldwin 和 Okubo(2006)的研究,结果发现运输规模经济会导致中间生产率的企业选择位于核心区,而高生产率和低生产率的企业选择位于边缘区。贸易自由化导致企业逐渐迁移至核心区,而高生产率企业则是最后迁移的,这显然彻底推翻了前述研究的结果。此外,Baldwin 和 Okubo(2006)做了税收政策影响区位选择与空间集聚的研究,发现由于高税率使得高生产率企业迁出,因而政府需要采取降低税率的政策来吸引企业,但政府间一味地低税率竞争会导致企业过多而公共物品供不应求的情况,政府因此需要设定协调的税率。Okubo(2010,2011)做了补贴政策影响区位选择与空间集聚的研究,认为包括产业转移补贴政策会吸引低生产率企业迁移至边缘区,与企业利润成正比的财政补贴能够吸引高生产率的企业迁移至边缘区。

二、异质性消费者集聚模型研究

Tabuchi 和 Thisse(2002)最早将消费者异质性引入 OTT 框架中,在假设居住条件异质性偏好和劳动力可流动的基础上,研究了人口与产业的空间分布问题。模型分析表明,异质性偏好是一种很强的分散力,运输成本的变化会导致分散、部分的聚集以及最后的分散三种均衡状态,最终发现产业的空间分布与贸易成本呈现出一种缓和的钟形状,从而推翻了传统 NEG 模型中棒-棒均衡结论。Murata(2003)研究了消费者偏好异质性条件下的产业集聚问题,论证了消费者的偏好异质性可以产生一种扩散的力量。研究认为在强偏好情况下,不论贸易条件怎么变化,企业都将呈现分散分布;在中等偏好情况下,随着贸易自由度的提高,企业将从分散到集聚再到扩散;而在弱偏好情况下,随着贸易自由度的提高,企业将从集聚到扩散。Murata(2007)使用消费者偏好异质性的设定,研究了异质偏好与生产规模之间的关系,指出在消费者偏好异质性较弱时,厂商选择大规模的生产;当消费者偏好异质性较强时,厂商会选择小规模生产;而当消费者偏好异质性中等时,对称均衡将被打破,大规模、小规模厂商会呈现共存状态。与 Tabuchi 和 Thisse(2002)的研究结果相反,Zeng 认为消费者异质性偏好的引入将促进企业的集聚(Zeng,2008)。Picard 和 Okubo 将消费者偏好异质性引入 OTT 框架,研究了企业的区位选择问题。在该模型中,企业根据异质性需求销售产品品种。研究发现,更高需求销售产品的企业会选择在较大的国家建立他们的工厂,这能够提供更好的途径接近最频繁的需求和最有价值的品种。空间选择的影响程度取决于各品种的需求强度的偏态分布;只有资本跨区域流动,需求的异质性减少了在较大国家的资本投资量;生产力跨地区移动,需求异质性能消除在区域分布上的戏剧性变化,并且导致工人非对称分散,而不是对称分散或完全聚集在一个特定的区域(Picard,2012)。Picard(2015)将消费者偏好异质性引入 OTT 框架,研究了消费者对产品质量的异质性偏好影响企业贸易和区位选择问题,模型在企业不移动的情况下探索产品价格和质量均衡的关系,发现企业不仅在一个垄断竞争的市场开发和销售生产品种,还通过对研发的投资来提高生产品种的质量;在资本自由流动的情况下,发现资本被配置到处于能提供最高回报的地区的制造企业;研究也表明较大的地区生产高品质的产品,质量差距随着区域大小的不对称而加大,随贸易成本的加大而缩小。

三、异质性劳动力集聚模型研究

引入企业异质性和消费者异质性的"新"新经济地理学研究得到了学者的广泛推崇和深入研究,然而,引入劳动力异质性的"新"新经济地理学研究则相对较少。Mori 和 Turrini(2005)假定工人存在先天的技能差异,产品具有差异性,优质的物品对工人的技能要求更高,产品卖到外地需要支付冰山类型的运输成本和包含固定质量损失的信息成本,则贸易优化的结果是技能较高的工人选择在技术要求较高和收入较高的地区就业,而低水平的工人则选择边缘地区。Amiti 和 Pissarides(2005)认为劳动力异质对企业来说,增加了区位市场的垄断力量,也产生了劳动力与企业的匹配问题,劳动力的异质性特征会导致企业与工人之间更容易的匹配,匹配的效果影响企业生产效率,进而带来产业集聚和区际贸易,并促进企业在一个区域内集聚,这种马歇尔的劳动力池效应有利于增加产业的集聚力。Venables(2011)认为城市本身是一种自我选择机制,高技能的劳动者主动选择在大城市生活,并把这种区位选择当作高技能的信号显示机制,这种自我选择提高了城市中劳动的匹配程度,并最终提高了城市劳动生产率的平均水平。Wrede(2013)在外部性存在条件下分析了生产和住房区位模式对劳动技能异质性的影响,研究发现,异质性技能和相对同质的土地需求之间的相互作用会引起技能分割和集聚,并且对高技能工人更具有吸引力的核心区域在供应链的各个层面上拥有更大的生产份额。

第五节 "新"新经济地理学前沿课题

"新"新经济地理学尚处于成长早期,其前沿课题包括理论、政策和实证三个方面。

一、理论前沿

第一,微观主体异质性的整合模型研究。微观主体具有多重异质性,同时,企业异质性、劳动异质性和消费者异质性是同时影响空间集聚的,它们的作用既可能一致也可能相互冲突。然而,现有"新"新经济地理学研究大多强调的是微观主体单方面的异质性,并分别处理企业异质性、劳动异质性和消费者异质性。因此,将微观主体多重异质性和不同微观主体异质性纳入一个框架、建立微观主体异质性的整合模型,是新新经济地理一个值得重视的重要研究方向。事实上,已有文献开始这方面的研究。例如,Helpman等在企业边际成本异质性基础上引入区域要素价格异质性研究了贸易行为(Helpman,2008),Comite等通过整合消费者偏好异质性和劳动者技能异质性研究了技术和非技术工人之间的偏好异质性对集聚的影响,发现了一个新的偏好效应(Comite et al.,2014)。但是将多种不同的微观主体异质性整合在一个模型中的研究还非常不足,到目前为止,还没有一个模型能够很好地整合起来。

第二,微观主体异质性的内生化模型研究。"新"新经济地理学假定企业生产率为外生、随机因素给定,市场竞争只会影响异质性企业和个人的区位选择,而不会影响企业和个人自身的生产率。然而,经验表明,面对激烈的市场竞争,异质性企业和个人可以通过不同方式提高自身的生产率,例如,异质性企业可通过调整技术、内部组织、产品范围、产权结构等多种途径提高自身的竞争力。因此,将微观主体异质性内生化,无疑可以更好地刻画微观主体与环境的互动关系,更加有效地解释经济活动的空间分布。近年来,"新"新贸易理论已尝试通过引入企业技术选择、产品范围选择、内部组织结构调整将异质性企业生产率内生化(郎永峰、何金旗,2013)。"新"新经济地理学在这方面的探索基本上还是空白,借鉴"新"新贸易理论,将微观主体异质性以内生化方式引入模型应该是其重要前沿方向和课题。

第三,"新"新经济地理学增长模型研究。新经济地理学模型和增长理论之间已有整合研究,但是模型中并未考虑微观主体的异质性及其对增长机制的影响作用。因此,有必要将现有的新经济地理学模型向动态、异质方向拓展,即综合考虑时间和空间两个维度,综合分析微观主体之间、区域之间的知识创新和资本积累动态过程,进而揭示空间集聚和经济增长的关系以及其微观形成机制。目前,Fujita以及 Berliant 和 Fujita 对知识关联进行了界定,并引入社会知识、创意、信息创造与转移联系(简称 K-联系),建立了一个动态的知识创新和扩散模型——"TP 模型"(Two Person Model)(Fujita,2007;Berliant,2009),进行了有益的探索。

第四,"新"新经济地理学城市集聚模型研究。这方面的研究应该是基于微观主体异质性构建城市结构模型,定性定量地描述不同尺度的空间集聚,分析经济如何从单中心地演化成多中心地,城市规模的分布预测、城市群的形成、发展及其影响因素的研究,城市层级体系的自组织结构演化路径,等等。目前,杨开忠指导的陈涵波(2015)博士论文做了基于异质性企业的城市空间结构研究,探讨了异质性企业在城市内部异质性空间中的最优区位选择,并解释了企业在城市内部空间以及在城市之间的非对称分布现象(陈涵波,2015)。杨开忠指导的另一篇博士论文(陈光,2015)构建了一个具有创新性的异质性企业松脚资本理论模型,探讨了负外部性和微观主体异质性对城市区域的经济集聚与扩散的影响机制,发现负外部性和异质性会显著影响城市区域的经济集聚与扩散,即存在异质性企业的主动迁移行为,并且负外部性对异质性企业的主动迁移行为有重要影响(陈光,2015)。现有城市集聚经济模型的建模过程普遍较为复杂,特别是在考虑异质性因素之后,模型显得更为繁冗,这在很大程度上限制了模型的应用范围和进一步发展的空间。

第五,内生一体化集聚研究。一体化与集聚和经济增长关系密切,传统上新经济地理学只考察产品贸易成本下降的影响,这只是一体化的一个方面。消除控制商品和要素跨区域流动的制度性壁垒,促进商品和要素市场一体化,降低区域间知识交流成本,加速知识溢出等应该都包含于一体化。同时,还要探求影响一体化的各种成本的内生源泉。因此,未来研究要在"新"新经济地理学框架下,从内生性出发,将一体化研究从只关注产品贸易成本扩充到同时关注产品贸易成本、制度贸易成本以及思想贸易成本,拓展"一体化"的内涵,客观反映"一体化"影响空间集聚的微观内在机理。这在全球化及区域一体化背景下将极大提高"新"新经济地理学的现实意义,将为政府制订交通基础设施投资政策加速推进"互联互通"、TPP、FAP等战略具有重要指导意义。杨开忠指导的董亚宁(2016)博士论文综合考虑了交通基础设施的外部性、网络性、可达性、乘数性等效应,通过内生化运输成本厘清了交通基础设施影响经济集聚与增长的微观机制,但总体而言这类研究仍处于探索阶段,发展的空间较大。

第六,寡头竞争市场结构下的空间竞争模型研究。已有的研究大都假定市场结构为垄断竞争型的,市场信息也是对称的。也有学者尝试在寡头垄断市场结构下的研究,如杨开忠等通过放松厂商数量足够多的假设建立了一个新的垄断竞争的空间模型,考察了厂商数目有限条件下的经济集聚(杨开忠等,2005)。杨开忠指导的张超(2006)博士论文在 Hotelling 模型基础上通过构建一个基于信息传递的旅游目的地产品特征空间模型,试图阐明目的地厂商通过发布并传递产品信息来实现信息性差异化,从而实现旅游目的地产品独特差异化过程的内在机制(张超,2006)。这些研究具有丰富的现实意义,但都是基于新经济地理学模型的。因此,在微观主体异质性的基础上引入厂商数目有限条件、战略性策略互动、不完全信息动态博弈等因素,开展寡头垄断市场结构下的空间竞争模型研究将是一个重要的方向。

二、政策与微观主体异质性经济地理模型

第一,深入挖掘"新"新经济地理学模型所体现的政策含义。区域政策实施的目标是改变经济活动的空间分布进而改变福利的空间分布,以缩小区域之间的差距。新经济地理学视角下区域政策的核心是考察政策在不同经济结构和交易背景下对经济活动空间分布的影响,经济活动的最终空间分布取决于经济内在的三种效应导致的集聚与分散力量的交互作用。政策的实施如果直接或间接导致上述力量的此消彼长,则必然对经济活动的空间分布产生影响,具体有政策的区域附带效应、门槛效应、地区滞后效应、非线性效应、预期实现效应等。显然,微观主体异质性的引入使得"新"新经济地理学视角下区域政策影响经济活动具有更加丰富的政策含义。目前研究已经发现,在空间选择效应作用下存在区域政策的空间分类效应,即:非合理或者不够力度的生产补贴等区域政策只能吸引低生产率的企业迁移,因为低生产率企业迁移至边缘区的机会成本更低,而高生产率企业迁移至边缘区的损失更大。这就使得旨在增加边缘区产业份额的政策将会导致不同生产率的企业形成分类,即高生产率企业迁移至核心区而低生产率企业迁移至边缘区。当然这些研究只是起步,深入挖掘"新"新经济地理学模型所体现的政策含义也是未来研究方向之一。

第二,生态文明建设与基于微观异质性的经济集聚关系研究。将研究空间从纯粹的经济空间扩展到包含自然、资源、环境、经济和社会活动的广义"经济-环境-社会"复合空间,分析生态资源环境规制和可持续发展条件下的区位选择与空间集聚机制,探讨更为复杂的经济、环境、生态、资源问题与空间区位的相互作用是大势所趋(刘安国等,2014)。虽然已经有了引入生物多样性、"可持续发展"和环境污染与环境规制的新经济地理学模型,如 Withagen(2004)、Marrewijk(2005)等,他们研究发现环境污染和环境政策会对产业集聚产生抑制作用,会使得产业集聚规模

缩小,即一部分企业会选择迁出集聚地。刘安国等扩展的新经济地理学模型,研究了环境外部性之下的经济空间优化和区域协调发展问题(刘安国等,2015)。但引入微观主体异质性的这类研究目前尚属于空白阶段,应该是未来的热点领域。

第三,区域政策与基于微观异质性的经济集聚和区域经济差距研究。微观异质性的引入使得"新"新经济地理学视角下区域政策比新经济地理学视角下区域政策更加符合实际,也从侧面说明了新经济地理学视角下区域政策有时未能达到政策决策者初衷的原因,为我们建立和完善区域政策分析理论体系提供了重要的分析框架和工具,能够为制订区域发展战略和政策、指导区域发展实践提供重要的具有针对性和实效性的理论及方法支持。因此,借助"新"新经济地理模型进行产业政策、投资政策、财政政策、福利政策等政策分析也是未来重要的方向。

三、"新"新经济地理学实证前沿

由于模型假设条件的限制和微观层面数据的可得性,导致现有文献大多集中于模型的构建与分析,实证研究相对较少。已有研究主要包括微观主体异质性集聚验证性研究和"新"新经济地理学视角下企业效率的影响机制两个方面。微观主体异质性集聚验证性研究主要是验证异质性条件下存在"选择效应",比如Syverson分析了美国预制混凝土市场,认为市场规模越大则生产率分布就越窄,平均生产率就越高,原因就是低效率企业的退出使得大市场的平均生产率更高(Syverson,2004)。Combes等采用法国公司层面的数据验证了企业的"选择效应",发现高效率企业提高了中心区域的平均生产率(Combes et al.,2012)。Combes等也从实证角度采用微观数据验证了劳动力异质性的重要性,发现劳动力会在空间形成自我分类,工人可以在地理区位上进行自我选择,进而找到适合自己劳动技能的工作,并指出忽略了劳动力异质性的研究放大了集聚经济的作用(Combes et al.,2004)。而"新"新经济地理学视角下企业效率的影响机制研究主要是企业效率的来源识别问题,即是来源于集聚效应还是选择效应。从研究方法方面,这类研究主要有四种:第一种是基于生产率分位数特征的判定方法,Syverson(2004)使用分位数方法来识别选择效应问题,Saito通过比较分位数来识别是否存在左断尾现象(Saito and Gopinath,2009),Combes等将分位数方法发展为"左断尾-右移动"的系统识别方法(Combes et al.,2012);第二种是使用面板数据时的增长率判定法,Yutaka等分析了1909—1916年日本缫丝行业的选择效应和集聚效应(Yutaka et al.,2009);第三种是刘海洋等基于企业的生命周期提出的一种鉴别集聚效应和选择效应来源问题的方法(刘海洋等,2015);第四种是王文雯等提出的无条件分布特征-参数对应的计量方法(王文雯等,2015)。但从实证研究结果来看,结论却也不尽相同,如梁琦等认为异质性企业的定位选择行为是影响地区(企业)生产率差距的一个重要微观机制,在中国,地区产业集聚并没有对本地企业生产率产生正向影响(梁琦等,2013),刘海洋等(2015)认为中国集群县市的生产率优势源于选择效应而不是集聚效应;而王文雯等(2015)研究了集聚效应和选择效应对我国213个地级及地级以上城市8个制造业行业企业效率的影响,认为集聚效应对于不同行业企业效率的影响存在差异,而选择效应对企业效率的影响并不显著。因此,未来的进一步研究可以考虑将"新"新经济地理模型更大程度地与实际的地理空间结构、微观主体特征等结合起来,深入探讨"选择效应"的存在性验证以及企业效率来源识别问题的研究方法,力争让实证研究结果更加符合现实。

第六节 小 结

"新"新经济地理学将微观主体异质性融入新经济地理学之中,为空间经济学研究提供了崭新的途径,使空间经济学研究从中观(部门)层面深入到了微观(企业和个人)层面,大大增强了空间经济学理论的解释能力。同时,不难看到,"新"新经济地理学的诞生使得将空间异质性、技术外部性、不完全竞争、甚至时间纳入一个统一架构,以及建立经济地理、经济增长和产业组织的整合理论成为可能。我国人口众多,幅员辽阔,又是发展中国家和经济转轨国家,经济地理的微观主体异质性、空间异质性、动态变化性都十分显著,这也为"新"新经济地理学的发展提供了最好的舞台。本章对"新"新经济地理学的发展做了比较系统的总结概括,以方便后续研究者对此问题进行系统的了解和把握。

参考文献

[1] Amiti M, Pissarides C A. Trade and industrial location with heterogeneous labor[J]. Journal of International Economics, 2005, 67(2): 392—412.

[2] Baldwin R E, Nicoud F. Trade and growth with heterogeneous firms[J]. Journal of International Economics, 2007(5): 1—14.

[3] Baldwin R E, Nicoud F. Trade and growth with heterogeneous firms[J]. Journal of International Economics, 2008, 74(1): 21—34.

[4] Baldwin R, Okubo T. Heterogeneous firms, agglomeration and economic geography: spatial selection and sorting[J]. Journal of Economic Geography, 2006, 6(3): 323—346.

[5] Baldwin R, Okubo T. Tax reform, delocation, and heterogeneous firms[J]. Scand. J. Of Economics, 2009, 111(4): 741—764.

[6] Behrens K, Duranton G, Nicoud F. Productive cities: sorting, selection, and agglomeration[J]. Journal of Political Economy, 2014, 122(3): 507—553.

[7] Behrens K, Duranton G, Nicoud F. Productive cities: Sorting, Selection, and

agglomeration[J]. Journal of Political Economy,2014,122(3):507—553.

[8] Berliant M,Fujita M. Dynamics of Knowledge Creation and Transfer: The Two Person Case[R]. MPRA Paper,2009(4973).

[9] Bernard B,Eaton J,Jenson B,et al. Plants and Productivity in International Trade[R]. NBER Working Paper,2003.

[10] Combes P,Duranton G,Gobillon L,et al. Sorting and local wage and skill distributions in France[J]. Regional Science and Urban Economics, 2012 (42): 913—930.

[11] Combes P,Duranton G,Gobillon L,et al. The productivity advantages of large cities: distinguishing agglomeration from firm selection[J]. Econometrica,2012,80(6): 2543—2594.

[12] Combes P,Duraton G,Gobillon L. Spatial wage disparities: sorting matters![J]. Journal of Urban Economics,2008,63(2):723—742.

[13] Combes,Duraton,Gobillon. Spatial wage disparities: Sorting matters. CEPR Discussion Paper,2004: 4240.

[14] Comite F D. Thisse J V, Vandenbussche H. Verti-zontal differentiation in export markets[J]. Journal of International Economics,2014,93(1):50—66.

[15] Comite F,Thisse J,Vandenbussche H. Verti-zontal differentiation in export markets[J]. Journal of International Economics,2014(93): 50—66.

[16] Edward Glaeser. Triumph of the City[M]. The Penguin Press,2011.

[17] Elbers C,C Withagen. Environmental policy,population dynamics and agglomeration[J]. Contributions to Economic Analysis and Policy,2004,3(2): 1—23.

[18] Forslid F,Okubo T. On the development strategy of counties of intermediate size an analysis of heterogeneous firms in a multi-region framework[J]. European Economic Review,2012,(56): 747—756.

[19] Forslid F,Okubo T. Which firms are left inthe periphery? ——Spatial sorting of heterogeneous firms with scale economies in transportation[R]. CEPR working paper,2013.

[20] Forslid R,Okubo T. On the development strategy of countries of intermediate size-an analysis of heterogeneous firms in a multi-region framework[Z]. Discussion Paper Series,2010,(36):01—26

[21] Fujita M. Towards the new economic geography in the brain power society [J]. Regional Science and Urban Economics,2007(37): 482—490.

[22] Helpman E,Melitz M,Rubinstein Y. Estimating trade flows: trading partners and trading volumes[J]. Quarterly Journal of Economics, 2008 (2):

441—487.

[23] Holmes T, Wentai H, Sanghoon L. A modelof cities, Entrepreneurship and exit[R]. NBER Working Paper, 2010.

[24] Krugman P. Historyversus expectations[J]. The quarterly journal of economic, 1991, 106(2): 651—667.

[25] Melitz J. The impact of trade on intra-industry real locations and aggregate industry productivity[J]. Econometrica, 2003, 71(6): 1695—1725.

[26] Melitz M, Ottaviano G. Market size, trade, and productivity[J]. Review of Economic Studies, 2008, 75(1): 295—316.

[27] Mori T, Turrini A. Skills, agglomeration and segmentation[J]. European Economic Review, 2005, 49(1): 201—225.

[28] Murata Y. Product diversity, taste heterogeneity, and geographic distribution of economic activities: market vs. non-market interactions[J]. Journal of Urban Economics, 2003, 53(1): 126—144.

[29] Murata Y. Taste heterogeneity and the scale of production: fragmentation, unification, and segmentation[J]. Journal of Economic Geography, 2007, 62(1): 135—160.

[30] Nocco A. Preference heterogeneity and economic geography[J]. Journal of Regional Science, 2009, 49(1): 33—56.

[31] Nocke V. A gap for me: entrepreneurs and entry[J]. Journal of the European Economic Association, 2006, 4(5): 929—956.

[32] Okubo T, Picard M, Thisse J. The spatial selection of heterogeneous firms[J]. Journal of International Economics, 2010(82): 230—237.

[33] Okubo T, Tomiura E. Industrial relocation policy, productivity and heterogeneous plants: Evidence from Japan[J]. Regional Science & Urban Economics, 2011, 42(1): 230—239.

[34] Okubo T. Firm heterogeneity and location choice[R]. RIETI Discussion Paper Series, 2010, (4).

[35] Okubo T. Tradeliberalization and agglomeration with firm heterogeneity: forward and backward linkages[J]. Regional Science and Urban Economics, 2009, 39(5): 530—541.

[36] Ottaviano G I P, Tabuchi T, Thisse J. Agglomeration and trade revisited[J]. International Economic Review, 2002, 43(2): 409—436.

[37] Ottaviano G I P. 'New' new economic geography: Firm heterogeneity and agglomeration economies[J]. Journal of Economic Geography, 2011, 11(2): 231—240

[38] Ottaviano, P. Agglomeration, trade and selection[J]. Regional Science and Urban Economics, 2012(42): 987—997.

[39] Picard M, Okubo T. Firms' locations under demand heterogeneity[J]. Regional Science and Urban Economics, 2012(42): 961—974.

[40] Picard M. Trade, economic geography and the choice of product quality[J]. Regional Science and Urban Economics, 2015(54): 18—27.

[41] Saito H, Gopinath M. Plants' self selection, agglomeration economies and regional productivity in Chile[J]. Journal of Economic Geography, 2009, 9(4): 539—558.

[42] Satio H, Gopinath M. Heterogeneous firms, trade liberalization and agglomeration[J]. CanadianJournal of Economics, 2011, 44(2): 541—560.

[43] Syverson C. Market structure and productivity: A Concrete example[J]. Journal of Political Economy, 2004, 112(6): 1181—1222.

[44] Tabuchi T, Thisse J F. Taste heterogeneity, labor mobility and economic geography[J]. Journal of Development Economics, 2002, 69(1): 155—177.

[45] Van Marrewijk, Charles. Geographical economics and the role of pollution on location [C]. Tinbergen Institute Discussion Paper, No. TI2005—018/2, 2005.

[46] Venables A. Productivity in cities: Self selection and sorting[J]. Journal of Economic Geography, 2011, 11(2): 241—251.

[47] Wrede M. Heterogeneous skills and homogeneous land: segmentation and agglomeration[J]. Journal of Economic Geography, 2013(1): 1—32.

[48] Wrede M. Heterogeneousskills and homogeneous land: Segmentation and agglomeration[J]. Journal of Economic Geography, 2013, 13(5): 677—798.

[49] Yutaka A, Kentaro N, Tetsuji O. Agglomeration or Selection? The Case of the Japanese Silk Reeling Clusters[C]. PRIMCED Discussion Paper Series 7, Institute of Economic Research, Hitotsubashi University, 2009.

[50] Zeng D Z. New economic geography with heterogeneous preferences: an explanation of segregation[J]. Journal of Urban Economics, 2008, 63(1): 306—324.

[51] 陈光. 基于异质性企业的松脚资本集聚模型研究. 北京大学, 北京大学博士学位论文, 2015.

[52] 陈涵波. 基于异质性企业的城市空间结构研究. 北京大学, 北京大学博士学位论文, 2015.

[53] 董亚宁. 交通基础设施、空间溢出与区域经济增长——基于我国省级层面的实证研究[J]. 商业经济研究, 2016, (03): 200—202.

[54] 郎永峰,何金旗.贸易自由化如何影响了异质性企业的生产率:一个文献综述[J].世界贸易组织动态与研究,2013,20(6):5—13.

[55] 梁琦,李晓萍,简泽.异质性企业的空间选择与地区生产率差距研究[J].统计研究,2013,20(6):51—57.

[56] 刘安国,张克森,杨开忠.环境外部性之下的经济空间优化和区域协调发展:一个扩展的新经济地理学模型[J].经济问题探索,2015(12):91—99.

[57] 刘安国,张越,张英奎.新经济地理学扩展视角下的区域协调发展理论研究综述与展望[J].经济问题探索,2014(11):184—190.

[58] 刘海洋,刘玉海,袁鹏.集群地区生产率优势的来源识别:集聚效应抑或选择效应?[J].经济学(季刊),2015,14(3):1073—1092.

[59] 王文雯,金祥荣,朱希伟.新新经济地理学视角下企业效率的影响机制[J].统计研究,2015,32(7):32—36.

[60] 杨开忠,谢燮,刘安国.厂商数目有限交易费用不同的垄断竞争的空间模型[J].系统工程,2005,23(6):46—50.

[61] 张超.旅游目的地产品差异化理论及应用:以中国西部为例[D].北京大学,2006.

第二篇 Krugman 核心 - 边缘模型创新研究

第四章 厂商数量有限的核心-边缘模型[①]

第一节 考虑厂商生产规模的市场规模效应问题

新经济地理学的经典模型——克鲁格曼核心-边缘模型(Krugman,1991),其实质是将要素流动、交易成本引入了 D-S 模型,而使其具有了地理空间的含义,而 D-S 模型的核心是通过消费者的多样化偏好以及厂商层次的规模经济的两难冲突来决定经济(杨小凯,1998)。然而,克鲁格曼模型得到了这样的均衡结果:厂商的规模在技术水平[②]和产品差别化程度给定后,就完全给定了;无论经济中的劳动力总数[③]多少,单个厂商的规模不再改变,差别只在于较大市场拥有的产品种类数更多。因此,所有的规模效应最终通过可获得的产品种类数来起作用,这是一个奇怪的结果。通常的认识是:大的市场意味着更为强烈的竞争,单个厂商为了获利只有扩大生产规模。而 D-S 模型说明,单个厂商的规模不会改变,市场规模效应体现在产品种类数的改变上(Neary,2001)。

克鲁格曼模型的上述缺陷是由于"厂商数量足够多"的假设引起的。杨小凯等(Yang X K et al.,1993)首先认识到了这个问题并放松上述假设对 D-S 模型进行修正。在 D-S 模型中,产品种类数应该是内生决定的,它是技术和禀赋参数的函数。因此,需要对参数进行限制以保证产品种类数在均衡时足够大,而不能简单假设这个条件自动满足。产品种类数较大应该是结果,而不是前提假设。这样的修

[①] 本部分系在笔者与其博士研究生谢燮、刘安国合作发表论文"厂商数目有限交易费用不同的垄断竞争的空间模型"(系统工程,2005(6))基础上修改而成,感谢谢燮博士、刘安国博士合作。

[②] 技术水平在 D-S 模型中用厂商生产函数中的固定成本和边际成本来体现。由于核心-边缘模型中只有劳动力要素,因此厂商规模用每个厂商雇用劳动力的数量来表示。

[③] 克鲁格曼模型的唯一生产要素是劳动力,则劳动力总数既代表禀赋,又代表经济规模,还代表市场规模。

正也解决了克鲁格曼早在1980年使用D-S模型时所产生的疑惑：国际贸易对生产规模没有影响，贸易的收益仅仅来源于产品多样性获益。克鲁格曼认为可以通过假设替代弹性随着产品种类数的提高而提高来解决这些问题。其实只需要去掉D-S模型中厂商数量足够多的假设就可以很简单地解决这个问题。在1998年出版的《经济学原理》（杨小凯，1998）中，杨小凯重新推导了D-S模型，并给出了包含交易成本的D-S模型，即克鲁格曼模型。然而，在杨小凯包含交易成本的D-S模型的推导中，由于消费者消费本地产品和外地产品都需要支付交易成本。这样的处理虽然使推导过程大为简化并得到各变量的解析解，因而可以很容易地进行比较静态分析，但显然有悖于经济地理常识。正确且简便的处理方式是：消费者消费本地产品所支付的交易成本为零。这样，模型所得到的方程组是非线性的，各变量相互耦合，虽然进行比较静态分析困难了，但无疑确切了。

本章放松了厂商数量足够多的假设，并假定消费者消费本地产品的交易成本为零，在此基础上，建立了一个新的垄断竞争的空间模型。

第二节 厂商数量有限的核心-边缘模型

假设一个两区域、两部门的经济体。两区域为以区域1和区域2，两个部门分别为制造业部门和农业部门。区域1的制造业部门有N_1个厂商，每个厂商都在报酬递增的技术下生产差别化产品，不同制造业产品之间的替代弹性为X。同理，区域2制造业部门有N_2个厂商。消费者将其收入$1-W$的部分用来消费农产品，而将其收入的W部分用来消费制造业产品。所消费的制造业产品可能来自本区域，也可能来自另外一个区域。如果消费来自另外一个区域的制造业产品，则需要支付交易成本。因为消费者具有多样化偏好，消费者的消费集必定包含本地制造业产品和外地制造业产品。农产品是无差别的，且运输不需要承担交易成本，所以两个区域的农产品价格是相同的。对于每一个制造业厂商，其生产的唯一要素是劳动力。其生产技术的报酬递增体现在线性的生产函数上。随着厂商规模的扩大，固定成本会分担到更多的产品上，从而使单位成本降低（Brakman et al., 2001）。

一、消费者行为

消费者的效用函数为

$$U = F^{1-\mu}M^{\mu}, 0 < \mu < 1 \tag{4-1}$$

预算约束为

$$F + IM = Y \tag{4-2}$$

将农产品的价格定为 1,则得到上述预算约束的表达式。制造业产品的消费量以一种综合的形式 M 出现,其价格 I 被称为制造业产品的价格指数。通过简单的最大化过程我们可以得到:

$$F = (1-\mu)Y, IM = \mu Y \tag{4-3}$$

M 的表达式为

$$M = \Big(\sum_{i=1}^{N} c_i^{\varepsilon}\Big)^{1/\varepsilon}, 0 < \varepsilon < 1 \tag{4-4}$$

其中,c_i 代表某一制造业产品的消费量。

预算约束为

$$\sum_{i=1}^{N} p_i c_i = \mu Y \tag{4-5}$$

其中,p_i 为第 i 种制造业产品的价格。通过最大化过程的一阶条件,我们可以得到需求方程

$$c_i = p_i^{-X}(I^{X-1}\mu Y) \tag{4-6}$$

其中,

$$I \equiv \Big(\sum_{i=1}^{N} p_i^{1-X}\Big)^{1/(1-X)}, j = 1, 2, \cdots, N \tag{4-7}$$

替代弹性 $X = \dfrac{1}{1-\varepsilon} > 1$。

二、生产者行为

对于农产品的生产,因为在规模报酬不变的技术下进行,可以通过适当选择单位使得:

$$F = (1-V)L \tag{4-8}$$

其中,$(1-V)$ 表示某区域农业就业劳动力所占的份额,L 指的是某一区域总的劳动力数量。前面已经提到,每一区域有 N_i 个制造业厂商,它们在报酬递增的技术下生产差别化产品。某一制造业厂商的生产函数为

$$l_i = T + U_{x_i} \tag{4-9}$$

其中,U_{x_i} 为生产种类 i 的制造业产品量 x_i 所需要投入的劳动力。厂商的利润函数为

$$c = p_i x - W(U_x + T) \tag{4-10}$$

其中,W 为劳动力工资,T 为固定成本,U 为边际成本。将式(4-7)和式(4-6)的表达式代入厂商的利润函数①中则得

$$p^* = \frac{(XN - X + 1)WU}{(X-1)(N-1)} = \frac{X}{X-1}MU + \frac{1}{(X-1)(N-1)}WU \tag{4-11}$$

---

① 克鲁格曼模型在推导的过程中因为假设厂商数量足够大,所以单个厂商的进入对其他厂商产品的价格影响很小,因此可以忽略不计,故在对利润函数求一阶条件的时候假设价格指数为常数。

零利润条件可以得到均衡时的产出为

$$x^* = \frac{TW}{p^* - UW} = \frac{T(X-1)}{U}\frac{(N-1)}{N} \quad (4-12)$$

每个厂商雇用工人数为

$$l^* = TUx^* = \frac{(XN-X+1)T}{N}\frac{T}{N} = TX - \frac{X-1}{N}T \quad (4-13)$$

均衡时的产品种类数为

$$N^* = \frac{VL + \frac{TX}{TX} - T}{TX} = \frac{VL}{TX} + \frac{X-1}{X} \quad (4-14)$$

将表达式(4-14)分别代入表达式(4-11),(4-12),(4-13)可以得到:

$$p^* = \frac{(XN-X+1)WU}{(X-1)(N-1)} = \frac{VL}{(VL-T)}\frac{X}{(X-1)}WU \quad (4-15)$$

$$x^* = \frac{(VL-T)}{(VL+TX-T)}\frac{T(X-1)}{U} \quad (4-16)$$

$$l^* = \frac{VL}{VL+TX-T}TX \quad (4-17)$$

三、引入交易成本

制造业劳动力的总人数为 VL,其中有 λ_1 的部分在区域 1,λ_2 的部分在区域 2。农业劳动力在两个区域均匀分布,且假设农业劳动力的工资为 1,则两个区域的总收入分别为

$$Y_1 = \lambda_1 V W_1 L + (1/2)(1-V)L \quad (4-18)$$

$$Y_2 = \lambda_2 V W_2 L + (1/2)(1-V)L \quad (4-19)$$

本地消费者消费异地制造业产品需要支付交易成本,将交易成本引入价格指数方程(4-7),再结合式(4-14)和式(4-15),可以得到价格指数方程为

$$I_1 = \left(\frac{U}{\varepsilon}\right)\left(\frac{1}{TX}\right)^{1/(1-X)}\left[Z_1\left(\frac{Z_1-TX+T}{Z_1-TX}W_1\right)^{1-X} + Z_2\left(\frac{Z_2-TX+T}{Z_2-TX}W_2T\right)^{1-X}\right]^{1/(1-X)}$$

$$(4-20)$$

$$I_2 = \left(\frac{U}{\varepsilon}\right)\left(\frac{1}{TS}\right)^{1/1-X}\left[Z_1\left(\frac{Z_1-TX+T}{Z_1-TX}W_1T\right)^{1-X} + Z_2\left(\frac{Z_2-TX+T}{Z_2-TX}W_2\right)^{1-X}\right]^{1/(1-X)}$$

$$(4-21)$$

其中,$Z_1 = (\lambda_1 VL + TX - T)$,$Z_2 = (\lambda_2 VL + TX - T)$。

根据总需求等于总供给,由方程(4-6)和方程(4-16),可以得到劳动力的工资为

$$W_1 = dU - d\left(\frac{WU}{(X-1)T}\frac{Z_1}{(Z_1-TX)}\right)^{1/X}$$

$$\left[\left(\frac{Z_1-TX+T}{Z_1-TX}\right)^{-X}Y_1 I_1^{X-1}+\left(\frac{Z_2-TX+T}{Z_2-TX}\right)^{-X}Y_2 T^{1-X}I_2^{X-1}\right]^{1/X} \quad (4\text{-}22)$$

$$W_2 = dU - d\left(\frac{WU}{(X-1)T}\frac{Z_2}{(Z_2-TX)}\right)^{1/X}$$

$$\left[\left(\frac{Z_1-TX+T}{Z_1-TX}\right)^{-X}Y_1 T_1^{1-X}I_1^{X-1}+\left(\frac{Z_2-TX+T}{Z_2-TX}\right)^{-X}Y_2 I_2^{X-1}\right]^{1/X} \quad (4\text{-}23)$$

可以看到,方程(4-20)~(4-23)中,当 $L\to\infty$ 时,则与克鲁格曼模型所得到的结果相同。因此克鲁格曼核心-边缘模型可以视为本模型的一个特例。

四、均衡及劳动力流动的动态过程

方程(4-18)~(4-23)中包含 6 个未知变量 I_1、I_2、μ_1、μ_2、Y_1 和 Y_2,在参数给定的情况下可以求出它们的解。各地消费者的真实工资为 $\mu_1 = \mu_1 I_1^{-\mu}$,$\mu_2 = \mu_2 I_2^{-\mu}$。如果 μ_1、μ_2 存在差异,则允许劳动力从真实工资低的区域向真实工资高的区域流动。劳动力流动可以调整工资的区域差异,工资差异可能会随着劳动力的流动而消失,也可能不会消失。如果劳动力工资持续存在,则形成了劳动力不断流动的过程,并最终导致某个区域成为制造业的集聚中心。

第三节 与克鲁格曼核心-边缘模型的比较

一、厂商的规模

定义克鲁格曼模型单个厂商雇用劳动力数为 $l' = TX$,则有 $l^* < l'$,即本模型的厂商规模低于克鲁格曼模型的厂商规模。而且 $\lim_{N\to\infty} l^* = l'$,即当厂商数量足够多时,本模型的厂商规模与克鲁格曼模型的厂商规模相同。$\dfrac{dl^*}{dN} = \dfrac{(X-1)T}{N^2} > 0$,表明均衡时每个厂商的最优规模随产品种类数的升高而升高,即厂商的进入导致单个厂商的规模增加(图 4-1)。

二、产品价格

克鲁格曼模型中的均衡价格为 $p' = \dfrac{X}{X-1}WL$,则有 $p^* > p'$,即本模型所得到的均衡价格高于克鲁格曼模型中的均衡价格。当产品种类数增多时,$\lim_{N\to\infty} p^* = p'$,即本模型均衡价格的极限等于克鲁格曼模型的均衡价格。另外,$\dfrac{dp^*}{dN} = \dfrac{-WU}{(N-1)^2(X-1)} < 0$,即均衡的价格随着产品种类数增加而降低。随着厂商进入导

致的竞争加剧,厂商的均衡价格下降(图4-2)。

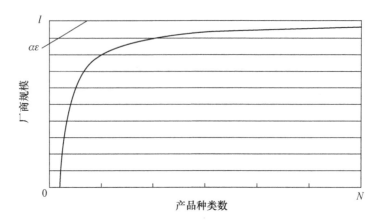

图4-1　厂商规模与产品种类数的关系

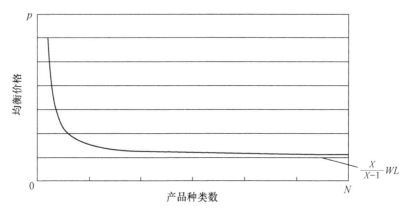

图4-2　均衡价格与产品种类数的关系

三、厂商的产出

定义克鲁格曼模型中的均衡产出为 $x' = \dfrac{T(X-1)}{U}$,则有 $x^* < x'$,即本模型所得到的均衡产出低于克鲁格曼模型中的均衡产出。而且,$\lim\limits_{N \to \infty} x^* = x'$,即随着产品种类数的增加,单个厂商的产出水平趋向于克鲁格曼模型所得到的结果。最后,$\dfrac{\mathrm{d}x^*}{\mathrm{d}N} = \dfrac{T}{U}\dfrac{(X-1)}{N^2} > 0$,表明均衡时的产出与产品种类数成正比。这表明,当其他厂商进入时,竞争导致产品的价格降低,每个厂商的生产技术又具有规模经济,单个厂商可以通过扩大规模、提高产出水平以抵消产品价格降低所带来的损失(图4-3)。

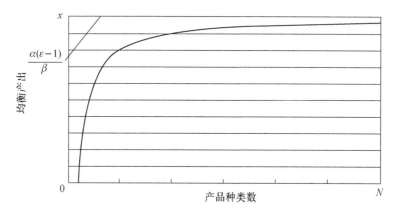

图 4-3 均衡产出与产品种类数的关系

四、产品种类数

定义克鲁格曼模型中均衡时的产品种类数 $N' = \dfrac{VL}{TX}$,则有 $N^* > N'$,即在本模型所得到的产品种类数大于克鲁格曼模型所得到的产品种类数。

克鲁格曼模型的结果表明,市场规模扩大对经济不会产生影响。我们的模型会有同样的结论吗?市场规模扩大意味着劳动力增加。表达式(4-14)~(4-17)都是劳动力 L 的函数,分别对劳动力 L 求导,得

$$\frac{\mathrm{d}p^*}{\mathrm{d}L} < 0, \frac{\mathrm{d}x^*}{\mathrm{d}L} > 0, \frac{\mathrm{d}l^*}{\mathrm{d}L} > 0, \frac{\mathrm{d}N^*}{\mathrm{d}L} > 0 \qquad (4\text{-}24)$$

$$\lim_{L \to \infty} p^* = \frac{X}{X-1} WU \qquad (4\text{-}25)$$

$$\lim_{L \to \infty} x^* = \frac{T(X-1)}{U} \qquad (4\text{-}26)$$

$$\lim_{L \to \infty} l^* = TX \qquad (4\text{-}27)$$

$$\lim_{L \to \infty} N^* = \infty \qquad (4\text{-}28)$$

即当经济中的劳动力增加时,每种产品的均衡价格 p^* 会下降,产品种类数 N^* 会上升,每种产品的消费量 x^* 也会上升,厂商的规模也会上升。厂商规模的上升与无限报酬递增的线性生产函数一起,表明社会生产率也会上升。在这种情况下,人口增加有利于经济的发展。杨小凯也得到了同样的结论。该结论与没有规模经济的新古典模型不同,那些模型的结论大多是:人口的增加对生产率没有正面影响,甚至可能是负面影响。不过,杨小凯认为克鲁格曼模型之所以没有得到这样的结论,是因为克鲁格曼模型使用了错误的 D-S 模型。而我们认为,克鲁格曼并没有错误,假设厂商数量足够多必然导致克鲁格曼模型的结果。克鲁格曼模型中人口增加对均衡价格、均衡产出和厂商规模没有影响,只会导致产品种类数的上

升。对于消费者而言,他们的效用水平会因之提高,因此也有利于经济的发展,但其促进经济发展的程度较本模型弱。

另外,虽然随着劳动力总数的上升,单个厂商的规模会上升,但规模的上升存在极限为 $\alpha\varepsilon$,因此经济中的生产率上升也存在极限。人口增加并不是无限提高社会生产率。人口增加到一定程度后,对厂商的好处渐渐消失了。由于经济中产品种类数可以随劳动力总数的增加而无止境增加,所以经济中劳动力增加对消费者来说总是有益处的,因为这提高了消费者的消费产品种类数,满足了他们的多样化偏好。

五、模型的累积因果循环过程

克鲁格曼模型的累积因果循环过程:劳动力进入某个地区如果导致该地劳动力工资下降,则劳动力没有进一步流入的动力。如果劳动力进入某地导致该地劳动力工资上升,这对劳动者有利。然而,厂商为了支付更高的劳动力工资,必须提高产品的价格,这对劳动者不利。劳动力的流入使本地消费者的价格指数有下降趋势,这对劳动者有利,而价格指数的下降程度与交易成本相关。因此,劳动力要权衡因流动导致的工资升高和价格指数下降与产品价格上升三者对其最终效用的影响来决定是否流动。最终的集聚结果则是工资上升与价格指数下降的效应大于产品价格上升的效应,这是在交易成本较低时发生的情形。

与克鲁格曼模型相比,本模型的累积因果循环过程并没有发生改变,只不过累积过程发生的起点不同了,如图 4-4 所示。该图描述了单个厂商的利润最大化过程。其中横轴代表销售量,纵轴代表价格。D、AC、MC 和 MR 分别是需求、平均成本、边际成本和边际收益曲线。MC 和 MR 曲线的交点给出了利润最大化条件下的均衡销售量。D 和 AC 曲线相切点给出了零利润条件下的均衡价格。A 点所对应的均衡状态是克鲁格曼模型的结果,B 点所对应的均衡状态是本模型的结果。

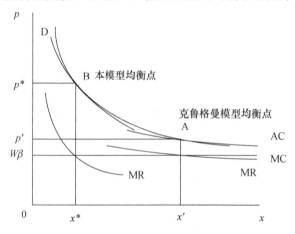

图 4-4 本模型与克鲁格曼模型的均衡点

第四节 小　　结

本模型在放松了克鲁格曼模型厂商数量足够多的假设条件下,得到了如下结论:

(1) 新厂商的进入对本地市场会产生影响,包括厂商规模、产品价格及厂商产出等。

(2) 克鲁格曼模型并非如杨小凯所言是错误的,而是本模型的一个特例,当厂商数量足够多时,本模型简化为克鲁格曼模型。

(3) 整个经济体劳动力增加有利于经济的发展。人口的增加导致厂商规模的扩大,因为厂商存在着无限的规模经济,所以劳动生产率提高。人口的增加导致产品种类数增加,所以可以提高消费者的效用。然而,由于厂商规模随人口增加存在某个极限,因此均衡时厂商的劳动生产率的提高也是有限的。由于人口增加必然导致产品种类数增加,因此对消费者来说总是有益的。

参考文献

[1] Brakman S, Garretsen H, VanMarrewijk C. An Introduction to Geographical economics-trade, Iocation and Growth[M]. New York: Cambridge University Press, 2001.

[2] Dixit A, Stiglitz J. Monopolistic competition and optimum product diversity [J]. American Economic Review, 1977, 67(3): 297—308.

[3] Fujita M, Krugman P, Venables A. The Spatial Economy: Cities, Regions, and International Trade[M]. Cambridge: MIT Press, 1999.

[4] Krugman P. Scale economies, product differentiation, and the pattern of trade [J]. American Economic Review, 1980, 70(5): 950—959.

[5] Krugman, Paul. Increasing returns and economic geography[J]. Journal of Political Economy, 1991, 99(3): 483—499.

[6] Neary J P. Of hype and hyperbolas: introducing the new economic geography [J]. Journal of Economic Literature, 2001, 39(2): 536—561.

[7] Yang X K, Heijdra B J. Monopolistic competition and optimum product diversity: comment[J]. The American Economic Review, 1993, 83(1): 295—301.

[8] 杨小凯. 经济学原理[M]. 北京:中国社会科学出版社, 1998: 310—313.

第五章 旅游系统的空间结构：一个具有不对称特点的空间一般均衡模型[①]

第一节 旅游空间结构

旅游空间结构是旅游系统的空间表达。旅游系统是一个以非线性方式运行的复杂系统(McKercher,1999)。目的地的旅游基础设施和接待设施投入、目的地营销、旅游资源保护等都有显著的规模经济，只有足够大的旅游接待规模才能支撑起庞大的固定成本投入，而设施的改善、营销的加强又能进一步吸引更多的旅游者。在这样一种循环累积机制的作用下，旅游活动会表现出高度的空间集聚现象。

同时，旅游者具有多样化偏好，为实现效用最大化，旅游者倾向于消费更多种类的旅游产品，即去更多的地方旅游。这又是促使旅游活动空间分散的力量。对旅游者而言，去更多的目的地旅游需要支付更多的旅行成本，更重要的是必须放弃从规模经济中得到的成本节约。旅游者需要在旅游产品的消费种数和单一产品的消费量间做出权衡。这样，在两种反向力量的作用下会存在一个均衡状态下的旅游空间结构。

对于经济活动的空间结构的分析，新经济地理学无疑是最有力的工具。其核心模型，包括本地市场效应模型(Krugman,1980;Krugman,1995)、网络中心效应模型(Krugman,1993)、核心-边缘模型(Krugman,1991;杨开忠等,2005)等都假定市场需求在地理上是分散的，由于规模经济的作用，生产活动总是倾向于集聚的；但为了满足分散的需求，集聚又必然伴随运输成本的上升。可见，在现有新经济地理模型中，空间结构是运输成本和规模经济达成某种平衡的结果。因此，经典的新经济地理学模型不足以解释旅游空间结构的形成与演化。

[①] 本部分系在笔者与其博士研究生翁瑾合作发表论文"旅游系统的空间结构：一个具有不对称特点的垄断竞争的空间模型"(系统工程理论与实践,2007(2))基础上修改而成，感谢翁瑾博士合作。

本章将在现有新经济地理学研究的基础上,提出一个需求空间集中的、基于不对称的垄断竞争分析框架的空间模型,从而将规模经济、旅行成本、多样化偏好和产品差异化等因素纳入一个统一的框架中,并通过模型演绎来讨论区间产品替代弹性、旅游固定成本投入、旅行成本的变化对旅游空间结构的影响。

第二节 基于不对称的垄断竞争分析框架的空间模型

一、市场结构和空间关系

假定市场结构为垄断竞争。由于旅游产品都有一定的独特性,因此能形成一定程度的垄断。但是,不同产品间存在着替代关系,当替代品足够多的情况下,其利润为零。

在空间关系上假定客源地与目的地分离,将目的地划分为传统旅游热点地区和传统旅游边缘地区两类,两者在生产技术、产品特点和区位条件等方面存在差异。

设定旅行成本系数 t_a 和 t_b,$t_a = f(d_a; \mu)$,$t_b = f(d_b; \mu)$,两者都具有单调递增特点。变量 d_a 和 d_b 代表客源地与区域 A 和 B 的距离,参数 μ 代表运输费率。这样两个区域旅游产品的到岸价可分别表示为 $t_a p_{ai}$,$t_b p_{bi}$(图 5-1)。

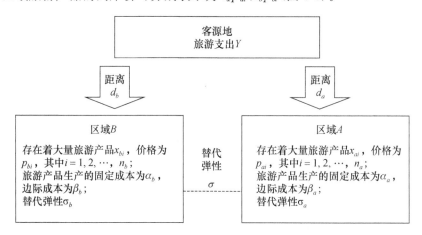

图 5-1 旅游系统的空间关系

二、消费者行为

(一)由两层 CES 函数构成的效用函数

在经典的新经济地理学模型中,每一种产品都对称地进入效用函数,其消费量也相同。这是一种被高度简化的情况。但是在旅游空间结构研究中,这种简化是不能被接受的。旅游产品具有特定的空间属性,多样化偏好和产品差异化是重要的分散力量,因此必须放松经典新经济地理学模型中的对称性假设,并引入参数控制不对称性程度,即控制分散力量的大小。

设定一个由两层 CES 函数构成的效用函数,具体形式为

$$U = (U_a^{\frac{\sigma-1}{\sigma}} + U_b^{\frac{\sigma-1}{\sigma}})^{\frac{\sigma}{\sigma-1}} \tag{5-1}$$

$$U_a = \Big(\sum_{i=1}^{n_a} x_{ai}^{\frac{\sigma_a-1}{\sigma_a}}\Big)^{\frac{\sigma_a}{\sigma_a-1}} \tag{5-2}$$

$$U_b = \Big(\sum_{i=1}^{n_b} x_{bi}^{\frac{\sigma_b-1}{\sigma_b}}\Big)^{\frac{\sigma_b}{\sigma_b-1}} \tag{5-3}$$

其中,U_a 为 A 区域旅游产品的数量指数,U_b 为 B 区域旅游产品的数量指数,σ、σ_a、σ_b 分别表示替代弹性。从子效用函数看,x_{ai} 或 x_{bi} 都对称地进入各自的子效用函数;但从整体效用函数看,x_{ai} 与 x_{bi} 则不对称地进入效用函数。

设定复合产品 U_a 和 U_b 间的替代弹性为 σ,A 区域内旅游产品 x_{ai} 和 x_{aj} 的替代弹性为 σ_a,B 区域内旅游产品 x_{bi} 和 x_{bj} 的替代弹性为 σ_b,A 区域产品 x_{ai} 与 B 区域产品 x_{bi} 的组间替代弹性为 σ_{ab}。由于组内产品的替代性强于复合产品的替代性,因此有 $\sigma_a > \sigma, \sigma_b > \sigma, \sigma_a > \sigma_{ab}, \sigma_b > \sigma_{ab}$。Sato 指出,在两层 CES 函数中,用 Allen 替代弹性比用 Hicks 替代弹性更为简便①(Sato,1967),Allen 替代弹性为

$$\sigma_{ab}^* = \sigma \tag{5-4}$$

$$\sigma_a^* = \sigma + (1 + I^{\sigma-1})(\sigma_a - \sigma) \tag{5-5}$$

$$\sigma_b^* = \sigma + (1 + I^{1-\sigma})(\sigma_b - \sigma) \tag{5-6}$$

(二)旅游支出在两个区域间的分配

在预算约束 $I_a U_a + I_b U_b = Y$ 下,由效用最大化的一阶条件,可得旅游支出在 A、B 区域间的分配,即

$$I_a U_a = \frac{Y}{1 + I^{\sigma-1}} \tag{5-7}$$

$$I_b U_b = \frac{Y}{1 + I^{1-\sigma}} \tag{5-8}$$

---

① Hicks 替代弹性被定义为 $\sigma_{12} = \frac{\partial \ln(x_2/x_1)}{\partial \ln RTS_2}$ 或 $\sigma_{12} = \frac{\partial \ln(x_2/x_1)}{\partial \ln(p_2/p_1)}$ 的形式,Allen 偏替代弹性被定义为 $\sigma_{ij}^* = \Big(\frac{\partial x_i/x_i}{\partial p_j/p_j}\Big) \backslash \Big(\frac{p_j x_i}{\sum p_k x_k}\Big)$,或者 $\sigma_{ij}^* = \Big(\frac{\partial^2 c}{\partial p_i \partial p_j}\Big) \backslash \Big(\frac{\partial c}{\partial p_i} \frac{\partial c}{\partial p_j}\Big)$,其中 $c(p,1)$ 为单位成本函数,可表示为 $c(p,1) = \sum_{i=1}^n p_i x_i, s.t. y(x) = 1$。Sato 证明了在两层 CES 生产函数中,要素间的 Allen 偏替代弹性为

$$\sigma_{ij}^* = \sigma, \text{当 } i \in N_r, j \in N_s, r \neq s,$$

$$\sigma_{ij}^* = \sigma + \frac{1}{\theta^{(s)}}(\sigma_s - \sigma), \text{当 } i,j \in N_s, i \neq j,$$

其中,$\theta^{(s)}$ 代表 s 类要素的相对支出份额,σ 为组之间的替代弹性,σ_s 为组内要素间的替代弹性。

其中,$I=\frac{I_a}{I_b}$,为 A 区域旅游产品的价格指数与 B 区域价格指数之比。I_a 和 I_b 表示价格指数,计算可得

$$I_a = t_a \Big(\sum_{i=1}^{n_a} p_{ai}^{1-\sigma_a} \Big)^{\frac{1}{1-\sigma_a}} \tag{5-9}$$

$$I_b = t_b \Big(\sum_{i=1}^{n_b} p_{bi}^{1-\sigma_b} \Big)^{\frac{1}{1-\sigma_b}} \tag{5-10}$$

(三) 需求函数

$$\max U_a \quad s.t. \quad \sum_{i=1}^{n_a} t_a p_{ai} x_{ai} = \frac{Y}{1+I^{\sigma-1}} \tag{5-11}$$

$$\max U_b \quad s.t. \quad \sum_{i=1}^{n_b} t_b p_{bi} x_{bi} = \frac{Y}{1+I^{1-\sigma}} \tag{5-12}$$

根据最大化的一阶条件可得需求函数:

$$x_{ai} = \frac{p_{ai}^{-\sigma_a}}{t_a \sum_{i=1}^{n_a} p_{ai}^{1-\sigma_a}} \frac{Y}{1+I^{\sigma-1}} = \frac{p_{ai}^{-\sigma_a} Y}{t_a^{\sigma_a} I_a^{1-\sigma_a} (1+I^{\sigma-1})} \tag{5-13}$$

$$x_{bi} = \frac{p_{bi}^{-\sigma_b}}{t_b \sum_{i=1}^{n_b} p_{bi}^{1-\sigma_b}} \frac{Y}{1+I^{1-\sigma}} = \frac{p_{bi}^{-\sigma_b} Y}{t_b^{\sigma_b} I_b^{1-\sigma_b} (1+I^{1-\sigma})} \tag{5-14}$$

三、生产者行为

旅游生产具有规模经济特点,同时假设生产中仅用一种生产要素——资本,且两个区域的利率 r 都外生给定并且相同[①]。A 区域和 B 区域的成本函数分别为

$$k_{ai} = \alpha_a + \beta_a x_{ai}, \quad k_{bi} = \alpha_b + \beta_b x_{bi} \tag{5-15}$$

其中,α_a 和 α_b 分别表示固定成本,β_a 和 β_b 分别表示边际成本。

利润函数为

$$\pi_{ai} = p_{ai} x_{ai} - r(\alpha_a + \beta_a x_{ai}), \quad \pi_{bi} = p_{bi} x_{bi} - r(\alpha_b + \beta_b x_{bi}) \tag{5-16}$$

利润最大化条件下可得

$$p_{ai} = \frac{r\beta_a}{\rho_a}, \quad p_{bi} = \frac{r\beta_b}{\rho_b} \tag{5-17}$$

其中,$\rho_a = 1 - \frac{1}{\sigma_a}$,$\rho_b = 1 - \frac{1}{\sigma_b}$。从式中可以发现,A 区域或 B 区域内部所有产品的价格都是相同,这体现为对称性特点;但 A 区域旅游产品的价格与 B 区域的价格

---

① 任何一个地区在发展旅游业时,都面对着一个由国民经济系统决定的利率水平。由于旅游仅为国民经济中的一个部门,在国民经济中所占的比例也比较小,其不可能决定整个区域的生产要素价格,因此将利率外生给定是对实际情况的反映,并不影响模型的解释力。同时,由于资本自由流动,因此假定区域间利率相同也是合理的。

因两者替代弹性及边际成本的不同而不同,这又体现出了不对称性的一面。

将式(5-17)的结果代入需求函数,可得到效用最大化与利润最大化条件下每一种旅游产品的产量。

$$x_{ai} = \frac{\rho_a Y}{n_a r \beta_a t_a (1 + n_a^{\frac{\sigma-1}{1-\sigma_a}} n_b^{\frac{1-\sigma}{1-\sigma_b}} t_a^{\sigma-1} t_b^{1-\sigma} \beta_a^{\sigma-1} \beta_b^{1-\sigma} \rho_a^{\sigma-1} \rho_b^{1-\sigma})} \quad (5\text{-}18)$$

$$x_{bi} = \frac{\rho_b Y}{n_b r \beta_b t_b (1 + n_b^{\frac{\sigma-1}{1-\sigma_b}} n_a^{\frac{1-\sigma}{1-\sigma_a}} t_a^{\sigma-1} t_b^{1-\sigma} \beta_a^{1-\sigma} \beta_b^{\sigma-1} \rho_b^{1-\sigma} \rho_a^{\sigma-1})} \quad (5\text{-}19)$$

四、零利润的均衡条件

由于旅游经营者可自由进入与退出,因此每个产品经营者的长期利润为零,即

$$x_{ai} = \frac{r\alpha_a}{p_a - r\beta_a}, x_{bi} = \frac{r\alpha_b}{p_b - r\beta_b} \quad (5\text{-}20)$$

将式(5-17)代入式(5-20)可以得到

$$x_{ai} = \frac{\alpha_a}{\beta_a}(\sigma_a - 1), x_{bi} = \frac{\alpha_b}{\beta_b}(\sigma_b - 1) \quad (5\text{-}21)$$

这样结合效用最大化、利润最大化及零利润的均衡条件,可以得到最终的关系,即

$$r\alpha_a \sigma_a n_a t_a = \frac{Y}{(1 + n_a^{\frac{\sigma-1}{1-\sigma_a}} n_b^{\frac{1-\sigma}{1-\sigma_b}} t_a^{\sigma-1} t_b^{1-\sigma} \beta_a^{\sigma-1} \beta_b^{1-\sigma} \rho_a^{\sigma-1} \rho_b^{1-\sigma})} \quad (5\text{-}22)$$

$$r\alpha_b \sigma_b n_b t_b = \frac{Y}{(1 + n_b^{\frac{\sigma-1}{1-\sigma_b}} n_a^{\frac{1-\sigma}{1-\sigma_a}} t_a^{\sigma-1} t_b^{1-\sigma} \beta_a^{1-\sigma} \beta_b^{\sigma-1} \rho_b^{1-\sigma} \rho_a^{\sigma-1})} \quad (5\text{-}23)$$

其中,$\rho_a = 1 - \frac{1}{\sigma_a}, \rho_b = 1 - \frac{1}{\sigma_b}$。从式(5-22)和式(5-23)可以决定$n_a$和$n_b$。

第三节　关于旅游空间结构的讨论

一、模型讨论的几点说明

可以从两个层面描述旅游空间结构:第一,旅游业在A、B两地区间的集聚程度,用两个地区间旅游收入比值e进行描述。第二,旅游业在A、B两地区内部的集聚程度,用旅游产品种数比η和单个旅游产品的产量比θ进行描述。显然,在一个地区内部旅游产品种数越多、单个旅游产品接待量越高,则空间结构越趋于分散。

令$\alpha = \frac{\alpha_a}{\alpha_b}, \beta = \frac{\beta_a}{\beta_b}, t = \frac{t_a}{t_b}$,重点讨论固定成本$\alpha/\beta$、旅行成本$t$和组间产品的Allen偏替代弹性$\sigma$对旅游支出比$e$、产品种数比$\eta$及单个产品的产量比$\theta$的影响。为简

化问题,设定 $\sigma_a = \sigma_b = \sigma'$。

经整理,θ 可表示为

$$\theta = \frac{x_{ai}}{x_{bi}} = \frac{\alpha}{\beta} \tag{5-24}$$

η 可表示为

$$\eta = \frac{n_a}{n_b} = \left(\frac{1}{\beta}\right)^{\frac{\sigma(\sigma'-1)}{\sigma'-\sigma}} \left(\frac{\beta}{\alpha}\right)^{\frac{\sigma'-1}{\sigma'-\sigma}} \left(\frac{1}{t}\right)^{\frac{\sigma(\sigma'-1)}{\sigma'-\sigma}} \tag{5-25}$$

e 可表示为

$$e = \frac{e_a}{e_b} = \left(\frac{1}{\beta}\right)^{\frac{\sigma'(\sigma-1)}{\sigma'-\sigma}} \left(\frac{\beta}{\alpha}\right)^{\frac{\sigma-1}{\sigma'-\sigma}} \left(\frac{1}{t}\right)^{\frac{\sigma(\sigma'-1)}{\sigma'-\sigma}} \tag{5-26}$$

二、地区间旅游产品不存在差异性的情况

当 $\sigma - \sigma'$ 无限接近于 0 时,组内产品间的替代弹性也无限接近于组间产品间的替代弹性,即两区域间产品的差异性与区域内产品的差异性都是相同的。这样,所有产品都对称地进入效用函数,两层的 CES 函数退化为一般形式的 CES 函数,整个模型变为克鲁格曼式的核心-边缘模型,地区间的旅游收入比决定于固定成本和旅行成本。

此时,从式(5-27)可以得到结论:如果两地区间旅游产品不存在差异性,只要一个地区在固定成本投入或旅行成本上得到足够大的优势,那么旅游业将完全集聚在这个地区。所谓"足够大的优势"是指,其在某方面得到的优势足以抵消另一方面的劣势。

$$e = \left(\frac{1}{\beta}\right)^{\infty} \left(\frac{\beta}{\alpha}\right)^{\infty} \left(\frac{1}{t}\right)^{\infty} \tag{5-27}$$

三、地区间旅游产品不存在替代性的情况

$\sigma = 1$ 意味着在旅游者看来,区域间旅游产品的差异性非常强。此时,第一层的 CES 函数变为柯布-道格拉斯形式的效用函数,这也正是 Dixit 和 Stiglitz(1977) 讨论过的一种不对称的例子(Dixit,Stiglitz,1977)。

此时,两地区的旅游收入比为 $e = \frac{1}{t}$,由此得到结论:如果两地区间旅游产品不存在替代性,那么两地区旅游收入的变化仅受区位条件影响,离客源地越近,旅游收入就越高。

四、地区间旅游产品的差异性高于地区内旅游产品的差异性

此为一般性情况,本节将讨论固定成本投入、旅行成本对空间结构的影响,但重点是讨论组间产品的差异化程度对旅游空间结构的影响。

(一) 固定成本投入与旅游空间结构

从式 (5-24) ~ (5-26) 可以得到:

$$\frac{\partial \theta}{\partial (\alpha/\beta)} = 1 > 0 \tag{5-28}$$

$$\frac{\partial \eta}{\partial (\alpha/\beta)} = \frac{1-\sigma'}{\sigma'-\sigma}\left(\frac{\beta}{\alpha}\right)^{\frac{\sigma'-1}{\sigma'-\sigma}}\left(\frac{1}{t\beta}\right)^{\frac{\sigma(\sigma'-1)}{\sigma'-\sigma}} < 0 \tag{5-29}$$

$$\frac{\partial e}{\partial (\alpha/\beta)} = \frac{1-\sigma'}{\sigma'-\sigma}\left(\frac{\beta}{\alpha}\right)^{\frac{2\sigma-\sigma'-1}{\sigma'-\sigma}}\left(\frac{1}{t}\right)^{\frac{\sigma(\sigma'-1)}{\sigma'-\sigma}}\left(\frac{1}{\beta}\right)^{\frac{\sigma'(\sigma'-1)}{\sigma'-\sigma}} < 0 \tag{5-30}$$

就区际分布而言,从式 (5-26) 中可发现,旅游业将主要集聚在固定成本投入相对较少的旅游热点地区。根据式 (5-30) 还可发现,如果两个地区在基础设施、接待设施和知名度上差距越大 (所需的固定成本投入差距越大,规模经济在两个地区的重要性程度也相差越大),那么旅游空间分布将越不均衡,热点地区所占的比例会越高。这一结论可以解释我国改革开放以来旅游业 (特别是入境旅游业) 高度集中于北京、上海、广州、杭州、苏州、西安、桂林等传统旅游热点地区的原因。

就区内集聚而言,从式 (5-25) 中可发现,旅游热点地区的产品种数要远远大于旅游边缘地区。同时,从式 (5-24) 中可发现,相对于旅游热点地区而言,旅游边缘地区的旅游产品 (目的地或线路) 需要的固定投入高,只有庞大的游客数量,才能实现盈利。综合上述两点可以认为,旅游边缘地区旅游目的地 (或线路) 的数量相对要少,而单个目的地的游客接待量则较高,即在发展滞后的旅游边缘地区内部,旅游业的集聚程度要高于发展成熟的旅游热点地区。但随着边缘地区各种条件的不断改善,需要投入的固定成本的下降,旅游边缘地区内部的集中度也将下降。

(二) 旅行成本与旅游空间结构

对 t 求导可得

$$\frac{\partial \eta}{\partial t} = \frac{\sigma(1-\sigma')}{\sigma'-\sigma}\left(\frac{1}{\alpha}\right)^{\frac{\sigma'-1}{\sigma'-\sigma}}\left(\frac{1}{\beta}\right)^{\frac{\sigma(\sigma'-1)}{\sigma'-\sigma}}\left(\frac{1}{t}\right)^{\frac{\sigma\sigma'+\sigma'-2\sigma}{\sigma'-\sigma}} < 0 \tag{5-31}$$

$$\frac{\partial e}{\partial t} = \frac{\sigma(1-\sigma')}{\sigma'-\sigma}\left(\frac{1}{\alpha}\right)^{\frac{\sigma'-1}{\sigma'-\sigma}}\left(\frac{1}{\beta}\right)^{\frac{\sigma(\sigma'-1)}{\sigma'-\sigma}}\left(\frac{1}{t}\right)^{\frac{\sigma\sigma'+\sigma'-2\sigma}{\sigma'-\sigma}} < 0 \tag{5-32}$$

两式的含义是:在仅考虑旅行成本的情况下,区位优势越明显,旅游产品种数就越多,所占的市场份额也越高。也就是说,旅游业往往集聚在具有区位优势的地区,且具有区位优势地区的内部旅游空间分布更趋于均匀。这可被理解为是地理学所强调的距离衰减效应。

(三) 区间产品替代弹性 (产品差异化) 与旅游空间结构

根据式 (5-25) 和式 (5-26) 可以得到:

$$\frac{\partial \eta}{\partial \sigma} = \frac{1-\sigma'}{(\sigma'-\sigma)^2}[\lg\alpha + (\sigma'-1)\lg\beta + \sigma'\lg t]\left(\frac{1}{\alpha}\right)^{\frac{\sigma'-1}{\sigma'-\sigma}}\left(\frac{1}{\beta}\right)^{\frac{(\sigma-1)(\sigma'-1)}{\sigma'-\sigma}}\left(\frac{1}{t}\right)^{\frac{\sigma(\sigma'-1)}{\sigma'-\sigma}}$$

$$\tag{5-33}$$

$$\frac{\partial e}{\partial \sigma} = \frac{1-\sigma'}{(\sigma'-\sigma)^2}[\lg\alpha + (\sigma'-1)\lg\beta + \sigma'\lg t]\left(\frac{1}{\alpha}\right)^{\frac{\sigma-1}{\sigma'-\sigma}}\left(\frac{1}{\beta}\right)^{\frac{(\sigma-1)(\sigma'-1)}{\sigma'-\sigma}}\left(\frac{1}{t}\right)^{\frac{\sigma(\sigma'-1)}{\sigma'-\sigma}}$$

(5-34)

在上述两式中 $\frac{\partial \eta}{\partial \sigma}$ 和 $\frac{\partial e}{\partial \sigma}$ 的正负判断取决于 $\lg\alpha+(\sigma'-1)\lg\beta+\sigma'\lg t$ 一项。如果 $\frac{\alpha}{\beta}<\left(\frac{1}{t\beta}\right)^{\sigma'}$，那么 $\frac{\partial \eta}{\partial \sigma}>0$，$\frac{\partial e}{\partial \sigma}>0$。本章研究重点在于固定成本投入、旅行成本和替代弹性对旅游空间结构的影响，同时在实际的旅游生产中，与固定成本、旅行成本相比，区域间边际成本的差异要小得多，边际成本不是刻画区域旅游差异的指标，因此在讨论中可以近似地认为 β 是一个非常接近于 1 的值，使讨论的核心问题更加清晰。这样讨论的条件就变为 $\alpha<\left(\frac{1}{t}\right)^{\sigma'}$。讨论结果见表 5-1。

表 5-1 在 $1<\sigma<\sigma'$ 且边际成本较为相近的情况下 σ 的变化对 η 和 e 的影响

t	α	σ 变化对 η 和 e 的影响	结论
$0<t<1$（A 地区有区位优势）	情况①：$0<\alpha<1$，即 A 地区为旅游热点地区，需要的固定成本投入少，规模经济的重要性相对不显著	$\frac{\partial \eta}{\partial \sigma}>0$，$\frac{\partial e}{\partial \sigma}>0$，即 σ 变小（即替代性变小，差异性变大，或者发展观光旅游而非度假旅游），η、e 也变小	B 地区产品种数增加，占全部旅游收入份额也增加。
	情况②：$\alpha=1$，即两个地区将规模经济的重要性相同		
	情况③：$1<\alpha<\left(\frac{1}{t}\right)^{\sigma'}$，即 B 地区为旅游热点地区，需要的固定成本投入相对较少		
	情况④：$\alpha\geqslant\left(\frac{1}{t}\right)^{\sigma'}$，即 B 地区为旅游热点地区，其固定成本投入远远小于 A 地区	$\frac{\partial \eta}{\partial \sigma}>0$，$\frac{\partial e}{\partial \sigma}>0$，即 σ 变小（即替代性变小，差异性变大，或者发展观光旅游而非度假旅游），但 η、e 增大	A 地区产品种数增加，占全部旅游收入份额也增加
$t=1$（两地区区位条件相似）	情况⑤：$0<\alpha<1$，即 A 地区为旅游热点地区需要的固定成本投入少	$\frac{\partial \eta}{\partial \sigma}>0$，$\frac{\partial e}{\partial \sigma}>0$，即 σ 变小（即替代性变小，差异性变大，或者发展观光旅游而非度假旅游），η、e 也变小	B 地区产品种数增加，占全部旅游收入份额也增加
	$\alpha\geqslant 1$ 时，与 $t\beta=1$ 且 $0<\alpha<1$ 时的情况对称，不作另外讨论		
$t>1$（B 地区有区位优势）	与前面讨论对称，不另作讨论		

总结表 5-1 可以得到两条重要结论：

第一，如果一个地区在区位和固定成本投入上都具有优势（情况 1），或一个地区在区位和固定成本投入上具有其中一项优势，而另一项条件相似（情况 2 和情况 5），或一个地区在固定成本投入上具有足够优势以抵消其在区位上的劣势（情况 4），那么另一个具有综合劣势的地区通过强化旅游产品的差异性将有助于提高其市场份额。这可以很好地解释在东部地区及西安、桂林等传统的旅游热点地区具备规模经济优势和区位优势的情况下，云南通过差异化产品的开发使其成长为中国新的旅游热点地区。

第二，如果一个旅游热点地区在固定成本投入上具有一定优势，但不足以抵消其在区位上的劣势（情况 3），那么这个地区通过强化旅游产品的差异性将有助于提高其市场份额。这可以解释相对远离城市的旅游目的地通过强化产品的差异化以获得比城市近郊区更大的市场份额。这也对以城市为中心的玻尔兹曼型旅游空间结构做出了一个合理解释。

第四节 小　　结

改革开放以来，旅游业的发展也得到了中央政府和地方政府的高度重视，在"十五"期间，有 20 个省（市、自治区）把旅游业列为国民经济的支柱产业。我们研究的目的一方面为中国旅游空间结构的演变做理论上的解释，另一方面，更重要的是为区域旅游发展在政策工具的选择上提供了理论依据。

从我们的模型中可以发现，在规模经济的作用下，旅游活动往往会集聚在固定成本投入相对较少、区位条件较好的地区，而多样化偏好与产品差异化则促进旅游活动向综合劣势地区扩散。

模型分析的结论显示，对于区位条件较差、旅游基础设施和接待设施不足、市场知名度低的地区而言，我们的研究表明下述策略有助于提高其市场份额：第一，强化旅游产品的地方特色，以凸显差异性，从而提升发展滞后地区旅游产品的不可替代性。第二，发展观光旅游比发展度假旅游能更快地提升目的地的接待规模。与度假产品相比，旅游者对观光产品有更强的多样化偏好，多样化偏好越强意味着替代弹性就越小，从而能更有效地提升市场份额。第三，政府主导下全面推进旅游基础设施的改善并提升目的地的区域形象，这能够显著降低旅游吸引物开发的固定成本投入，从而降低实现盈亏平衡的游客接待量门槛。

而对于接近客源市场的城市近郊区而言，我们的研究表明，发展休闲度假旅游比发展观光旅游能更有效地提升其市场份额。

参考文献

[1] Dixit A K, Stiglitz J E. Monopolistic competition and optimun product diversity[J]. American Economic Review,1977,67(3):297—308.

[2] Krugman P, Venables A J. Globalization and the inequality of nations[J]. Quarterly Journal of Economics,1995,110(4):857—880.

[3] Krugman P. Increasing returns and economic geography[J]. JPE,1991,99:483—499.

[4] Krugman P. Scale economies, product differentiation, and the pattern of trade[J]. American Economic Review,1980,70(5):950—959.

[5] Krugman P. The hub effect: or, threeness in interregional trade[C] W J Ethier, E Helpman and J P Neary. Theory, Policy and Dynamics in International Trade. Cambridge: Cambridge University Press,1993:29—37.

[6] McKercher B. A chaos approach to tourism[J]. Tourism Management,1999,20(4):425—434.

[7] Sato K. A two-level constant elasticity-of-substitution production function[J]. Review of Economic Studies,1967,34(2):201—18.

[8] 翁瑾,杨开忠.旅游系统的空间结构:一个具有不对称特点的垄断竞争的空间模型[J].系统工程理论与实践,2007(02):76—82.

[9] 杨开忠,谢燮,刘安国.厂商数目有限交易费用不同的垄断竞争的空间模型[J].系统工程,2005,23(6):46—50.

第六章 基于相对效用函数的核心-边缘模型[①]

第一节 相对效用函数拓展的必要性

经济活动会引发人口的集聚,在这方面,新经济地理理论给出了很好的解释。通过规模报酬递增与消费者消费多样化产品偏好,在运输成本降低到一定程度时,可以产生核心-边缘的人口与产业分布结构(Krugman,1991)。经典的新经济地理模型具有很好的拓展性,在引入资本要素(Martin and Rogers,1995)、土地要素(Tabuchi,1998)、知识积累(Martin and Ottaviano,1999)等一系列要素之后,核心-边缘的空间格局依然成立,这种普适性使其成为区域科学中的一个普遍结论。

核心-边缘结构是生产要素集聚的结果。关于集聚的动机,马歇尔曾列出三大原因:更匹配的劳动力市场、不可分的中间产品以及知识与信息的溢出。Krugman(1991)则给出了另一种机制:如果人们是按照实际收入进行决策的,则在垄断竞争与规模报酬递增的条件下,运输成本的存在使核心区享受到较低的价格,从而使核心区的实际收入高于边缘区的实际收入,引发要素的集聚。不过,依然还有其他诱发集聚的原因值得继续挖掘。本章的目的在于,给出这样一种机制:在人与人之间相互比较的情况下,个体的空间迁移决策不但取决于自身的收入和消费,还取决于个体在所属地区收入和消费中的相对位置。

本部分将这一机制建立在新经济地理的框架之上。新经济地理模型在描述均衡时通常将个人的间接效用(实际收入)作为劳动力要素迁移的依据,当个人在某个地区的间接效用比其所在的地区高时,就会产生迁移的动机。因此,人口作为可

[①] 本部分系在笔者与其博士研究生张骥等合作发表论文"基于相对效用函数的新经济地理模型"(经济学(季刊),2018(3))基础上修改而成,感谢张骥博士等合作。

迁移的要素,其集聚的最终原因是个人效用,是一种主观感知。不过,在讨论效用函数时,过去多数新经济地理的理论模型将个人效用函数简单地设定为个体消费的柯布-道格拉斯型函数,其效用仅仅取决于个体消费的绝对值。显然,这种效用函数的设定并不能完全体现消费者的主观感受。作为在社会中生存的个体,与其他社会成员之间的关系也应该显著影响个体的效用。凡勃仑曾有言(凡勃仑,2012):"撇开自我保护的本能,相互攀比的偏好大概是所有经济动机中最强烈、最敏感且最持久的一项"。越来越多的实证结果(Clark and Oswald,1996;Luttmer,2005;Ferrer-Carbonell,2005;Boyce et al.,2010;Akay et al.,2012;Mujcic and Frijters,2013;Dumludag,2014)表明,个体的效用不仅与个人消费的绝对值有关,个体相对于周围其他社会成员的消费也会影响个人的效用,因此,本部分将考虑这些因素的效用函数称为相对效用函数。

  过去几十年,这一思想已被成功纳入理论建模中,并获得了广泛应用。在这方面,金融领域是最早的尝试,Abel(1990)、Constantinides(1990)以及Gali(1994)等人通过引入消费习惯这一概念,将其他成员的消费纳入效用函数,构造模型解释金融市场的股票溢价之谜。很快,这一思路便被吸收到了宏观经济领域(Carroll et al.,1997;AlvarezCuadrado et al.,2004),并在经济学的其他领域得到广泛运用。目前,多数经济模型运用这种相对效用函数解释消费者跨期最优消费决策,这可能归因于Duesenberry(1949),多数学者(Hopkins,2004;AlvarezrCuadrado et al.,2004;Akay et al.,2012)认可Duesenberry是最早提出相对效用函数的经济学家,也正是他(Duesenberry,1949)在书中讨论了消费者在时间序列上的消费问题,之后的经济学家便依此在时间维度上进行更深入的讨论。既然消费者在时间维度上遵从相对效用函数,这一思想自然可以运用到空间维度的讨论,本部分即对此进行尝试。

  之所以将其运用到消费者空间维度的决策当中,是基于以下几点考虑。第一,正如凡勃仑在《有闲阶级论:关于制度的经济研究》中所指出的那样,这种相互比较与攀比的消费现象广泛存在于商品经济的社会中。既然广泛存在,且消费者在决策中又不能脱离社会其他成员,因此这种效应是无处不在的,空间的迁移与流动也必然需要将这一因素考虑其中。第二,目前已经有学者(Akay et al.,2012;王湘红等,2012)对人口迁移过程中是否包含这类现象进行了实证研究,Akay(2012)等学者通过RUMICI数据库对中国从农村地区到城市地区的流动人口做了相关实证研究后发现,个体之间相互攀比的现象广泛存在。其中,流动人口和城镇人口的主观幸福感(SWB)显著受到其所在地区周围的社会成员影响。王湘红等(2012)对农民工群体进行了相应的实证研究,并发现,相对收入也是影响农民工外出务工的重要因素。综上,有必要将相对效用函数引入经济地理模型用来解释人口流动和企业集聚等经济现象。

从模型的技术而言,现有的研究至少有两种方法来表示相对效用函数,根据 Bilancini 和 Boncinelli(2008)的概括,这两种方法分别为序数相对效用函数与基数相对效用函数。两者的差别在于效用函数中包含了其他个体的消费,还是仅仅包含一个消费的等级序。

假如效用函数中包含其他个体的消费,则是基数相对效用函数。这意味着消费者的效用函数中给定他人的消费,个体的消费越多,相对效用函数的值越大。反之,个体消费不变,其他社会成员消费增加,个体的效用降低。即形如 $U=U(x,\bar{x})$ 的效用函数,其中 x 为个体消费,$\bar{x}$ 为社会成员的平均消费。

假如效用函数中仅包含消费序,则是序数相对效用函数。在这种效用函数中,个体在整个社会成员中的地位直接进入效用函数。即形如 $U=U[x,r(x)]$,其中,$r(x)$ 是用个体消费表示的个体地位。这一效用函数的设定意味着消费者仅仅关心其在整个群体中的位置,并不关心具体的差距,无论与其他人的差距多大,其所处的相对位置越高,则相对效用函数越大。

在经济理论模型中,两类相对效用函数都有相关研究。与序数相对效用函数的应用(Frank,1985;Hopkins,2004)相比,基数相对效用函数的方式在模型设定方面相对直观,数学形式也相对简便,因此被广泛采纳(Clark and Shields,2008;Constantinides,1990;Alvarez,Cuadrado et al.,2004)。本部分也采用基数相对效用函数的方式进行建模,讨论这种效用函数在空间维度上的理论意义。

模型引入相对效用函数之后,新经济地理中的价格指数效应不再是决定要素跨区域流动的因素,这一点与实证结论(Akay et al.,2012)一致。事实上,在众多新经济地理的实证研究中,价格指数效应并未当作被解释变量进行直接的实证(如 Crozet,2004;Redding,2010)。本章指出,即使不存在价格指数效应,还有其他机制可以作为集聚力使劳动力要素产生迁移动机。其中,最为重要的一点是,对于劳动力要素而言,核心区的名义收入更高。以中国的数据为例,图 6-1 是 2015 年中国 285 个城市的市辖区人口密度与年平均工资散点图,从图中可知,人口密度与名义收入成正比关系,即核心区应该比边缘区的名义收入更高,踪家峰和周亮(2015)进行了相关实证研究。然而,这一直观结论在经典的新经济地理文献(Krugman,1991;Forslid and Ottaviano,2003)中并未得到充分体现。本章通过引入相对效用函数,给出解决这一问题的另一种方法,从而使得核心区的名义收入随人口集聚而不断增加。这一机理将对区域间劳动力要素的流动产生重要影响。

本章其余部分安排如下:第一部分为引言以及相关文献综述,第二部分构建一个具有相对效用函数的新经济地理模型,第三部分讨论模型均衡解以及要素分布固定的短期均衡,第四部分讨论长期均衡与劳动力要素迁移的问题,第五部分给出数值模拟,用来分析外生参数变动对长期均衡的影响,第六部分为全文总结。

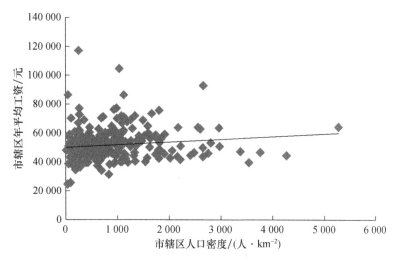

图 6-1　中国城市职工年平均工资与所在城市人口密度散点图
资料来源：《中国城市统计年鉴 2016》

第二节　相对效用函数的设定

假设两个地区 A 与 B，每个地区的消费者消费两类产品：具有相对效用的产品和不具有相对效用的产品，为简化且不失一般性，令这两类产品为制造业产品以及农产品[①]，制造业产品的消费具有相对效用，而农产品的消费不具备相对效用。制造业产品分为两个大类，令其为种类 a 与 b。每类产品都由固定替代弹性的子产品组成，其中的子产品种类分别为 N_a 与 N_b，两类制造业产品通过双层嵌套的 CES 函数构成（翁瑾，杨开忠，2007），制造业产品的市场结构为垄断竞争，农产品的市场结构为完全竞争。两地区有四类劳动力，分别为：总量为 F 单位的农民用于生产农产品，其农民在区域间不可流动。用于生产制造业产品的低技能劳动力和高技能劳动力。低技能劳动力总禀赋为 L，区域间不可流动。高技能劳动力拥有制造业企业的所有权，根据其生产的产品种类不同，将其分为用于生产 a 类产品的高技能劳动力（H_a）以及用于生产 b 类产品的高技能劳动力（H_b），高技能劳动力在区域间可以自由流动，但不同种类劳动力之间不能自由转化。此外，农民以及低技能劳动力在两地区间平均分布且稳定，因此两地区农

---

① 为保持与其他文献在建模设定的一致性，此处用农产品代表不具备相对效用的产品，不过应指出，不具备相对效用的产品集合比农产品更加宽泛。

民禀赋分别为 $\frac{F}{2}$，低技能劳动力分别为 $\frac{L}{2}$。

一、偏好与需求

令 i 地区代表性消费者 j 的嵌套 CES 效用函数为

$$U_j^i = \left[(M_{a,j}^i)^\gamma + (M_{b,j}^i)^\gamma\right]^{\frac{\theta}{\gamma}} G_j^{i1-\theta} \qquad (6-1)$$

其中，M_a、M_b、G 分别为代表性消费者消费的 a 类制造业产品、b 类制造业产品以及农产品，两类制造业产品又由具有相对效用的 CES 效用函数复合而成：

$$M_{a,j}^i = \left\{\int_0^{N_a} \left[\frac{m_{a,s}}{\text{mean}(m_{a,s}^i)}\right]^{\sigma_a} ds\right\}^{\frac{1}{\sigma_a}}, \quad M_{b,j}^i = \left\{\int_0^{N_b} \left[\frac{m_{b,s}}{\text{mean}(m_{b,j,s}^i)}\right]^{\sigma_b} ds\right\}^{\frac{1}{\sigma_b}} \qquad (6-2)$$

此外，为简化，将 A 的价格单位化为 1，则代表性消费者面临的预算约束为

$$\int_0^{N_a} p_{a,s}^i m_{a,s}^i ds + \int_0^{N_a} p_{b,s}^i m_{b,s}^i ds + G_j^i = Y_j^i. \qquad (6-3)$$

预算约束中的 p_ε^i 为消费者在 $i(i=A,B)$ 地区需要支付的第 $\varepsilon(\varepsilon=a,b)$ 类子产品的价格。注意到，效用函数式(6-1)、式(6-2)中，$\gamma(0<\gamma<1)$ 代表了两个大类商品的多样化偏好，σ_i 为子类产品的多样化偏好，不失一般性，令 $0<\sigma_a<\sigma_b<1$，从而使得两类产品中的子产品存在非对称性。此外，效用函数式(6-2)中包含了相对消费，$\text{mean}(m_{a,s}^i)$ 为 $i(i=A,B)$ 地区第 a 类产品中第 s 类子产品的消费量的平均值。易知，消费者相对效用的比较对象为本区域消费者的平均消费。对任意 i 地区的消费者 j 和产品 s，该设定保证 $dU_j^i/d(\text{mean}(m_s^i))<0$，即当该区域中其他消费者对该产品的消费增加时，会提高该产品消费量的均值，使得消费者 j 的效用降低。当消费者自身的消费量提高时，这一提高的边际影响大于对消费均值的边际影响，因此消费者自身消费的边际效用仍然为正。此外，消费者进行最优决策时，将该均值视为常数，i 地区消费者 j 对两类产品子产品的需求函数可以写为

$$m_{a,j}^i = \frac{\theta Y_j^i \text{mean}(m_a^i)^{\frac{\sigma_a}{\sigma_a-1}}}{(p_a^i)^{\frac{1}{\sigma_a-1}}} \mathbb{P}_a^i,$$

$$m_{b,j}^i = \frac{\theta Y_j^i \text{mean}(m_b^i)^{\frac{\sigma_b}{\sigma_b-1}}}{(p_b^i)^{\frac{1}{\sigma_b-1}}} \mathbb{P}_b^i, \quad i=A,B, \qquad (6-4)$$

其中

$$P_\varepsilon^i = \left\{\int_0^{N_\varepsilon} \left[p_{\varepsilon,s}^i \text{mean}(m_{\varepsilon,s}^i)\right]^{\frac{\sigma_\varepsilon}{\sigma_\varepsilon-1}} ds\right\}^{\frac{\sigma_\varepsilon-1}{\sigma_\varepsilon}},$$

$$\mathbb{P}_\varepsilon^i = \frac{(P_\varepsilon^i)^{\frac{\gamma}{\gamma-1}}}{(P_a^i)^{\frac{\gamma}{\gamma-1}} + (P_b^i)^{\frac{\gamma}{\gamma-1}}}, \quad \varepsilon=a,b.$$

由于 $0<\sigma_\varepsilon<1$，根据需求函数可知，消费均值对需求的影响为负，即该产品消费量均值的增加会通过降低需求的方式使消费者的效用降低。消费者对某产品的

需求除了受到自身产品价格的影响之外,还受到两类产品的价格指数的影响,由于 P_ε 指的是种类 ε 子产品的价格 CES 加总,为方便,称之为内部价格指数。而将 PP_ε 称为外部价格指数。

二、生产行为

对于农产品的生产,设定其产品的生产具有规模报酬不变的特征,价格单位化为 1,因此农民的收入为 1。对于制造业产品而言,其生产具有规模报酬递增的特征,两类不同产品的生产需要不同的投入要素,每类产品的子产品生产行为是完全对称的。具体地,生产行为服从线性的成本函数。借鉴 Forslid 和 Ottaviano(2003)对于生产行为的设定①,a 类产品的投入要素为高技能劳动力 H_a 与低技能劳动力,b 类产品的投入要素为高技能劳动力 H_b 与低技能劳动力。为简便而不失一般性,令每个企业的生产需要一单位高级劳动力作为固定成本,从而一单位高技能劳动力拥有一个企业,而企业每生产一单位产品需要使用 α 单位的低技能劳动力,令低技能劳动力的工资为 w'。因此,生产两类制造业产品 a、b 所需的高技能劳动力总禀赋分别为 N_a 与 N_b,制造业企业的成本函数为

$$C_\varepsilon^i(x) = w_\varepsilon^i + \alpha w^i x, \quad \varepsilon = a,b, \quad i = A,B \tag{6-5}$$

企业面对的需求函数为式(6-4),由于每个地区消费者对子产品的平均消费量 $\text{mean}(m_\varepsilon^i)$ 取决于消费者的收入均值,而收入均值又取决于所有企业在空间中的分布,因此这里假设单个企业进行最优决策时无法知晓消费者平均的消费量,即将 $\text{mean}(m_\varepsilon^i)$ 视为固定的常量。此外,假设企业将产品运输至另一地区需要消耗"冰山"运输成本,即每单位产品只有 $\tau(0 < \tau < 1)$ 单位运至目的地。因此,只要每个地区的总收入有界,位于 i 地区的企业,其最优化价格为

$$p_\varepsilon^i = \frac{\alpha w^i}{\sigma_\varepsilon}, \quad p_\varepsilon^j = \frac{\alpha w^i}{\tau \sigma_\varepsilon} \tag{6-6}$$

由于自由进入的垄断竞争市场结构,每个制造业企业的利润为 0。从而可以得到 i 地区 ε 类企业的最优产量:

$$x_\varepsilon^i = \frac{w_\varepsilon^i}{\alpha w^i} \frac{\sigma_\varepsilon}{1 - \sigma_\varepsilon} \tag{6-7}$$

注意到,在这样的设定下,制造业企业的固定成本用来支付高技能劳动力的工资,而边际成本用来支付低技能劳动力的工资。因此,总收益将分给两种劳动力要素,而分配的比例则与制造业产品的需求弹性有关,需求弹性的不一致将导致分配比例不同。具体地,令 ε 类($\varepsilon = a,b$)的制造业企业支付给高技能劳动力与低技能劳动力的比例为 r_ε,将式(6-6)、式(6-7)和企业成本函数联立可有

$$r_\varepsilon = \frac{w_\varepsilon}{\alpha w^i x_\varepsilon} = \frac{1 - \sigma_\varepsilon}{\sigma_\varepsilon} \tag{6-8}$$

---

① 类似的设定还可见 Moriand Turrini(2005)、Zeng(2018)。

因为 $0<\sigma_a<\sigma_b<1$,这意味着,这一分配比例随 σ_ε 的增大而减小。因此,给定企业的收益,a 类产品的收益分配更偏向于高技能劳动力,而生产 b 类产品的高技能劳动力所获得的收入更少。显然,如果用勒纳指数(Lerner Index)作为垄断势力的衡量方法(Elzinga,Mills,2011),则 a 类产品的垄断势力更强,因此,制造业企业的垄断势力越强,则向高技能劳动力要素分配的报酬越高。

第三节　短期均衡与长期均衡分析

一、短期均衡

短期均衡中劳动力要素不可流动,不失一般性,假设 A 地区的高技能劳动力 H_a 占总禀赋的比例为 λ,H_b 占总禀赋的比例为 φ。根据消费者的需求函数式(6-4),将两侧取均值,并整理可有

$$\text{mean}(m_\varepsilon^i) = [\theta \text{mean}(Y^i)]^{1-\sigma_\varepsilon}(p_\varepsilon^i)^{-1}(P_\varepsilon^i)^{\sigma_\varepsilon}(\mathbb{P}_\varepsilon^i)^{1-\sigma_\varepsilon} \tag{6-9}$$

其中,$\text{mean}(Y^i)$ 为 i 地区的平均收入。易知,消费者对子产品的平均需求与消费者所在地区的平均收入正相关,其平均消费的收入弹性为 $1-\sigma_i$,即消费者对垄断势力更高的 a 类产品具有更高的收入弹性。此外,由于 ε 种类内部的子产品都是对称的,因此,根据式(6-9)可以将内部价格指数进行化简,根据企业利润最大化价格式(6-6),可有

$$\left[\text{mean}(m_\varepsilon^{ii}) \frac{a}{\sigma_\varepsilon}\right]^{\frac{\sigma_\varepsilon}{\sigma_\varepsilon-1}} = [\theta \text{mean}(Y^i)]^{-\sigma_\varepsilon}(P_\varepsilon^i)^{\frac{\sigma_\varepsilon^2}{\sigma_\varepsilon-1}}(\mathbb{P}_\varepsilon^i)^{-\sigma_\varepsilon},$$

$$\left[\text{mean}(m_\varepsilon^{ij}) \frac{a}{t\sigma_\varepsilon}\right]^{\frac{\sigma_\varepsilon}{\sigma_\varepsilon-1}} = [\theta \text{mean}(Y^i)]^{-\sigma_\varepsilon}(P_\varepsilon^i)^{\frac{\sigma_\varepsilon^2}{\sigma_\varepsilon-1}}(\mathbb{P}_\varepsilon^i)^{-\sigma_\varepsilon}, \tag{6-10}$$

其中,$\text{mean}(m_\varepsilon^{ii})$ 指的是 ε 类的子产品 i 地区生产 i 地区消费的平均消费量,而 $\text{mean}(m_\varepsilon^{ij})$ 指的是 ε 类的子产品 j 地区生产 i 地区消费的平均消费量,由此可知,"冰山"贸易成本的存在,i 地区消费者所必须支付的交易成本使得 j 地区生产产品的平均消费量降低,区域间运输成本所导致的两地间价格差异全部反映在了平均消费量中,从而两者的乘积将不再体现区域间的差异。通过这一方式,价格指数中的交易成本所起的作用可以消除。在此情况下,其内部价格指数变为

$$P_\varepsilon^i = N^{\frac{1}{1-\sigma}} \theta \text{mean}(Y^i) \boldsymbol{P}_\varepsilon^i \tag{6-11}$$

式(6-11)中,组内价格指数不再包含"冰山"贸易成本,因此,可以简化模型的运算,并可以求出解析解。而这一解析解将模型中最难处理的"冰山"运输成本消除,对比 Krugman(1991)、Forslid 和 Ottaviano(2003)可以发现,本章的价格指数更为简洁(如表6-1所示)。

表 6-1　Krugman(1991)、Forslid 和 Ottaviano(2003)价格指数

Krugman(1991)	Forslid 和 Ottaviano(2003)
$P_a^A = \dfrac{\alpha}{\sigma_a}\left[\lambda N_a (w^A)^{\frac{\sigma_a}{\sigma_a-1}} + (1-\lambda)N_a\left(\dfrac{w^B}{\tau}\right)^{\frac{\sigma_a}{\sigma_a-1}}\right]^{\frac{\sigma_a-1}{\sigma_a}}$	$P_a^A = \dfrac{\alpha}{\sigma_a}\left[\lambda N_a + (1-\lambda)N_a \tau^{\frac{\sigma}{1-\sigma_a}}\right]^{\frac{\sigma_a-1}{\sigma_a}}$

其中，$w^i(i=A,B)$是 Krugman(1991)模型中的两地劳动力的名义工资，而价格指数又直接进入制造业产品的需求方程，因此是解两个地区劳动力名义工资的关键方程。Krugman(1991)的模型无法获得解析解的关键就在于价格指数中的名义工资无法简化处理。Forslid 和 Ottaviano(2003)在此基础上，引入低技能劳动力，使制造业产品的价格固定，从而使价格指数进一步简化，并获得解析解。显然，本书中的内部价格指数式(6-11)相比这两个方程在数学形式上又简化了一步，这一步恰好建立在相对效用函数的基础上，使运输成本导致的需求量变动完全体现为平均消费量的变动，价格指数中不再包含运输成本，从而使模型可以获得解析解。

根据制造业产品的供求平衡条件，两地区对 ε 类子产品的总需求之和等于单个企业的最优产量，并因此可以获得高技能劳动力的工资方程。根据式(6-7)和式(6-9)可得两类子产品的供求平衡条件：

$$\begin{aligned} x_a^i &= (p_a^i N_a)^{-1}\theta(Y^i \boldsymbol{P}_a^i + \tau Y^j \boldsymbol{P}_a^j), \\ x_b^i &= (p_b^i N_b)^{-1}\theta(Y^i \boldsymbol{P}_b^i + \tau Y^j \boldsymbol{P}_b^j), \quad i=A,B \end{aligned} \qquad (6\text{-}12)$$

其中，Y^i 为 i 地区的总收入，即

$$\begin{aligned} Y^A &= \lambda N_a \frac{w_a^A}{1-\sigma_a} + \varphi N_b \frac{w_b^A}{1-\sigma_b} + \frac{F}{2}, \\ Y^B &= (1-\lambda)N_a \frac{w_a^B}{1-\sigma_a} + (1-\varphi)N_b \frac{w_b^B}{1-\sigma_b} + \frac{F}{2} \end{aligned} \qquad (6\text{-}13)$$

显然，在其他参数固定的条件下，式(6-12)中只有高技能劳动力在两地的名义工资 $w_a^A, w_b^A, w_a^B, w_b^B$ 是内生变量。进一步，结合制造业企业利润最大化的产量式(6-7)、制造业子产品供求平衡条件式(6-12)和外部价格指数可知，同一地区两类高技能劳动力的名义收入之比为

$$\frac{w_a^i}{w_b^i} = \frac{N_b}{N_a}\frac{1-\sigma_a}{1-\sigma_b}\frac{N_a^{\frac{\gamma}{\sigma}}}{N_b^{\frac{\gamma}{\sigma}}} \qquad (6\text{-}14)$$

从式(6-14)中可以看出，在同一个地区，两类高技能劳动力要素的名义收入之比只与其劳动力要素的总禀赋和各类产品的弹性有关，与两类劳动力要素在空间中的分布无关，显然，这种性质会对劳动力要素名义工资的分析更加简化。即如果可以求得某一类高技能劳动力在 i 地区($i=A,B$)的名义收入，则也可以获得该地区另一类高技能劳动力的名义收入。将式(6-12)和式(6-14)联立并进行进一步的整理，不难得到，两类高技能劳动力要素在两地间的名义收入的解析解为

$$w_a^A = \frac{F}{2}\left(\frac{1-\sigma_a}{N_a}\right)N_a^{\frac{\chi}{\sigma_a}}\theta(1+\tau)\left(\frac{B+\mathcal{L}}{A\mathcal{L}-BD}\right),$$

$$w_b^A = \frac{F}{2}\left(\frac{1-\sigma_b}{N_b}\right)N_b^{\frac{\chi}{\sigma_b}}\theta(1+\tau)\left(\frac{B+\mathcal{L}}{A\mathcal{L}-BD}\right),$$

$$w_a^B = \frac{F}{2}\left(\frac{1-\sigma_a}{N_a}\right)N_a^{\frac{\chi}{\sigma_a}}\theta(1+\tau)\left(\frac{A+D}{A\mathcal{L}-BD}\right),$$

$$w_b^B = \frac{F}{2}\left(\frac{1-\sigma_b}{N_b}\right)N_b^{\frac{\chi}{\sigma_b}}\theta(1+\tau)\left(\frac{A+D}{A\mathcal{L}-BD}\right) \tag{6-15}$$

其中 A、B、$\mathcal{L}$、D 为包含两类高技能劳动力在地区间分布(λ、φ)的变量：

$$A = (1-\theta\lambda)N_a^{\frac{\chi}{\sigma_a}} + (1-\theta\varphi)N_b^{\frac{\chi}{\sigma_b}},$$

$$B = (1-\lambda)\theta\tau N_a^{\frac{\chi}{\sigma_a}} + (1-\varphi)\theta\tau N_b^{\frac{\chi}{\sigma_b}},$$

$$\mathcal{L} = [1-\theta(1-\lambda)]N_a^{\frac{\chi}{\sigma_a}} + [1-\theta(1-\varphi)]N_b^{\frac{\chi}{\sigma_b}},$$

$$D = (\theta\lambda\tau)N_a^{\frac{\chi}{\sigma_a}} + (\theta\tau\varphi)N_b^{\frac{\chi}{\sigma_b}}$$

通过式(6-15)的解析解，整个模型中的核心变量名义工资可以进行直观的分析，避免了多数新经济地理模型在最后的分析中由于无法获得名义工资的解析解从而需要进行数值模拟所带来的不便(Ottaviano et al.，2002)。根据式(6-15)易知，两类高技能劳动力的名义工资有以下几个特点：第一，名义工资满足对称性。即当且仅当 $\lambda=0.5$ 且 $\varphi=0.5$ 时，有 $w_a^A=w_a^B$，$w_b^A=w_b^B$，同类劳动力的名义工资在两地区相等。第二，名义工资不但受到其同类劳动力要素分布的影响，还受到另一类高技能劳动力要素分布的影响。任意某类劳动力要素分布不平均都将导致两类高技能劳动力名义工资在两地区间不再相等。第三，只要 τ 的取值范围为 $(0,1)$，就必有名义工资的取值严格为正。由于劳动力的迁移与两地区之间的名义收入有关系，令同类高技能劳动力在 A、B 地区间的名义收入之比为 r_{AB}，则有

$$r_{AB} = \frac{w_a^A}{w_a^B} = \frac{w_b^A}{w_b^B} = \frac{B+\mathcal{L}}{A+D} \tag{6-16}$$

不难求得，$\frac{\mathrm{d}r_{AB}}{\mathrm{d}\lambda}>0$，$\frac{\mathrm{d}r_{AB}}{\mathrm{d}\varphi}>0$，两地区间名义收入的差异与劳动力要素的集中程度正相关，对于两种高技能劳动力要素而言，任意一类劳动力要素的集聚都会使得核心区的名义收入高于边缘区。这一结论明显异于 Krugman(1991)，Forslid 和 Ottaviano(2003)等新经济地理的研究结论。根据图 6-1 的数据，这一结论更加符合事实。

此外，根据低技能劳动力要素的设定可知，通过低技能劳动力要素的供求平衡条件，可以解出其均衡的名义收入：

$$w^A = \frac{2\theta}{L}(Y^A+\tau Y^B)(\lambda P_a\sigma_a + \varphi P_b\sigma_b),$$

$$w^B = \frac{2\theta}{L}(Y^B+\tau Y^A)[(1-\lambda)P_a\sigma_a + (1-\varphi)P_b\sigma_b] \tag{6-17}$$

由式(6-17)可知,当某一地区的高技能劳动力要素集聚时,当地的低技能劳动力的供给是固定的,制造业企业的集聚引发了要素需求的增加。因此,在核心区,低技能劳动力的名义收入要高于边缘区。有限的劳动力供给对应着集聚的负外部性,导致制造业企业的边际成本增加,并使得企业所生产的产品价格提高。

二、长期均衡

在长期,高技能劳动力要素在 A、B 两地区间可以自由流动,劳动力通过比较迁入地与迁出地的间接效用,决定是否进行迁移。根据效用函数可知,高技能劳动力要素的间接效用函数为

$$V_\varepsilon^i = \frac{w_\varepsilon^i}{\{[(P_a^i)^{\frac{\gamma}{\gamma-1}} + (P_b^i)^{\frac{\gamma}{\gamma-1}}]^{\frac{\gamma-1}{\gamma}}\}^\theta}, \quad \varepsilon = a, b, \quad i = A, B \quad (6\text{-}18)$$

进一步,令 ε 类高技能劳动力要素在 A、B 两地区的间接效用之比作为迁移函数为 $F_{\varepsilon,AB}(\lambda,\varphi)$。又因为式(6-14),同一地区两类高技能劳动力的名义收入比与劳动力要素分布无关,因此有

$$F_{a,AB}(\lambda,\varphi) = F_{b,AB}(\lambda,\varphi) \quad (6\text{-}19)$$

由于式(6-19)的存在,两类高技能劳动力要素的迁移将简化为一个迁移函数,这一简化意味着,两类劳动力要素将同时迁移,即任意要素分布 (λ,φ) 的某种变化将使两类劳动力要素同时迁移。这一结论异于 Zeng(2008)的结论,因为在 Zeng(2008)的模型中,设定劳动力要素的偏好具有异质性,每类劳动力要素对自身所生产的产品支付的份额更高,在本章的框架中,这一设定意味着高技能劳动力 H_a 对 a 类产品的支出份额要高于 b 类产品,反之,H_b 对 b 类产品的支出份额要高于 a 类产品。但是,为了考察相对效用的问题,并未包含这种偏好的异质性,是一种简化,即两类产品的支出份额仅取决于两类产品的子产品数量 (N_a, N_b),对每类高技能劳动力要素而言,这一份额不变。进一步,迁移函数省略下标 ε,可以化简为

$$F_{AB}(\lambda,\varphi) = r_{AB}\left[\frac{\text{mean}(Y^A)}{\text{mean}(Y^B)}\right]^{-\theta} \quad (6\text{-}20)$$

由式(6-20)可知,在相对效用函数下,劳动力要素的间接效用不但与自身的名义收入有关,还受到该地区平均收入的影响。这一影响的程度用 θ 来衡量,在消费者的效用函数中,θ 代表具有相对效用的消费支出总收入之比,而在迁移函数中,θ 则意味着平均收入对迁移决策的影响,θ 越大,平均收入对迁移函数所产生的影响越大。特别地,一方面,当 $\theta=1$ 时,迁移函数完全变为名义收入与平均收入之比;另一方面,当 $\theta=0$ 时,迁移函数将不再考虑地区的平均收入。总之,劳动力要素的迁移不但需要考虑自身的名义收入,还需要考虑自身名义收入与当地平均收入的对比。综上,将上述讨论总结为推论1。

推论1 相对收入即自身的名义收入与所在地区平均收入之间的比较,在相对效用函数的设定下,劳动力要素的迁移决策将权衡迁入地与迁出地的相对收入。

进一步分析，迁移函数受到两种收入的影响，一种是迁移个体的名义收入，另一种是迁移地的平均收入。一方面，根据式(6-16)，核心区高技能劳动力的名义收入随要素的集聚而增加。另一方面，一个地区的平均收入取决于总收入与该地区的人口之比。直觉上，核心区的总收入和总人口必然也随要素的集聚而增加。根据式(6-12)，总收入之比可以表示为

$$\frac{Y^A}{Y^B} = \frac{r_{AB} - \tau}{1 - r_{AB}\tau} \tag{6-21}$$

显然，式(6-21)中，两地区总收入之比随高技能劳动力地区间的名义收入比 r_{AB} 的增加而增加，这就说明，当地区间的要素分布从对称均衡（$\lambda = \varphi = 0.5$）开始演变时，一种高技能要素迁移的冲击将导致迁入地高技能劳动力要素的名义收入、该地区的总收入以及该地区的总人口都在一定程度上获得增加。然而，由式(6-20)可知，对高技能劳动力要素的迁移决策而言，个体的名义收入起到正向作用，而迁入地的平均收入起到负向作用，这意味着要素需要权衡这两种机制再进行迁移决策。

更进一步的讨论，同一要素的地区间收入比已经由式(6-16)给出，但某一地区的平均收入则取决于该地区的劳动力要素的结构。在非完全核心-边缘的空间结构下，每个地区都应有四类劳动力要素，根据之前的讨论，两地区各类劳动力要素的名义收入具体见表 6-2[①]。

表 6-2 两地区劳动力要素名义收入

	A 地区名义收入	B 地区名义收入
农民	1	1
低技能劳动力	$\frac{2\theta}{L}(Y^A + \tau Y^B)(\lambda P_a \sigma_a + \varphi P_b \sigma_b)$	$\frac{2\theta}{L}(Y^B + \tau Y^A)[(1-\lambda)P_a \sigma_a + (1-\varphi)P_b \sigma_b]$
高技能劳动力 H_a	$\left(\frac{1-\sigma_a}{N_a}\right)\theta(Y^A + \tau Y^B)P_a$	$\left(\frac{1-\sigma_a}{N_a}\right)\theta(Y^B + \tau Y^A)P_a$
高技能劳动力 H_b	$\left(\frac{1-\sigma_b}{N_b}\right)\theta(Y^A + \tau Y^B)P_b$	$\left(\frac{1-\sigma_b}{N_b}\right)\theta(Y^B + \tau Y^A)P_b$

由式(6-14)，两类高技能劳动力的名义收入比在一个地区内不随要素分布而改变。因此，两者在四类要素中的相对位置不发生改变，其相对高低取决于参数，即两类制造业产品的多样化偏好 σ_a、σ_b 以及劳动力资源禀赋 N_a 与 N_b。此外，只要低技能劳动力的禀赋 L 比较大，两类高技能劳动力的禀赋 N_a 与 N_b 比较小，则必然可以保证同一地区内名义收入由高至低依次为：两类高技能劳动力、低技能劳动力、农民。因此高技能劳动力作为企业所有者，其区域间的流动代表了高收入阶层的流动。显然，高收入阶层的集聚会对迁入地的平均收入带来两种影响：第一，

---

① 为表述方便，这里 H_a 与 H_b 的名义收入使用式(6-12)的一种变形，而非解析式(6-15)。

由于其自身收入是高于该地区的平均收入的,因此,高收入阶层的集聚会提高迁入地的平均收入。第二,由于外部性的存在,集聚还会导致低技能劳动力的名义收入增加,从而进一步提高了平均收入。在这两种机制的作用下,当存在相对效用时,地区的平均收入的提高对高收入阶层构成一种离散力。

另外,根据式(6-16),高技能劳动力的名义收入随人口的集聚而增加。但是,对于劳动力要素而言,由于农产品的消费并不存在相对效用,这意味着,高技能劳动力在核心区可以获得更高的名义收入,因为农产品的价格标准化为1,相比于较低名义工资的边缘区,劳动力要素迁移到核心区实际上增加了实际收入,并提高了间接效用。因此,核心区较高的名义收入使得不存在相对效用的消费品成为区域间的要素流动的集聚力。

因此,高技能要素在区域间的迁移即离散力与集聚力两者的比较。结合之前的讨论易知,离散力与集聚力的强弱受到三种参数的影响,分别为:高技能劳动力的禀赋N_a与N_b;制造业产品总支付份额θ;制造业产品的运输成本$(1-\tau)$,因此,需要分别对这三种参数进行讨论。

第四节 外生变量的空间干扰

在长期,高技能劳动力要素遵循个人的间接效用函数进行迁移决策,由式(6-20)可知,当$F_{AB}(\lambda,\varphi)>1$时,高技能劳动力要素将向$A$地区迁移,而反之,则向$B$地区迁移。由式(6-19),两类高技能劳动力的迁移行为完全相同,为简便,令$\lambda=\varphi=s$,用来表示地区间高技能劳动力要素的分布。劳动力要素分布的长期均衡应该使下面的条件成立:

$$\begin{cases} F_{AB}(s) = 1, & s \in (0,1), \\ F_{AB}(s) \geqslant 1, & s = 1. \\ F_{AB}(s) \leqslant 1, & s = 0. \end{cases}$$

根据式(6-16),将r_{AB}表示为s的函数,并将式(6-20)与式(6-21)联立,化简可有

$$F_{AB}(s) = \left[\frac{1-\theta+\theta\tau(1-s)+\theta s}{1-\theta s+\theta s\tau}\right]\left[\frac{1-\theta+\theta s(1+\tau)}{\theta\tau+1-\theta s(1+\tau)}\right]^{-\theta} \times \left[\frac{2s+R}{2(1-s)+R}\right]$$

(6-22)

易知,迁移函数由三项之比连乘得到,分别为:高技能劳动力要素在A、B两地区的名义收入之比;两地区的总收入之比;两地区的总人数之比。其中,$R=\dfrac{L+F}{N_a+N_b}$,为劳动力禀赋之比。从式(6-22)可知,对于迁移函数而言,两地区高技能劳动力的名义收入比为正向关系,两地区的总收入之比为负向关系,两地区的总人

数之比为正向关系。由长期均衡的条件可知,要素空间分布的核心-边缘结构所需要满足的条件为

$$1-\theta+\theta\tau \leqslant \left[\left(\frac{2+R}{R}\right)\left(\frac{1-\theta}{1+\theta\tau}\right)\right]^{\theta} \quad (6-23)$$

不等式(6-23)的成立取决于 R、θ、τ 三类参数。经过分析易知,对于 θ 而言,由于不等式右侧是关于 θ 的指数函数,θ 越大,越不容易形成核心-边缘结构。对于 τ,其值越大,越难以形成核心-边缘结构。R 的影响则是,R 越大,越不利于形成核心-边缘结构。尽管在相对效用的条件下,要素的名义收入可以获得解析解。然而,迁移函数自身的复杂性使得数学分析的讨论不再直观,为了方便,借助数值模拟的方式对参数 R、θ、τ 所产生的影响分别进行讨论。

一、具备相对效用产品的支付份额对空间格局的影响

根据式(6-20),消费者对具备相对效用产品(制造业产品)的支付份额 θ 决定了平均收入在迁移函数中所扮演的角色。θ 越大,则平均收入所产生的影响越大。又因为,对于高技能劳动力而言,其迁移行为会提高迁入地的平均收入。平均收入作为一种离散力,如果 θ 较高,则根据迁移函数,高技能劳动力会选择离开人口集聚的地区而来到边缘区,即平均收入更低的地区。

另外,当 θ 越小,则不具备相对效用的产品在迁移函数中所扮演的角色越大。核心区较高的名义收入提高了对此类产品的购买力并增加了自身的效用。因此,构成了一种集聚力,高技能劳动力要素倾向于向核心区迁移,并借助高的名义收入增加自身福利。

综上,θ 值越大,则离散力——平均收入对迁移函数的影响越大,集聚力——区域间不具备相对效用的产品对迁移函数的影响越小。两个影响加总,当其他条件不变,制造业产品总支付份额越大,越容易形成对称的空间结构,见图 6-2。

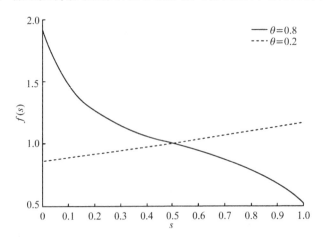

图 6-2　制造业产品支付份额对空间格局的影响

如图 6-2 所示,当 $\theta=0.8$ 时,此时,两个地区的平均收入对迁移函数的影响较大,高技能劳动力要素在空间中的长期均衡为对称分布,而当 θ 下降为 0.2 时,不具备相对效用的产品在迁移函数中所起的作用更大,此时的长期均衡为核心-边缘的空间格局。上述讨论用结论 1 来进行总结。

结论 1　在相对效用的设定下,其他条件不变,消费者对具备相对效用产品的支付份额越大,则相对收入的作用越明显,长期均衡越倾向于对称分布。反之,对不具备相对效用产品的支付份额越大,长期均衡越倾向于核心-边缘结构。

二、劳动力要素禀赋对空间格局的影响

根据上文,R 为农民和低技能劳动力禀赋与两类高技能劳动力禀赋之比。由于迁移函数式(6-22),R 只出现在第三项中,给定其他变量,劳动力要素禀赋的影响可以表示为

$$\frac{\mathrm{d}F_{AB}(s)}{\mathrm{d}R} = \left[\frac{1-\theta+\theta\tau(1-s)+\theta s}{1-\theta s+\theta s\tau}\right]\left[\frac{1-\theta+\theta s(1+\tau)}{\theta\tau+1-\theta s(1+\tau)}\right]^{-\theta}$$
$$\times \theta\left[\frac{2s+R}{2(1-s)+R}\right]^{\theta-1} 2\left[\frac{1-2s}{2(1-s)+R}\right] \quad (6-24)$$

易知,式(6-24)所反映的 R 对迁移函数的正负关系完全取决于 $(1-2s)$ 的符号,当 $s>0.5$ 时,R 的增加将导致迁移函数的值变小,当 $s<0.5$ 时,R 的增加将导致迁移函数的值变大。$s=0.5$ 时,R 的变化对迁移函数没有影响。显然,这一关系将改变要素迁移的方向。易知,给定外部冲击,使得高技能劳动力迁往 A 地,为使得空间分布继续向不对称的方向发展,必有当 $s>0.5$ 时,$F_{AB}(s)\geqslant 1$。然而,若 R 增加到一定程度,则会使得原本可能维持的发展趋势改变,即使得 $F_{AB}(s)<1$,从而这种空间分布不平衡的发展趋势不可能继续维持,原本在核心区的高技能劳动力要素回迁到边缘区,促使空间格局向对称的方向发展。另外,当外部冲击使得高技能劳动力迁往 B 地时,若空间分布继续向不对称的方向发展,R 的增加也会使得这一趋势改变。反之,当长期均衡为对称分布时,R 的减小将使得长期均衡变为核心-边缘结构,这一讨论体现在图 6-3 中。

从图 6-3 可知,固定其他条件不变,当 $R=2$ 时,长期均衡为对称分布,当 R 下降为 0.3 时,长期均衡变为核心-边缘结构。不过,对于整个经济,要素禀赋变动所产生的影响是复杂的,给定其他参数,要素禀赋的影响主要体现在以下几方面:第一,根据式(6-15),经济体系内高技能劳动力的总禀赋增加,体现为 R 下降,会降低每个高技能劳动力要素的名义收入。第二,根据式(6-17),低技能劳动力的总禀赋增加,体现为 R 上升,每个低技能劳动力的名义收入下降。第三,由于只有高技能劳动力要素在空间中可以流动,因此劳动力要素禀赋的变动,体现为 R 变化,将导致两地区之间的劳动力数量之比发生改变。

根据式(6-22),要素禀赋对名义收入的影响并不对两地区高技能劳动力名义收入比以及两地区总收入之比构成影响。因此,R 的变化仅仅对两地区的劳动力

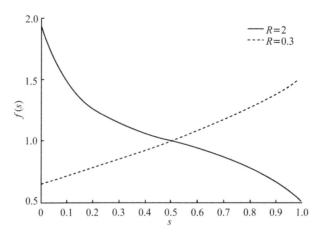

图 6-3 劳动力要素禀赋对空间格局的影响

数量之比产生影响。由于高技能劳动力的禀赋与制造业产品的种类相等,这意味着,其他条件不变,相对于低技能劳动力和农民的数量,高技能劳动力数量的增加意味着制造业产品种类的增加以及整个产业的不断发展,因为 R 的减小将有利于要素空间分布形成核心-边缘结构。因此,长期中,制造业不断发展,高技能劳动力所拥有的企业将趋向于集聚到一个地区,形成稳定的核心-边缘分布格局。将以上讨论用结论 2 进行总结。

结论 2 在相对效用的设定下,其他条件不变,制造业产业的发展(制造业相对于农业的劳动力比例增加以及制造业产品种类的增加)将导致核心-边缘的空间分布格局。

三、运输成本对空间格局的影响

根据迁移函数式(6-22)可知,运输成本的影响体现在前两项中,即运输成本会对高技能劳动力的名义收入和地区的总收入产生影响。对于第一项高技能劳动力名义收入之比,固定其他参数,则 τ 对迁移函数的影响为

$$\frac{\mathrm{d}\left[\dfrac{1-\theta+\theta\tau(1-s)+\theta s}{1-\theta s+\theta s\tau}\right]}{\mathrm{d}\tau}=\frac{\theta(1-2s)}{(1-\theta s+\theta s\tau)^2} \qquad (6-25)$$

与式(6-24)相同,τ 对高技能劳动力名义收入之比的影响取决于 $(1-2s)$ 的符号。当空间格局非对称时,τ 的降低会拉大两地间的名义收入差距。因此,当长期均衡为对称分布时,τ 的减小将使得要素的空间分布趋向于核心-边缘结构。反之,长期均衡为核心-边缘结构时,τ 的增加使空间分布趋向于对称均衡。对于迁移函数的第二项,两地的总收入之比,固定其他参数,则 τ 的影响为

$$\frac{\mathrm{d}\left[\dfrac{1-\theta+\theta s(1+\tau)}{\theta\tau+1-\theta s(1+\tau)}\right]^{-\theta}}{\mathrm{d}\tau}=\frac{\theta^2(1-2s)(1-\theta)}{[\theta\tau+1-\theta s(1+\tau)]^2}\left[\dfrac{1-\theta+\theta s(1+\tau)}{\theta\tau+1-\theta s(1+\tau)}\right]^{-\theta-1}$$

$$(6-26)$$

易知,式(6-26)的正负性与式(6-25)保持一致。τ对前两项的影响加总,可以得到运输成本对迁移成本的影响方向。幸运的是,由于式(6-25)、式(6-26)的方向一致,可以得出,其他条件不变,运输成本的增加更有利于形成核心-边缘结构,而运输成本的降低则更易形成对称均衡。这一关系反映在图6-4中。

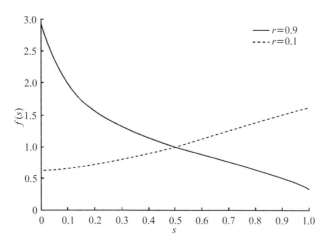

图6-4 运输成本对空间格局的影响

从图6-4可以看出[①],当运输成本增加到非常大时($\tau=0.1$),原本对称分布的长期均衡将变为核心-边缘结构。这是一个反常的结论。因为,几乎所有新经济地理的文献都论证[②],运输成本降低对形成核心-边缘结构的积极作用。但在本章中,运输成本对空间集聚的作用正好与其他研究相反。其原因有以下几点:第一,以Krugman(1991)为框架的模型,重要的集聚力是价格指数效应。由于运输成本的降低会减小核心区的价格指数,从而提高核心区劳动力要素的实际收入,引发集聚。但是,本章中价格指数效应并不存在,因此这一机理并没有得到体现。第二,注意到,无论运输成本在(0,1)区间内如何变动,高技能劳动力要素在两地间的比值随集聚而增加[③],两地的总收入之比也随人口的集聚而增加[④]。因此,无论运输成本如何变化,式(6-22)中,第一、三项对迁移函数总是起到正向作用,第二项总是起到负向作用。第三,根据表6-2中各要素的名义收入可知,运输成本越大,企业越难以获得另一地区的收入,从而导致企业的收入下降,并有动机迁往更大的市场。易知,当运输成本无限大时($\tau=0$)时,企业的收入完全取决于本地市场的大小,因此市场大的区域会吸引更多企业进入;而不存在运输成本($\tau=1$)时,企业选择任

---

① 数值模拟的另外两个参数值分别为$\theta=0.8, R=2$。
② 这里的反常结论并非没有先例,根据Murata和Thisse(2005)的研究,当同时考虑产品的运输成本与城市内部的通勤成本时,较低的运输成本将成为离散力,形成对称的空间结构。
③ 见式(6-16)的讨论。
④ 利用式(6-21)对s进行微分即可。

意区位都可以获得同样的收入。因此易知,运输成本越大,高技能劳动力名义收入在核心区与边缘区的差异越大①。第四,运输成本增加会降低制造业各类劳动力要素的名义收入,但是,总收入中,农民这一阶层的收入不随运输成本的变化而变化。因此,随着运输成本的增加,尽管两地的总收入下降,但是核心区的总收入下降得更快,从而导致总收入之比随运输成本的增加(τ 的下降)而下降。由于总收入之比在迁移函数中起到负向作用,所以综合起来,运输成本的增加对第二项的影响与第一项的影响相同②。

此外,根据式(6-25)与式(6-26),在(0,1)的区间内,运输成本对于迁移函数影响的绝对值比较微弱,因此,只有当运输成本增加到相当大的程度时,才有可能出现核心-边缘结构③。反之,其他参数不变,当长期均衡中核心-边缘结构成立,则运输成本需要降低较大幅度才能改变这一核心-边缘结构,将以上讨论总结为结论3。

结论3 在相对效用的设定下,运输成本的变动对迁移函数的影响较小。其他条件不变,只有当运输成本非常高时,空间格局形成核心-边缘结构,反之,较低的运输成本有助于形成对称分布结构。

第五节 小 结

本章借助于相对效用函数的设定,对新经济地理讨论的劳动力要素空间流动与分布的机制进行了重新阐述。在这一设定下,相比其他的新经济地理模型,本模型主要得出以下几种机制:第一,由于效用函数存在个体消费与平均消费的比较,劳动力要素的迁移决策变为自身的名义收入与区域内平均名义收入的对比,可流动的劳动力会选择名义收入相对于平均收入高的地区作为迁入地。第二,价格指数与一般的新经济地理文献不同,不再存在价格指数效应。但是,模型的外部性体现在:① 高技能劳动力作为整个经济体系的高收入阶层,其迁移会提高迁入地的名义收入,降低迁出地的平均收入,从而对每个个体的福利产生影响。② 制造业企业的生产使用供给有限的低技能劳动力,企业集聚导致的需求增加会提高该要素的名义收入。③ 可流动的劳动力要素名义收入随集聚而不断增加。④ 要素分布的集聚力和离散力主要体现为:由于名义收入随集聚而不断增加,又因为存在不具备相对效用的产品,较高的名义收入导致更高的实际收入,吸引劳动力要素向核心区迁移,从而构成集聚力。另外,由于高技能劳动力要素的迁移会提高平均收入,因此,对于高收入阶层而言,平均收入在迁移决策中是一种离散力。

---

① 见式(6-25)。
② 见式(6-29)。
③ 其他参数不变,τ 需要满足式(6-23)才能出现核心-边缘结构的长期均衡。

此外,在相对效用的设定下,均衡时模型可以给出所有内生变量的解析解,从而使模型的分析更加直观。对于长期的区域空间格局分析,本章主要给出了以下几个结论:第一,消费者对具备相对效用产品的支出份额 θ 反映了平均收入在个体迁移决策中的重要性。θ 越大,平均收入作为一种离散力所起的作用越大,反之,不具备相对效用的产品作为一种集聚力所起的作用越大。因此,θ 越大,长期均衡越倾向于对称分布,反之越倾向于核心-边缘结构。第二,其他条件不变,随着制造业不断发展,体现为制造业相对于农业的劳动力比例增加以及制造业产品种类的增加,长期均衡更倾向于核心-边缘结构。第三,由于没有价格指数效应,运输成本对于迁移决策的影响较小,但是,在长期均衡中,由于相对效用的存在,较高的运输成本有助于形成核心-边缘结构,较低的运输成本有助于形成对称分布结构。

在本模型的基础上,还有值得进一步拓展的方向。比如,通过变换更具体的效用函数形式[①],引入价格指数效应,从而可以提高运输成本在迁移决策中所起的作用,并进一步讨论集聚力与离散力。此外,模型还可以对于企业的异质性进行更深入的讨论,并引入异质性偏好,进一步丰富现有的研究成果。

参考文献

[1] Abel A B. Asset prices under habit formation and catching up with the Jones [J]. American Economic Review, 1990, 80(2): 38—42.

[2] Akay A, O Bargain, K F Zimmermann. Relative concerns of rural-to-urban migrants in China[J]. Journal of Economic Behavior & Organieation, 2012, 81(2): 421—441.

[3] Alvarez Cuadrado F, GMonteiro, S J Turnovsky. Habit formation, catching up with the Joneses, and economic growth[J]. Journal of Economic Growth, 2004, 9(1): 47—80

[4] Bilancini E, L Boncinelli. Ordinal vs cardinal status: two example[J]. Economics Letters, 2008, 101(1): 17—19.

[5] Boyce C J, G D Brown, S C Moore. Money and happiness: rank of income, not income affects life satisfaction [J]. Psychological Science, 2010, 21(4): 471—475.

[6] Carroll C D, J Overland, D N Weil. Comparison utility in a growth mode[J]. Journal of Economic Grouth, 1997, 2(4): 339—367.

[7] Clark A E, A J Oswald. Satisfaction and comparison income[J]. Journal of Pubic Eomomics, 1996, 61(3): 350—381.

[8] Clark A E, A Oswald. Comparison-concave utility and following behaviour in

---

① 例如,尝试引入近年来在产业组织理论较为流行的可变替代弹性(VES)效用函数等。

social and economic setting[J]. Journal of Public Economics,1998,70(1):133—155.

[9] Clark A E,M A Shields. Relative income,happiness,and utility: an explanation for the easterlin paradox and other puzzles[J]. Journal of Economic Literature,2008,46(1):95—14.

[10] Clark A E,Oswald A J. Satisfaction and comparison income[J]. Journal of Pubic Eomomics,1996,61(3):350—381.

[11] Constantinides G M. Habit formation: A resolution of the equity premium puzzle[J]. Journal of Political Eonomy,1990,98(3):519—543.

[12] Crozet M. Domigrants follow market potential? An estimation of a new economic geography model[J]. Journal of Economic Gcograply,2004,4(4):439—458.

[13] Duesenberry D. Income,saving,and the theory of consumer behavior[M]. Cambridge:Harvard University Press,1949.

[14] Dumludag D. Satisfaction and comparison income in transition and developed economies[J]. International Review of Economics,2014,61(2):127—152.

[15] Elzinga K G,D E Mil. The lerner index of monopoly power: origins and uses [J]. American Economic Review,2011,101(3):558—564.

[16] Ferrer-I-Carbonell A. Income and well-being: An empirical analysis of the comparison income effect[J]. Journal of Public Economics,2005,89(5—6):997—1019.

[17] Forslid R,Ottaviano G I P. An analytically solvable core-periphery model [J]. Journal of Economic Geography,2003,3(3):229—240.

[18] Frank R H. The demand for unobservable and other nonpositional goods[J]. American Economic Review,1985,75(1):101—116.

[19] Fujita M,P R Krugman,A J Venables. The Spatial Economy:Cities,Regions and International Trade[M]. Cambridge,MA:MIT Press,1999.

[20] Galí J. Keeping up with the Joneses: consumption externalities, portfolio choice,and asset prices[J]. Journal of Money Credit&Banking,1994,26(1):1—8.

[21] Hopkins E,Kornienko T. Running to keep in the same place: consumer choice as a game of status[J]. The American Economic Review,2004,94(4):1085—1107.

[22] Krugman P. Increasing returns and economic geography[J]. Journal of Political Economy,1991,99(3):483—499.

[23] Luttmer E F P. Neighbors asnegatives: relative earnings and well-being[J].

The Quarterly Journal of Economics,2005,20(3):963—1002.

[24] Martin P,C A Rogers. Industrial location and public infrastructure[J]. Journal of International Economics,1995,39(3—4):335—351.

[25] Martin P,Ottaviano G I P. Growing locations:Industry location in a model of endogenous growth[J]. European Economic Review,1999,43(2):281—302.

[26] Mori T,A Turrini. Skills,agglomeration and segmentation[J]. European Economic Review,2005,49(1):201—225.

[27] Mujcic R,P Frijters. Economic choices and status:measuring preferences for income rank[J]. Oxford Economic Papers,2013,65(1):47—73.

[28] Murata Y,J F Thisse. A simple model of economic geography à la Helpman-Tabuchi[J]. Journal of Urban Economics,2005,58(1):137—155.

[29] Ottaviano G I P,T Tabuchi,J Thisse. Agglomeraion and trade revisited[J]. International Economic Review,2002,43(2):409—435.

[30] Redding S J. Theempirics of new economic geography[J]. Journal of Regional Science,2010,50(1):297—311.

[31] Tabuchi T. Urban Agglomeration and dispersion:a synthesis of Alonso and Krugman[J]. Journal of Urban Economics,1998,44(3):333—351.

[32] Walden M L. Geographic variation in consumer prices:Implications for local price indices[J]. Journal of Consumer Affairs,1998,32(2):204—226.

[33] Zeng D Z. New Economic Geography with heterogeneous preferences:An explanation of segregation[J]. Journal of Urban Economics,2008,63(1):306—324.

[34] Zimmermann J N,S Ham,S M Frank. Doesit or doesn't it? Geographic differences and the costs of living[J]. Rural Sociology,2008,73(3):463—486.

[35] 凡勃仑.有闲阶级论:关于制度的经济研究[M].李华夏译.北京:中央编译出版社,2012.

[36] 王湘红,孙文凯,任继球.相对收入对外出务工的影响:来自中国农村的证据[J].世界经济,2012,5:121—141.

[37] 翁瑾,杨开忠.旅游系统的空间结构:一个具有不对称特点的垄断竞争的空间模型[J].系统工程理论与实践,2007,2:76—82.

[38] 张骥,杨开忠,陆军,王彦博.基于相对效用函数的新经济地理模型[J].经济学(季刊),2018,17(03):1149—1170.

[39] 踪家峰,周亮.大城市支付了更高的工资吗?[J].经济学(季刊),2015,4:1467—1496.

第七章　整合政府竞争的核心-边缘模型[①]

改革开放以来,我国地方政府普遍存在竞争关系,其中,同级地方政府间的经济竞争最受瞩目,例如,张五常(2009)提出以县级政府为主的地方政府间的激烈竞争,是改革开放以来,尤其是20世纪90年代以来的中国经济发展奇迹的"密码"。对于地方政府竞争问题,空间经济的相互作用是一个不容忽视的因素。20世纪90年代初,以克鲁格曼(Krugman,1991)构建的核心-边缘模型为标志兴起的新经济地理学,将空间经济的相互作用机制纳入一般均衡的分析框架,但是该框架仅包括居民(家庭)和企业两类行为主体,考虑到空间组织的关键因素还包括"正式的和非正式的制度的地区差异",更全面的分析应该立足于"政府、市场、社会互动关系角度"(杨开忠,2010)。因此,在新经济地理框架下整合地方政府主体,既有重要的理论创新意义,同时也有助于更全面地分析中国的地方政府竞争问题。

最早将新经济地理和政府行为结合的研究出现在税收竞争领域,主要是借用新经济地理理论具有的新古典理论所缺少的空间经济特征,其中"集聚租金"[②]因其能产生重要的政策启发,成为最常采用的理论工具(Ludema and Wooton,2000;Kind et al.,2000)。但是,这些研究对新经济地理模型作了很大的改型,避开了新经济地理对于空间因素构建的一般均衡的分析框架。近年来,出现了在新经济地理理论的一般均衡框架下,通过引入地方公共品和税收因素的整合研究,最具代表性的是安德森和弗斯里德(Andersson and Forslid R,2003)以"自由企业家"(FE,

---

[①] 本章系在笔者与其博士研究生梁涵、姜玲合作发表论文"整合地方政府竞争的新经济地理学模型"(系统工程理论与实践,2011(1))基础上修改而成,感谢梁涵、姜玲博士合作。

[②] "集聚租金"是对在核心-边缘空间经济格局下,可迁移要素(mobile factor)所面临的区位条件差异的衡量,即在完全集聚的状态下,可迁移要素从中心地区迁往外围地区所遭受的实际收益损失。集聚租金,是关于贸易自由度的凹函数,解析曲线呈"驼峰"形(hump shape),贸易自由度在大于"支撑点"(sustain point)的定义域内,完全集聚均衡为长期稳定的(stable),此时集聚租金为正值,"意味着在核心-边缘格局下,政策的边际变动不一定导致经济产生相应变动",在政策研究中具有重要意义(Baldwin et al.,2003)。

footloose entrepreneur)模型[1](Ottaviano,2001;Forslid and Ottaviano,2003)为基础构建的整合模型。该模型一方面在居民效用函数中引入了地方公共品的消费,赋予了地方政府基本职能[2],由此增添了空间经济的集聚力量;另一方面则是引入政府的财政收入行为[3],即对辖区内要素收益课征的比例税(proportional taxes),分析显示了税率在不同要素间的组合直接影响空间经济格局(spatial pattern)。此后,Wang 和 Zeng(2009)在该模型基础上,增加了地方公共品的拥挤性,为三主体的空间经济增添了重要的分散力量,丰富了政府支出行为与私人消费的相互影响机制。此外,Fenge 等(Fenge and von Ehrlich,2009)从政府将公共投入用于供给生产性基础设施,以降低地区生产的边际成本的角度,基于"自由资本"(FC,footloose capital)模型(Martin and Rogers,1995)和线性化模型(Ottaviano et al.,2009)的思路构建模型,分析了一体化、公共品供给和区域经济格局的相互影响。Borck 和 Pfluger(2006)也使用了拟线性形式的效用函数,研究了税收竞争问题和局部集聚均衡的稳定性问题。

鲍德温和克鲁格曼(Baldwin and Krugman,2004)通过构建明确的竞争机制,丰富了地方政府的决策行为,在经典的新经济地理理论结论基础上,构建政府目标函数和竞争机制框架,分析了地方政府在相互竞争中财政工具的设置策略。但是,该研究的竞争框架将中心地区设为博弈的"领导者",外围地区的政策只能被动设定。本章认为边缘地区面临夺取中心地位后福利跃升的选择,将考虑采用容忍短期福利损失的竞争性策略,反映在现实中,就是常见的大城市周边地区采用零地价或者优惠补贴方式争夺产业的现象,此时核心地区无法设定所谓的"支配性定价",反倒需要根据边缘地区的策略选择具体的政策。本章将构建一个安德森和弗斯里德式的三主体新经济地理模型,针对以上边缘地区"发难"的竞争情形分析集聚格局的长期均衡。

以下第一节阐释三主体模型的基本框架和短期均衡;第二节分析集聚格局的长期稳定性和演化特征,发现经典两主体模型所没有的第三种集聚均衡状态,并应用该发现分析区域一体化加深对地方政府间竞争态势的影响;第三节为本章结论。

---

[1] FE 模型是新经济地理学的经典模型工具之一,在继承经典 CP 模型的所有核心空间经济特征的同时,能够得到后者所缺少的均衡解析解,因此具有了更强的理论操控性。

[2] 公共经济学一直以地方公共品供给为地方政府的基本职能,或者说存在的理由。引入效用函数中的公共品具有的是福利性质,与之相对的是影响对企业生产的经济性质的公共品。

[3] 在新经济地理模型中引入的税收因素,则应该持一种广义视角去认识,就像这一领域的研究者强调贸易成本(贸易自由度)应作广义理解,将运费、壁垒和信息成本等考虑其中一样,税收因素应广义地理解为地方政府的融资行为。当然,与广义贸易成本存在与一般均衡框架是否相符的问题类似,广义税收的理解也会受到公共经济学理论的诸多质疑,需留待此后研究。

第一节 模型和短期均衡

本模型的基本经济背景是：两区域、两部门和两要素。两区域对称，即在生产技术、贸易成本、居民规模和偏好等方面一致。两部门按习惯采用农业部门和工业部门的称呼，前者指代均质产品、规模报酬不变和完全竞争市场的生产部门，后者则指产出差别化产品、采用报酬递增技术和面临垄断竞争市场的生产部门。两要素指经济中的生产要素，即普通劳动力和企业家资本，前者为生产的可变投入要素，可在部门间自由转换；后者仅投入工业部门，为固定投入要素，可跨区域流动。

区域经济体包含三类经济主体：居民、企业和地方政府。居民即为消费主体，包括不可区际流动的本地居民和可区际流动的投资者（供给企业家资本），其效用由私人消费品和地方公共品两部分决定，此外居民的所有私人消费均在其所在地花费，不存在任何形式的收入区际转移。企业指各类工业产品的生产单元，寻求利润最大化；企业由投资者支配，这里主要关注其生产区位，假定与投资者所在地完全匹配；企业向普通劳动力支付工资，其经营性收益则为投资者的收入。地方政府承担本地区地方公共品的供给，支出来源即财政工具模型化为税收，一般情况下，地方政府以本地居民福利最大化为目标。

模型的基本逻辑是：投资者的区位决策直接决定地区税基，进而影响地区的公共品支出和供给规模，即影响各地区居民福利，其中对投资者的影响引起了累积因果循环过程，对本地居民的影响则触发了地方政府围绕流动性生产要素的竞争行为。地方政府通过财政工具展开竞争行为又进一步影响了投资者的区位决策，从而使得地方政府竞争与空间经济的累积因果循环过程进一步整合，构成一个复杂的演化机制。以下首先阐释基本模型。

一、经济主体的行为

（一）居民的私人消费决策

居民的私人消费决策是指本地居民和投资者使用其税后收入购买私人消费品的决策行为。新经济地理基本范式是设置双层效用函数，其中，消费者对制成品的多样化偏好采用 D-S 形式。选取代表性消费者，其效用函数为①

$$U = \frac{C_M^\mu C_A^{1-\mu} G^\gamma}{\mu^\mu (1-\mu)^{1-\mu}}, C_M \equiv \left[\int_{i=0}^N c_i^{\frac{\sigma-1}{\sigma}} \mathrm{d}i\right]^{\frac{\sigma}{\sigma-1}} \qquad (7-1)$$

其中，C_A 和 C_M 分别为私人消费的农产品和 CES 形式的制成品复合指数，c_i 表示

---

① 分母中引入常量 $\mu^\mu(1-\mu)^{1-\mu}$ 是为了简化间接效用的表达形式，参见表达式(7-3)。

私人对第 i 种制成品的消费量，N 为全局制成品种类数。外生变量 $\mu\in(0,1)$ 表示私人消费中对制成品所占比例，$\sigma>1$ 为制成品的替代弹性。引入 G^γ 是三主体模型的第一个重要假定，G 表示地方公共品供给水平，外生于私人消费决策，由地方政府决定，γ 为居民福利对地方公共品的弹性指数，反映私人消费者对地方公共产品的偏好程度。地方公共品的引入增添了空间经济的集聚因素，且与 γ 正相关[①]。

消费者的预算约束为

$$P_A C_A + PC_M \equiv P_A C_A + \int_{i=0}^{N} p_i c_i \mathrm{d}i \leqslant (1-t)y$$

其中，y 为（税前）收入，t 为比例税率，P_A 为农产品价格，P 为差别化产品的复合价格指数，p_i 为第 i 种制成品的本地售价。效用最大化求解得到私人消费集和间接效用：

$$C_A = \frac{(1-\mu)(1-t)y}{P_A}, c_i = \frac{p_i^{-\sigma}}{P^{1-\sigma}}\mu(1-t)y, C_M = \frac{\mu(1-t)y}{P}, P \equiv \left(\int_{i=0}^{N} p_i^{1-\sigma} \mathrm{d}i\right)^{\frac{1}{1-\sigma}} \quad (7-2)$$

$$V = \frac{(1-t)y}{P_A^{1-\mu}P^\mu}G^\gamma \quad (7-3)$$

（二）地方政府的公共支出决策

地方政府以采购的方式供给地方公共品，且其目标函数与私人消费[②]的结构相同，这是三主体模型的第二个重要假定[③]，因此，地方政府"采购"的目标函数表示为

$$G = \frac{G_M^\mu G_A^{1-\mu}}{\mu^\mu (1-\mu)^{1-\mu}}, G_M = \left(\int_{i=0}^{N} g_i^{(\sigma-1)/\sigma} \mathrm{d}i\right)^{\sigma/(\sigma-1)} \quad (7-4)$$

其中，G_A 和 G_M 分别表示地方政府对农产品采购量和对制成品的"复合"采购量，g_i 表示对第 i 种制成品的采购量。地方政府必须使财政收支平衡，其预算约束为 $\left(P_A G_A + \int_{i=0}^{N} p_i g_i \mathrm{d}i\right) \leqslant T$，$T$ 为地方税收总额，来源于针对本地要素收益的比例税：

$$T = t^L w^L L + t^H w^H H \quad (7-5)$$

其中，w^L 和 w^H 分别表示普通劳动力 L 和企业家资本 H 的收益，t^L，t^H 分别为针对两要素收益的税率。目标函数式（7-4）最大化，得到地方政府的"采购"集式（7-6）和地方公共品的供给规模式（7-7）。

$$G_A = \frac{(1-\mu)T}{P_A}, G_M = \frac{\mu T}{P}, g_i = \frac{p_i^{-\sigma}}{P^{1-\sigma}}\mu T \quad (7-6)$$

---

① 本章此后的分析将显示，变量 γ 对集聚力的正效应使其取值直接影响长期均衡。将其做内生化处理恰是 Wang 和 Zeng 进一步拓展的方向。但不是本文关注的重点。

② 私人消费的目标指的是效用函数（7-1）中除去公共品的部分，因此与（7-4）式结构相同。

③ 本章没有考虑地方公共品的"拥挤性"。对此有兴趣，可以参见参考文献[10]。

$$G = \frac{T}{P_A^{1-\mu} P^\mu} \tag{7-7}$$

(三)厂商的生产决策

加总私人消费集(7-2)和地方政府"采购"集(7-6),可以发现各类产品的需求与财政政策无关,即地方政府的税收行为不会影响厂商面临的短期市场,使得生产部门的短期均衡结果与两主体模型完全一致[①]。在讨论工业厂商行为前,先简要说明农业部门,即该部门采用规模报酬不变的生产技术,仅投入普通劳动力;农产品均质且处于完全竞争的市场、没有贸易成本。通过选取农产品单位,可将农业生产形式设定为1单位要素投入产出1单位农产品。此外,普通劳动力在部门间自由转换的假定使劳动力工资在部门间无差异。因此,两地区农产品价格相同且等于劳动力工资,将农产品设为计价物,则有 $w_i^L = P_j A = 1 (i,j=1,2)$[②]。

工业部门的生产技术是规模报酬递增的,企业数等于产品数[③]。固定投入为企业家资本,可变投入为普通劳动力;各企业生产技术对称。制成品是差别化和无限可分的,处于垄断竞争市场,区内贸易没有成本,按出厂价销售;但区际贸易存在"冰山"形式的交易成本[④]。通过选取固定投入要素的单位,将其标准化为单个厂商的生产仅包含一单位固定投入要素,此前劳动力工资也已标准化,因此厂商的成本函数为 $C_M = w^H + \beta x_M$,其中 x_M 为厂商产量,β 为普通劳动力的边际投入系数,通过选择制成品单位,可以设定 $\beta = (\sigma-1)/\sigma$。垄断竞争市场使厂商可以采用垄断加成定价,同时竞争均衡导致其经济利润为零,由此可得厂商短期均衡定价和产出为

$$p = \frac{\sigma}{\sigma-1}\beta = 1, x_M = \sigma \cdot w^H \tag{7-8}$$

此外,不妨将全局制成品种类数 N 标准化为1,设 n_1、n_2 分别表示地区1和2生产的产品种类数,即工业规模,则 $n_1 + n_2 = N = 1$。已经设定产品种类数等于企业家资本规模,因此,企业家规模 $H = N = 1$,n_1、n_2 也表示各企业家资本规模。设普通劳动力要素的全局规模为企业家资本的 L 倍,两地该要素禀赋 L_i 相同,即 $L_1 = L_2 = L/2$。

---

① 不影响厂商的短期决策正是第二个重要假定的设置原因。本模型省略政府行为就是标准的 FE 模型,该模型所具有的良好解析性,源于对生产行为的设定。以上设定使本模型利用到这一解析性的优点。

② 这里隐含了新经济地理模型常用的假设——非完全专业化(NFS,non-full-specialization)条件,即没有动力丰富到可以完全承担所有的农产品生产,由此确保两地区均存在农业部门。

③ 规模经济足够大,以至于一种产品仅由一个企业在一个地区生产。克鲁格曼生动地说明了为了实现一厂一品,规模经济应该达到的程度(保罗·克鲁格曼,2000)。

④ 经典新经济地理模型引用杜能在1826年(杜能,1997)和萨缪尔森在1955年(Samuelson,1952)发表的文献中提出的"冰山"形式的区际贸易成本,即为了确保异地得到1单位产品,需要运出 $\tau > 1$ 单位,其中,$\tau - 1$ 单位的产品在贸易中"融化"计为成本。参数 τ 表示贸易成本的大小。FE 模型还设置了参数 $\varphi = \tau^{1-\sigma} \in (0,1]$,与 τ 负相关,反映贸易的自由程度(Baldwin et al., 2003)。

二、短期均衡

短期均衡是固定了投资者空间分布的空间经济均衡。此时可以通过求解地区支出总水平(7-9)、价格指数(7-10)和产品市场出清(7-11)三组方程得出企业家资本的名义收益[①]w_1 和 w_2：

$$Y_1 = L/2 + n_1 w_1, \quad Y_2 = L/2 + n_2 w_2 \tag{7-9}$$

$$P_1 = (n_1 + n_2 \varphi)^{1/(1-\sigma)}, \quad P_2 = (n_1 \varphi + n_2)^{1/(1-\sigma)} \tag{7-10}$$

$$\sigma w_1 = \mu(Y_1 P_1^{\sigma-1} + \varphi Y_2 P_2^{\sigma-1}), \quad \sigma w_2 = \mu(\varphi Y_1 P_1^{\sigma-1} + Y_2 P_2^{\sigma-1}) \tag{7-11}$$

解得

$$\begin{aligned} w_1 &= \{2\varphi n_1 + n_2[1-b+(1+b)\varphi^2]\} \cdot \Psi \\ w_2 &= \{2\varphi n_2 + n_1[1-b+(1+b)\varphi^2]\} \cdot \Psi \end{aligned} \tag{7-12}$$

其中，$b \equiv \dfrac{\mu}{\sigma}$，$\Psi \equiv \dfrac{(b/1-b)(L/2)}{(n_1^2+n_2^2)\varphi + n_1 n_2[1-b+(1+b)\varphi^2]}$。地方政府的经济行为不影响短期均衡下的企业家资本的名义收益。

此后的分析，将基于企业家迁移决策展开长期均衡分析，即空间经济因素(由贸易自由度表示)与空间经济结构(由企业家资本空间分布表示)相互影响机制的稳定均衡[②]。按照新经济地理模型的经典设定，要素迁移决策具有无战略性相互作用、"短视"和进程缓慢[③]的特性。迁移决策的核心是经济主体对反映其福利水平的间接效用的比较。设地区 1 的企业家间接效用相对于地区 2 的比值[④]为

$$\Delta^H = \frac{V_1^H}{V_2^H} = \frac{(1-t_1^H)}{(1-t_2^H)} \cdot \frac{w_1}{w_2} \cdot \left(\frac{t_1^L L/2 + t_1^H w_1 n_1}{t_2^L L/2 + t_2^H w_2 n_2}\right)^{\gamma} \left(\frac{P_1}{P_2}\right)^{-\mu(\gamma+1)} \tag{7-13}$$

若区位变动(relocation)可以获得更高的效用，对于地区 1 的投资者就是 $\triangle H < 1$，该地投资者将迁出；反之，$\triangle H \geqslant 1$ 显示地区 1 对其更优，不会出现迁出行为[⑤]。本章集中讨论"核心-边缘"集聚格局在地方政府与其他空间经济因素相互影响下的演化机制和特征。

[①] 由于劳动力工资已经标准化为1，因此，此后将直接用 w_i 表示企业家名义收益 w_i^H。此外，地区支出总水平为居民和投资者私人消费和地方政府支出三者之和，等于地区总收入。

[②] 长期均衡分析的细节可以参考安德森和弗斯里德的研究，或鲍德温等(Baldwin et al.，2003)的第十五章。

[③] 除了放松战略性相互作用假设会对静态分析结论产生影响外，鲍德温的研究支持了基于缺乏"前瞻性"和缓慢进程两个假设的静态分析结论，显示"前瞻性"预期下的动态均衡结果与经典模型差异不大，显著差别出现在当处于多重均衡的贸易成本区间，且迁移成本很低时，集聚均衡更容易形成(Baldwin，2001)。

[④] 两地间接效用的比值在完全集聚的情况为中心地区的投资者间接效用相对于其单独前往边缘地区的预期间接效用的比较，同样可以由 $\triangle H$ 表示，这种情况下的比值在此后的分析中被定义为"集聚租金"。

[⑤] 长期均衡的常用分析工具是一条 $\triangle H$ 与 $\lambda = n_1$ 的关系曲线(摇摆图)，引入地方政府使得该曲线出现显著变动，具体是三主体模型相对于两主体的经典新经济地理模型，其 $\lambda - \triangle H$ 曲线关于税率差异将出现垂直移动和旋转，使得模型在一定的贸易自由度下，出现稳定的非对称分散等均衡格局。关于曲线变动的更详细的数值模拟分析可以向作者索取。

第二节 "核心-边缘"格局与地方政府竞争

一、集聚租金和居民福利

假定集聚中心为地区 1,方程(7-12)给出企业家资本在中心地区时的名义收益 $w_1=bL/(1-b)$ 和外围地区名义收益预期值① $\widetilde{w}_2=\dfrac{L}{2}\left[(1-b)\dfrac{1}{\varphi}+(1+b)\varphi\right]\dfrac{b}{1-b}$;方程(7-10)给出价格指数 $P_1=1$ 和 $P_2=\varphi^{1/(1-\sigma)}$,方程(7-5)和方程(7-7)结合得到地方公共品供给水平 $G_1=[t_1^L+t_1^H 2b/(1-b)]L/2$ 和 $G_2=t_2^L\varphi^{\mu/(\sigma-1)}L/2$。最后由方程(7-13)得到"核心-边缘"格局下的代表性投资者福利的区际差异,即"集聚租金":

$$\Omega=\dfrac{V_1^H}{\widetilde{V}_2^H}=\dfrac{(1-t_1^H)}{(1-t_2^H)}\left(\dfrac{t_1^L+t_1^H\cdot 2b/(1-b)}{t_2^L}\right)^\gamma\dfrac{2\varphi^{\mu(1+\gamma)/(1-\sigma)+1}}{(1-b)+(1+b)\varphi^2}$$

Ω 增大,表明集聚力相对增强,反之,分散力相对增强。将 $\Omega\geqslant 1$ 定义为可支撑的集聚状态②,$\Omega<1$ 时,当前的集聚格局将被打破,中心地区丧失中心地位。外围地区的税率与集聚租金的关系非常明确,$\partial\Omega/\partial t_2^H>0$ 和 $\partial\Omega/\partial t_2^L<0$,而且外围地区本地居民福利与 t_2^H 无关③,因此,外围地区政府竞争的基本策略是设定 $t_2^H=0$ 并尽可能将本地普通劳动力的税率 t_2^L 定在可行的最高水平。不妨将集聚租金分成三部分,分别定义为空间经济环境 $Q(\varphi)=2\varphi^{\mu(1+\gamma)/(1-\sigma)+1}/[(1-b)+(1+b)\varphi^2]$、外围区政策 $T_2(t_2^L)=(t_2^L)^\gamma$(其中 $t_2^H=0$)和中心区政策 $T_1(t_1^L,t_1^H)=(1-t_1^H)[t_1^L+t_1^H\cdot 2b/(1-b)]^\gamma$ 三部分,即

$$\Omega=\dfrac{(1-t_1^H)[t_1^L+t_1^H\cdot 2b/(1-b)]^\gamma}{(t_2^L)^\gamma}\dfrac{2\varphi^{\mu(1+\gamma)/(1-\sigma)+1}}{(1-b)+(1+b)\varphi^2}=\dfrac{T_1(t_1^L,t_1^H)}{T_2(t_2^L)}Q(\varphi)$$

(7-14)

外生参数对空间经济格局具有重要影响,其中贸易自由度 φ 衡量区域经济一体化程度,本章仅关注这一外生参数④。

---

① 投资者的预期可以直观地理解为迁往企业很少,以至于 n_1 和 n_2 可以维持不变。在上一部分设置的迁移模式下,容易证明式(7-12)的均衡收益结果适用于集聚的"角点"情况。此外,$\widetilde{V}_2^H$ 和 $\widetilde{w}_2$ 表示预期值。

② 其中 $\Omega>1$,集聚力占主导,"核心-边缘"处于稳定(stable)状态;$\Omega=1$,集聚和分散力持平,在没有外生分散因素冲击时,空间格局可以维持固定的(steady)状态,但并不稳定(stable)。

③ 参见下文的式(7-16)。

④ 模型新增加的地方公共品重要性参数,对空间经济的影响较为直观,即参数越大,空间集聚力越强,尤其是 $\gamma\geqslant(\sigma-1-\mu)/\mu$ 时将使 $Q(\varphi)$ 不再显示"驼峰形"特征,使集聚效应达到极大的程度。新经济地理设置"非黑洞"条件(Fujita et al.,1999),排除这种因参数而产生的显著集聚力,本模型中,虽然 $\gamma\geqslant(\sigma-1-\mu)/\mu$ 不必然导致"黑洞区位",但其根本性地改变了空间经济环境,故仍然设定 $\gamma<(\sigma-1-\mu)/\mu$ 为"非黑洞"(空间经济环境)条件。具体的证明可以向作者索取。

模型设定两地居民的福利是地方政府政策的核心关注点。结合式(7-3)和以上结论得到核心和边缘地区的本地居民间接效用：

$$V_1^L = \frac{(1-t_1^L) \cdot 1}{P_1^\mu}(G_1)^\gamma = (1-t_1^L)\left(t_1^L + t_1^H \frac{2b}{1-b}\right)^\gamma \left(\frac{L}{2}\right)^\gamma \quad (7\text{-}15)$$

$$V_2^L = \frac{(1-t_2^L) \cdot 1}{P_2^\mu}(G_2)^\gamma = (1-t_2^L)(t_2^L)^\gamma \varphi^{(1+\gamma)\mu/(\sigma-1)}\left(\frac{L}{2}\right)^\gamma \quad (7\text{-}16)$$

式(7-15)中 $\partial \hat{V}_1^L/\partial t_1^H > 0$，即核心地区本地居民福利与税率 t_1^H 正相关，这是因为对企业家资本收益征税越多，地区1可提供的公共品越多，从而提升了当地居民的福利。式(7-16)中参数式 $(1+\gamma)\mu/(\sigma-1) > 0$。

因此 $\partial V_2^L/\partial \varphi > 0$，即边缘地区本地居民福利与贸易自由度 φ 正相关，这是因为边缘地区居民的工业制成品消费完全依赖于进口，区域一体化进一步降低了该类产品的区际贸易成本，即降低到达边缘地区的价格，提高了当地居民的实际收入和福利水平。

居民间接效用 V_i^L 随 t_i^L 的变化呈现先增后降趋势，存在极值点 $\hat{t}_i^L (i=1,2)$[①]，核心地区为 $\hat{t}_1^L = [\gamma - t_1^H 2b/(1-b)]/(\gamma+1)$ 不高于边缘地区 $\hat{t}_2^L = \gamma/(\gamma+1)$。核心地区的最大福利 $\hat{V}_1^L = [1+t_1^H 2b/(1-b)]^{1+\gamma} \frac{\gamma^\gamma}{(1+\gamma)^{1+\gamma}} \left(\frac{L}{2}\right)^\gamma$ 大于[②]边缘地区的最大福利，表示如下：

$$\hat{V}_2^L = \varphi^{(1+\gamma)\mu/(\sigma-1)} \frac{\gamma^\gamma}{(1+\gamma)^{1+\gamma}} \left(\frac{L}{2}\right)^\gamma \quad (7\text{-}17)$$

二、空间经济稳定性

鲍德温与克鲁格曼(Baldwin,Krugman,2004)认为在"核心-边缘"格局下，边缘地区政府将是竞争的发起者，而核心地区政府的决策则是对对手的具体策略基础的应对。边缘地区福利相对落后，政策设置中面临短期与长期两种抉择，前者是设置使本地居民当前福利最大的税率，后者则是以短期福利非最优为代价，设置策略夺取核心地位，并因此实现本地居民福利的显著提升。前文已述，边缘地区的税率 t_2^L 与集聚租金负相关，即 $\partial\Omega/\partial t_2^L < 0$，同时，其本地居民福利极值点为 $t_2^L = \gamma/(\gamma+1)$，因此边缘地区政府的税率决策范围为 $[\gamma/(\gamma+1),1)$。当 $t_2^L > \gamma/(\gamma+1)$ 时，居民福利低于当前最优福利水平，只有长期尺度下可能得到更高的福利时[③]，

[①] 极值点和最优福利水平均可以通过求解方程(7-15)和方程(7-16)关于税率的偏导数等于零的方程得出，作者也可以提供证明。

[②] 当然，$\varphi=1$ 和 $t_1^H=0$ 同时满足时也无所谓空间因素了，以下的分析中均忽略这一情况。

[③] 此后的分析中将指出，一些简单提高税率，并能使当前均衡无法支撑的政策并不一定可取，因为，这种竞争格局可以被新的边缘区复制，造成税率"冲向顶端"的恶性竞争局面；此外，本部分仅为静态分析，假定均衡的变迁时间相对于均衡的维持时间可以忽略不计，因此，居民一旦在新均衡下福利超过其作为边缘区的最佳水平，则意味着福利提升。当然，本章的结论也可以用于分析当地区间出现了倾斜性优惠政策时可能导致的影响，例如可用于分析给边缘地区政府更大幅度的税收裁量权，而核心地区则没有的情况。

居民才可能接受这种策略,不妨称其为竞争性策略,这种情况下,核心地区制订相应的策略以保持其核心地位,故称为应对策略。竞争的焦点是投资者在两地的福利差异,即集聚租金与1的关系。这里假定一旦竞争使当前空间格局崩溃,最终仍将在另一地区集聚的空间格局形成①。

命题 1 核心地区的应对策略必须满足以下原则:① 最低福利原则,即应对策略不会使本地居民的福利水平低于当前空间经济环境下边缘区的最优状态;② 均衡支撑原则,即应对策略可以使集聚租金不低于1。

根据式(7-15)和式(7-17),用$(\bar{t}_1^L, \bar{t}_1^H)$表示应对策略,最低福利原则可表示为

$$\Phi = \frac{V_1^L}{\hat{V}_2^L} = (1-\bar{t}_1^L)\left(\bar{t}_1^L + \bar{t}_1^H \frac{2b}{1-b}\right)^\gamma \left[\varphi^{(1+\gamma)\mu/(\sigma-1)} \frac{\gamma^\gamma}{(1+\gamma)^{1+\gamma}}\right]^{-1} \geq 1 \quad (7-18)$$

均衡支撑原则就是$(\bar{t}_1^L, \bar{t}_1^H)$使$\Omega \geq 1$。结合式(7-14)和式(7-18),用表达式表示命题1如下:其中$\frac{T_2(t_2^L)}{Q(\varphi)} \equiv (t_2^L)^\gamma \frac{(1-b)+(1+b)\varphi^2}{2\varphi^{\mu(1+\gamma)/(1-\sigma)+1}}$;$q(\varphi) \equiv \varphi^{(1+\gamma)\mu/(\sigma-1)} \frac{\gamma^\gamma}{(1+\gamma)^{1+\gamma}}$则表示边缘区最优福利系数:

$$\Phi \geq 1 \Leftrightarrow (1-\bar{t}_1^L)\left(\bar{t}_1^L + \bar{t}_1^H \frac{2b}{1-b}\right)^\gamma \geq q(\varphi)$$

$$\Omega \geq 1 \Leftrightarrow (1-\bar{t}_1^H)\left(\bar{t}_1^L + \bar{t}_1^H \frac{2b}{1-b}\right)^\gamma \geq \frac{T_2(t_2^L)}{Q(\varphi)} \quad (7-19)$$

由此可见,核心区的应对策略必须兼顾边缘区竞争策略和空间经济环境②及其决定的边缘区最优福利水平。考虑到核心地区将实施在条件(7-19)约束下本地居民福利最大化的策略,即最优应对策略,问题的核心落到了使以下关于$\bar{t}_1^H$的方程③存在非负解,命题2则给出了方程(7-20)存在非负解的充要条件。

$$\frac{T_2(t_2^L)}{Q(\varphi)} = (1-\bar{t}_1^H)\left[\left(\frac{Q(\varphi)q(\varphi)}{T_2(t_2^L)} + \frac{2b}{1-b}\right)\bar{t}_1^H + 1 - \frac{Q(\varphi)q(\varphi)}{T_2(t_2^L)}\right]^\gamma \quad (7-20)$$

命题 2 方程(7-20)存在非负解,即核心地区存在应对策略的充分必要条件:

(1) $\left(1-\frac{Q(\varphi)q(\varphi)}{T_2(t_2^L)}\right)^\gamma \geq \frac{T_2(t_2^L)}{Q(\varphi)}$是充分条件;

(2) $\gamma > \left(1-\frac{Q(\varphi)q(\varphi)}{T_2(t_2^L)}\right) \bigg/ \left(\frac{Q(\varphi)q(\varphi)}{T_2(t_2^L)} + \frac{2b}{1-b}\right)$时,充分条件是:

---

① 实际上由于市场拥挤效应,在一些竞争格局中,核心地区让部分产业迁出可能比一味支撑带来更好的福利效果。但是,我们认为一旦地方政府竞争导致集聚均衡崩溃,分散均衡将不能达成,因为产业迁入后,边缘地区处境的改善存在提升居民福利和实施更高税率两种取向,空间格局演化过程中,即均衡稳定前,边缘地区政府可以选择后者,迫使产业进一步迁出原核心区,直至夺得核心地位。因此,本章设定核心地区政府应对竞争的底线为当前福利不低于边缘区最优状态,即如果保持集聚核心地位所必须的税率,使当地居民的福利比边缘区的最优状态低,核心地区将要放弃实施该策略,进而沦为边缘地区。

② 这里体现了此前定义"非黑洞条件"的意义。

③ 这一结论显示核心地区的最优应对策略只需要关注一个要素的税率,因为此时两税率间存在明确的关联关系。本部分还假定了税率必须非负,此时,核心地区普通劳动力收益税率关于企业家资本的函数没有反函数,因此,只能构建关于企业家收益税的方程。

$$\frac{\gamma^{\gamma}}{(1+\gamma)^{1+\gamma}}\left(\frac{1+b}{1-b}\right)^{1+\gamma} \Big/ \left(\frac{Q(\varphi)q(\varphi)}{T_2(t_2^L)} + \frac{2b}{1-b}\right) \geqslant \frac{T_2(t_2^L)}{Q(\varphi)}。$$

(1)和(2)综合为充分必要条件。

只有核心地区存在应对策略时,当前的"核心-边缘"格局才能支撑。边缘地区政策与空间经济环境的相互作用,决定了核心地区是否存在和在什么情况下存在应对策略。这里定义"核心-边缘"格局面临的三种状态:绝对支撑、条件支撑和不可支撑状态。

命题3 在一定的空间经济环境下,"核心-边缘"格局可能处于以下三种状态:① 绝对支撑状态,指无论边缘地区采取何种竞争性策略,核心地区总存在应对策略;② 不可支撑状态,指即使边缘地区不采取竞争性策略,即设定使居民当前福利最大化的税率,核心地区也没有应对策略,此时集聚格局无法支撑;③ 条件支撑状态,指核心地区是否存在应对策略,决定于边缘地区的竞争性策略是否超过"门槛"税率,后者由空间经济环境决定,如果超过,则当前集聚格局被突破,边缘地区将夺得核心地位。

条件支撑状态是引入地方政府的新经济地理模型中出现的新的空间经济特征,是地方政府竞争的"主阵地"。以下数值模拟分析显示,这种状态的集聚格局几乎覆盖了整个贸易自由度的取值范围。

根据命题3,绝对支撑状态是指$t_2^L=1$时,核心地区仍具有应对策略的空间经济环境。$t_2^L=1$代入命题2,得到以下条件:

推论1 $t_2^L=1$时核心地区存在应对策略的充分必要条件:

(1) 满足$(1-Q(\varphi)q(\varphi))^{\gamma} \geqslant \frac{1}{Q(\varphi)}$,或

(2) $1-Q(\varphi)q(\varphi) < \gamma\left(Q(\varphi)q(\varphi) + \frac{2b}{1-b}\right)$时,满足:

$$\frac{\gamma^{\gamma}}{(1+\gamma)^{1+\gamma}}\left(\frac{1+b}{1-b}\right)^{1+\gamma} \Big/ \left(Q(\varphi)q(\varphi) + \frac{2b}{1-b}\right) \geqslant \frac{1}{Q(\varphi)}。$$

设此时的贸易自由度取值范围为$\{\varphi^{stable}\}=[\varphi^s 1, \varphi^s 2]$,数值模拟得到以下结果:

图7-1中曲线Q1和Q2分别表示函数$Q1(\varphi)=(1-Q(\varphi)q(\varphi))^{\gamma}-1/Q(\varphi)$和$Q2(\varphi)=\frac{\gamma^{\gamma}}{(1+\gamma)^{1+\gamma}}\left(\frac{1+b}{1-b}\right)^{1+\gamma} \Big/ \left(Q(\varphi)q(\varphi)+\frac{2b}{1-b}\right)-\frac{1}{Q(\varphi)}$,AA曲线则表示$AA(\varphi)=\gamma[Q(\varphi)q(\varphi)+2b/(1-b)]-1-Q(\varphi)q(\varphi)$两种情况下$AA(\varphi)<0$。

根据推论1,只需考虑$Q1(\varphi)\geqslant 0$,也就是图7-1中实线Q1与横轴相交的区间。$\gamma=1$时没有交点,$\gamma=1.1$时地方公共品作用的提升增强了空间集聚力,贸易自由度在一段中等偏低水平的区间出现绝对支撑的状态。

当$t_2^L=\gamma/(1+\gamma)$时,命题2的条件可以区分不可支撑状态和可支撑状态,后者包括绝对支撑和条件支撑两种状态,实际上两者的分界点即为经典两主体所定义

的支撑点。沿用上文思路,先求可支撑状态的贸易自由度区间,将 $t_2^L=\gamma/(1+\gamma)$ 代入命题2,得到以下条件:

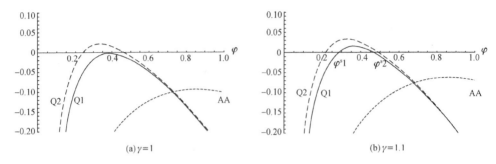

图7-1 "核心-边缘"格局绝对支撑的贸易自由度取值范围①

推论2 $t_2^L=\gamma/(1+\gamma)$ 时中心地区存在应对策略的充分必要条件:

(1) 满足 $\left(1-\dfrac{Q(\varphi)q(\varphi)}{[\gamma/(1+\gamma)]^\gamma}\right)^\gamma \geq \dfrac{[\gamma/(1+\gamma)]^\gamma}{Q(\varphi)}$;或

(2) $\gamma > \left(1-\dfrac{Q(\varphi)q(\varphi)}{[\gamma/(1+\gamma)]^\gamma}\right)\bigg/\left(\dfrac{Q(\varphi)q(\varphi)}{[\gamma/(1+\gamma)]^\gamma}+\dfrac{2b}{1-b}\right)$ 时,有

$$\dfrac{\gamma^\gamma}{(1+\gamma)^{1+\gamma}}\left(\dfrac{1+b}{1-b}\right)^{1+\gamma}\bigg/\left(\dfrac{Q(\varphi)q(\varphi)}{[\gamma/(1+\gamma)]^\gamma}+\dfrac{2b}{1-b}\right)\geq\dfrac{[\gamma/(1+\gamma)]^\gamma}{Q(\varphi)}。$$

设 $\{\varphi^{\text{unstable}}\}$ 是使集聚格局不可支撑的贸易自由度 φ 的取值范围。图7-2中的曲线与图7-1中类似,曲线Q1表示函数 $Q1(\varphi)=(1-Q(\varphi)q(\varphi)/[\gamma/(1+\gamma)]^\gamma)^\gamma-[\gamma/(1+\gamma)]^\gamma/Q(\varphi)$,Q2表示 $Q2(\varphi)=\dfrac{\gamma^\gamma}{(1+\gamma)^{1+\gamma}}\left(\dfrac{1+b}{1-b}\right)^{1+\gamma}\bigg/\left(\dfrac{Q(\varphi)q(\varphi)}{[\gamma/(1+\gamma)]^\gamma}+\dfrac{2b}{1-b}\right)-\dfrac{[\gamma/(1+\gamma)]^\gamma}{Q(\varphi)}$,AA曲线则表示 $AA(\varphi)=\gamma\left(\dfrac{Q(\varphi)q(\varphi)}{[\gamma/(1+\gamma)]^\gamma}+\dfrac{2b}{1-b}\right)-1-\dfrac{Q(\varphi)q(\varphi)}{[\gamma/(1+\gamma)]^\gamma}$,由于 $AA(\varphi)>0$ 时采用推论2的条件(2),因此可支撑区间为Q1曲线左端与横轴的交点 φ^U 到 $\varphi=1$ 的取值连续集,而不可支撑的区间 $\{\varphi^{\text{unstable}}\}=[0,\varphi^U]$。

以上分析还显示,引入地方公共品消费显著地增加了空间经济中的集聚因素,其强度由福利关于地方公共品的弹性 γ 决定,该值越大,"核心-边缘"格局处于可支撑状态的贸易自由度越广,其中图7-2中的 φ^U 对应新经济地理空间经济特征点——"支撑点",以上 $\gamma=1$ 和 $\gamma=1.1$ 的情况显示,其值大大低于两主体新经济地理模型中的取值。

根据命题3,如果边缘地区政府采用 $t_2^H=0$ 和 $t_2^L=\bar{t}_2^L>\hat{t}_2^L=\gamma/(\gamma+1)$ 的政策可以迫使核心地区失去应对策略,那么集聚均衡处于条件支撑状态。$t=\min\{\bar{t}_2^L\}$ 即为门槛税率。图7-2和图7-1的数值分析结果显示,可支撑状态中的绝对支撑状态

---

① 模拟参数:$\sigma=3$,$\mu=0.5$。$\gamma=1$ 时 $\{\varphi^{\text{stable}}\}$ 为空集;$\gamma=1.1$ 时,解超越方程得 $\{\varphi^{\text{stable}}\}=[\varphi^S1,\varphi^S2]$,其中 $\varphi^S1=0.2827$ 和 $\varphi^S2=0.4698$。

所占的贸易自由度φ区间非常狭小,同样,不可支撑状态的φ区间也很小,剩下的绝大多数取值范围均呈现为集聚均衡的条件支撑状态:一种核心地区地位取决于边缘地区政府竞争能力能够超过门槛税率的状态。命题4为采用$\gamma=1$的设定得出了门槛税率的解析解[①]。

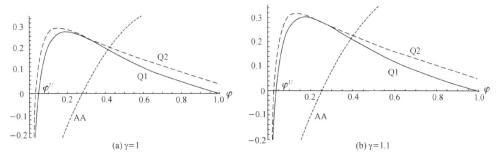

图 7-2 "核心-边缘"格局的不可支撑区间

命题 4 给定$\gamma=1$,解命题2的两个不等式,即

$$\left(1-\frac{Q(\varphi)q(\varphi)}{T_2(t_2^L)}\right)^\gamma \geqslant \frac{T_2(t_2^L)}{Q(\varphi)} \Leftrightarrow t_2^L \leqslant t1 \equiv \frac{Q(\varphi)}{2}(\sqrt{1-4q(\varphi)}+1),$$

$$\frac{\gamma^\gamma}{(1+\gamma)^{1+\gamma}}\left(\frac{1+b}{1-b}\right)^{1+\gamma} \Big/ \left(\frac{Q(\varphi)q(\varphi)}{T_2(t_2^L)}+\frac{2b}{1-b}\right) \geqslant \frac{T_2(t_2^L)}{Q(\varphi)}$$

$$\Leftrightarrow t_2^L \leqslant t2 \equiv \frac{1-b}{2b}\left[\frac{\gamma^\gamma}{(1+\gamma)^{1+\gamma}}\left(\frac{1+b}{1-b}\right)^{1+\gamma}-q(\varphi)\right]Q(\varphi);$$

那么门槛税率t由以下规则决定:

当t_1满足$\gamma>\left(1-\frac{Q(\varphi)q(\varphi)}{T_2(t_1)}\right)\Big/\left(\frac{Q(\varphi)q(\varphi)}{T_2(t_1)}+\frac{2b}{1-b}\right)$时,$t=t_2$;否则$t=t_1$。

图 7-3 显示了与图 7-1 相同的信息,$\gamma=1$时不存在绝对支撑状态。更重要的是图 7-3 得到了一条门槛税率关于贸易自由度的"驼峰"形曲线,即贸易自由度在中等偏下水平时,门槛税率最大,往两边则递减。由此推断,当贸易自由度处于越低或越高的水平时,边缘地区争夺核心地位的策略对当前福利的牺牲越小,竞争局面越有可能出现。

三、区域一体化的影响

虽然边缘地区作为后发地区,存在采用极端竞争策略的潜在动力,但是条件支撑状态的演化理论上存在"拉锯"式反复的问题,即第一阶段作为边缘区的地区 2 即使取得了竞争成功,成为核心区,仍然不能排除第二阶段中地区 1 采用同样极端的策略竞争核心区。本章发现边缘地区的竞争机会更可能来自深化区域经济一体化的进程中,一方面分析已经显示在贸易自由度处于中等以上时,一体化进程将导

[①] 按照命题4的思路,$\gamma\neq 1$的任意值,在满足"非黑洞"条件下,均可以通过隐函数形式和数值模拟辅助求出门槛税率值,与本文的结论相同。

致门槛税率的进一步降低;更为重要的是,式(7-16)显示边缘区居民的福利与贸易自由度正相关,换一个角度,固定边缘地区居民福利,税率增长相对于贸易自由度变化的弹性为 $\dfrac{\mathrm{d} t_2^L/t_2^L}{\mathrm{d}\varphi/\varphi}=\dfrac{(1+\gamma)\mu/(\sigma-1)}{t_2^L/(1-t_2^L)-\gamma}>0$,即贸易自由度的上升可以使边缘地区存在税率提升空间,且不降低其居民的当前福利水平。假定初始状态为 φ_0 时,边缘地区采取最优税率政策,随着贸易自由度的上升,同时保持当前居民福利不变,其最高税率满足:

$$\frac{V_2^L(t_2^L,\varphi)}{\hat{V}_2^L(\gamma/(1+\gamma),\varphi_0)}=\frac{(1-t_2^L)(t_2^L)^\gamma}{\gamma^\gamma/(1+\gamma)^{1+\gamma}}\left(\frac{\varphi}{\varphi_0}\right)^{(1+\gamma)\mu/(\sigma-1)}=1 \quad (7\text{-}21)$$

这一关系与经济的初始状态无关。图 7-4 显示了几种初始情况下,边缘地区政府在一体化深化过程中,固定本地居民福利可达到的最高税率曲线;将其与门槛税率曲线结合,最高税率曲线高于门槛税率曲线时,边缘地区政府将可以借助一体化深化进程成功实施竞争性策略。图 7-4 还显示初始贸易自由度较小或较大时,这种一体化深化的效应对边缘地区更为明显和有利。

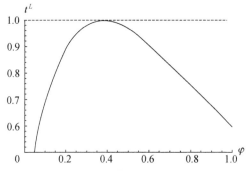

图 7-3 门槛税率与贸易自由度的关系

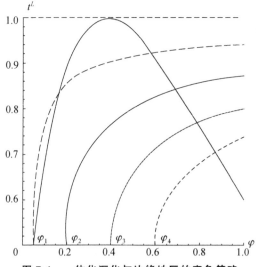

图 7-4 一体化深化与边缘地区的竞争策略

第三节　小　结

本章构建了包含企业、家庭和地方政府三主体的新经济地理模型框架。集聚格局下空间经济出现了具有潜在不稳定性的均衡状态，即"条件支撑"状态。该状态下，一旦边缘地区能够实施有效的竞争策略，即实施超过由空间经济环境决定的门槛税率的税收政策，当前的空间集聚格局将会崩溃。本章指出门槛税率关于贸易自由度呈"驼峰"形（倒"U"形）。由于边缘地区居民福利与贸易自由度呈正相关，在以贸易自由度提高为标志的区域经济一体化进程中，如果短期维持居民福利不变，将大大提升当地政府可选择的税收政策范围。另外，区域一体化有利于边缘地区实施竞争性政策，尤其是在贸易自由度较低和较高的情况下。此外，本模型通过整合地方政府间的竞争构建了一种引发空间经济格局"突变"的内生机制，弥补了两主体新经济地理模型的长期均衡演化依赖于外生"细微"扰动的局限。

地方政府间竞争对"核心-边缘"格局下两地区居民的当前福利都会造成损失，但本章没有对此展开分析，也没有涉及边缘地区夺取核心地位后其政策的改变和面临的竞争态势，后者需要纳入多次博弈。本章采用比较静态的分析方法，很难观察到既有格局被突破后均衡的演化路径，无法严格地判断出现分散均衡的可能性、评估居民的效用净值等重要因素。

参考文献

[1] Andersson F, Forslid R. Tax competition and economic geography[J]. Journal of Public Economic Theory, 2003(5)：279—303.

[2] Baldwin R E, Forslid R, et al. Economic Geography and Public Policy[M]. Princeton：Princeton University Press, 2003.

[3] Baldwin R E, Krugman P. Agglomeration, integration and tax harmonization [J]. European Economic Review, 2004, 48：1—23.

[4] Baldwin R E. Core-periphery model with forward-looking expectations[J]. Regional Science and Urban Economics, 2001, 31：21—49.

[5] Borck R, Pfluger M. Agglomeration and tax competition[J]. European Economic Review, 2006, 50：647—668.

[6] Dixit K, Stiglitz E. Monopolistic competition and optimal product diversity [J]. American Economic Review, 1977, 67：297—308.

[7] Fenge R, von Ehrlich M, Wrede M. Public input competition and agglomeration[J]. Regional Science and Urban Economics, 2009, 39：621—631.

[8] Forslid R, Ottaviano G. An analytically solvable core-periphery model[J]. Journal of Economic Geography, 2003(3): 229—40.

[9] Fujita M, Krugman P, Venables A. The Spatial Economy[M]. Cambridge, MA: MIT Press, 1999.

[10] Kind H J, Knarvik K, Schjelderup G. Competing for capital in a 'lumpy' world[J]. Journal of Public Economics, 2000, 78: 253—274.

[11] Krugman P. Increasing returns and economic geography[J]. Journal of Political Economy, 1991, 99(3): 483—499.

[12] Ludema R D, Wooton I. Economic geography and the fiscal effects of regional integration[J]. Journal of International Economics, 2000, 52: 331—357.

[13] Martin P, Rogers C. Industrial location and public infrastructure[J]. Journal of International Economics, 1995, 9: 335—351.

[14] Ottaviano G I P, Taglioni D, Di Mauro F. The Euro and the competitiveness of European firms[J]. Economic Policy, 2009, 24(57): 6—53.

[15] Ottaviano G, Tabuchi T, Thisse JF. Agglomeration and trade revisited[J]. International Economic Review, 2002, 43: 409—436.

[16] Ottaviano G. Monopolistic competition, trade, and endogenous spatial fluctuations[J]. Regional Science and Urban Economics, 2001, 31: 51—77.

[17] Samuelson P. The transfer problem and transport costs: The terms of trade when impediments are absent[J]. Economic Journal, 1952, 62: 278—304.

[18] Wang A M, Zeng D Z. Agglomeration, tax, and local public good[C]//3rd China-Japan Applied Economics Seminar, Japan, 2009.

[19] 保罗·克鲁格曼. 地理与贸易[M]. 北京：北京大学出版社，中国人民大学出版社，2000.

[20] 杜能. 孤立国同农业和国民经济的关系[M]. 北京：商务印书馆，1997.

[21] 杨开忠. 中国区域科学的回顾[J]. 中国区域经济，2010(1)：1—13.

[22] 张五常. 中国的经济制度[M]. 北京：中信出版社，2009.

第三篇　城市体系模型

第八章 城市体系理论[①]

第一节 导　　言

　　城市体系是一个包含了城市中心地区和广大乡村地区以及多产业体系的空间经济系统，其演化机制的系统研究，既是我国新型城镇化和区域协调发展实践所急需，又是当前国际区域经济学理论前沿和难点，具有重要理论和实践意义。"九五"计划以前，我国奉行严格控制大城市、合理发展中等城市、积极发展小城市和小城镇的方针；之后，于"十五"计划明确提出大、中、小城市、小城镇协调发展，并从"十一五"规划开始提出和实施以城市群为主要依托的城市协调发展方针。然而，在实践取得巨大进展的同时，城市体系研究却主要限于经验描述，系统的经济学理论也少之又少，长期停留于不太令人满意的中心地理理论和亨德森城市体系理论，国内原创的理论更是缺乏。

　　随着新经济地理学的深入发展，20世纪90年代末，藤田（Fujita）等人开始逐渐将新经济地理学基于厂商和消费者构建的空间一般均衡模型向城市体系拓展，开辟了以新经济地理一般空间均衡框架整合城市经济的城市体系经济理论研究新方向和新境界，如图8-1所示。其中，一个重要方面就是纳入城市公共主体或者城市土地开发主体。这个方向切合中国地方政府经济和城市发展中的作用，对解释中国城市发展具有十分重要的意义。

　　改革开放以来，随着社会主义经济从高度集权的计划经济向市场经济转变，地方政府、特别是市县政府经济角色迅速凸显，地方政府围绕经济发展展开的激烈竞争成为中国至关重要的经济动力。虽然地方竞争引发了不少经济和社会发展问

---

　　① 本部分系在笔者与其博士研究生梁涵、姜玲合作发表论文"城市等级体系演化理论评述和展望"（技术经济与管理研究，2012（10））基础上修改而成，感谢梁涵、姜玲博士合作。

题,但其积极作用在逐步得到论证和检验。例如张五常(2009)论述了县级政府为主的地方政府间的激烈竞争支撑了中国改革开放以来尤其是20世纪90年代以来的发展奇迹。因此,在中国,城市体系理论建构尤其应该重视纳入地方政府行为。本章以下分节简单梳理传统城市体系理论、基于新经济地理的城市体系理论和整合竞争性地方政府的空间一般均衡理论。

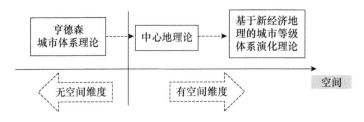

图8-1 基于"空间"维度对以往理论的界分

第二节 传统城市体系理论

一、中心地理论的核心思想及其继承

城市等级体系(hierarchy urban system)的研究最早源于两位德国学者克里斯泰勒(W. Christaller,1933)和廖什(A. Losch,1940)分别提出的中心地理论(central place theory)。两者的理论框架均构建于均质理想平原的空间以及新古典经济学的假设基础上。克氏提出(中心地可支撑的)门槛距离与货物/服务最大可达距离两个概念,以此判断生产的经济可行性,界定了各类货物/服务的等级,进而通过构建货物/服务(也称为"中心地职能",central place function)供给原则"绘制"出精美的正六边形空间图景;中心地可提供的货物/服务的最高等级决定其在中心地区体系中的等级。

正如克氏提出的"城市一定有什么安排它的原则在支配着"的问题,其理论更加注重于发现和构建这些原则,相对而言,廖什的理论体系具有更加微观的经济基础。他将张伯伦的垄断竞争分析框架应用于空间分析中,但是与新经济地理不同的是,他采用"空间差别化"替换了"产品差别化",具体而言是将空间接近性因素(例如接近可以为消费者提供更多便利)作为商品的一部分,不同地点的供应商的产品就存在一定的差别化,最终在垄断竞争中各供应商占据一个使其利润非负的最小的市场区,且廖什证明"(正六边形的)蜂窝形是经济区最有利的形状"。廖什的中心地区理论中产品的属性由其可贸易性(运输成本)和规模经济决定,且可以综合为市场区大小,即"必要的市场区是同等大小的,就归于一类"。但是,廖什对中心地区等级的划分语焉不详。

此后,贝里(Berry,1967)进一步指出了重要的动态机制及其演化结果,即"人口密度越高,地区潜在的消费也越高,因此,中心地等级体系中的层次的潜在数目就越多"。便利、快速、低成本的交通将减少低级中心地的重要性,有利于较高级别中心地的发展。此外,他还指出了欠发达的农业经济体相对于发达的工业化经济体,由于消费水平低,中心地等级体系的层次数也较少。

贝里概括的特征中前两个已经由 Fujita 等(1999)、Tabuchi 和 Thisse(2011)的研究演绎得出,而第三个特征在这些模型中都能轻易地演绎。可见,早期中心地理论实际上为最新的城市等级体系模型提供了直觉的版本,其中,克氏的等级划分、廖什的产品属性,以至于贝里关于动力机制的阐释,都成为最新模型的核心组件和演绎基础。此外,廖什还强调了此后新经济地理学的重要机制力量,"市场区是通过各种纯经济力量的相互作用而产生的",包括集中化作用的力量,如专业化的、大规模生产的利益和分散化的力量,如运费低廉化的和多样化生产的利益。但是,克氏或者廖什演化的中心地理论都缺乏完整的经济学微观逻辑,作为经济学模型还难以令人满意。

二、亨德森城市体系理论

城市经济学在针对城市区(urban areas)规模和类型结构的研究中构建了关于城市等级体系的模型(Henderson,1974)。该模型的经济思想极其简洁明了,经济体为城市的集合(a collection of cities),其中存在两种相反的作用力,即产业在城市的地理集中产生外部经济(external economies),同时,越大的城市存在越高的通勤成本引发城市的非经济性(diseconomies),两者权衡的净效应可以归纳为城市规模与代表性居民福利的倒"U"形关系。进一步假设存在前瞻性(forward-looking behaviour)的大型经济组织(具体设计了"城市开发公司(city corporations)"),则均衡的城市规模将处于倒"U"形曲线顶点,即最优水平。同时,由于产业间的规模经济存在差异,而城市非经济性决定于城市规模,由此解释了存在大量具有不同规模的专业化城市的现象。但是该体系却无法处理城市空间分布及相互间空间作用关系等空间问题,因此可以被视为无空间(aspatial)城市体系模型。

第三节 基于新经济地理的城市体系理论

基于新经济地理的城市体系研究,将空间因素重新带回城市等级体系理论模型。这一研究肇始于藤田和克鲁格曼(1995)对于"杜能"空间经济框架中单中心城市形成机制的建模,随后,Fujita 和 Mori(1997)逐步推进了这一框架下城市系统的构建,最后 Fujita 等(1999)完成创建。此后,Tabuchi 和 Thisse(2011)对此进行了必要的补充。Fujita 等(1999)构建的模型解释了城市等级系统的存在机制,并通过人口持续增长这一外生动力机制演绎了城市等级体系类似于中心地的演化图景。该研究将差别化生产部门细分为多个产业,划分标准为特定产业内部产品间的相互替代程度(在新经济地理模型中,这将直接决定该产业中厂商生产的规模经济程度)和产品的运输成本,这两个标准与廖什界定的货物空间特征基本一致。在此基础上构建的新经济地理模型的空间均衡可以通过产业和城市(中心地区)两个维度进行观察(见图8-2),同时,城市的等级决定于其拥有产业的数量(与克氏的中心地理论的细微差别为地区可能拥有的产业等级不严格决定于该中心地的等级,这一判定标准更接近于廖什的理论)。

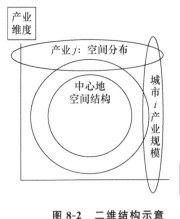

图8-2 二维结构示意

Tabuchi 和 Thisse(2011)补充的重要价值在于考察了新经济地理学最重要的因素,即运输成本连续变动中城市等级系统的演化进程,与 Fujita 等(1999)约束运输成本,强调人口增长的情境不同,该研究固定了人口变动因素,聚焦于运输成本变动的影响。由此不难推断,两者在城市数量方面恰好呈相互牵制之势:人口(或经济)持续发展不断提升中心地区系统等级,该进程形如金字塔随基座不断抬升的扩张过程,最高等级的塔尖城市产业系统更加充实,所有既有的城市系统功能也都得到提升,同时塔基上出现了几何级数的更多新城市(Fujita et al.,1999);对于中心地区数量形成克制的是,随着运输成本的持续下降,经济愈来愈向高等级城市集聚,同时伴随最低等级城市的消亡,其进程更类似于造山运动,平原随着板块间相互挤压和融合逐渐缩小,代之以愈来愈陡峭的山区。而更重要的是,以上研究所构建的新经济地理等级城市模型说明了随着人口增长(指代经济增长)和区域一体化加深,城市等级系统将呈现结构性上升,"存活的"中心地城市的影响范围不断扩大。同时,由于人口增长对各等级城市均产生规模正效应,而一体化加深的效应则随着城市等级的下降不断减弱并呈现导致城市消亡的负效应,处于两种效应正负相抵的平衡点上的城市就成了"金字塔"的"底座"城市。

该研究也是对新经济地理理论的重大发展。相对于两区域的经典新经济地理学模型的发展,除了进行了产业细分,还包括以下拓展:均衡分析中的动态调整(adjustment dynamics),即城市规模的调整动态,在新经济地理模型采用类似于演化博弈理论(evolutionary game theory)中的"复制动态"(replicator dynamics)的基础上,关注于任何可能生长出新城市的区位。引入外生动力机制,驱动城市等级体系演化动态,由此在模型中纳入了两个"动力"源:①"外在"动力源('extrinsic' dynamics)——外生的人口稳步增长进程或一体化的逐步深化;②"内在"动力源('intrinsic' dynamics)——劳动力迁移:劳动力往实际工资更高的地点迁移,导致劳动力空间结构变动,影响经济空间中的实际工资结构,进而影响劳动力迁移决策。

但是,基于人口增长的动力源具有两方面的局限:其一,人口变动的时间尺度过长,尤其不符合当前新兴经济体的快速增长和城市系统演化特征事实,此外,人口变动实际上很难被认为是一个"外在"机制过程;其二,更为重要的是,相对于"乡村—城市"劳动力转移动力,人口这一终极城市体系演化动力的影响力显得次要。而针对一体化不断深化的演绎,则提出了新经济地理学需要深入解决的重大问题——深化一体化,包括运输和非运输因素的内在机制。基于新经济地理理论的城市等级系统理论的系统化和可应用化,仍然需要从建模技术和机制内容两方面进行重大拓展,使该理论更易于驾驭,并成为更有效的政策分析平台。

此外,该研究接下来更具有挑战性的拓展方向是构建具有内生动力机制的演化模型。基于已有的基础,考虑采用要素积累模型是一个可行的方向,其进一步深化将会把研究引向集聚和增长模型与城市等级体系演化结合;另一个具有现实性的研究是沿着区域一体化深化的路径,结合政治经济学的研究,打开政府组织制度与区域一体化的黑箱,并将其整合到新经济地理与城市等级体系的模型中。

第四节 整合竞争性地方政府的空间一般均衡理论

地方政府对于区域发展的职能以及横向和垂直政府间的经济竞争等都会对空间经济演化产生深远影响。中心地理论提出"行政原则"和亨德森城市体系理论中引入的城市开发公司/地方政府概念,在一定程度上关注了政府行为。但总的来讲,传统理论研究较少涉及地方政府的行为决策,没有构建明确的竞争机制。近年来,这一研究方向开始成为新经济地理理论"最令人兴奋的应用领域"(Baldwin 等,2003)。整合地方政府竞争的新经济地理模型已经积累了一些研究成果(Andersson,Forslid,2003;Baldwin,Krugman,2004;梁涵等,2011),这为进一步实现城市体系领域的理论拓展奠定了重要的基础。Baldwin 和 Krugman(2004)的研究注意到了这一点,在利用新经济地理理论的同时,引入经典税收竞争理论中政府目标函数和竞争机制的分析框架,并分析了地方政府在相互竞争关系中的财政工具设置策略,该研究在竞争框架中将中心地区设为博弈的"支配者",认为即使是同时博弈,外围地区的政策也只能是从属和被动设定。但是,边缘地区面临的夺取核心地位后福利跃升的激励,可以使其设定容忍短期福利损失的竞争性策略。梁涵等(2011)采用与其相反的地方政府间竞争行为的设定,以 Andersson 和 Forslid(2003)构建的纳入地方政府竞争机制的三主体模型为基础,围绕"核心-边缘"的集聚格局的长期演化状态,研究"领导-追随"(leader-follower)博弈模式单次和多次博弈的演化态势,研究揭示了倒"U"形的突破集聚均衡的门槛税率曲线,对于寻求或培育区域合作机制的一体化环境具有重要启发。在图 8-1 的基础上,图 8-3 对已有理论引入地方政府的逻辑进行了简单梳理。

第五节 小 结

本章简要回顾中心地理论的核心思想及其对这一理论的论证历程,概述了在城市经济学中具有重要影响的亨德森城市体系理论及其忽略空间维度的局限和此后的主要发展;介绍基于新经济地理理论的成果,其中 Fujita 等(1999)是对一系列早期发展成果的总结,而 Tabuchi 和 Thisse(2011)则是该领域最新的发展;在此基础上,重点阐述基于新经济地理城市体系一般均衡模型的核心思想、局限和发展方向;针对中国城市体系发展的背景特征,提出了以整合地方政府主体为脉络的理论拓展方向,即整合地方政府主体及区域竞争的研究方向及其发展脉络。

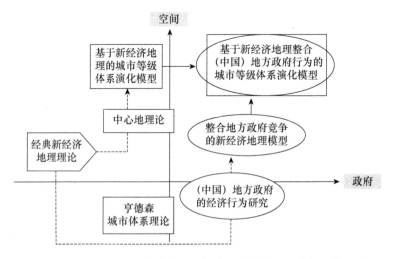

图 8-3 基于"空间-政府"维度界分相关研究领域及理论拓展的思路

应该指出的是,土地驱动型行为模式是将地方政府主体嵌入新经济地理理论框架最有意义的方向。20 世纪 90 年代中期以来,中国市(县)级政府行为的一个重大特征是越来越大的土地开发倾向(Liu,2008),陶然等(2009)将这种地方政府行为概括为地方"土地发展主义"王冰松(2009)则用土地要素投入驱动型模式概括这一时期的城镇化模式。

参考文献

[1] Andersson F,Forslid R. Tax competition and economic geography[J]. Journal of Public Economic Theory,2003,(5):279—303.

[2] Baldwin R. E. ,Forslid R,Martin P,Ottaviano G I P,Robert-Nicoud F. Economic Geography and Public Policy[M]. Princeton,Princeton University Press,2003.

[3] Baldwin R. E. and Krugman P. Agglomeration,integration and tax harmonization[J]. European Economic Review,2004,(48):1—23.

[4] Berry J W. Independence and conformity in subsistence level societies[J]. Journal of Personality and Social Psychology,1967,7(4):415—418.

[5] Christaller, W. Central Places in Southern Germany[M]. Englewood Cliffs:Prentice Hall,1933.

[6] Fujita M,Krugman P,Mori T. On the evolution of hierarchical urban systems[J]. European Economic Review,1999,(43):209—251.

[7] Fujita M,Krugman P. When is the economy monocentric? von Thünen and Chamberlin unified[J]. Regional Science and Urban Economics,1995,25(4):505—528.

[8] Fujita M. ,Mori,T. Structural stability and evolution of urban systems[J]. Regional Science and Urban Economics,1997,(27):399—442.

[9] Henderson J V. The sizes and types of cities[J]. American Economic Review,1974,64(4):640—656.

[10] Liu Mingxing,Tao Ran,Yuan Fei and Cao Guangzhong. Instrumental land use investment-driven growth in China[J]. Journal of the Asia and Pacific Economy,2008,13(3):313—331.

[11] Losch A. The Economics of Location[M]. New York:Yale University Press,1940.

[12] Tabuchi T,Thisse J. F. A new economic geography model of central places[J]. Journal of Urban Economics,2011,(69):240—252.

[13] 梁涵,姜玲,杨开忠. 城市等级体系演化理论评述和展望[J]. 技术经济与管理研究,2012,(10):78—81.

[14] 梁涵,姜玲,杨开忠.整合地方政府竞争的新经济地理模型[J].系统工程理论与实践,2011(1):64—74.

[15] 陶然,陆曦,苏福兵,汪晖.地区竞争格局演变下的中国转轨:财政激励和发展模式反思[J].经济研究,2009(07):21—33.

[16] 王冰松.基于地方政府行为视角的中国土地城镇化研究[D].北京大学,2009.

[17] 张五常.中国的经济制度[M].北京:中信出版社,2009.

第九章 纳入城市空间结构和外部规模经济的新经济地理模型[①]

第一节 问题的提出

对经济活动空间集聚现象的解释长期以来一直是城市与区域经济学及其相关学科的核心任务之一,但受微观经济学发展、数学工具、计算机模拟技术等的限制,对经济集聚现象的解释一直没有很好地模型化。无论是 Thunen(1826)的农业区位模型还是 Aloson(1964)的土地租金模型,都是在给定经济活动中存在一个中心之后,再分析经济活动的空间特征,实际上都是在非均质空间下进行的分析,无法解释在均质空间中为什么会产生经济向中心集聚的现象。20 世纪 70 年代以来,随着微观经济学、公共经济学、计算机模拟技术、运筹学等的发展,城市与区域经济学领域涌现出了一大批解释经济集聚现象的理论模型,形成了一个新的学术高潮。由于导致经济空间集聚的机制是多种多样的,不同的理论模型从不同的机制着手进行解释,但最终的结论都是,即使是在均质空间下,经济自身的力量也会导致经济活动空间分布的不均衡性。其中,Krugman(1991)等经济学家发展出的新经济地理学具有一定的代表性。

Krugman(1991)较早地将 Dixit 和 Stiglitz(1977)的垄断竞争模型应用于区域经济学领域,提出了新经济地理学模型的基本框架。其模型的核心集聚力量是消费者对商品的多样化偏好、地区之间运输成本以及厂商内部规模经济同时构成的金融外部性(pecuniary externalities),其模型基本的集聚原理为:集聚在一个区域的厂商越多,当地生产的产品种类越多,在消费者多样化偏好和正的运输成本假设之下,这意味着该地区工业品价格指数更低,这样有更多的工人被吸引到这个区

[①] 本部分系在笔者与其博士研究生陈良文合作发表论文"集聚与分散:新经济地理学模型与城市内部空间结构、外部规模经济效应的整合研究"(经济学(季刊),2007(1))基础上修改而成,感谢陈良文博士合作。

域;工人数量的增加,形成了对差异产品的更大需求,吸引了更多的厂商搬迁到该地区,这样最终会形成经济活动的非均衡分布、出现经济活动的核心-边缘格局。在 Krugman 之后,M. Fujita、A. Venables、G. Ottaviano、D. Puga 等对新经济地理学基本模型做了进一步的拓展,并出现了一批针对新经济地理学模型的实证研究[Davis and Weinstein(1996,1999);Hanson(1997,1998)等]。

虽然新经济地理学模型对经济活动空间集聚现象具有较好的解释力,但由于新经济地理学模型仅关注地区之间的运输成本,而把各地区(城市)自身视为一个个的点,忽视各地区(城市)内部的空间结构、通勤成本以及土地市场,实际上,城市内部空间结构对经济的集聚程度会有比较大的影响,城市内部的通勤成本、高房价、环境污染等一般被视为导致集聚不经济的因素,显然,新经济地理学模型完全忽视此类因素不尽合理。

与此同时,新经济地理学模型所反映的集聚机制仅仅是金融外部性,忽视了其他类型的外部规模经济,特别是厂商之间的外部规模经济效应。而实际上,自马歇尔以来,知识外溢等外部规模经济效应一直为集聚经济的相关研究所重视,显然,新经济地理学模型对此的忽视与经济现实并不吻合。

正是由于新经济地理学模型面临上述非常关键的两类缺陷,因此,将城市内部空间结构和其他类型的集聚机制整合入新经济地理学模型框架便显得尤为必要。

对于第一类整合,目前已有一些学者进行了非常有益的尝试。Helpman(1995)较早地在新经济地理学模型中引入住宅消费,但并没有对城市内部空间结构进行全面考虑。Brackman 等(1996)将不同企业之间的拥挤效应引入新经济地理学模型当中,虽然没有考察城市内部的空间结构,但通过引入拥挤效应将经济中的分散力量纳入模型框架之中,修正了标准的新经济地理学模型。Tabuchi(1998)将 Krugman 的模型和 Aloson 的土地租金模型进行了较为全面的整合,在新经济地理学模型框架中引入了城市内部的通勤成本和住宅消费,将消费者的多样化偏好视为经济的集聚力量,而将城市内部通勤成本和住宅消费视为分散力量,模型结论显示经济活动的集聚程度会低于 Krugman 的标准模型,且当地区间运输成本趋于零时,无论模型中的参数如何赋值,经济活动在两个地区之间的平均分布即分散状态是长期均衡。Anas(2004)将城市内部空间结构纳入新经济地理学模型的框架,并考察了最优城市规模,模型的结论显示,随着城市总人口规模的增加,最优的城市规模不断缩小,即经济的集聚程度不断降低,最终会趋向于所有的经济活动将会完全的分散,每个企业将会单独的布局在一个地区,Anas 将此过程称为逆集聚(de-agglomeration)过程。显然,Tabuchi(1998)和 Anas(2004)模型的结论都与现实经济世界并不相符:各国的经济现实表明,随着地区间运输成本的降低和城市总人口规模的增加,城市的数量和平均规模都不断上升,特别是特大型城市的数量和规模在近一个世纪以来取得显著增长,经济活动不断趋于集聚而非趋于分散。

在经济理论模型与经济现实的悖论之下,Anas(2004)等认为新经济地理学模型过于强调消费者多样化偏好这一单一的集聚机制是导致这一问题的根本原因,因此新经济地理学模型面临着被推翻的困境。

在新经济地理学模型发展的同时,很多学者根据不同的经济集聚机制,构建了多种多样的集聚经济模型,包括基于知识外溢的集聚经济模型、基于中间投入品的集聚经济模型、基于劳动力市场供需匹配的集聚经济模型、基于消费过程中不完全信息的集聚经济模型等①。但截至目前,在新经济地理学模型框架中引入其他类型集聚的研究尚没有取得令人满意的进展,Krugman 和 Venables(1995),Venables(1996)等的研究虽然考虑了最终产品部门与中间投入部门之间的上下游联系,但实际上是将消费者的多样性偏好替代为最终产品部门对中间投入品的多样化偏好,反映的仍然只是一类集聚机制。而将城市内部空间结构、其他类型的集聚机制同时纳入新经济地理学的整合研究更是尚未取得进展。

针对新经济地理学模型存在的两类问题,本章尝试性地将城市内部空间结构和马歇尔外部规模经济效应同时纳入新经济地理学模型的框架之中,前者作为经济的分散力量引入,后者作为新的集聚力量引入,以使模型更加符合经济现实。接下来的部分安排如下:第二部分构建整合模型的基本框架,第三部分对模型的结果进行定性分析,第四部分是进行数值模拟,第五部分为本章的结论。

第二节 模 型

一、消费

假设经济中存在两个区域,每个区域内有一个城市,且城市存在一个给定的中心地区(CBD),CBD占地面积很小,因此可以视为一个点。经济中存在制造业和农业两类产业,所有制造业企业集中于CBD地区,农业生产在城市边界之外。城市工人是同质的,且居住在CBD的周围地区,工人支付通勤成本赴CBD地区上班,工人可以在两区域之间自由流动,但农民不可自由流动。

相对于传统的新经济地理学模型而言,本研究考虑了城市的内部空间结构,即城市内部还分为CBD和居住地区,工人不仅消费制造业产品和农业产品,还消费住房,工人要从居住地到CBD地区上班,必须支付通勤成本,这一框架是标准的Aloso(1964)式单中心城市内部空间结构框架。

农业产品可以在地区之间自由流动,不需要运输成本。采用"冰山"交易技术衡量制造业产品在地区间的运输成本,即将1单位产品从一个区域运送到另一个

---

① 对集聚经济模型的综述参见 Duranton 和 Puga(2004)或参考陈良文和杨开忠(2006)。

区域,只有 $\tau \in [0,1]$ 单位的产品能够到达目的地,运送过程中消耗的部分即为运输成本,因此 $1/\tau$ 是地区之间的运输成本,如果本地产品的价格为 p_{i1},则运输到另一地区后价格变为 p_{i1}/τ。制造业产品在一个地区内运输的运输成本为零。

代表性工人的效用函数由如下形式给出:

$$U = M^\mu S^\gamma A^{1-\mu-\gamma}, \quad \mu + \gamma < 1 \tag{9-1}$$

其中,S 表示工人的住房面积,A 表示工人对农业产品的消费,M 表示工人对制造业产品消费,其表达式为 CES 函数形式:

$$M = \Big(\sum_i^N c_i^{(\delta-1)/\delta}\Big)^{\delta/(\delta-1)} \tag{9-2}$$

其中,c_i 表示消费者对第 i 类制造业产品的消费量,$\delta \geqslant 1$ 是各类制造业产品之间的替代弹性,N 是所有制造业产品的种类,CES 形式的效用函数表明了消费者对制造业产品存在多样化偏好。

假设农业产品为计价单位,其价格标准化为 1,第 i 类制造业产品的价格为 p_i,距离 CBD 地区为 k 处的地租水平为 $r(k)$、向 CBD 地区的通勤成本为 $T(k)$,地区 1 代表性工人的工资水平为 w_1。同时,假设地租为缺位的土地所有者获得。则地区 1 代表性工人面临的预算约束为

$$\sum^{N_1} c_{i1} p_{i1} + \sum^{N_2} c_{i2} p_{i2}/\tau + r(k)S(k) + A + T(k) = w_1 \tag{9-3}$$

在约束(9-3)下最优化工人的效用函数可得住房和农业产品的消费量分别为

$$S(k) = \frac{\gamma[w_1 - T(k)]}{r(k)} \tag{9-4}$$

$$A = (1 - \mu - \gamma)[w_1 - T(k)] \tag{9-5}$$

同时,令 c_{11} 和 c_{12} 分别代表地区 1 工人对地区 1 生产的代表性制造业产品和地区 2 生产的代表性制造业产品的消费量,p_1, p_2 分别为地区 1 生产的代表性产品和地区 2 生产的代表性产品的价格,则根据效用最大化可以求出:

$$\frac{c_{11}}{c_{12}} = \Big(\frac{p_2}{p_1 \tau}\Big)^\delta \tag{9-6}$$

二、生产

下面,我们转向生产者行为,假设经济中劳动总量标准化为 1,其中 $(1-\mu)$ 的比例为农民,且农民在两个地区之间平均分布,每位农民生产一单位的农产品,因此各地区农业的产量即农民的收入为

$$Y_A = \frac{(1-\mu)}{2} \tag{9-7}$$

制造业中每个企业都是对称的,使用相同的技术,劳动是唯一的投入要素,企业从事生产需要投入一定的固定成本,表明企业具有内部规模经济。在标准的新

经济地理学模型中,企业的生产过程仅考虑内部规模经济,而忽视了企业相互之间的外部经济。

为了弥补传统新经济地理学模型的缺陷,我们在企业的生产过程中引入企业之间的正向外部规模经济效应,即多个企业在空间上的集聚有利于企业之间的知识外溢,从而提高各个企业的产出效率。生产过程之中的外部规模经济效应的系统研究源自马歇尔(Marshall,1890),Ohlin(1933)和Hoover(1936)等进一步发展相关研究,Mills(1967)和Henderson(1974)将其较早地引入城市经济学领域,作为城市形成和发展重要的向心力来考虑,之后Chipman(1970),Abdel-Rahman等(1990),Michael,Perrot和Thisse(1996),Black和Henderson(1999),Au和Henderson(2005)等大量研究都将马歇尔的外部规模经济效应视作重要的经济集聚力量。

我们用以下的生产函数体现企业内部规模经济和相互之间的正向外部规模经济效应,由于企业是对称的,因此我们仅考虑一个地区的代表性企业,公式中将不再显示企业的下标:

$$x_1 = A(N_1)l_1 - \alpha \tag{9-8}$$

其中,x_1 表示地区1代表性企业的产出,l_1 为劳动投入,N_1 表示地区制造业企业的总量,$A(N_1)$ 是外部规模经济效应函数且 $A'(N_1)>0$,集聚于一个地区的制造业企业数量越多,则单位劳动的边际产出越高,表明了企业之间的正向外部性。α 为企业的固定成本,表明企业平均成本随产量的增加不断下降,用于衡量企业内部规模经济。每个企业都将企业之间的外部规模经济视为给定的,因此决策时不考虑自身行为对外部规模经济程度的影响。为简便起见,我们给出 $A(N_1)$ 的显性形式[①]:

$$A(N_1) = N_1^{\varepsilon}, \quad \varepsilon \geqslant 0 \tag{9-9}[②]$$

由制造业企业的生产函数可以求出其劳动投入关于产出的函数:

$$l_1 = \frac{\alpha + x_1}{A(N_1)} = N_1^{-\varepsilon}(\alpha + x_1) \tag{9-10}$$

则地区1代表性制造业企业的利润为

$$\pi_1 = p_1 x_1 - w_1 [N_1^{-\varepsilon}(\alpha + x_1)] \tag{9-11}$$

由于制造业产品的替代弹性和需求价格弹性均为 δ,因此厂商利润最大化意味着:

$$p_1 \left(\frac{\delta - 1}{\delta} \right) = w_1 N_1^{-\varepsilon} \tag{9-12}$$

---

① Black和Henderson(1999)、Au和Henderson(2005)等的研究均采取此种函数形式衡量外部规模经济效应。

② $\varepsilon=0$ 表明不存在外部规模经济效应,ε 越大表明外部规模经济效应越强,ε 是衡量外部规模经济效应强弱的指标。

将式(9-12)代回式(9-11)并根据制造业企业的均衡利润为零,可以求出制造业企业的均衡产量:

$$x_1^* = \alpha(\delta - 1) \tag{9-13}$$

将式(9-13)代入式(9-10)可以求出制造业企业的均衡劳动投入:

$$l_1^* = N_1^{-\varepsilon}(\alpha\delta) \tag{9-14}$$

假设地区1和地区2的制造业工人分别为 L_1、L_2,且满足 $L_1 + L_2 = \mu$,因此,地区1均衡的企业数量(由于企业存在内部规模经济,因此一类产品只有一个企业生产,因此均衡企业数量即为均衡的制造业产品种类)为

$$N_1 = \frac{L_1}{N_1^{-\varepsilon}(\alpha\delta)} \Rightarrow N_1^* = \left(\frac{L_1}{\alpha\delta}\right)^{\frac{1}{1+\varepsilon}} \tag{9-15}$$

三、城市内部空间结构

先考察地区1的城市内部空间结构。根据城市内部区位均衡的一阶条件:

$$r'(k)S(k) + T'(k) = 0 \Leftrightarrow r'(k)S(k) = -T'(k) \tag{9-16}$$

该区位均衡是城市地租模型的标准一阶条件,表明地租与通勤成本之间存在替代关系,地租随距离 k 的下降意味着通勤成本随 k 的上升。同时由式(9-4)可知:

$$S(k)r(k) = \gamma[w_1 - T(k)] \tag{9-4'}$$

将式(9-16)与式(9-4')左右两端相除,得

$$\frac{r'(k)}{r(k)} = \frac{-T'(k)}{\gamma[w_1 - T(k)]} \Leftrightarrow \gamma \mathrm{d}\log r(k) = \mathrm{d}\log[w_1 - T(k)] \tag{9-17}$$

式(9-17)表明地租随距离 k 的变化率等于工人可支配收入[即 $w_1 - T(k)$]随距离 k 的变量率除以 γ,假设城市中心CBD地区的地租水平为 r_0,则可以给出城市地租函数:

$$r(k) = r_0[1 - T(k)/w_1]^{1/\gamma} \tag{9-18}$$

这样,由式(9-4)和式(9-18)可以求出 k 处均衡的住房消费:

$$S(k) = \frac{\gamma[w_1 - T(k)]}{r(k)} = \frac{\gamma[w_1 - T(k)]}{r_0[1 - T(k)/w_1]^{1/\gamma}} \tag{9-19}$$

则区位 k 的人口密度为

$$\frac{1}{S(k)} = \frac{r_0[1 - T(k)/w_1]^{\frac{1}{\gamma}}}{\gamma w} \tag{9-20}$$

假设区域1内的城市边界为 $[-b_1, b_1]$,城市边界处地租水平等于农业地租,即 $r(b_1) = r_A$。所有工人都居住在城市边界之内,因此地区1内的城市总工人数量为

$$L_1 = \int_0^{b_1} \frac{2\pi k}{S(k)} \mathrm{d}k = \frac{2\pi r_A \int_0^{b_1} k[1 - T(k)/w_1]^{\frac{1}{\gamma} - 1} \mathrm{d}k}{\gamma w_1 [1 - T(b_1)/w_1]^{\frac{1}{\gamma}}} \tag{9-21}$$

四、两区域均衡

首先,考虑工人在两地区之间区位选择的均衡。由式(9-12)、式(9-15)可知两地区制造业产品的价格之比为

$$\frac{p_2}{p_1} = \frac{w_2 N_2^{-\varepsilon}}{w_1 N_1^{-\varepsilon}} = \frac{w_2}{w_1}\left(\frac{L_2}{L_1}\right)^{\frac{-\varepsilon}{1+\varepsilon}} \tag{9-22}$$

将式(9-22)代入式(9-6),可求出地区 1 工人对两地区代表性制造业产品的消费量之比为

$$\frac{c_{11}}{c_{12}} = \left(\frac{p_2}{p_1\tau}\right)^{\delta} = \left(\frac{w_2}{w_1\tau}\right)^{\delta}\left(\frac{L_2}{L_1}\right)^{\frac{-\varepsilon\delta}{1+\varepsilon}} \tag{9-23}$$

定义地区 1 制造业产品的价格指数 I_1[①] 为

$$I_1 = \left(\sum_{i=1}^{N} p_i^{1-\delta}\right)^{\frac{1}{1-\delta}} = [N_1 p_1^{1-\delta} + N_2 (p_2/\tau)^{1-\delta}]^{\frac{1}{1-\delta}} \tag{9-24}$$

将式(9-12)、式(9-15)代入式(9-24)得

$$I_1 = \left\{\left(\frac{L_1}{\alpha\delta}\right)^{\frac{1-\varepsilon+\varepsilon\delta}{1+\varepsilon}}\left(\frac{w_1\delta}{\delta-1}\right)^{1-\delta} + \left(\frac{L_2}{\alpha\delta}\right)^{\frac{1-\varepsilon+\varepsilon\delta}{1+\varepsilon}}\left[\frac{w_2\delta}{(\delta-1)\tau}\right]^{1-\delta}\right\}^{\frac{1}{1-\delta}} \tag{9-25}$$

由式(9-1)、式(9-4)、式(9-5)、式(9-23)、式(9-25)可知地区 1 和地区 2 之间的间接效用之比为

$$\frac{U_1}{U_2} = \frac{\left\{\frac{\mu[w_1-T(k)]}{I_1}\right\}^{\mu}\left\{\frac{r[w_1-T(k)]}{r(k)}\right\}^{\gamma}(1-\mu-\gamma)[w_1-T(k)]^{1-\mu-\gamma}}{\left\{\frac{\mu[w_2-T(k)]}{I_2}\right\}^{\mu}\left\{\frac{r[w_2-T(k)]}{r(k)}\right\}^{\gamma}(1-\mu-\gamma)[w_2-T(k)]^{1-\mu-\gamma}} \tag{9-26}$$

将式(9-26)在 $k=b_1, b_2$ 处取值并化简得

$$\frac{U_1}{U_2} = \frac{w_1-T(b_1)}{w_2-T(b_2)}\frac{I_2^{\mu}}{I_1^{\mu}} = \frac{w_1-T(b_1)}{w_2-T(b_2)}\left[\frac{L_1^{\frac{1-\varepsilon+\varepsilon\delta}{1+\varepsilon}}(w_1/\tau)^{1-\delta} + L_2^{\frac{1-\varepsilon+\varepsilon\delta}{1+\varepsilon}}w_2^{1-\delta}}{L_1^{\frac{1-\varepsilon+\varepsilon\delta}{1+\varepsilon}}w_1^{1-\delta} + L_2^{\frac{1-\varepsilon+\varepsilon\delta}{1+\varepsilon}}(w_2/\tau)^{1-\delta}}\right]^{\frac{\mu}{1-\delta}} \tag{9-27}$$

定义 $f = L_1/(L_1+L_2) = L_1/\mu$,即地区 1 工人占两地区工人总数的比例,则式(9-27)可以简化为

$$\frac{U_1}{U_2} = \frac{w_1-T(b_1)}{w_2-T(b_2)}\left[\frac{-f^{\frac{1-\varepsilon+\varepsilon\delta}{1+\varepsilon}}(w_1/\tau)^{1-\delta} + (1-f)^{\frac{1-\varepsilon+\varepsilon\delta}{1+\varepsilon}}w_2^{1-\delta}}{-f^{\frac{1-\varepsilon+\varepsilon\delta}{1+\varepsilon}}w_1^{1-\delta} + (1-f)^{\frac{1-\varepsilon+\varepsilon\delta}{1+\varepsilon}}(w_2/\tau)^{1-\delta}}\right]^{\frac{\mu}{1-\delta}} \tag{9-28}$$

工人在两个地区之间的区位选择均衡由式(9-28)决定,当两个地区都有工人分布,即 $f \in (0,1)$ 时,$\frac{U_1}{U_2}=1$ 为区位选择均衡,表明代表性工人无论是在地区 1 居

---

① 价格指数的引入详见 Krugman(1991),此处不再详细推导。

住还是在地区 2 居住,其效用水平都是一样的;当所有工人集中于区域 1 时,即 $f=1$ 时,$\frac{U_1}{U_2} \geqslant 1$ 为区位选择均衡,表明即使所有的工人都集中在地区 1,地区 1 的效应水平还高于地区 2,因此工人也没有动机在两地区之间进行迁移;同理,$f=0$ 时,$\frac{U_1}{U_2} \leqslant 1$ 为区位均衡。

接下来,考虑两地区之间收支均衡,地区 1 所有工人的可支配收入(除去通勤成本后的收入)总额为 $\int_0^{b_1} [w_1 - T(k)] \frac{2\pi k}{S(k)} dk = \varphi_1 w_1 L_1$,将 $S(k)$、L_1 的表达式代入,可以求出。其中 $\varphi_1 = \frac{\int_0^{b_1} k[1-T(k)/w_1]^{1/\gamma} dk}{\int_0^{b_1} k[1-T(k)/w_1]^{\frac{1}{\gamma}-1} dk}$,$\varphi_1$ 衡量工人可支配收入占工资的比例,其取值范围为 0~1 之间。由式(9-7)可知地区 1 农民的总收入为 $\frac{1-\mu}{2}$,因此地区 1 的总收入为

$$Y_1 = \frac{1-\mu}{2} + \varphi_1 w_1 L_1 \tag{9-29}$$

假设用 z_{11} 衡量地区 1 收入在地区 1 生产的制造业产品上的消费与地区 1 收入在地区 2 生产的制造业产品上的消费之比,z_{12} 衡量地区 2 收入在地区 1 生产的制造业产品上的消费与地区 2 收入在地区 2 生产的制造业产品上的消费之比。则可知:

$$z_{11} = \left(\frac{N_1}{N_2}\right)\left(\frac{p_1}{p_2/\tau}\right)\left(\frac{c_{11}}{c_{12}}\right) = \left(\frac{L_1}{L_2}\right)^{\frac{1-\varepsilon+\varepsilon\delta}{1+\varepsilon}} \left(\frac{w_1 \tau}{w_2}\right)^{1-\delta} \tag{9-30}$$

$$z_{12} = \left(\frac{N_1}{N_2}\right)\left(\frac{p_1/\tau}{p_2}\right)\left(\frac{c_{21}}{c_{22}}\right) = \left(\frac{L_1}{L_2}\right)^{\frac{1-\varepsilon+\varepsilon\delta}{1+\varepsilon}} \left(\frac{w_1}{w_2 \tau}\right)^{1-\delta} \tag{9-31}$$

则两地区的收支平衡意味着:

$$w_1 L_1 = \mu \left[\left(\frac{z_{11}}{1+z_{11}}\right) Y_1 + \left(\frac{z_{12}}{1+z_{12}}\right) Y_2\right] \tag{9-32}$$

$$w_2 L_2 = \mu \left[\left(\frac{1}{1+z_{11}}\right) Y_1 + \left(\frac{1}{1+z_{12}}\right) Y_2\right] \tag{9-33}$$

式(9-32)左边是地区 1 所有工人的工资收入,右边是地区 1 和地区 2 对地区 1 生产的制造业产品的总消费。

至此,我们可以得出由 11 个方程组成的均衡方程组,其中,需要求解的内生变量也为 11 个,分别为 $b_1, b_2, w_1, w_2, Y_1, Y_2, z_{11}, z_{12}, L_1, L_2, f$。

$$\begin{cases} L_1 = \int_0^{b_1} \frac{2\pi k}{S(k)} \mathrm{d}k = \frac{2\pi r_A \int_0^{b_1} k[1-T(k)/w_1]^{\frac{1}{\gamma}-1}\mathrm{d}k}{\gamma_{w_1}[1-T(b_1)/w_1]^{\frac{1}{\gamma}}}, (\mathrm{eq}1) \\[6pt]
L_2 = \int_0^{b_2} \frac{2\pi k}{S(k)} \mathrm{d}k = \frac{2\pi r_A \int_0^{b_2} k[1-T(k)/w_2]^{\frac{1}{\gamma}-1}\mathrm{d}k}{\gamma_{w_2}[1-T(b_2)/w_2]^{\frac{1}{\gamma}}}, (\mathrm{eq}2) \\[6pt]
Y_1 = \frac{1-\mu}{2} + \frac{\int_0^{b_1} k[1-T(k)/w_1]^{1/\gamma}\mathrm{d}k}{\int_0^{b_1} k[1-T(k)/w_1]^{\frac{1}{\gamma}}\mathrm{d}k} w_1 L_1, (\mathrm{eq}3) \\[6pt]
Y_2 = \frac{1-\mu}{2} + \frac{\int_0^{b_2} k[1-T(k)/w_2]^{1/\gamma}\mathrm{d}k}{\int_0^{b_2} k[1-T(k)/w_2]^{\frac{1}{\gamma}-1}\mathrm{d}k} w_2 L_2, (\mathrm{eq}4) \\[6pt]
z_{11} = \left(\frac{L_1}{L_2}\right)^{\frac{1-\varepsilon+\varepsilon\delta}{1+\varepsilon}} \left(\frac{w_1 \tau}{w_2}\right)^{1-\delta}, (\mathrm{eq}5) \\[6pt]
z_{12} = \left(\frac{L_1}{L_2}\right)^{\frac{1-\varepsilon+\varepsilon\delta}{1+\varepsilon}} \left(\frac{w_1}{w_2 \tau}\right)^{1-\delta}, (\mathrm{eq}6) \\[6pt]
w_1 L_1 = \mu\left[\left(\frac{z_{11}}{1+z_{11}}\right)Y_1 + \left(\frac{z_{12}}{1+z_{12}}\right)Y_2\right], (\mathrm{eq}7) \\[6pt]
w_2 L_2 = \mu\left[\left(\frac{1}{1+z_{11}}\right)Y_1 + \left(\frac{1}{1+z_{12}}\right)Y_2\right], (\mathrm{eq}8) \\[6pt]
L_1 + L_2 = \mu, (\mathrm{eq}9) \\[4pt]
f = L_1/(L_1+L_2), (\mathrm{eq}10) \\[6pt]
\frac{U_1}{U_2} = \frac{w_1-T(b_1)}{w_2-T(b_2)}\left[\frac{-f^{\frac{1-\varepsilon+\varepsilon\delta}{1+\varepsilon}}(w_1/\tau)^{1-\delta}+(1-f)^{\frac{1-\varepsilon+\varepsilon\delta}{1+\varepsilon}}w_2^{1-\delta}}{-f^{\frac{1-\varepsilon+\varepsilon\delta}{1+\varepsilon}}w_1^{1-\delta}+(1-f)^{\frac{1-\varepsilon+\varepsilon\delta}{1+\varepsilon}}(w_2/\tau)^{1-\delta}}\right]^{\frac{\mu}{1-\delta}} \\[6pt]
\begin{cases} \geqslant 1, & f=1, \\ = 1, & f \in (0,1), (\mathrm{eq}11) \\ \leqslant 1, & f=0. \end{cases}
\end{cases}$$

第三节 外部规模经济效应的定性分析

在 Tabuchi(1998)不含马歇尔外部规模经济效应的模型当中,由于引入了城市内部空间结构,增加了经济的分散力,模型结论显示当地区间运输成本为零时,不论模型中的其他参数如何取值,经济活动在两地区之间的平均分布是长期均衡,即从长期来看,经济不会出现集聚现象,该结论是 Tabuchi(1998)模型的主要结论,显然该结论与经济现实并不相符。

在我们的模型当中,由于将外部规模经济效应作为经济的集聚力量引入,即使地区间运输成本为零,Tabuchi(1998)模型的结论不再成立,即分散不再是唯一均衡。

令 $\tau=1$,代入(eq11)、(eq5)、(eq6)可知:

$$\frac{U_1}{U_2} = \frac{w_1 - T(b_1)}{w_2 - T(b_2)} \tag{9-34}$$

$$z_{11} = \left(\frac{L_1}{L_2}\right)^{\frac{1-\varepsilon+\varepsilon\delta}{1+\varepsilon}} \left(\frac{w_1}{w_2}\right)^{1-\delta} = z_{12} \tag{9-35}$$

将 $z_{11} = z_{12}$ 代入(eq7)、(eq8)并将两式左右两端分别相除,可得

$$\frac{w_1 L_1}{w_2 L_2} = z_{11} = \left(\frac{L_1}{L_2}\right)^{\frac{1-\varepsilon+\varepsilon\delta}{1+\varepsilon}} \left(\frac{w_1}{w_2}\right)^{1-\delta} \Rightarrow \frac{w_1}{w_2} = \left(\frac{L_1}{L_2}\right)^{\frac{\varepsilon(\delta-2)}{(1+\varepsilon)\delta}} \tag{9-36}$$

由式(9-36)可知:

$$\frac{d(w_1/w_2)}{d(L_1/L_2)} = \frac{\varepsilon(\delta-2)}{(1+\varepsilon)\delta}\left(\frac{L_1}{L_2}\right)^{\frac{-2\varepsilon-\delta}{(1+\varepsilon)\delta}} \begin{cases} >0, & \delta>2 \\ =0, & \delta=2 \\ <0, & \delta<2 \end{cases} \tag{9-37}$$

由于 $\frac{d(w_1/w_2)}{d(L_1/L_2)}$ 与 $\frac{d(w_1/w_2)}{df}$ 符号相同,因此式(9-37)可以改写为

$$\frac{d(w_1/w_2)}{df} \begin{cases} >0, & \delta>2 \\ =0, & \delta=2 \\ <0, & \delta<2 \end{cases} \tag{9-37'}$$

同时,由(eq1)和(eq2)可知 $\partial L_1/\partial b_1 >0, \partial L_2/\partial b_2 >0$,即城市工人数越多,城市边界越宽,因此城市边界地区向 CBD 的通勤成本 $T(b_1)$ 和 $T(b_2)$ 分别随着城市工人数 L_1 和 L_2 的增加而增加。因此:

$\delta>2$ 时,$f\uparrow \rightarrow \frac{T(b_1)}{T(b_2)}\uparrow, \frac{w_1}{w_2}\uparrow$,因此 $\frac{d(U_1/U_2)}{df}$ 的符号不确定,取决于 $\delta, \varepsilon, \gamma$ 等参数的值以及通勤成本函数 $T(k)$ 的具体形式。如果出现 $\frac{d(U_1/U_2)}{df}>0$ 状况,经济最终会稳定于集聚状态,即制造业工人将完全集中于区域1或区域2。

从以上分析,我们可以得出:

定理1 在引入城市内部空间结构和外部规模经济效应的模型当中,在地区间运输成本为零的条件下($\tau=1$),经济活动在两地区之间的平均分布不再是唯一的稳定均衡,当 $\delta>2$ 时,稳定的均衡状态取决于经济中的其他参数。

即:即使没有地区间运输成本,经济也可能会集聚。

第九章 纳入城市空间结构和外部规模经济的新经济地理模型

第四节 数值模拟

第三部分仅对运输成本为零的特殊情形进行了定性分析,为了对模型结果有更直观的了解,同时分析不同参数条件下的均衡结果,接下来我们通过数值模拟的方法求解方程组(eq1)~(eq11)。为了求解方便,我们给出通勤成本函数的形式为$T(k)=tk$,t为衡量单位距离的通勤成本。

数值模拟的程序如下:首先对参数赋值,同时对内生变量$f\in[0,1]$赋一个值,代入(eq1)~(eq10)并利用 Matlab 程序求出内生变量b_1,b_2,w_1,w_2,Y_1,Y_2,z_{11},z_{12},L_1,L_2的解,并将f的值和其他内生变量的解代入(eq11),求出$\frac{U_1}{U_2}$的值,每赋一次f值、就求出一个$\frac{U_1}{U_2}$的值,我们在[0,1]按从小到大的顺序对f不断赋值,然后根据求出的每个$\frac{U_1}{U_2}$的值判断此f取值是否达到均衡。判定是否达到均衡的条件为:我们定义两区域之间的均衡为一个地区的工人没有动机搬迁到另一个地区去,则如果给定的$f\in(0,1)$,则$\frac{U_1}{U_2}=1$时达到均衡状态,即两地区工人效用完全相等,工人没有动机从一个地区搬迁到另一个地区;如果$f=0$,则$\frac{U_1}{U_2}<1$时达到均衡,即如果所有工人都集聚在地区 2,并且地区 2 的效用高于地区 1,则地区 2 的工人没有动机搬到地区 1,此时,即使两地区效用不相等也达到空间均衡;同理,如果$f=1$,则$\frac{U_1}{U_2}>1$时达到均衡。

一、外部规模经济效应(ε)对集聚程度的影响

在标准新经济地理学模型的基础上引入了城市内部空间结构和外部规模经济效应,我们首先考察外部规模经济效应对经济集聚程度的影响。

为了考察外部规模经济效应对经济集聚程度的影响,我们从大到小不断调整外部规模经济效应指数ε的值,ε取值大表明外部规模经济效应强,ε取值小表明外部规模经济效应弱,我们分别取$\varepsilon=0.5,0.1,0$三种情形,$\varepsilon=0.5$表明经济中外部规模经济效应较强,$\varepsilon=0.1$表明经济中的外部规模经济效应一般,$\varepsilon=0$表明经济中不存在外部规模经济效应。

根据既有研究和经验值,其他参数取值如下:$\delta=2.5$,$\mu=0.3$,$\gamma=0.5$,$t=1$,

$r_A=10$,地区间运输成本 τ 值取 0.9[①]。模拟结果显示,当 $\varepsilon=0.5$ 时,经济中存在三个均衡,即 $f=0$ 时 $\frac{U_1}{U_2}<1$,$f=0.5$ 时 $\frac{U_1}{U_2}=1$,$f=1$ 时 $\frac{U_1}{U_2}>1$,其中分散均衡($f=0.5$)不是稳定均衡[②],只有经济完全集聚于区域 1 或完全集聚于区域 2 的均衡是稳定均衡,即完全集聚是经济的稳定均衡,但稳定状态时经济是集聚于区域 1 还是区域 2 取决于经济的初始状态;当 $\varepsilon=0.1$ 时,经济中同样存在三个均衡,并且分散均衡也不稳定,只有完全集聚是稳定均衡,但与 $\varepsilon=0.5$ 的情形相比,$f=0$ 时 $\frac{U_1}{U_2}$ 的值更高,而 $f=1$ 时 $\frac{U_1}{U_2}$ 的值更低,说明随着外部规模经济效应的下降($\varepsilon=0.5$ 下降到 $\varepsilon=0.1$),经济的集聚程度会有所降低;当 $\varepsilon=0$ 时,即经济中不存在外部规模经济效应,此时经济中只有一个均衡,即 $f=0.5$ 时 $\frac{U_1}{U_2}=1$,并且这一均衡是稳定的,说明当经济中不存在外部规模经济效应时,经济活动会趋向于在两地区之间平均分布而不再集聚于某一区域。因此数值模拟的结果显示,外部规模经济效应会提高经济的集聚程度。

具体模拟结果如图 9-1 所示,图中横轴为 f 数值,纵轴为两地区之间的效用之比,根据均衡的判定条件决定各种条件下均衡的数量和稳定性质。

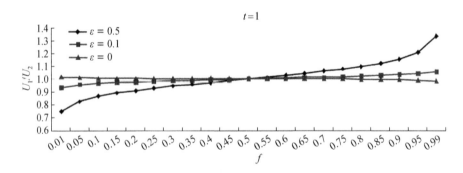

图 9-1 数值模拟结果:ε 对集聚程度的影响

[①] 我们对参数赋值进行如下说明:首先,参数的取值只是相对的数值,并不代表绝对值的含义,如我们可以将农业地租 r_A 取值为 10,也可以取值为 100,但这并不影响我们分析的结论,因为我们此处考察的主要是 $\delta=2.5$,ε 取值不同时,经济集聚程度的差异,如果我们取 $r_A=100$,得出的结论仍然不变:即随着 ε 取值上升,经济集聚程度会上升,并会出现经济完全集聚的情形;其次,我们的参数取值充分借鉴了现有的相关研究,以确保可比性,此部分的参数取值与 Tubchi(1998)的取值完全一致。

[②] 因为 $f<0.5$,$\frac{U_1}{U_2}<1$,所以地区 1 的工人会往地区 2 迁移,导致 f 下降,最终会收敛到 $f=0$ 的情形,反之,当 $f>0.5$ 时,地区 2 的工人会向地区 1 迁移,最终会收敛到 $f=1$ 的情形。

此外,为了考察更为细致,我们可以调整其他参数,如 δ,τ 等的取值,模拟的结果同样显示外部规模经济效应越强,经济的集聚程度越高,限于篇幅,不再阐述详细结果。

二、城市内部通勤成本(t)对集聚程度的影响

除引进外部规模经济效应之外,本研究与标准的新经济地理学模型的另一个主要区别在于引进了一个区域内城市内部空间结构,显然,城市内部通勤成本是经济活动的重要分散力量,城市内部通勤成本越高越不利于经济活动的空间集聚。为了考察内部通勤成本对集聚程度的影响,我们调整参数 t 的值。

除 t 之外,各参数取值仍然不变:$\delta=2.5,\mu=0.3,\gamma=0.5,r_A=10$。对于外部规模经济效应,我们取外部规模经济效应一般的情形,即 $\varepsilon=0.1$。我们从小到大对 t 进行赋值,分别取 $t=0.7$(城市内部通勤成本低)、$t=1$(城市内部通勤成本一般)、$t=2.5$(城市内部通勤成本高)三种情形。

数值模拟结果显示,在城市内部通勤成本很高($t=2.5$)时,制造业的平均分布是唯一的稳定均衡;但当 $t=1$ 和 $t=0.7$ 时,制造业在两个地区平均分布都不是稳定均衡,完全集聚是稳定均衡,并且 $t=0.7$ 时经济的集聚程度要高于 $t=1$ 时的集聚程度。因此数值模拟的结果表明城市内部通勤成本会降低经济的集聚程度。具体模拟结果如图 9-2 所示。

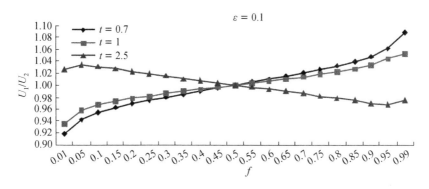

图 9-2 数值模拟结果:t 对集聚程度的影响

同样,我们可以调整其他参数,如 δ,τ 等的取值,基本的结论仍然是城市内部通勤成本越低,经济的集聚程度越高。限于篇幅,不再阐述详细结果。

三、外部规模经济效应和城市内部通勤成本的交互作用

在本部分(1)中,我们保持城市内部通勤成本不变,考察外部规模经济效应对经济集聚程度的影响;在本部分(2)中,我们保持外部规模经济效应不变,考察城市内部通勤成本对集聚的影响。我们同时调整 t 和 ε 的参数值。其他参数取值仍然

保持不变,即:$\delta=2.5, \mu=0.3, \gamma=0.5, \tau=0.9, rA=10$。我们分别考察 $\varepsilon=0$ 和 $\varepsilon=0.5$ 两种情形,t 的取值仍然是 $0.7,1,2.5$ 三种情形。

(1) $\varepsilon=0$ 的情形在没有外部规模经济效应的情形下,$t=0.7$ 时完全集聚是稳定均衡,$t=1$ 和 2.5 时,经济在两地区平均分布是稳定均衡,因此数值模拟的基本结论仍然是内部通勤成本会降低经济的集聚程度。

同时,我们与(2)的比较可以看出,在没有外部规模经济效应情形下,$t=1$ 时,集聚不再是稳定均衡,而 $t=0.7$ 时集聚虽然仍然是稳定均衡,但集聚的程度要低于 $\varepsilon=0.1$ 的情形。因此,该数值模拟结果显示,即使在城市内部通勤成本一般的情形下,如果没有外部规模经济效应,经济也会趋于分散。具体模拟结果如图9-3所示。

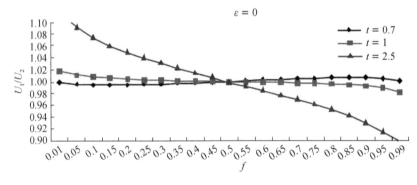

图9-3 $\varepsilon=0$ 的情形

(2) $\varepsilon=0.5$ 的情形我们将外部规模经济效应程度进一步提高,取 $\varepsilon=0.5$,结果显示,$t=2.5,1,0.7$ 时,制造业平均分布都不再是稳定均衡,完全集聚是稳定均衡。将模拟结果与本节第二部分相比较可以看出,即使是 $t=2.5$ 时完全集聚也是稳定均衡,因此说明即使在通勤成本很高时,只要外部规模经济效应足够强,经济也可能会集聚的。具体模拟结果如图9-4所示。

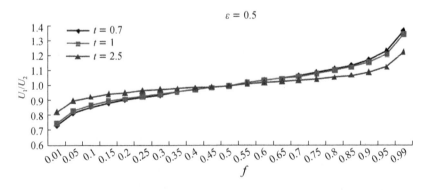

图9-4 $\varepsilon=0.5$ 的情形

第五节 小 结

在引进城市内部空间结构和外部规模经济效应后,新经济地理学模型更加接近经济现实,模型的结论也显示作为分散力量的城市内部通勤成本和作为集聚力量的外部规模经济效应对经济集聚程度的影响非常显著,在不同的情形下,经济集聚的程度会有所不同,因此相对于标准的新经济地理学模型而言,新的模型对经济现实的解释力更强,也解决了 Anas(2004)等提出的新经济地理学模型集聚机制过于单一的问题。

数值模拟也很好地验证了模型的理论预期,模拟结果显示外部规模经济效应会显著增加经济的集聚程度,而城市内部通勤成本会降低经济的集聚程度,说明将此两类因素引入新经济地理学模型是非常必要的。此外,本章的定理 1 也说明:即使在地区间运输成本为零的条件下,只要外部规模经济效应足够强,经济也可能会走向集聚的,因此说明随着经济发展和技术进步,即使地区间运输成本不断降低,经济也不一定会趋于分散。

参考文献

[1] Abdel-Rahman H, Fujita M. Product variety, Marshallian externalities, and city sizes[J]. Journal of Regional Science, 1990, 30(2), 165—183.

[2] Alonso W. Location and Land Use[M]. Cambridge, MA: Harvard University Press, 1964.

[3] Anas A. Vanishing Cities: What does the new economic geography imply about the efficiency ofurbanization? [J]. Journal of Economic Geography, 2004, 4(2):181—199.

[4] Au C and J Henderson. Are Chinese cities too Small? [N]. Working Paper, Brown University, 2005.

[5] Black D and J Henderson. A theory of urban growth[J]. Journal of Political Economy, 1999, 107(2), 252—284.

[6] Brakman S, H Garretsen and C van Marrewijk. An Introduction to Geographical Economics[M]. Cambridge: Cambridge University Press, 2001.

[7] Brakman S, H Garretsen, R Gigengack, C Van Marrewijk and R Wagenvoort. Negative Feedbacks in the eonomy and industrial location[J]. Journal of Regional Science, 1996, 136(4), 631—651.

[8] Chipman J. External economies of scale and competitive equilibrium[J]. Quar-

terly Journal of Economics,1970,84(3),347—385.

[9] Davis D and D Weinstein. Economic geography and regional production structure: an empirical investigation[J]. European Economic Review,1999,43(2),379—407.

[10] Davis D, and D Weinstein. Does Economic Geography Matter for International Specialization? [M]. Mimeo,Harvard University,1996.

[11] Dixit A and J Stiglitz. Monopolistic competition and optimum product diversity[J]. American Economic Review,1977,63(3),297—308.

[12] Duranton G and D Puga. Micro foundations of urban agglomeration economies[J]. in Henders on J and J Thisse(eds.). Handbook of Regional and Urban Economics,volume 4. Amster-dam: North Holland,2004.

[13] Fujita M,P Krugman and A Venables. The Spatial Economy: Cities,Regions and International Trade[M]. Cambridge,Massachusetts: MIT Press,1999.

[14] Hanson G. Increasing returns,trade and the regional structure of wages[J]. Economic Journal,1997,107(440),113—133.

[15] Hanson G. Market potential,increasing Returns,and geographic concentration[J]. NBER Working Paper,No. 6429,1998.

[16] Helpman E. The Size of Regions[N]. Working Paper No. 14-95,The Foerder Institute for Economic Research,T el-Aviv University,1995.

[17] Henderson J. The sizes and types of cities[J]. American Economic Review,1974,64(4),640—656.

[18] Hoover E. Location Theory and the Shoe and Leather Industries[M]. Cambridge,MA: Harvard University Press,1936.

[19] Krugman P and A Venables. Globalization and the inequality of nations[J]. Quarterly Journal of Economics,1995,110(4),857—880.

[20] Krugman P. Geography and Trade[M]. Cambridge,MA: MIT Press,1991b.

[21] Krugman P. Increasing returns and economic geography[J]. Journal of Political Economy,1991,99(3),483—499.

[22] Marshall A. Principles of Economics[M]. London: Macmillan,1890.

[23] Michel P,A Perrot and J Thisse. Interregional equilibrium with heterogeneous labor[J]. Journal of Population Economics,1996,9(1),95—114.

[24] Mills E. An aggregative model of resource allocation in a metropolitan area [J]. American Economic Review,1967,57(2),197—210.

[25] Ohlin B. Interregional and International Trade[M]. Cambridge,M A: Harvard University Press,1933.

[26] Ottaviano G and J Thisse. Agglomeration and economic geography[J]. in

Henderson J and J Thisse(eds.). Handbook of Regional and Urban Economics, volume 4. Amsterdam: North-Holland, 2004.

[27] Tabuchi T. Urban agglomeration and dispersion: a synthesis of Alon so and Krugman[J]. Journal of Urban Economics, 1998, 44(3), 333—351.

[28] Thünen J Hvon, Der Isolierte Staat in Beziehung auf Landwirtschaft und National, okonomie. Hamburg: Perthes, 1826. English translation: The Isolated State[M]. Oxford: Pergammon Press, 1966.

[29] Venables A. Equilibrium locations of vertically linked industries[J]. International Economic Review, 1996, 37(2), 341—359.

[30] 陈良文,杨开忠.集聚经济的六类模型:一个研究综述[J].经济科学,2006,6:107—118.

[31] 陈良文,杨开忠.集聚与分散:新经济地理学模型与城市内部空间结构、外部规模经济效应的整合研究[J].经济学(季刊),2007,7(1):53—70.

第十章 基于异质性企业的城市空间结构模型[①]

进入 21 世纪以来,新经济地理学实现了微观基础从同质性企业向异质性企业推进,形成"新"新经济地理学。由于以异质性企业取代了新经济地理学的同质性企业,"新"新经济地理学给出了企业区位选择及区域空间结构更为细致的解释。然而,"新"新经济地理学和新经济地理学一样,仍然局限于区域层面,未能进一步有效深入研究城市内部空间结构。另外,城市经济学模型主要在规模报酬不变的完全竞争框架下研究城市空间结构,且更多是涉及居民的空间分布以及其他一些城市问题,有意无意地避开具有一定垄断性质的企业在城市内部空间分布问题。鉴于此,本章试图在 D-S 模型基础上,融合"新"新经济地理学与城市经济学,在消费者偏好多样性产品、企业生产需要土地投入、产品运输存在规模经济的基础上,构建基于异质性企业的城市空间结构模型。以下各节的安排是:第一节是问题的提出,从企业空间分布结构的角度来梳理新经济地理学、"新"新经济地理学及城市经济学对企业生产区位研究,指出各研究领域对城市空间结构研究的不足之处,提出"企业区位选择悖论"难题并阐述我们的研究目的及研究思路;第二节通过模型来研究城市的基本脉络——城市中异质性企业的区位选择机制,勾画城市的基本轮廓——城市中异质性企业的生产区位,描绘出城市空间结构图;第三节是对全章的总结。

第一节 经济学中的空间问题

一、新经济地理学中企业空间分布结构

在主流的古典和新古典经济学中,空间一直以来并未受到足够的重视。在 Arrow-Debreu 一般均衡模型中,空间被弱化为商品的一个属性,从而代理人在实

[①] 本章系笔者与陈涵波博士合作的未发表稿。

现商品最优生产和最优化消费的同时也包含了商品空间消费的最优化。然而 Starrett(1978)在 Arrow-Debreu 模型框架下证明,在空间同质及存在运输成本的情况下,无法实现 Arrow-Debreu 模型中的完全竞争均衡。即 Arrow-Debreu 模型中的要素流动和区际贸易是不兼容的。直至 20 世纪 90 年代左右,克鲁格曼(1991)在 D-S 模型框架下,在规模报酬递增、运输成本及要素流动等基础上建立了一般均衡模型,开创了新经济地理学。在 Krugman(1991)后,随着对新经济地理学的完善和深化(Krugman and Venables,1995;Fujita,Krugman and Venables,1999;Ottaviano,Tabuchi and Thisse,2002;Forslid and Ottaviano,2003;Combes,Mayer and Thisse,2008),空间在经济学研究中逐渐占据重要位置。在以 Krugman(1991)核心-边缘模型为核心的新经济地理学中,假设空间是匀质的、企业是同质的,在此基础上,当区域间的贸易成本足够高时,企业在区域间均匀分布;随着贸易成本的下降,企业在区域间的均匀分布不再是稳定的均衡;当贸易成本下降到一定程度后,所有企业完全集聚于中心区域,其他区域则退化为外围区;当贸易成本下降足够低的时候,企业的核心-边缘分布结构突然转变为区域间均匀分布模式。在新经济地理学中企业同质性假设一直以来都备受争议。"新"新经济地理学则在新经济地理学框架下,借助 Melitz(2003)异质性企业模型,在新经济地理学中引入异质性企业,重新演绎并扩展新经济地理理论,增强其对经济现实的解释力(Nocke,2006;Baldwin and Okubo,2006;Melitz and Ottaviano,2008;Behrens and Robert-Nicoud,2008;Ottaviano,2012;Behrens et al.,2014),其企业在区域间空间分布结构与新经济地理学基本相同。总体上,新经济地理学及"新"经济地理学研究的空间尺度主要集中在区域层面。同时,匀质空间的假设导致在新经济地理学中企业的空间分布要么均匀分布,要么突然完全集聚。"新"新经济地理学研究虽然对新经济地理学进一步补充深化,但也引发了更为严重的问题,即在区域(或城市)内部异质性企业如何在匀质空间中分布。

二、城市经济学中的空间分布结构

在城市经济学中,W. Alonso(1964)、Mills(1967)和 Muth(1969)成功地把 Thünen(1826)的农业区位论中的核心概念——竞租曲线,应用到城市框架内,研究表明,在权衡地租与通勤成本的基础上,收入高的消费者离 CBD 更远,其所能消费的居住空间更大。Alonso(1964)等模型解释了收入异质性的消费者在城市内部的空间分布结构,明确了在通过城市中心直线上每一异质性空间(距离城市中心不同,地租等相关成本各不相同)上有且仅有一个相应收入的消费者。Alonso(1964)等模型很好地解释了收入异质性的消费如何分布于异质性空间的内在机制,但仍然存在与 Thünen(1826)模型一样的问题:首先,各模型是建立在完全竞争的市场结构基础上;其次,与 Thünen(1826)模型直接假设存在中心城市一样,这些模型也无法内生解释 CBD 的存在性。同时,企业是一座城市存在的根本,Alonso(1964)

等主要研究消费者在城市空间中分布结构,未涉及生产企业的空间分布问题。Fujita 和 Thisse(2002)在企业生产规模报酬递增基础上综合构建模型,解释企业在城市空间的分布结构,指出城市空间内地租呈钟形分布结构,越靠近城市中心,地租越高,企业在混合区(居民与企业混合)、商务区(仅有企业)内均匀分布。但该模型未解决企业空间分布的内在矛盾,即同质性企业如何在异质性空间(地租各不相同的空间)中分布。总体上,城市经济学在异质性空间(与中心原点的距离各异,从而通勤成本或运输成本、地租成本各异)的假设上,主要研究消费者的空间分布;而对企业空间分布的研究则假设企业同质性,出现同质性企业分布于异质性空间的逻辑矛盾。

三、研究思路

综上,新经济地理学、"新"新经济地理学及城市经济学关于企业在空间上的分布存在逻辑矛盾。我们将其定义为"企业区位选择悖论"。企业区位选择悖论:指同质性(异质性)企业分布于异质性(同质性)空间的逻辑矛盾。这是我们研究的核心问题。具体而言,异质性空间是指与城市中心距离变化,导致消费者通勤成本、产品运输成本、地租等各不相同,从而出现成本各异的空间。同质性企业是指各个企业在任何方面都相同,包括企业生产率、企业生产规模、企业文化等各个维度;因此,如果把同质性企业与异质性空间纳入一个模型将导致严重的逻辑矛盾,即在任何维度都同质的企业在利润最大化目标下却能够承担着不同区位成本的空间分布;反之,匀质空间各点的空间成本完全相同,则异质性企业空间分布将完全处于随机状态。据此,为解决"企业区位选择悖论"问题,我们试图融合城市经济学和新经济地理学,借助"新"新经济地理学异质性企业理论,在 D-S 模型框架内,通过企业异质性及其产品在城市内部运输存在规模经济的假设,构建一个基于异质性企业的城市空间结构模型,分析城市的形成机制以及企业在城市内部的生产区位及其相应生产规模。模型的机制是:异质性企业基于对自身生产率乃至生产能力的认识决定进入市场,通过权衡集聚效益、土地成本、产品运输成本来确定其生产区位及其生产规模。其结论是:所有企业呈钟形集聚于城市中心周围;城市中心相同距离的空间上存在唯一一家企业,每一企业有且仅有一处最优生产区位及其相应的生产规模;企业生产率越高,产量越大,所占生产面积越大,离城市中心越远;城市人口规模越大,企业间的竞争越激烈,科技水平越高,消费者的福利水平越高。

第二节 理论模型

假设 1:考虑一维空间 $r=(-\infty,\infty)$ 的单中心城市,存在农业部门及工业部门。在农业部门,存在 L_a 数量非技能劳动力,土地的机会成本为 $R_A>0$,其产品在完全竞争市场中销售,且产品运输成本为零;农业产品价格与非技能劳动者工资率

为 $p_a = w_a = 1$。在工业部门,存在 L 数量的技能劳动力,其居住地和生产地统一,工资率为 w,各产品运输至城市中心进行销售且存在运输成本。在新经济地理学中,产品运输成本仅存在于城际运输,而城市内部的产品运输为零。然而随着城市化的发展,城市物流已极大地影响各企业的生产与布局。尤其是随着电子商务的发展,"最后一公里"的产品运输已成为各电子商务公司的重中之重。因此假设工人生产居住一体及产品在城市内运输存在成本,能够与当前的城市化进程紧密结合。

假设 2:产品运输存在规模经济。Lafourcade 和 Thisse(2011)通过对比研究,指出冰山成本在实证研究中的不足,强调运输成本受到包括运输量在内的多种因素影响,建立了包含运输规模效应的一般运输成本模型。Bravo 和 Vidal(2013)对现有关于运输成本的文献进行全面归纳整理,发现绝大部分文献均将产品运输量作为运输成本建模的关键要素,指出单位产品运输成本及单位距离运输成本是对运输成本建模的适宜变量。事实上,随着产品运输量的增大,单位产品运费率下降。

假设 3:基于 Melitz 和 Ottaviano(2008),企业单位产品劳动量即企业生产率 m 服从一连续可分的分布函数,即

$m: G(m) = (m/M)^k, m \in (0, M], M \in \mathbb{R}_+, k \geq 1$,其中 M、k 为外生参数。

M 越大,企业异质性范围越大。而随着 k 的增加,低效率企业的相对数量增加,从而市场中生产率的分布更集中于低效率水平。M、k 共同确定了不同生产率的企业在取值范围 $m \in (0, M]$ 内的分布情况。与 Melitz 和 Ottaviano(2008)不同,m 在这里的取值范围为半闭半开区间,而后者则为闭区间。这个区别将在下文中做进一步讨论。

以上假设 1 及假设 3 为当前城市经济学、新经济地理学及"新"新经济地理学主流假设。假设 2 为本章借鉴前人关于运输成本的研究,引入模型用于研究生产企业产品的城市运输成本与城市地租成本之间的权衡。

一、消费者部门

消费者效用函数为 C-D 型效用函数:

$$U = C_1 C_M^\mu C_A^{1-\mu}, 0 < \mu < 1 \tag{10-1}$$

其中,C_1 为正的常数,使其间接效用函数的系数标准化为 1;C_A 为农产品的数量;C_M 为工业部门差异化产品集合,且

$$C_M = \left[\int_0^N q_i^{(\sigma-1)/\sigma} \mathrm{d}i \right]^{\sigma/(\sigma-1)} \tag{10-2}$$

其中,σ 为任意两种产品之间的替代弹性,q_i 为第 i 家企业生产的产品数量。最大化式(10-2)可得工业部门的价格指数:

$$P = \left[\int_0^N p_i^{-(\sigma-1)} \mathrm{d}i \right]^{-1/(\sigma-1)} \tag{10-3}$$

以及消费者对第 i 家企业产品的需求量:

$$q_i = \left(\frac{p_i}{P}\right)^{-\sigma} \frac{E}{P} \tag{10-4}$$

其中，p_i 为第 i 家企业的产品价格；$E=\mu(L_a+wL)$ 为非技能劳动力与技能劳动力对工业部门产品的消费支出。

二、生产部门

根据假设 1，企业生产成本函数：

$$C(q_i) = fw + h + mwq_i \tag{10-5}$$

其中，f 为固定成本；m 为单位产品劳动量，从反方向代表了企业的生产率，m 越小，单位产品所需劳动量越小，意味着企业的生产率越高，反之则反。h 为从企业生产的固定成本中分离出来的城市拥挤成本，即

$$h = trmwq + RS \tag{10-6}$$

其中，t 为产品的运输费率，q 为产品产量，r 为具有生产面积 S 的企业内部空间各点相对于城市中心的平均距离；R 为在距离 r 处的地租；S 为在距离 r 处的企业生产面积，且一般情况下，企业需要更多的空间以扩大生产，因此是企业产量的函数。为便于理解，可将 h 中 $trmwq$ 调整为 $trq \times mw$，距离为 r 的运输需要耗费 trq 的产品，则 $trq \times mw$ 表示距离为 r 的运输需要负担的成本。h 为从企业生产的固定成本中分离出来的城市拥挤成本，意味着：一是 h 为外生固定，从而与城市经济学一致，企业将在 h 固定的框架内权衡地租成本及运输成本，选择生产区位以实现成本最小化；二是 h 为外生固定城市拥挤成本，则 h 受外生城市人口因素影响，城市人口越大，城市越拥挤，城市拥挤成本 h 则越高。

故，企业利润函数：

$$\pi = pq - mwq - h - wf \tag{10-7}$$

由式（10-5）最大化可得

$$p = \frac{\sigma}{\sigma-1}mw, \quad q = \frac{\sigma-1}{mw}(h+wf) \tag{10-8}$$

可见，m 越小，企业的生产率越高，则企业产品的价格越低，产量越大。城市拥挤成本 h 越大，意味着城市人口越多，对产品的需求量越大；同时也意味着耗费更多的产品以弥补运输成本。

（一）城市脉络——城市中异质性企业的区位选择机制

由于企业生产面积 S 为企业产量的函数，不妨令其反函数为

$$q = g(S) \tag{10-9}$$

为将运输存在规模经济纳入模型，根据式（10-8），m 越小，生产率越高，产量越大，不妨令 $t=m$ 以简化模型。把 $h=trmwq+RS$，$t=m$ 及式（10-9）代入式（10-7），企业自由进出市场条件 $\pi=0$，可得

$$R = \frac{1}{S}\left[\left(\frac{1}{\sigma-1}-mr\right)mwg(S) - wf\right] \tag{10-10}$$

企业依据生产需要选择适当生产区位以最小化地租成本,根据包络定理得 $\frac{\partial R}{\partial S}=0$,整理得

$$\left(\frac{1}{\sigma-1}-mr\right)mwg(S)-\left(\frac{1}{\sigma-1}-mr\right)mwg'(S)S-wf=0 \quad (10\text{-}11)$$

解此微分方程,得

$$g(S)=\frac{wf}{[1/(\sigma-1)-mr]mw}+CS, \quad (10\text{-}12)$$

其中,C 为常数。把式(10-8)、式(10-9)代入式(10-12),得

$$\begin{cases} S=\frac{1}{C}\left\{\frac{\sigma-1}{mw}(h+wf)-\frac{wf}{[1/(\sigma-1)-mr]mw}\right\} \\ R=C\left(\frac{1}{\sigma-1}-mr\right)mw \end{cases} \quad (10\text{-}13)$$

从式(10-13)看,每一家企业的竞租曲线(bid-rent curve)R 随着距离 r 的增加而减少。为获得市场地租曲线(market rent curve),分别对 r,m 标注下标,得市场地租曲线:

$$\Psi(r)=\max\{\max_{i=1,2,\cdots N}\{R_i(r)\},R_A\}=\max\{\max_{i=1,2,\cdots N}C\left(\frac{1}{\sigma-1}-m_ir_i\right)m_iw,R_A\} \quad (10\text{-}14)$$

由式(10-14)知,在中心城市内部空间,市场地租曲线是各企业竞租曲线的上包络线。为获得各企业的具体位置,即在某一具体区位,由能支付最高租金的企业占据。对式(10-13)企业租金方程中 m 求导,得到 r 处能够支付最高租金的企业所对应的 m,即

$$\frac{\partial R}{\partial m}=Cw\left(\frac{1}{\sigma-1}-2mr\right)=0 \quad (10\text{-}15)$$

解得

$$m=\frac{1}{2r(\sigma-1)} \quad (10\text{-}16)$$

从式(10-16)看,m 和距离 r 一一对应,且随着 r 的增大而减小。即,在城市中心右边,各企业有且仅有一处最佳的生产区位,同时从城市中心到城市边缘,企业的分布状况是,离城市中心越远,坐落的企业生产效率越高。

令离城市中心最近处的企业生产面积为 $S=\underline{r}$(一维空间),由式(10-13)、式(10-16),得

$$C=2(\sigma-1)^2\left(\frac{h}{w}-f\right) \quad (10\text{-}17)$$

把式(10-16)、式(10-17)代入式(10-13),得

$$S=r \quad (10\text{-}18)$$

$$\Psi(r)=\frac{h-wf}{2r} \quad (10\text{-}19)$$

由式(10-18)知,企业面积随着距离 r 的增大而增大,单位土地企业数量 $1/S$ 随着距离的增大而减小。这同城市经济学中企业成钟形分布类似。由式(10-19)知,随着距离增大,市场地租下降;随着城市拥挤成本 h 的上升,市场地租升高。式(10-18)、式(10-19)意味着企业由集聚于城市中心获得集聚效益,但由此引起市场地租的提高阻止了企业的进一步集聚。至此,企业依据自身的生产效率,通过权衡产量(从而生产面积)、地租成本及运输成本来确定其最佳的生产区位。

又,在城市中,工人的数量为 L,由此决定了城市中企业的数量:

$$N = \frac{L}{f + mq + h/w} = \frac{L}{\sigma f + \sigma h/w} \tag{10-20}$$

城市人口 L 的增加,企业数量 N 增加(相关问题的讨论详见本章附录 A),进而工业产品多样性提高。企业固定成本 f 增加,企业进入市场门槛提高,降低市场中企业数量,结合式(10-8)看,则市场中企业规模扩大。

(二)城市轮廓——城市中异质性企业的生产区位

城市的土地机会成本为 R_A,在城市边缘处,$\Psi(\bar{r}) = R_A$,由式(10-19)得,城市边缘相对于城市中心的距离为

$$\bar{r} = \frac{h - wf}{2R_A} \tag{10-21}$$

可见,固定成本 f 下降,意味着城市中企业进入市场的门槛下降,由式(10-20)知,一方面,企业数量增加,企业之间竞争愈趋激烈,从而扩展了城市边缘,使得城市空间规模扩大。另一方面,城市拥挤成本 h 的增加阻止企业进一步集聚,促使企业向外疏散,从而也使得城市空间规模扩大;相反,更高的土地机会成本将进一步压缩城市空间。由式(10-16)得,处于城市边缘的企业生产率:

$$\underline{m} = \frac{R_A}{(\sigma - 1)(h - wf)} \tag{10-22}$$

可见,随着城市人口的增加从而 h 增大,将进一步促使城市中出现更高效率的企业。即,城市人口规模越大,就越能够有效促进科技进步,而更高的土地机会成本和固定劳动投入将阻碍科技进步。这确切地表明,城市人口规模越大的城市,其科学技术水平越高。但在"新"新经济地理学模型中,$m \in [0, M]$ 为闭区间,m 的取值能达到零,这意味着企业的生产率无穷大,而这种情况在现实中是不可能出现的,或平均生产率也应是无穷大。因此也导致了"新"新经济地理学模型在表示科技进步时,仅能用平均生产率提高来指示。但 m 能取值为零,已意味着科技水平已无限高,在逻辑上不会存在平均生产率。在本章中,m 存在一个下限,即 $\underline{m}$。从式(10-22)看,之所以存在这个下限,其本质在于城市土地存在机会成本 R_A。如果 $R_A = 0$,则本章和"新"新经济地理学的结果一样,$\underline{m}$ 将取零值。不同于"新"新经济地理学,本章 $\underline{m}$ 的变化,非常明确地意味着科技水平的变化,至此得出 $m \in (0, M]$ 为半闭半开区间,同时根据式(10-22)可得 $m \in [\underline{m}, M]$,可以看作是对"新"新经济地理学模型中 $m \in [0, M]$ 的一个改善。

由假设 3 知,企业生产率分布函数为 $G(m)=(m/M)^k$,由式(10-18)得,在 r 处存在 r 数量的土地,则在 r 处企业期望数量为 $\int_{\underline{m}}^{\overline{m}}\frac{r}{S}\mathrm{d}G(m)$,则城市中心一侧的企业数量为

$$\int_0^{\overline{r}}\int_{\underline{m}}^{\overline{m}}\frac{r}{S}\mathrm{d}G(m)\mathrm{d}r=\frac{N}{2} \qquad (10\text{-}23)$$

解得,处于城市中心企业相应的 $\overline{m}$ 及其生产面积 $\underline{r}$ 分别为

$$\begin{cases}\overline{m}=\left(\underline{m}^k+\dfrac{N}{2\overline{r}}M^k\right)^{1/k}\\ \underline{r}=\dfrac{1}{2(\sigma-1)}\left(\underline{m}^k+\dfrac{N}{2\overline{r}}M^k\right)^{-1/k}\end{cases} \qquad (10\text{-}24)$$

综合式(10-21)、式(10-22)、式(10-24)知,城市中心的企业生产面积 $\underline{r}$ 与城市边缘的企业生产面积 $\overline{r}$ 受外生因素影响的变化趋势一致;而它们各自对应的生产率 $\overline{m}$ 与 $\underline{m}$ 受外生因素影响的变化趋势也一致。

由于 $m:G(m)=(m/M)^k$,则城市中企业的平均单位产品劳动量(具体推导详见本章附录 B)为

$$\widetilde{m}=\int_{\underline{m}}^{\overline{m}}m\mathrm{d}G(m)=\frac{kM}{k+1}\frac{N}{2\overline{r}} \qquad (10\text{-}25)$$

由式(10-8)可得,城市中产品平均价格为 $\widetilde{p}=\dfrac{\sigma}{\sigma-1}\widetilde{m}w$,产品平均数量 $\widetilde{q}=\dfrac{\sigma-1}{\widetilde{m}w}(h+wf)$。又由式(10-4)得

$$\widetilde{q}=\left(\frac{\widetilde{p}}{P}\right)^{-\sigma}\frac{E}{P}=\left(\frac{\widetilde{p}}{\widetilde{p}N^{1/(1-\sigma)}}\right)^{-\sigma}\frac{\mu(L_a+wL)}{\widetilde{p}N^{1/(1-\sigma)}} \qquad (10\text{-}26)$$

整理得,城市中工人工资:

$$w=\frac{\mu}{1-\mu}\frac{L_a}{L} \qquad (10\text{-}27)$$

工业部门工人工资 w 随着工人数量的增加而减少,随着农业部门非技能劳动力的增加而上升。即,在人口数量一定的情况下,一部门劳动力数量提高,会降低本部门劳动力相对工资($w_a=1$),提高另一部门相对工资,反之则反。

由式(10-3)、式(10-25)、式(10-27),对城市中产品平均价格进一步分解得

$$\begin{cases}\widetilde{p}=\dfrac{\sigma}{\sigma-1}\widetilde{m}w=\dfrac{\sigma}{\sigma-1}\dfrac{\mu}{1-\mu}\dfrac{kM}{k+1}\dfrac{N}{2\overline{r}L}L_a\\ P=\widetilde{p}N^{1/(1-\sigma)}=\dfrac{\sigma}{\sigma-1}\dfrac{\mu}{1-\mu}\dfrac{kM}{k+1}\dfrac{N}{2\overline{r}L}N^{1/(1-\sigma)}L_a\end{cases} \qquad (10\text{-}28)$$

又,由式(10-20)、式(10-21)、式(10-27)得

$$\begin{cases} \dfrac{N}{\bar{r}} = \dfrac{2\mu R_A L_a}{\sigma[(1-\mu)^2 h^2 L - \mu^2 L_a^2 f^2/L]} \\ \dfrac{N}{\bar{r}L} = \dfrac{2\mu R_A L_a}{\sigma[(1-\mu)^2 h^2 L^2 - \mu^2 L_a^2 f^2]} \end{cases} \quad (10\text{-}29)$$

观察式(10-29)容易得出：

$$\frac{\partial\left(\dfrac{N}{\bar{r}}\right)}{\partial L}<0, \frac{\partial\left(\dfrac{N}{\bar{r}L}\right)}{\partial L}<0 \quad (10\text{-}30)$$

因此根据式(10-24)、式(10-30)知，随着工人数量 L 的增加，$\bar{m}$ 下降，即工人数量增加，扩大了市场规模进而提高了城市中的企业数量，企业之间竞争更为激烈，进一步提升了企业进入该市场所面临的生产率门槛，同时导致效率低的企业被淘汰，体现了市场选择效应(market selecting effect)；而随着工人数量 L 的增加，$\underline{r}$ 增大，这意味着企业进入该市场并进行生产所需具备的最小生产规模随着城市人口的增加而增大，从另一角度反映了市场门槛的提高。另外，根据式(10-25)、式(10-28)、式(10-30)，此时市场中企业平均生产率下降，产品的平均价格下降，城市价格指数下降。

三、城市空间结构图

图10-1为根据式(10-9)及上文模型机制描绘出的城市空间结构图。在图10-1中，各简略直线代表各企业的竞租曲线 R；弧线是城市地租曲线，同时也是各企业竞租曲线的上包络线。其中，(r,m) 代表在 r 处相应企业的面积和单位产品劳动量。

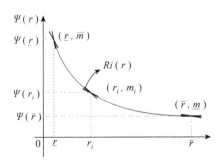

图10-1 城市产业结构示意 ($\underline{m} \leqslant m_i \leqslant \bar{m}$)

可见，在城市最内围坐落着生产率为 $\bar{m}$、面积为 $\underline{r}$ 的企业。在 $(\underline{r}, \bar{m})$ 处的企业生产效率最低，生产规模最小，空间规模最小。在 (r_i, m_i) 处的企业，生产率越高，离城市中心越远，生产规模越大，空间规模越大；在城市边缘坐落着生产率最高为 $\underline{m}$、面积最大为 $\bar{r}$ 的企业。在每一距离为 r_i 处，有且仅有一家生产率为 m_i、面积为 r_i 的企业。因此，在实际中，如果我们知道一家企业的生产率，则总能在城市中心一侧唯一一处找到该企业且能确定其所占有的城市土地面积。这为城市规划者提供一定的启示，即我们在实际的城市规划操作中，不仅要考虑城市中某一块土地发展何种产业,更要进一步考虑到该产业内部各企业的具体生产状况以及它们的相对位置,以此来为区域协调发展做统筹安排。

四、人口数量变动对消费者福利的影响

在完成了对城市产业结构的绘图后,以下讨论城市中人口增加以及各部门相对人口的增加对城市居民的福利影响。利用式(10-28),城市中产品的平均价格水平,可得农业部门非技能劳动力的间接效用函数:

$$V_a = (N^{1/(1-\sigma)}\tilde{p})^{-\mu} = \left[\frac{(\sigma-1)(1-\mu)L}{\sigma\mu\tilde{m}L_a}\right]^{\mu}\left(\frac{L}{\sigma f+\sigma h/w}\right)^{\frac{\mu}{\sigma-1}} \quad (10\text{-}31)$$

可见,随着工业部门劳动力 L 的增加,农业部门劳动力 L_a 的减少,农业部门劳动力的福利水平提高。其来源主要为消费的工业产品多样性增加及农业部门竞争强度下降。

同时,由式(10-27)技能劳动力工资及式(10-28)可得,城市中消费者的间接效用函数为

$$\begin{aligned}
V &= w(N^{1/(1-\sigma)}\tilde{p})^{-\mu} = \left(\frac{\sigma\tilde{m}}{\sigma-1}\right)^{-\mu}\left[\frac{\mu L_a}{(1-\mu)L}\right]^{1-\mu}\left(\frac{L}{\sigma f+\sigma h/w}\right)^{\frac{\mu}{\sigma-1}} \\
&= \left(\frac{\sigma}{\sigma-1}\right)^{-\mu}\left(\frac{kM}{k+1}\right)^{-\mu}\left(\frac{\mu L_a}{1-\mu}\right)^{1-\mu}\left(\frac{N}{\bar{r}L}\right)^{1-\mu}\frac{\bar{r}}{L}N^{\frac{\mu}{\sigma-1}} \\
&= N^{\frac{\mu}{\sigma-1}}\left(\frac{1}{\sigma-1}\right)^{-\mu}\left(\frac{kM}{k+1}\right)^{-\mu}\left(\frac{\mu L_a}{1-\mu}\right)^{1-\mu}\left[\frac{(1-\mu)^2-\mu^2 L_a^2 f^2/(hl)^2}{2\mu R_A L_a}\right]^{\mu}h^{2\mu}L^{2\mu-1}
\end{aligned}$$

(10-32)

当 $\mu \geq 0.5$(等价于 D-S 模型中,$\sigma \geq 2$)时,工人数量 L 的增大,提高了工业部门劳动力福利水平。而当 $\mu < 0.5$ 时,必须对 $h(L)$ 的函数形式做进一步的研究才能做出结论。不过就实际而言,人们在两部门的产品支出中,对工业产品的消费往往大于农产品的消费,从而在一定程度上保证了 $\mu \geq 0.5$ 在实践意义上成立。结合式(10-31)、式(10-32)发现,城市土地机会成本 R_A 的变化对劳动部门劳动力的福利水平没有影响,对工业部门劳动力福利水平产生负面影响,即城市土地机会成本的提高将降低工业部门劳动力福利水平。

第三节 小 结

本模型的主要目标是把对产业空间的研究进一步扩展至城市内部的生产区。其结论是:城市的市场地租曲线是各企业竞租曲线的上包络线;在城市中心一侧,每一家企业在城市有且仅有一处最佳生产区位及相应的最佳生产规模(生产面积);在城市边缘以内,离城市中心越远的企业,其生产效率越高,所占面积越大;城

市人口数量越多,城市规模越大,市场内企业之间竞争越激烈,科技水平越高,消费者的福利水平越高。模型的创新之处在于:在D-S模型框架内研究城市的形成机制及其内部产业空间结构,并在企业异质性基础上明确了每一家企业的相对位置;通过权衡地租成本、运输成本及集聚效益,企业选择其最优生产区位,实现异质性企业分布于异质性空间的最优空间分布结构,从而解决"企业区位选择悖论"问题,实现了企业生产空间随区位不同而不同;克服了"新"新经济地理学中生产率能够出现无穷大且对科技水平变化的模糊性表述的缺陷,针对性提出了生产率在一定时期存在一个上限且明确刻画了科技水平的变化模式。

对后续研究的展望。本研究是一个单中心城市模型,存在一个明显的缺陷:由于城市中心左右两边的对称性,这导致一家企业在城市中心左右两边都存在完全相同的最佳生产区位。不过如果把研究扩展为二维平面,这意味着一家企业占据一个生产圆环。这个缺陷的来源在于研究对象的本身——单中心城市。因此要从内生性角度克服这个缺陷,一个方向是把模型扩展至两区域模型。

附录 A

企业数量随人口增加而增加,则意味着式(10-20)中 $\frac{\partial N}{\partial L} > 0$。由于城市拥挤成本 h 随城市人口增加而提高,为简化,令 $h = \alpha L$,α 为正的常数系数,并将式(10-27)代入式(10-20)得

$$N = \frac{L}{\sigma f + \sigma \frac{1-\mu}{\mu} \frac{L}{L_a} \alpha L}$$

整理得

$$N = \frac{1}{\sigma} \frac{1}{\frac{f}{L} + \alpha \frac{1-\mu}{\mu} \frac{L}{L_a}};$$

令 $\overline{N} = \frac{f}{L} + \alpha \frac{1-\mu}{\mu} \frac{L}{L_a}$,则要使 $\frac{\partial N}{\partial L} > 0$,需 $\frac{\partial \overline{N}}{\partial L} = \alpha \frac{1-\mu}{\mu} \frac{1}{L_a} - \frac{f}{L^2} < 0$,整理得:$L < \left(\alpha \frac{1-\mu}{\mu L_a} f \right)^{1/2}$。这意味着在特定要素类型的成本函数框架下,要实现城市人口增长促进企业数量的增加进而提高城市中产品多样性,则城市总人口数量必须维持在 $\left(\alpha \frac{1-\mu}{\mu L_a} f \right)^{1/2}$ 以内,城市中过度的人口数量将导致城市过度拥挤,不仅抑制企业数量的增加,也会进一步损害城市经济生态的良性发展。

对比 Krugman(1991),其企业数量 $n^* = \frac{L}{\sigma f}$,由于 f 中未分离出城市拥挤成本,从而避开了与本章模型类似的讨论。为简化,令 $h = \alpha L$,对模型整体不造成实质性的伤害,但可能偏离现实,需要更深入细致研究。

附录 B

$$\widetilde{m} = \int_{\underline{m}}^{\overline{m}} m \, dG(m) = \frac{k}{k+1} \frac{1}{M^k} (\overline{m}^{k+1} - \underline{m}^{k+1})$$

又由式(10-23),有

$$\Rightarrow \int_0^{\bar{r}} \int_{\underline{m}}^{\overline{m}} \frac{r}{S} dG(m) \, dr = \frac{N}{2}$$

$$\Rightarrow \overline{m}^k - \underline{m}^k = \frac{N}{2\bar{r}} M^k$$

$$\Rightarrow \overline{m}^{k+1} - \underline{m}^{k+1} = \frac{N}{2\bar{r}} M^{k+1}$$

$$\Rightarrow \widetilde{m} = \int_{\underline{m}}^{\overline{m}} m \, dG(m) = \frac{kM}{k+1} \frac{N}{2\bar{r}}$$

参考文献

[1] Alonso W. Location and Land Use[M]. Cambridge, MA: Harvard University Press, 1964.

[2] Baldwin R E, Okubo T. Heterogeneous firms, agglomeration and economic geography: spatial selection and sorting[J]. Journal of Economic Geography, 2006, 6(3): 323—346.

[3] Behrens K, Duranton G, Robert-Nicoud F. Productive cities: sorting, selection, and agglomeration[J]. Journal of Political Economy, 2014, 122(3): 507—553.

[4] Behrens K, Robert-Nicoud F. Survival of the fittest in cities: agglomeration, selection, and polarisation[J]. CIRPÉE Discussion Paper no. 09—19, 2008.

[5] Bravo J J, Vidal C J. Freight transportation function in supply chain optimization models: A critical review of recent trends[J]. Expert Systems with Applications, 2013, 40(17): 6742—6757.

[6] Combes P P, Mayer T, Thisse J F. Economic Geography: The Integration of Regions and Nations[M]. Princeton: University Press, 2008.

[7] Forslid R, Ottaviano G I P. An analytically solvable core-periphery model[J]. Journal of Economic Geography, 2003, 3(3): 229—240.

[8] Fujita M, Krugman P R, Venables A. The Spatial Economy: Cities, Regions, and International Trade[M]. MIT press, 1999.

[9] Fujita M, Thisse F. Economics of Agglomeration, Cities, Industrial Location, and Regional Growth[M]. Cambridge University Press, 2002.

[10] Gebennini E, Gamberini R, Manzini R. An integrated production-distribution model for the dynamic location and allocation problem with safety stock optimization[J]. International Journal of Production Economics, 2009, 122(1): 286—304.

[11] Jayaraman V, Patterson R A, Rolland E. The design of reverse distribution networks: models and solution procedures[J]. European journal of operational research, 2003, 150(1): 128—149.

[12] Krugman P, Venables A J. Globalization and the inequality of nations[J]. The quarterly journal of economics, 1995, 110(4): 857—880.

[13] Krugman P. Increasing returns and economic geography[J]. Journal of political economy, 1991, 99(3): 483—499.

[14] Lafourcade M, Thisse J F. New economic geography: the role of transport costs[J]. Handbook of Transport Economics, Cheltenham: Edward Elgar Publishing Ltd, 2011: 67—96.

[15] Manzini R, Bindi F. Strategic design and operational management optimization of a multi stage physical distribution system[J]. Transportation Research Part E: Logistics and Transportation Review, 2009, 45(6): 915—936.

[16] Melitz M J, Ottaviano G I P. Market size, trade, and productivity[J]. The review of economic studies, 2008, 75(1): 295—316.

[17] Melitz M J. The impact of trade on intra-industry reallocations and aggregate industry productivity[J]. econometrica, 2003, 71(6): 1695—1725.

[18] Mills E S. An aggregative model of resource allocation in a metropolitan area [J]. The American Economic Review, 1967, 57(2): 197—210.

[19] Muth R F. Cities and Housing [M]. Chicago: University of Chicago Press, 1969.

[20] Nocke V. A gap for me: entrepreneurs and entry[J]. Journal of the European Economic Association, 2006, 4(5): 929—956.

[21] Ottaviano G I P, Tabuchi T, Thisse J-F. Agglomeration and trade revisited [J]. International Economic Review, 2002, 43(2): 409—435.

[22] Ottaviano G I P. Agglomeration, trade and selection[J]. Regional Science and Urban Economics, 2012, 42(6): 987—997.

[23] Starrett D. Market allocations of location choice in a model with free mobility[J]. Journal of economic theory, 1978, 17(1): 21—37.

[24] Thünen J H von, Der Isolierte Staat in Beziehung auf Landwirtschaft und National, okonomie. Hamburg: Perthes, 1826. English translation: The Isolated State[M]. Oxford: Pergammon Press, 1966.

第十一章 城市空间格局演变模型[①]

第一节 理论模型

在本模型中,城市与区域集聚力除了源于区位的优势外,还主要来自消费者对消费品的多样化偏好和消费品的生产者对中间产品投入的多样化偏好。而分散力来自对土地的竞争。模型中有两个区域,总人口为 n,总土地量为 s。模型有三种代理:居民、制造最终产品部门和生产中间产业部门。产业的生产投入包括土地、劳动力和中间产品,产业的生产投入包括土地和劳动力。居民既是劳动力的提供者,又是商品的需求者,同时也是土地和资金的占有者。居民和企业同时相互作用地做出他们的区位决策和发展决策。

一、静态模型

（一）消费者

消费者消费土地和 M 类最终产品。这 M 类产品是可分的,即每类产品的消费相互之间没有影响,因此消费者的效用函数为

$$u^i = s_i^{\theta_s} \cdot \prod_{m=1}^{M} c_{mi}^{\theta_M}$$

式中,u^i 为 i 区域有代表性的消费者的效用函数,θ_s 和 θ_M 分别为消费者用于土地和混合商品 m 的份额,并且有 $\theta_s + \sum_{m=1}^{M} \theta_M = 1$,$s_i$ 为该消费者消费的土地数量,c_{mi} 为该消费者消费的混合商品 m 的总量,假设有 m 类商品,每类商品与其他商品之

[①] 本部分系在笔者与其博士研究生谭遂等合作发表论文"一种基于自组织理论的城市与区域空间格局演变模型研究"(经济地理,2003(2))基础上修改而成,感谢谭遂博士等合作。

间是可分的,每类商品是由不同的品种以 CES(不变替代弹性)函数形式组成:

$$c_{mi} = \left(\sum_{v=1}^{n} c_{mi,v}^{\frac{\sigma_m-1}{\sigma_m}}\right)^{\frac{\sigma_m}{\sigma_m-1}}$$

式中,σ_m 为任意两类 m 商品之间的替代弹性。

消费者的收入来源主要为三个部分:工资收入、土地租金(在模型中,为了简便起见,我们假设土地为系统中所有居民所共有)和企业利润(每个区位上的企业利润为该区位上居民所共有),因此每个区位上有代表性的居民的预算约束为

$$\sum_{j=1}^{N} P_{mij} c_{mij} + r_{si} s_i = y_i = w_i + \pi_i + \frac{1}{L}\sum_{j=1}^{N} r_{sj} S_j$$

式中,P_{mij} 为在 i 地购买 j 地生产的 m 商品的价格,r_{si} 为 i 地的单位土地租金,w_i 为 i 地的工人工资,π_i 为每个区位上人均企业利润。

其中由于对土地的消费既包括居民的消费,也包括生产消费。所以,土地租金项为

$$r_{si} S_i = \theta_0 y_i L_i + \sum_{m=1}^{M}\left[\left(\frac{\Phi_{ms}}{\Phi_{ml}}\right) w_i L_{mi}\right] + \left(\frac{\Phi_{zs}}{\Phi_{zl}}\right) w_i L_{zi}$$

(二)生产者

1. 最终产品生产部门——M 部门

M 类产品中每种产品的生产都是垄断竞争的,即每种产品都只由一个厂商生产,每类商品中的不同产品间是部分可替代的,厂商可以自由进入和自由退出。假设所有 m 产业的生产者采用相同的技术进行生产:

$$(s_{mi,v})^{\Phi_{ms}} (l_{ml,v})^{\Phi_{ml}} (z_{mi,v})^{\Phi_{mz}} = \alpha_m + q_{mi,v}$$

这里 $q_{mi,v}$ 是在区域 i 的 m 产业的 v 企业生产的品种 v 的数目;Φ_{ms}、Φ_{ml} 是相应的产业 m 中的土地和劳动力份额;而 Φ_{mz} 是产业 m 的中间投入的份额;固定成本是 α_m;$s_{mi,v}$ 和 $l_{mi,v}$ 是用于生产的土地和劳动力总数,而 $z_{mi,v}$ 是由中间部门生产的用于区域产业 mi 中 v 企业的复合中间投入。为简便起见,中间投入假设与混合消费商品采用相同的形式。所有产业的生产函数采用相同的形式,但它们在投入份额、固定成本和边际成本上不同。不同的产业在运输成本上也是不同的。在这里我们假设运输成本采用"冰山"形式。从而,对于产业 m 而言,产品的到岸价格将为其离岸价格的 $(1+\tau_m d_{ij})$,即:在每个产业都有大量企业的假设下,所有的企业将面对着相同的替代弹性(Krugman,1980)。因此根据企业的生产函数和消费者的 CES 效用函数,在 i 地 m 产业的收益最大化的企业的出厂价格为

$$P_{mij} = \frac{\alpha_m}{\alpha_m - 1} \Omega_{mi}$$

式中,Ω_{mi} 为 i 地 m 产业的边际成本,它由下式决定:

$$\Omega_{mi} = r_{si} \Psi_{msi} + w_i \Psi_{mli} + p_{zi} \Psi_{mzi}$$

这里,r_{si} 为 i 地的土地租金率,w_i 为 i 地工资率,p_{zi} 为产品在 i 地的价格指数。

$$p_{zi} = \Big(\sum_{j=1}^{N} n_{zj} p_{zji}^{1-\alpha_z}\Big) \frac{1}{1-\alpha_z}$$

Ψ_{msi}、Ψ_{mli}、Ψ_{mzi} 分别是地产业相应的土地、劳动力和中间投入的需求函数。它们都是三种要素价格和中间投入价格的函数：

$$\Psi_{msi} = \Big[\Big(\frac{w_i}{r_{si}}\Big)\Big(\frac{\Phi_{ms}}{\Phi_{ml}}\Big)\Big]^{\Phi_{ml}} \Big[\Big(\frac{p_{zi}}{r_{si}}\Big)\Big(\frac{\Phi_{ms}}{\Phi_{nz}}\Big)\Big]^{\Phi_{mz}}$$

$$\Psi_{mli} = \Big[\Big(\frac{r_{si}}{w_i}\Big)\Big(\frac{\Phi_{ml}}{\Phi_{ms}}\Big)\Big]^{\Phi_{ms}} \Big[\Big(\frac{p_{zi}}{w_{si}}\Big)\Big(\frac{\Phi_{ml}}{\Phi_{mz}}\Big)\Big]^{\Phi_{mz}}$$

$$\Psi_{mzi} = \Big[\Big(\frac{r_{si}}{p_{zi}}\Big)\Big(\frac{\Phi_{mz}}{\Phi_{ms}}\Big)\Big]^{\Phi_{ms}} \Big[\Big(\frac{w_i}{p_{zi}}\Big)\Big(\frac{\Phi_{mz}}{\Phi_{ml}}\Big)\Big]^{\Phi_{ml}}$$

因此，最大化利润的企业的利润为

$$\pi_{mi} = \Omega_{mi}\Big(\frac{q_{mi,v}}{\alpha_m - 1} - \alpha_m\Big)$$

在均衡时，企业的利润为零。这就意味着企业的均衡产量为

$$q_{mi}^0 = \alpha_m(\alpha_m - 1)$$

均衡时 i 地 m 产业的企业数目为

$$n_{mi}^0 = \Big(\frac{L_{mi}}{\alpha_m \sigma_m}\Big)(\Psi_{mi}) - 1$$

2. 中间产品生产部门——Z 部门

与最终产品的生产类似，中间产品的生产也是垄断竞争的，厂商可以自由进入和退出。Z 产业的生产函数为

$$(s_{z_i,v})^{\Phi_{zs}} (l_{zl,v})^{\Phi_{zl}} = \alpha_z + q_{zi,v}$$

与 M 产品类似，i 地 Z 产品在 j 地的价格为

$$p_{zij} = p_{zii}(1 + \tau_z d_{ij})$$

i 地 Z 产品的出厂价为

$$p_{zii} = \frac{\sigma_z}{\sigma_z - 1}\Omega_{zi}$$

i 地 Z 产品的边际成本为

$$\Omega_{zi} = r_{si}\Psi_{zsi} + w_i\Psi_{zli}$$

其中，

$$\Psi_{zsi} = \Big[\Big(\frac{w_i}{r_{si}}\Big)\Big(\frac{\Phi_{zs}}{\Phi_{zl}}\Big)\Big]^{\Phi_{zl}}$$

$$\Psi_{zli} = \Big[\Big(\frac{r_{si}}{w_i}\Big)\Big(\frac{\Phi_{zl}}{\Phi_{zs}}\Big)\Big]^{\Phi_{zs}}$$

因此，最大化利润的产业 z 企业的利润为

$$\pi_{zi} = \Omega_{zi}\Big(\frac{q_{zi,v}}{\sigma_z - 1} - \alpha_z\Big)$$

在均衡时，企业的利润为零，这就意味着企业的均衡产量为

$$q_{zi}^0 = \sigma_z(\sigma_z - 1)$$

均衡时 i 地 m 产业的企业数目为

$$n_{zi}^0 = \left(\frac{L_{zi}}{\alpha_z \sigma_z}\right)(\Psi_{zli})^{-1}$$

二、动态模型

模型中空间系统的初始条件包括空间的初始人口分布 $\{L_{i,t=0}\}$、初始劳动力分配 $\{L_{mi,t=0}\}$ 和 $\{L_{z,t=0}\}$、固定的每区域土地数量 $\{S_i\}$ 和初始工资率 $\{w_{i,t=0}\}$，以及整个经济中的自给自足的均衡条件。

区域对商品的消费为

$$ES_{mj} = \theta_m y_j L_j$$

区域 j 对中间产品 z 的需求为

$$ES_{zj} = \sum_{m=1}^{M}\left(\frac{\Phi_{mz}}{\Phi_{ml}}\right) W_j L_{mj}$$

一个区域用于在某特定区域生产的最终产品中每一类的花费为

$$E_{mij} = \frac{n_{mi}\Omega_{mi}^{1-\sigma_m}(1+\tau_m d_{ij})^{1-\sigma_m}}{\sum_{k=1}^{N} n_{mk}\Omega_{mk}^{1-\sigma_m}(1+\tau_m d_{kj})^{1-\sigma_m}} ES_{mj}$$

一个区域用于某特定区域生产的中间产品中每一种的花费为

$$E_{zij} = \frac{n_{zi}\Omega_{zi}^{1-\sigma_z}(1+\tau_z d_{ij})^{1-\sigma_z}}{\sum_{k=1}^{N} n_{zk}\Omega_{zk}^{1-\sigma_z}(1+\tau_z d_{kj})^{1-\sigma_z}} ES_{zj}$$

因此，对于所有在区域 i 生产的 m 产品的需求为

$$ED_{mi} = \sum_{j}^{N} E_{mij}$$

对于区域 i 生产的中间产品的需求为

$$ED_{zi} = \sum_{j}^{N} E_{zij}$$

将对某个区域的某个产业产出的需求转变为该区域该产业对劳动力和资本的零收益需求，即

$$L_{mi}^{D} = \frac{\Phi_{ml} ED_{mi}}{w_i}$$

而

$$L_{zi}^{D} = \frac{\Phi_{zl} ED_{zi}}{w_i}$$

$$L_i^{D} = \sum_{m=1}^{M} L_{mi}^{D} + L_{zi}^{D}$$

对劳动力的零收益需求与实际劳动力供给之间的差异反映了劳动力市场的张

力。而工资率的调整就是根据对劳动力的零收益需求与实际劳动力供给之间的差异而用一个阻尼项进行调整的,即

$$w_{i,t+1} = w_{i,t} + \lambda(L_{i,t}^D - L_{i,t})$$

这里是对工资率的调整速度。

根据居民的效用函数,区域居民的间接效用函数为

$$V_i = y_i r_{si}^{-\theta_0} \prod_{m=1}^{M} P_{mi}^{-\theta_m}$$

居民的迁移决策是基于每个区域内有代表性的消费者的间接效用函数做出的。如果一个区域的效用水平低于整个经济中的平均效用水平,那个区域的居民将移民到有相对较高效用水平的区域,反之亦然。因此,我们将一个区域对人口的吸引力定义为

$$A_i = e^{\mu V_i}$$

其中,参数 μ 是居民对区域间间接效用水平差异的敏感程度,它表示居民可获得的关于区位差异的信息总量。因此,它意味着居民对区域间效用水平差异响应的一致性的程度。一个高的 μ 值对应着同质的人口,而一个低的 μ 值表示不一致的、异质的人口(Anas,Alex,1990),我们定义一个区域的人口潜能为

$$L'_{i,t} = L_{i,t}^D \frac{A_i}{\sum_{j=1}^{N} A_j}$$

根据用来描述生态系统人口增长的 Verhulst 等式(或称之为 Logistic 等式),一个给定系统中的人口增长为 $\frac{dx}{dt} = bx(P-x) - dx$,其中 b 与 d 分别为与系统中人口的出生率和死亡率相关的常数,P 在某种意义上表示环境的"自然丰裕度"(Peter,Allen,2000),在这里我们用区域的人口潜能表示"自然丰裕度",则

$$L_{i,t+1} - L_{i,t} = b \frac{L_{i,t}}{L'_{i,t}}(L'_{i,t} - L_{i,t}) + dL_{i,t}$$

这里是实际人口水平向潜在人口水平调整的速度,是人口的自然增长率。因此每个区位上人口的增长都是一种潜在人口与已存在的人口之差的动态调整过程。

在每个区域的每个时期的劳动力从对劳动力有低的零收益需求的产业移动到有高的零收益需求的产业中。如果有新的移民进入该区域,那么他们将按照产业对劳动力的零收益成比例地分配。因此

$$L_{mi,t+1} = L_{mi,t} + \lambda\left(L_{i,t}\frac{L_{mi,t}^D}{L_{mi,t}} - L_{mi,t}\right) + (L_{i,t+1} - L_{i,t})\frac{L_{mi,t}^D}{L_{i,t}^D}$$

$$L_{zi,t+1} = L_{zi,t} + \lambda\left(L_{i,t}\frac{L_{zi,t}^D}{L_{i,t}} - L_{zi,t}\right) + (L_{i,t+1} - L_{i,t})\frac{L_{zi,t}^D}{L_{i,t}^D}$$

其中,λ 为部门间的迁移率。

最后,在区域 i 的 m 产业的一个有代表性的企业的产出水平为

$$q_{mi,v} = \frac{ED_{mi}}{n_{mi}P_{mii}}$$

同理，在区域 i 的 z 产业的一个有代表性的企业的产出水平为

$$q_{zi,v} = \frac{ED_{zi}}{n_{zi}P_{zii}}$$

每个区域 m 产业的企业的收益水平可计算得出，每个区域 z 产业的企业的收益水平也可计算得出，因此与区域对人口的吸引力类似，我们定义一个区域对企业的吸引力为

$$B_{mi} = e^{\mu' \pi_{mi}}$$

和

$$B_{zi} = e^{\mu' \pi_{zi}}$$

其中，参数 μ' 表示企业对区域间间接效用水平差异的敏感程度。

我们定义一个区域 m 产业的企业潜能为

$$n'_{mi,t} = n^0_{mi,t} \frac{B_{mi}}{\sum_{j=1}^{N} B_{mj}}$$

相应地，一个区域 z 产业的企业潜能为

$$n'_{zi,t} = n^0_{zi,t} \frac{B_{zi}}{\sum_{j=1}^{N} B_{zj}}$$

所以，一个区域 m 产业的企业增长率为

$$n_{mi,t+1} - n_{mi,t} = b_m \frac{n_{mi,t}}{n'_{mi,t}} (n'_{mi,t} - n_{mi,t})$$

一个区域 m 产业的企业增长率为

$$n_{zi,t+1} - n_{zi,t} = b_z \frac{n_{zi,t}}{n'_{zi,t}} (n'_{zi,t} - n_{zi,t})$$

这里，b_m 和 b_z 分别是 m 企业和 z 企业对市场改变的响应速度。

第二节 数值模拟

首先，我们利用 Matlab 软件对本模型进行编程。在本章中我们模拟了一个有 50 个区位的空间系统的演化。每个区位上我们首先布置有 100 个单位的人口，每个区位都有 350 单位的土地，每个区位上初始工资率为 1，人口的自然增长率(d)为 0.03，实际人口水平向潜在人口水平调整的速度(b)为 0.05，最终产品生产企业的"出生率"(b_m)为 0.03，中间产品生产企业的"出生率"(b')等于 0.03，消费者消费中土地份额(θ_0)为 0.2，居民对区域间间接效用水平差异的敏感程度(μ)等于 2.8，企业对区域间企业收益水平差异的敏感程度(μ')=1.4，工资率的调整速度 λ_m = 0.0001，劳动力在部门间的迁移率 λ=0.025。关于每种产业的其他参数设置如表 11-1 所示。

表 11-1　各产业的参数设置

	农业	制造业	消费者服务业	生产者服务业
消费者消费份额	0.2	0.4	0.2	—
单位运输成本	1	2	0.4	0.4
固定成本	1	5	3	3
替代弹性	6	5.5	3	3
生产中劳动力份额	0.44	0.38	0.34	0.86
生产中土地份额	0.55	0.36	0.20	0.14
生产中中间产品份额	0.01	0.26	0.46	—

在时间演化到30单位时的模拟结果如图11-1所示的结构A，该结果表明了城市如何由人口的平均分布而自发地演化到形成集中，即城市的出现。然后我们在时间演化到 $t=15$ 时，将运输成本降低。同样在时间演化到30单位时，城市结构出现了如图11-2所示的结构B。这样也就出现了多中心的城市。在图11-3中我们展示了位于系统边缘的第1个点在运输成本改变与不改变之间的差异，在图11-4中我们也可以看到在50个点中位于系统中心位置的第23个点在运输成本改变与不改变之间的差异。

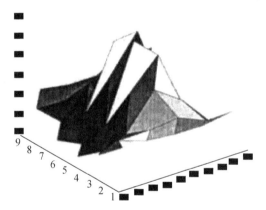

图 11-1　$t=30$ 时模型演化结构 A

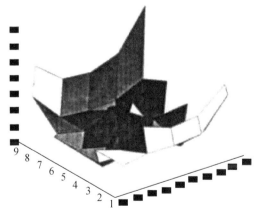

图 11-2　$t=30$ 时模型演化结构 B

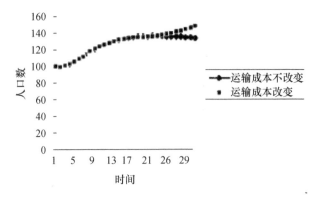

图 11-3 区位 1 在运输成本改变与不改变之间的差异

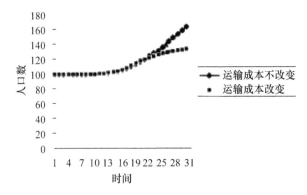

图 11-4 区位 23 在运输成本改变与不改变之间的差异

第三节 小 结

(1) 运输成本的降低,包括交通条件的改进和信息化的建设,都会使新型的城市相对于原来具有固定运输成本的城市更郊区化,并且出现了多中心的空间格局,即在原有城市的周边出现了许多新的中心(如图 11-1 所示),这是与历史相吻合的。在欧美国家,随着"二战"以后运输技术的快速发展,许多城市都由原来的单一中心城市转变为了多中心的城市。这是因为随着原有城市的不断增长,各种代理(包括居民和各种企业)之间对土地的争夺也越来越激烈,这使得部分企业与个人迁移到原中心之外,以降低土地消费。

(2) 另外,我们在图 11-3 中也可以看到,在交通条件没有改善的情况下,边缘地区——区位 1 的人口在由自然经济向有贸易的市场经济转变过程当中,演化开始时仍然有人口的增长,但当时间演化到 $t=22$ 时人口出现了衰减。这是因为在中心区位上消费者可以获得更多样化的消费品,而生产企业也可以得到更多样化的中间产品投入,从而人口就向中心区位集中,从而出现了图11-4中交通条件不改善时中心区位——区位23上人口的指数发展。这代表了城市的形成过程——边缘地区人口增长减缓,人口向中心区位集聚。

(3) 交通条件的改善会使土地租金梯度变得平坦。如果交通条件不改善,$t=30$时区位23上的土地租金率为0.3030,区位1上的土地租金率为0.2556。而当交通条件改善后,$t=30$时区位23上的土地租金率为0.2749,区位1上的土地租金率为0.2750。

表11-2 区位1与区位23上各产业工人在交通条件改善与不改善情况下人数变化情况

		区位1	区位23
农业工人	交通条件不改善 交通条件改善 变化百分比	25.8919 26.6558 ↑3%	15.0879 12.1460 ↓19%
制造业工人	交通条件不改善 交通条件改善 变化百分比	44.3263 40.3371 ↓9%	28.0675 20.8863 ↓26%
消费者服务业工人	交通条件不改善 交通条件改善 变化百分比	7.3517 10.4112 ↑42%	47.8006 37.9730 ↓21%
生产者服务业工人	交通条件不改善 交通条件改善 变化百分比	26.3462 41.1624 ↑56%	42.5787 32.1727 ↓24%

(4) 交通条件的改善也会使工资率更为平坦。如果交通条件不改善,在$t=30$时区位23和区位1上的工资率分别为0.9916和0.7798,而当交通条件改善后,在$t=30$时区位23和区位1上的工资率分别为0.9393和0.8070。

(5) 交通条件改善对产业的影响主要表现在对服务业的影响上,如表11-2所示,在交通条件改善后,农业与制造业虽然也出现了由城市中心向郊区扩散的现象,但远没有服务业那么明显。

(6) 从上面的总结我们可以看出,本研究所提出的模型可以展现出单一中心与多中心城市在给定参数下演化的一些特性。

参考文献

[1] Abdel-Rahman,Hesham M. When do cities specialize in production? [J]. Regional Science and Urban Economics,1996,26:1—22.

[2] Alex A. Taste heterogeneity and urban spatial structure:the logit model and monocentric theory reconciled[J]. Journal of Urban Economics,1990,28:318—335.

[3] Allen P M, Sanglier M. Dynamic Models of Urban Growth[M]. Social Bio Struct. 1978(I): 265—280.

[4] Fujita M, Krugman P and Venables A. The Spatial Economy: Cities, Regions and International Trade, Cambridge[M]. MA: The MIT Press, 1999.

[5] Krugman P. Scale Economies, Product differentiation, and the pattern of trade [J]. American Economic Review, 1980, 70(5): 950—959.

[6] Krugman P. What's new about the new economic geography? [J]. Oxford Review of Economic Policy, 1980, 14: 7—17.

[7] Peter M, Allen. Cities and regions as self-organizing systems: models of complexity[M]. UK: Gordon and Breach Science Publishers, 2000.

[8] Venables A. Equilibrium locations of vertically linked industries[J]. International Economic Review, 1996, 37: 341—359.

[9] 谭遂,杨开忠,谭成文. 基于自组织理论的两种城市空间结构动态模型比较[J]. 经济地理, 2002(03): 322—326.

第四篇

集聚与增长整合模型

第十二章 集聚与增长整合研究[①]

第一节 集聚与增长整合研究的由来

工业革命以来,经济发展日新月异,但鲜有趋势持续下来,有两个例外(Knapp,2004):① 经济产出持续增长(Romer,1986);② 经济活动总是向小范围集聚而不是均匀分散(Krugman,1991)。也就是说,两个长久经受检验的经济特征事实,一是关于经济增长的,属于时间维度;二是关于地理集聚的,属于空间维度。

正因为此,经济增长和地理集聚备受学者们的关注。经济增长是经济学研究的一个中心问题,如今新增长理论正方兴未艾。地理集聚虽然难以以模型化处理,但地理学家和空间经济学家从未放弃对它的研究努力,新经济地理学已经成功地改变了主流经济学家对区位的看法。经济增长和地理集聚也属于政治家们的核心议题,他们常常要为实现经济增长目标和区域公平目标做斗争。

长期以来,地理集聚研究与经济增长研究似乎是两个互不相关的领域。一方面,从古典经济学家的论述,到新古典增长模型,再到新增长模型,关于经济活动的空间分布的论述并不多见,对经济增长与地理关系的论述则更是少之又少。就是新兴古典经济学中,也只是粗略地提及城市现象的发生;另一方面,从古典区位论模型,到20世纪50年代的区域科学模型,再到新城市经济学模型,甚至包括绝大部分新经济地理学模型,区位动态都是基于给定资源的分配,并没有考虑经济增长的影响。

两个领域的分离是一种不幸,因为它们提出的问题彼此相关。新增长理论提出的问题是新的经济活动如何经由技术创新而出现,其模型依赖于技术外部性——不论是知识溢出还是生产外部性,本质上都是地方性的假设。新经济地理

[①] 本部分系在笔者与其博士研究生李玉成合作发表论文"集聚与增长整合研究评述"(经济问题,2008(5))基础上修改而成,感谢李玉成博士合作。

学提出的问题是这些经济活动如何选择区位以及它们为什么如此集中。因此,新企业(经济活动)创造的过程和区位选择的过程可看成一个联合过程,它们代表了经济发展的时间属性和空间属性,是同一个问题的两个方面。

两个领域的分离也令人惊奇。首先,从理论方法的层面来看,新经济地理模型和新增长模型的内在结构非常相似。例如,两者都假定规模报酬递增,两者常使用相同的产业组织分析框架——D-S垄断竞争。其次,从经验数据的层面来看,已经有广泛的研究表明地理集聚与经济增长之间存在强烈的正相关。Kuznets(1966)早已指出,经济活动的空间集聚是伴随现代经济增长的重要事实之一。中国的经验印证了这一点,其在过去 30 年经济一直快速增长,与此相伴的则是经济活动集聚程度的上升[①]。Baldwin 等(2001)指出,欧洲的经济起飞与全球南北差距的迅速拉大几乎发生于同一时间(18 世纪末),伴随人类历史上第一次经济持续快速增长的是在世界层次上发生了戏剧性的迅速集聚过程。地理集聚对于经济增长和技术进步的积极作用一直为城市经济学家、发展经济学家、增长经济学家和竞争力管理学家所强调。近年来,有许多文献使用城市或区域层面的产业数据,证明地理集聚在解释增长、创新和生产力水平上的实质性作用,例如国外的 Glaeser 等(1992)、Henderson 等(1995)、Eaton 和 Kortum(1996)、Ciccone(2002)和国内的张卉等(2007)、张艳和刘亮(2007)。对集聚与增长关系的非直接检验也可以在地方技术溢出的文献中找到。Jacobs(1969)、Jaffe 等(1993)、Coe 和 Helpman(1995)、Ciccone 和 Hall(1996)提供了有力的证据表明技术溢出不是全球性也不是完全地方性的。Keller(2002)的新近研究表明,尽管知识溢出日益成为全球性的,技术在相当程度上是地方性的而非全球性的,因为得自溢出的收益随距离增加迅速下降。技术溢出为地方性的这一事实,在理论上当然导出经济增长和经济活动的地理集聚之间存在正相关这一结论,正如创新集群对生产率存在积极影响一样。

两个领域的分离使得政策制定者陷入困境。首先,政治家常常面临空间平等与经济效率之间的两难选择,在通过集聚促进增长和通过扩散促进公平两种区域政策之间摇摆不定,他们迫切需要对政策、区位和增长之间的关系进行精确的模拟。其次,全球化和区域一体化是当今所有政府都面临的重大现实问题,政治家需要一种能够全面审视一体化的理论工具。传统上新经济地理学只考察产品贸易成本下降的影响,然而这仅仅是一个层面,一体化的另一个重要层面是它对知识共享成本的影响。这意味着一体化研究应该从只关注产品贸易成本扩充到同时关注产品贸易成本和思想贸易成本。评估思想贸易成本的影响需要一种知识溢出发挥作用的理论模型,扩充标准核心-边缘模型以允许内生的增长正是实现这一点的自然方式。

[①] 根据中国统计年鉴计算,1978—2005 年中国 GDP 年均增长 9.6%,2005 年三个经济核心区(江浙沪、广东、京津冀)以不到全国 6.3%的国土面积,集中了 25.1%的全国人口,创造了 45.8%的全国 GDP,比 1980 年增加了 11 个百分点。

正是因为看到了两个领域分离研究的不足,主要来自新经济地理学领域内的一些学者开始尝试整合新经济地理学与新增长理论,在统一的理论框架下探讨集聚与增长之间的相互作用。这种尝试克服了新经济地理学的静态弱点,也拓展了新增长理论的应用范围。如果说空间是经济学研究"最后的前沿"(Krugman,1998),那么集聚与增长的整合研究就是这一"最后前沿"的前沿。

以下从整合的角度介绍、评论和总结这一空间经济学最新领域的研究成果。

第二节　集聚与增长整合研究进展

一、整合研究的方法与框架

现有集聚与增长整合理论模型研究,都是以新经济地理学模型为基础,引入内生增长机制,其研究方法与框架有如下特点。

第一,继承了新经济地理学的基本假设和研究方法,即采用一般均衡分析方法,假定企业层面的规模经济,应用 D-S 垄断竞争、"冰山"运输成本、多重均衡演化、计算机数值模拟等建模技术。

第二,通常比新经济地理学模型增加了一个资本积累部门①。大部分新经济地理学模型关注的生产要素都是劳动力,这并不适合研究增长。所有持续增长的关键是人力资本、物质资本和知识资本的积累,其中知识资本的积累,也就是技术进步,占有尤为重要的位置。因此,整合理论模型通用的做法是在两区域、两要素、两部门的新经济地理框架中加入一个内生积累的资本部门,从而成为两区域、两要素、三部门的形式。

第三,服从新增长理论的一个关键假设,即资本的积累存在部门学习曲线,创造新资本的单位成本随着累计资本数量的上升而下降。如果把资本看成点子、专利或新产品,那就表明过去的创新经验会提高现在的创新效率,即存在技术外部性或技术溢出。现有整合理论模型几乎都借鉴了 Romer-Grossman-Helpman 式的内生增长机制,但对于溢出空间结构的处理则各有不同。

第四,要素的区位调整服从前瞻预期而非静态预期。早期新经济地理学假定要素区位调整遵循静态预期(Baldwin,2001),这对于资源不变的静态情形还是适合的,但对于资源动态增长的集聚与增长整合模型就不适合了。现有的整合理论模型一般假定经济主体具有完美预见性。

第五,一般情况下,一个整合模型的经济系统如图 12-1 所示。图 12-1 中,实线表示整合模型共有的基本机制,虚线则表示各个整合模型可能选择的不同机制。

---

① 如果是人力资本,I 就代表教育;如果是物质资本,I 就代表投资品;如果是知识资本,I 就代表创新。

虚线①表示知识溢出可以是地方性的,也可以是全球性的,甚至是介于两者之间的;虚线②导出基于垂直联系(现代部门与传统部门之间)的集聚机制;虚线③导出基于垂直联系(研发部门与现代部门之间)的集聚机制;虚线④导出基于迁移联系的集聚机制。整合理论模型的差别就体现在它们对可变机制的选择上。此外,并没有在图 12-1 中反映出来的是:整合理论模型常常假定存在一个自动调节世界利率水平的金融市场,但并不模拟金融部门的行为。

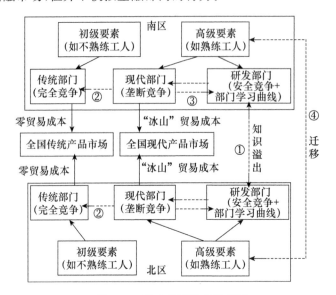

图 12-1　整合模型的经济系统

二、整合模型的分类和演进

集聚与增长整合研究还处在探索阶段,相关文献并不多。就笔者所知,研究理论模型的文献仅有不多的 10 多篇,按时间排序分别是:① Walz(1996)、② Walz(1997)、③ Baldwin(1999)、④ Martin 和 Ottaviano(1999)、⑤ Black 和 Henderson(1999)、⑥ Baldwin 和 Forslid(2000)、⑦ Martin 和 Ottaviano(2001)、⑧ Baldwin 等(2001)、⑨ Fujita 和 Thisse(2002;2003)、⑩ 谭成文(2002)、⑪ Yamamoto(2003)。此外,Knapp(1998,2004)、谭成文(2002)和 Baldwin(2004)分别对该领域的部分文献做过综述,Fujita(2005)曾把整合模型当作新经济地理学的理论前沿做过简要的介绍,张翎和窦静雅(2007)对上述第⑦篇文献做过比较详细的介绍。

Knapp(2004)从集聚机制出发,把集聚与增长整合模型分成四类:通过本地知识溢出集聚的模型、通过 R&D 部门集聚的模型、通过劳动力市场集聚的模型以及其他模型。谭成文的分类思路与之类似,他把集聚与增长整合模型分成三类:通过 R&D 集聚的模型、通过人口流动集聚的模型以及通过 R&D 和人口流动集聚的综合模型。Baldwin 和 Martin(2004)则从增长机制出发,根据知识外部性的特征把集聚与增长整合模型分成两类：知识溢出为全球性的模型和知识溢出为地方性的模型。

上述两种分类方法都有失偏颇。既然是整合理论，分类就应该同时考虑两种理论的特征。从地理的角度看，产生集聚的累积因果循环机制可以分成三种：因消费者对差异化产品的多样性偏好而产生的迁移联系机制；因厂商对差异化中间产品的多样性偏好而产生的垂直联系机制；因要素积累外部性而产生的跨期联系机制。从增长的角度看，导致内生增长的知识外部性也可分成三种：对全球无差异的知识溢出；完全局限于地方的知识溢出；介于两者之间的知识溢出（即知识溢出程度可以连续变化的）。因此，理论上可以划分出9种不同的类型，把前述12篇文献对号入座，得到表12-1。显然，表12-1更加清晰地反映了模型的特征，也指出了理论的演进路径和可能的创新方向。需要指出的是，尽管所有的整合模型都存在跨期联系机制，只有静态框架下不存在集聚机制的整合模型才归入这一类。

表 12-1　集聚与增长整合文献分类

文献分类		集聚机制		
		垂直联系	跨期联系	迁移联系
知识外部性	全球性的	①、②、⑪	③、④、⑦	
	地方性的		③、④	⑤
	可连续变化的		⑧	⑥、⑨、⑩

Walz(1996)较早开发出集聚与增长内生的理论模型。在他的模型中，知识溢出是全球性的，创新与中间产品的生产只能在一个公司内进行，研发部门存在地方规模经济，现代部门使用研发部门的复合差异化产品作为中间投入，区际劳动力迁移无成本。地方化增长来源于创新部门的集聚，集聚则是本地市场规模和研发部门的本地竞争相互作用的结果。如果两个区域禀赋差异足够大，核心-边缘结构就是稳定的，产出增长成为一种地方化的行为。如果两个区域规模相等，就会存在多重均衡。一体化可能导致生产和创新的进一步集中以及更快的增长。随后，Walz(1997)又将他的模型扩展至三个区域。然而，Walz关注的是地方规模经济而不是企业规模经济，与新经济地理学的主旨不符，劳动力迁移无成本导致"大起大落"式的迁移行为，削弱了其解释力。

Baldwin(1999)的简易模型探讨了迁移联系和垂直联系之外的第三种集聚机制，即因为资本内生积累而产生的跨期联系机制（图12-2），这是一种新的需求联系的累积因果循环效应。适应这种机制，经济主体必须具有前瞻预期的行为特征。然而，该模型假定增长外生，离内生集聚与内生增长的整合还差一步。

Martin和Ottaviano(1999)相当于Baldwin(1999)的内生版本，他们在Martin-Rogers(1995)区位框架中引入Romer(1990)式增长机制。该研究表明，如果知识溢出是全球性的，增长速度与产业区位无关，但增长的决定因素如研发成本和贴现率等影响区域收入差距,进而影响产业区位。如果知识溢出是地方性的,增长与集聚就会互相加强。如果交易成本较低,知识溢出足够强,产业集聚对两个区域都有利,因为创新率的增加足以补偿南部在产业上的损失。该模型是符合新经济地理模型和新增长模型分析框架的第一次真正结合集聚与增长的尝试。然而,他们假定劳动力不能跨区域移动,厂商的区位重置成本为零,家庭在国外的投资收入汇还国内。这种简化假设排除了基于迁移联系或垂直联系的集聚机制,但也削弱了模型的现实性。

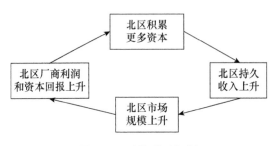

图 12-2 跨期联系机制

Martin 和 Ottaviano(2001)赋予了 1999 版整合模型更丰富的区位内涵。该模型同样不允许劳动力跨区域流动,也不允许现代部门存在部门内垂直联系,从而消除了静态新经济地理模型的累积因果循环机制。不过,研发部门与现代部门互为中间投入品。该模型表明,增长通过创新刺激经济活动的地理集聚,反过来导致创新成本的下降和更快的增长,因此,在增长和集聚之间出现了累积因果循环关系。只要经济一直在增长,唯一的稳定均衡是所有研发活动和大部分报酬递增生产完全集聚于一个区位。一个经济的集聚程度越高,总体经济增长水平就越高。集聚同样有利于边缘区,随着核心区新企业持续不断地被创造出来,强烈的本地竞争导致一些企业开始把生产转向边缘区。

与 Martin 和 Ottaviano(2001)稍有不同,Yamamoto(2003)对现代部门进行了细分,用"研发部门→中间产品部门→制造部门→研发部门"的非直接联系取代了"研发部门→现代部门→研发部门"的直接联系。中间产品部门垄断竞争,制造部门完全竞争,其产品贸易都发生运输成本。这种修改产生了丰富的结果。他发现,经济有两类稳定状态:当运输成本足够低时,存在制造品的国际贸易,中间产品部门的厂商完全集聚于一个国家,增长率最大化;当运输成本足够高时,不存在制造品的国际贸易,两个国家都生产制造品,中间产品部门的厂商不完全集聚。特别地,当中间产品的运输成本特别高时,经济没有增长。如果两类稳定状态同时出现,则观察到多重均衡。

Black 和 Henderson(1999)探讨了两个主题:城市化如何影响增长过程的效率以及增长如何影响城市化模式。与其他整合模型不同,增长的源泉是人力资本投资的外部性。该研究表明,地方性的人力资本溢出促进集聚;同时,人力资本积累培育内生增长。单个城市规模随着本地人力资本积累和溢出而增长;同时,城市数量一般情况下也增长。该模型分析了地方政府是否能成功地把地方动态外部性内部化。另外还探讨了增长如何在不同类型的城市中引起收入差异以及城市化如何产生了收入不均。该模型代表了城市体系研究的杰出成就,然而,它假定有一个开发商对迁移过程实行最优控制,这似乎有很大的局限性。

Baldwin 和 Forslid(2000)的模型是一项比较深入的研究。模型采用了基于迁移联系的集聚机制,知识溢出程度可以连续变化,其中北区研发部门的生产方程为

$$Q_K = \frac{L_1}{a_1}; a_1 = \frac{1}{K_{-1} + \lambda K_{-1}} \tag{12-1}$$

式中,Q_k 是新知识资本的流量,L_1 是研发部门的就业,λ 代表知识溢出程度,没有下标的是当期变量,下标 -1 表示上期变量。工人具有前瞻预期,并根据工资压力决定迁移与否,就有

$$L - L_{-1} = W(L^w - L_{-1}) \tag{12-2}$$

式中,L^w 为不变的世界工人数,L 和 L_{-1} 分别是当期和上期的北区工人数,W 是迁移作为投资的影子价格。决定模型长期均衡的是北区知识资本占世界知识资本的比例,即为

$$\theta_{(k+l)} = \frac{L[\theta_K + \lambda(1-\theta_k)]}{L[\theta_K + \lambda(1-\theta_k)] + (L^w - L)(\lambda\theta_K + 1 - \theta_k)} \tag{12-3}$$

式中,$\theta_K = K/(K+K^*)$ 是北区占世界 K 的份额。对方程(12-3)求解稳定态的 θ_k 值,就会发现长期均衡要么是核心-边缘结构,要么是具有相等实际工资水平和相等增长率的内点解均衡。他们重点考察了内生增长的引入会如何影响对称均衡的稳定性,并简要分析了集聚如何影响长期增长。其分析表明,内生增长创造了新的累积因果循环效应,是一种强有力的向心力;而区际知识溢出则是一种强有力的离心力。降低思想贸易成本的一体化政策鼓励经济活动的扩散,而降低产品贸易成本的政策却会鼓励集聚。集聚加快所有区域实际收入的增长,这种动态收益有可能补偿边缘区域因产业迁出而遭受的静态收入损失。

通过改进研发部门的生产方程和熟练工人的迁移动态,Fujita 和 Thisse (2002,2003)在 Baldwin 和 Forslid(2000)的基础上给出了一个数学分析更加容易、分析结果更加具体的整合模型。区域 r 的知识生产方程为

$$n_r = K_r \lambda_r \tag{12-4}$$

式中,n_r 表示区域 r 每单位时间的新增知识资本,λ_r 是区域 r 的熟练工人份额,K_r 代表区域 r 可得的知识资本,为

$$K_r = M[\lambda_r + \eta(1-\lambda_r)]^{1/\beta} \tag{12-5}$$

式中,M 是世界知识资本存量,β 是熟练工人在知识创造上的互补性的倒数,η 介于 0 和 1 之间,代表区域间知识溢出的强度。熟练工人的迁移动态为

$$\lambda(t) = \frac{\delta}{r}e^r \ln\left[\frac{a_H + W(0;t)}{a_H + W(0;T)}\right] - \delta^\mu e^{rt} \int_t^T e^{-rs} \ln\left[\frac{P_A(s)}{P_B(s)}\right] ds \tag{12-6}$$

式子很复杂,但在解析性上却提高了不少。式中,a_H代表熟练工人的初始财富,$W(0;t)$代表 t 时点从 B 区迁到 A 区的熟练工人的一生工资贴现值,$P_A(s)$ 和 $P_B(s)$ 分别代表两个区域差异化产品的价格指数,δ、γ 和 μ 分别是边际迁移成本、消费者主观贴现率和差异化产品的支出份额。他们的研究表明,当经济从分散走向集聚时,创新的步伐加快。给定集聚引起的增长效应足够强,集聚会导致帕累托改进。结果就是,因为集聚产生更快的增长,任何人都可得到更好的福利,只是核心和边缘的差距将变大。换句话说,富者越富,穷者也变富,只是永远赶不上。

谭成文(2002)是较早进行集聚与增长整合理论研究的国内学者。在 Fujita 和 Thisse(2002)模型的基础上,他对熟练劳动力进行了进一步细分,一部分用于专利研发,另一部分用于人力资本的自身积累,并允许劳动力的增长,开发出了一个含义更丰富、解释力更强的整合模型。该模型的独特发现包括:① 存在一个熟练劳动力的最优分布比例,相对接近最优值的区域将成为核心区,由此引发区域博弈,但均衡结果并不一定在整体上最优;② 熟练劳动力总是偏好集聚,因将获得比分散时更高的福利。

Baldwin 等(2001)的模型代表了该领域最有雄心的一个理论研究。该研究总结了工业化以来全球经济发展的四个主要特征事实——富裕北半球的工业化、北半球的经济起飞、全球收入显著分异和贸易迅速扩张,并试图用一个"增长阶段模型"来模拟这四个内生现象,探讨四者在理论上的相互联系。其基本逻辑是:由于地方外部性的存在,贸易成本下降到某个点时,引起了一个灾难性的集聚过程,集聚又加快了增长,于是,就出现了全球经济发展的四个阶段:第一阶段,贸易成本很高,工业分散于全球且增长缓慢;第二阶段,贸易成本为中等水平,北半球迅速工业化,实现经济起飞,南半球开始落后;第三阶段,贸易成本较低,高增长和全球收入分异变成自我维持的现象;第四阶段,思想"贸易"的成本也下降,南半球迅速工业化并向北半球收敛。

三、整合模型的主要结论

第一,集聚与增长的内生。增长和区位都可以内生导出是整合模型的主要特点,也是它的主要结论。

第二,集聚与增长的关系。所有模型都认为,经济增长创造了一个额外的向心力,可以在灾难性集聚后果的情况下改变区位过程,从而影响地理集聚。大部分模型都认为,集聚促进增长,集聚状态下的整体经济增长优于分散状态下的整体经济增长。集聚与增长的关系强烈依赖于知识溢出的空间特征。

第三,均衡分析。整合模型的长期均衡一般有两种可能,即研发活动(或熟练劳动力)均匀分布的对称均衡和完全集聚的核心-边缘均衡。在大多数情况下,对称均衡不稳定,核心-边缘均衡才是稳定的长期均衡。这一点和大多数新经济地理文献的结论是一致的。

第四,福利分析。整合模型的福利分析结果与新经济地理学有两点显著不同:一是集聚可能不再是一个零和博弈,由于集聚加快了整体经济增长,由此带来的动态收益有可能完全弥补边缘区的静态产业损失,从而出现帕累托改进;二是区域收入差异不会因为贸易完全自由而消失,因为集聚永久地改变了两地的创新能力,从而出现"富者越富,穷者也变富,只是永远也赶不上"的局面。

第五,稳定性分析。由于增长引入了一个额外的向心力,因此对称均衡变得更不稳定,其断裂点可能提前出现;而核心-边缘均衡则更加稳定,其持续点推后出现,甚至不会出现。

第六,贸易成本的影响。如果只考虑跨越边界输送产品的成本,则贸易成本的影响与新经济地理学差别不大;如果同时考虑跨越边界输送资本的成本(资本可移动性)和跨越边界传播点子的成本(知识溢出),则集聚对边缘区的负效应可以大大减轻。

第三节 小 结

集聚与增长整合模型使得我们能够明确地思考经济活动的地理区位和经济活动的增长率之间的相互作用问题,丰富了我们对地理集聚和经济增长的理解,是对新经济地理学和新增长理论的重要拓展。整合模型从理论上证明了增长和集聚之间存在的互动关系和互动机制,为以往的大量经验研究提供了理论指南,有助于重组我们对真实世界中的现象和政策的思考。整合模型丰富了我们对一体化现象和政策的理解,纠正了新经济地理学囿于产品贸易成本的偏差,对由新经济地理模型导出的高度保护主义政策提出了质疑,并从理论上指出了空间平等与经济效率之间可能存在两难冲突。特别地,对中国这样一个经济快速增长但区域收入迅速分异的国家而言,整合模型为我们分析发展问题及制订区域政策提供了一套有力的理论工具。

因为集聚和增长本身都是非常复杂的现象,对两者的整合分析自然面临许多概念上和分析上的障碍。因此,该领域尚处于起步阶段,相关研究并不多,存在很多不足。首先,整合模型继承了新经济地理和新增长理论的非常严格的假设条件的特点,这在一定程度上损害了模型的普适性和对现实的解释能力。其次,在非常复杂的新经济地理模型中引进几乎同样复杂的内生增长,结果自然是模型复杂性大为增加。整合模型过分依赖数字解,不能进行连续的变量分析,这都限制了它的应用。再次,整合模型的区位分析比较丰富,而增长分析则过于简单,故其进展很少体现在对新增长部分的改进上。几乎所有整合模型的增长框架应用的都是Romer(1990)式的、水平创新的研发部门模型,而没有应用过垂直创新的研发部门模型,同时,也很少有应用人力资本模型。

集聚与增长整合理论模型方兴未艾,正等着有识之士来深化拓展对它的研究。未来的发展与完善可能包括以下几个方面:第一,如前所述,增长在整合模型中多处于从属地位,未来应丰富对增长的分析。第二,据笔者所知,目前还没有对整合模型的直接检验。而加强实证检验,是验证整合理论、延长其生命的必然要求。第三,动态经济中,历史和预期的相互作用常被经济学家强调,不过,迄今为止的整合模型通过假设完美预见性省略了对这方面的讨论。在一个集聚与增长互动的动态经济中,经济行为主体有怎样的预期,预期和历史又有什么样的关系,加强这方面的研究或许有助于整合预期理论、增长理论与区位理论,拓展我们对复杂经济现象的认识。第四,用整合模型来解释全球化、区域一体化、经济发展阶段和区域发展模式等重大经济现象,仍然是大有可为的。

参考文献

[1] Baldwin, Richard, Forsilid, Rikard. The core-periphery model and endogenous growth: stabilizing and destabilizing integration [J]. Economica, 2000, 67 (267): 307—324.

[2] Baldwin, Richard, Martin Philippe, Ottaviano, Gianmar-co. Global income divergence, trade and industrialization: the geography of growth take-offs[J]. Journal of Economic Growth, 2001, 6(1): 5—37.

[3] Baldwin, Richard. Agglomeration and endogenous capital[J]. European Economic Review, 1999, 43(2): 253—280.

[4] Baldwin, Richard. Core-periphery model with forward-looking expectations [J]. Regional Science and Urban Economics, 2001, 31(2): 21—49.

[5] Black D, Henderson V. A Theory of urban growth[J]. Journal of Political Economy, 1999, 107(2): 252—284.

[6] Ciccone A, R Hall. Productivity and the density of economic activity[J]. American Economic Review, 1996, 87(1): 54—70.

[7] Ciccone A. Agglomeration-effects in Europe[J]. European Economic Review, 2002, 46(2): 213—227.

[8] Coe D, E Helpman. International R&D spillovers[J]. European Economic Review, 1995(39): 859—887.

[9] Eaton J, S Kortum. Trade in ideas: productivity and patenting in the OECD [J]. Journal of International Economics, 1996(40): 251—278.

[10] Fujita M, Mori T. Frontiers of the new economic geography[J]. Papers in Regional Science, 2005, 84(3): 377—405.

[11] Fujita M, Thisse J V. Does Geographical Agglomeration Foster Economic

Growth? And Who Gains and Loses from It? [J]. Japanese Economic Review,2003,54(2):121—145.

[12] Fujita, Masahisa, Thisse, Jacques-Francois. Economics of Agglomeration: Cities,Industrial Location and Regional Growth[M]. Cambridge,UK: Cambridge University Press,2002.

[13] Glaeser E L, Kallal H D, Scheinkman J A, Shleifer A. Growth in Cities[J]. Journal of Political Economy,1992,100(6):1126—1152.

[14] Jacobs,Jane. The Economy of Cities[M]. New York: Random House,1969.

[15] Jaffe A, M Trajtenberg, R Henderson. Geographic location of knowledge spillovers as evidenced by patent citations[J]. Quarterly Journal of Economics,1993,8(108): 577—598.

[16] Keller W. Geographic location of international technology diffusion[J]. American Economic Review,2002(92): 120—142.

[17] Knaap T. A survey of complementarities in growth and location theories [M]. University of Groningen,SOM research school Press,1998.

[18] Knapp,Thijs. Models of Economic Geography: Dynamics, Estimation and Policy Evaluation[M]. Ridderkerk,The Netherlands: Labyrint Publication, 2004.

[19] Krugman,Paul. Increasing returns and economic geography[J]. Journal of Political Economy,1991,99(3): 483—499.

[20] Krugman,Paul. Space: The final frontier[J]. The Journal of Economic Perspective,1998,12(2): 161—174.

[21] Kuznets,Simon. Modern Economic Growth: Rate, Structure, and Spread [M]. New Heaven,CT,USA: Yale University Press,1966.

[22] Martin, Philippe and Ottaviano, Gianmarco. Growing locations: industry location in a model of endogenous growth[J]. European Economic Review, 1999,43(2): 281—302.

[23] Martin,Philippe and Ottaviano,Gianmarco. Growth and agglomeration[J]. International Economic Review,November 2001,42(4): 947—968.

[24] Richard E,Baldwin R E,Martin P. Chapter 60—Agglomeration and regional growth[M]. Amsterdam: Elsevier,Handbook of Regional and Urban Economics,2004(4):2671—2711.

[25] Romer,Paul. Endogenous technological change[J]. Journal of Political Economy,1990,98(5): S71—S102.

[26] Romer,Paul. Increasing Returns and long-run growth[J]. Journal of Political Economy,1986,94(5): 1002—1037.

[27] Walz, Uwe. Growth and deeper regional integration in the three-country model[J]. Review of International Economics, 1997(6): 492—507.

[28] Walz, Uwe. Transport costs, intermediate goods, and localized growth[J]. Regional Science and Urban Economics, 1996(26): 671—695.

[29] Yamamoto, Kazuhiro. Agglomeration and growth with innovation in the intermediate goods sector[J]. Regional Science and Urban Economics, 2003, 33(3): 335—360.

[30] 李玉成,杨开忠.集聚与增长整合研究评述[J].经济问题,2008(05):16—20+80.

[31] 谭成文.基于人口移动和知识溢出的经济增长与集聚研究[D].北京大学博士论文,2002.

[32] 张卉,等.集聚、多样性和地区经济增长:来自中国制造业的实证研究[J].世界经济文汇,2007(3):16—29.

[33] 张翎,窦静雅.空间经济学视角下的产业集聚与区域经济增长研究[J].工业技术经济,2007,26(7):79—81.

[34] 张艳,刘亮.经济集聚与经济增长:基于中国城市数据的实证分析[J].世界经济文汇,2007(1):48—56.

第十三章 微观同质性集聚与增长整合模型[①]

第一节 文献述评

长期以来,地理学和经济学两大独立的阵营之间缺乏有效的联系。但现实中,如何解释经济活动在空间维度的区位分布和时间维度的动态增长及其相互作用一直是地理学和经济学面临的基本问题。要解决这一问题,就需要将地理学中"空间"的因素引入经济学。而在一般均衡分析中如何处理空间因素主要有两大流派——新古典派和艾萨德派,其争论的焦点是空间因素是否应作为独立的要素进行分析。对于这一争论,空间不可能定理做出了本质性的回答,其核心问题之一就是如何将运输成本纳入一般均衡框架。其实,传统区位理论十分强调运输成本对经济活动空间分布的作用,认为交通运输费是影响空间区位选择和要素流动的决定性因素。传统主流经济学更是将运输成本的降低看作经济长期增长的源泉,认为运输成本的降低有助于促进生产要素和产品在区域之间的流动,提高要素的配置效率,提高企业生产效率,同时还有助于加速知识、技术的溢出,最终能够促进经济增长。然而,这些研究都是以规模收益不变和完全竞争为前提的,一方面由于缺乏处理规模收益递增和不完全竞争的技术工具,另一方面由于缺乏空间结构形成的微观基础和内在机制,运输成本就始终未能纳入主流经济学研究框架。

1977年D-S框架的出现提供了一个处理运输成本和报酬递增的崭新工具,从而为运输成本纳入主流经济学框架奠定了理论基础,也催生了新经济地理学理论(Dixit,Stiglitz,1977)。克鲁格曼将"冰山"运输成本引入新经济地理学模型,运输成本由此成了新经济地理学理论的"三大基石"之一(谢燮,杨开忠,2004),成为影

[①] 本部分系在笔者与其博士研究生董亚宁等合作发表论文"运输成本内生动态化的经济地理增长模型"(系统工程理论与实践,2018(2))基础上修改而成,感谢董亚宁博士等合作。

响经济空间区位布局与增长的核心因素,使得后续很多模型关于空间维度的区位分布与时间维度的动态增长研究都是围绕运输成本变化进行的。

空间区位选择方面,传统核心-边缘模型认为经济活动最终区位格局的形成是由"集聚力"和"分散力"两股力量共同决定的(Krugman,1991;Krugman,Venables,1995)。演化过程的关键在于"冰山"运输成本的变化,在"冰山"运输成本较高时,产业和要素呈分散布局;在中等水平时,产业和要素向两个区域中的核心区域集中;当"冰山"运输成本很低时,产业和要素又倾向于分散布局。核心-边缘垂直联系模型中,运输成本很高时,产业区位选择存在对称的稳定均衡;运输成本较低时,核心-边缘均衡是长期稳定的;介于一定范围时,存在多重均衡(Krugman,Venables,1995)。线性自由企业家模型也得到类似结论(Ottaviano et al.,2002)。总之,运输成本是影响产业区位选择的核心因素,随着运输成本的变化,产业空间分布会呈现不同的均衡状态,而且这种均衡状态是一瞬间就完成的,所有企业同步实现转移。

经济增长方面,GS 模型(Martin,Ottaviano,1999)首次引入内生经济增长,但其假设资本在空间不能流动,并且空间溢出没有区位差异,这样运输成本对长期经济增长率就不产生影响,模型的现实局限性较大。为解决这一问题,LS 模型(Baldwin et al.,2001)在假设资本空间不流动的前提下,考虑了空间溢出的区位差异性,这样知识在空间传播的自由度 λ 会影响长期经济增长,但依旧没有反映出运输成本对经济增长的影响。进一步地,KSDIM 模型(曹骥赟,2007)将 λ 进行了内生化拓展,以贸易自由度作为区际经济联系频度的指标,并将其引入到资本创造成本和产品生产率,从而实现了知识溢出效应的内生化,这样发现对称长期均衡下的资本增长率和经济增长率分别与运输成本呈正相关关系,并且经济增长率同集聚程度正相关,聚集程度越高经济增长就越快。同时,集聚度低的区域同集聚度高的区域相比,降低运输成本更有利于集聚度低的区域加快经济增长。由此可见,新经济地理学模型在不断尝试构建分析运输成本影响经济增长的框架,并已经有了初步的成果,但依旧没有突破模型假设条件和方法工具的限制。

可见,运输成本作为一个不可或缺的关键变量在新经济地理学模型中具有核心作用,但是克鲁格曼关于运输成本的简化方式不需要引进运输业部门,极大地降低了模型的复杂性,这些模型中的运输成本大多是作为一个可任意变化的外生变量,至于"运输成本"是怎么决定的、"运输成本"可以通过哪些内在逻辑机制影响区域经济发展则鲜有讨论。许多学者也批评这样的假设没有考虑到运输成本的来源、真实的运输距离以及运输成本随经济发展动态变化等一系列实际因素。针对这一问题,诸多学者从不同角度对运输成本函数进行了修正。如,Brakman 等(2004)将旅行时间因素引入运输成本函数,Hanson(2005)将人口加权大圆弧距离引入运输成本函数,Brakman 等(2004)引入了距离衰减指数,Knaap(2006)融合了

Hanson 和 Brakman 等人的假设,Hering 等(2006)进一步细化了 Knaap 的假设,Marrten(2010)引入了区域内基础设施情况、地貌特征、区域间边界障碍、共用交通基础设施、自由贸易政策及其他不可测因素等,Philippe 等(1995)假设运输成本与国内基础设施存量成正比,Stefan 等(2010)进一步假设运输成本与交通成本初始值成正比,与区内交通基础设施存量成反比。这些修正了的运输成本虽然更加贴近现实,但还是没有从根本上解决运输成本的来源与动态变化问题。

因此,如何在内生动态化运输成本条件下,将时间维度上的经济增长与空间维度上的空间区位选择纳入一个统一的框架中,研究运输成本对区域经济发展的影响就成为一大前沿课题。

本章将交通基础设施的相关性质及其影响区域经济发展的内在机制赋予运输成本并进行参数表征和细分[①],形成具有现实基础的内生动态化"区际运输成本"、内生动态化"区内运输成本"和内生动态化"区域完全运输成本"之后[②],基于传统 LS 模型和 KSDIM 模型,尝试构建了内生动态化运输成本条件下分析"运输成本"影响经济活动空间分布、要素流动、技术溢出、产业转移、经济增长以及区域差异的经济地理增长模型,力争对"运输成本"影响时间维度上的经济增长与空间维度上的空间区位选择提供了一种比较完整的范式和借鉴。

与以往研究不同之处在于:一是引入公共服务部门并赋予生产、收入和分配职能,考虑了"运输成本"影响区域经济发展的区位异质效应、乘数效应、效率改进效应等诸多经济效应,一定程度上内生动态化了"运输成本";二是全面系统地揭示了"运输成本"影响区域经济发展的逻辑机制,从而揭开"运输成本"影响区域经济发展的"内部黑箱";三是引入了区域生产率动态异质性机制;四是将时间维度上的经济增长与空间维度上的区位选择纳入一个理论框架,并将其集成转换成区域交通政策模拟分析平台,从而为分析区域交通政策提供了有力工具。

以下第二部分提出了模型的假设条件,并构建了运输内生化的新经济地理概念框架;第三部分进行了短期均衡和长期均衡分析;第四部分进一步模拟分析了一体化和差异化条件下的交通区域政策;第五部分为结论。

---

① 本章中的"运输成本"主要指生产要素运输到生产者过程中、产品从生产者销售到消费者的过程中以及生产者与生产者之间知识技术溢出过程中所产生的一切与运输(或者传播)相关的成本,并且会持续因经济活动产出的一部分用来改善交通基础设施进而不断影响"运输成本"的变化,"运输成本"具有内生动态化的性质。

② 本章假设区域内部贸易活动发生在区域中心点,进行区际贸易活动时需先运输到区域中心点,再经由区际运输通道运往另一区域中心点。"区内运输成本"是本区域内产生的"运输成本",亦即本区域内任意一点运输到区域中心产生的成本,与之对应的区内贸易自由度为 f_1;"区际运输成本"是指离开本区域进入另一区域过程中产生的"运输成本",亦即两区域中心点之间的运输成本,区际贸易自由度为 f_0;"区域完全运输成本"是从一个区域出发地到另一个区域到达地整个过程中所产生的"运输成本",由出发地区域的"区内运输成本""区际运输成本"和到达地区域的"区内运输成本"三部分组成,包含了运输环节中的所有成本,更加符合现实,也更具有政策含义,区域完全贸易自由度为 f。

第二节 模型假设

本模型为 2×4×2 结构,即经济系统由两区域、四部门、两要素组成①。

1. 农业部门

农业部门以规模报酬不变和完全竞争为特征,使用劳动力生产同质产品,每单位农产品需要 a_A 单位劳动力,单位劳动的名义工资为 w_A,农产品不存在任何运输成本。以单位农产品作为计价单位,即 $p_A=1$。

2. 工业部门

以 D-S 垄断竞争、规模报酬递增为特征,每个企业使用知识资本和劳动力只生产一种差异化产品,企业生产效率具有区域异质性,即企业将一单位知识资本作为固定投入,同时核心区与边缘区每单位产出分别需要 a_M、a_M^* 单位的劳动力②。这样核心区企业成本函数为 $p+wa_M x$,其中 p 为单位知识资本的收益率,w_M 为单位劳动的名义工资,x 为产品产量;工业品交易存在区内运输成本和区间运输成本。

3. 资本创造部门

沿承 LS 模型的假设,以完全竞争和规模收益不变为特征,利用劳动作为唯一投入生产资本,创造一单位资本需要消耗 a_I 单位劳动力,即创造成本为 $F=w_I a_I$,w_I 为核心区劳动的名义工资。新资本的创造可以通过积累来不断降低其成本,并且可以广泛传播被其他企业所利用。因此,区域创造资本的成本,既取决于本地区资本存量的大小,又取决于其他地区资本存量的溢出效应。对于核心区而言,其资本创造成本可表示为 $a_I=1/(l_I K+l K^*)$,式中 $l_I, l \hat{I}[0,1]$,称为溢出系数,分别指本区域知识或技术和外地知识或技术被本区域利用的程度,主要依赖于区域内及区域间的经济开放程度,而经济开放程度又与贸易成本密切相关。为了增加模型

---

① 两个区域分别为核心区和边缘区,核心区为较发达区域,变量不采用任何标示,边缘区为较落后区,与之对应的变量采用上标(*)标示;四个部门分别为农业部门 A、工业部门 M、资本创造部门 I 和公共服务部门 G;两种要素分别是资本(K)和劳动(L)。

② 考虑运输成本的效率改进效应,企业生产率会随着运输条件的改善而提高,即 a_M 的大小同生产效率成反比。考虑到后续计算的简化,参照 KISIW 模型假设,对于核心区而言,其生产率可表示为 $a_M=(z_I+z)\frac{1}{1-s}$,式中 $z_I, z \hat{I}[0,1]$,称为效率改进系数,分别指区内或区间运输条件的改善对本地生产技术改善的贡献程度,为了增加模型的易操作性,这里假设核心区和边缘区企业生产成本分别为 $a_M=(f_I+f)^{\frac{1}{1-s}}$、$a_M^*=(fi+f)^{\frac{1}{1-s}}$,$f_I$ 和 fi 分别为核心区与边缘区的区内贸易自由度。

的易操作性,这里我们先采用最简单的线性函数,假设核心区和边缘区资本创造成本分别为 $a_I=1/[\varphi_I K+\varphi K^*]$、$a_I^*=1/[\varphi K+\varphi_I^* K^*]$。

4. 公共服务部门

公共服务部门以完全竞争和规模收益不变为特征,通过征税的方式获得税收收入,而后利用税收收入作为投入要素来完善交通基础设施。假设公共服务部门对两个区域征收入税,且税率均为 t,根据此前的定义,则核心区和边缘区税收收入分别为:$G=taxnp_ix_i=tE$、$G^*=tE^*$。这样,公共服务部门总的税收收入为 $G+G^*=tE+tE^*=tE^w$①,假设总税收中的一部分 $0\leq\beta\leq1$ 用于改善区际交通基础设施,而剩余 $1-b$ 部分用于改善核心区和边缘区内交通基础设施,这其中的部分 $0\leq\eta\leq1$ 用于改善核心区内交通基础设施,而 $1-h$ 部分用于改善边缘区内交通基础设施。为了简单起见,假设公共部门生产技术与本地厂商技术相同,对核心区内基础设施而言,每生产一单位的交通基础设施需要 a_M 单位的税收收入,对边缘区内基础设施而言,每生产一单位的交通基础设施需要 a_M^* 单位的税收收入,而对于区际交通基础设施而言,假定由核心区和边缘区联合建设,每生产一单位的交通基础设施需要 $\frac{a_M+a_M^*}{2}$ 单位的税收收入,且核心区和边缘区各建设量相等。这样核心区和边缘区的区内交通基础设施投资供给量分别为 $S_I=(1-b)hE^w/a_M$ 和 $S_I^*=(1-b)(1-h)E^w/a_M^*$,同理,可得区际交通基础设施供给量为 $S=2bE^w/(a_M+a_M^*)$。

5. 要素禀赋及流动性

两区域劳动力总量为 L^w,劳动力可以在部门间自由流动,但不能跨区域流动;核心区和边缘区的劳动力禀赋分别为 L 和 L^*,核心区的劳动力份额为 s_L。两区域资本总量为 K^w,每个区域存在资本创造和资本折旧,假设两个区域资本折旧的速度相同,资本所有者不能跨区域流动,核心区的资本禀赋为 K,边缘区的资本禀赋为 K^*,资本禀赋份额分别为 s_K、s_K^*,假设两个地区拥有的劳动比例等于资本禀赋比例。由于每个工业企业只生产一种产品,则资本总量 K^w 与工业企业总数 n^w 相等,核心区的工业企业数和产品种类数均为 n,边缘区的工业企业数和产品种类数均为 n^*,有 $n^w=n+n^*=K^w$,而且核心区的工业企业数份额为 $s_n=\frac{n}{n^w}$,边缘区的工业企业数份额为 $s_n^*=n^*/n^w$。

---

① 假设两个区域总收入为 E^w,包括劳动力收入和资本收益之和减去资本创造成本,如果不存在储蓄,则收入水平就是支出水平。其中,核心区的收入用 E 表示,核心区支出占全域总支出份额为 s_E,边缘区收入用 E^* 表示,边缘区支出份额为 s_E^*。

6. 内生动态化运输成本

考虑到现实中交通基础设施有存量和增量的特征,用 t 时刻交通基础设施存量表示运输成本的外生因子 τ_{1t},t 时刻经济系统的产出将有一部分用于 $t+1$ 时刻交通基础设施的改善,这部分交通基础设施增量表示运输成本的内生因子 τ_{2t+1},t 时刻的内生化运输成本 $\tau_t = f(\tau_{1t}, \tau_{2t})$ 取决于 t 时刻运输成本的外生因子 τ_{1t} 和 t 时刻运输成本的内生因子 τ_{2t}[①](见图 13-1)。

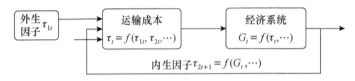

图 13-1 内生动态化"运输成本"概念示意

综合考虑交通基础设施的特征,可以设定核心区的区内贸易自由度 $f_I = f_{I0}(1+S_I) = f_{I0}[1+(1-b)hE^w/a_M]$[②],边缘区的区内贸易自由度 $f_I^* = f_{I0}^*(1+S_I^*) = f_{I0}^*[1+(1-b)(1-h)E^w/a_M^*]$,区际贸易自由度 $f_0 = f_{00}(1+S) = f_{00}[1+2bE^w/(a_M+a_M^*)]$,区域完全贸易自由度 $\varphi = \varphi_I \varphi_0 \varphi_I^*$[③]。其中 f_{I0} 反映核心区的初始区内贸易自由度,f_{I0}^* 反映边缘区的初始区内贸易自由度,f_{00} 反映初始区际贸易自由度。

模型的基本逻辑是:内生动态化"区域完全运输成本"和内生动态化"区内运输成本"均会影响区域内企业生产效率、资本创造效率以及公共部门效率,消费者以效用最大化为目标决定其对工业品和农产品的需求,工业企业以规模报酬递增生产产品并进行定价,资本创造部门以变化着的资本成本创造资本并时时与变化着的资本价值对比以决策下一步是否继续创造,均衡条件下的资本增长率会影响资本价值,经济总收入中按一定的税收比例用于区际和区内投资并以公共部门效率进行生产,这种生产会影响下一步的区域完全运输成本和区内运输成本,如此往复循环进行动态化运行(见图 13-2)。

---

① 经济分析中的变量一般可以分为内生变量和外生变量两类,内生变量是指纯粹由经济模型内部因素所决定的变量,外生变量则是指受经济模型外部因素影响的变量,这种变量通常能够由政策控制,并以之作为政府实现其政策目标的变量。显然,已有关于运输成本的研究大都将其作为外生变量来看待。而结合本章关于运输成本概念的界定,"运输成本"应该是一个由外生因素和内生因素共同决定的综合变量。因此,我们把兼具外生变量和内生变量特征的"运输成本"称作内生动态化"运输成本"。

② 由于 t 时刻的内生化运输成本为 $\tau_t = f(\tau_{1t}, \tau_{2t})$,结合交通基础设施性质,设定 t 时刻的内生化贸易自由度为 $f_t = f_{It}(1+S_{It})$。

③ 关于区域完全贸易自由度、区际贸易自由度和区内贸易自由度的关系,参照惯例,采取相乘的方式。

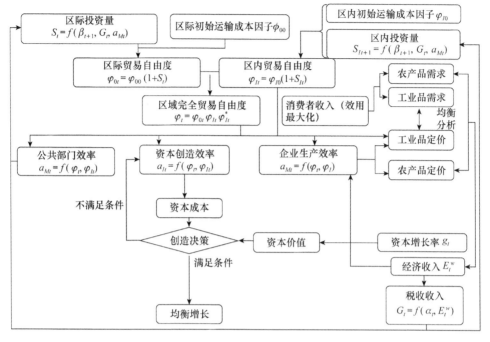

图 13-2　内生动态化运输成本条件下的经济地理增长模型概念框架

第三节　均 衡 分 析

一、短期均衡分析

(一) 消费者均衡分析

依旧假设每个地区的代表性消费者都具有双重效用函数,即总效用函数和子效用函数,总效用函数 U 是消费农产品和多样化工业品效用函数,它用柯布-道格拉斯型效用函数来表示, C_A 是农产品的消费量, C_M 是差异化工业品组合的消费;子效用函数即工业品消费的效用函数 C_M 为 CES 效用函数,其中, n^w 为产品种类总数, μ 为消费者收入中对工业品的支出份额, $(1-m)$ 为对农产品的支出份额, c_i 为消费者对第 i 种产品的消费量, σ 表示不同工业品之间的替代弹性。由于经济地理增长模型是一种长期经济增长模型,这里涉及的是消费者的跨期效用最大化问题。为了讨论的方便,我们假设消费者的跨期替代弹性为 1,并把各期现值效用函数 $u(C)$ 表示为对数形式 $\ln C$,则有

$$U = \int_{t=0}^{\infty} e^{tp} \ln C \mathrm{d}t, C = C_A^{1-\mu} C_M^{\mu}, C_M = \left(\int_{i=0}^{n^*} c_i^{1-1/\sigma} \mathrm{d}i \right)^{1/(1-1/\sigma)}, 0 < m < 1 < s$$

(13-1)

其中 ρ 是消费者的时间偏好率,即消费者的效用折现率。对消费者效用最大化问题进行分析,得到消费者对农产品的消费量 $C_A=(1-\mu)Y/p_A$,对工业品的消费量 $c_i=mY\dfrac{p_i^{-s}}{P_M^{1-s}}$。

(二)农业部门均衡分析

根本农业部门假设,由于农产品区内和区间贸易成本均为 0,所以两个区域的农产品价格相等,即 $p_A=p_A^*$,进而,核心区和边缘区的工资率相等,即 $w_L=w_L^*$。为方便起见,将农业部门单位劳动投入 a_A 作为计价单位,则有变量关系:$p_A=p_A^*=w_L=w_L^*=w=1$。

(三)工业部门均衡分析

根据消费者均衡分析可以得出核心区消费者对核心区生产的第 i 种工业品的需求量为 $c_i=mEp_i^{-s}P_M^{s-1}$,边缘区消费者对核心区生产的第 i 种工业品的需求量为 $c_i^*=\mu E^* p_i^{*-\sigma} P_M^{*\sigma-1}$,其中,$p_i$ 表示核心区生产核心区销售的工业品 i 的价格,p_i^* 表示核心区生产边缘区销售的该工业品价格。依据"冰山"运输成本假设,核心区企业 i 的产出量为 $x_i=\tau_I c_i+\tau c_i^*$,同理可得边缘区企业 j 的产出量为 $x_j=\tau c_j+\tau_I^* c_j^*$。

企业根据边际成本加成定价法定价,以核心区 i 企业为例,企业的利润表达式为 $px_i-(p+a_M w_L x_i)$,通过拉格朗日计算,核心区企业产品成本价 $p=\dfrac{wa_M}{(1-1/s)}$,由于区域内和跨区域交易都存在"冰山"贸易成本,因此,核心区产品在核心区出售时的价格与出厂成本价格之比为 τ_I,进而得出 $p_i=\tau_I p=\dfrac{\tau_I wa_M}{(1-1/s)}$。核心区产品在边缘区出售时的价格与出厂成本价格之比为 τ,进而得出 $p_i^*=\tau p=\dfrac{\tau wa_M}{(1-1/s)}$。

(四)资本收益分析

考虑核心区 i 企业,资本收益率的表达式为

$$\pi=px_i/\sigma\\=\dfrac{\mu p^{1-\sigma}}{\sigma}\left\{\dfrac{E^w s_E \varphi_I}{n^w p^{1-\sigma}[\varphi_I s_n \chi+\varphi(1-s_n)]}+\dfrac{E^w(1-s_E)\varphi}{n^w p^{1-\sigma}[\varphi s_n \chi+\varphi_I^*(1-s_n)]}\right\}\chi$$

(13-2)

其中,$c=(a_M/a_M^*)^{1-s}=(f_I+f)/(f_I^*+f)$,为了方便起见,本地生产并在本地销售的产品价格可以设为 1,定义 $D=f_I s_n c+f(1-s_n)$,$D^*=fs_n c+f_I^*(1-s_n)$,再令 $b=m/s$。进一步可以写成:

$$\pi=bB\dfrac{E^w}{K^w},B=\left(\varphi_I\dfrac{s_E}{\Delta}+\varphi\dfrac{1-s_E}{\Delta^*}\right)\chi$$

(13-3)

同理,边缘区企业资本收益率为:$p^*=bB^*\dfrac{E^w}{K^w}$,$B^*=f\dfrac{s_E}{D}+f_I^*\dfrac{1-s_E}{D^*}$。

（五）市场支出份额

北部和南部区域支出的表达式分别为

对北部经济：$E = s_L L^w + s_n b B E^w + th(1-b) E^W + 0.5tbE^W - (g+d)Ka_I$

(13-4)

对南部经济：

$E^* = (1-s_L) L_w + s_n^* b B^* E^W + t(1-h)(1-b) E^W + 0.5tbE^W - (g+d) K^* a_I^*$

(13-5)

东西区域支出相加可得全域总支出：$E^w = L^w + bE^w + tE^w - (g+d)(Ka_I + K^* a_I^*)$

将资本创造成本函数代入可得

$$E^w = L^w + bE^w + tE^w - (g+d)\left[\frac{s_n}{f_I s_n + f(1-s_n)} + \frac{1-s_n}{fs_n + f_I^*(1-s_n)}\right]$$

(13-6)

将北部支出和全域支出相比可得北部相对市场支出规模：

$$s_E = \left\{\begin{array}{c} s_L L^w + (s_n bB + t\eta(1-\beta) + 0.5t\beta) \dfrac{L^w - (g+\delta)\left[\dfrac{s_n}{\varphi_I s_n + \varphi(1-s_n)} + \dfrac{1-s_n}{\varphi s_n + \varphi_I^*(1-s_n)}\right]}{1-b-t} \\ -(g+\delta)\left[\dfrac{s_n}{\varphi_I s_n + \varphi(1-s_n)} + \dfrac{1-s_n}{\varphi s_n + \varphi_I^*(1-s_n)}\right] \end{array}\right\}$$

$$\Big/ \left\{\frac{L^w - (g+\delta)\left[\dfrac{s_n}{\varphi_I s_n + \varphi(1-s_n)} + \dfrac{1-s_n}{\varphi s_n + \varphi_I^*(1-s_n)}\right]}{1-b-t}\right\}$$

(13-7)

二、长期均衡分析

长期均衡时满足 $\dot{s}_n = (g-g^*) s_n (1-s_n)$，但现实中核心-边缘的分布情况极少存在，因此本节主要分析资本禀赋非对称情形下两区域资本增长速度相同的内部均衡，此时 $s_n = s_k = s_L$，运输成本内生化的情形比较复杂，难以得到显性解析解，主要采用数值模拟分析方法。对于核心区，达到长期对称均衡核心区满足 $q = \dfrac{v}{F} = 1$，将资本创造成本 a_I 和资本收益 π 代入，再把上面的 E^w 代入并求解出 g 可得

$$g = \frac{s_n b B E^w}{a_I} - \rho - \delta$$

(13-8)

同理可得均衡时边缘区资本增长率为

$$g^* = \frac{(1-s_n) b B^* E^w}{a_I^*} - \rho - \delta$$

(13-9)

核心区和边缘区增长速度一致，即满足，$g = g^*$。

名义 GDP 包括用于消费的总支出和投资支出，因此，名义 GDP 等于要素的全部收入，核心区和边缘区名义 GDP 分别为

$$\mathrm{GDP} = E + (g+\delta)K^w a_I = s_L L^w + s_k b B E^w + t\eta(1-\beta)E^w + 0.5t\beta E^w \tag{13-10}$$

$$\mathrm{GDP}^* = E^* + (g^*+\delta)K^* a_I^* = (1-s_L)L^w + s_k^* b B^* E^w \\ + t(1-\eta)(1-\beta)E^w + 0.5t\beta E^w \tag{13-11}$$

三、参数模拟分析

接下来在其他变量不变情形下,分析工业品消费份额、产品间替代弹性和资本收益折现率等关键参数分别对两区域资本增长速度、相对支出规模以及名义 GDP 份额比例的影响。由于存在反馈机制,最佳选择是进行动态模拟分析,结合现实情况进行参数设定①,主要采取数值模拟分析方法。

从图 13-3 可以看出,在其他参数不变的情况下,随着核心区工业品消费份额逐渐增大,两区域资本增长速度、相对支出规模和名义 GDP 份额比例均增加,其中资本增长速度呈线性增长,而相对支出规模与名义 GDP 份额比例均呈"U"形右侧递增趋势,这表明核心区工业品消费份额的增加有利于两区域的资本增长,但会扩大两区域经济发展差异。

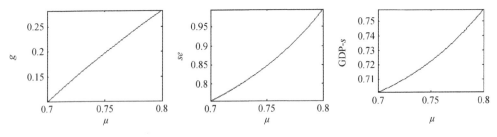

图 13-3 工业品消费份额影响关系

从图 13-4 可以看出,在其他参数不变的情况下,随着产品间替代弹性的增加,两区域资本增长速度呈线性递减,相对支出规模差异和名义 GDP 份额也将缩小,表明有利于缩小区域差异。

从图 13-5 可以看出,在其他参数不变的情况下,随着资本收益折现率逐渐增大,两区域资本增长速度、东西部相对支出规模、东西部名义 GDP 份额比例均呈递减趋势,其中资本增长速度呈线性递减,而相对支出规模和名义 GDP 份额比例均

---

① 结合现实情况作以下参数设定,除特别说明外,设定初始区际贸易成本 $\varphi_{00}=0.3$、核心区的初始区内贸易成本 $\varphi_{I0}=0.5$、边缘区地区的初始区内贸易成本 $\varphi_{I0}^*=0.25$。区内投资比例 $\eta=0.5$、区际投资比例 $\beta=0.5$,税率 $t=0.05$,东边缘区初始资本禀赋比 $s_k=0.7$,东边缘区初始劳动禀赋比 $s_L=0.7$,工业品消费份额 $\mu=0.8$,产品间替代弹性 $\sigma=3$,资本折旧率 $\delta=0.01$,资本收益折现率 $\rho=0.1$,初始劳动力总禀赋为 $L^w=1$。传统新经济地理学模型只分析对称长期均衡和核心-边缘长期均衡化条件,这其实在现实中是极端情形,本文将在非对称长期均衡条件下进行分析。

呈"U"形左侧递减趋势。这就说明,资本收益折现率的增加,虽然不利于区域资本增长,但会缩小区域之间的差距。

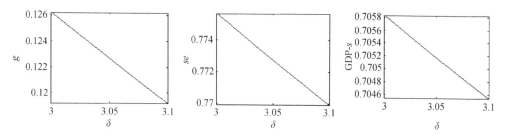

图 13-4　产品间替代弹性影响关系

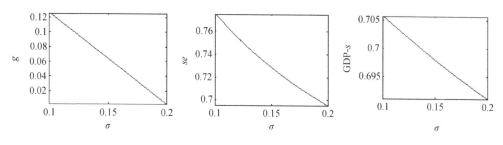

图 13-5　资本收益折现率影响关系

第四节　区域交通政策模拟分析

政府宏观区域政策的战略举措之一就是采取一体化发展方法。目前我国地区保护、市场分割、地理分工滞后现象依然存在,要着力提高经济质量和效益,保持经济中高速增长,实现区域协调发展,根本的区域方法是逐步完善和发挥全国统一市场的作用,推动全国范围内的经济一体化(杨开忠,1993)。而发展高效便利的交通基础设施是建立健全统一市场的基础。为此,政府所能采取的区域交通政策主要包括一体化政策和差异化政策两类,政府该如何统筹考虑两类区域交通政策呢?本章构建的内生动态化"运输成本"条件下的经济地理增长模型恰好为分析这一问题提供了有力工具。

依旧结合现实情况进行参数设定,除特别说明外,各参数初值与上节相同。依据上述理论基础建立区域交通政策模拟平台,并分别进行一体化政策条件和差异化政策条件下的区域交通政策模拟分析,同时进行了不同税率条件下的对比分析。

一、一体化政策分析

一体化政策分析主要是研究区际基础设施存量和区际投资比例对两区域资本增长速度、相对支出规模以及名义 GDP 份额比例的影响。首先分析区际基础设施存量的影响,从图 13-6 可以看出,随着初始区际运输条件的改善,东边缘区资本增长速度增加,而东边缘区相对支出规模以及东边缘区名义 GDP 份额比例呈"U"形左侧递减趋势,也就是有利于缩小东边缘区区域差距;而税率的增加将会抬升东边缘区资本增长速度的滚摆线,压低东边缘区相对支出规模以及东边缘区名义 GDP 份额比例的滚摆线。

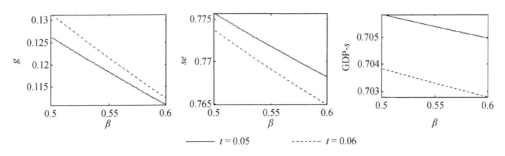

图 13-6 不同税率条件下区际基础设施存量影响关系

接着分析区际投资比例变化的影响,设定 $\beta=0.5\sim0.6$,从图 13-7 可以看出,随着区际投资比例的增加,两区域资本增长速度增加,相对支出规模和名义 GDP 份额比例呈线性递减趋势,也就是有利于缩小区域差距;税率的增加将会抬升资本增长速度的滚摆线,压低相对支出规模与名义 GDP 份额比例的滚摆线,进而缩小区域差距。

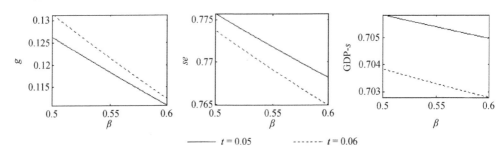

图 13-7 不同税率条件下区际投资比例影响关系

二、差异化政策分析

差异化政策分析主要是研究核心区内基础设施存量、边缘区内基础设施存量以及区内投资比例对两区域资本增长速度、东边缘区相对支出规模和东边缘区名义 GDP 份额比例的影响,同时也进行了不同税率和区内投资比例条件下的对比分析。

首先分析核心区内基础设施存量的影响,设定 $\varphi_{10}=0.45\sim0.55$。从图 13-8 可以看出,随着核心区区内基础设施存量的改善,两区域资本增长速度线性增加,相对支出规模和名义 GDP 份额比例呈倒"U"形左侧递增趋势,也就是将会产生区域差距;税率的增加也将抬升资本增长速度的滚摆线,但同时压低相对支出规模以及名义 GDP 份额比例的滚摆线。

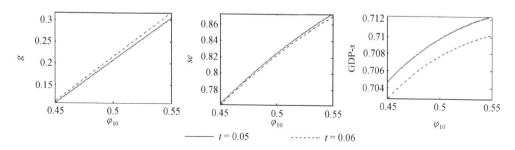

图 13-8　不同税率条件下核心区区内基础设施存量影响关系

接下来分析边缘区内基础设施存量的影响,设定 $\varphi_{20}=0.15\sim0.25$,$\varphi_{10}=0.4$。从图 13-9 可以看出,随着边缘区内基础设施存量的改善,两区域资本增长速度增加,相对支出规模以及名义 GDP 份额比例则呈"U"形左侧递减趋势,但当边缘区内基础设施存量增加到一定程度时,这种差距将趋于稳定;税率的增加将会抬升资本增长速度的滚摆线,压低相对支出规模和名义 GDP 份额的滚摆线。

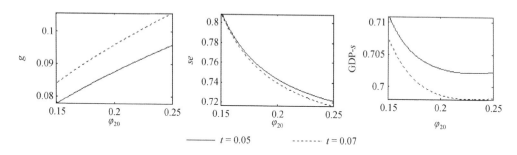

图 13-9　不同税率条件下边缘区区内基础设施存量影响关系

最后分析区内投资比例的影响,设定 $\eta=0.5\sim0.6$。从图 13-10 可以看出,随着对核心区基础设施投资力度的加大,两区域资本增长速度、相对支出规模以及名义 GDP 份额比例都将增加,也就是将扩大区域差距;税率的增加将会使三条滚摆线变得更陡。

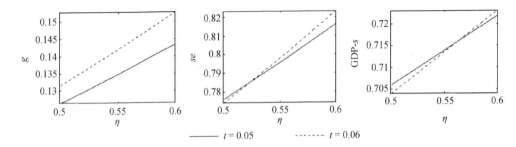

图 13-10　不同税率条件下区内投资比例影响关系

第五节　小　　结

本章将交通基础设施作为"运输成本"的现实基础,引入公共服务部门并赋予其生产、收入和分配职能,通过建立内生动态化"运输成本"条件下的新经济地理增长模型,搭建了揭示区域交通政策影响区域经济发展的基本途径和内在机理的分析平台。得到如下结论:① 虽然与 LS 模型、KSIBI 模型相比,新的模型并未根本改变关键参数的影响关系,但是能够更精准地模拟相关关系的动态变化趋势;② 区域资本增长率与工业品支出份额呈正相关关系,与产品间替代弹性和资本收益折现率呈负相关关系;③ 区域相对支出规模与工业品支出份额呈"U"形右侧递增正相关关系;但与产品间替代弹性呈线性负相关关系,与资本收益折现率呈"U"形左侧递减负相关关系;④ 区域名义 GDP 份额与工业品支出份额"U"形右侧递增正相关关系,但与产品间替代弹性呈线性负相关关系,与资本收益折现率呈"U"形左侧递减负相关关系。⑤ 区际运输条件与资本增长速度成正比,与相对支出规模和名义 GDP 份额比例成反比,并随着区际运输条件的改善呈"U"形左侧递减趋势,即会缩小东西部区域差距;⑥ 区际投资比例与资本增长速度、相对支出规模以及名义 GDP 份额比例呈反比例关系;⑦ 核心区内基础设施存量的改善与资本增长速度、相对支出规模以及名义 GDP 份额比例成正比,且与相对支出规模和名义 GDP 份额比例呈倒"U"形左侧递增趋势;⑧ 边缘区内基础设施存量的改善与地区资本增长速度成正比,但与相对支出规模和名义 GDP 份额比例呈"U"形左侧递减趋势;⑨ 核心区内投资比例的增加与资本增长速度、相对支出规模和名义 GDP 份额比例成正比。此外,还做了组合政策条件下的对比分析,得到了丰富并更具有现实意义的结果。总之,内生动态化运输成本的经济地理增长模型更加符合现实,并且能够为区域交通政策分析提供有力的工具。

参考文献

[1] Baldwin R, Martin P, Ottaviano G I P. Global income divergence, trade and industrialization: the geography of growth take-off[J]. Journal of Economic Growth, 2001,(6): 5—37.

[2] Black D, Henderson V. A theory of urban growth[J]. Journal of Political Economy, 1999, 107(2): 252—284.

[3] Brakman S, Garretsen H, Schramm M. Putting new economic geography to the test: free-ness of trade and agglomeration in the EU regions[J]. Regional Science and Urban Economics, 2006(36): 613—635.

[4] Brakman S, Garretsen H, Schramm M. The spatial distribution of wages: estimating the Helpman-Hanson model for Germany[J]. Journal of Regional Science, 2004(44): 437—466.

[5] Dixit A K, Stiglitz J E. Monopolistic competition and optimum product diversity[J]. The American Economic Review, 1977, 67(3): 297—308.

[6] Fujita M, Krugman P, Venables A. The spatial economy[M]. MIT Press, 1999.

[7] Hanson G. Market potential, increasing returns and geographic concentration [J]. Journal of International Economics, 2005(67): 1—24.

[8] Hering L, Poncet S. Market access impact on individual wages: evidence from China[J]. Working paper, 2006(23), CEPII.

[9] Knaap T. Trade, location, and wages in the United States[J]. Regional Science and Urban Economics, 2006(36): 595—612.

[10] Krugman P, Venables A. Globalization and the inequality of nations[J]. The Quarterly Journal of Economics, 1995, 110(4): 857—880.

[11] Krugman P. increasing returns and economic geography[J]. Journal of Political Economy, 1991, 99(3).

[12] Maarten B, Harry G. Trade costs in empirical new economic geography[J]. Papers in Regional Science, 2010, 89(3): 485—511.

[13] Martin P, Ottaviano G I P. Growing locations: industry in a model of endogenous growth[J]. European Economic Review, 1999,(43): 281—302.

[14] Ottaviano G I P, Tabuchi T, Thisse J. Agglomeration and trade revisited[J]. International Economic Review, 2002,(43): 409—436.

[15] Philippe M, Carol A R. Industrial location and public infrastructure[J]. Journal of International Economics, 1995(39): 335—351.

[16] Stefan G, Luigi M. Taxation, infrastructure and endogenous trade costs in new economic geography[J]. Papers in Regional Science, 2010, 89(1): 203—222.

[17] Xie X, Yang K Z. The Theoretical base of new economic geography[J]. Modern Economic Science,2004,26(4):53—57.

[18] Yang K Z. Towards spatial integration:China's market economy and regional development strategy[J]. Cheng Du:Sichuan People's Publishing House,1993.

[19] 曹骥赟. 知识溢出双增长模型和中国经验数据的检验[D]. 天津:南开大学. 2007.

[20] 谢燮,杨开忠. 新经济地理学诞生的理论基石[J]. 当代经济学,2004,26(4):53—57.

[21] 杨开忠. 迈向空间一体化:中国市场经济与区域发展战略[M]. 成都:四川人民出版社,1993.

第十四章 微观异质性集聚与增长整合模型[①]

第一节 文献述评

人民日益增长的美好生活需要与不平衡不充分的发展已成为当前中国经济社会的主要矛盾,如何解释经济活动在空间维度的区位分布与时间维度的动态增长就成了当前面临的重要理论问题。从理论上讲,"平衡发展"侧重空间维度的分布,"充分发展"则侧重时间效率维度的增长。然而长期以来,涉及这一理论难题的地理学和经济学却缺乏有效的联系。在地理学家看来,经济学家以同质空间假定忽视了空间的作用,经济活动"在针尖上跳舞";在经济学家看来,地理学家虽然考虑了异质空间,却往往缺乏严谨的理论分析框架。因此,如何在同一框架下解释经济活动在空间维度的区位分布与时间维度的动态增长及其相互作用就成了地理学和经济学面临的共同难题。要解决这一难题,必须处理两大问题:一是如何将空间因素纳入一般均衡框架;二是如何引入内生增长机制。

关于第一个问题,实属地理学和经济学的融合问题。早在 19 世纪初,杜能通过异质性空间假设将空间因素融入分析框架,建立了区位地租理论,构筑了地理学与经济学融合的第一座桥梁。之后,艾萨德将杜能、韦伯、克里斯泰勒、廖什等人的模型整合为统一框架,建立了"一般区位论";阿隆索建立了完全竞争市场结构的单中心城市模型。然而,这些理论未能找到解决报酬递增与运输成本的有效途径。直到 1977 年,D-S 模型提供了一个处理报酬递增与运输成本的崭新工具,扫除了前进道路上的技术障碍,也为新经济地理学的产生奠定了坚实基础(Dixit A K et

---

[①] 本部分系在笔者与其博士研究生董亚宁等合作发表论文《运输成本、异质性企业迁移与区域平衡发展——基于集聚与增长整合理论的研究》(系统工程理论与实践,2019(10))基础上修改而成,感谢董亚宁博士等合作。

al.,1977)。1991年,保罗·克鲁格曼在 D-S 模型下将空间因素纳入一般均衡理论,构建了"核心-边缘"模型(Krugman P,1991),从而为地理学与经济学的融合构筑了第二座桥梁。2003年,梅里兹(Melitz)首次将异质性企业引入新贸易理论(Melitz J,2003)。受此启发,鲍德温(Baldwin)等将异质性企业引入新经济地理学 FC 模型(Baldwin R et al.,2006)。假设企业生产成本为帕累托累计概率分布函数。奥塔维诺(Ottaviano)在梳理已有研究基础上正式提出了"新"新经济地理学(Ottaviano G I P,2011),从而掀起了将微观主体异质性同新经济地理理论相结合的研究热潮,如 Baldwin 等(Baldwin R et al.,2009)、Okub(2010)、Commendator (2018)等。与此同时,国内学者杨开忠提出"新"新经济地理学理论有四大基石:D-S 框架/OTT 框架、要素流动、运输成本和微观主体异质性假设,并认为"新"新经济地理学构筑起了经济学与地理学融合的第三座桥梁,是一个具有深远意义的地理学和经济学结合的前沿方向(杨开忠等,2016)。

关于第二个问题,伴随着空间集聚机制与内生增长机制理论的完善,学者们陆续基于空间集聚机制和内生增长机制将时间维度的动态增长和空间维度的空间分布纳入同一框架进行研究。新近的研究有:戴维斯等(Davis et al.,2014)在完全竞争框架下将新古典增长模型延伸到三维空间,构建了一个城市与增长的动态模型,揭示了资本积累速度随地租和集聚变化的情况,也验证了地租的变化会传导至集聚对增长的影响。布契金等(Boucekkine et al.,2013)基于物质资本增长机制构建一个包含资本积累和空间扩散的最优增长时空模型,研究了资本的时空动态增长与空间集聚之间的关系。戴斯梅特等(Desmet et al.,2015)通过集聚与增长整合模型对印度制造业和服务业的空间演变进行分析,发现服务业日益集中于高密度地区,高密度的经济活动是印度经济增长的引擎。卡斯特尔-金塔纳(Castells-Quintana,2017)的研究发现亚洲和欧洲地区的城镇化对经济增长产生积极影响,而撒哈拉以南的非洲地区则不然,这是因为城市基础设施的不足阻碍了聚集经济。国内学者(周文等,2017)通过构建一个包含农村和城市两类异质劳动力以及两类区域用地的内生城市化模型,引入土地流转和人口迁移的限制,研究了土地制度和户籍制度改革对城市化和居民福利的影响。邵宜航和李泽扬等(2017)借鉴阿洪等(Aghion et al.,2016)研究,用破坏式创新解释了企业空间集聚与企业生产、创新与进入决策以及经济增长的关系。可见,空间集聚与内生增长整合理论为我国实现平衡充分发展提供了理论框架。

运输成本作为集聚与增长整合理论的核心变量,是影响经济活动平衡充分发展的关键因素。戴斯梅特等(Desmet et al.,2018)引入运输成本和迁移摩擦构建了一个动态空间增长模型,分析了不同迁移摩擦条件下的空间均衡,强调世界是通过贸易、技术扩散和移民相互联系的,不同的移民情况改变了当地的城市规模,进而改变了创新激励和技术的发展。莫滕等(Morten et al.,2016)研究了道路设施对人口迁移的影响,发现基础设施促进劳动力迁往回报最高的地方。弗斯里德

(Forslid et al.,2017)发现随着经济发展和运输成本下降,高生产率企业集中在人力资本丰富的地区。戴斯梅特等(Desmet et al.,2017)研究了运输成本对亚洲长期空间发展的影响,发现亚洲范围内运输成本下降40%,亚洲实际收入的贴现值将增加78%。津福等(Tsubuku et al.,2016)探讨了内生运输成本对企业选址的影响,模型中政府通过公共基础设施投资来控制运输成本,发现大国总是比小国在公共投资上获得更多的税收收入,这就导致更多的公司落户在更大的国家,因为在更大国家具有更低的国内运输成本。

上述研究在同一框架中分析了运输成本对经济活动空间分布与内生经济增长的影响,是集聚与增长整合理论下研究运输成本的有益尝试。然而也存在一些局限:① 忽视微观主体的异质性。一些理论模型忽视生产者和消费者异质性,代表性微观主体代表所有主体特征,这使得理论结果与现实产业转移过程、经济活动分布不符。现实经济活动中,产业转移是逐渐的、选择性的和过程式的,并不是一瞬间就完成转移,也不是所有的企业同步实现转移、分布在一个地方;② 忽视运输成本内生性。大多数模型将运输成本假定为一个任意变化的外生变量。这种方式极大地降低了模型的复杂性,但缺乏现实性。诸多学者从不同角度对运输成本函数进行了修正(Stefan et al.,2010;Behrens et al.,2011;Brancacci et al.,2017),却难以从根本上解决运输成本的来源和动态变化问题。董亚宁等(2018)从破解运输成本来源及其动态变化问题入手,尝试引入运输成本内生动态化机制,构建了一个新经济地理增长模型,但是未能考虑微观主体异质性(董亚宁等,2018)。

因此,如何在内生动态化运输成本和企业异质性条件下,将时间维度上的经济增长与空间维度上的区位选择纳入一个统一的框架中,研究运输成本对区域经济平衡充分发展的影响就成了一大前沿课题。本章基于集聚与增长整合理论,在考虑微观企业异质性和内生动态化运输成本条件下,构建了分析运输成本影响经济活动空间分布、要素流动、技术溢出、产业转移、经济增长以及区域差异的集聚与增长整合模型,尝试对运输成本影响时间维度上的经济增长与空间维度上的区位选择提供一个比较完整的理论框架。

第二节 模型假设与理论框架

模型假设存在两个区域,分别为核心区和边缘区,核心区为较发达区域,边缘区为较落后区域,边缘区变量采用上标(*)标识。

模型中两种要素分别为劳动(L)和资本(K)。假设初始劳动力总最为L^w,劳动力可在部门间流动,但不能跨区域流动,核心区与边缘区劳动力份额分别为s_L和s_L^*;假设初始资本总量为K^w,两个区域资本折旧速度相同,但资本创造速度不同,资本可以跨区域流动,资本所有者不能跨区域流动,核心区和边缘区的初始资本禀赋分别为 K 和 K^*,对应的资本禀赋份额分别为 s_K 和 s_K^*;假设两区域初始劳动禀赋份额与资本禀赋份额相同;假设初始工业企业总数为 n^w,核心区、边缘区的工业企业数分别为 n 和 n^*,核心区、边缘区工业企业数份额分别为 $s_n=n/n^w$、$s_n^*=n^*/n^w$。

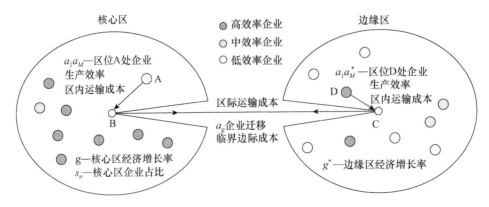

图 14-1 内生动态化"运输成本"概念示意

模型中工业品交易存在区内运输成本和区域完全运输成本。"区内运输成本"是本区域内产生的"运输成本",对于核心区或边缘区区内交易而言,假设核心区与边缘区的区内贸易自由度分别为 φ_I 和 φ_I^*。"区域完全运输成本"是从一个区域(出发地)到另一个区域(到达地)整个过程中所产生的"运输成本"由出发地区域的"区内运输成本""区际运输成本"和到达地区域的"区内运输成本"三部分组成,假设为 φ,这其中"区际运输成本"是指离开本区域进入另一区域过程中产生的"运输成本",亦即两区域中心点之间的运输成本,假设为 φ_0,以核心区区位 A 处企业向边缘区区位 D 处企业贸易为例,进行贸易活动时须先将产品从核心区区位 A 运输到核心区区域中心点 B,再经由区际运输通道运往边缘区区域中心点 C,最后从 C 点运往边缘区区位 D,整个过程包含了运输环节中的所有成本,更加符合现实,也更具有政策含义。

模型中每个区域有四个部门,分别为农业部门、工业部门、资本创造部门和公共服务部门。工业部门以规模报酬递增和 D-S 垄断竞争为特征,每个企业使用知识资本和劳动力生产差异化产品,区内存在高效率、中效率、低效率等各种生产效率不同的企业,并且企业生产效率具有多重异质性,即企业生产率由随机生产率因子和可变生产率因子组成。关于随机生产率因子,采用 Baldwin 和 Okubo 假定,假设企业生产成本为帕累托累计概率分布函数 $G[a]=a^R/a_0^R$,$1=a_0\geq a\geq 0$,$R\geq 1$,其中,R 为形状参数,a 为规模参数,表示企业生产的边际劳动投入,显然 a 越小表示企业的生产效率越高,a_0 表示效率最低企业的边际劳动投入。关于可变生产率因子,假设异质性企业的生产率随着贸易条件的变化而变化,并且具有区域溢出效应,设定核心区与边缘区企业的可变生产率因子分别为 a_M 和 a_M^*,参照 KISIW 模型假设,核心区和边缘区企业生产率分别为 $a_M=(\varphi_I+\varphi)^{\frac{1}{1-\sigma}}$、$a_M^*=(\varphi_I^*+\varphi)^{\frac{1}{1-\sigma}}$。由此,对于核心区区位 A 处企业 i 而言,其随机生产率因子为 a_i,每单位产出需要 1 单位知识资本和 $a_M a_i$ 单位的劳动力。异质性企业可以跨区域迁移,迁移企业的临界边际生产成本为 a_R。

农业部门、资本创造部门和公共服务部门均以规模报酬不变和完全竞争为特征。其中:农业部门生产每单位同质产品需要 a_A 单位劳动力,不存在运输成本;资本创造部门每创造 1 单位的资本需要消耗 a_I 单位的劳动力,这里参照董亚宁等(2018)的研究,假设核心区和边缘区资本创造成本分别为 $a_I=1/[\varphi K+\varphi K^*]$、$a_I^*=1/[\varphi K+\varphi_I^* K^*]$;公共服务部门具有生产、组织收入和分配职能,通过征税的方式获得税收收入,而后利用税收收入来改善运输条件进而降低运输成本。具体来说,假设以税率 t 对两个区域征税,总的税收收入 $G+G^*=tE+tE^*=tE^w$,这其中 $0\leqslant\beta\leqslant1$ 部分用于改善区际运输条件,剩余部分用于改善核心区和边缘区区内运输条件,并假设 $0\leqslant\eta\leqslant1$ 部分用于改善核心区区内运输条件,$1-\eta$ 部分用于改善边缘区区内运输条件。假设核心区、边缘区公共服务部门每生产 1 单位交通基础设施分别需要 a_M、a_M^* 单位税收收入。假定由核心区与边缘区联合建设区际交通基础设施,建设成本为 $(a_M+a_M^*)/2$,且核心区和边缘区承建量相等。这样核心区与边缘区区内交通基础设施投资供给量分别为 $S_I=(1-\beta)\eta tE^w/a_M$ 和 $S_I^*=(1-\beta)(1-\eta)tE^w/a_M^*$。同理,可得区际交通基础设施供给量为 $S=2\beta tE^w(a_M+a_M^*)$。

模型中运输成本内生并随时间不断动态变化。具体来讲,考虑到现实中交通基础设施有存量和增量的特征,假设 t 时刻运输成本 $\tau_t=f(\tau_{1t},\tau_{2t})$ 取决于 t 时刻运输成本的外生因子 τ_{1t} 和 t 时刻运输成本的内生因子 τ_{2t}。其中,以 t 时刻交通基础设施存量衡量外生因子 τ_{1t},t 时刻经济系统的产出将有一部分用于 $t+1$ 时刻交通基础设施的改善,这部分交通基础设施增量表示运输成本的内生因子 τ_{2t+1}。结合交通基础设施性质,设定核心区区内贸易自由度 $\varphi_I=\varphi_{I0}(1+S_I)=\varphi_{I0}(1+(1-\beta)\eta tE^w/a_M)$,边缘区区内贸易自由度 $\varphi_I^*=\varphi_{I0}^*(1+S_I^*)=\varphi_{I0}^*(1+(1-\beta)(1-\eta)tE^w/a_M^*)$,区际贸易自由度 $\varphi_{00}=\varphi_{00}(1+S)=\varphi_{00}(1+2\beta tE^w/(a_M+a_M^*))$,区域完全贸易自由度 $\varphi=\varphi_I\varphi_0\varphi_I^*$。其中 φ_{I0} 反映核心区的初始区内贸易自由度,φ_{I0}^* 反映边缘区的初始区内贸易自由度,φ_{00} 反映初始区际贸易自由度。

在上述假设基础上,构建运输成本内生动态化条件下、分析运输成本影响经济活动空间分布、要素流动、企业迁移、经济增长以及区域差异的集聚与增长整合模型,模型的理论框架如图 14-2 所示。具体来讲,区际初始运输成本、区际投资量和两区域的区内初始运输成本投资量均会影响区域内企业生产效率、资本创造效率以及公共部门效率,资本创造部门以变化着的资本成本创造资本,并时时与变化着的资本价值对比,以决策下一步是否继续创造,均衡条件下的资本增长率会影响资本价值,经济总收入中按一定的税收比例用于区际和区内投资并以公共部门效率进行生产,企业会不断进行决策是否迁移,如此往复循环动态化运行。

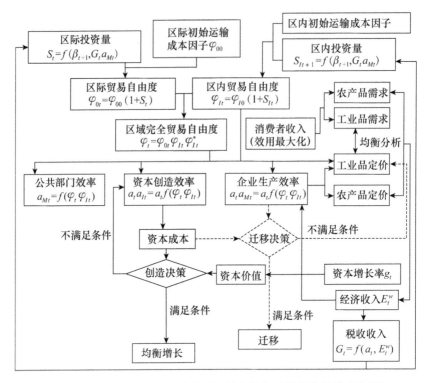

图 14-2 内生动态化运输成本条件下的集聚与增长整合模型理论框架

第三节 均 衡 分 析

一、短期均衡分析

(一)消费者均衡分析

通过消费者跨期效用最大化分析,在异质性企业条件下代表性消费者对农产品的消费量为 $C_A=(1-\mu)Y/p_A$;对差异化工业品的消费量为 $c(a_i)_i=\mu Y \frac{p(a_i)_i^{-\sigma}}{P_M^{1-\sigma}}$。这里,核心区价格指数为

$$P_M^{1-\sigma}=K^w(1-1/\sigma)^{\sigma-1}\gamma(a_M)^{1-\sigma}[\varphi_I s_k+\varphi(1-s_k)/\chi] \quad (14-1)$$

其中,$\gamma \equiv R/(1-\sigma+R)>0$,$\chi=(a_M)^{1-\sigma}/(a_M^*)^{1-\sigma}$。同理,边缘区价格指数为

$$(P_M^*)^{1-\sigma}=K^w(a_M)^{1-\sigma}(1-1/\sigma)^{\sigma-1}\gamma[\varphi s_k+\varphi_I^*(1-s_k)/\chi] \quad (14-2)$$

（二）工业部门均衡分析

从价格角度分析,以核心区边际成本为 a_i 的 i 企业为例,企业的利润表达式可以写成 $p(a_i)x_i - (\pi + a_i a_M w_L x_i)$,通过拉格朗日分析,可以得到成本 $p(a_i) = \frac{wa_M a_i}{1-1/\sigma}$。因此,在核心区出售时的工业品价格为 $p(a_i)_i = \tau_i p(a_i) = \frac{\tau_i w a_M a_i}{(1-1/\sigma)}$。从产量角度分析,核心区消费者对核心区边际成本为 a_i 的 i 企业生产的工业品需求量为 $c(a_i)_i = \mu E p(a_i)_i^{-\sigma} P_M^{\sigma-1}$,边缘区消费者对核心区边际成本为 a_i 的 i 企业生产的工业品需求量为 $c(a_i)_i^* = \mu E^* (p(a_i)_i^*)^{-\sigma}/(P_M^*)^{1-\sigma}$,由此可得到边际成本为 a_i 的核心区企业产量为 $x(a_i)_i = \tau_I c(a_i)_i + \tau c(a_i)_i^* = \tau_I \mu E p_i^{-\sigma} p_M^{\sigma-1} + \tau \mu E^* (P_i^*)^{-\sigma}(P_M^*)^{\sigma-1}$。

（三）资本收益分析

核心区边际成本 a_i 的企业资本收益率为

$$\pi(a_i) = p(a_i)x(a_i)_i/\sigma = bBE^w a_i^{1-\sigma}/\gamma K^w \tag{14-3}$$

其中,$B = (\varphi_I s_E/\Delta + \varphi(1-s_E)/\Delta^*)\chi$,$\Delta = \varphi_I s_k \chi + \varphi(1-s_k)$,$\Delta^* = \varphi s_k \chi + \varphi_I^*(1-s_k)$,$b = \mu/\sigma$。同理,边缘区边际成本为 a_i 的企业的资本收益率为

$$\pi(a_i)^* = bB^* E^w a_i^{1-\sigma}/\gamma K^w \tag{14-4}$$

（四）市场支出份额分析

核心区经济支出为

$$E = s_L L^w + \int_0^1 [K\pi(a_i)]dG[a] + t\eta(1-\beta)E^w + 0.5t\beta E^w - (g+\delta+\rho)Ka_I \tag{14-5}$$

边缘区经济支出为

$$E^* = (1-s_L)L_w + \int_0^1 K^* \pi(a_i)^* dG[a] + t(1-\eta)(1-\beta)E^w$$
$$+ 0.5t\beta E^w - (g^*+\delta+\rho)K^* a_I^* \tag{14-6}$$

进一步,计算可得核心区相对市场支出规模为

$$s_E = \frac{E}{E+E^*} \tag{14-7}$$

二、长期均衡分析

（一）长期迁移稳定条件分析

在假设企业可以迁移的情况下,企业的重新布局会从生产率最高的企业开始,由此边缘区生产率最高的企业会优先向核心区转移。假定迁移过程中,两地区的资本收益相等时企业边际成本为 a_R,那么边缘区边际成本小于 a_R 的企业都将迁移到核心区。由边际成本为 a_R 的核心区 i 企业与边缘区 j 企业资本收益相等,即 $\pi(a_R) = \pi(a_R)^*$,求解可得

$$a_R^v = \frac{(\varphi_I \chi - \varphi)s_E(\varphi s_k \chi + \varphi_I^*(1-s_k)) - (\varphi_I^* - \varphi \chi)(1-s_E)(\varphi_I s_k \chi + \varphi(1-s_k))}{(\varphi_I^* - \varphi \chi)(1-s_E)(\varphi_I \chi - \varphi)(1-s_k) - (\varphi_I \chi - \varphi)s_E(\varphi \chi - \varphi_I^*)(1-s_k)} \tag{14-8}$$

进一步可得企业在核心区的空间分布为

$$s_n = \frac{\int_0^1 K dG(a_i) + \int_0^{a_R} K^* dG(a_i)}{\int_0^1 K dG(a_i) + \int_0^1 K^* dG(a_i)} \tag{14-9}$$

（二）长期均衡条件分析

在长期均衡条件下，满足 $\dot{s}_n = (\pi(a_i) - \pi(a_i)^*) s_k (1 - s_k)$，当经济系统实现内部均衡时，两个区域边际成本为 a_R 的企业资本收益相同。以核心区为例，达到长期均衡时满足 $q = v/F = \int_0^1 [K\pi(a_i)] dG[a]/(\rho + \delta + g) a_I = 1$，求解可得

$$g = s_k b B E^w / a_I - \rho - \delta \tag{14-10}$$

对于边缘区而言，达到长期均衡时满足 $q^* = v^*/F^* = \left(\int_0^{a_R} [K^* \pi(a_i)] dG[a] + \int_{a_R}^1 [K^* \pi(a_i)^*] dG[a]/(\rho + \delta + g^*)\right) a_I^* = 1$，求解可得

$$g^* = (1 - s_k) b B^* E^w / a_I^* - \rho - \delta \tag{14-11}$$

此时，核心区和边缘区的名义 GDP 分别为

$$\text{GDP} = s_L L^w + s_k b B E^w + t\eta(1-\beta)E^w + 0.5t\beta E^w \tag{14-12}$$

$$\text{GDP}^* = (1-s_L)L^w + s_k^* b B^* E^w + t(1-\eta)(1-\beta)E^w + 0.5t\beta E^w \tag{14-13}$$

三、参数模拟分析

下面主要分析在其他变量不变的情况下，模型中主要参数如工业品消费份额 μ、产品间替代弹性 σ 以及异质性形状系数 R 分别对企业迁移临界边际成本 a_R、核心区企业比例 s_n、核心区资本增长速度 g、边缘区资本增长速度 g^*、核心区相对支出规模 s_E 和核心区名义 GDP 份额 GDP-s 的影响关系，主要采取数值模拟分析方法。首先结合现实情况进行参数设定，除特别说明外，设定初始区际贸易成本 $\varphi_{00}=0.3$、核心区初始区内贸易成本 $\varphi_{I0}=0.5$、边缘区初始区内贸易成本 $\varphi_{I0}^*=0.25$、初始区内投资比例 $\eta=0.5$、初始区际投资比例 $\beta=0.5$、税率 $t=0.05$、核心区初始资本禀赋 $s_k=0.7$、核心区初始劳动禀赋 $s_L=0.7$、工业品消费份额 $\mu=0.8$、产品间替代弹性 $\sigma=3$、资本折旧率 $\delta=0.01$、资本收益折现率 $\rho=0.1$、初始劳动力总禀赋为 $L^w=1$、异质性形状系数 $R=6$。

从图 14-3 可以看出，在其他参数为初始值并且不变的情况下，随着工业品消费份额的增加，企业迁移临界边际成本和核心区企业份额均呈递减趋势，而两区域经济增长速度、相对支出规模以及核心区名义 GDP 份额均增加。这也意味着，较高的工业品消费份额将提高企业迁移门槛，有利于产业向边缘区集

聚,缩小两区域企业份额差距,提高地区增长速度,但会扩大区域名义 GDP 差距。

从图 14-4 可以看出,随着产品间替代弹性的增加,企业迁移临界边际成本和核心区企业份额均呈递增趋势,两区域经济增长速度、相对支出规模和名义 GDP 份额则会降低。说明较高的产品间替代弹性会降低企业迁移门槛,有利于产业向核心区集聚,同时会缩小区域名义 GDP 差距。

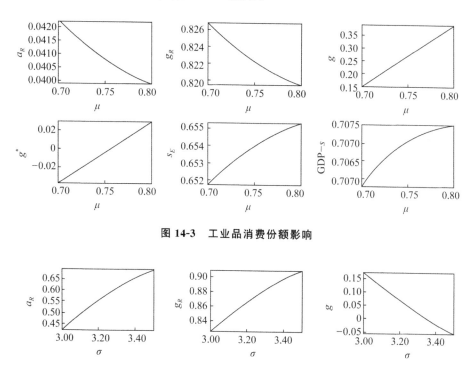

图 14-3 工业品消费份额影响

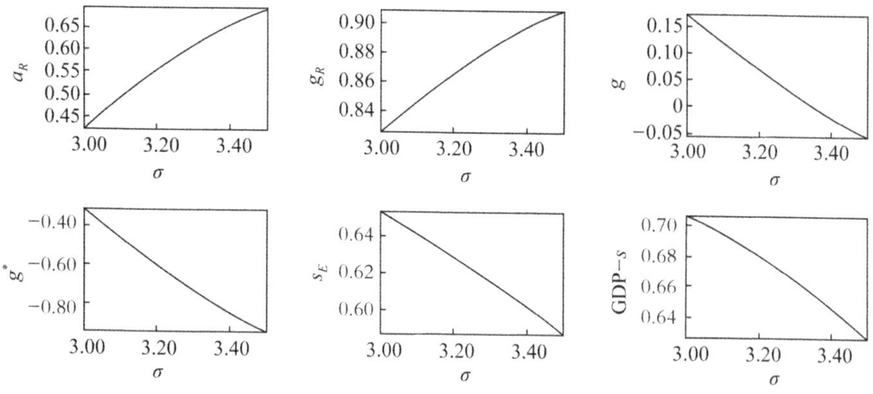

图 14-4 产品间替代弹性影响关系

从图 14-5 可以看出,随着异质性系数的增加,企业迁移临界边际成本和核心区企业份额均呈递减趋势,而两区域经济增长速度、相对支出规模以及名义 GDP 份额则呈递增趋势。这说明,较高的异质性系数会降低企业迁移门槛,有利于企业向核心区集聚,同时也会扩大名义 GDP 差距。

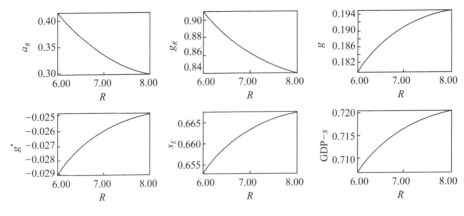

图 14-5 异质性系数影响关系

第四节 区域交通政策动态模拟分析

一、一体化政策分析

政府采取的区域交通政策主要包括一体化政策和差异化政策两类。基于上述均衡分析理论,一体化政策分析主要研究区际基础设施存量和区际投资比例对企业迁移临界边际成本、核心区企业份额、核心区增长速度、边缘区增长速度、核心区相对支出规模以及核心区名义 GDP 份额的影响,同时进行不同税率条件下的综合分析。

首先分析区际基础设施存量的影响。从图 14-6 可以看出,较好的区际运输条件将会使企业迁移临界边际成本、核心区企业份额呈递减趋势,也就是会提高边缘区企业迁往核心区的门槛条件;同时会降低核心区经济增长速度并呈递减趋势,使边缘区集聚增长速度呈递增趋势,进而会让核心区相对支出规模以及名义 GDP 份额呈递减趋势,缩小区域差距。税率的增加会让企业迁移临界边际成本、核心区企业份额及两区域增长速度四条滚摆线上移。

接着分析区际投资比例变化的影响,设定 $\beta \in [0.5, 0.6]$,从图 14-7 可以看出,随着区际投资比例增加,企业迁移临界边际成本、核心区企业份额、两区域经济增速、核心区相对支出规模以及核心区名义 GDP 份额均呈递减趋势,也就是加大区际基础设施投资会提高企业迁移门槛条件、降低核心区与边缘区资本增长速度,同时也会缩小区域差距。税率的增加会让六条滚摆线斜率绝对值变大。

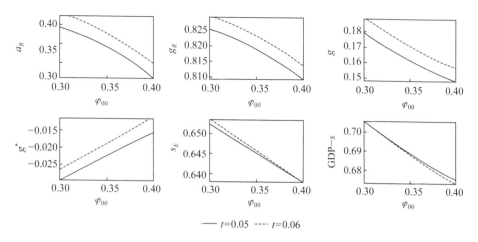

图 14-6 不同税率条件下区际基础设施存量影响关系

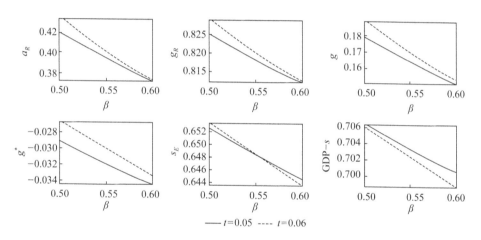

图 14-7 不同税率条件下区际投资比例影响关系

二、差异化政策分析

首先分析核心区区内基础设施存量的影响,设定 $\varphi_{10}\in[0.45,0.55]$。从图 14-8 可以看出,随着核心区区内基础设施存量的增加,企业迁移临界边际成本、核心区企业数占总企业数比例、核心区资本增长速度、边缘区资本增长速度、核心区与边缘区相对支出规模以及核心区与边缘区名义 GDP 份额比例均呈递增趋势,降低边缘区企业迁往核心区的条件,扩大核心区与边缘区企业数差距,提高核心区与边缘区资本增长速度,同时也会扩大核心区与边缘区区域经济差距;税率的增加会让六条滚摆线上移且变陡。

接下来分析边缘区区内基础设施存量的影响,设定如 $\varphi_{20}\in[0.15,0.25]$,$\varphi_{10}=0.4$。从图 14-9 可以看出,较好的边缘区区内运输条件将会使企业迁移临界边际成本、核心区企业份额和边缘区经济增长速度呈递增趋势,也就是边缘区区内基础设施的改善会减弱边缘区企业迁往核心区的动力,同时会提高边缘区资本增长速度;核心区经济增长速度和核心区名义 GDP 份额会随着边缘区区内基础设施存量的增加而递减,但当达到一定程度后又会开始递增,呈"U"形变化趋势;与此同时,核心区相对支出规模会先呈极速递增趋势而后又呈缓速递增趋势,税率的增加会让对企业迁移临界边际成本、核心区企业份额、边缘区经济增长速度以及核心区名义 GDP 份额滚摆线上移且变陡,而让核心区经济增长速度曲线上移,核心区相对支出规模曲线下移。

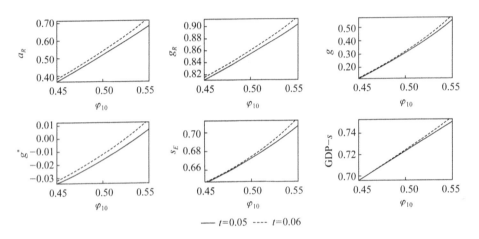

图 14-8 不同税率条件下核心区区内基础设施存量影响关系

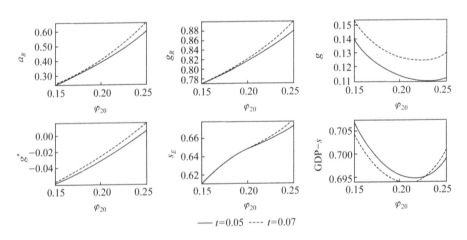

图 14-9 不同税率条件下边缘区区内基础设施存量影响关系

最后分析区内投资比例的影响,设定 $\eta \in [0.5, 0.6]$。从图 14-10 可以看出,随着核心区区内投资比例的提高,企业迁移临界边际成本、核心区企业份额和边缘区经济增长速度均呈递减趋势,核心区经济增长速度、核心区相对支出规模以及核心区名义 GDP 份额呈递增趋势。由此说明,加大对边缘区区内基础设施的投资力度,会降低企业迁移动力,提高边缘区经济增长速度,同时会降低核心区经济增长速度,进而缩小区域差距,税率的增加会让六条滚摆线上移。

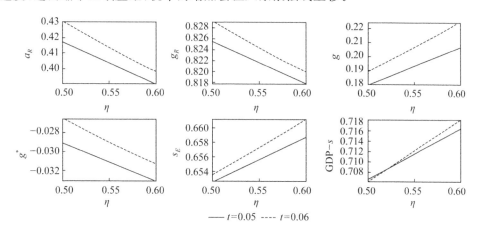

图 14-10　不同税率条件下区内投资比例影响关系

第五节　小　　结

本章系统梳理了内生动态化运输成本影响微观异质性企业迁移的动态机制,构建了一个分析区域交通政策影响企业空间区位选择和区域平衡发展的集聚与增长整合模型。得到如下结论:① 企业迁移边际成本、核心区企业份额与工业品支出份额和异质性系数均呈负相关关系,而与产品间替代弹性呈正相关关系;② 区域经济增长速度与工业品支出份额和异质性系数均呈正相关关系,而与产品间替代弹性呈负相关关系;③ 核心区相对支出规模、核心区名义 GDP 份额与工业品支出份额和异质性系数均呈正相关关系,而与产品间替代弹性呈负相关关系;④ 较好的区际运输条件和区际投资比例的增加都会提高企业迁移门槛、降低核心区企业份额,同时会降低核心区经济增长速度,进而缩小核心区相对支出规模和区域差距;⑤ 较好的核心区区内基础设施存量会降低企业迁移门槛、提高核心区企业份额和两区域经济增长速度,同时会扩大核心区相对支出规模和区域差距;⑥ 较好的边缘区区内基础设施存量也会降低企业迁移门槛、提高核心区企业份额,但会促进边缘区经济增长进而缩小区域差距;⑦ 加大对边缘区区内基础设施的投资力度,会降低企业迁移门槛和核心区经济增长速度,提高边缘区经济增长速度进而缩小区域差距;⑧ 税率组合政策条件下的对比分析,会得到更具有现实意义的结果。

本章的研究结论能够为区域交通政策制订提供有力的工具,党的十九大报告明确提出要加强基础设施网络建设和交通强国建设目标,并指出经济体制改革的目标之一就是实现要素自由流动。从区域交通政策制订来看,从理论上厘清交通基础设施对经济活动特别是要素和微观经济活动主体流动的影响机制,进而合理规划布局交通基础设施网络,努力破解经济发展中的不平衡不充分问题,研究结果或许能够提供一定的理论依据。从缩小区域发展差距来看,由于现实中我国的交通基础设施在东中西部区域之间以及城乡之间都存在明显的空间差异性,一定程度制约着我国区域经济的平衡发展,探讨交通基础设施对区域平衡发展的作用机制和效果,对于推动区域协调发展战略具有重要的参考价值。

参考文献

[1] Aghion P,Akcigit U,Cage J,et al. Taxation,corruption,and growth[J]. European Economic Review,2016,86:24—51.

[2] Baldwin R,Okubo T. Heterogeneous firms,agglomeration and economic geography:spatial selection and sorting[J]. Journal of Economic Geography,2006(3):323—346.

[3] Baldwin R,Okubo T. Tax reform,delocation,and heterogeneous firms[J]. Scandinavian Journal of Economics,2009,111(4):741—764.

[4] Behrens K,Picard P M. Transportation,freight rates,and economic geography[J]. Journal of International Economics,2011,85(2):280—291.

[5] Boucekkine R,Camacho C,Fabbri G. Spatial dynamics and convergence:The spatial AK model[J]. Journal of Economic Theory,2013,148(6):2719—2736.

[6] Brancaccio G,Kalouptsidi M,Papageorgiou T. Geography,search frictions and endogenous trade costs[R]. National Bureau of Economic Research,2017.

[7] Castells-Quintana D. Malthus living in a slum:Urban concentration,infrastructure and economic growth[J]. Journal of Urban Economics,2017,98:158—173.

[8] Commendatore P,Kubin I,Mossay P. On the new economic geography of a multicone world[J]. Review of International Economics,2018,26(3):539—554.

[9] Davis M A,Fisher J D M,Whited T M. Macroeconomic implications of agglomeration[J]. Econometrica,2014,82(2):731—764.

[10] Desmet K,Nagy D K,Rossi-Hansberg E. Asia's geographic development[J]. Asian Development Review,2017,34(2):1—24.

[11] Desmet K,Nagy D K,Rossi-Hansberg E. The geography of development

[J]. Journal of Political Economy,2018,126(3):903—983.

[12] Desmet K,Rossi-Hansberg E. On the spatial economic impact of global warming[J]. Journal of Urban Economics,2015,88:16—37.

[13] Dixit A K,Stiglitz J E. Monopolistic competition and optimum product diversity[J]. The American Economic Review,1977,67(3):297—308.

[14] Forslid R,Okubo T. Early agglomeration or late agglomeration? Two phases of development with spatial sorting[R]. RIETI Discussion Paper,2017.

[15] Krugman P. Increasing returns and economic geography[J]. The Journal of Political Economy,1991,99(3):483—499.

[16] Melitz J. The impact of trade on intra-industry reallocations and aggregate industry productivity[J]. Econometrica,2003,71(6):1695—1725.

[17] Morten M,Oliveira J. Paving the way to development:Costly migration and labor market integration[R]. National Bureau of Economic Research,2016.

[18] Okubo T. Firm heterogeneity and location choice[R]. RIETI Discussion Paper Series,2010(4).

[19] Ottaviano G I P. "New" new economic geography:firm heterogeneity and agglomeration economies[J]. Journal of Economic Geography,2011(11):231—240.

[20] Stefan G,Luigi M. Taxation,infrastructure and endogenous trade costs in new economic geography[J]. Papers in Regional Science,2010,89(1):203—222.

[21] Tsubuku M. Endogenous transport costs and firm agglomeration in new trade theory[J]. Papers in Regional Science,2016,95(2):353—362.

[22] 董亚宁,杨开忠,杨书. 运输成本内生动态化的经济地理增长模型[J]. 系统工程理论与实践,2018,38(2):351—360.

[23] 邵宜航,李泽扬. 空间集聚、企业动态与经济增长:基于中国制造业的分析[J]. 中国工业经济,2017(2):5—23.

[24] 杨开忠,董亚宁,顾芸. 运输成本、异质性企业迁移与区域平衡发展——基于集聚与增长整合理论的研究[J]. 系统工程理论与实践,2019,39(10):2466—2475.

[25] 杨开忠,董亚宁,薛领,等. "新"新经济地理学的回顾与展望[J]. 广西社会科学,2016(3):63—74.

[26] 周文,赵方,杨飞,等. 土地流转、户籍制度改革与中国城市化:理论与模拟[J]. 经济研究,2017(6):183—197.

第十五章 基于人口移动和知识溢出的集聚与增长整合模型[①]

本章是建立在藤田和蒂斯(M. Fujita, J. Thisse, 2002)模型的基础上,通过改进一些假设条件,合理地引进一些参数,提出了一个更为综合的模型。本章放松了"人口不变"的假设,并且引进了参数 k(熟练劳动力从事 R&D 的比例),从而对熟练劳动力进行了细分。这样的安排使藤田和蒂斯(M. Fujita, J. Thisse, 2002)的模型只是本模型的一个特例:$k=1$。对此模型进行分析求解,可以进一步探讨经济增长和集聚的互动关系,以及由此引发的以前两个领域没有涉及的其他重要的区域经济问题。

本章讨论范围集中于两区域(S 和 N)模型。经济中有三个部门:完全竞争的传统产业部门 A,其产品是同质化的;垄断竞争的现代部门 M,其产品异质,因有固定成本而具有规模报酬递增效益;研究创新部门 I,生产现代部门 M 从事产品生产所需要的专利。有两种生产要素,非熟练劳动力(L)和熟练劳动力(H)。传统部门和现代部门可变成本部分使用非熟练劳动力,而创新部门使用熟练劳动力。每一个非熟练劳动力赋予 1 单位劳动 L(单位时间),不可移动。每一个熟练劳动力赋予 1 单位劳动 H(单位时间),以一个正的成本(比较低)在区际流动。我们假设非熟练劳动力 L 和熟练劳动力 H 随着时间而变化(M. Fujita, J. Thisse, 2002)。两个区域的非熟练劳动力 L 的数量相等,均为 $L/2$。

在每个部门对劳动力的需求上,该模型与弗斯里德和奥塔维诺(Forslid R and Ottaviano G I P. ,2003)以及藤田和蒂斯(M. Fujita, J. Thisse, 2002)类似,现代部门公司的固定成本用熟练劳动力来表示,而其边际成本用非熟练劳动力表示。生产既定产品的公司其固定成本等于获得相应专利的成本。

[①] 本章系笔者与谭成文博士合作的未发表稿,是基于 2002 年在我指导下谭成文完成的博士论文《基于人口移动和知识溢出的经济增长与集聚研究》修改而成的。

第十五章 基于人口移动和知识溢出的集聚与增长整合模型

第一节 基 本 模 型

一、消费者

不考虑区位和时间因素,每个消费者对两类商品有同样的偏好,其瞬时效用函数表示为

$$u = \frac{M^\mu A^{1-\mu}}{\mu^\mu (1-\mu)^{1-\mu}}, 0 < \mu < 1 \tag{15-1}$$

其中,M 代表现代部门产品消费的复合指标,A 代表同质的传统部门产品的消费,μ 是表示现代部门产品支出份额的常数。数量指标 M 是一个定义于现代部门产品种类连续体上的子效用函数。假定,$m(i)$ 表示每一可得产品种类的消费;n 为生产的产品种类范围,即可得产品种类的"数量",M 由常替代弹性(CES)函数定义:

$$M = \left[\int_0^n m(i)^\rho \mathrm{d}i \right]^{1/\rho}, 0 < \rho < 1 \quad i \in [0, n] \tag{15-2}$$

式中,ρ 表示代表性消费者对现代部门产品种类的偏好强度。当 ρ 接近 1 时,细分产品几乎是完全替代的,当 ρ 朝 0 减小时,消费更多的现代部门产品种类的欲望增加。令 $\sigma \equiv 1/(1-\rho)$,代表任意两个产品种类之间的替代弹性。

传统部门产品价格在任一时间和区位上一定,将此价格标准化为 1。利用两步求解法(Dixit, Avinash K. and J. E. Stiglitz, 1977),得到:

如果 $c(t)$ 表示时点 t 消费者的支出,则传统部门产品的需求函数为

$$A(t) = (1-\mu)c(t) \tag{15-3}$$

如果 $p(i)$ 表示产品种类 i 的价格,现代部门产品种类的综合价格指数为

$$P \equiv \left[\int_0^n p(i)^{-(\sigma-1)} \mathrm{d}i \right]^{-\frac{1}{\sigma-1}} \tag{15-4}$$

它说明产品种类增加会降低制造品价格指数,这反映了消费者多样化偏好。如果我们假定所有的制造品价格都为 p,于是,价格指数(15-4)简化为

$$P = \left[\int_0^n p(i)^{1-\sigma} \mathrm{d}i \right]^{\frac{1}{1-\sigma}} = p n^{\frac{1}{1-\sigma}} \tag{15-5}$$

现代部门产品 i 的需求函数为

$$m(i) = \mu c(i)^{-\sigma} P^{\sigma-1}, i \in [0, n] \tag{15-6}$$

将式(15-4)代入式(15-6),将式(15-6)代入式(15-2),将式(15-2)和式(15-3)代入式(15-1),得到间接效用函数

$$v(t) = c(t) P^{-\mu} \tag{15-7}$$

区际移动存在成本(Dixit, Avinash K. and J. E. Stiglitz, 1977),一个在时间 t 另选区位的消费者承担成本 $E_M(t)$,将在其一生效用函数里面表现出来。假设每个消费者的主观折现率都相同,设为 $\gamma > 0$,则消费者 j 在时点 0 的一生效用函数定义为

$$U_j(0) = V_j(0) - e^{-\gamma t} E_m(t) \tag{15-8}$$

而

$$V_j(0) \equiv \int_0^\infty e^{-\gamma t} \ln[v_j(t)] dt \tag{15-9}$$

二、生产者

假设传统产品的支出份额 $(1-\mu)$ 足够大,两个区域都生产传统产品,这种情况下,由于传统产品在两个区域的价格均为 1,非熟练劳动力的工资率在两个区域都等于 1:

$$w_S^l(t) = w_N^l(t) = 1 \tag{15-10}$$

现代部门生产任一产品 i 都需用由创新部门开发的相应专利。公司得到专利的成本转化为公司的固定成本;一旦公司以一种市场价格获得专利,就在该产品的生产上享有永久的垄断权。而且,有了专利之后,公司便可用 1 单位 L 劳动生产出 1 单位产品。

现代部门产品在同一区域内部无需运费,而当它在区际运输时,就承担运输费用。在这里我们假设运输成本采用"冰山"形式(Samuelson,1952)。也就是说,现代部门产品从一个区域运输到另一个区域时,只有一部分 $1/\tau$ 到达目的地,其中 $\tau > 1$,$(\tau-1)/\tau$ 为单位产品的交易费用。于是,如果产品 i 在区域 N(或 S)生产,出厂价为 $p_N(i)$,那么,区域 S 的消费者支付价格 $p_{NS}(i)$ 为

$$p_{NS}(i) = p_N(i)\tau \tag{15-11}$$

在所有制成品可在同样价格水平 p 下获得的假设下,由式(15-5)和式(15-11),有

$$P_N = p(n_N + n_S \tau^{1-\sigma})^{-1/\sigma-1} \tag{15-12}$$

设 C_N 为区域 N 的消费总额,P_N 为该区域制成品价格指数。联合式(15-6)和式(15-11),对区域 N 生产的产品 i 的需求总量为

$$q_N(i) = \mu C_N p_N(i)^{-\sigma} P_N^{\sigma-1} + \mu C_S [p_N(i)\tau]^{-\sigma} P_S^{\sigma-1} \tau \tag{15-13}$$

利用式(15-10),利润为

$$\pi_N(i) = [p_N(i) - 1] q_N(i) \tag{15-14}$$

假设 G 为固定成本,则利润流的现值等于该成本

$$G(t) \equiv \int_t^\infty e^{-\gamma(s-t)} \pi*(s) ds = \int_t^\infty e^{-\gamma(s-t)} \frac{\mu C*}{\sigma n(s)} ds \tag{15-15}$$

t 为专利产生的时点。

三、均衡

（一）利润最大化下的生产均衡

区域 N 的企业根据价格指数 P_N 定价，制成品的需求价格弹性为 σ。于是，利润最大化意味着，区域 N 生产的所有产品种类均衡价格相等，且遵从垄断竞争的标准规则：

$$p_N^*(1-1/\sigma) = 1 \times w_N^L = 1$$

即

$$p_N^* = 1/\rho \tag{15-16}$$

将式(15-16)代入式(15-4)，得

$$P_N = (1/\rho)(n_N + n_S\tau^{-(\sigma-1)})^{-1/(\sigma-1)} \tag{15-17}$$

式中，n_N 表示区域 N 制成品种类数，它与区域 N 生产的专利数量可能不同。

令

$$\varphi \equiv \tau^{-(\sigma-1)} \begin{cases} = 1, & \text{当} \tau = 1 \text{时} \\ \in (0,1), & \text{当} \tau \in (1,\infty) \text{时} \\ = 0, & \text{当} \tau = +\infty \text{时} \end{cases} \tag{15-18}$$

从而，φ 可看作贸易自由度。如式(15-18)所示，当 $\tau=1$ 时，表示到达的产品数量与发送时的数量相等，途中没有损失，即运费为零；此时 $\varphi=1$，表示贸易自由度达到最大。当 $\tau=\infty$ 时，表示无论发送时的数量多少，到达的产品数量都为零，途中全部损失，即运费为无穷大；此时 $\varphi=0$，表示贸易自由度达到最小。一般情况下，τ 取值于 1 与 $+\infty$ 之间，贸易自由度 φ 则取值于 0 与 1 之间。

则式(15-17)可表示为

$$P_N = \rho^{-1}(n_N + n_S\varphi)^{\frac{1}{1-\sigma}} = \frac{\sigma}{\sigma-1}(n_N + n_S\varphi)^{\frac{1}{1-\sigma}} \tag{15-17a}$$

将式(15-16)和式(15-17a)代入式(15-13)，得到区域 N 生产的任意产品种类的均衡产出为

$$q_N^* = \mu\rho\left(\frac{C_N}{n_N + n_S\varphi} + \frac{C_S\varphi}{n_N\varphi + n_S}\right) \tag{15-19}$$

将式(15-19)代入式(15-14)，均衡利润为

$$\pi N^* = \mu(1-\rho)\left(\frac{C_N}{n_N + n_S\varphi} + \frac{C_S\varphi}{n_N\varphi + n_S}\right) \tag{15-20}$$

区域 S 的均衡产出和均衡利润可以类推；同时由式(15-15)可以推知专利的价格 G^*。

（二）劳动力市场出清与消费均衡

现在，考察非熟练劳动力市场出清条件。由假设条件得知：区域 N 现代部门对非熟练劳动力的需求量 L_N^M 为

$$L_N^M = n_N q_N^* \qquad (15\text{-}21)$$

由式(15-19)可得区域 S 生产的任意产品种类的均衡产出为

$$q_S^* = \mu\rho\left(\frac{C_S}{n_S + n_N\varphi} + \frac{C_N\varphi}{n_S\varphi + n_N}\right) \qquad (15\text{-}22)$$

由式(15-19)、式(15-22)以及式(15-21),可得

$$L_N^M + L_S^M = \mu\rho(C_N + C_S) = \mu\rho C \qquad (15\text{-}23)$$

由式(15-3)知,对传统产品的总需求为 $A = (1-\mu)C$,于是传统部门对 L 劳动的总需求量为

$$L^T = (1-\mu)C \qquad (15\text{-}24)$$

均衡状态下,有

$$L^T + L_N^M + L_S^M = L \qquad (15\text{-}25)$$

对于区域 N 消费者 j,在均衡状态下,当前支出额等于自己的财富。假设时点 t 的利率为 $a(t)$,$w_N(t)$ 表示消费者 j 在 t 时点的工资率。将其一生工资折现,得

$$W_{jN}(0) \equiv \int_0^\infty e^{-a(t)t} w_N(t) dt \qquad (15\text{-}26)$$

假设 W_{0j} 为消费者初始财产额,利用预算流约束,消费者跨期预算约束可表示如下:

$$\int_0^\infty c_j(t) e^{-a(t)t} dt = W_{0j} + W_{jN}(0) \qquad (15\text{-}27)$$

要得出均衡消费支出,实际为求解

$$\max U_j(0) = V_j(0) - e^{-\gamma t} E_m(t)$$
$$\text{s.t.} \int_0^\infty c_j(t) e^{-a(t)t} dt = W_{0j} + W_j(0) \qquad (15\text{-}28)$$

式(15-28)的一阶条件意味着

$$g_c(t) = a(t) - \gamma, t \geq 0 \qquad (15\text{-}29)$$

其中 $g_c(t) \equiv \dot{c}_j(t)/c_j(t)$;$\dot{c}_j(t) \equiv dc_j(t)/dt$。

而由式(15-23)、式(15-24)和式(15-25)可得,在均衡状态下支出总额

$$C^* = \frac{L}{1-\mu(1-\rho)} \equiv \frac{\sigma L}{\sigma - \mu} \qquad (15\text{-}30)$$

这表明,均衡状态下的支出总额相对于时间的变化与人口变化同步,微分得

$$g_C = \dot{c}_j(t)/C_j(t) = g_L \qquad (15\text{-}31)$$

其中,$g_L \equiv \dot{L}/L$。

假设非熟练劳动力和熟练劳动力增长速度一样,由式(15-30),可以得到单个消费者的均衡消费额为一常数。微分得

$$g_c = 0 \qquad (15\text{-}32)$$

因此,从式(15-29)和式(15-32)我们可以得出结论,任何时间均衡利率等于主观折现率

$$a^*(t) = \gamma, \text{对于所有 } t \geq 0 \qquad (15\text{-}33)$$

结果,利用式(15-29)知,任意消费者 j 的支出在时间上也是一个常数。由式(15-27)和式(15-33)得

$$c_j(t) = c_j = \gamma[W_{0j} + W_j(0)] \tag{15-34}$$

此结果与藤田等(M. Fujita and J. Thisse,2002)的相同。

此时,由于消费者的支出函数表现是时间上的常数,即任意消费者 j 在时点 t 的支出为 $c_j(t)=c_j\geqslant 0, t\in[0,\infty)$,于是由式(15-7)知其在时点 t 的间接效用函数为

$$v_j(t) = c_j \rho^\mu (n_N + n_S \varphi)^{\frac{\mu}{\sigma-1}} \tag{15-35}$$

而总消费额为

$$C(t) = e^{\bar{g}_L t} \gamma \int_0^L [W_{0j} + W_j(0)] \mathrm{d}j \tag{15-36}$$

其中,$\bar{g}_L \equiv (1/t)\int_0^t g_L(i)\mathrm{d}i$,为从 0 到时点 t 的人口平均增长率。

(三) 一种特殊假设下的区位均衡

假设企业可以自由选择区位,且选择区位成本为零;而人口则不可移动,即人口迁移成本 $E_M(t)$ 足够大。我们来考察企业规模 (q_N,q_S) 和区位 (n_N,n_S) 的条件。两个区域的企业数目 n_N 和 n_S 都内生。

在此条件下,任何一个区位都不能提供更高的盈利,即两个区域的公司利润相等:

$$\pi_N^* = \pi_S^* \tag{15-37}$$

于是,由式(15-20)及根据它类推得到的区域 S 的利润表达式,得到:

$$q_N^* = q_S^* \tag{15-38}$$

联立式(15-19)、式(15-22)、式(15-37)、式(15-38)进行求解,我们得到,在一个给定的时点上,其消费支出水平一定(是时间 t 的函数),每个企业的最优规模是

$$\tilde{q} = \frac{\mu \rho C^*}{n_N + n_S} \tag{15-39}$$

其中,$C^* = C_N^* + C_S^*$。根据式(15-30),则有

$$\tilde{q} = \frac{\rho \sigma}{\sigma - \mu} \cdot \frac{\mu L}{n_N + n_S} = \frac{\sigma - 1}{\sigma - \mu} \cdot \frac{\mu L}{n_N + n_S} \tag{15-40}$$

由式(15-19)、式(15-22)和式(15-40)可以解出区域 N 企业的比例,用 R 表示

$$R = \frac{n_N}{n_N + n_S} = \frac{C_N - C_S \varphi}{(1-\varphi)C} \tag{15-41}$$

式(15-41)与马丁等(P. Martin and G. I. P. Ottaviano,1999)的结果一致。该论文是从解消费者的一阶条件计算而得。由消费者的一阶条件得到普通消费者需求

$$m_N(i_N) = \frac{\mu \rho C_N}{n_N + n_S \varphi} \tag{15-42}$$

$$m_N(i_S) = \frac{\mu\rho C_N \tau^{-\sigma}}{n_N + n_S\varphi} \tag{15-43}$$

其中,$m_N(i_N)$表示区域 N 对区域 N 生产的制成品种类 i 的需求量;而 $m_N(i_S)$ 表示区域 N 对区域 S 生产的制成品种类 i 的需求量。区域 S 的变量表达式可以由区域 N 的同变量类推得到。

当现代部门各细分产品同时在两个区位生产时,区域内外对该产品的需求在均衡时必然等于供给。式(15-19)和式(15-22)即为均衡产出的表达。

式(15-41)的意思是,哪个区域的市场规模比较大,则哪个区域的公司就多一些;或者说消费水平高的区位拥有大部分企业。这就是克鲁格曼(P. Krugman,1980)及新经济地理文献中论述分析的"本地市场效应"(home market effect)。因为交易成本(交通成本),公司希望能够在两个区域获得市场;因为递增报酬,公司则希望能够集中生产。为了处理好交易成本(交通成本)和递增报酬的两难冲突,模型显示,公司希望选择靠近较大市场的区位。当交易成本很低,即 φ 趋于 1 时,区位决策对市场规模变动非常敏感。此时公司更愿意选择在较大市场的区位,然后将产品出口到另一个区位(这很容易)。当交易成本很高,即 φ 趋于 0 时,两个区域都趋于自给自足,其公司比例接近本地支出比例。

由于在一开始,我们假设两个区域拥有相等的 $L/2$,从而由式(15-30)得知支出相等。这表示,在此基本模型中,当人口不能移动时,两个区域公司数量将相等,即 $n_N = n_S$。

这是一种极其简化的模型。模型中由于假设了没有人口流动,集聚以公司的区域份额表现出来。本章人口流动是集聚的主要表现,因此与上述模型不同。

下面我们将对此基本模型进行丰富以深化分析。

第二节 人力资本的动态

一、熟练劳动力

本章所指人力资本是熟练劳动力拥有的技能。由于人力资本积累使得劳动力质量提高,与增加熟练劳动力数量有着同样的效果,从而可以用熟练劳动力数量 H 表示。

假设人力资本分成两个部分,一部分就业于 R&D 部门,进行新蓝图(或者思想、点子)的发明创造,用 H_n 表示;一部分用于人力资本本身的积累,如教育等,用 H_H 表示。

先描述用于人力资本本身积累的部分。个体可能会把其一部分人力资本 H_H 用于技能的发展。这种非市场行为用宇泽弘文(H. Uzawa,1965)和卢卡斯(R.

Lucas,1988)型生产函数来描述：

$$\dot{H} = \varepsilon H_H \tag{15-44}$$

其效率参数 $\varepsilon > 0$。

假设 R&D 部门中，研究主体（例如实验室）完全竞争，并且他们从技术溢出中获益，使用熟练劳动力生产新产品所需的专利。新产品的生产需要一个新蓝图的发明。我们假设一个点子的产出仅仅决定于 R&D 部门中的知识总量，n 无报酬递减和规模效应：

$$\dot{n} = B H_n \tag{15-45}$$

效率参数 $B > 0$。其中，$H_n = H - H_H$。实际上，效率参数的经济意义是从事 R&D 部门工作的熟练劳动力的生产率。我们假设当某个区域的知识资本为 x 的时候，则该区域从事 R&D 部门工作的熟练劳动力的生产率可以由 x 给出。这就是说，效率参数 B 不仅可以认为是从事 R&D 部门工作的熟练劳动力的生产率，而且也是知识资本的一种度量。也就是说，与内生增长理论文献（Romer,1990；Grossman and Helpman,1991）一样，我们假设研究者的生产率随以往思想和方法的总知识资本增加而上升，而这种知识资本本质上是一种（可能是地方性的）公共产品。

具体来说，当区域 N 的知识资本为 B_N，每个在区域 N 的熟练劳动力的生产率由 B_N 给出。因此，当区域 N 的熟练劳动力份额为 λ_N，熟练劳动力中从事 R&D 部门工作的份额为 k_N，单位时间内区域 N 生产的专利数量为

$$\dot{n}_N = B_N k_N \lambda_N H \tag{15-46}$$

其中，$\lambda_N = \dfrac{H_N}{H} = \dfrac{H_N}{H_N + H_S}$，$\lambda_S = \dfrac{H_S}{H} = 1 - \lambda_N$，$k_N = \dfrac{H_{nN}}{H_N}$，$k_S = \dfrac{H_{nS}}{H_S}$，$k = \dfrac{H_n}{H} = k_N \lambda_N + k_S \lambda_S$，$H = H_N + H_S = H_n + H_H$，$0 \leq \lambda, k \leq 1$。

由于用于技能发展的一部分人力资本 H_H 没有工资，所以由式（15-26），此时财富总额满足的预算约束为

$$\dot{W} = aW + wH_n + L - C \tag{15-47}$$

满足此预算约束的最大化效用函数 $U = \int_t^\infty C e^{-\gamma(T-t)} dT$ 的一阶条件可得

$$g_c = \dot{c}/c = a - \gamma \tag{15-48}$$

此为拉姆齐法则，与前面的式（15-29）一样。以及

$$H_H = 0 \text{（即 } k = H_n/H = 1\text{）} \tag{15-49}$$

或者

$$H_H > 0 \text{（即 } k < 1\text{）, 以及 } g_w = \dot{w}/w = a - \varepsilon \tag{15-49a}$$

式（15-49）和式（15-49a）意味着，熟练劳动力的工资比起利率来说必须足够高，才能够保证其对人力资本的投资。

二、人力资本积累

这里暂时不考虑经济增长与集聚之间的相互影响。假设脚标 t 表示时间，脚

标为 0 的是初始值,脚标 r 表示区域(N 或者 S),即 t 时刻熟练劳动力为 H_t,区域 r 的熟练劳动力的比例为 λ_{rt}。有

$$H_{rt} = \lambda_{rt} H_t \tag{15-50}$$

$$H_{\bar{r}t} = \lambda_{\bar{r}t} H_t \tag{15-50a}$$

其中,对于 $\forall t$,都有 $\lambda_r + \lambda_{\bar{r}} = 1$。

根据式(15-44),则有

$$H_{Hrs} = H_{Hr0} e^{g_H s} = (1-k_r) e^{\varepsilon(1-k_r)s} \lambda_{r0} H_0, 对于 \Delta s \to 0 \tag{15-51}$$

从而将时间 t 细分成无穷期,则有

$$H_{rt} = [(1-k_r) e^{\varepsilon(1-k_r)} + k_r]^t \lambda_{r0} H_0 \tag{15-52}$$

同理有

$$H_{\bar{r}t} = [(1-k_{\bar{r}}) e^{\varepsilon(1-k_{\bar{r}})} + k_{\bar{r}}]^t \lambda_{\bar{r}0} H_0 \tag{15-52a}$$

由式(15-50)、式(15-50a)、式(15-52)和式(15-52a),我们有

$$\frac{\lambda_{rt}}{1-\lambda_{rt}} = \frac{[(1-k_r) e^{\varepsilon(1-k_r)} + k_r]^t \lambda_{r0}}{[(1-k_{\bar{r}}) e^{\varepsilon(1-k_{\bar{r}})} + k_{\bar{r}}]^t \lambda_{\bar{r}0}} \tag{15-53}$$

显然,如果 $k_N = k_S$,则有 $\frac{\lambda_{rt}}{\lambda_{\bar{r}t}} = \frac{\lambda_{r0}}{\lambda_{\bar{r}0}}$。

对 λ_{rt} 取极限,由于假设初始时熟练劳动力是平均分布于两个区域,即 $\lambda_{r0} = \lambda_{\bar{r}0} = 1/2$,得到

$$\lambda_r(k_r, k_{\bar{r}}) = \lim_{t \to \infty} \lambda_{rt} = \frac{(1-k_r) e^{\varepsilon(1-k_r)} + k_r}{[(1-k_r) e^{\varepsilon(1-k_r)} + k_r] + [(1-k_{\bar{r}}) e^{\varepsilon(1-k_{\bar{r}})} + k_{\bar{r}}]} \tag{15-54}$$

(一) R&D 部门

知识资本是知识外部性的结果,每个区域的知识资本决定于所有熟练劳动力相互作用的结果,因为每个人都能够从他人身上学到东西。当然,这种相互作用强度随熟练劳动力的空间分布而变化。

假设区域 N 对于 R&D 部门可得知识资本为[1]:

$$B_N = K n H^\beta [(k_N \lambda_N)^\beta + \eta(k_S \lambda_S)^\beta], \beta > 1 \tag{15-55}$$

其中,β 表示熟练劳动力知识创新的补充程度的度量,为一个可测度的常数;而参数 η($0 \leqslant \eta \leqslant 1$)表示两个区域之间的知识溢出强度;$K$ 为转换参数。

利用对称性,有

$$B_S = K n H^\beta [\eta(k_N \lambda_N)^\beta + (k_S \lambda_S)^\beta], \beta > 1 \tag{15-55a}$$

---

[1] 在藤田和蒂斯(M. Fujita and J. Thisse, 2002)模型中,假设当工人 j 具有的个人知识为 $h(j)$(例如,其人力资本或者他所阅读论文的数量),则区域 N 对于 R&D 部门可得知识资本为:$B_N = \left[\int_0^{HkN\lambda N} h(j)^\beta \mathrm{d}j + \eta \int_0^{HkS\lambda S} h(j)^\beta \mathrm{d}j\right]^{1/\beta}, 0 < \beta, \eta < 1$。假设工人 j 的个人知识随全球经济的现有专利(例如发表论文)数量增长而增加。简单起见,认为它与专利存量成比例:$h(j) = \alpha n$。不失一般性,标准化 α 为 1,则由函数 $B_r(\cdot)$ 的定义进行单调变换可得。

当 $\eta=1$,有 $B_N=B_S$(区域 N 和区域 S 可得知识存量都等于整个经济专利存量乘以一个系数,此系数为从事 R&D 的熟练劳动力知识互补程度的指数),这对应的情形是,知识扩散没有距离衰减效应,知识在 R&D 部门是一种完全的公共产品。相反,如果当 $\eta=0$,则有,$B_N=Kn(Hk_N\lambda_N)^\beta=KnH_{nN}^\beta$($H_{nN}$ 为区域 N 从事 R&D 的熟练劳动力数量;同样,$B_S=Kn(Hk_S\lambda_S)^\beta=KnH_{nS}^\beta$),其含义是,知识是一种地方性的公共产品,此时知识扩散有距离衰减效应,一个区域的知识总量只与本区域从事 R&D 活动的熟练劳动力份额有关,与别的区域的知识总量或者熟练劳动力无关。也就是说,其他区域的知识很难传播到或者使用于本区域来。

事实上,很显然有
$$B_N(\eta)|_{\eta=0} \leqslant B_N(\eta)|_{\eta\in(0,1)} \leqslant B_N(\eta)|_{\eta=1}$$
$B(\cdot)$ 是 η 的增函数。事实上,
$$\frac{\partial B_N}{\partial \eta} = KnH^\beta(k_N\lambda_N)^\beta > 0$$
$$\frac{\partial B_S}{\partial \eta} = KnH^\beta(k_S\lambda_S)^\beta > 0$$
$$\frac{\partial (B_N+B_S)}{\partial \eta} = \frac{\partial B_N}{\partial \eta} + \frac{\partial B_S}{\partial \eta} > 0$$

无论是每一区域还是整个经济的知识总量都是 η 的增函数。所以,可以认为,参数 η 是知识的"外部性"(或者"外溢性"、"国际性")度量。

定义函数 $b(\cdot)$:
$$b_N(\cdot) = K[(k_N\lambda_N)^\beta + \eta(k_S\lambda_S)^\beta]$$
$$b_S(\cdot) = K[\eta(k_N\lambda_N)^\beta + (k_S\lambda_S)^\beta] \tag{15-56}$$

因为 $\lambda_N+\lambda_S=1$,式(15-56)可以表示为
$$b_r(\cdot) = K[(k_r\lambda_r)^\beta + \eta(k_{\bar{r}}\lambda_{\bar{r}})^\beta] \tag{15-57}$$
其中 $r=(N,S)$,$\bar{r}\neq r$。

从而,式(15-56)和式(15-57)可简写为
$$B_N = H^\beta n b_N(\cdot) \tag{15-58}$$
$$B_S = H^\beta n b_S(\cdot) \tag{15-58a}$$

式(15-58)和(15-58a)意味着,两个区域都处于一种对称关系,其自身的知识资本依赖于熟练劳动力的分布以及其从事 R&D 的熟练劳动力的比例,而不依赖于其具体属性。将式(15-58)代入式(15-46)得
$$\dot{n}_N = H^{\beta+1} n k_N \lambda_N b_N(\cdot) \tag{15-59}$$

由式(15-44)可得
$$g_H = \dot{H}/H = \varepsilon(1-k) = \varepsilon[1-(k_N\lambda_N+k_S\lambda_S)] \tag{15-60}$$

从而,有 $H=e^{g_Ht}H_0$,H_0 为零时点的熟练劳动力数。代入式(15-59)得到:
$$\dot{n}_N = H_1 n k_N \lambda_N b_N(\cdot) e^{(\beta+1)g_Ht} \tag{15-61}$$
其中,$H_1=H_0^{\beta+1}$,为一常数。

由于假设了专利一经公司购得便永远在该产品种类的生产上拥有垄断力,专利的使用期限无限,这样我们得到专利(产品种类数量)的动力学方程

$$\dot{n} = \dot{n}_N + \dot{n}_S = H_1 n [k_N \lambda_N b_N(\cdot) + k_S \lambda_S b_S(\cdot)] e^{(\beta+1)g_H t} \quad (15\text{-}62)$$

于是,得到产品种类数量(专利数量)的增长函数

$$\begin{aligned} g_n &= \dot{n}/n = H^{\beta+1}[k_N \lambda_N b_N(\cdot) + k_S \lambda_S b_S(\cdot)] \\ &= KH_1\{k_N \lambda_N [(k_N \lambda_N)^\beta + \eta(k_S \lambda_S)^\beta] + k_S \lambda_S [\eta(k_N \lambda_N)^\beta + (k_S \lambda_S)^\beta]\} \\ &\quad e^{(\beta+1)\epsilon[1-(k_N \lambda_N + k_S \lambda_S)]t} \end{aligned} \quad (15\text{-}63)$$

即整个经济的产品种类数量(专利数量)的增长率是 λ_N(或 λ_S)、η、k_N、k_S 和 t 的函数:$g_n = g(\lambda_N, \eta, k_N, k_S, t)$,其中,$\lambda_N$(或 λ_S)是内生变量,η、k_N 和 k_S 是控制变量;t 是时间变量;β 和 ϵ 是外生变量。

区域 N 和 S 的增长率分别为

$$\begin{aligned} g_{nN} &= \dot{n}_N/n_N = H^{\beta+1} k_N \lambda_N b_N(\cdot) n/n_N \\ &= KH_1 k_N \lambda_N [(k_N \lambda_N)^\beta + \eta(k_S \lambda_S)^\beta] e^{(\beta+1)\epsilon[1-(k_N \lambda_N + k_S \lambda_S)]t} n(t)/n_N(t) \end{aligned} \quad (15\text{-}63a)$$

$$\begin{aligned} g_{nN} &= \dot{n}_N/n_N = H^{\beta+1} k_S \lambda_S b_S(\cdot) n/n_S \\ &= KH_1 k_S \lambda_S [\eta(k_N \lambda_N)^\beta + (k_S \lambda_S)^\beta] e^{(\beta+1)\epsilon[1-(k_N \lambda_N + k_S \lambda_S)]t} n(t)/n_S(t) \end{aligned} \quad (15\text{-}63b)$$

根据上述动力学方程,我们可以研究经济如何随 $k(k_N$ 和 $k_S)$ 的变化从新古典增长模式演化到内生增长模式,在不同增长模式(即不同的 k 值)下增长率如何随 λ(λ_N 和 λ_S)变化而变化,以及 λ(λ_N 和 λ_S)自身如何变化。本章重点在于研究不同 k 值下经济增长如何受熟练劳动力分布变化的影响以及熟练劳动力分布如何受经济增长的影响。

(二) R&D 部门工人工资

我们先来考察新专利开发的成本。在假设产出一个点子的时候,认为它仅仅决定于 R&D 部门中的知识总量,n 无报酬递减和规模效应,其函数如式(15-45)。其效率参数 B 的经济意义如前所述,是从事 R&D 部门工作的熟练劳动力的生产率。事实上,H_n 劳动的边际生产率等于 B_N,也等于该区域 H_n 劳动的平均生产率。由式(15-58)以及 H 的表达式,有

$$B_N = H^\beta n b_N(\cdot) = KH_2 n[(k_N \lambda_N)^\beta + \eta(k_S \lambda_S)^\beta] e^{\beta \epsilon (1-k)t} \quad (15\text{-}64)$$

从而,区域 N 产生新专利的单位成本为

$$w_N/B_N = H_3 w_N/n b_N(\cdot) e^{\beta \epsilon (1-k)t} \quad (15\text{-}65)$$

其中,$H_2 = H_0^\beta$,$H_3 = H_0^{-\beta}$。此表达式等同于 $w_N H_{nN}/\dot{n}_N$,其意思是区域 N 产生新专利的总成本除以该区域新产生的专利数量。

公司可以自由进入创新部门,这就要求在一般均衡中,$w_N H_{nN}/\dot{n}_N \geq G$。$G$ 是专利的市场价格。在式(15-45)下,此均衡可以描述为

$$w_N = B_N G, \text{且 } H_{nN} > 0, \dot{n}_N > 0 \quad (15\text{-}66)$$

或者

$$w_N > B_N G, \text{且 } H_{nN} = 0, \dot{n}_N = 0 \quad (15\text{-}66a)$$

这由式(15-65)很容易得到。

相应的,对于区域S,在一般均衡中,则有

$$w_S = B_S G,且\ H_{nS} > 0, \dot{n}_S > 0 \tag{15-67}$$

或者

$$w_S > B_S G,且\ H_{nS} = 0, \dot{n}_S = 0 \tag{15-67a}$$

（三）R&D工人均衡支出

当$H_n = 0$时,即没有从事R&D活动的熟练劳动力,从而不会有公司的产生。此时非熟练劳动力的财富初始值为零,熟练劳动力(如果$H = H_H > 0$)的财富初始值也为零。从而有

$$W_{0j} = 0 \tag{15-68}$$

由式(15-26)可得

$$W_j(0) = \int_0^\infty e^{-at} dt = 1/a, j \in L$$

$$W_j(0) = 0, j \in H \tag{15-69}$$

将式(15-68)和式(15-69)代入式(15-34),得

$$c_j^* = 1, j \in L \tag{15-70}$$

以及

$$c_j^* = 0, j \in H \tag{15-70a}$$

由式(15-70a)得知,$H = H_H = 0$。从而得到一个重要结论:

只要在经济中有熟练劳动力,即$H \neq 0$,则熟练劳动力不可能完全从事人力资本投资,其中必然有从事R&D活动的熟练劳动力,即$H_n \neq 0$。也就是说,

$$只要\ H \neq 0,则\ k \neq 0 \tag{15-71}$$

下面考察$H_0 \neq 0$时熟练劳动力的支出。假设时点0的所有现代部门公司由熟练劳动力平均拥有(K. Matsuyama,1991,1995)。此时式(15-70)依然成立。而对于熟练劳动力

$$W_{0j} = n_N(0) G_N(0) + n_S(0) G_S(0), j \in H \tag{15-72}$$

在R&D部门,供求双方自由竞争,从而专利价格在任何区域都相等。因而,式(15-72)简化为

$$W_{0j} = n(0) G(0), j \in H \tag{15-72a}$$

那么,熟练劳动力的均衡支出为

$$c_j = \gamma [W_{0j} + W_j(0)], j \in H \tag{15-73}$$

其中,$W_j(0)$由式(15-26)决定,式中的w由式(15-66)或者式(15-67)决定。

三、期望与人口迁移

（一）期望

新经济地理学的研究给传统的经济学带来某种程度的冲击。例如新经济地理

研究中最基本的模型——核心-边缘模型可能有多重稳定均衡;而且动态的核心-边缘模型很难简化为一组微分方程。这使得在进行新经济地理研究的时候,允许前瞻性期望会使有多重均衡的全局稳定性在非线性动力体系中考虑非常困难(K. Matsuyama,1991,1995);而且由于工资方程很难分析求解,从而特定区域的工资之间的差距很难写成状态变量(可流动劳动的区际分布)的明确函数。于是大多数文献,例如克鲁格曼(P. Krugman,1991a,1991b)、克鲁格曼和维纳布斯(P. Krugman and A. Venables,1990,1995)、维纳布斯(A. Venables,1996)、藤田和蒂斯(M. Fujita and J. Thisse,1996)、奥塔维诺(G. I. P. Ottaviano,1998a)、奥塔维诺和蒲格(G. I. P. Ottaviano and D. Puga,1997)以及蒲格(D. Puga,1999)等等,在考虑人口迁移的时候都假设了短视行为。也就是说,移民被假设为不顾将来,其迁移抉择仅仅基于当前工资差异。当然,不同的文献有不同的处理。

最初的文献基本都是不予考虑此问题,就如原始核心-边缘模型(P. Krugman,1991)和后来许多文献一样,直接假设短视期望,而且利用数字模拟来解决工资方程很难分析求解的问题。数字模拟从而成为新经济地理研究的某种特点。

部分文献通过丰富标准核心-边缘模型,用相关模型进行代替来解决没有明确的微分方程问题。这部分文献在处理国际稳定性问题时,基本上分走两条路,对此,鲍德温(R. E. Baldwin,2001)做过更为详细的综述。

一条路是用线性微分方程的模型,因为简单的数学工具就能完全概括国际稳定性的特点。例如克鲁格曼(P. Krugman,1991c)、奥塔维诺(G. I. P. Ottaviano,1998b)及奥塔维诺和西蒂斯(G. I. P. Ottaviano and J. Thisse,1998)。另一条路则在模型中产生明确而非线性微分方程组,因而保留了许多均衡格局。克鲁格曼(P. Krugman,1991c)论述了"交叠"区间的存在:给定一个状态变量,不同的期望会导致不同的角点解。付高和贝纳博(K. Fukao and R. Bénabou,1993)改正了克鲁格曼(P. Krugman,1991c)中的一个重要技术性错误,而没有改变主要结论。奥塔维诺(G. I. P. Ottaviano,1998b)有所改进,其模型有两个线性微分方程,但是模型具有像核心-边缘模型的有微观基础的集聚力量。其关键性的建模简化是假设跨时替代弹性,正好弥补产品种类间替代弹性,因此得到了对产品种类数量线性的效用函数。运用迭代推理,他肯定克鲁格曼(P. Krugman,1991c)的结论可以运用到有金钱集聚力量的模型中。奥塔维诺和蒂斯(G. I. P. Ottaviano and J. Thisse,1998)提出另一个具有金钱集聚力量的模型。这些线性模型排除了对于给定系列参数值内点解和角点解(核心-边缘结果)都是稳定长期均衡的可能性。

松山(K. Matsuyama,1991)是走第二条路的先驱:产生明确而非线性微分方程组,因而保留了许多均衡格局。他使用集聚产生于技术外部性的模型,用高难度的数学证明了一些分析性结论可以在多参数的高度限制区间内得到。特别地,当移民有零折现率,或者对于无穷大的折现率,都可得到分析性结论。然而,该文中集聚力量与核心-边缘模型中的没有什么关系(Baldwin,2001)。奥塔维诺(G. I. P.

Ottaviano,1996)对模型运用松山(K. Matsuyama,1991)的技巧和 D-S 垄断竞争的弗莱姆-赫尔普曼版本(Flam,H. & E. Helpman,1987)来研究基于金钱外部性、有微观基础的集聚问题。该模型可简化为两个明确的非线性方程。该论文集中研究期望(与历史相对)什么时候能够决定经济活动的长期空间分布。他还运用克鲁格曼(P. Krugman,1991c)"交迭"方法的改进版本来考察长期均衡的地方稳定性属性。他认为,当工人不把未来折现,即零折现率,或者折现率无限接近 0 时,期望在集聚力量很强大时(规模经济在企业层面上非常重要、报酬递增部门在经济中很重要以及交易成本很低)起作用。

目前大量的经济地理文献显然依赖短视移民的假设,由于迁移是集聚的关键,熟练劳动力居住无限制,从而迁移以某种可以预见的方式改变工资。那么如果考虑熟练劳动力对未来的期望或者预计,会对我们的分析有影响吗?奥塔维诺(G. I. P. Ottaviano,1996)分析性地研究了这个问题,但是在与产生疑问结论的模型不同的模型中进行的。该文与鲍德温(R. E. Baldwin,2001)互补。鲍德温的研究得到非常吸引人的结论:当迁移成本足够高,包含了前瞻性期望之后对标准核心-边缘模型的主要结论无影响。该文分析性论证了包含前瞻性期望之后对断裂和持续点(这些点分别指出交易成本在什么水平上对称结构不能持续,在什么水平上完全集聚可持续)没有影响。该文献从数字上还证明了在某些参数值下(主要是迁移成本水平),即使是模型的稳定性也不受包含了前瞻性期望的影响。在迁移成本足够低时,鲍德温(R. E. Baldwin,2001)借助于数字模拟证明了某些标准核心-边缘模型的结论要重新评价。核心-边缘模型的经典应用中认为区域初始对称,交易成本非常高。交易成本外生,逐渐降低。明确断言,经济保持对称均衡,直到交易成本降低到"断裂点"水平以下。用前瞻性期望和低的迁移成本,该文得出对于任意低于"持续点"的交易成本水平,对称结构都可能破裂,完全集聚可能发生。交易成本的持续点水平非常关键,因为对于较高的交易成本,内点解只是地方性稳定均衡。鲍德温(R. E. Baldwin,2001)的结论在本章的分析中也成立。

(二) 人口迁移

假设人口迁移不是短视行为,存在 $\tilde{\lambda}\in(0,1]$,在 $\lambda_N=\tilde{\lambda}(\lambda_S=1-\tilde{\lambda})$ 点上,区域 N 和 S 的熟练劳动力的分布达到均衡,经济进入到不变态增长路径。此时,人口迁移活动停止。也就是说,只要经济中 $\lambda_N\neq\tilde{\lambda}$,就存在人口迁移。不失一般性,让区域 N 的熟练劳动力的初始分布比 $\tilde{\lambda}$ 低。设存在时间 $T\in(0,\infty)$,使得从 N 到 S 的熟练劳动力流始于时点 0 而止于时点 T。于是有

$$\dot{\lambda}_{NS}(t)>0, t\in(0,T); \text{而} \lambda(t)=\tilde{\lambda}, t\geqslant T \tag{15-74}$$

而且,有

$$\lim_{t\to T}\dot{\lambda}_{NS}(t)=0 \tag{15-74a}$$

式(15-74)表达了区域 S 的熟练劳动力对迁移到区域 N 的一种期望。在这种情形下,所有居住在区域 N 的熟练劳动力除了迁移时间不同之外并无什么区别。

这样，其迁移时间就成了他们的标识：对于任意一个 $t \in [0,T)$，用 $W(0;t)$ 表示在时点 t 从 N 迁移到 S 的熟练劳动力的一生工资，和藤田等（M. Fujita and J. Thisse, 2001）中类似，为

$$W(0;t) = \int_0^t e^{-\gamma s} w_S(s) ds + \int_t^\infty e^{-\gamma s} w_N(s) ds \qquad (15\text{-}75)$$

我们假设迁移成本和藤田等（M. Fujita and J. Thisse, 2001）略有区别，为

$$Em(t) = D\dot{\lambda}_{r\bar{r}}(t) + (\tau - 1) \qquad (15\text{-}76)$$

其中，$\dot{\lambda}_{r\bar{r}}(t)$ 表示从区域 $\bar{r}(S$ 或者 $N)$ 流向另一区域 $r(N$ 或者 $S)$ 的熟练劳动力流①；$D>0$ 为常数。由式(15-74a)得知②：

$$\lim_{t \to T} E_m(t) = \tau - 1 \qquad (15\text{-}76a)$$

利用式(15-8)和(15-76)，这样一个移民的一生效用函数为

$$U(0;t) = V(0;t) - De^{-\gamma t}\dot{\lambda}_{r\bar{r}}(t) - e^{-\gamma t}(\tau - 1) \qquad (15\text{-}77)$$

其中 $V(0;t)$ 为一生的迁移成本合成效用函数（lifetime utility gross of migration costs）。利用式(15-9)、式(15-34)和式(15-35)，$V(0;t)$ 由下式决定：

$$V(0;t) = \frac{1}{\gamma}\left(\mu \ln \frac{\sigma-1}{\sigma} + \ln \gamma\right) + \frac{1}{\gamma}\ln[W_{0j} + W(0;t)]$$
$$+ \frac{\mu}{\sigma - 1}\left[\int_0^t e^{-\gamma s}\ln(n_r\varphi + n_{\bar{r}})ds + \int_t^\infty e^{-\gamma s}\ln(n_r + n_{\bar{r}}\varphi)ds\right] \qquad (15\text{-}78)$$

对式(15-77)求极限，得到

$$U(0;T) = V(0;T) = \frac{1}{\gamma}\left(\mu \ln \frac{\sigma-1}{\sigma} + \ln \gamma\right) + \frac{1}{\gamma}\ln[W_{0j} + W(0;T)]$$
$$+ \frac{\mu}{\sigma - 1}\left[\int_0^T e^{-\gamma s}\ln(n_r\varphi + n_{\bar{r}})ds + \int_T^\infty e^{-\gamma s}\ln(n_r + n_{\bar{r}}\varphi)ds\right]$$
$$(15\text{-}79)$$

由于均衡中，对于任何参与迁移活动的熟练劳动力，计入其迁移成本之后的一生效用相同，即与其迁移时间无关，从而必然有

$$U(0;t) = U(0;T)，对于所有 t \in (0,T) \qquad (15\text{-}80)$$

因此，利用式(15-77)、式(15-78)、式(15-79)和式(15-80)，对于所有 $t \in (0,T)$，有

$$\dot{\lambda}_{r\bar{r}}(t) = \frac{e^{\gamma t}[V(0;t) - V(0;T)] - (\tau - 1)}{D}$$
$$= \frac{1}{\gamma D}e^{\gamma t}\ln\left[\frac{W_{0j} + W(0;t)}{W_{0j} + W(0;T)}\right] + \frac{\mu}{(\sigma-1)D}e^{\gamma t}\int_t^T e^{\gamma s}\ln\left[\frac{n_r + n_{\bar{r}}\varphi}{n_r\varphi + n_{\bar{r}}}\right]ds - \frac{\varphi^{-\frac{1}{\sigma-1}} - 1}{D}$$
$$(15\text{-}81)$$

---

① 假设不存在同时有双向流动。

② 事实上，此条件已由 K. Fukao 和 R. Bénabou（1993）介绍引入。原条件为：$\lim_{t \to T} E_m(t) = 0$，参见：Fukao K, R Bénabou. History versus expectations: a comment. Quarterly Journal of Economics, 1993, 108: 535—542.

同时有

$$\dot{\lambda}_{r\bar{r}}(t) \cdot \dot{\lambda}_{\bar{r}r}(t) \leqslant 0 \tag{15-82}$$

如果 $\dot{\lambda}_{r\bar{r}}(t) \cdot \dot{\lambda}_{\bar{r}r}(t) \geqslant 0$，则 $\dot{\lambda}_{r\bar{r}}(t) = \dot{\lambda}_{\bar{r}r}(t) = 0$ (15-83)

式(15-81)~式(15-83)描述的是在式(15-74)和式(15-74a)的期望条件下的均衡迁移动力学方程，D 是熟练劳动力迁移的调节速度。利用此方程和前面的人力资源积累方程，可以研究经济增长对熟练劳动力的分布的影响。

第三节　知识溢出下的经济增长与集聚

当一般知识溢出时，$0 < \eta < 1$。此时，有关经济增长和创新效率的表达式如式(15-55)、式(15-55a)、式(15-59)、式(15-63)。

一、假设 $k_N = k_S$ 为一固定值

如果区域 N 和区域 S 的 k 值相等，并且假设是一个不变的固定值，则满足：

$$k = k_N \lambda_N + k_S \lambda_S = k_N = k_S = \bar{k} \tag{15-84}$$

所以，此时有

$$b_N = Kk^{\beta}(\lambda_N^{\beta} + \eta\lambda_S^{\beta}) = Kk^{\beta}[\lambda_N^{\beta} + \eta(1-\lambda_N)^{\beta}] = Kk^{\beta}b_1(\lambda_N) \tag{15-85}$$

$$b_S = Kk^{\beta}(\eta\lambda_N^{\beta} + \lambda_S^{\beta}) = Kk^{\beta}[\eta\lambda_N^{\beta} + (1-\lambda_N)^{\beta}] = Kk^{\beta}b_1(1-\lambda_N) \tag{15-85a}$$

令，

$$b_1(x) = x^{\beta} + \eta(1-x)^{\beta} \tag{15-86}$$

$$b_2(x) = xb_1(x) + (1-x)b_1(1-x) \tag{15-87}$$

很显然，有

$$b_1(1) = 1, b_1(0) = \eta, b_1(1/2) = \frac{1+\eta}{2^{\beta}} \tag{15-86a}$$

$$b_1(x)|_{\eta=1} = b_1(1-x)|_{\eta=1} = x^{\beta} + (1-x)^{\beta}, \text{对于任意 } x \tag{15-86b}$$

则

$$b_2(1) = b_2(0) = 1, b_2(1/2) = \frac{1+\eta}{2^{\beta}} \tag{15-87a}$$

$$b_2(x)|_{\eta=1} = x^{\beta} + (1-x)\beta, \text{对于任意 } x \tag{15-87b}$$

同时，

$$b_2'(x) = (\beta+1-\eta)[x^{\beta} - (1-x)^{\beta}] + \beta\eta x(1-x)[x^{\beta-2} - (1-x)^{\beta-2}]$$

$$= (\beta+1)(1-\eta)[x^{\beta} - (1-x)^{\beta}] + \beta\eta[x^{\beta-1} - (1-x)^{\beta-1}] \tag{15-88}$$

$$b_2'(x) \gtreqless 0, \text{当且仅当 } x \gtreqless \frac{1}{2} \tag{15-88a}$$

而，

$$b_2''(x) = \beta(\beta+1)(1-\eta)[x^{\beta-1} + (1-x)^{\beta-1}] + \beta(\beta-1)\eta[x^{\beta-2} + (1-x)^{\beta-2}] \tag{15-89}$$

总是有

$$b_2''(x) > 0 \tag{15-89a}$$

而且,函数 $b(x)$ 和 $b'(x)$ 都关于 $\lambda=1/2$ 对称。

由式(15-63)和式(15-87),增长率可以简化为

$$\begin{aligned}g_n &= KH_1 k^{\beta+1}[\lambda_N b_1(\lambda_N) + (1-\lambda_N)b_1(1-\lambda_N)]e^{(\beta+1)\varepsilon(1-k)t} \\ &= KH_1 k^{\beta+1} b_2(\lambda_N) e^{(\beta+1)\varepsilon(1-k)t}\end{aligned} \tag{15-90}$$

很显然在任一时刻,$g_n(\lambda_N, t)|_{t=t_x}$ 关于 $\lambda=1/2$ 对称,其中 $g_n(\lambda_N, t)|_{t=t_x}$ 为 t_x 时点区域 N 熟练工份额为 λ_N 时全球经济中专利数量的增长率。容易证明 $g(\lambda)$ 关于 $1/2$ 对称,于是,

$$g_n(\lambda_N,t)\Big|_{\substack{\lambda=0 \\ t=t_x}} = g_n(\lambda_N,t)\Big|_{\substack{\lambda=1 \\ t=t_x}} = KH^{\beta+1} k^{\beta+1} \tag{15-90a}$$

此增长率与完全知识溢出和区际知识无溢出情形是一致的。这是因为,当熟练劳动力完全集聚于同一个区域的时候,知识溢出的强度已经没有关系了。

事实上,这个结论可以推广至任意 k_N 和 k_S 值,而无需有 $k_N=k_S$ 这个限制条件。这是因为,当熟练劳动力完全集聚于同一个区域的时候,$\lambda_r=0$(或者 $\lambda_{\bar r}=0$)使得初始的 k_r(或者 $k_{\bar r}$)对经济增长率不产生影响,从而,$k=k_{\bar r}$(或 k_r)。事实上,有

$$\frac{\partial g_n(\eta)}{\partial \eta} = K\beta H^{\beta+1} k_N k_S \lambda_N \lambda_S [(k_S \lambda_S)^{\beta-1} + (k_N \lambda_N)^{\beta-1}] \tag{15-91}$$

则当熟练劳动力完全集聚于同一个区域的时候,有 $\lambda_N \lambda_S = 0$,因此,此时有

$$\frac{\partial g_n(\eta)}{\partial \eta} = 0 \tag{15-91a}$$

对于一般知识溢出情形而言,$0<\eta<1$,有

$$\frac{\partial g_n(\lambda_N, t)}{\partial \lambda_N}\bigg|_{t=t_x} = KH_1 k^{\beta+1} e^{(\beta+1)\varepsilon(1-k)t} \frac{db_2(\lambda_N)}{d\lambda_N} = KH_1 k^{\beta+1} e^{(\beta+1)\varepsilon(1-k)t} b'(\lambda_N) \tag{15-92}$$

由式(15-88)和式(15-88a),可以得到:

$$\frac{\partial g_n(\lambda_N, t)}{\partial \lambda_N}\bigg|_{t=t_x} \gtreqless 0, \quad \text{当 } \lambda \gtreqless 1/2 \tag{15-93}$$

由式(15-89)和式(15-89a),可以得到:

$$\frac{\partial^2 g_n(\lambda_N, t)}{\partial \lambda_N^2}\bigg|_{t=t_x} > 0, \quad \text{对于 } \lambda \in (0,1) \tag{15-93a}$$

这意味着,对于任意给定 $\eta<1$,当创新部门集聚在一个区域时,产品种类数量的增长速度最快,而当该部门分散时最慢。对于任意给定的函数 $b(\cdot)$,该增长率只依赖于熟练工的空间分布。

命题 15.1 在知识溢出有壁垒的时候,如果两个区域熟练劳动力中从事 R&D 的比例一致,整个经济体的经济增长率随熟练劳动力的地理分布变化而变

化,熟练劳动力的集聚具有增长效应。此结论($0<\eta<1$)与 $\eta=0$ 的情形是一致的。

知识溢出强度越大,整个经济体的经济增长率越高;经济增长率在没有知识溢出壁垒(完全溢出情形)下最大,在无知识溢出情形下最小。

在熟练劳动力完全集聚于一个区域的时候,整个经济体的经济增长率与区际知识溢出强度无关。

而此时区域 N 和区域 S 的增长率分别为

$$g_{nN} = KH^{\beta+1}k^{\beta+1}\lambda b_1(\lambda)n/n_N \tag{15-94}$$

$$g_{nS} = KH^{\beta+1}k^{\beta+1}(1-\lambda)b_1(1-\lambda)n/n_S \tag{15-94a}$$

如果经济没有任何波动的话,由于初始状态下区域 N 和区域 S 对称,因而式

$$g_{nN} = \frac{\dot{n}_N}{n_N} = KH^{\beta+1}k^{\beta+1}\lambda[\lambda^\beta + \lambda_S^\beta]n/n_N \tag{15-95}$$

依然成立,有 $g_{nN} = g_{nS}$。又由于两区域工资水平相同,区域间没有人口流动,则两区域将平衡发展。也就是说,$\lambda=1/2$ 是经济体的一个均衡。

一旦经济出现某种波动,例如在 t_0 时刻发生,使得 λ 偏离 $1/2$,不失一般性,假设 $\lambda>1/2$。此时式

$$g_{nN}(t_0) > g_{nS}(t_0) \tag{15-96}$$

成立,有 $g_{nN}(t_0) > g_{nS}(t_0)$,因而,在 t_0 时刻附近式

$$n_N(t) > n_N(t) \tag{15-96a}$$

依然成立,有 $n_N(t) > n_N(t)$;式

$$\Delta n(t) = n_N(t) - n_S(t) \tag{15-96b}$$

的值大于 0,即 $\Delta n > 0$。

根据式(15-94)和式(15-94a)有

$$\frac{\dot{g}_{nN}}{g_{nN}} = (\beta+1)\frac{\dot{H}}{H} + \frac{\dot{\lambda}}{\lambda} + \frac{\beta[\lambda^{\beta-1} - \eta(1-\lambda)^{\beta-1}]\dot{\lambda}}{(\lambda^\beta + \eta\lambda_S^\beta)} + g_n - g_{nN} \tag{15-97}$$

$$\frac{\dot{g}_{nS}}{g_{nS}} = (\beta+1)\frac{\dot{H}}{H} - \frac{\dot{\lambda}}{1-\lambda} + \frac{\beta[\eta\lambda^{\beta-1} - (1-\lambda)^{\beta-1}]\dot{\lambda}}{(\eta\lambda^\beta + \lambda_S^\beta)} + g_n - g_{nS} \tag{15-97a}$$

因而,有

$$\frac{\dot{g}_{nN}}{g_{nN}} - \frac{\dot{g}_{nS}}{g_{nS}} = \frac{\dot{\lambda}}{\lambda} + \frac{\dot{\lambda}}{1-\lambda} + \frac{\beta[\lambda^{\beta-1} - \eta(1-\lambda)^{\beta-1}]\dot{\lambda}}{(\lambda^\beta + \eta\lambda_S^\beta)}$$
$$- \frac{\beta[\eta\lambda^{\beta-1} - (1-\lambda)^{\beta-1}]\dot{\lambda}}{(\eta\lambda^\beta + \lambda_S^\beta)} + g_{nS} - g_{nN} \tag{15-97b}$$

很容易看到,当 $\eta=1$ 时,式(15-97b)变为完全知识溢出情形下的式

$$\frac{\dot{g}_{nN}}{g_{nN}} - \frac{\dot{g}_{nS}}{g_{nS}} = \frac{\dot{\lambda}}{\lambda} + \frac{\dot{\lambda}}{1-\lambda} + g_{nS} - g_{nN} \tag{15-98}$$

当 $\eta=0$ 时,式(15-97b)变为区际知识无溢出情形下的式

$$\frac{\dot{g}_{nN}}{g_{nN}} - \frac{\dot{g}_{nS}}{g_{nS}} = (\beta+1)\left(\frac{\dot{\lambda}}{\lambda} + \frac{\dot{\lambda}}{1-\lambda}\right) + g_{nS} - g_{nN} \tag{15-99}$$

（一）交通成本比较低的情形

在交通成本比较低的时候，根据式(15-81)、式(15-96)和式(15-96a)可知，在 $t>t_0$ 中必然能够找到一个 t_1，使得式

$$\dot{\lambda}(t)\mid_{t>t_1}>0 \tag{15-100}$$

成立。由于式(15-96)依然成立，在一般知识溢出下，在式(15-84)成立的时候，$k=k_N=k_S=\tilde{k}$ 为一个固定值，据式(15-81)可知，一旦出现人口迁移，这种流动将持续下去；集聚速度将先越来越快，然后越来越慢，直至熟练劳动力完全集聚。事实上，此后区域 N 的经济增长率 g_{nN} 的增长速度和熟练劳动力集聚速度都大于0，也就是说，此时区域经济增长率 g_{nN} 越来越大，而熟练劳动力也一直朝区域 N 集聚，直至最终在 T 时刻完成熟练劳动力的完全集聚，使得式

$$\lambda=1,\quad \lambda_S=0 \tag{15-101}$$

成立。

由式(15-94)可知，随着集聚的进程加快，区域 N 经济增长率与整个经济体的经济增长率的差距逐渐缩小（区域 N 经济增长率一直高于或等于整个经济体的经济增长率）；而由式

$$\frac{\dot{g}_{nN}}{g_{nN}}=(\beta+1)\frac{\dot{H}}{H}+\frac{\dot{\lambda}}{\lambda}+\frac{\beta[\lambda^{\beta-1}-\lambda_S^{\beta-1}]\dot{\lambda}}{\lambda^\beta+\lambda_S^\beta}+g_n-g_{nN} \tag{15-102}$$

可知，在某一时刻之后，可以使得

$$\frac{\dot{g}_{nN}}{g_{nN}}>\frac{\dot{\lambda}}{\lambda}>0 \tag{15-103}$$

成立，有 $\frac{\dot{g}_{nN}}{g_{nN}}>\frac{\dot{\lambda}}{\lambda}>0$。它表明，区域 N 经济增长率的变化率比人口分布的变化率大。也就是说，集聚引起的经济增长率增加幅度比集聚幅度更大，从而集聚越来越有效率（如图15-1）。

比较式(15-98)、式(15-99)和式(15-97b)可知，在一般知识溢出情形下，人口集聚的速度比在完全知识溢出情形下更快，而比区际知识无溢出情形下更慢；也就是说，达到完全集聚的时间随着知识溢出的程度增大而变长（如图 15-1b 和 c）。

事实上，我们考察式(15-97b)中的 $f(\eta)=\frac{\lambda^{\beta-1}-\eta\lambda_S^{\beta-1}}{(\lambda^\beta+\eta\lambda_S^\beta)}-\frac{\eta\lambda^{\beta-1}-\lambda_S^{\beta-1}}{(\eta\lambda^\beta+\lambda_S^\beta)}$ 作为 η 的函数的性质。

$$\frac{\mathrm{d}f(\eta)}{\mathrm{d}\eta}=-\frac{2\lambda^{\beta-1}\lambda_S^{\beta-1}}{(\lambda^\beta+\eta\lambda_S^\beta)^2}\leqslant 0 \tag{15-104}$$

等号成立的条件是 $\lambda=1$ 或 0。

$$f(\eta)\mid_{\eta=1}=0,\; f(\eta)\mid_{\eta=0}=\frac{1}{\lambda}+\frac{1}{1-\lambda} \tag{15-104a}$$

因此，当 $0<\lambda<1$，我们有，在 $0<\eta<1$ 时，

$$0<f(\eta)=\frac{(1-\eta)}{(\lambda+\eta\lambda_S)}<\frac{1}{\lambda}+\frac{1}{1-\lambda} \tag{15-104b}$$

第十五章 基于人口移动和知识溢出的集聚与增长整合模型

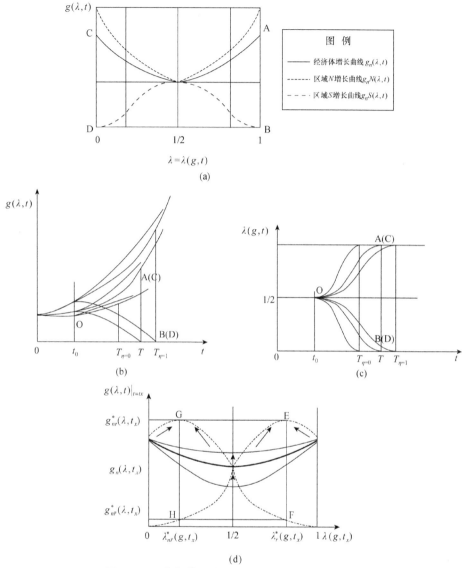

图 15-1　k 值相等时的经济增长率 g_n 与人口集聚

注：图(d)表示任一时刻 $t_x \in [t_0, T]$ 上的经济体集聚和增长的相图与均衡(粗线表示一般知识溢出情形，细线表示两种极端情形：完全知识溢出情形和区际知识无溢出情形)；

O 点：t_0 时刻的经济，即将打破分散格局；
A 点：T 时刻的经济，完全集聚于区域 N，此时，$\lambda_N = 1, g_{nN}(T, \lambda) = g_n(T, \lambda)$；
B 点：T 时刻的经济，完全集聚于区域 N，此时，$\lambda_S = 0, g_{nS}(T, \lambda) = 0$；
C 点：T 时刻的经济，完全集聚于区域 S，此时，$\lambda_S = 1, g_{nS}(T, \lambda) = g_n(T, \lambda)$；
D 点：T 时刻的经济，完全集聚于区域 S，此时，$\lambda_N = 0, g_{nN}(T, \lambda) = 0$；
E 点：经济体往区域 N 集聚的均衡路径上的任一时点 $t_x \in [t_0, T]$ 区域 N 的均衡增长率和 λ 值；
F 点：经济体往区域 N 集聚的均衡路径上的任一时点 $t_x \in [t_0, T]$ 区域 S 的均衡增长率和 λ 值；
G 点：经济体往区域 S 集聚的均衡路径上的任一时点 $t_x \in [t_0, T]$ 区域 S 的均衡增长率和 λ 值；
在 $\lambda_N = 1/2$ 线上的箭头表示 η 由 0 变为 $0 < \eta < 1$ 再变为 1 的情形下，分散的无效率性。在 $\lambda_r = 1$ 时，$g(\lambda, t)|_{\eta=0} < g(\lambda, t)|_{\eta \in (0,1)} < g(\lambda, t)|_{\eta=1}$，对于 $\forall t = t_x$。

从而使得在相同条件下的式(15-97b)的值总是介于式(15-102b)和式(15-99b)之间。从而有在一般知识溢出情形下,人口集聚的速度比在完全知识溢出情形下更快,而比区际知识无溢出情形下更慢。由于式(15-104),达到完全集聚的时间随着知识溢出的程度增大而变长。

依然,一般知识溢出情形与区际知识无溢出情形和完全知识溢出情形相同的是,这种效率不仅表现在核心区域集聚引致经济增长,而且表现在整个经济体层面上集聚引致增长;而不同的是幅度不一(如图 15-1d)。

(二) 交通成本比较高的情形

在交通成本比较高的时候,根据式(15-81)可知,在 t_0 时刻附近的一段时间内 (t_0,t_{01}) 不会出现人口迁移,即式

$$\dot{\lambda} = 0 \tag{15-100a}$$

成立。于是,式(15-97b)简化为 $\dfrac{\dot{g}_{nN}}{g_{nN}} - \dfrac{\dot{g}_{nS}}{g_{nS}} = g_{nS} - g_{nN}$。根据式(15-96)以及增长率函数的可微性,则有式 $\dfrac{\dot{g}_{nN}}{g_{nN}} - \dfrac{\dot{g}_{nS}}{g_{nS}} < 0$ 成立,也就是说,在 t_0 时刻附近的一段时间 (t_0,t_{01}) 内,区域 N 经济增长率的变化率 $\dot{g}_{nN}$ 小于区域 S 经济增长率的变化率 $\dot{g}_{nS}$,g_{nS} 与 g_{nN} 的差距逐渐缩小,g_{nS} 将逐渐赶上 g_{nN},而产品种类数量 n_N 和 n_S 的差距在进一步扩大。如果时至 t_{01}(时点 t_{01} 为 g_{nS} 赶上 g_{nN} 的时刻,此时 n_N 和 n_S 的差距达到局部极大值),依然还没有出现人口迁移,此刻 $\dfrac{\dot{g}_{nN}}{g_{nN}} - \dfrac{\dot{g}_{nS}}{g_{nS}} = 0$ 成立。也就是说,到了 t_{01} 时刻,区域 N 经济增长率的变化率 $\dot{g}_{nN}$ 不再小于区域 S 经济增长率的变化率 $\dot{g}_{nS}$,此时式(15-98)依然成立。于是在 t_{01} 时刻附近 (t_{01},t_{02}) 的一段时间内,经济体将重复上面的过程。很显然,在此过程中,有式(15-105)成立。

$$g_{nS}(t) \leqslant g_{nN}(t) \mid_{t>t_0} \tag{15-105}$$

也就是说,在此过程中,区域 N 经济增长率 g_{nN} 不会小于区域 S 经济增长率 g_{nS}。因此根据式(15-81)可知,在 $t>t_0$ 中必然能够找到一个 t_1,有式(15-100)成立。

而且由于式(15-105)在时点 t_1 之后的动态学和交通成本比较低的情形下相同,在一般知识溢出情形下,且在式(15-84)成立的时候,$k=k_N=k_S=\tilde{k}$ 为一个固定值,根据式(15-81),一旦出现人口迁移,这种流动将持续下去;集聚速度将先越来越快,然后越来越慢,直至在 T 时刻完成熟练劳动力的完全集聚,使得式(15-101)成立,达到 $\lambda=1,\lambda_S=0$,此时熟练劳动力完全集聚于区域 N,g_{nN} 逐渐靠近 g_n;$g_{nS}=0$。

同样,由式

$$g_{nN} = \frac{\dot{n}_N}{n_N} = KH^{\beta+1}k^{\beta+1}\lambda[\lambda^\beta + \lambda_S^\beta]n/n_N \tag{15-106}$$

可知,随着集聚的进程加快,区域 N 经济增长率与整个经济体的经济增长率的差距逐渐缩小(区域 N 经济增长率一直高于或等于整个经济体的经济增长率);

而由式(15-97)可知,在某一时刻之后,有式(15-103)成立,有 $\frac{\dot{g}_{nN}}{g_{nN}} > \frac{\dot{\lambda}}{\lambda} > 0$。也就是说,区域 N 经济增长率的变化率比人口分布的变化率大,即集聚引起的经济增长率增加幅度比集聚幅度更大,从而集聚越来越有效率(如图15-1d)。

这种"集聚越来越有效率"是源于分散越来越没有效率。事实上,由于命题15.1,当熟练劳动力完全集聚于某一个区域的时候,在任一时刻,知识溢出壁垒的存在与否和高低与否,对整个经济体的增长率没有影响。根据式(15-106)、式(15-107)和式(15-94),我们知道,在相同的条件下,完全分散的时候,式(15-107)的值最小,而式(15-106)的值最大,等于完全集聚时的值;也就是说,在相同的条件下,完全分散的时候,增长率在区际知识无溢出情形下最小,而在完全知识溢出情形下最大,在技术一般溢出情形下介于其间(如图15-1d)。

$$g_{nN} = KH_{nN}^{\beta+1}n/n_N \qquad (15\text{-}107)$$

很显然,通过以上的分析,可以得知:

命题 15.2 当知识溢出有障碍的时候,如果两个区域熟练劳动力中从事R&D的比例一致的话,只要 $\varphi \neq 0$(即 $\tau < \infty$),则分散格局不是稳定均衡;整个经济体的熟练劳动力将走向完全集聚。而且其达到完全均衡的时间比相同交通成本条件下完全知识溢出情形下的时间要短,比区际知识无溢出情形下的时间要长;也就是说,同等交通成本条件下,熟练工完全集聚,实现稳定均衡所需要的时间与 η 同向变化。

在技术一般溢出情形下,分散格局破裂、达到稳定均衡(即熟练劳动力完全集聚)的时间 t_1 和 T 值与交通成本的大小同向变化:在交通成本比较高的时候,分散格局破裂的时间 t_1、达到稳定均衡实现稳定均衡的时间 T 值比较大;而在在交通成本比较低的时候,分散格局破裂的时间 t_1、达到稳定均衡的时间 T 值比较小,比较容易实现稳定均衡。

只有在交通成本无穷大的情形下,即区域间劳动力和商品都无法流动的情形下,分散格局才是稳定均衡。

二、假设 $k_N = k_S$ 下的短期最优值

我们要讨论的是,在一般知识溢出的时候,如果区域可以选择自己的 k 值,在短期内是否存在一个最优的 k 值,使得在此最优值 $k*$ 下,使得整个区域经济增长得最快;如果存在,与两种极端情形完全溢出和无溢出情形下是否一致。

同样,我们假设 $(t-1)$ 时刻经济达到最优,如何选定 t 时刻的 k 值,使得经济在 t 时刻也达到最优——最优值 $k*$;如果此最优值 $k*$ 能够使得经济在初始时刻0之后达到最优,利用数学归纳法,则最优值 $k*$ 就是区域经济发展中的短期最优值。也就是说,我们要解决在假设 $(t-1)$ 时刻经济状况既定且达到最优的基础上,如何选定 t 时刻的 k 值,使得经济最优。由式(15-63)可知,

$$\begin{aligned}g_n &= KH_1 k^{\beta+1}[\lambda_N b_1(\lambda_N) + \lambda_S b_1(\lambda_S)]e^{(\beta+1)\varepsilon(1-k)t} \\ &= K[\lambda_N b_1(\lambda_N) + \lambda_S b_1(\lambda_S)]H^{\beta+1}(t-1)k^{\beta+1}e^{(\beta+1)\varepsilon(1-k)} \qquad (15\text{-}108)\end{aligned}$$

其一阶条件为

$$\frac{\partial g_n(t)}{\partial k} = KH^{\beta+1}(t)[\lambda_N b_1(\lambda_N) + \lambda_S b_1(\lambda_S)][-(\beta+1)\varepsilon \cdot k^{\beta+1} + (\beta+1)k^{\beta}]$$

$$= K(\beta+1)H^{\beta+1}(t)[\lambda_N b_1(\lambda_N) + \lambda_S b_1(\lambda_S)]k^{\beta}(1-\varepsilon k) = 0 \quad (15\text{-}109)$$

得

$$k* = 1/\varepsilon \quad (15\text{-}110)$$

此条件与两种极端情形一样。其二阶条件为

$$\frac{\partial^2 g_n(t)}{\partial k^2} = K \cdot (\beta+1)[\lambda_N b_1(\lambda_N) + \lambda_S b_1(\lambda_S)]H^{\beta+1}(t)$$

$$[-\varepsilon(\beta+1)k^{\beta}(1-\varepsilon k) + \beta k^{\beta-1}(1-\varepsilon k) - \varepsilon k^{\beta}]$$

$$= K \cdot (\beta+1)[\lambda_N b_1(\lambda_N) + \lambda_S b_1(\lambda_S)]H^{\beta+1}(t)k^{\beta-1}$$

$$\{[(\beta-(\beta+1)\varepsilon k](1-\varepsilon k) - \varepsilon k\} \quad (15\text{-}111)$$

很显然,$\frac{\partial^2 g_n(t)}{\partial k^2}\Big|_{k=1/\varepsilon} < 0$。容易证明,一阶导数 $\frac{\partial g_n(t)}{\partial k}\Big|_{k<1/\varepsilon} > 0$,而 $\frac{\partial g_n(t)}{\partial k}\Big|_{k>1/\varepsilon} < 0$。从而我们可知,在 $k* = 1/\varepsilon$ 时经济增长速度达到最大。

显然,此 $k*$ 值能够满足使得经济在初始时刻 0 之后的经济达到最优的要求。事实上,与两种极端情形类似,初始时刻 0 之后的经济增长率为

$$g_n|_{\text{初始时刻0之后}} = K \cdot [\lambda_N b_1(\lambda_N) + \lambda_S b_1(\lambda_S)]H_0^{\beta+1}e^{\varepsilon(1-k)} \cdot k^{\beta+1} \quad (15\text{-}112)$$

其一阶条件同式(15-109)。同时,一阶导数 $\frac{\partial g_n(t)}{\partial k}\Big|_{k<1/\varepsilon} > 0$,而 $\frac{\partial g_n(t)}{\partial k}\Big|_{k>1/\varepsilon} < 0$。

因此存在短期最优值 $k* = 1/\varepsilon$,使得经济增长速度在短期内达到最优。对于两个区域来说,短期最优选择都是调整自己的从事 R&D 活动的熟练劳动力的比例,使之接近 $k*$。

如果熟练劳动力中 H_H 从事人力资本生产的效率足够高,以至于式(15-113)成立,

$$\varepsilon \geqslant 1, 则\ k* = 1/\varepsilon \quad (15\text{-}113)$$

此时增长率为

$$g_n(t) = \frac{K \cdot [\lambda_N b_1(\lambda_N) + \lambda_S b_1(\lambda_S)]H_1 e^{(\varepsilon-1)t}}{\varepsilon^{\beta+1}} \quad 当\ \varepsilon \geqslant 1 \quad (15\text{-}114)$$

其中,$H_1 = H_0^{\beta+1}$。而如果熟练劳动力中 H_H 从事人力资本生产的效率不是很高,$\frac{1}{\varepsilon} \geqslant 1$,因为一阶导数 $\frac{\partial g_n(t)}{\partial k}\Big|_{k<1/\varepsilon} > 0$,所以短期内的 g_n 在 $k = 1$ 时达到最大。也就是说,短期内,所有熟练劳动力将全部从事 R&D 工作。此时式(15-115)成立,人口没有增长。

$$g_H = \varepsilon(1-k) = 0 \quad (15\text{-}115)$$

而经济增长率为

$$g_n = KH_1 \cdot [\lambda_N b_1(\lambda_N) + \lambda_S b_1(\lambda_S)], 当\ \varepsilon \leqslant 1 \quad (15\text{-}116)$$

经济趋于收敛于稳定增长,增长率由式(15-116)决定,与初始的熟练劳动力效

率成正比。根据前面的分析可知,经济最终收敛于熟练劳动力完全集聚于某一区域,此时,$\lambda_N^{\beta+1}+\lambda_S^{\beta+1}=1$,最终均衡的经济增长率满足式(15-117),当 $\varepsilon\leqslant 1$ 时,$g_n=KH_1$。

$$g_n = KH_1(\lambda_N^{\beta}+\lambda_S^{\beta}), 当 \varepsilon\leqslant 1 \qquad (15\text{-}117)$$

很容易证明,当 $\eta=0$ 时,有 $b(\lambda_N)=\lambda_N^{\beta}$,$b(\lambda_S)=\lambda_S^{\beta}$,式(15-114)和式(15-116)简化为式(15-118)和式(15-119):

$$g_N(t) = \frac{K\cdot(\lambda_N^{\beta+1}+\lambda_S^{\beta+1})H_1 e^{(\varepsilon-1)t}}{\varepsilon^{\beta+1}}, 当 \varepsilon\geqslant 1 \qquad (15\text{-}118)$$

$$g_N = KH_1\cdot(\lambda_N^{\beta+1}+\lambda_S^{\beta+1}), 当 \varepsilon\leqslant 1 \qquad (15\text{-}119)$$

而当 $\eta=1$ 时,$b(\lambda_N)=b(\lambda_S)=1$,式(15-114)和式(15-116)简化为式(15-120)和式(15-121)。

$$g_n(t) = \frac{KH_1(\lambda_N^{\beta}+\lambda_S^{\beta})e^{(\beta+1)(\varepsilon-1)t}}{\varepsilon^{\beta+1}}, 当 \varepsilon\geqslant 1 \qquad (15\text{-}120)$$

$$g_n = KH_1(\lambda_N^{\beta}+\lambda_S^{\beta}), 当 \varepsilon\leqslant 1 \qquad (15\text{-}121)$$

综合以上分析,在一般知识溢出的时候,如果区域可以选择自己的 k 值,在短期内存在一个最优的 k 值,使得在此最优值 $k*$ 下,使得整个区域经济增长得最快,此 k 值与在两种极端情形完全知识溢出和无溢出的时候,分析过程和条件是类似的,其结论也是一致的,即,存在短期最优值,使得经济增长速度在短期内达到最优。短期最优值为满足式(15-122)的 k 值。

$$k* = \min\left\{\frac{1}{\varepsilon},1\right\} \qquad (15\text{-}122)$$

三、假设 $k_N\neq k_S$ 下的长期最优值

如果两个区域的从事 R&D 活动的熟练劳动力的比例 k_N 和 k_S 固定,且各不相同。假设两个区域在 t_0 时刻是一致的,没有外生的区别,直到 t_0 时刻之后;同时假设区域 N 走短期最优化道路,即在 t_0 时刻之后调整 k_N 值至 $k*=\min\left\{\frac{1}{\varepsilon},1\right\}$,而 $k_S\neq k*$。

(一)交通成本比较低的条件下

交通成本很低,即人口流动的成本比较低的条件下,同样,我们利用类似前面的分析可以得到,$k*=\min\left\{\frac{1}{\varepsilon},1\right\}$ 确实是区域经济有效增长的最优值。这是因为,在 t_0 之后的一段时间里,参见图 15-2,注意 $t_1|_{\eta=0}<t_1|_{\eta\in(0,1)}<t_1|_{\eta=1}$),我们都有 $g_{nS}<g_{nN}$。由于在基点时刻 t_0 两个区域是一致的,因此在这段时间内,$n_S<n_N$;而根据式(15-81),该时间段内,人口流动至少不会从区域 N 流向区域 S,即 $\dot{\lambda}(t)\geqslant 0$。假设这段时间过去,区域 S 的经济增长率赶上区域 N 的经济增长率,根据式(15-97)和式(15-97a),此时,式(15-96)依然成立,从而我们有 $g_{nN}(t)\geqslant g_{nS}(t)$,对于 $\forall t$,也就是说,在任意时刻,区域 N 的增长率不会低于区域 S 的增长率。由

初始条件一致,从而产品种类数量 n_N 都会比区域 S 的产品种类数量 n_S 大。这就得到,$k* = \min\left\{\dfrac{1}{\varepsilon}, 1\right\}$ 为经济增长的长期最优值(如图 15-2 上图)。

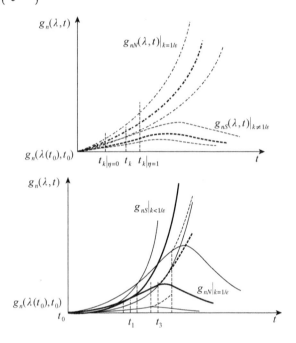

图 15-2 不同 k 值下区域经济增长率比较

注:上图表示区域 N 选择的 $k_N = 1/\varepsilon$ 为最优值的两个区域经济增长率比较。即当交通成本比较低的情形下,或者交通成本比较高,区域 S 选择的是 $k_S = 1/\varepsilon$ 的情形下(粗线表示一般知识溢出情形,细线表示两种极端情形:完全知识溢出情形和区际知识无溢出情形)。其结果是,经济体在 t_1 时点后向区域 N 集聚。其中,$t_1|_{\eta=0} < t_1|_{\eta \in (0,1)} < t_1|_{\eta=1}$。

下图表示区域 N 选择的 $k_N = 1/\varepsilon$ 不是最优值的两个区域经济增长率比较。即当交通成本比较高,且区域 S 选择的是 $k_S = 1/\varepsilon$ 的情形下的两个区域经济增长率比较(粗线表示一般知识溢出情形,细线表示两种极端情形:完全知识溢出情形和区际知识无溢出情形)。其结果是,经济体在 t_3 时点后向区域 S 集聚。其中,$t_3|_{\eta=0} < t_3|_{\eta \in (0,1)} < t_3|_{\eta=1}$。

(二)交通成本比较高的条件下

在交通成本比较高的条件下,人口迁移固定成本高,则 $k* = \min\left\{\dfrac{1}{\varepsilon}, 1\right\}$ 不一定是区域经济有效增长的最优值。

我们先来考察 $\dfrac{1}{\varepsilon} < k_S \leq 1$ 的情况。一开始在 t_0 时刻起,$g_{nS} < g_{nN}$。假设由于交通成本比较高,因为 $\tau - 1 \gg 0$,根据式

$$E_m(t)|_{\lambda(t=0)} = \tau - 1 \tag{15-123}$$

暂时不产生人口流动。但是在这种情况下,由于区域 N 的经济增长率比区域 S 的经济增长率大得越来越多,从而使得区域 S 的经济总量与区域 N 的经济总量的差距越来越大。即使交通成本比较高,人口迁移固定成本高,根据式(15-81),在之后

的某一时刻 t_k，必将产生第一个由区域 S 向区域 N 的人口迁移。至此，平衡（分散）区域格局打破，经济向区域 N 集聚。这种情形下，$k_N = \frac{1}{\varepsilon} < 1$ 显然是优于 $k_S > \frac{1}{\varepsilon}$ 的，并且最终导致完全集聚。但是 $k_N = \frac{1}{\varepsilon}$ 并非最优，此时的 $k* < \frac{1}{\varepsilon}$。但是，我们看到，由于 $k_N \left(=\frac{1}{\varepsilon}\right)$ 比 $k_S \left(>\frac{1}{\varepsilon}\right)$ 更接近 $k* \left(<\frac{1}{\varepsilon}\right)$，依然产生了熟练劳动力在区域 N 完全集聚（如图 15-2 上图）。

我们再来考察 $k_S < k* = \min\left\{\frac{1}{\varepsilon}, 1\right\}$ 的情况。同样，由于交通成本比较高，而且 $\tau - 1 \gg 0$，根据式（15-123），暂时不产生人口流动；一直持续到 t_2 时刻，不会出现第一个由区域 S 向区域 N 的迁移人口，也就是说，在时间段 $[t_0, t_2]$ 内都不会产生人口流动，其中，t_2 为 $n_S = n_N$ 的时点。在时点 t_2 之后的一段时间内，有 $n_S > n_N$，但是依然不会产生人口流动，这同样是因为在交通成本比较高的条件下，人口迁移固定成本高。但是，由于此后区域 S 和区域 N 的经济增长率差距越来越大，从而导致区域 N 的经济总量（产品种类数量）与区域 S 的经济总量（产品种类数量）差距越来越大，根据式（15-81），在之后的某一时刻 t_3，必将产生第一个由区域 N 向区域 S 的人口迁移。至此，平衡（分散）区域格局打破，经济向区域 S 集聚。很显然，这种情形下 $k* = \min\left\{\frac{1}{\varepsilon}, 1\right\}$ 一定不是区域经济有效增长的最优值（参见图 15-2 下图）。

（三）$k* = \min\left\{\frac{1}{\varepsilon}, 1\right\}$ 为长期最优值的必要条件

由上面分析可知，如果到了 t_1 时刻，尚未产生一个由区域 S 向区域 N 的人口流动，那么，$k_N = \min\left\{\frac{1}{\varepsilon}, 1\right\}$ 将不是长期最优值。这就说明，$k_N = \min\left\{\frac{1}{\varepsilon}, 1\right\}$ 要为长期最优值，到了 t_1 时刻就必须产生由区域 S 向区域 N 的人口流动。

也就是说，$k_N = 1/\varepsilon$ 为长期最优值的必要条件是：

$$当 g_{nS} = g_{nN} 时，有 \lambda_r(t) > 0 \tag{15-124}$$

其临界条件为

$$\begin{cases} \dfrac{k_N \lambda_N [(k_N \lambda_N)^\beta + \eta (k_S \lambda_S)^\beta]}{k_S \lambda_S [\eta (k_N \lambda_N)^\beta + (k_S \lambda_S)^\beta]} = \dfrac{n_N}{n_S} \\ \dfrac{1}{\gamma D} e^{\gamma t} \ln\left[\dfrac{W_{0j} + W(0;t)}{W_{0j} + W(0;T)}\right] + \dfrac{\mu}{(\sigma-1)D} e^{\gamma t} \int_t^T e^{\gamma s} \ln\left[\dfrac{n_r + n_r \varphi}{n_r \varphi + n_r}\right] ds = \dfrac{\varphi^{-\frac{1}{\sigma-1}}}{D} \end{cases} \tag{15-125}$$

如果 t_0 时点上两个区域条件一致，那么由于 λ 的可微性，在临界点上时式（15-125）中第一个式子可以简化为

$$\frac{k_N^{\beta+1} + \eta k_N k_S^\beta}{k_S^{\beta+1} + \eta k_S k_N^\beta} = \frac{n_N}{n_S} \tag{15-125a}$$

很显然，当 $\eta = 1$ 和 0 时，式（15-125a）分别简化为式（15-126）和式（15-127）。

$$\frac{k_N}{k_S} = \frac{n_N}{n_S} \tag{15-126}$$

$$\frac{k_N}{k_S} = \left(\frac{n_N}{n_S}\right)^{\frac{1}{\beta+1}} \tag{15-127}$$

（四）均衡下成为核心区域的必要条件

上面的分析表明，一般知识溢出情形和两种极端情形一致，在交通成本比较低的时候，k 的长期最优值为 $k* = \min\left\{\frac{1}{\varepsilon}, 1\right\}$。当 $k_N = k* = \min\left\{\frac{1}{\varepsilon}, 1\right\}$，而 $k_S \neq k*$ 的时候，区域 N 在长期均衡下发展成为核心区域。这说明选择 k 的长期最优值的区域在长期均衡下将发展成为核心区域；而另一个未选择长期最优值的区域在长期均衡下将发展成为边缘区域。在交通成本比较高的时候，k 的长期最优值趋于 0。当 $k_S < \min\left\{\frac{1}{\varepsilon}, 1\right\}$，而 $k_N = \min\left\{\frac{1}{\varepsilon}, 1\right\}$，区域 S 在长期均衡下发展成为核心区域；这说明当两个区域都没有选择 k 的长期最优值的时候，接近 k 的长期最优值的区域在长期均衡下将发展成为核心区域；而另一个相对远离 k 的长期最优值的区域在长期均衡下将发展成为边缘区域。交通成本比较高的时候的另外一种情形也表明了这一点。当 $\frac{1}{\varepsilon} < k_S \leq 1$ 的时候，区域 N 在长期均衡下发展成为核心区域。因此，有

命题 15.3 如果两个区域熟练劳动力中从事 R&D 的比例不一致的话，只要 $\varphi \neq 0$（即 $\tau < \infty$），则分散格局不是稳定均衡；更接近或者选择 k 的长期最优值的区域在长期均衡下将发展成为核心区域；而另一个相对远离 k 的长期最优值的区域在长期均衡下将发展成为边缘区域。此结论与知识溢出强度无关。

知识溢出强度影响实现长期均衡的时间，如命题 15.2。

四、k 值变化的区域博弈

前述分析以及命题 15.3 说明，一个区域是否能够发展成为核心区域，不仅仅依靠自身政策的努力，而且和别的区域实施的政策有很大关系。我们以区域 N 为主体来考察在一般知识溢出条件下，两个区域 k 值不同的时候区域之间的博弈。

如果区域 N 要发展成为核心区域，很显然，在短期内只有一个选择，那就是选择 k 的短期最优值 $k_N = k* = \min\left\{\frac{1}{\varepsilon}, 1\right\}$；也就是说，在两个区域从同步发展（我们初始假设是两个区域完全一致，没有任何外生差别）到有 k 值差别的短期内，区域 N 的最优选择是 $k_N = \min\left\{\frac{1}{\varepsilon}, 1\right\}$。

在交通成本比较低的条件下，根据前面的分析，k 的短期最优值就是长期最优值，即区域 N 选择的 $k_N = k* = \min\left\{\frac{1}{\varepsilon}, 1\right\}$ 以及我们假设的 $k_S \neq k*$ 就是区域成为核心区域的充分条件。

而在交通成本比较高的条件下,情形稍微复杂一些。根据前面的分析,k 的短期最优值并非长期最优值。

如果熟练劳动力中 H_H 从事人力资本生产的效率比较高,$\varepsilon > 1$,而区域 S 选择的 $k_S > \frac{1}{\varepsilon}$,则区域 N 即使保持着 $k_N = k* = \frac{1}{\varepsilon} < 1$ 不变,也就是说,区域 N 依然可以发展成为核心区域。此时,$k_N = k* = \frac{1}{\varepsilon} < 1$ 不是区域 N 的最优选择,区域 N 通过政策调整 k 值,不仅可以使其发展成为核心区域,而且增长率可以更高。也就是说,区域 N 可以逐期降低自身的 k 值,以期获得更高的增长率。于是,式(15-128)也是一般知识溢出情形下区域 r 发展成为核心区域的充分条件。

$$\begin{cases} k_r \leqslant k* = \frac{1}{\varepsilon} < 1 \\ k_{\bar{r}} \geqslant \frac{1}{\varepsilon} \\ k_r \neq k_{\bar{r}} \end{cases} \qquad (15\text{-}128)$$

在交通成本比较高的条件下,如果熟练劳动力中 H_H 从事人力资本生产的效率不是很高,$\varepsilon \leqslant 1$,短期最优值 $k* = \min\left\{\frac{1}{\varepsilon}, 1\right\} = 1$ 不是长期最优值。如果区域 S 作为区域 r 满足式(15-129)的条件,根据命题 15.3 或者充分条件的分析可知,区域 S 将发展成为核心区域,而区域 N 将成为边缘区域。

$$\begin{cases} k_{\bar{r}} = k^* = \min\left\{\frac{1}{\varepsilon}, 1\right\} \\ k_r < k_{\bar{r}} \end{cases} \qquad (15\text{-}129)$$

因此区域 N 要发展成为核心区域,就必须降低自身的 k 值。在过了一期之后,如果区域 N 选择区域 S 上一期的 k_S 值,则其增长率至少在本期内获得与区域 S 的同步增长;如果区域 S 的 k_S 值不变,区域 N 的 k_N 值也可以保持在 k_S 值上不变。由于在起始的期内区域 N 的增长率大于区域 S 的增长率,因此,根据前面的分析,总能够找到一个时点 t_1,出现从区域 S 向区域 N 的人口迁移,这样均衡下区域 N 就将发展成为核心区域。同时根据本节 $\varepsilon > 1$ 的情形中的分析,在这种情形下,区域 N 依然可以通过政策调整 k 值,不仅可以使其发展成为核心区域,而且增长率可以更高。即,区域 N 同样可以逐期降低自身的 k 值,以期获得更高的增长率。于是,一般知识溢出且交通成本比较高的条件下,式(15-130)依然是区域 N 成为核心区域的充分条件。

$$\begin{cases} k_r|_{t=t_0} = k* = \min\left\{\frac{1}{\varepsilon}, 1\right\} \\ k_r|_{t > t_0+1} \leqslant k_{\bar{r}}|_{t=t_0} \\ k_{\bar{r}}(t) = k_{\bar{r}}|_{t=t_0} \end{cases} \qquad (15\text{-}130)$$

假设第一期之后区域 S 的 k_S 值逐期变化下调,根据上面的分析可知,区域 N 的对策(最优选择)则还是式(15-131)。从而,在交通成本比较高的条件下,如果区

域 S 的 k_S 值也在做动态变化，式(15-132)是区域 N 成为核心区域的充分条件。

$$k_N(t)|_{t>t_0+1} = k_S(t-1) \tag{15-131}$$

$$\begin{cases} k_r(t)|_{t=t_0} = k* = \min\left\{\dfrac{1}{\varepsilon}, 1\right\} \\ k_r(t)|_{t>t_0+1} = k_{\bar{r}}(t-1)|_{t>t_0+1} \\ k_r(t)|_{t=t_0} \neq k_{\bar{r}}(t)|_{t=t_0} \end{cases} \tag{15-132}$$

因此，在一般知识溢出条件下，区域博弈使得本区域 r 都试图调整自身的 k_r 值，以比另一个区域的 $k_{\bar{r}}$ 值更靠近长期最优值。

命题 15.4 如果两个区域熟练劳动力中从事 R&D 的比例从某一时点 t_0 开始不一致的话，只要 $\varphi \neq 0$（即 $\tau < \infty$），则分散格局不是稳定均衡；任一区域 r 都努力发展成为核心区域，区域之间的博弈具体表现在 k 值的博弈，博弈条件和结果在知识一般溢出的时候与极端情形下是一致的。

在低交通成本条件下，满足式(15-133)的区域 r 在长期均衡下将发展成为核心区域，即

$$\begin{cases} k_r = k* = \min\left\{\dfrac{1}{\varepsilon}, 1\right\} \\ k_{\bar{r}} \neq k_r \end{cases} \tag{15-133}$$

在高交通成本条件下，满足式(15-128)或者式(15-130)、式(15-132)的区域 r 在长期均衡下将发展成为核心区域。

第四节 集聚路径与均衡

一、均衡集聚路径

（一）市场结果

假设公司可以自由地在任何地方生产任何新产品。换句话说，公司生产某种产品可以在任何时点 t 自由地选择其区位，而不管专利是在哪儿开发的。因而，在任意给定的时点和合适的交通成本条件下，使得 n_N 和 n_S 都为正（或者其中一个为零）。当 n_N 和 n_S 都为正时，那么公司在该时点的利润在两个区域是相同的，即式(15-37)成立。从而式(15-38)、式(15-39)、式(15-40)和式(15-41)成立。由式(15-41)，我们得到

$$n_r = \frac{C_r - \varphi C_{\bar{r}}}{(1-\varphi)C*} \cdot n \tag{15-134}$$

依据式(15-134)可以倒推出合适的交通成本条件。令 $n_r > 0$，得到：

$$\varphi < \frac{C_r}{C_{\bar{r}}} < 1/\varphi \tag{15-135}$$

当交通条件不满足式(15-135)时,则

$$\frac{C_r}{C_{\bar{r}}} \leqslant \varphi \qquad (15\text{-}135\text{a})$$

或者

$$\frac{C_r}{C_{\bar{r}}} \geqslant 1/\varphi \qquad (15\text{-}135\text{b})$$

1. 比较低的交通成本

根据式(15-18),比较低的交通成本对应的是比较高的贸易自由度;此情形对应的是式(15-135a)和式(15-135b)。

很容易发现,式(15-135b)恰好是式(15-135a)的对称情形,脚标 r 和 $\bar{r}$ 互换即可。由于 $r=N$ 或 S,以及 $\bar{r}=S$ 或 N,互换之后,则为 $r=S$ 或 N,以及 $\bar{r}=N$ 或 S,从而式(15-135a)与式(15-135b)是同一种情形。因此我们将式(15-135a)与式(15-135b)合写为式(15-135a)。

当式(15-135a)满足时,有

$$n_r = 0, \quad n_{\bar{r}} = n \qquad (15\text{-}136)$$

根据式(15-17a),可得

$$P_r = \frac{\sigma}{\sigma-1}(\varphi n)^{-\frac{1}{\sigma-1}}, \quad P_{\bar{r}} = \frac{\sigma}{\sigma-1} \cdot n^{-\frac{1}{\sigma-1}} \qquad (15\text{-}137)$$

根据式(15-19),可得

$$q_r^* = \frac{\mu\rho}{n}\left(\frac{C_r}{\varphi} + \varphi C_{\bar{r}}\right)$$

$$q_{\bar{r}}^* = \frac{\mu\rho}{n} C* \qquad (15\text{-}138)$$

由条件(15-135a)可以得知,$q_r^* \leqslant q_{\bar{r}}^*$。

而由式(15-136),我们有

$$\dot{n}_r = 0, \dot{n}_{\bar{r}} = \dot{n} \qquad (15\text{-}139)$$

由式(15-45)知:

$$H_{nr} = 0, \text{即 } k_r = 0$$

根据式(15-71),从而有

$$\lambda_r = 0, \lambda_{\bar{r}} = 1 \qquad (15\text{-}140)$$

也就是说,在比较低的交通成本情形下,即式(15-135a)成立时,将出现完全集聚。

2. 比较高的交通成本

比较高的交通成本的情形对应于式(15-135),此时,我们有 $0<n_r<n$。直接可以得到,此时短时间内将不会出现全球性的完全集聚,后面我们将探讨发生集聚的时间以及怎样集聚(集聚的方向)。

此时,式(15-17a)变为

$$P_r = \frac{\sigma}{\sigma-1}(n_r + \varphi n_{\bar{r}})^{-\frac{1}{\sigma-1}}$$

$$P_{\bar{r}} = \frac{\sigma}{\sigma-1}(\varphi n_r + n_{\bar{r}})^{-\frac{1}{\sigma-1}}$$

(15-137a)

(二) 集聚动态定性分析

在 $0 < n_r < n$ 时,由式(15-20)和式(15-39)有

$$\pi* = \frac{\mu C*}{\sigma n} \qquad (15\text{-}141)$$

从而公司在时点 t 的财富额为

$$G(t) \equiv \int_t^\infty e^{-\gamma(s-t)} \pi*(s)\mathrm{d}s = \int_t^\infty e^{-\gamma(s-t)} \frac{\mu C*}{\sigma n(s)}\mathrm{d}s \qquad (15\text{-}142)$$

它也等于该时点开发的任何新专利的均衡价格。因而,时点 t 现代部门的所有公司财富总额为

$$n(t)G(t) = \frac{\mu}{\sigma}\int_t^\infty e^{-\gamma(s-t)} \frac{n(t)}{n(s)} C* \mathrm{d}s \qquad (15\text{-}143)$$

因为式(15-63)和式(15-143),从而有

$$n(t)G(t) = \frac{\mu C*}{\sigma[\gamma + g(\cdot) - \varepsilon(1-k)]} \equiv W(t) \qquad (15\text{-}143a)$$

将式(15-143a)代入式(15-66)和式(15-67)中,得到每个区域的熟练劳动力的均衡工资率:

$$w_N(\cdot) = W(t)H^\beta b_N(\cdot) \qquad (15\text{-}144)$$

$$w_S(\cdot) = W(t)H^\beta b_S(\cdot) \qquad (15\text{-}144a)$$

根据式(15-26),有

$$W_j(0) = w_r(\lambda)/\gamma \qquad (15\text{-}145)$$

将式(15-144)代入式(15-145),然后将式(15-72)和式(15-145)代入式(15-73),从而由式(15-30)、式(15-72a)、式(15-73)和式(15-143a),我们可以得知任意时点区域 r 的所有工人的总消费额为

$$C_r(\cdot) = \frac{L}{2} + H_r c_j = L \cdot \left[\frac{1}{2} + \frac{\mu \lambda_r}{\sigma - \mu} \cdot \frac{\gamma + H^{\beta+1}b(\cdot)}{\gamma + g_n(\cdot) - \varepsilon(1-k)}\right]$$

(15-146)

同理,

$$C_r(\cdot) = \frac{L}{2} + H_r c_j = L \cdot \left[\frac{1}{2} + \frac{\mu \lambda_{\bar{r}}}{\sigma - \mu} \cdot \frac{\gamma + H^{\beta+1}b(\cdot)}{\gamma + g_n(\cdot) - \varepsilon(1-k)}\right]$$

(15-146a)

从而有

$$\frac{C_r(\lambda)}{C_{\bar{r}}(\lambda)} = \frac{(\sigma-\mu) + 2\mu\lambda_r \dfrac{\gamma + H^{\beta+1}b_N(\cdot)}{\gamma + g_n(\cdot) - \varepsilon(1-k)}}{(\sigma-\mu) + 2\mu\lambda_{\bar{r}} \dfrac{\gamma + H^{\beta+1}b_S(\cdot)}{\gamma + g_n(\cdot) - \varepsilon(1-k)}} \qquad (15\text{-}147)$$

在 $\eta = 1$ 的情况下,我们有

$$b_r(\cdot) = b_{\bar{r}}(\cdot), \quad g_n = H^{\beta+1} b(\cdot) k$$

$$z(t) = \frac{\gamma + \dfrac{g_n(t)}{k}}{\gamma + g_n(t) - \varepsilon(1-k)} \tag{15-148}$$

很显然,$z(t) > 1$,且有

$$\frac{dz(t)}{dt} = \frac{\dfrac{g_n{}'(t)}{k}[\gamma + g_n(t) - \varepsilon(1-k)] - g_n{}'(t)\left[\gamma + \dfrac{g_n(t)}{k}\right]}{[\gamma + g_n(t) - \varepsilon(1-k)]^2}$$

$$= \frac{g_n{}'(t)}{k} \frac{(\gamma - \varepsilon)(1-k)}{[\gamma + g_n(t) - \varepsilon(1-k)]^2} \tag{15-148a}$$

则有

$$\frac{C_r(\lambda)}{C_{\bar{r}}(\lambda)} = \frac{(\sigma - \mu) + 2z\mu\lambda_r}{(\sigma - \mu) + 2z\mu\lambda_{\bar{r}}} \tag{15-147a}$$

于是我们有

$$\frac{C_r(1)}{C_{\bar{r}}(1)} = \frac{\sigma - \mu + 2z\mu}{\sigma - \mu}, \frac{C_r(1/2)}{C_{\bar{r}}(1/2)} = 1, \frac{C_r(0)}{C_{\bar{r}}(0)} = \frac{\sigma - \mu}{\sigma - \mu + 2z\mu} \tag{15-149}$$

很容易得到:

$$\frac{d[C_r(\lambda_r)/C_{\bar{r}}(\lambda_r)]}{d\lambda_r} > 0; \quad \frac{d^2[C_r(\lambda_r)/C_{\bar{r}}(\lambda_r)]}{d\lambda_r^2} > 0 \tag{15-150}$$

$\eta < 1$ 的情况下,则式(15-149)中的第二个式子不成立,即满足 $\dfrac{C_r(\lambda)}{C_{\bar{r}}(\lambda)} = 1$ 的 λ 的值不是 $\lambda = 1/2$(如图 15-3 下图)。

于是我们可以得到,均衡消费的动态路径。在任何一个起始的熟练劳动力分布 λ 值下,我们可以分析得到其运动的方向。与藤田和蒂斯(M. Fujita and J. Thisse,2002)不同的是,藤田和蒂斯(2002)只是指出在不同的贸易自由度条件下,区域均衡消费比率 $\dfrac{C_r(\lambda)}{C_{\bar{r}}(\lambda)}$ 与 λ 的静态关系,没有时间 t 的因素。而图 15-3 中,$\dfrac{C_r(\lambda)}{C_{\bar{r}}(\lambda)}$ 曲线并非精确的区域均衡消费比率与 λ 的对应关系,图 15-3 反映的重点在于,在不同的贸易自由度条件下,区域均衡消费比率与 λ 的对应关系的变化方向。

在任何时刻的任何人口分布下,如果交通成本相对比较低,$\varphi \geqslant \dfrac{\sigma - \mu + 2z\mu}{\sigma - \mu}$ 成立,如图 15-3 中的 $\dfrac{C_r(\lambda)}{C_{\bar{r}}(\lambda)}$ 曲线的虚线部分 AB 段或者 CD 段,将立即有由区域 $\bar{r}$(S 或 N)向区域 r(N 或 S)的人口迁移出现,直至出现全球性的完全集聚,$\lambda_r = 0, \lambda_{\bar{r}} = 1$;此时区域均衡消费额差距相对较大,并且将越来越大。

更有意思的是另外一种情况。当 $\varphi < \dfrac{\sigma - \mu + 2z\mu}{\sigma - \mu} < \dfrac{1}{\varphi}$ 时,如图 15-3 中的 $\dfrac{C_r(\lambda)}{C_{\bar{r}}(\lambda)}$ 曲线的实线部分 EA 段或者 EC 段,暂时不会出现人口迁移。根据本章前面的分析,之后的某一时刻一定会出现人口流动;然而人口迁移的方向却是不定的。其出

现人口迁移的时间和方向都取决于两个区域的 k 值(如图 15-4、图 15-5)。

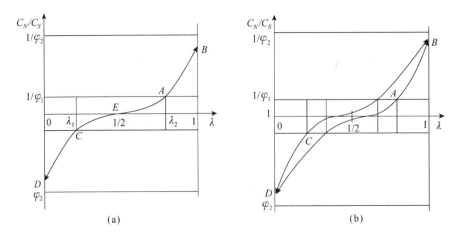

图 15-3　在不同交通成本下的不同 λ 值下的经济集聚趋势

注：(a) 图表示知识完全溢出($\eta=1$)情形；(b) 图表示区际知识非完全溢出($\eta<1$)情形；φ_1 和 φ_2 分别代表较低和较高的交通成本

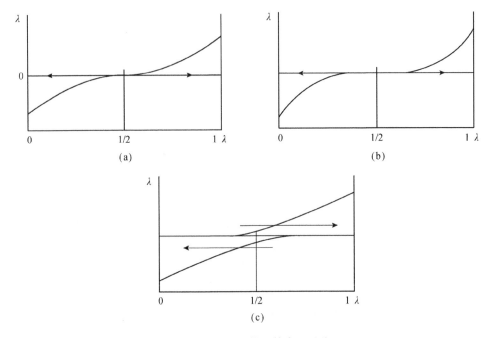

图 15-4　不同 k 值下的人口迁移

图 15-4 注：图(a)表示的是 t_0 时刻低交通成本 $\varphi \geqslant \dfrac{\sigma-\mu+2z\mu}{\sigma-\mu}$ ($\lambda_{t_0}>\lambda_2$ 或者 $\lambda_{t_0}>\lambda_1$)的情形下的人口迁移路径；图(b)表示的是 t_0 时刻高交通成本 $\varphi \leqslant \dfrac{\sigma-\mu+2z\mu}{\sigma-\mu} \leqslant 1/\varphi$ ($\lambda_1<\lambda_{t_0}<\lambda_2$)时，$k_N$ 比 k_S 更为接近最优值的情形下的人口迁移路径；图(c)表示的是 t_0 时刻高交通成本 $\varphi \leqslant \dfrac{\sigma-\mu+2z\mu}{\sigma-\mu} \leqslant 1/\varphi$ ($\lambda_1<\lambda_{t_0}<\lambda_2$)时，$k_S$ 比 k_N 更为接近最优值的情形下的人口迁移路径。

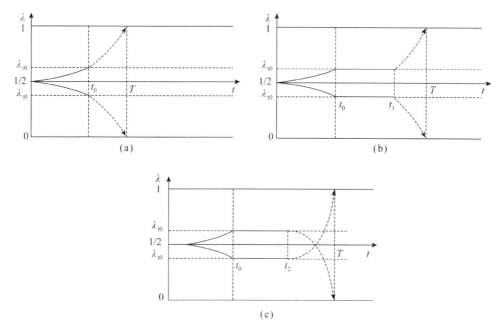

图 15-5 不同 k 值下不同的集聚路径

注：图(a)表示的是 t_0 时刻低交通成本 $\varphi \geqslant \frac{\sigma-\mu+2z\mu}{\sigma-\mu}$ ($\lambda_{t_0}>\lambda_2$ 或者 $\lambda_{t_0}>\lambda_1$) 的情形下的集聚时间路径；

图(b)表示的是 t_0 时刻高交通成本 $\varphi \leqslant \frac{\sigma-\mu+2z\mu}{\sigma-\mu} \leqslant 1/\varphi$ ($\lambda_1<\lambda_{t_0}<\lambda_2$) 时，$k_N$ 比 k_S 更为接近最优值的情形下的集聚时间路径；

图(c)表示的是 t_0 时刻高交通成本 $\varphi \leqslant \frac{\sigma-\mu+2z\mu}{\sigma-\mu} \leqslant 1/\varphi$ ($\lambda_1<\lambda_{t_0}<\lambda_2$) 时，$k_S$ 比 k_N 更为接近最优值的情形下的集聚时间路径。

命题 15.5 在比较低的交通成本情形下，当 $\varphi \geqslant \frac{C_r}{C_{\bar{r}}}$ 的时候，立即出现人口迁移，直至出现熟练劳动力的完全集聚，$\lambda_r=0, \lambda_{\bar{r}}=1$；此时区域均衡消费额差距相对较大。

在比较高的交通成本情形下，当 $\varphi < \frac{C_r}{C_{\bar{r}}} < 1/\varphi$ 的时候，短期内不会出现人口流动；出现人口流动的时间和方向都取决于两个区域的 k 值。

二、长期均衡

（一）均衡的表现

1. 长期均衡的 λ

很显然，长期来看，研究创新部门将实现全球性集聚，即 $\lambda_r=1$ (r 为区域 N 或者 S)，$\lambda_{\bar{r}}=0$ ($\bar{r}$ 为区域 S 或者 N) 是长期均衡。而现代部门则可能出现不完全集聚，根据交通成本的差异，将出现藤田和蒂斯(M. Fujita and J. Thisse, 2002)所说的两种集聚模式：显性集聚和全球集聚。

如果起始时刻 t_0 时，交通成本很高的情况下，满足

$$\varphi \leqslant \frac{\sigma - \mu + 2\mu z(t_0)}{\sigma - \mu} \leqslant 1/\varphi \qquad (15\text{-}151)$$

此时我们总是有 $0 < n_r < n$，也就是说，现代部门将分散在两个区域进行生产。而且，由式(15-134)和式(15-149)，我们有

$$\frac{n_r}{n_{\bar{r}}}\Big|_{\lambda_r=1} = \frac{C_r - \varphi C_{\bar{r}}}{C_{\bar{r}} - \varphi C_r} = \frac{\frac{C_r}{C_{\bar{r}}} - \varphi}{1 - \varphi \frac{C_r}{C_{\bar{r}}}} > 1, \text{当且仅当} \varphi \leqslant \frac{C_r}{C_{\bar{r}}} \leqslant 1/\varphi \qquad (15\text{-}152)$$

这就是所谓的显性集聚：核心区域 r 包括了整个的创新部门和大部分的现代部门（但非全部）。这一点很自然，现代部门的区位将由熟练劳动力的大份额产生的本地市场效应（home market effect）所驱动。

而在交通成本比较低的情况下，满足

$$\varphi \geqslant \frac{\sigma - \mu + 2z\mu}{\sigma - \mu} \qquad (15\text{-}153)$$

则有：$n_r = n, n_{\bar{r}} = 0$，此时，出现全球集聚：核心区域 r 包括整个创新部门和现代部门。

2. 长期均衡的增长率

长期均衡下，$\lambda_r = 1$ (r 为区域 N 或者 S)，$\lambda_{\bar{r}} = 0$ ($\bar{r}$ 为区域 S 或者 N)，此时，

$$H_{\bar{r}} = 0, \quad k_{\bar{r}} = 0, \quad k = k_r = k_r^* \qquad (15\text{-}154)$$

其均衡增长率为

$$g_n(t)|_{t \geqslant T} = g_{nr}(t)|_{t \geqslant T} = \frac{KH_4 e^{(\beta+1)(\varepsilon-1)(t-T)}}{\varepsilon^{\beta+1}}, \text{当} \varepsilon > 1 \qquad (15\text{-}155)$$
$$g_{n\bar{r}}(t)|_{t \geqslant T} = 0$$

或者：

$$g_n(t)|_{t \geqslant T} = g_{nr}(t)|_{t \geqslant T} = KH_4, \text{当} \varepsilon \leqslant 1 \qquad (15\text{-}155\text{a})$$
$$g_{n\bar{r}}(t)|_{t \geqslant T} = 0$$

其中，$H_4 = H^{\beta+1}(t)|_{t=T}$，$T$ 为达到均衡的时点。

当 $\varepsilon = 1$ 时，式(15-155)和式(15-155a)一致。

（二）均衡下集聚的动态有效性

我们要分析的是在区域 k 值不相等的情形下，长期均衡是否最优。之所以提出这个问题，是因为在技术一般溢出条件（包括知识完全溢出和区际知识无溢出情形）下，熟练劳动力的集聚具有增长效应（见前面分析）；不仅如此，区域的 k 值不相等的情形下，$k_N \neq k_S$，其增长效应并不是关于 $\lambda = 1/2$ 对称，并且因此在某个区间内，即满足式(15-156)的条件，

$$\lambda \in [\tilde{\lambda}_2, 1/2] \cup [1/2, \tilde{\lambda}_1] \qquad (15\text{-}156)$$

出现负增长效应。

1. 交通成本比较低的条件下

在比较低的交通成本下，$k* = \min\left\{\dfrac{1}{\varepsilon}, 1\right\}$ 是区域经济有效增长的最优值。当 $k_N = k* = \min\left\{\dfrac{1}{\varepsilon}, 1\right\}$，而 $k_S \neq k*$ 的时候，区域 N 在长期均衡下发展成为核心区域。在长期均衡下，所有熟练劳动力完全集聚于区域 N，即 $\lambda = 1$，有 $k = k_N \lambda + k_S(1-\lambda) = k_N = k* = \min\left\{\dfrac{1}{\varepsilon}, 1\right\}$。

情况1：如果熟练劳动力中 H_H 从事人力资本生产的效率不是很高，$\varepsilon \leqslant 1$，即 $\dfrac{1}{\varepsilon} \geqslant 1$，则 $k_N = k* = 1$，$k_S < 1 = k_N$。此时，根据式(15-157)和式(15-158)可知：

$$g_n = KH^{\beta+1}k[(k_N\lambda_N)^\beta + (k_S\lambda_S)^\beta] = KH_nk(H_{nN}^\beta + H_{nS}^\beta) \quad (15\text{-}157)$$

$$\left.\dfrac{\partial g_n(\lambda,t)}{\partial \lambda}\right|_{t>tx} \gtreqless 0, \text{当且仅当} \lambda \gtreqless \dfrac{k_S^{\frac{\beta}{\beta-1}}}{k_N^{\frac{\beta}{\beta-1}} + k_S^{\frac{\beta}{\beta-1}}} \quad (15\text{-}158)$$

式(15-159)成立，有

$$g_n(\lambda,t)\Big|_{\substack{\lambda=1\\t=t_x}} > g_n(\lambda,t)\Big|_{\substack{\lambda=1/2\\t=t_x}}$$
$$g_n(\lambda,t)\Big|_{\substack{\lambda=1\\t=t_x}} > g_n(\lambda,t)\Big|_{\substack{\lambda=0\\t=t_x}} \quad (15\text{-}159)$$

在长期均衡下，所有熟练劳动力完全集聚于区域 N，即 $\lambda = 1$，有 $k = k_N \lambda + k_S(1-\lambda) = k_N = 1$，式 $g_H = \varepsilon(1-k) = 0$ 得到满足，人口没有增长，所有熟练劳动力将全部从事 R&D 工作。而根据式(15-157)和式(15-158)可知，整个经济体的增长率达到最大值，如式(15-155a)，在低交通成本下，当 $\varepsilon \leqslant 1$ 时，经济收敛于稳定增长：$g_n(t)|_{t \geqslant T} = KH_4$。其中，$H_4 = H^{\beta+1}(t)|_{t=T}$，$T$ 为达到均衡的时点。

情况2：如果熟练劳动力中 H_H 从事人力资本生产的效率足够高，以至于式(15-113)成立，$\varepsilon > 1$，则 $k_N = k* = 1/\varepsilon < 1$，此时 k_S 有两种选择：$k_S < k_N = 1/\varepsilon < 1$ 和 $k_N < k_S \leqslant 1$。

情况2A：$k_S < k_N = 1/\varepsilon < 1$。在长期均衡下，所有熟练劳动力完全集聚于区域 N，即 $\lambda = 1$，$k = k_N = 1/\varepsilon$；根据式(15-157)和式(15-158)可知，整个经济体的增长率达到最大值，其表达式如式(15-155)，为 $g_n(t)|_{t \geqslant T} = \dfrac{KH_4 e^{(\beta+1)(\varepsilon-1)(t-T)}}{\varepsilon^{\beta+1}}$。

情况2B：$k_N < k_S \leqslant 1$。由于交通成本比较低，在长期均衡下，所有熟练劳动力完全集聚于区域 N，即 $\lambda = 1$，$k = k_N = 1/\varepsilon$；此时整个经济体的增长率如式(15-155)所示：$g_n(t)|_{t \geqslant T} = \dfrac{KH_4 e^{(\beta+1)(\varepsilon-1)(t-T)}}{\varepsilon^{\beta+1}}$。

然而根据式(15-157)和式(15-158)可知，整个经济体的增长率并未达到最大值，很显然有

$$g_n(\lambda,t)|_{\substack{\lambda=1\\t=t_x'}} < g_n(\lambda,t)|_{\substack{\lambda=0\\t=t_x'}} \quad (15\text{-}160)$$

甚至有可能出现(当 $k_2 k_N \leqslant k_S \leqslant 1$ 时)

$$g_n(\lambda,t)|_{\substack{\lambda=1\\t=t_x'}} < g_n(\lambda,t)|_{\substack{\lambda=1/2\\t=t_x'}} \quad (15\text{-}160a)$$

这就面临着"囚徒困境"般博弈。局部达到帕累托最优,但是整体却非最优。

2. 交通成本比较高的条件下

在比较低的交通成本下,$k* = \min\left\{\dfrac{1}{\varepsilon},1\right\}$ 只是短期最优值,而不是区域经济有效增长的最优值。在长期均衡下,所有熟练劳动力完全集聚于区域 N 或 S,即 $\lambda=1$ 或 $\lambda=0$。

情况 3:如果熟练劳动力中 H_H 从事人力资本生产的效率不是很高,$\varepsilon \leqslant 1$,即 $\dfrac{1}{\varepsilon} \geqslant 1$,则 $k_N = k* = 1, k_S < 1 = k_N$。根据前面的分析可知,由于交通成本比较高,长期均衡为熟练劳动力完全集聚于区域 S,即 $\lambda=0$,从而 $k=k_S$。整个经济体收敛于稳定增长,与式(15-155)类似,为

$$g_n(t)|_{t \geqslant T} = K k_S^{\beta+1} H_4 e^{(\beta+1)(\varepsilon-1)(t-T)} \quad (15\text{-}161)$$

其中,$H_4 = H^{\beta+1}(t)|_{t=T}$,$T$ 为达到均衡的时点。此时,根据式(15-157)和式(15-158)可知,式(15-159)成立,经济增长率并未达到最大值。很显然,$\lambda=0$ 的增长率小于 $\lambda=1$ 的增长率,甚至可能会小于 $\lambda=1/2$ 时的增长率(在 $k_S < (2^{\beta+1}-1)^{\frac{1}{\beta+1}}$ 的时候)。这种情形和情况 2B 相似,也面临着"囚徒困境"般博弈:局部达到帕累托最优,但是整体却非最优。

情况 4:如果熟练劳动力中 H_H 从事人力资本生产的效率足够高,以至于式(15-113)成立,$\varepsilon > 1$,则 $k_N = k* = 1/\varepsilon < 1$,此时 k_S 有两种选择:$k_S < k_N = 1/\varepsilon < 1$ 和 $k_N < k_S \leqslant 1$。

情况 4A:$k_S < k_N = 1/\varepsilon < 1$。与情况 3 类似。由于交通成本比较高,在长期均衡下,所有熟练劳动力完全集聚于区域 S,即 $\lambda=0, k=k_S<1/\varepsilon$;同样,整个经济体的增长率表达式与式(15-161)相同,为 $g_n(t)|_{t \geqslant T} = K k_S^{\beta+1} H_4 e^{(\beta+1)(\varepsilon-1)(t-T)}$,其中,$H_4 = H^{\beta+1}(t)|_{t=T}$,$T$ 为达到均衡的时点。根据式(15-157)和式(15-158)可知,经济增长率并未达到最大值。很显然,$\lambda=0$ 的增长率小于 $\lambda=1$ 的增长率,甚至可能会小于 $\lambda=1/2$ 时的增长率(在 $k_S < k_N/k_1$ 的时候)。这种情形和情况 3 一样,也面临着"囚徒困境"般博弈:局部达到帕累托最优,但是整体却非最优。

情况 4B:$k_N < k_S \leqslant 1$。尽管交通成本比较高,在长期均衡下,所有熟练劳动力依然完全集聚于区域 N,即 $\lambda=1, k=k_N=1/\varepsilon$;此时整个经济体的增长率如式(15-155)所示:$g_n(t)|_{t \geqslant T} = \dfrac{KH_4 e^{(\beta+1)(\varepsilon-1)(t-T)}}{\varepsilon^{\beta+1}}$。根据前面的分析,可知式(15-160)成立,在 $\dfrac{(2^{\beta+1}-1)^{\frac{1}{\beta+1}}}{\varepsilon} \leqslant k_S \leqslant 1$ 时,式(15-160a)也成立。因此此情形同情况 2B 完全类

似,也面临着"囚徒困境"般博弈:局部达到帕累托最优,但是整体却非最优。

命题 15.6 在经济增长与集聚互动下,长期均衡在整体上可能不是最优。只有在交通成本比较低的情况 1 和情况 2B 的情形下,即在交通成本比较低且

$$k_S < k_N = k* = \min\left\{\frac{1}{\varepsilon},1\right\} \tag{15-162}$$

时,长期均衡在整体上将可以达到最优;在交通成本比较低的情况 2A、以及交通成本比较高的情况 3、情况 4A 和情况 4B 的情形下,即交通成本比较高或者

$$k_N = k* = \frac{1}{\varepsilon} < k_S \leqslant 1 \tag{15-163}$$

时,长期均衡在整体上将不是最优。

(三)长期均衡下的福利分析

1. 长期均衡下熟练劳动力的福利分析

对于熟练劳动力而言,式(15-73)决定了其均衡支出。将式(15-145)代入,得到区域 r 每个熟练工的消费额为

$$c_{rj}(t) = \frac{W(t)}{H}\left[\gamma + \frac{g(t)}{k}\right] \tag{15-164}$$

于是,由式(15-7)得到其效用为

$$v_r^H(t;\lambda) = \frac{W(t)}{H}\left[\gamma + \frac{g(t)}{k}\right][P(t)]^{-\mu} \tag{15-165}$$

由式(15-166)

$$B_N = B_S = Kn \cdot H^\beta[(k_N\lambda_N)^\beta + (k_S\lambda_S)^\beta] = Kn(H_{nN}^\beta + H_{nS}^\beta), \beta > 1 \tag{15-166}$$

以及式(15-143a)可知,$c_{rj}(t)$ 的各项与 λ 无关。由式(15-137a),我们可知,对于 $\forall t$,我们有

$$v_r^H(t;\lambda) = Q_1[n_r(t;\lambda) + \varphi n_{\bar{r}}(t;\lambda)]^{\frac{\mu}{\sigma-1}} \tag{15-167}$$

其中,$Q_1 = c_{rj}(t) \cdot \left(\frac{\sigma-1}{\sigma}\right)^\mu > 0$,与 λ 无关。

同时,对于 $\forall t$,我们有

$$n_r(t;\lambda)|_{\lambda=1} > n_r(t;\lambda)|_{\lambda=1/2} \tag{15-168}$$

而且,

$$n_r(t;\lambda)|_{\lambda=1} > n_{\bar{r}}(t;\lambda)|_{\lambda=1} \tag{15-169}$$

因此,由式(15-167)、式(15-168)和式(15-169),很容易得到

$$v_r^H(t;\lambda)|_{\lambda=1} \geqslant v_r^H(t;\lambda)|_{\lambda=1/2} \tag{15-170}$$

其中,等号成立的条件是

$$\varphi = 1,\text{即 } \tau = 1 \tag{15-171}$$

对于某个 λ 值,我们用 $V_r(0;\lambda)$ 表示区域 r 一个熟练工的一生效用,而 $v_r(t;\lambda)$ 为其在时点 t 相应的即时效用。因为在均衡中不会出现迁移,由式(15-8)可知,区

域 r 一个熟练工的一生效用为

$$U_r(0;\lambda) \equiv \int_0^\infty e^{-\gamma t} \ln[v_r(t;\lambda)] dt - e^{-\gamma T} \cdot \tau \qquad (15\text{-}172)$$

其中,T 为均衡时刻。于是

$$U_r(0;\lambda_1) - U_r(0;\lambda_2) = \int_0^\infty e^{-\gamma t} \ln\left[\frac{v_r(t;\lambda_1)}{v_r(t;\lambda_2)}\right] dt \qquad (15\text{-}173)$$

由式(15-170)和式(15-173)可得

$$U_r^H(t;\lambda)|_{\lambda=1} \geqslant U_r^H(t;\lambda)|_{\lambda=1/2} \qquad (15\text{-}174)$$

同样,其等号成立的条件是式(15-171)。

也就是说,在任何有交通成本($\tau>1$)的情形下,居住于中心区域的熟练劳动力在集聚状态下都要比在分散状态下得到更多的福利,他们喜好集聚胜过分散。只有当没有交通成本的时候,居住于中心区域的非熟练劳动力的福利在集聚状态下和在分散状态下一样。

在经济体走向长期均衡的路径中,非核心区域的熟练劳动力的福利将小于核心区域的熟练劳动力的福利,并且逐渐扩大①。于是当两者之间的福利差距大于迁移成本带来的负效用的时候,就将出现人口流动。也恰好和前面的分析一致:在低交通成本的时候,迁移成本比较低,不平衡区域格局的短期内将会出现人口流动。而当高交通成本的时候,迁移成本也比较高,在不平衡区域格局的短期内不会出现人口流动;只有到了之后的某个时刻,区域差距到了比较大的程度才会出现人口流动。

2. 长期均衡下非熟练劳动力的福利分析

对于非熟练劳动力,我们从式(15-70)知道,对于 $r=N$ 或者 S,$\varepsilon_r^L = w_r^L = 1$,于是式(15-7)变为

$$v_r^L(t;\lambda) = [P(t)]^{-\mu} \qquad (15\text{-}175)$$

由式(15-137a),我们可知,对于 $\forall t$,我们有

$$v_r^L(t;\lambda) = Q_2[n_r(t;\lambda) + \varphi n_r(t;\lambda)]^{\frac{\mu}{\sigma-1}} \qquad (15\text{-}176)$$

其中,$Q_2 = \left(\frac{\sigma-1}{\sigma}\right)^\mu > 0$,为一与 λ 无关的常数。

因此,由式(15-176)、式(15-168)和式(15-169),很容易得到:

$$v_r^L(t;\lambda)|_{\lambda=1} \geqslant v_r^L(t;\lambda)|_{\lambda=1/2} \qquad (15\text{-}177)$$

由式(15-177)和式(15-173)可得

$$U_r^L(t;\lambda)|_{\lambda=1} \geqslant U_r^L(t;\lambda)|_{\lambda=1/2} \qquad (15\text{-}178)$$

同样,其等号成立的条件是式(15-171)。也就是说,在任何有交通成本($\tau=0$)的情况中,居住于中心区域的非熟练劳动力在集聚状态下要比在分散状态下得到

---

① 中间可能出现区域间福利差距逐渐缩小,但是随后又会出现反向的福利差距(对应的是图15-4c),之后福利差距将越来越大。

更多的福利，他们喜好集聚胜过分散。只有当没有交通成本的时候，居住于中心区域的非熟练劳动力的福利在集聚状态下和在分散状态下一样。这一点与现实是很符合的。

而对于住在边缘区域的非熟练劳动力，情形相对复杂一些。由前面的分析可知，此时集聚有增长效应，增长效应带来的福利大部分由核心区域享有，也就是说，此时核心区域非熟练劳动力的福利在集聚时候比在分散时候的福利的增加要大于边缘区域非熟练劳动力的福利在集聚时候比在分散时候的福利的减少。当集聚引致的增长效应足够大，使得边缘区域非熟练劳动力的福利获得足以抵消由于集聚本身给他们带来的福利损失，则边缘区域非熟练劳动力的福利在集聚的时候可能要大于分散的时候。此条件为

$$\frac{v_{\bar{r}}^L(t;\lambda)|_{\lambda_r=1}}{v_{\bar{r}}^L(t;\lambda)|_{\lambda_r=1/2}} = \frac{[\varphi n_r(t;\lambda) + n_{\bar{r}}(t;\lambda)]|_{\lambda_r=1}}{[\varphi n_r(t;\lambda) + n_{\bar{r}}(t;\lambda)]|_{\lambda_r=1/2}} > 1 \tag{15-179}$$

其中，$n_r(t;\lambda)$ 由下面两个式子决定：

$$g_{nN} = KH^{\beta+1}k^\beta k_N \lambda_N / n_N \tag{15-180}$$

$$g_{nS} = KH^{\beta+1}k^\beta k_S \lambda_S / n_S \tag{15-180a}$$

假设由于有增长效应，令

$$\theta(t) \equiv \frac{n(t;\lambda)|_{\lambda=1}}{n(t;\lambda)|_{\lambda=1/2}} \tag{15-181}$$

则很显然有

$$\theta > 1; \frac{\mathrm{d}\theta(t)}{\mathrm{d}t} > 0 \tag{15-181a}$$

于是式(15-179)变为

$$\frac{\varphi}{1-\varphi} \cdot (\theta(t)-1) > \frac{n_{\bar{r}}(t;\lambda)|_{\lambda=1/2} - n_{\bar{r}}(t;\lambda)|_{\lambda=1}}{n(t;\lambda)|_{\lambda=1/2}} \tag{15-182}$$

很显然，右边一项表示的是集聚直接引起的非熟练工居住在边缘地区的福利损失，此为集聚对于居住在边缘地区的非熟练工的直接不利之处。左边，$(\theta(t)-1)$表示与区域从事R&D活动的熟练劳动力比例k值相关的增长效应。两个区域的k值不同，使得$(\theta(t)-1)$越大，则均衡之后边缘区域的非熟练劳动力的福利在集聚状态下超过在分散状态下的可能性越大，所需时间就越短。

$\frac{\varphi}{1-\varphi}$为交通成本（贸易自由度）的影响。当交通成本比较高，将会需要更长的时间使得均衡之后边缘区域的非熟练劳动力的福利在集聚状态下超过在分散状态下的福利水平；而在交通成本比较低的时候需要的时间则会比较短。当交通条件持续地改善，交通成本连续地下降，贸易自由度连续的增大时，经济集聚模式由显性集聚平滑地过渡到国际集聚模式；在临界条件的交通成本条件下，即由式(15-151)过渡到式(15-153)的交通成本条件下，其福利水平差距是相同的。也就是说，不管是在显性集聚均衡下，还是在全球集聚均衡下，均衡之后边缘区域的非

熟练劳动力的福利在集聚状态下超过在分散状态下的福利水平的条件是统一的，由式(15-182)决定。

因此，当核心-边缘模式下集聚的增长效应足够大时，居住于落后区域的非熟练劳动力也将获得比分散状态下更高的福利水平。

当然，在这种情况下，居住于核心和边缘区域的非熟练劳动力之间福利水平依然有差距，因而产生不同区域之间的非熟练劳动力之间的不平等。即，当 $\lambda=1$ 时，我们有

$$\left.\frac{v_r^L(t;\lambda)}{v_{\bar{r}}^L(t;\lambda)}\right|_{\lambda_r=1} = \left.\frac{n_r(t;\lambda)+\varphi n_{\bar{r}}(t;\lambda)}{\varphi n_r(t;\lambda)+n_{\bar{r}}(t;\lambda)}\right|_{\lambda_r=1} \geq 1 \tag{15-183}$$

从而，有

$$U_r^L(0;\lambda)|_{\lambda=1} > U_{\bar{r}}^L(0;\lambda)|_{\lambda=1} \tag{15-184}$$

命题 15.7 熟练劳动力总是偏好集聚，因为集聚下熟练劳动力获得比分散时更高的福利。居住于核心区域的非熟练劳动力也是如此。

对于居住在边缘区域的非熟练劳动力而言，如果集聚带来的增长效应足够大，足以抵消由于集聚直接带来的不利之处(满足式(15-182))，则其在集聚下也可以获得比分散时更高的福利。同时，交通成本越低，满足式(15-182)所需要的时间越短。

3. 比较分析

由式(15-176)和式(15-167)可知：

$$\frac{v_r^H(t;\lambda)}{v_r^L(t;\lambda)} = c_{rj}(t) > 1 \tag{15-185}$$

从而，有

$$U_r^H(0;\lambda)|_{\lambda=1} > U_r^L(0;\lambda)|_{\lambda=1} \tag{15-186}$$

在技术完全溢出的均衡状态下，任一时刻同一区域(只能是核心区域)的熟练劳动力的福利水平总是大于非熟练劳动力的福利水平。这一点非常直观。

如果熟练劳动力没有迁移过，也就是说，如果一个熟练劳动力一直居住在核心区域，那么，由式(15-172)和式(15-181)可得：

$$\left.\frac{U_r^H(t;\lambda)}{U_r^L(t;\lambda)}\right|_{\lambda=1} = c_{rj}(t) \tag{15-187}$$

即熟练劳动力和非熟练劳动力的福利水平之比等于该时刻熟练劳动力的均衡支出。这一点很自然。直观地说，同一区域的物价水平一样，因此其福利水平等于其支出水平之比。而如果熟练劳动力是另一个区域迁移过来的，由式(15-172)和式(15-181)可得

$$\left.\frac{U_r^H(t;\lambda)}{U_r^L(t;\lambda)}\right|_{\lambda=1} < c_{rj}(t) \tag{15-188}$$

即熟练劳动力和非熟练劳动力的福利水平之比小于该时刻熟练劳动力的均衡支出。这是因为，熟练劳动力付出了迁移成本。

第五节 小 结

一、模型结论小结

本章在藤田和蒂斯(M. Fujita, J. Thisse, 2002)模型的基础上,通过改进一些假设条件,合理地引进一些参数,提出了一个更为综合的模型。与藤田和蒂斯模型一样,本模型是克鲁格曼(P. Krugman, 1991b)核心-边缘模型和格罗斯曼-赫尔普曼-罗默(Grossman-Helpman-Romer, 1990)内生增长模型的自然结合。本模型放松了"人口不变"的假设,并且引进了参数k(熟练劳动力从事R&D的比例),从而对熟练劳动力进行了细分。

模型机制可以表述如下(图15-6):

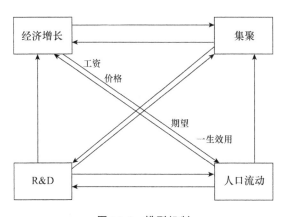

图15-6 模型机制

熟练劳动力微观上为了实现自身的效用最大化而集聚;宏观上区域经济因集聚而增长更快;经济增长更快会增大区域之间的绝对差距,从而会使得熟练劳动力的集聚速度加快;如此循环,直到实现长期均衡,达到完全集聚。

R&D效率影响经济增长;经济增长影响工资水平、物价水平,从而影响期望和一生效用,并且通过这些影响人口流动,交通成本在这一个环节起作用;人口流动促使集聚的发生;集聚通过知识溢出影响R&D效率;如此循环。

我们看到,在本模型中,当$k=1$时,本模型就可以通过数学变换,与藤田和蒂斯(M. Fujita, J. Thisse, 2002)通过R&D及人口流动集聚的综合模型一致起来。此时,本模型结论和该模型的结论也是一致的,该文中的分析在本模型中此特殊情形下同样适用。此处不再重复。

事实上,在本章中,无须设定 $k=1$,如果假设 $k_N=k_S$,藤田和蒂斯(M. Fujita, J. Thisse,2002)模型中的分析就可以适用了。得到的结论与该文中一致。但是,对于模型而言,$k_N=k_S$ 的设定比 $k=1$ 的设定丰满得多,适用和解释范围也扩大了。在 $k_N=k_S$ 的设定中,人口允许增长,也可以不变,这与现实更为接近;而在藤田和蒂斯(M. Fujita, J. Thisse,2002)模型中由于假设了人口不变,模型推导的过程得到简化,在微分过程中消除了人口变量(人口数量为常数,其微分为0),于是得出"人口不变不影响所有命题"的结论。事实上,在推导中,人口的变化在模型中起到一定作用;但是,确实如藤田和蒂斯所说,人口不变不影响定性的结论,因此,这却也算不得其模型的一个缺陷了。本章在此方面论证了该命题,从而丰富了模型结论,使得模型普适性增强。

本章更着重分析的是 $k_N \neq k_S$ 的情形。从而得出比较丰富的结论:

正如所有经济增长和集聚结合的研究文献所说,我们认为,整个经济体的经济增长率与熟练劳动力的地理分布产生相互作用。持续经济增长会促进集聚的发生;在区域层面上,集聚有利于经济增长。熟练劳动力微观上为了实现自身的效用最大化而集聚;宏观上区域经济因集聚而增长更快;经济增长更快会增大区域之间的绝对差距,从而会使得熟练劳动力的集聚速度加快;如此循环,直到实现长期均衡,达到完全集聚。

但是我们认为,在整个经济体的层面上,熟练劳动力的集聚可能促进经济增长,也可能会降低整体经济增长率。集聚抑制经济增长的 λ(人口分布)区间随着知识溢出强度而不同。知识溢出强度越大,集聚抑制经济增长的 λ(人口分布)区间越小,从而集聚可能促进经济增长的 λ(人口分布)区间越大。如果两个区域熟练劳动力中从事 R&D 的比例一致,集聚抑制经济增长的区间均退化为一个点,从而整个经济体的增长率都与集聚正相关,即集聚具有增长效应。

知识溢出强度越大,整个经济体的经济增长率越高;经济增长率在没有知识溢出壁垒(国际溢出情形)下最大,在无知识溢出情形下最小。

只要交通成本不是无限大,则分散格局不是稳定均衡;整个经济体的熟练劳动力将走向完全集聚。任一区域都努力发展成为核心区域,区域之间的博弈具体表现在 k 值的博弈。更接近或者选择 k 的长期最优值的区域在长期均衡下将发展成为核心区域;而另一个相对远离 k 的长期最优值的区域在长期均衡下将发展成为边缘区域。

相同交通成本条件下,一般情形下达到完全均衡的时间比知识完全溢出情形下的时间要短,比知识无溢出情形下的时间要长;也就是说,同等交通成本条件下,熟练工完全集聚,实现稳定均衡所需要的时间与知识溢出强度同向变化。

在知识一般溢出情形下,分散格局破裂、达到稳定均衡(即熟练劳动力完全集聚)的时间 t_1 和 T 值与交通成本的大小同向变化;在交通成本比较高的时候,分散格局破裂的时间 t_1、达到稳定均衡实现稳定均衡的时间 T 值比较大;短期内不会出现人口流动;出现人口流动的时间和方向都与两个区域的 k 值的选择相关。而在交通成本比较低的时候,分散格局破裂的时间 t_1、达到稳定均衡实现稳定均衡的时间 T 值比较小,集聚迅速朝着初始优势区域的方向进行;比较容易实现稳定均衡。

在经济增长与集聚互动下,长期均衡在整体上可能不是最优。福利分析发现,熟练劳动总是偏好集聚,因为集聚下熟练劳动力获得比分散时更高的福利。居住于核心区域的非熟练劳动力也是如此。对于居住在边缘区域的非熟练劳动力而言,如果集聚带来的增长效应足够大,足以抵消由于集聚直接带来的不利之处,则其在集聚下也可以获得比分散时更高的福利。同时,交通成本越低,集聚带来的增长效应抵消由于集聚直接带来的不利之处所需要的时间越短。

二、模型的现实含义

模型显示,区域之间的差异变化情况有三种可能:

其一是,贫富差距越来越大,穷者愈穷,富者愈富。这种情形发生在集聚引致的增长效应不够大,知识溢出强度比较小,而交通成本比较高的时候。也就是说,核心区域在享受集聚的增长效应的同时,边缘区域正在由于熟练劳动力集聚(于核心区域)而丧失本来拥有的市场规模和产品数量增长率,从而陷入落后的泥潭。当前非洲一些国家处于这种情形下。长期看来,这种模式不稳定,最终会进化为第二种模式。区域政府根据其他区域政策制订出相应的政策来调整自身的 k 值,努力改善信息传递效率和交通条件,可以更快地摆脱越来越穷的局面。

其二是,贫富差距越来越大,富者愈富,穷者也逐渐变富。这是一个稳定的长期均衡。其意思是,即使区域政府什么也不做,只要不拒绝世界经济一体化,不与世隔绝,在一定时间之后,区域也能够获得比分散均衡下更高的福利。这种模式发生在信息传递和交通条件同步改善,知识溢出强度增大,交通成本降低的情形下。当前部分发展中国家和发达国家之间的关系属于这种模式;我国在最近的几十年内东西部之间的关系也会是这种模式。如果与世界经济隔离开来,区域无法享受世界产品多样化的好处,这将转化为第一种模式。

其三是,贫富差距扭转型。这种模式里,边缘区域需要有比核心区域更高的经济增长率。尽管如此,其与核心区域的差距起初还是会越来越大。如果边缘区域继续保持比核心区域更高的经济增长率,则到了某个时刻之后,其与核心区域的差距将开始缩小,乃至反超原先进地区。贫富差距扭转型可以在区域之间发生多次(区域政策的博弈结果),其宏观表现为区域之间的轮流领先。这种模式发生在信息传递迅速改善,知识溢出强度增大,而交通成本依然维持在比较高的水平的情形下。当前的中国与发达国家之间的关系属于这种情形。

改革开放以来,我国与世界的交流迅速增多;20 世纪 90 年代以来,计算机和网络的迅速蔓延和普及,使得知识溢出强度迅速增大。而我国与欧美之间的交通成本由于地理的因素无法短期内迅速降低。

三、模型政策建议

区域发展,归根结底是区域福利提高的问题。本模型显示,区域要最大限度地提高自身的福利水平,只有努力将自身发展成为核心区域,或者朝着核心区域的方向发展,提升自身区域的竞争优势。

区域要努力发展成为核心区域,与其本身相对于其他区域的政策相关。本模型显示,更接近或者选择 k 的长期最优值的区域在长期均衡下将发展成为核心缘区域;而另一个相对远离 k 的长期最优值的区域在长期均衡下将发展成为边缘区域。熟练劳动力中从事 R&D 的比例 k 值可以通过财政政策来调节。当 k 值偏离长期最优值很大的时候,应当利用课税或者补贴的形式加以调节。同时,区域可以实行对熟练劳动力迁移到本区域实行比较优厚的政策,例如进行补贴,以促进熟练劳动力向本区域的集聚进程。

对于核心区域或者当前正处于优势地位的区域而言,集聚对该区域显然是有益的[①]。因而,区域政策制定者必须时常关注其他区域政策的制定和实施,在其他区域的政策对自身的核心区域地位产生负面影响的时候及时对自身的政策做出调整,确保经济在向本区域集聚的均衡路径上运行。

对于边缘区域或者当前正处于劣势地位的区域而言,集聚在其引致的增长效应足够大,足以抵消由于集聚(于别的区域)直接带来的不利之处,则其在集聚下也可以获得比分散时更高的福利。因此边缘区域的政策制定者可以有两条路可以选择。

第一条路是试图改变均衡集聚的方向。这一点很困难,但是本模型显示,只要还没有达到长期均衡,根据命题 15.1,却也是可能的。要做到这一点,区域政策制订者必须熟知其他区域的政策以及能够对其他区域的政策作出迅速的正确反应。根据命题 15.3,区域博弈中正确的决策可以有助于落后地区加快增长速度,乃至反超原先进地区。这在信息成本相对于交通成本迅速下降的时候更容易实现。也就是说,知识溢出强度急剧增大,交通成本短期内改变不大,落后地区缩小与先进地区的差距可能性越大。从而区域政策制订者实行正确的财政政策以调整 k 值、降低信息成本等,可以增大落后地区缩小与先进地区的差距甚至反超的可能性。这在前面现实含义中已有论述。

第二条路是在不改变均衡集聚方向的同时,实行好的区域政策,以最大限度提高集聚的增长效应。根据命题 15.3,边缘区域在此均衡中依然可以提高自身的福利水平。这些政策包括创造条件改善知识溢出强度,改善交通条件,等等。

---

① 如果引进土地等投入要素,集聚可能会引起一些负面效应,如拥挤因素、地价上升等。这也是本论文下一步要做的扩展之一。

四、下一步扩展研究

本模型是建立在当前经济增长和集聚结合研究的最新成果基础上的一个研究和尝试,比现有模型具有更好的现实基础,得到了更为丰富的结论,能够解释更多的经济中关于增长和集聚之间关系的更多经济现象。但是,本模型依然具有一些缺点。

本模型是一个两区域模型。新经济地理的进展已经推进到对多区域乃至于连续区域的研究(Fujiata,M.,Krugman P.,Venables A.J,1999)。研究多区域或者连续区域下的经济增长和集聚两个领域的结合,将比本模型更为复杂。

本模型假设了只有两种生产要素:非熟练劳动力和熟练劳动力;归根结底,只有一种要素,那就是劳动。当然,模型中对劳动进行了细分。模型没有引进更多的投入要素,如资本、土地等,主要是因为两个领域结合研究实在过于复杂,为了模型的可分析性,不得不简化关于投入要素的假设。

本模型在研究人口流动的时候超越了一些新经济地理文献的短视的假设,设定了人口迁移中的期望。由于没有了土地等这些投入要素,本模型仅仅依据的是微观个体的工资和迁移成本方面的一生效用,而无法把其他的一些现实因素如地价等因素纳入微观个体的期望和效用函数中去,这从一定程度上损害了本模型的现实性。

本模型对于熟练劳动力的细分为新古典增长理论和新经济增长理论的统一提供了某种可能。但是由于与本章主题关系不大,没有做进一步的分析。

因此,下一步需要做的工作,可以从上述各方面来完善和深化本模型。

(1)将新经济地理研究的最新进展与新经济增长理论模型结合,建立多区域模型,将两个领域的结合研究深化。

(2)引进投入要素资本,可以分析在人口集聚和经济增长互动的过程中,人均资本的变化以及与均衡的关系。如果引进 FDI 流,可以分析 FDI 流的方向与集聚方向之间的关系以及变化的影响;

(3)引进投入要素土地,可以分析在人口集聚和经济增长互动的过程中,地价的变化以及对均衡的影响。同时,由于地价的变化,可以丰富对迁移期望的假设和研究,使得模型更接近现实,可以解释更多的经济现象。

(4)可以对新古典经济增长理论和新经济增长理论两种不同机制、不同分析框架的经济增长模型进行整合。

(5)对本模型中的一些方程进行简化,对模型求出解析解,可以定量地分析经济现象,将本章中的定性结论定量化。

参考文献

[1] Baldwin R E. Core-periphery model with forward-looking expectation[J]. Regional Science and Urban Economics,2001(31):21—49.

[2] Barro R J,X Sala-I-Martin. Economic Growth[M]. New York:McGraw-Hill Inc,1995:66.

[3] Dixit A K,Stiglitz J E. Monopolistic competition and optimum product diversity[J]. American Economy Review,1977,67(3):297—308.

[4] Flam H, Helpman E. Industry policy under monopolistic competition[J]. Journal of International Economics,1987,22:79—102.

[5] Forslid R,G I P Ottaviano. Trade and Hocation:the Two Analytically Solvable CES Cases[C]. Mimeo,2000.

[6] Forslid R,Ottaviano G I P. An analytically solvable core-periphery model[J] Journal of Economic Geography,2003,3(3):229—240.

[7] Fujiata M,Krugman P,Venables A J. The spatial economy:cities,regions,and international trade[M]. Cambridge:MIT Press,1999.

[8] Fujita M,JThisse. Economics of agglomeration[J]. Journal of the Japanese and International Economics,1996,10:339—378.

[9] Fujita M,JThisse. On the Relation between Agglomeration and Growth. (In) Economics of Agglomeration[M]. Cambridge,U. K.:Cambridge University Press,2002:388—432.

[10] Fujita M,Thisse J F. Agglomération et marché[J]. Cahiers d'Economie et de Sociologie Rurales (CESR),2001,58:11—57.

[11] Fujita M, Thisse J F. Economics of agglomeration:Cities,Industrial location, and regional Growth [M]. Cambridge:Cambridge University Press,2002.

[12] Fukao K,R Bénabou. History versus expectations:a comment[J]. Quarterly Journal of Economics,1993,108:535—542.

[13] Funke M,Strulik H. On endogenous growth with phisical capital, human capital and product variety[J]. European Economic Review, 2000, 44:491—515.

[14] Grossman G,EHelpman. Innovation and Growth in the World Economy [M]. Cambridge:MIT Press,1991.

[15] Krugman P, A Venables. Globalization and the inequality of nations[J]. Quarterly Journal of Economics,1995,60:857—880.

[16] Krugman P,A Venables. Integration and the competitiveness of peripheral

industries[M]. Cambridge UK: Cambridge University Press,1990.

[17] Krugman P. Geography and Trade[M]. Cambridge: MIT Press,1991a.

[18] Krugman P. History versus expectation[J]. Quarterly Journal of Economics, 1991c,106: 651—667.

[19] Krugman P. Increasing returns and economic geography[J]. Journal of Political Economy,1991,99: 483—499.

[20] Krugman P. Scale economics, product diferentiation, and the pattern of trade [J]. American Economic Review,1980,(70): 950—959.

[21] Lucas R E Jr. On the mechanics of economic development[J]. Journal of Monetary Economics,1988,(22): 3—42.

[22] Martin P, Otaviano G I P. Growing locations: industry location in a model of endogenous growth[J]. European Economic Review,1999,(43): 281—302.

[23] Matsuyama K. Complementarities and cumulative processes in models of monopolistic Competition[J]. Journal of Economic Literature,1995,33: 701—729.

[24] Matsuyama K. Increasing returns, industrialization and indeterminacy of equilibrium[J]. Quarterly Journal of Economics,1991,106: 617—650.

[25] Ottaviano G I P, D Puga. L'agglomeration dans l'economie international[J]. Economie Internationale,1997,71: 75—100.

[26] Ottaviano G I P. Dynamic and Strategic Considerations in International and Interregional Trade[D]. Louvain-la-Neuve: Universite Catholique de Louvain,1998.

[27] Ottaviano G I P. Integration, geography and the burden of history[J]. Regional Science and Urban Economics,1998b,29: 245—256.

[28] Ottaviano G I P. Monopolistic Competition, Trade, and endogenous spatial fluctuations[Z]. Regional Science and Urban Economics,1996,No. 1327.

[29] Otaviano G I P. J Thisse. Agglomeration and Trade Revisited[C]. CEPR Discussion Paper 1903. London,1998.

[30] Puga D. The rise and fall of regional inequalities[J]. European Economic Review,1999,43(2): 303—334.

[31] Romer P. Endogenous technological change[J]. Journal of Political Economy,1990,98: 71—102.

[32] Sachs J, Xiaokai Yang. Development Economics-Inframarginal versus Marginal Analyses[M]. Manuscript,2000: 244—254.

[33] Samuelson P. The transfer problem and transport costs: The terms of trade when impediments are absent[J]. The Economic Journal,1952,62(246):

278—304.

[34] Uzawa H. Optimal technical change in an aggregative model of economic growth[J]. International Economic Review,1965(38):964—973.

[35] Venables A. Equilibrium location with vertically linked industries[J]. International Economic Review,1996,37:341—359.

[36] 谭成文.基于人口移动和知识溢出的经济增长与集聚研究[D].北京大学,2002.

[37] 杨小凯.经济学原理.北京:中国社会科学出版社[M].1998:205—212.

第十六章 包含人力资本形成、交易成本、迁移成本的空间均衡模型[①]

第一节 相关研究进展

自20世纪80年代以来,区域经济差异的形成与演化发展规律引起了我国学术界持久的讨论,吸引了一大批研究者的关注。在这个过程中,一大批学者在实证研究的层面做出了重要的贡献,如杨开忠、杨伟民、魏后凯、陆大道、林毅夫、宋德勇、胡鞍钢、吴殿廷、刘纯阳等。同时,对于区域经济差异形成与演化的原因,学者们也给出了各种解释,包括内外双循环关系变化、自然资源禀赋、人力资源因素、市场发育程度、投资因素、政策因素等(吴爱芝、杨开忠,李国平,2011)。其中,蔡昉等指出,贫困地区之所以长期陷于贫困的恶性循环,除了在人均收入、投资水平、效率上与发达地区存在差距外,在一系列人文发展条件上的差距更为重要。这些人文发展条件包括体现在教育和健康水平上的人力资本禀赋、资源环境条件、产品和生产要素市场的发育水平以及其他制度因素(蔡昉等,2002)。但是,由于影响因素的复杂性,在国内用数学模型的方式对于区域经济差异的理论阐释还比较少见。在国外,关于区域经济差异的理论研究常常是与增长和集聚研究同时进行的,除了众多的增长研究之外,克鲁格曼和维纳布斯(Krugman and Venables,1995)在1995年提出的解释全球化和国家间不平等的模型,以及蒲格(Puga,1999)在1999年提出的运输成本变化驱动区域不平等变化的模型,是近年大量出现的集聚研究中的核心-边缘结构模型里更多地关注收入差异问题的。胡大鹏在2002年建立了一个空间集聚模型来解释中国的递增区域差异(Hu Dapeng,2002)。其模型表明,贸易

[①] 本部分系在笔者与其博士研究生彭朝晖合作发表论文"区域经济差异演化的一个空间均衡模型"(当代经济科学,2006(1))基础上修改而成,感谢彭朝晖博士合作。

条件的改善和城乡劳动力流动性的提高可能是中国沿海和内地收入差距扩大的原因,该模型是针对中国现实将集聚与区域差异分析模型化的最早的成果之一。本章以中国经济现实为基础,将人力资本形成引入区域经济差异研究,试图建立一个基于人力资本形成的空间均衡模型,对区域经济差异的演化进行一种新的理论阐释。

第二节 模型构建

一、模型基本假设

设想一个两区域模型,区域1和区域2,分别代表沿海和内地。两区域有类似的资源禀赋、偏好和技术。区域1的资源禀赋为 L_1 单位的劳动者,其中的 l_1 拥有 h_A 人力资本,$(1-l_1)$ 拥有 h_B 人力资本。h_A 为有较高人力资本的人,h_B 为有较低人力资本的人,即 $h_A > h_B$。区域2的资源禀赋为 L_2 单位的劳动者,其中的 l_2 拥有 h_A 人力资本,$(1-l_2)$ 拥有 h_B 人力资本。其中 $L_1 = L_2$,$l_1 = l_2$ 为两区域资源禀赋完全相同的特例。沿海和内地各有两个部门,农业部门、制造业部门。农业部门只需投入具有 h_B 人力资本的劳动者和土地,制造业部门需要投入具有 h_A 人力资本的劳动者。

商品的区域间流动需要交易成本,劳动者的产业间流动和区域间流动都需要迁移成本,也即劳动者存在不完全流动性。伴随着劳动者的产业间和区域间流动,通常涉及信息搜寻成本、交通成本、基本的培训费用、适应新环境的成本以及制度障碍等,在本模型中,将这些成本广义地定义为迁移成本。同时,引入商品移动的冰山交易技术,将流动者的工资乘以一个参数 τ,$0 < \tau < 1$,定义为迁移成本系数,当 τ 趋近于1时,表示人力资本流动便利,当 τ 趋近于0时,表示人力资本极不易实现流动。

二、消费者行为

借鉴戴蒙德世代交叠模型的代际思想(戴维·罗默,1999),假设人的一生分为未成年期和成年期,人口增长率为0。以区域内处于成年期的个体为代表,重点考察成年期个人的效用函数,成本消费者的总效用函数包括消费和下一代的人力资本形成两部分。人们在消费和下一代的人力资本投资之间选择,权重的大小影响着选择的后果。

消费者对于农产品和制造品这两种消费品具有柯布-道格拉斯偏好,消费带来的效用部分的函数给出,参照新地理经济学在D-S模型框架下给出的推导(Fujita et al.,1999)。由于人力资本的外部效应,下一代的人力资本形成由父母的人力资本水平(家庭教育为一种跨代际的外部效应)、区域整体人力资本水平(社区人们的相互影响为一种横向的外部效应)、区域内不同学生得到的教育支出水平(个人付费为主的教育)或者区域内每个学生得到的人均教育支出水平(公共教育,与区域人力资本构成及其决定的人们的收入水平以及税率等相关)所决定。区域内孩子们得到的教育支出水平会由于采用不同的决策方式而不同,容易想到,如果采用个人付费的方式,则父辈之间的人力资本差距会继续传递,如果采取在区域内平均的方式,则区域内下一代人力资本水平会得到一定程度上的平均,但区域间差异将持续下去,如果采取全国平均教育经费的方式,则下一代人力资本水平的区域差异会缩小。

当教育为私人投资时,消费者总的效用函数为

$$u^j(h_i) = \max \frac{1}{\varphi} \mu^\mu (1-\mu)^{1+\mu} C_{ij} G_{Mj}^{(-\mu)} (P_A)^{-(1-\mu)} + \frac{1}{1+\rho} h_{ij}^{'\gamma} h_i^\beta [l_j h_A + (1-l_j) h_B]^{1-\gamma-\beta},$$
$$0 < \varphi < 2, \rho > -1, i = A, B, j = 1, 2 \tag{16-1}$$
$$\text{s.t} \quad c_{ij} + h_{ij}' = W_{ij} \tag{16-2}$$

其中,W_{ij}为消费者工资,本模型中假定消费者工资即为消费者所有可支配收入。c为当期消费,h'为给下一代的人力资本投资。$1/\varphi$为人气指数,可用人数比例来代表,$\varphi_1 = (L_1+L_2)/2L_1$,$\varphi_2 = (L_1+L_2)/2L_2$,则当两区域人数相等时,$\varphi_1 = \varphi_2 = \varphi = 1$。$\rho$为消费者赋予下一代人力资本投资的权数,如果$\rho > 0$,个人赋予消费的权重大于赋予下一代人力资本投资的权重,如果$\rho < 0$,则出现相反的情况。$\rho > -1$这个假定保证了人力资本投资的权数为正。投资于下一代的人力资本的权数会随人力资本投资收益率改变,即人力资本投资收益率或者预期人力资本投资收益率高则权数增大,反之则相反。但是权数的大小又不完全取决于人力资本投资收益率,社会文化中对知识与人才的尊重以及区域历史文化传统中对教育的重视程度都将影响这个权数。

求解消费者总效用最大化问题可以得出消费者的收入在消费和下一代人力资本投资之间的分配,从而也可得出消费者当期对各种产品的消费需求。

三、生产者行为

农业部门是完全竞争的,投入要素为较低人力资本劳动者和土地,规模报酬不变,劳动的边际报酬递减。

$$A_1 = (H_{BN1})^{\alpha 1} Q_1^{1-\alpha_1} \tag{16-3}$$

其中,A_1是区域1的农产品产出,H_{BN1}是区域1用在农业部门的低人力资本劳动力数量,Q_1是区域1的可利用土地面积。

制造业部门为规模报酬递增,因而最终一种多样化的制造品只由一个厂商生产,表现为垄断竞争的市场结构,其投入要素为人力资本。

$$q_{M1} = \frac{1}{b}H_{AM1} - \frac{a}{b} \tag{16-4}$$

其中,q_{M1}是代表性制造品的产出,a是固定投入成本,b是边际投入成本,H_{AM1}是代表性厂商雇用的高人力资本劳动力数量。

由于制造业部门是垄断竞争的,因此,在自由进出的条件下均衡时利润为零。模型逻辑的关键在于规模收益递增,收益递增的作用就是使每一种产品只在一个地区生产才有利可图,这样不同地区就不会生产同一个集合的产品,而是生产差别产品。当一个地区有劳动流入时,它不是生产更多的现有产品组合,而是生产新产品。

第三节 模型均衡条件的求解

在此以拥有高人力资本的劳动者在区域间可以流动的情况为例,来求解均衡条件。均衡时,每个区域内部商品市场、人力资本市场实现均衡,包括:劳动力充分就业,劳动力市场出清条件是各部门生产中使用的劳动者总和等于现有劳动者总量;商品市场出清,即产品的消费量等于生产量;商品生产上的零利润条件;不同人力资本的成年人在区域之间迁移前后效用相同,不再发生迁移活动。

由消费者总效用函数可得,具有不同收入的消费者用于消费的数量为

$$c_{AM1} = W_{AM1} - \left[\frac{(\rho+1)\mu^\mu(1-\mu)^{1-\mu}G_{M1}^{-\mu}G_{A1}^{\mu}}{h_A^\beta(l_1 h_A + h_B - l_1 h_B)^{1-\gamma-\beta}\gamma}\right]^{\frac{1}{\gamma-1}} \tag{16-5}$$

$$c_{BN1} = W_{BN1} - \left[\frac{(\rho+1)\mu^\mu(1-\mu)^{1-\mu}G_{M1}^{-\mu}G_{A1}^{\mu}}{h_B^\beta(l_1 h_A + h_B - hh_B)^{1-\gamma-\beta}\gamma}\right]^{\frac{1}{\gamma-1}}$$

$$c_{AM2} = W_{AM2} - \left[\frac{(\rho+1)\mu^\mu(1-\mu)^{1-\mu}G_{M2}^{-\mu}G_{A2}^{\mu}}{h_A^\beta(bh_A + h_B - l_2 h_B)^{1-\gamma-\beta}\gamma}\right]^{\frac{1}{\gamma-1}}$$

$$c_{BN2} = W_{BN2} - \left[\frac{(\rho+1)\mu^\mu(1-\mu)^{1-\mu}G_{M2}^{-\mu}G_{A2}^{\mu}}{h_B^\beta(l_2 h_A + h_B - bh_B)^{1-\gamma-\beta}\gamma}\right]^{\frac{1}{\gamma-1}}$$

类似地,由区域1农业部门向制造业部门迁移的劳动者、区域2农业部门向制造业部门迁移的劳动者和由区域2制造业部门向区域1制造业部门迁移的劳动者用于消费的数量分别为

$$c_{\Delta H3} = \tau_3 W_{AM1} - \left[\frac{(\rho+1)\mu^\mu(1-\mu)^{1-\mu}G_{M1}^{-\mu}G_{A1}^{\mu} - \lambda}{h_A^\beta(l_1 h_A + h_B - l_1 h_B)^{1-\gamma-\beta}\gamma}\right]^{\frac{1}{\gamma-1}}$$

$$c_{\Delta H4} = \tau_4 W_{AM2} - \left[\frac{(\rho+1)\mu^\mu(1-\mu)^{1-\mu}G_{M2}^{-\mu}G_{A2}^{\mu}}{h_A^\beta(l_2 h_A + h_B - l_2 h_B)^{1-\gamma-\beta}\gamma}\right]^{\frac{1}{\gamma-1}}$$

$$c_{\Delta H5} = \tau_5 W_{AM1} - \left[\frac{(\rho+1)\mu^\mu(1-\mu)^{1-\mu}G_{M1}^{-\mu}G_{A1}^{\mu}}{h_A^\beta(l_1 h_A + h_B - l_1 h_B)^{1-\gamma-\beta}\gamma}\right]^{\frac{1}{\gamma-1}}$$

接下来只列出区域 1 的方程,因为同样的方程可以运用于区域 2。消费者对区域 1 生产的一种制造品的总需求由两部分组成:当地需求和区域 2 的需求,即

$$q_{M1} = \mu[C_1(p_{M1})^{-\sigma_1} G_{M1}^{(\sigma_1-1)} + C_2(p_{M1}T)^{-\sigma_1} G_{M2}^{(\sigma_1-1)} T] \quad (16\text{-}6)$$

其中,q_{M1} 为消费者对区域 1 生产的一种制造品的总需求,p_{M1} 是区域 1 生产的一种典型制造品的价格,G_{M1},G_{M2} 分别为区域 1 和区域 2 的制造品价格指数,C_1,C_2 分别为区域 1 和区域 2 的消费者的收入中用于消费的部分。

$$G_{M1} = [n_1(p_{M1})^{1-\sigma_1} + n_2(p_{M2}T)^{1-\sigma}]^{1/(1-\sigma_1)} = [(P_{M1})^{1-\sigma_1} + (P_{M2}T)^{1-\sigma}]^{1/(1-\sigma_1)}$$

$$G_{M2} = [n_2(p_{M2})^{1-\sigma_1} + n_1(p_{M1}T)^{1-\sigma}]^{1/(1-\sigma_1)} = [(P_{M2})^{1-\sigma_1} + (P_{M1}T)^{1-\sigma}]^{1/(1-\sigma_1)}$$

$$C_1 = c_{BN1}(H_{BN1} - \Delta H_3) + c_{AM1}H_{A1} + c_{\Delta H3}\Delta H_3 + c_{\Delta H5}\Delta H_5(C)$$

$$C_2 = c_{BN2}(H_{BN2} - \Delta H_4) + c_{AM2}(H_{A2} - \Delta H_5) + c_{\Delta H4}\Delta H_4$$

制造业代表性厂商的利润函数为

$$\pi_1 = p_{M1}q_{M1} - W_{AM1}H_{AM1} = p_{M1}q_{M1} - W_{AM1}(bq_{M1} + \alpha)$$

由利润最大化条件以及 q_{M1} 的需求函数(16-6)可得

$$p_{M1}(1 - 1/\sigma_1) = W_{AM1}b \quad (16\text{-}7)$$

假定厂商是自由进出的,因此从长期来看,垄断竞争的厂商的利润为零。

$$p_{M1}q_{M1} = W_{AM1}H_{AM1}$$

$$\pi_1 = W_{AM1}\left(\frac{q_{M1}b}{\sigma_1 - 1} - \alpha\right)$$

由零利润条件,典型厂商的产出为

$$q_{M1}^* = \frac{a(\sigma_1 - 1)}{b} \quad (16\text{-}8)$$

典型厂商对劳动者的需求为

$$H_{AM1}^* = a\sigma_1 \quad (16\text{-}9)$$

因此,区域 1 制造业厂商的数量由要素禀赋决定:

$$n_1 = \frac{(H_{A1} + \Delta H_3 + \Delta H_5)}{H_{AM1}^*}$$

类似地,区域 2 制造业厂商的数量为

$$n_2 = \frac{(H_{A1} + \Delta H_4 - \Delta H_5)}{H_{AM1}^*}$$

由 q_{M1} 需求的函数,如果需求等于供给,则典型厂商实现上述的产出水平。方程为

$$q_{M1}^* = \mu[C_1(p_{M1})^{-\sigma_1} G_{M1}^{(\sigma_1-1)} + C_2(p_{M1}T)^{-\sigma_1} G_{M2}^{(\sigma_1-1)}]T \quad (16\text{-}10)$$

令农产品为计价商品,即 $P_A = 1$,且农产品可以无成本贸易,则农产品价格在两个区域相同,即农产品的价格指数仍然为 1。

农产品生产函数为

$$H_{BN1} = \left(\frac{A_1}{Q_1^{1-\alpha_1}}\right)^{1/\alpha_1} \quad (16\text{-}11)$$

由生产函数可知农业为完全竞争的规模报酬不变的产业,农业劳动者的工资收入由以下的式子决定:

$$W_{BN1}H_{BN1} = \alpha_1 P_{A1}A_1 \quad (16\text{-}12)$$

制造业和农业部门都已满足充分就业条件,即劳动者的总和等于生产中所需要的劳动者。同一区域的农业劳动者向制造业部门流动存在流动成本时,用 τ_3 表示区域1的劳动者城乡流动的迁移成本系数,即区域1的农业劳动者流向制造业部门的工资为 $\tau_3 W_{AM1}$,$0 \leqslant \tau_3 \leqslant 1$,当 τ_3 越接近于1,流动者的工资越接近当地劳动者的工资,表明流动成本越低,当 τ_3 等于1时,表明可以自由流动,流动成本为零。当 τ_3 越接近于零,流动者的工资与当地劳动者的差距越大,表明流动成本越高,当 τ_3 等于零时,表明城乡之间完全不可流动。因此,由 τ_3 代表的流动成本包括多重含义,既有流动限制因素,也包括迁移成本、工作信息搜寻成本以及专业转换的培训等人力资本投资的成本等等。类似地,τ_4 表示区域2的农业劳动者流向制造业的迁移成本系数,τ_5 表示区域2的制造业劳动者流向区域1的制造业的迁移成本系数。

另,效用函数中的 $1/\varphi$ 表示消费者所在区域的人气指数,即人们纷纷前往的区域有较大的发展可能性,或者说有较大发展可能性的区域吸引人们纷纷前往,则 φ 定义为

$$\varphi_1 = (H_{BN1} + H_{A1})/(H_{BN1} + H_{A1} + \Delta H_5)$$
$$\varphi_2 = (H_{BN2} + H_{A2})/(H_{BN2} + H_{A2} - \Delta H_5)$$

均衡时劳动者流动前后效用相等,即

$$V(C_{\Delta H3}, h_{\Delta H3}) = V(c_{BN1}, h_{BN1'}) \quad (16\text{-}13)$$
$$V(C_{\Delta H4}, h_{\Delta H4}) = V(c_{BN2}, h_{BN2'}) \quad (16\text{-}14)$$
$$V(C_{\Delta H5}, h_{\Delta H5}) = V(c_{AM2} > h_{AM2'}) \quad (16\text{-}15)$$

方程(16-6)~(16-12)都有对应于区域2的方程。由这些方程[其中,方程(16-6)包含于方程(16-10)中,方程(16-11)需要代入方程(16-12)中]加上方程(16-13)、(16-14)、(16-15),以及前面给出的一些辅助方程,可以求出两个区域两个部门的产出,要素和商品的价格,以及均衡时拥有不同人力资本的劳动者在部门和区域间的分配,在此,有13个正式的方程,13个未知数,包括两区域制造品的价格、产量、农产品的产量(农产品价格被定义为计价单位1)、制造业工资、农业工资、两区域人力资源在农业和制造业之间的流动,以及高人力资本者在区域之间的流动数量。

正式地,在给定的资源禀赋和其他控制参数 $\Pi = \{\pi_1, \pi_2, \cdots \pi_m\}$ 条件下,我们定义一个满足上述均衡条件系统 $F(X)$ 的由工资、价格、商品产量和人力资源流动数量组成的均衡解集。均衡是由一个满足 $X = F(X, \Pi)$ 的固定点组成。因为均衡是一个固定的状态,而系统中商品和要素的数量是有限的,X 是一个 m 维实数有限集(R^m)。同样地,由于总的资源禀赋约束,商品数量和每个区域分配给每个部门

的劳动者数量是有限的，X 是一个非空的、闭的、有限的凸集。从方程(16-6)～(16-14)我们还可以知道系统中所有的方程都是连续的。运用布劳威尔的固定点定理可以证明，均衡是存在的。

第四节　模型的数字模拟

我们用 Matlab 数学工具通过数字模拟的方法来考察模型的属性和交易成本、迁移成本等要素对区域经济差异的影响。均衡的存在事实上是通过用计算机找到一个均衡条件的解来获得的。因为生产中的规模报酬递增，均衡可能不是唯一的。在我们的数学模拟中确实也出现过多重均衡，但在模拟中，我们只关注稳定的均衡。本模型计算中基本的参数设置如下。

资源禀赋为：可耕地面积 $Q_1=Q_2=Q=15\,000$，区域 1 拥有低人力资本的劳动者数 $H_{BN1}=5200$，区域 1 拥有高人力资本的劳动者数 $H_{A1}=4800$，区域 2 拥有低人力资本的劳动者数 $H_{BN2}=6700$，区域 2 拥有高人力资本的劳动者数 $H_{A2}=3300$。

参数为：效用函数中制造品的消费份额 $\mu=0.55$；效用函数中的替代弹性 $\sigma_1=5$；人力资本形成中人力资本投资的贡献率 $\gamma=0.5$、父辈本身拥有的人力资本的贡献率 $\beta=0.3$、周围环境中平均的人力资本水平的贡献率为 0.2；高人力资本者的人力资本含量 $h_A=1.5$，低人力资本者的人力资本含量 $h_B=1$；下一代人力资本形成的权数 $\rho=0.5$；制造品生产中的固定成本 $a=8$、边际成本 $b=0.4$；农业生产中人力资本的贡献率 $\alpha_1=0.5$。其他参数如交易成本 T，分别代表区域 1 农业向制造业迁移、区域 2 农业向制造业迁移以及区域 2 制造业向区域 1 制造业迁移的迁移成本系数 τ_3、τ_4、τ_5 是可变的，上述部分参数也可讨论其变化，将在下文的比较静态分析中给出。

一、交易成本的变化(取参数 $\tau_3=0.8$，$\tau_4=0.7$，$\tau_5=0.9$)

交易成本 T 的变化对区域差异的形成有重要的影响。从图 16-1 可以看出，两区域交易成本相同的情况下，两区域人均收入差距随着交易成本的减小而增大。从图 16-1 中还可看出，真实人均收入差距大于人均收入差距，这是由于在落后的区域 2，其价格指数大于区域 1 的价格指数的缘故。而真实人均收入差距则随着交易成本的减小出现先增大再减小的趋势，图中在 $T=1.3$ 时差距达到最大，这与两区域的价格指数随交易成本变化而变化的幅度相关。显然，真实人均收入差距随交易成本的减小出现明显的先增大再减小的趋势，这在一定程度上与威廉逊的倒"U"形假说吻合。

交易成本对消费与下一代人力资本投资差距也有影响。如图16-2,消费差距以及下一代人力资本投资差距都随着交易成本的降低而增大,其中消费差距大于下一代人力资本投资差距,这与效用函数中下一代人力资本形成的权重有关,在现有参数下,现时消费在效用函数中的权重比下一代人力资本形成的权重要大。

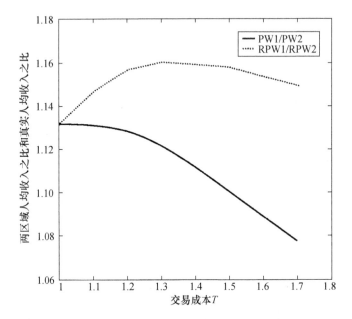

图 16-1　交易成本对区域收入差异的影响

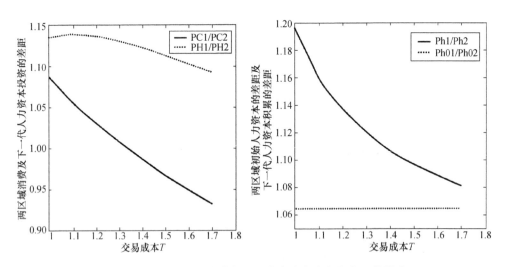

图 16-2　交易成本对消费与下一代人力资本积累差距的影响

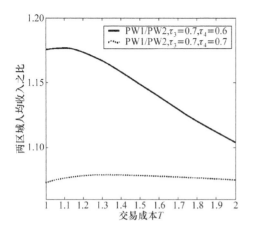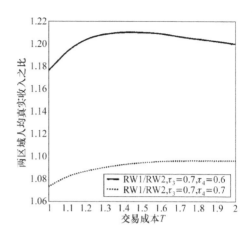

图 16-3　交易成本、迁移成本对区域收入差距的影响

交易成本对下一代人力资本积累的差距也有明显的影响。如图 16-2，随着交易成本的降低，下一代人力资本积累的差距越来越大，同时下一代人力资本积累的差距明显大于两区域初始的人力资本差距，表明人力资本积累的差距有放大的趋势，除了投资的影响之外，主要还由于人力资本形成中存在着外部效应。

二、迁移成本的变化

区域 2 的迁移成本系数小于区域 1 迁移成本系数的情况下，区域人均收入差距和人均真实收入差距较大。

比较图 16-1 和图 16-3 可以看出，区域 1 和区域 2 的迁移成本系数由 0.8、0.7 降为 0.7、0.6 之后，区域人均收入差异及真实人均收入差异扩大了。

第五节　小　　结

（一）区域经济差异的变迁与多种因素相关。在一定的时期，当交易成本出现明显的改善时，会出现威廉逊倒"U"形结构。而且，在代际通常会出现下一代人力资本积累的差异大于上一代人力资本差异的情况，即人力资本的代际转移会出现差异放大的趋势。因此，在一个较长的时间内，区域经济差异会呈现波状上升的趋势。至于具体的时段，区域差异的变化是呈现扩大还是缩小的趋势，将与当时占主导地位的影响因素密切相关。

（二）社会致力于迁移成本的降低，将缩小区域经济差异。因此，对落后地区来说，努力降低迁移成本是缩小与先进地区差距的重要途径。

（三）由于人力资本形成中外部效应的存在，人力资本的代际传递会放大原有的差距，以私人投资为主的教育模式将促成这种放大，而公共教育有助于缩小代际差异。因此，为了缩小区域经济差距，政府应更加重视公共教育投入，尤其是给落后地区提供更多的教育机会，提高落后地区人们实现发展的潜力。在此，笔者设想了一种模式见图16-4。

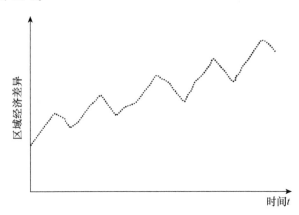

图16-4　区域经济差异随时间演变的一种猜想模式

参考文献

[1] Fujita M, Krugman P, Venables A J. The Spatial Economy: Cities, regions, and International Trade[M]. Cambridge: The MIT Press, 1999.

[2] Hu Dapeng. Trade, rural-urban migration, and regional income disparity in developing countries: a spatial general equilibrium m ode l inspired by the case of China[J]. Regional Science and Urban Economics, 2002, 132: 311—338.

[3] Krugman P, Venables A. Globalization and the inequality of nations[R]. NBER Working Paper. No. 5098. 1995.

[4] Puga D. The rise and fall of regional inequalities[J]. European Economic Review, 1999, 143: 303—334.

[5] 蔡昉等. 制度、趋同与人文发展-区域发展和西部开发战略思考[M]. 北京：中国人民大学出版社, 2002.

[6] 戴维·罗默. 高级宏观经济学[M]. 苏剑, 罗涛译. 北京：商务印书馆, 1999.

[7] 彭朝晖, 杨开忠. 区域经济差异演化的一个空间均衡模型[J]. 当代经济科学, 2006(01): 81—86+127.

[8] 吴爱芝, 杨开忠, 李国平. 中国区域经济差异变动的研究综述[J]. 经济地理, 2011, 31(05): 705—711.

第五篇　历史与预期篇

第十七章 市场一体化、比较优势与产业区位[①]

存在多重均衡是新经济地理学的重要特征。多重均衡来源于均衡方程的非线性特征。在不同的参数下,某个区域可能成为制造业集聚的核心,在另外的情况下,经济又有可能分散均衡。对于经济的演化和长期均衡的确定,可能有两个原因(Krugman,1999):第一,历史可能扮演决定性的角色。这种历史可能是偏好、技术和要素禀赋,过去的环境对初始条件的影响是决定性的。第二,预期在确定某一特定长期均衡所扮演的角色更为重要。如果经济主体将未来的收入也考虑进入其决策过程当中,则预期变得相当重要。本章和第十八、十九章着力纳入"历史"的分析,第二十章则梳理纳入预期的研究。

第一节 文献综述

党的十九大报告指出,中国特色社会主义进入新时代,我国社会主要矛盾已经转化为人民日益增长的美好生活需要和不平衡不充分的发展之间的矛盾。当前我国产业发展的不平衡不充分,也是我国社会主要矛盾的具体体现。从经济地理的角度看,产业空间区位重构是影响产业发展不平衡的一个重要方面。因而,系统厘清产业空间重构背后的逻辑机制,科学把握产业空间布局进而促进产业区域平衡发展是摆在我们面前的重要理论问题。

理论上,产业空间重构的核心机制就是产业空间区位选择理论。从空间经济学看,对产业空间区位选择的研究可以梳理为四条线索。一是基于传统区位理论的研究,开创性研究是以成本和运费为主要内容的工业区位论,指出运输成本和劳动力成本是一般区位性要素,并且认为运输成本是"第一区位要素"。二是基于传

[①] 本部分系在笔者与其博士研究生董亚宁等合作发表论文《市场一体化、比较优势与产业区位》(工业技术经济,2020(3))基础上修改而成,感谢董亚宁博士等合作。

统贸易理论的研究,认为产业发展要立足区域资源禀赋和比较优势,产业会接近资源丰富和具有比较优势的区位。三是新贸易理论,认为经济活动聚集在市场份额较大的区域,有利于专业化分工和规模经济。四是基于新经济地理学的研究,依托垄断竞争、规模报酬递增和运输成本假设,认为随着运输成本的降低,经济活动空间分布呈现"分散—集聚—分散"的演进过程。已有理论从不同角度揭示了产业区位选择机制,但也凸显出一定局限性:一是已有研究对产业区位选择机制的系统性整合研究还不够,现实中产业区位选择应该是多种机制融合作用的结果;二是忽视微观企业异质性,产业区位本质上是企业区位,大多研究往往以同质性企业假设为前提,这样的假设导致产业区位选择的整体性和瞬时性,无法从微观异质性企业主体迁移的角度刻画产业区位的动态机制(杨开忠等,2016)。

因此,本章将基于已有研究,通过构建融合比较优势和一体化程度共同作用的异质性企业空间区位选择模型,着重分析比较优势和市场一体化程度对异质性企业空间迁移的影响,揭示基于异质性微观企业迁移的产业空间区位机制,进而为促进区域产业平衡发展提供理论依据。研究有三方面贡献:一是综合考虑了资源禀赋、比较优势、规模报酬递增、运输成本和微观主体异质性,提供了一个比较完整的产业区位分析理论框架;二是通过引入微观企业多重异质性,从企业尺度揭示了产业区位选择微观机制,并且同时考虑了区际和区内一体化程度的影响作用,更加切合实际;三是研究结果有助于科学把握产业空间重构机制,特别是对于中西部地区招商引资、促进新时代区域平衡发展具有启示意义。

空间经济理论认为在产业地理格局变化过程中,资源禀赋、比较优势和市场一体化程度发挥关键作用。当前研究从不同角度论述了产业区位问题。资源禀赋方面,李超等发现产业空间分布主要取决于要素丰裕程度,要素禀赋和溢出效应的区域差异在很大程度上能够解释产业空间分布不均的现象。比较优势方面,贺灿飞和谢秀珍发现中国制造业经历了一个"U"形空间变化过程,即先分散后集聚,经济全球化、比较优势和规模经济等导致产业地理集中,而产业联系和知识溢出等外部经济变量甚至与基尼系数负相关。李燕和贺灿飞通过实证分析珠三角制造业的空间迁移机制,发现在考虑产业异质性和空间异质性时,要素比较优势、产业特征和区域特征都会影响制造业空间转移。市场一体化方面,郑长德指出降低地区间的交易成本和降低地区内部交易成本具有不同影响,前者会提高发达地区的产业集聚度,对不发达地区不利,而后者会促进不发达地区内部经济一体化,有利于不发达地区的发展。金祥荣等研究发现改善落后地区的基础设施和改善两地间的基础设施都能提高落后地区的绝对福利水平,但当发达地区初始的基础设施水平高于落后地区时,两地间基础设施的改善会扩大地区间实际收入差距。王岚等认为比较优势、规模经济和贸易成本是影响企业生产区位的重要因素,我国目前所处的国际分工地位是在现有贸易成本条件下比较优势和规模经济相互作用的均衡结果。陈晓佳和安虎森分析了比较优势、贸易自由度和市场份额对产业份额的影响。一些研究也注意到比较优势、要素禀赋和市场一体化条件对产业区位的综合影响,发现贸易自由度增加有利于产业向要素禀赋丰富和具有比较优势的国家转移,且要素禀赋优势和比较优势在不同贸易自由度水平下作用强度不同(刘军辉等,2018)。已有研究相对零散,没能综合地分析要素禀赋、比较优势、规模经济和市场一体化对产业空间分布的影响机制,同时也未考虑市场一体化的非对称性和差异化问题。

产业区位本质上是企业区位,没有企业的定位,就没有产业的区位。自 Baldwin 和 Okubo 将异质性企业假设引入到空间经济模型以来,异质性企业区位理论受到广泛关注,也为产业区位研究提供了更为深入的理论视角。大量研究都表明,异质性企业区位的重新配置并不是一个随机过程,高效率企业比低效率企业更容易迁移至集聚性区域。在激烈竞争的市场中,高生产率企业为了占领更多的市场份额和出于节约运输成本的考虑,会选择在核心区;而低生产率企业则迫于竞争压力,选择布局在边缘区(Asplund et al.,2006;Saito,Gopinath,2011;Venables,2011;Ottaviano,2012)。同时,加大边缘区产业份额的政策只会吸引低生产率企业迁移至边缘区,从而导致两个区域的生产率差距拉大(Okubo;Tomiura)。与此相反,Okubo 将企业异质性引入 LFE 模型进行拓展分析,认为低生产率企业由于其区位选择上更自由而最先转移出去并选择集聚,而高效率企业的空间排序呈现多样化;Okubo 和 Forslid 扩展了 Baldwin 和 Okubo 的异质性企业定位选择模型,表明高生产率(高资本密集度)企业和低生产率(低资本密集度)企业都倾向于集聚在大市场,而中等生产率企业则倾向于集聚在小市场。国内学者从实证角度做了探索研究,刘颖等(2016)沿用 Baldwin、Melitz 等学者的研究思路分析企业区位自选择效应的空间差异,并且采用 2002—2007 年的规模以上工业企业面板数据进行检验,研究发现生产率较高的工业企业倾向于选择科技研发水平高、市场潜力大、产业相对集聚的城市,生产率较低的工业企业更容易在同行企业竞争中被挤出。史进和贺灿飞(2018)采用 1998—2007 年金属制品业企业的市级面板数据,通过 Tobit 模型实证发现市场化环境好的城市有利于新企业成立,低效率的新企业只是追求劳动力的低成本,但是高效率的新企业还能兼顾劳动力的高质量。

现实中,资源禀赋、比较优势、规模报酬递增、运输成本对微观异质性企业的空间区位选择的作用是协同融合的。已有学者作了一些尝试性研究(Okubo,2010;Okubo et al.,2011;Forslid,Okubo,2013),如 Forslid 和 Okubo 将 Baldwin 和 Okubo 的研究扩展到三国模型,研究了贸易成本降低和企业迁移成本降低条件下异质性企业的贸易和区位选择。也有观点认为高生产率企业由于可以从集聚中获得更多的收益而更愿意集聚,而在开放经济中则会形成不完全集聚,低生产率企业和部分高生产率企业会从核心区迁移出去,因此贸易自由化可以缩小国内的福利差异并促进区域发展(Saito,Gopinath,2009)。本章尝试在引入微观异质性企业和区际区内市场一体化差异性的基础上,将比较优势、规模报酬递增、运输成本等纳入统一框架,构建一个两区域两部门两要素异质性企业区位选择模型,进而深入剖析市场一体化和比较优势对产业区位的影响机制。

第二节 理论模型

一、基本模型假设

借鉴 Baldwin 和 Okubo、杨开忠等的研究构建一个两区域两部门两要素模型。假设存在沿海与内陆两个区域,传统农业部门(A)和制造业部门(T)两个生产部门,资本(K)和劳动力(L)两种生产要素。资本能够在区域空间流动,沿海与内陆的初始资本禀赋份额分别为 s_K 和 s_K^*。劳动力在部门间自由流动,两区域劳动力份额分别为 s_L 和 s_L^*。

消费者效用函数为柯布-道格拉斯型,是一个包含农产品、制造业部门产品的效用函数。其中,制造业部门生产多样化产品,其子效用函数为 CES 函数。因此,代表性消费者的效用函数表达为

$$U = \left(\frac{C_c^A}{\alpha_A}\right)^{\alpha_A} \left(\frac{C_c^T}{\alpha_T}\right)^{\alpha_T} C^T = \left[\int_{i=0}^{n_c}(c_c^{Ti})^\rho di + \int_{i=0}^{n_r}(c_r^{Ti})^\rho di\right]^{1/\rho} \quad (17\text{-}1)$$

其中,α_A、α_T 分别表示农产品、制造业部门产品的支出份额;c^{Ti} 为消费者对第种产品的消费量;n_c 和 n_r 分别表示为沿海和内陆制造业部门产品种类数。ρ 表示地方不同差异化产品间替代弹性。

假设传统农业部门只使用劳动力生产同质产品,每单位农产品需要 a_A 单位劳动力,单位劳动的名义工资为 1,因此单位农产品成本为 a_A,农产品不存在交易成本。

制造业部门以 D-S 垄断竞争、规模报酬递增为特征,每个微观异质性企业使用一单位资本和若干同质性劳动者只生产一种差异化的产品,并将资本作为固定投入,每个企业雇用劳动力数量不同的劳动力,假设成本函数为

$$Y_{jt}^T = f(K, L) = K + a_i a_M L \quad (17\text{-}2)$$

其中,a_M 表示区域劳动力成本系数,a_M 越小意味着区域更具劳动成本比较优势;a_i 表示企业边际劳动投入,显然 a_i 越小表示企业雇用劳动力越少,暗含着企业资本劳动比和收益高。

这里,借鉴 Baldwin 和 Okubo(2006)异质性设定,假设 a_i 服从帕累托累计概率分布函数 $G[a_i]=(a_i/a_0)^k$,满足 $1=a_0 \geqslant a_i \geqslant 0$,$k \geqslant 1$,$k$ 为形状参数,a_0 表示效率最低企业的边际劳动投入。这样代表性 i 企业的成本函数为 $p_i+w_L a_i a_M x_i$,其中 p_i 为企业收益,w_L 为同质性劳动力的工资,x_i 为企业产品产量。

与以往大多研究不同的是,本章假设制造业部门产品存在区内和区际交易成本,消费者获得产品需要支付额外费用,这种费用可理解为产品的运输成本、区域制度性、壁垒性成本等。具体来说,对于沿海地区消费者而言,其消费沿海地区单

位产品需要支付 $\tau(\tau\geqslant 1)$ 倍价格,消费内陆地区单位产品需要支付 $\tau_I^*(\tau_I^*\geqslant 1)$ 倍价格;同理,对于内陆地区消费者,其消费内陆地区单位产品需要支付 τ^* 倍价格,消费沿海地区单位产品需要支付 $\tau(\tau\geqslant 1)$ 倍价格。这样的假设是符合现实的,因为随着现代物流体系日益完善,产品运输成本大幅度较低,但是区际之间、区域内部各项制度性、壁垒性空间成本依旧存在,区际区内一体化程度依然是影响产业发展的瓶颈障碍。

二、短期均衡分析

传统农业部门是完全竞争部门,规模收益不变,农产品按边际成本定价,沿海地区为 $p_c^A = a_A w_{cL}$,内陆地区为 $p_r^A = a_A w_{rL}$。由于农产品无贸易成本,所以两个区域农产品价格相等,即 $p_c^A = p_r^A$,进而,两区域农业部门工资相等,即 $w_{cL} = w_{rL}$。方便起见,将农业部门单位劳动投入 a_A 作为计价单位,则有:$p_c^A = p_r^A = w_{cL} = w_{rL} = w = 1$。

根据制造业部门生产函数,以沿海地区边际成本为 a_i 的 i 企业为例,企业利润为 $p(a_i)x_i - (p + a_i a_M w_L x_i)$,通过拉格朗日分析,可以得到成本 $p(a_i) = w a_M a_i / (1 - 1/s)$。因此,沿海地区出售价格为 $p(a_i)_i = \tau_I p(a_i)$,内陆地区出售价格为 $p(a_i)_i^* = \tau p(a_i)$;从产量角度分析,沿海地区消费者对本地边际成本为 a_i 的企业产品需求量为 $c(a_i)_i = mE p(a_i)_i^{-\sigma} P_M^{\sigma-1}$,内陆地区消费者对沿海地区 i 企业产品需求量为 $c(a_i)_i^* = \mu E^* (p(a_i)_i^*)^{-\sigma}/(P_M^*)^{1-\sigma}$。进一步地,根据产品价格与需求,两地区企业 a_i 收益分别为

$$p(a_i) = bBE^w a_i^{1-\sigma}/gK^w \quad p(a_i)^* = bB^* E^w a_i^{1-\sigma}/gK^w \quad (17\text{-}3)$$

其中,$B = (f_I s_E/D + f(1-s_E)/D^*)c$,$B^* = f s_E/D + f_I^*(1-s_E)/D^*$,$D = f_I s_k c + f(1-s_k)$,$D^* = f s_k c + f_I^*(1-s_k)$;$b = m/s$;$f_I = (t_I)^{1-s}$、$f_I^* = (t_I^*)^{1-s}$、$f = (t)^{1-s}$ 分别表征沿海地区内部、内地地区内部以及两区域之间的市场一体化程度;$g = k/(1-s+k) > 0$,$c = (a_M)^{(1-s)}/(a_M^*)^{(1-s)}$;$s_E = E_c/E^w$,$E^w$ 表示区域总收入。

三、长期均衡分析

长期均衡条件下,两区域异质性企业会根据自身收益最大化进行区位选择。在企业迁移过程中,企业的重新布局会从生产率最高的企业开始。假定迁移过程中,两地区资本收益相等时企业边际成本为 a_R,那么边际成本小于 a_R 的企业都将迁移到另一区域,同时满足 $p(a_R) = p(a_R)^*$。求解可得

$$a_R^u = \frac{(f_I c - f)s_E(f s_k c + f_I^*(1-s_k)) - (f_I^* - fc)(1-s_E)(f_I s_k c + f(1-s_k))}{(f_I^* - fc)(1-s_E)(f_I c - f)(1-s_k) - (f_I c - f)s_E(fc - f_I^*)(1-s_k)}$$

(17-4)

进一步可得企业在沿海地区的空间分布为

$$s_n = s_k + (1-s_k)a_R^u \quad (17\text{-}5)$$

当然,为了保证上述分析的可靠性和判断均衡解的科学性,需要对均衡状态进行稳定性分析。通过分析对称均衡被打破时的稳定性条件,满足 $\partial(\pi(a_R) - \pi(a_R)^*)/\partial a_R < 0$,因此该经济系统是稳定的。

第三节 数 理 分 析

下面着重进行比较静态分析,考察不同市场一体化程度和比较优势对异质性企业区位选择与产业区位的影响。

一、市场一体化程度影响产业区位分析

通过上面分析可以看到市场一体化对企业迁移和产业区位的影响作用,下面具体分析区际市场一体化程度和区内市场一体化程度对企业迁移和产业区位的影响。

在假设初始区域市场规模对称情形下,在考虑区际市场一体化程度影响产业区位时,首先将式(17-4)对 φ 求导,可得区际市场一体化程度对企业区位的边际影响:

$$\partial(a_R)/\partial\varphi \propto \chi(\varphi_I\chi^2 - \varphi_I^*)(\varphi_I\varphi_I^* - \varphi^2)/(\varphi - \varphi_I\chi)^2(\varphi_I^* - \varphi\chi)^2 \quad (17\text{-}6)$$

由式(17-6),分子中$(\varphi_I^* - \varphi_I\chi^2)$衡量的是区内一体化程度和劳动力成本优势对企业区位的影响,$(\varphi_I\varphi_I^* - \varphi^2)$衡量的是区内、区际一体化程度的综合影响,将 $\varphi_I\varphi_I^*$ 称之为"区内一体化效应",将 φ^2 称之为"区际一体化效应"。当 $\varphi = \sqrt{\varphi_I\varphi_I^*}$ 或 $\chi = \sqrt{\varphi_I^*/\varphi_I}$ 时,此时满足 $\partial(a_R)/\partial\varphi = 0$,我们称此条件为"企业迁移临界性条件"。这意味着,当异质性企业面临的沿海与内陆劳动成本优势与区内一体化程度效应满足此关系时,异质性企业空间区位分布趋于稳定状态。

$$\begin{cases} \partial(a_R)/\partial\varphi > 0, \partial s_n/\partial\varphi > 0 & \varphi_I\varphi_I^* > \varphi^2 & \chi > \sqrt{\varphi_I^*/\varphi_I} \\ \partial(a_R)/\partial\varphi = 0, \partial s_n/\partial\varphi = 0 & \varphi_I\varphi_I^* > \varphi^2 & \chi = \sqrt{\varphi_I^*/\varphi_I} \\ \partial(a_R)/\partial\varphi < 0, \partial s_n/\partial\varphi < 0 & \varphi_I\varphi_I^* > \varphi^2 & \chi < \sqrt{\varphi_I^*/\varphi_I} \end{cases} \quad (17\text{-}7)$$

从式(17-7)可以看出,当 $\varphi_I\varphi_I^* > \varphi^2$,即"区内一体化效应"大于"区际一体化效应"时,随着区际一体化效应 φ 的增大,更多异质性企业选择具有劳动力成本优势的区域,这是因为随着区际一体化效应的增加,异质性企业更加注重成本优势。这一结论有力阐释了 20 世纪 50 年代以来,全球范围内经历的 3 次大规模的产业转移,全球制造业中心从美国等发达经济体逐步转向日本和德国、再从日本和德国转

向亚洲"四小龙"地区、再转向我国东部沿海地区,推动中国成为"世界工厂",这一转移历程的规律就是劳动密集型制造业率先转移,从经济发达、劳动力成本较高的地区向欠发达、劳动力成本较低的地区转移。

在区域市场规模对称情形下,将式(17-4)分别对 φ_I 和 φ_I^* 求导,可得

$$\partial(a_R)/\partial\varphi_I \propto \varphi\chi/(\varphi-\varphi_I\chi)^2 \quad \partial(a_R)/\partial\varphi_I^* \propto -\varphi\chi/(\varphi_I^*-\varphi\chi)^2 \quad (17\text{-}8)$$

不难看出,$\partial(a_R)/\partial\varphi_I>0$,$\partial(a_R)/\partial\varphi_I^*<0$,这意味着随着沿海地区区内市场一体化程度的提高会吸引更多的异质性企业选择该区域,而改善内陆地区区内市场一体化程度则有利于吸引更多异质性企业选择内陆地区。进一步地,$\partial(s_n)/\partial\varphi_I>0$,表明沿海区内市场一体化程度提高会扩大沿海区域产业规模;$\partial(s_n)/\partial\varphi_I^*<0$,表明内陆区内市场一体化程度提高则有利于产业更多布局在内陆区域。显然这能够解释改革开放以来我国产业空间重构历程。自改革开放至21世纪初,随着商品市场地理分割的打破、生产要素的自由流动和全球化进程的不断推进,在区域地理特征和禀赋资源的支配下,我国产业发展总体上呈现出"东强西弱,南升北降"的特点。近年来,随着中西部地区交通网络的日益通达和市场化体系的完善,加之沿海地区用工成本攀升和产业转型升级的迫切需要,沿海地区传统产业区位优势逐渐降低,中西部地区大量承接东部的产业迁移,产业重新布局与空间重构正在积极上演。

命题1 在"区内一体化效应"大于"区际一体化效应"的情况下,随着区际一体化程度的增加,更多异质性企业选择布局到具有劳动力成本优势的区位;提高区内一体化程度会促使企业更多地迁至本区域。

二、比较优势影响产业区位分析

劳动力成本优势与技术比较优势是影响异质性企业迁移的关键因素。在考虑差异化区内一体化程度和区际一体化程度的情况下,劳动力成本优势对产业区位的影响机制是非常复杂的,不能一概而论。这里做进一步简化分析,即假设两区域区内一体化程度很高,设定 $\varphi_I=\varphi_I^*=1$,将式(17-4)对 χ 求导,得到:

$$\partial(a_R)/\partial\chi \propto \varphi[(\varphi\chi-1)^2+(\chi-\varphi)^2]/(\varphi-\chi)^2(1-\varphi\chi)^2 \quad (17\text{-}9)$$

从式(17-9)可以看出,在仅考虑区际一体化程度的情况下,劳动力成本优势对异质性企业迁移的边际影响恒为正,即异质性企业总是倾向于迁移到具有劳动力比较优势的区位。这也能够解释近年来我国制造业面临的"内移""外迁"境遇。伴随着人口结构变化,我国劳动力成本快速上涨,劳动密集型产业的比较优势逐步削弱,我国区域之间发生了显著的产业转移现象,一些制造业企业逐步从东部地区向劳动力和能源成本较低的中、西部地区转移,形成了环环相扣的产业转移"雁行矩阵"。此外,劳动力优势的逐步消失也驱使一些低端制造业向东南亚等地区陆续转移。

资本比较优势也会对异质性企业收益产生影响,进而影响异质性企业空间流动方向,但其作用机制需要进一步分析。在 $s_E=s_k$ 的情况下,将式(17-4)对 s_k 求导得到:

$$\partial(a_R)/\partial s_k \propto \varphi\chi/(\varphi_I^* - \varphi\chi)(s_k - 1)^2 \qquad (17\text{-}10)$$

根据式(17-10),可得 $\partial(a_R)/\partial s_k > 0$、$\partial(s_n)/\partial s_k$。显然,区域资本优势与产业规模成正比。这也就不难理解改革开放以来,外商直接投资的不断流入,对我国产业空间区位的变动产生了重大的影响。也正基于此,2018年中央政治局会议提出了"稳外资",2019年政府工作报告强调要"加大吸引外资的力度",并通过了《中华人民共和国外商投资法》,将为新形势下进一步扩大对外开放、积极有效地稳外资,提供更加有力的制度保障。

命题 2 劳动力比较优势和资本比较优势的提高均有助于提高本区域企业收益,降低异质性企业迁移门槛,吸引更多企业迁入。

第四节 模拟分析

考虑到理论机制的复杂性,下面通过数值模拟直观验证分析结论,首先利用我国相关实际数据进行模型参数校准①,然后分析市场一体化程度和比较优势对企业迁移、产业区位的影响。

一、市场一体化程度影响产业区位分析

根据命题1,改善区内一体化程度有助于吸引更多企业选择本区域。为验证这一命题,取 χ 分别为1和1.01,并设定 $\varphi_I^* \in [0.7, 0.9]$,模拟结果见图17-1。可见,随着内陆地区市场一体化程度的提升,沿海地区异质性企业逐步回流内陆地区,因此沿海地区产业份额逐步降低,而内陆地区产业份额则相应提高。在其他条件相同的情况下,若沿海地区更具劳动力比较优势则会一定程度抑制企业内迁,当然,若内陆地区更具劳动力比较优势则会进一步促进企业内迁。

在其他变量不变的情况下,令 χ 分别为1和1.01,并设定 $\varphi \in [0.1, 0.9)$,模拟结果见图17-2。可见,当沿海地区更具比较优势时,随着区际一体化条件的提升,内陆企业不断迁至沿海,在此过程中,沿海地区产业份额相应增加,而内陆地区产业份额则相应减少;当两区域区内一体化程度相同时,区际一体化程度的提升并不改变企业的区位分布,即产业区位呈现稳定分布态势。同理,当内陆地区更具劳动力成本比较优势时,随着区际一体化条件的提升,沿海企业不断迁至内陆地区。显然,模拟结果支持命题1的结论。

---

① 参数校准主要参考陈晓佳和安虎森(2018)、颜银根(2012)研究中的相关方法,设定产品间替代弹性 $\sigma = 4.1796$、沿海区内贸易自由度 $\tau_I = 1.0138$、内陆区内贸易自由度 $\tau_I^* = 1.0232$、区际贸易自由度 $\tau = 1.05$、劳动力比较优势 $\chi = 1.361$、区域市场规模优势 $s_E = 0.6131$。需要说明的是,在本研究理论假设条件下,模型参数设定并不影响结论。

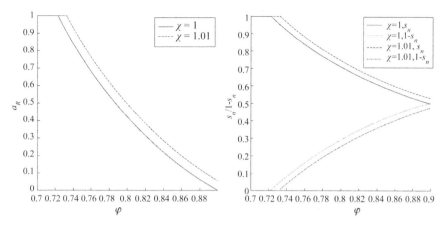

图 17-1　内陆区内一体化程度与产业区位关系

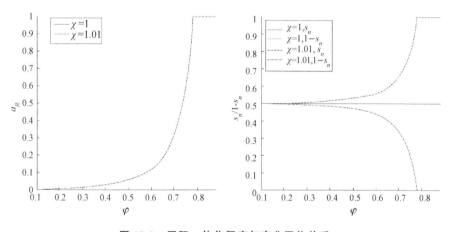

图 17-2　区际一体化程度与产业区位关系

二、比较优势影响产业区位分析

根据命题 2,劳动力比较优势和资本比较优势均有利于吸引异质性企业迁入。取 φ_I^* 分别为 0.8 和 0.9,并设定 $\chi\in[1,1.5]$,模拟结果见图 17-3 左图,令 φ 分别为 0.5 和 0.6,并设定 $\chi\in[1,1.5]$,模拟结果见图 17-3 右图。

从结果来看,随着 χ 的增大,也就是随着沿海地区劳动力比较优势的增加,企业选择沿海区域收益更高,异质性企业迁移门槛逐渐降低,这说明当提高沿海区域劳动力成本比较优势时,会有更多的企业迁往沿海,并且较高的区际一体化程度会更加强化这一迁移决策。当然,当改善内陆地区劳动力比较优势时,会有更多的企业迁往内陆地区,并且较高的内陆地区区内一体化程度会更加强化这一迁移决策。显然,保持区域劳动力成本优势无疑是吸引企业有益的政策选择。

在其他变量不变情况下,令 φ_I^* 分别为 0.8 和 0.9,并设定 $s_k \in [0.5,1]$,模拟结果见图 17-4 左图,令 φ 分别为 0.5 和 0.6,并设定 $s_k \in [0.5,1]$,模拟结果见图 17-4 右图。

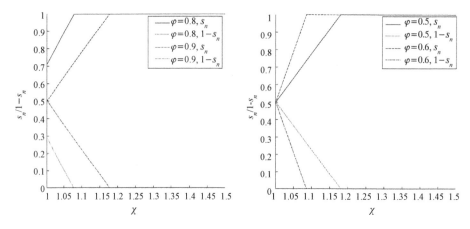

图 17-3　劳动力比较优势与产业区位关系

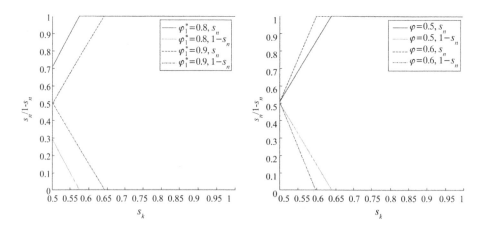

图 17-4　资本比较优势与产业区位关系

从图 17-4 看出,随着资本比较优势的提高,本区域企业收益增大,逐步有利于吸引异质性企业迁入,从而验证了命题 2 的结论,并且较高的区内一体化程度会更加强化这一迁移决策。根据图 17-4 右图,在资本比较优势提高的过程中,更多企业迁往该区域,并且较高的区际一体化程度会更加强化这一迁移决策。

从以上分析不难看出,数值模拟很好地支撑了模型命题结论,模拟结果也更具政策意义。

第五节 小 结

根据新时代我国区域协调发展战略要求,区域平衡发展的关键之一在于产业平衡发展。因而如何把握我国产业空间重构规律,促进产业空间资源优化配置,引导一批产业转往中西部地区是一个重要课题。本章基于微观企业多重异质性,通过构建空间均衡模型,开展了市场一体化和比较优势对异质性企业空间迁移和产业区位的数理分析,并对数理结果进行了模拟分析,力争为新时代产业空间重构提供科学理论依据。主要结论有:① 在"区内一体化效应"较高时,随着区际一体化程度的增加,更多异质性企业倾向于布局到具有劳动力成本优势的区位;② 区内一体化程度的提高会促使企业更多地布局在本区域,提升本区域产业份额;③ 劳动力比较优势和资本比较优势的提高均有助于提高本区域异质性企业收益,进而吸引更多企业布局该区域。

结合上述研究结论,未来相关产业政策方面可以侧重考虑以下方面:一是要树立一体化发展理念,不断加大涉企"放管服"改革力度,降低各种行政成本,提升企业服务化水平,破除一系列制约产业发展的瓶颈障碍,彻底扭转诸如"投资不过山海关"的局面。二是要充分发挥区域比较优势,因地制宜探索制订促进生产要素区域配置合理化、高效化的产业布局政策,逐步优化各类产业空间布局。三是要强化人力资源开发力度,随着我国劳动力数量红利的消失,要更加注重人力资本培育开发,加大劳动力职业教育、职业培训和专项技能学习扶持力度,这不仅有助于稳定国内劳动力就业水平,还能以劳动力质量赢取产业重构的国际竞争力。四是要注重产业开放开发力度,在全球范围内国际直接投资下降的背景下,切实通过"法治手段营造公平竞争环境"的"固本"方式等多措并举提升外商投资自由化与便利化水平,这对吸引外商投资具有重要意义。

参考文献

[1] Asplund, Nocke. Firm turnover in imperfectly competitive markets[J]. Review of Economic Study, 2006, 73: 295—327.

[2] Baldwin J R, Okubo T. Heterogeneous firms, agglomeration and economic geography: spatial selection and sorting[J]. Journal of Economic Geography, 2006(03): 323—346.

[3] Forslid F, Okubo T. Which firms are left inthe periphery? ——Spatial sorting of heterogeneous firms with scale economies in transportation[R]. CEPR working paper, 2013.

[4] Forslid R, Okubo T. On the development strategy of countries of intermediate size-An analysis of heterogeneous firms in a multi-region framework[J]. European Economic Review,2012,56(4):747—756.

[5] Krugman P. The role of geography in development[J]. International Regional Science Review,1999,22(2):142—161.

[6] Okubo T, Picard M, Thisse J. The spatial selection of heterogeneous firms[J]. Journal of International Economics,2010(82):230—237.

[7] Okubo T, Tomiura E. Industrial relocation policy, productivity and heterogeneous plants: evidence from Japan[J]. Regional Science & Urban Economics,2011,42(1):230—239.

[8] Okubo T. Firm heterogeneity and location choice[R]. RIETI Discussion Paper Series,2010,(4).

[9] Okubo T. Trade liberalization and agglomeration with firm heterogeneity: forward and backward linkages[J]. Regional Science and Urban Economics,2009,39(5):530—541.

[10] Ottaviano P. Agglomeration, trade and selection[J]. Regional Science and Urban Economics,2012(42):987—997.

[11] Saito H, Gopinath M. Plants' Self-Selection, Agglomeration economies and regional productivity in chile[J]. Journal of Economic Geography,2009,9(4):539—558.

[12] Satio H, Gopinath M. Heterogeneous firms, trade liberalization and agglomeration[J]. Canadian Journal of Economics,2011,44(2):541—560.

[13] Todaro M P. A model of labor migration and urban unemployment in less developed countries[J]. American Economic Review,1969,59(1):105—133.

[14] Venable, A. Productivity in cities: self-selection and sorting[J]. Journal of Economic Geography,2011(11):241—251.

[15] 陈晓佳,安虎森.比较优势、贸易自由度与产业份额[J].西南民族大学学报(人文社科版),2018,39(02):118—126.

[16] 董亚宁,顾芸,杨开忠.市场一体化、比较优势与产业区位[J].工业技术经济,2020,39(03):116—124.

[17] 贺灿飞,谢秀珍.中国制造业地理集中与省区专业化[J].地理学报,2006(02):212—222.

[18] 金祥荣,陶永亮,朱希伟.基础设施、产业集聚与区域协调[J].浙江大学学报(人文社会科学版),2012,42(02):148—160.

[19] 李超,覃成林.要素禀赋、资源环境约束与中国现代产业空间分布[J].南开经

济研究,2011(04):123—136.

[20] 李燕,贺灿飞.1998—2009年珠江三角洲制造业空间转移特征及其机制[J].地理科学进展,2013,32(5):777—787.

[21] 刘军辉,安虎森,张古.要素禀赋、比较优势与产业空间分布:兼论单边贸易保护与经济增长[J].西南民族大学学报(人文社科版),2018,39(06):124—131.

[22] 刘颖,郭琪,贺灿飞.城市区位条件与企业区位动态研究[J].地理研究,2016,35(07):1301—1313.

[23] 史进,贺灿飞.中国新企业成立空间差异的影响因素:以金属制品业为例[J].地理研究,2018,37(07):1282—1296.

[24] 王岚,盛斌.比较优势、规模经济和贸易成本:国际生产分割下垂直关联产业的空间分布[J].世界经济研究,2013(04):18—23,65,87.

[25] 颜银根.贸易自由化、产业规模与地区工资差距[J].世界经济研究,2012(08):28—36+87—88.

[26] 杨开忠,董亚宁,顾芸.运输成本、异质性企业迁移与区域平衡发展:基于集聚与增长整合理论的研究[J].系统工程理论与实践,2019,39(10):2466—2475.

[27] 杨开忠,董亚宁,薛领,刘安国,徐梓原,杨书."新"新经济地理学的回顾与展望[J].广西社会科学,2016(05):63—74.

第十八章 转轨经济条件下空间异质性大国区域经济发展模型[①]

新经济地理学模型在讨论产业活动在国家与国家或区域与区域之间的分布与演化规律时,在技术处理上大多将一国不同地区视为均质的。对于小国情形来说,这样的假设也许比较切合实际。但是,对于像中国这样幅员超辽阔、人口规模超大、兼具广大沿海和内地的国家而言,这假设显然是非常不切实际的,特别是在其市场化、一体化、全球化转轨的情形下,考察其经济活动的空间集聚演化,更不能将国内各个地区在对外贸易成本上表现出的显著差异简单地抽象掉。本章以对外贸易成本差异集中体现国内空间异质性,基于维纳布斯(1996)的国际专业化模型、蒲格和维纳布斯(1996)的工业化模型和藤田、克鲁格曼与维纳布斯的开放经济中的集聚模型,从生产细分产品的厂商之间的产业联系而非从人口流动着手,建立了一个转轨经济条件下空间异质性大国经济集聚发展模型,以讨论市场化、一体化、全球化转轨过程中空间异质性大国经济集聚如何演化。

第一节 模型主要假设

本模型以 Dixit-Stiglitz 模型的垄断竞争框架为基础,讲述的是一个包含两个部门(农业部门和制造业部门)的具有不完全竞争市场结构的经济的故事。

一、几个特别处理

(一)市场化全球化转轨中的大国

本模型中的大国经济因其地理特征而被划分为沿海地区和内陆地区,整个经

[①] 本章系在笔者和刘安国合作发表论文"A path-dependent model of investment and employment flow in a large economy in a process of integration"(Chinese Geographical Science,2003(4))基础上修改而成,感谢刘安国教授的合作。

济同时经历从封闭到开放、从计划经济体制到市场经济体制的转型。由于地理条件和政策条件的差异,沿海地区和内陆地区的对外开放程度和体制转型的进度亦不相同。假定中央政府对沿海地区的经济发展给予特别政策支持,因此,沿海地区的经济转型进度快于内陆地区。

(二) 贸易成本和关税

在本模型中,贸易成本(或交易成本)系指在相隔一定距离的交易方之交易过程中所发生的一切成本,它不仅包含由技术和基础设施所决定的运输成本和信息成本,也包含由制度和管理方式所决定的制度成本。由于国际贸易中的关税对于经济中的微观分子来说与其他运营成本并无多大差别,而且,它对产业的区位决策的影响与其他贸易成本的作用相似,因此,我们在这里也将它视同贸易成本处理[①]。

(三) 沿海-内陆的贸易成本差异

由于地理环境和政策环境的不同,在大国中的不同地区,贸易成本亦不相同。运输成本的差异主要归因于地理条件的差异。制度成本的差异则有两个可能的主要来源:① 中央政府在执行宏观经济管理过程中对不同地区施加的区别待遇;② 各地方政府的经济政策差异。在经济转型过程中,计划经济与市场经济体制并存。两种体制影响力的强弱会因地区而异。在市场经济占更大优势的地区,经济活动的管理更加法制化和透明化,相应的制度成本会更低。

沿海地区靠近海港码头,得地利之便,其对外贸易成本中的运费部分相对低廉。内陆地区的进出口商品要达到沿海码头大多需要长途陆路中转,价格不菲的陆路运输使内陆企业在运输成本上处于相当不利的地位。在对外开放的条件下,沿海地区凸显出其门户作用。由于一方面,中央政府对沿海地区给予特别政策支持,另一方面,沿海地区的地方政府在从计划经济向市场经济转型的经济改革中比内陆地区地方政府走得更快,因此,从政策待遇方面来看,沿海地区企业要享受来自中央和地方的双重好处,经济活动的制度成本亦相对低廉。当渐进式的改革开放推进到一定程度之后,沿海与内陆地区亦将分化成为经济体制不同(因而制度成本亦不相同)的两个区域。随着改革开放全面铺开,沿海与内陆地区最终过渡到同一经济体制,制度成本最终趋同。

(四) 转型过程的动态演化

本模型将转型过程划分为三个阶段:阶段Ⅰ、阶段Ⅱ和阶段Ⅲ(参见图 18-1)。在阶段Ⅰ,国内经济与世界经济相隔离,经济体制处于稳定的计划经济状态。在相

[①] 贸易成本与关税之区别仅仅在于从后者可以得到收入。由于本研究主要关注贸易成本对产业的区位决策所产生的影响,因此,将不对关税的福利效应进行深入讨论;而且,对于大国情形来说,关税的福利效应与其对产业区位的影响相比,后者应该更为显著。

同的经济体制下,不同地区的制度成本亦相同。在计划管理模式下,全国市场被分割为相对分立的地方市场。我们将与外部世界相隔离且处于计划体制下的经济状态称为状态0(或系统0)①。在阶段Ⅱ,经济一方面开始对外开放,另一方面也开始从计划体制向市场体制过渡,两种经济体制并存,属于典型的转型经济。由于不同地区市场化改革进度不同,区域之间逐渐发展出显著的制度成本差异。在阶段Ⅱ,国内贸易成本的下降主要归因于沿海地区制度成本的下降。当然,国内交通、通信基础设施的持续改善亦导致运输成本自然稳定地下降。对外开放和体制改革促进地方市场之间的交易增加,但地方保护主义的继续存在使得国内难以形成完全统一的全国市场。

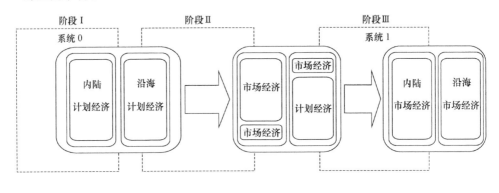

图 18-1 体制转型和制度成本演化示意

在阶段Ⅲ,经济启动与外部世界完全一体化的进程(我们以此来模拟中国加入WTO的全面开放行为)。在外部冲击的推动之下,大国经济迅速完成从转型经济向成熟的市场经济的过渡,经济全面开放,完全统一的全国市场与全球市场充分一体化,区域间的制度成本最终趋同。我们将成熟的市场经济体制状态称为状态1(或系统1)。在阶段Ⅲ的国内贸易成本的下降主要归因于内陆地区制度成本与沿海地区的迅速趋同。

---

① 在计划经济体制下的市场结构实际上与Dixit-Stiglitz模型中的典型的不完全竞争的市场结构有很大的差异。但是,为了对体制转型过程有一个完整的分析,故将计划经济体制下的市场结构当作供求关系受到很大程度扭曲的不完全竞争的市场结构的特殊情形来对待。

二、一般假设

假设我们所研究的世界存在 4 个区域,它们一开始都在同样的水平上发展,每个区域的总的劳动力供给等于 1。假设每个区域有两个部门:农业部门和制造业部门。这里,农业部门为完全竞争型的,生产单一、同质的产品;制造业部门则为垄断竞争型的,生产大量的细分产品。当然,不必将"农业"这一标签总是按字面解释,它也可以理解为与报酬递增、不完全竞争的制造业部门相对的"其余的"完全竞争部门;亦不必将"制造业"这一标签总是按字面解释,也可以将它理解为包含报酬递增的服务业或其他第三产业部门。

假定存在大量潜在的制成品,以至于我们可以避过对产品数目的整数限制而将产品空间表示为连续型的。我们把这 4 个区域分为两组,1 和 2 为一组属于同一国家的两个区域,用边缘组 P(periphery) 表示。按照其地理分布特征,规定 1 为沿海地区,2 为内陆地区;区域 3 和 4 为一组由于历史原因率先发展起来的两个发达国家,用核心组 C(core) 表示(参见图 18-2)。假设 P 国区域 1 与 2 之间存在国内贸易成本 T,区域 1 与核心国家之间的"冰山"贸易成本为 T_{1c},区域 2 与核心国家之间的"冰山"贸易成本为 T_{2c},P 国与核心国家之间关税的"冰山"贸易成本的对等形式为 τ,核心国家之间的贸易成本为 T_c。由于 P 国是一个幅员辽阔的大国,因此,P 国区域 2 的对外贸易成本高出区域 1 的幅度近似存在于区域 1 与 2 之间的国内贸易成本 T。

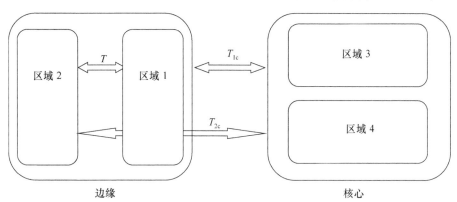

图 18-2 大国开放条件下的投资与就业转移模型

三、作为中间投入的细分产品

假定在各个区域内,劳动力可以在农业和制造业部门之间自由流动,但在区域间却不能自由流动①。假定农业生产使用一种单一的投入品:劳动力,其在 r 区域

---

① 一般情况下,劳动力在一国的国境范围内应该是自由流动的,但中国却是一个特例:户籍制度的存在使得人口流动面临非常高的成本。改革开放以来,人口在部门间的流动已经相对改善,但就人口的区际流动来看,仍然存在极大的政策限制。

的价格为 w_r。制成品的生产具有品种层次上的规模经济。对于所有品种及在所有区位,技术都是相同的。制造业生产函数使用由劳动和中间产品构成的组合投入,该组合可以表达为二者的 Cobb-Douglas 函数,其中中间品份额为 $\alpha(0<\alpha<1)$,令区域中间产品的价格指数为 G_r,则投入品价格为 $w_r^{1-\alpha}G_r^{\alpha}$,这个投入被用于生产的固定成本和边际成本中。我们选择一定的单位使边际投入要求等于价格 – 成本加成 $[c=\rho=(\sigma-1)/\sigma]$,以保证厂商根据下式定价:

$$p_r = w_r^{1-\alpha}G_r^{\alpha} \qquad (18\text{-}1)$$

中间产品被假设为可供应的产品种类数的 CES 函数。于是,中间产品的价格指数(r 区的 G_r)采取如下形式:

$$G_r = \left[\sum_{s=1}^{}n_s(p_s T_{sr}\tau_{sr})^{1-\sigma}\right]^{1/(1-\sigma)} = \left[\sum_{s=1}^{}n_s(w_s^{1-\alpha}G_s^{\alpha}T_{sr}\tau_{sr})^{1-\sigma}\right]^{1/(1-\sigma)} \qquad (18\text{-}2)$$

这样,制造业生产函数就被隐含地按照相应的价格指数定义。在式(18-2)中,n_s 为在区位 s 生产的制成品种类数,p_s 为 F.O.B 价格,T_{sr} 为贸易成本,τ_{sr} 为关税。由于存在报酬递增,消费者对于消费种类存在喜好,且制成品潜在种类数为无限,因此,没有厂商会选择生产与另外的厂商所提供的相同的品种。这就意味着,每一品种只由一个专业化厂商在一个区位生产。因此,运营中的厂商数与供应的品种数相同,都为 n_s。

在引入厂商中间消费的情形下,r 区对制成品的消费 E_r 为

$$E_r = \mu Y_r + \alpha n_r p_r q^* \qquad (18\text{-}3)$$

式(18-3)中的 μ 为制成品在消费中所占的份额,Y 为 r 区的收入,q^* 为在利润为零的条件下所有厂商的均衡销售额,r 区的厂商的总生产成本等于其生产总值 $n_r p_r q^*$。这些生产成本中的 α 份额为中间品的采购,它将构成厂商之间后向联系的来源。在区位 r 生产的厂商越多,对中间产品的需求越大,在其他条件相同的情况下,区位 r 在制成品上的总支出也越大。

我们用 λ_r 表示 r 区在制造业中的劳动力份额。r 区的制成品总产出为 $n_r p_r q^*$,因此,r 区制造业工资额为其制成品总产出的 $(1-\alpha)$ 份额:

$$w_r \lambda_r = (1-\alpha)n_r p_r q^* \qquad (18\text{-}4)$$

由于经济均衡时的市场大小既不影响价格相对于边际成本的加成,亦不影响各商品生产的规模,所有规模效应通过供应品种的变化而起作用,亦即,当市场规模扩大时,增加的需求将通过新的厂商投资进入生产(或新的中间产品的生产)来满足,因此,我们可以选择单位使均衡产出 $q^*=1/(1-\alpha)$,从而有

$$nr = (wr/pr)\lambda r \qquad (18\text{-}5)$$

以式(18-1)和式(18-5)代入式(18-2),价格指数方程又可改写为

$$G_r = \left[\sum_{s=1}^{4}\lambda_s w_s^{1-\sigma(1-\alpha)} G_s^{-\alpha\sigma}(T_{sr}\tau_{sr})^{1-\sigma}\right]^{1/(1-\sigma)} \qquad (18\text{-}6)$$

这里,式(18-2)和式(18-6)是等价的,它们将在讨论中被等效地使用,而不被特别地加以区别。

第二节 投资与就业行为的动态方程

一、投资与就业行为的动态方程

由式(18-6)和式(18-2)得到区域 1 和 2 的价格指数的两种等效形式,即方程(18-7)、(18-8)与(18-7′)(18-8′):

$$G_1^{1-\sigma} = \lambda_1 w_1^{1-\sigma(1-a)} G_1^{-a\sigma} + \lambda_2 w_2^{1-\sigma(1-a)} G_2^{-a\sigma} T^{1-\sigma} + 2\lambda_c w_c^{1-\sigma(1-a)} G_c^{-a\sigma} T_{1c} \tau^{1-\sigma} \quad (18\text{-}7)$$

$$G_2^{1-\sigma} = \lambda_1 w_1^{1-\sigma(1-a)} G_1^{-a\sigma} T^{1-\sigma} + \lambda_2 w_2^{1-\sigma(1-a)} G_2^{-a\sigma} + 2\lambda_c w_c^{1-\sigma(1-a)} G_c^{-a\sigma} T_{2c} \tau^{1-\sigma} \quad (18\text{-}8)$$

$$G_1^{1-\sigma} = n_1 (w_1^{1-a} G_1^a)^{1-\sigma} + n_2 (w_2^{1-a} G_2^a T)^{1-\sigma} + 2n_c (w_c^{1-a} G_c^a T_{1c} \tau)^{1-\sigma} \quad (18\text{-}7')$$

$$G_2^{1-\sigma} = n_1 (w_1^{1-a} G_1^a T)^{1-\sigma} + n_2 (w_2^{1-a} G_2^a)^{1-\sigma} + 2n_c (w_c^{1-a} G_c^a T_{2c} \tau)^{1-\sigma} \quad (18\text{-}8')$$

工资方程为

$$(w_1^{1-a} G_1^a)^\sigma / (1-a) = E_1 G_1^{\sigma-1} + E_2 G_2^{\sigma-1} T^{1-\sigma} + 2 E_c G_c^{\sigma-1} (T_{1c} \tau)^{1-\sigma} \quad (18\text{-}9)$$

$$(w_2^{1-a} G_2^a)^\sigma / (1-a) = E_1 G_1^{\sigma-1} T^{1-\sigma} + E_2 G_2^{\sigma-1} + 2 E_c G_c^{\sigma-1} (T_{2c} \tau)^{1-\sigma} \quad (18\text{-}10)$$

我们将通过方程组(18-7)~(18-10)重点考察在对外开放过程中,随着关税和贸易成本的变化,P 国 1 区和 2 区的劳动力在农业和制造业之间的分配变化,即就业活动的演化规律;并通过方程组(18-7′)(18-8′)和(18-9)(18-10)考察投资者和厂商数目的变化,即投资和厂商活动的演化规律。

二、就业动态模拟

制造业和农业是经济中收入的来源。假定农业产出可以无成本地贸易,并将其作为标准品(numeraire)。农业产出只取决于该部门所雇用的劳动力的数量 $(1-\lambda_r)$,农业生产函数为一个增、凹函数,用 $A(1-\lambda_r)$ 表示,因此,每个区域的收入为

$$Y_1 = w_1 \lambda_1 + A(1-\lambda_1) \quad Y_2 = w_2 \lambda_2 + A(1-\lambda_2) \quad (18\text{-}11)$$

农业工资为劳动的边际产品 $A'(1-\lambda_r)$,部门间的工资差异定义为

$$v_1 = w_1 - A'(1-\lambda_1) \quad v_2 = w_2 - A'(1-\lambda_2) \quad (18\text{-}12)$$

给定每个区域的制造业工人的份额 λ_1 和 λ_2,方程组(18-7)~(18-10)将描述经济活动的短期均衡,并给出工资水平和每个区域产业间的工资差异。我们假定存在这样一个简单的调节动态:在每个区域,如果 v_r 为正,劳动力将从农业向制造业流动,反之亦反。当 v_r 在两个区域都为零,或者,当一个区域的制造业部门收缩为零(位于角点)时,经济即处于长期均衡。长期均衡的制造业工资水平满足下述条件:

$$w_{1r} = A'(1-\lambda_r), \lambda_r \in (0,1)$$
$$w_{1r} \geqslant A'(1-\lambda_r), \lambda_r = 1 \quad (18\text{-}13)$$
$$w_{1r} \leqslant A'(1-\lambda_r), \lambda_r = 0$$

也就是说,当两个部门都运行时,工资将是相等的;某个只有制造业的经济其制造业工资可能大于农业的边际产品;如果没有制造业,则制造业工资可能小于或等于农业工资。

三、投资和厂商活动模拟

不完全竞争的性质决定了经济中的厂商将价格视为给定。由于市场大小既不影响价格相对于边际成本的加成,亦不影响各商品生产的规模,所有规模效应通过供应品种的变化而起作用,所有厂商在均衡时都具有相同的产出水平,它由固定成本和可变成本的大小及消费者偏好所决定 $[q^* = 1/(1-\alpha)]$。品种层次上的报酬递增有可能使得厂商短时期内取得正利润,但众多潜在竞争者的进入和退出使得利润水平趋近于 0。厂商进入和退出行为决定于短期利润水平的高低,我们假定存在一个短视的厂商进入和退出机制,厂商根据获利机会做出进入或退出的响应,并用以下的动态方程来描述厂商的响应行为:

$$\dot{n}_r = \delta \pi_r, \quad n_r \geqslant 0 \quad (18\text{-}14)$$

当短期利润为正时,厂商进入;为负时,厂商退出。经济长期均衡时的厂商投资分布将是这样一种情形:当每个区域的利润为 0 时,每个区域都存在正的厂商数;当某个区域的厂商数目为 0 时,该区域的利润为负(至少对于潜在的而非实际中的厂商来说),从而有

$$\pi_r n_r = 0, \quad \pi_r = 0, \quad n_r \geqslant 0$$

厂商的利润决定于作为对于市场需求的响应的厂商实际产出 q_r 是高于还是低于经济中所有厂商的均衡产出水平 q^*:

$$\pi_r = \frac{p_r}{\sigma}(q_r - q^*) \quad (18\text{-}15)$$

市场需求则决定于各个区域的价格水平和价格指数、关税及贸易成本:

$$q_r = \sum_{s=1}^{4} (p_s T_{sr} \tau_{sr})^{-\sigma} G_r^{\sigma-1} E_r \quad (18\text{-}16)$$

第三节 分为三个阶段的经济试验

假定由于历史原因,区域 3 和 4 率先发展起来,成为发达国家,世界制造业集中在这两个国家,且两国收入与价格水平相同,制造业工资相同,都为 w_c,制造业

份额相同,都为 λ_c,制成品价格指数相同,都为 G_c。假设这两个国家之间已实现自由贸易,而 P 国与这两国之间的贸易则存在非常高的关税壁垒。由于 P 国的区域 2 为内陆地区,1 为沿海地区,因此,区域 2 与核心 C 之间的贸易成本高出区域 1 与核心 C 之间的贸易成本的幅度为 T。P 国从农业国起步开始工业化,拥有巨大的农业人口和很低的制造业份额。在农业人口向制造业转移的过程中,在相当长的一段时间内制造业工人为无限供给,我们且将研究的时段定位在这一段时间之内。因此,只要有足够的农业工人作为产业后备军,制造业的均衡工资就会以农业工资为基准来定标。假定制成品在消费中的份额相当低($u=0.4$,不超过 0.5),以致当所有制造业都集中在一个区域的时候,该区域仍存在农业生产。直到形成完全集聚的格局为止,农业生产函数都是一个线性函数:$A(1-\lambda_r)=(1-\lambda_r)$。因此,农业工资并不因为农业工人向制造业的不断转移而发生大的变化。这就保证了两个区域的均衡工资都为单位 1,等于农业生产的边际产出。中和任何市场竞争因素的影响,制造业能够以不变的工资吸引农业劳动力。

我们关心的是:在世界经济已经存在一个核心区域的情况下,处于边缘地区的 P 国的两个区域将如何发展? 在模型中,我们假定核心区域代表具有巨大经济总量的发达国家俱乐部,其产业份额、物价指数、工资水平和制成品消费不受 P 国与世界经济一体化的影响,即假定核心国家的数据可以近似为外生给定。我们将进行一个分为三个阶段的经济试验,考察的重点将是 P 国中的区域 1 和区域 2。

一、阶段 I

在阶段 I,P 国处于自给自足状态,与核心 C 没有贸易。我们将自足状态中的 P 国经济称为系统 0。此时,方程(18-7)~(18-10)中区域 1 和 2 与核心 C 之间的贸易成本为无穷大。区域 1 和 2 处于封闭的发展过程中。方程(18-7)~(18-10)可改写为

$$G_1^{1-\sigma} = \lambda_1 w_1^{1-\sigma(1-\alpha)} G_1^{-\alpha\sigma} + \lambda_2 w_2^{1-\sigma(1-\alpha)} G_2^{-\alpha\sigma} T^{1-\sigma} \quad (18\text{-}17)$$

$$G_2^{1-\sigma} = \lambda_1 w_1^{1-\sigma(1-\alpha)} G_1^{-\alpha\sigma} T^{1-\sigma} + \lambda_2 w_2^{1-\sigma(1-\alpha)} G_2^{-\alpha\sigma} \quad (18\text{-}18)$$

$$(w_1^{1-\alpha} G_1^{\alpha})^\sigma / (1-\alpha) = E_1 G_1^{\sigma-1} + E_2 G_2^{\sigma-1} T^{1-\sigma} \quad (18\text{-}19)$$

$$(w_2^{1-\alpha} G_2^{\alpha})^\sigma / (1-\alpha) = E_1 G_1^{\sigma-1} T^{1-\sigma} + E_2 G_2^{\sigma-1} \quad (18\text{-}20)$$

处于系统 0 中的经济与藤田、克鲁格曼和维纳布斯(1999)所描述的基本相同。在高的国内贸易成本条件下,如果将生产完全集中在区域 1,因为劳动力为无限供应,区域 1 的制造业工资仍为 1。由于高额运输成本的作用,制成品在区域 2 的价格将是很高的。潜在的正的利润将驱使厂商在区域 2 进行投资,并以高于农业工资(单位 1)的工资率招募工人兴办工厂生产制成品。随着制造业厂商在区域 2 不断进入,区域 2 的农业工人将不断地流向制造业。由于区域 2 制造业份额的增加,

区域 1 的制造业集聚将难以为继,逐渐会有厂商从区域 1 退出。这一过程将持续到两个区域具有相同数目的厂商(或相同的制造业就业份额)为止。此时,P 国经济处于对称均衡状态(参见图 18-3)。

由于实行计划经济管理,体制成本非常高;而且,在工业化初期,经济发展缓慢,基础设施不发达,因此,经济活动面临非常高的贸易成本。制造业将在两个区域内同时缓慢发展,平均分布,对称结构为这一阶段的唯一均衡状态。如果国内贸易成本不能显著下降,则该均衡将一直持续到开放前夕。

如果实行某种程度的改革措施刺激国内市场的发展,并加大对基础设施的投入,从而使得基础设施环境有很大的改善,国内贸易成本将显著下降。当国内贸易成本下降到某个临界点时,经济对称结构将被打破,集聚将由此发端(参见图 18-4)。集聚的核心可能在区域 1,也可能在区域 2。此处我们权且假定集聚发生在区域 1,以与中国的基本事实相一致。

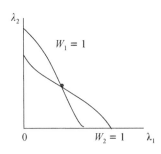

图 18-3　高的国内贸易成本之下的对称均衡

资料来源:Fujita M,Krugman P and A Venables. The Spatial Economy:Cities,Regions,and International Trade[M]. Cambridge:MIT Press,1999:246.

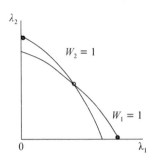

图 18-4　低的国内贸易成本之下的产业集聚

资料来源:Fujita M,Krugman P and A Venables. The Spatial Economy:Cities,Regions,and International Trade[M]. Cambridge:MIT Press,1999:247.

当国内贸易成本处于中间范围时,存在多个均衡的情况(如图 18-5 所示)。

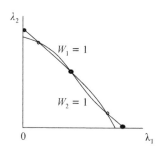

图 18-5　中间国内贸易成本之下的多个均衡

资料来源：Fujita M,Krugman P and A Venables. The Spatial Economy：Cities, Regions,and International Trade[M].Cambridge：MIT Press,1999：248.

自给自足条件下的演化过程如图 18-6 所示。

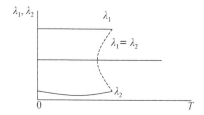

图 18-6　自给自足条件下的演化过程

资料来源：Fujita M,Krugman P and A Venables. The Spatial Economy：Cities,Regions,and International Trade[M].Cambridge：MIT Press,1999：253.

二、阶段Ⅱ

在阶段Ⅱ,P 国开始对外开放,但仍然将关税保持在一定水平。与此同时,经济体制改革的步伐也开始启动,P 国开始从系统 0(封闭经济)向与世界市场一体化的经济系统 1 过渡。假定在开放过程中对外贸易成本尽管有显著下降,但由于计划体制与市场体制同时运行,国内贸易成本的变化受对外开放的影响并不显著。在这一过渡期间,关税逐步从正无穷大向下调,而且,即使在不断下调,关税的大小仍然表现为保护性的。所以,在刚刚开始开放时,国内产业基本上不存在厂商退出,由于从国外来的新的中间产品的更大的可获得性,制成品价格指数下降,由此引发新的厂商进入。前面曾经假设,2 区与 C 组国家之间的贸易要比 1 区支付更多的运输费用。区域 2 与核心 C 之间的贸易成本高出区域 1 与核心 C 之间的贸易成本的幅度为 T。此时,1 区和 2 区的价格指数遵循具有普遍性的方程(18-1)和(18-2)的规定。我们假定工资具有一定的黏性,即由于农业工人的无限供给,在开放后的短期内 1 区和 2 区的工资都保持在对称均衡时的水平(单位 1),国内贸易成本短期内亦不发生显著变化,只是因为国内外制成品贸易状况的改变,使得 1 区与 2 区的制成品价格指数发生相应的改变;而且,由于制成品价格指数的变化,使得厂商根据不同的市场可达性及由制成品价格指数变化引致的金钱外部性大小的变化重新进行生产的区位决策调整,从而在短期内 λ_1 和 λ_2 依方程(18-1)和(18-2)变化。

假定在从系统 0 向系统 1 过渡的过程中,国内外产品相互渗透对方市场的累积速率与关税以 $e^{-\delta/t}$ 的速率从 τ_0 趋向于 τ_1 时的相当(作此假设纯粹是为了模拟贸易品的渗透过程以对任一时刻的 G_1, G_2, n_1, n_2, λ_1 和 λ_2 值进行动态比较),因此,经济亦以 $e^{-\delta/t}$ 的速率从系统 0 过渡到系统 1。过渡方程如下:

$$G_1(t)^{1-\sigma} = n_1(t)[w_1(t)^{1-\alpha}G_1(t)^{\alpha}]^{1-\sigma} + n_2(t)[w_2(t)^{1-\alpha}G_2(t)^{\alpha}T]^{1-\sigma}$$
$$+ 2n_c(w_c^{1-\alpha}G_c^{\alpha}T_{1c})^{1-\sigma}[e^{-\delta/t}(\tau_1 - \tau_0) + \tau_0]^{1-\sigma} \quad (18\text{-}21)$$

$$G_2(t)^{1-\sigma} = n_1(t)[w_1(t)^{1-\alpha}G_1(t)^{\alpha}T]^{1-\sigma} + n_2(t)[w_2(t)^{1-\alpha}G_2(t)^{\alpha}]^{1-\sigma}$$
$$+ 2n_c(w_c^{1-\alpha}G_c^{\alpha}T_{2c})^{1-\sigma}[e^{-\delta/t}(\tau_1 - \tau_0) + \tau_0]^{1-\sigma} \quad (18\text{-}22)$$

$$[w_1(t)^{1-\alpha}G_1(t)^{\alpha}]^{\sigma}/(1-\alpha) = E_1(t)G_1(t)^{\sigma-1} + E_2(t)G_2(t)^{\sigma-1}T^{1-\sigma}$$
$$+ 2E_cG_c^{\sigma-1}T_{1c}^{1-\sigma}[e^{-\delta/t}(\tau_1 - \tau_0) + \tau_0]^{1-\sigma} \quad (18\text{-}23)$$

$$[w_2(t)^{1-\alpha}G_2(t)^{\alpha}]^{\sigma}/(1-\alpha) = E_1(t)G_1(t)^{\sigma-1}T^{1-\sigma} + E_2(t)G_2(t)^{\sigma-1}$$
$$+ 2E_cG_c^{\sigma-1}T_{2c}^{1-\sigma}[e^{-\delta/t}(\tau_1 - \tau_0) + \tau_0]^{1-\sigma} \quad (18\text{-}24)$$

如果开始开放的一刻正处于对称均衡,则对外开放将使得区域 1 和 2 能够从世界市场获得更多种类的中间产品,两个区域的制成品价格指数都将下降,由此导致的市场外部性将使得这两个区域有更多的制造业厂商进入,n_1 和 n_2(从而 λ_1 和 λ_2)都有上升,但上升的幅度不一样。由于 1 区和 2 区相比在贸易成本上具有更大的优势,因此,1 区价格指数下降的幅度要大于 2 区价格指数下降的幅度,1 区享受到的市场外部经济要大于 2 区的。在这样的情况下,将有更多的厂商和投资进入 1 区,1 区的制造业就业份额亦高于 2 区。

我们可以通过方程(18-21)、(18-22)、(18-14)、(18-15)和(18-16)对厂商投资和工人就业的动态过程做进一步的考察。在开放前的瞬间,生产细分产品的厂商的产出等于国内市场的需求。在市场均衡条件下,厂商利润为 0,不存在厂商的进入与退出。一旦开放,由于关税值 τ 的下降,消费者(包括作为中间消费者的厂商)有更多的中间产品可选择,从方程(18-21)和(18-22)可以观察到,各个区域的价格指数下降,由方程(18-6)所决定的制成品的需求 q_r 增加。短期内,各个区域制造业厂商的利润从正的方向偏离均衡值 0,从而导致新的投资和厂商的进入。由 $q_1 > q_2$ 可以得知 $\pi_1 > \pi_2$ 及 $\dot{n}_1 > \dot{n}_2$,随着国外产品的进一步渗透,在 2 区集聚的厂商将多于 1 区。当国内外产品完全渗透对方市场之后,P 国经济最终实现和系统 1 的对接。两个区域的短期利润在新的厂商进入到一定程度且新的产出投放市场之后,将迅速回复到 0 值。此时,市场达到均衡状态。在这一状态,1 区的厂商数和制造业份额数均高于 2 区。但是,只要国内贸易成本足够高,在 1 区仍不能形成厂商的完全集聚。

厂商所以不能在 1 区形成完全集聚,是因为在国内贸易成本依然很高的条件下,如果制造商完全集中在区域 1,制成品在区域 2 仍然可以卖出很高的价格。与在阶段Ⅰ进行的分析相似,潜在的正的利润将驱使厂商在区域2进行投资,并以高于农业工资(单位1)的工资率招募工人兴办工厂生产制成品。在假定厂商在1区完全集聚的情况下,2区的潜在制造业工资可以通过以下方程求解:

$$G_1^{*1-\sigma} = n_1^* G_1^{*\alpha(1-\sigma)} + 2n_c(w_c^{1-\alpha}G_c^\alpha T_{1c}\tau_1)^{1-\sigma} \tag{18-25}$$

$$G_2^{*1-\sigma} = n_1^* G_1^{*\alpha(1-\sigma)} T^{1-\sigma} + 2n_c(w_c^{1-\alpha}G_c^\alpha T_{2c}\tau_1)^{1-\sigma} \tag{18-26}$$

$$\frac{(w_2^{*1-\alpha}G_2^{*\alpha})^\sigma}{(1-\alpha)} = (\mu + \alpha n_1 G_1^\alpha q^*)G_1^{*\sigma-1}T^{1-\sigma} + \mu G_2^{*\sigma-1} + 2E_c G_c^{\sigma-1}(T_{2c}\tau_1)^{1-\sigma} \tag{18-27}$$

2区的潜在制造业工资为

$$w_2^{*(1-\alpha)\sigma} = \frac{(1-\alpha)[(\mu+\alpha n_1 G_1^\alpha q^*)G_1^{*\sigma-1}T^{1-\sigma}+\mu/(n_1^* G_1^{*\alpha(1-\sigma)}T^{1-\sigma}+c_2)+c_4]}{(n_1^* G_1^{*\alpha(1-\sigma)}T^{1-\sigma}+c_2)^{\alpha\sigma/(1-\sigma)}} \tag{18-28}$$

其中,

$$c_2 = 2n_c(w_c^{1-\alpha}G_c^\alpha T_{2c}\tau_1)^{1-\sigma}$$

$$c_4 = 2E_c G_c^{\sigma-1}(T_{2c}\tau_1)^{1-\sigma}$$

事实上,方程(18-25)~(18-28)具有以下的等效形式:

$$G_1^{*1-\sigma} = \lambda_1 G_1^{*-\alpha\sigma} + 2\lambda_c w_c^{1-\sigma(1-\alpha)}G_c^{-\alpha\sigma}(T_{1c}\tau_{1a})^{1-\sigma} \tag{18-25'}$$

$$G_2^{*1-\sigma} = \lambda_1 G_1^{*-\alpha\sigma}T^{1-\sigma} + 2\lambda_c w_c^{1-\sigma(1-\alpha)}G_c^{-\alpha\sigma}(T_{2c}\tau_{1a})^{1-\sigma} \tag{18-26'}$$

$$\frac{(w_2^{*1-\alpha}G_2^{*\alpha})^\sigma}{(1-\alpha)} = (\mu+\alpha\lambda_1/(1-\alpha))G_1^{\sigma-1}T^{1-\sigma}+\mu G_2^{\sigma-1}+2E_c G_c^{\sigma-1}(T_{2c}\tau)^{1-\sigma} \tag{18-27'}$$

$$w_2^{*(1-\alpha)\sigma} = \frac{(1-\alpha)[(\mu+\alpha\lambda_1/(1-\alpha))G_1^{*\sigma-1}T^{1-\sigma}+\mu/(\lambda_1 G_1^{*-\alpha\sigma}T^{1-\sigma}+c_2)+c_4]}{(\lambda_1 G_1^{*-\alpha\sigma}T^{1-\sigma}+c_2)^{\alpha\sigma/(1-\sigma)}} \tag{18-28'}$$

由方程(18-28)或方程(18-28′)所决定的2区潜在制造业工资的大小关于国内贸易成本 T 是非线性的,其变化趋势可由图18-7来表示。

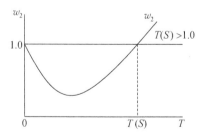

图 18-7 2 区潜在制造业工资曲线

在阶段Ⅱ,随着沿海地区持续稳定地推进制度改革,国内贸易成本亦表现为一个持续下降的过程。从图18-7我们可以看出,在贸易成本下降的过程中,只要贸

易成本大于 $T(S)$（集聚维持点），就有 $W_2>1$，表明不可能形成完全的可持续的集聚。结果将是制造业在 1 区和 2 区共存，且 1 区厂商多于 2 区厂商。对称状态的偏离可通过图 18-8 来表示。

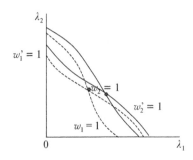

图 18-8　对称状态的偏离

如果随着对外开放和国内改革（特别是沿海地区制度改革）的向前发展，国内贸易成本稳定地下降，当降到 $T(S)$ 点以下时，制造业将在 1 区形成完全集聚（图 18-9）。

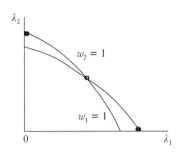

图 18-9　集聚的形成

如果在开始开放的一刻，制造业已经在 1 区形成集聚，则开放将使得集聚的势头进一步强化，集聚点将由图 18-10 中的 A 点进一步扩展到 B 点。

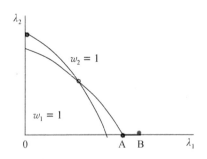

图 18-10　集聚的强化

通过以上分析我们可以看出，开放后，由于 1 区迅速向市场经济体制过渡，将率先完成体制转型，基本上过渡为市场经济体制；而 2 区的过渡步伐缓慢，基本上仍处于计划经济阶段。2区对外贸易的运输成本与制度成本均存在大幅度下降,1区对外贸易的运输成本虽有下降,但制度成本下降缓慢。加之在市场经济条件下,国内市场的地方保护主义更加强化,结果,最初阶段的改革开放导致在沿海地区市场迅速与国际市场接轨的同时,国内各区域市场仍然处于相对分立的格局。因此,国内贸易成本的下降滞后于对外贸易成本的下降,而且,内陆地区的对外贸易成本显著地高于沿海地区的对外贸易成本。不论在开放前的封闭经济中有没有形成集聚,开放之后,对外贸易成本上的差异要么导致制造业重心向沿海地区偏移,要么在制造业已开始在沿海地区集聚的情况下导致集聚的趋势更加趋于强化。

三、阶段Ⅲ

在阶段Ⅲ,P国启动与世界市场全面一体化的过程,开始与C组国家实行全面的自由贸易。这一阶段也可视为对中国现阶段以加入WTO为契机而展开的全方位改革开放过程的模拟。与阶段Ⅱ相比,阶段Ⅲ的重要的影响不仅仅在于关税因全面下调而接近于0关税水平(关税的贸易成本的对等形式接近于1),更为重要的是,全面开放所要求的国内市场与国际市场的对接将导致国内改革向纵深发展。随着经济活动迅速向法制化和正规化的市场经济体系发展,国内各个分立的地方市场一体化为完全统一的全国市场,制度成本的显著下降导致国内贸易成本整体性地大幅度下降。在阶段Ⅲ的全面改革与开放过程中,国内外贸易成本的变动以及由此引致的投资与就业格局的变化可以通过以下方程来描述:

$$G_1(t)^{1-\sigma} = n_1(t)[w_1(t)^{1-\sigma}G_1(t)^{\alpha}]^{1-\sigma} + n_2(t)[w_2(t)^{1-\sigma}G_2(t)^{\alpha}T(t)]^{1-\sigma}$$
$$+ 2n_c w_c^{1-\sigma} G_c^{\alpha} T_{1c}^{1-\sigma}[e^{-\delta/t}(\tau_1 - \tau_0) + \tau_0]^{1-\sigma} \quad (18-29)$$

$$G_2(t)^{1-\sigma} = n_1(t)[w_1(t)^{1-\sigma}G_1(t)^{\alpha}T(t)]^{1-\sigma} + n_2(t)[w_2(t)^{1-\sigma}G_2(t)^{\alpha}]^{1-\sigma}$$
$$+ 2n_c w_c^{1-\sigma} G_c^{\alpha} T_{1c}^{1-\sigma}[e^{-\delta/t}(\tau_1 - \tau_0) + \tau_0]^{1-\sigma} \quad (18-30)$$

$$[w_1(t)^{1-\alpha}G_1^{\alpha}]^{\sigma}/(1-\alpha) = E_1(t)G_1(t)^{\sigma-1} + E_2(t)G_2(t)^{\sigma-1}T(t)^{1-\sigma}$$
$$+ 2E_c G^{\sigma-1} T_{1c}^{1-\sigma}[e^{-\delta/t}(\tau_1 - \tau_0) + \tau_0]^{1-\sigma} \quad (18-31)$$

$$[w_2(t)^{1-\alpha}G_1^{\alpha}]^{\sigma}/(1-\alpha) = E_1(t)G_1(t)^{\sigma-1}T(t)^{1-\sigma}E_2(t)G_2(t)^{\sigma-1}$$
$$+ 2E_c G^{\sigma-1} T_{2c}^{1-\sigma}[e^{-\delta/t}(\tau_1 - \tau_0) + \tau_0]^{1-\sigma} \quad (18-32)$$

如果经济开始全面自由化的一刻国内贸易成本的初始值相当高,P国经济依然处于对称均衡之中,则开放使得1区比2区在对外贸易成本上占有更大的优势。由于对外贸易成本的下降(关税下调以及非关税壁垒的降低),特别是因为P国是一个人口大国,具有巨大的市场潜能,全面自由化的结果不仅仅是国外商品的潮水般的涌入,国内市场准入所创造的新的投资机会将使得在1区的FDI激增。因此,1区价格指数下降的幅度要大于2区价格指数下降的幅度,1区价格指数的下降不仅仅得益于中间产品的进口增加,更重要的是得益于FDI的增加,得益于制造业厂商之间增强的前向联系与后向联系。在这种情况下,1区享受到的市场外部经济要比2区的大得多,1区的投资和厂商数目将超过2区。2区制造业不仅仅在贸易成本与产业联系方面处于极为不利的竞争地位,更为重要的是,由于 P 国市场与国际市场的全面接轨使得国内经济改革进一步向纵深发展,制度成本显著下降,国内贸易壁垒大幅度减少,国内统一市场最终形成,在 2 区亦可以以相对低的价格购买到制成品。原本在 2 区经营的厂商失去价格优势,其产业环境所提供的产业联系与 1 区相比越来越弱化,这首先将引发一批低效率的厂商破产,从而导致 1 区的产业联系更加弱化,即使是高效率的厂商,由于缺乏更多的中间商品的支持,亦不得不考虑向 1 区转移生产。如果我们再考察一下方程(18-28),就会发现,国内贸易成本的下降再不能使得在 1 区存在厂商集聚的条件下 2 区会具有潜在的相对高的制造业工资。此时,2 区潜在的制造业工资将小于单位 1 的农业工资率,这从图 18-7 上可以更清楚地看到。在这样的情况下,2 区将有更多的厂商破产和工人失业,更多的厂商和投资将流向 1 区,1 区将有大批农民转化为制造业工人,从而在 1 区形成短期内不可逆转的制造业集聚。

全面改革开放过程中相应的投资与就业格局的变化可用图 18-11 表示。

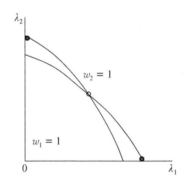

图 18-11　与全面改革开放相对应的产业集聚

如果全面开放启动时国内制造业集聚已经发端,则在 1 区将形成更大规模的集聚,如图 18-12 所示。

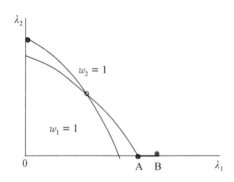

图 18-12　集聚的强化

通过以上分析我们可以看出，全面开放后，2区将迅速向市场经济体制过渡。在这一过程中，变化最大的是国内贸易成本。国内贸易成本下降引致的价格指数效应以及2区因改革开放先行一步而被强化的本地市场效应不仅使得2区继续保持对FDI的吸引力，而且导致1区的企业或者破产，或者向2区迁移。路径依赖作用则将沿海地区的制造业优势进一步放大，制造业生产因此而被锁定在沿海地区。

对阶段Ⅲ的分析表明：全面开放（如中国加入WTO）将决定性地导致制造业在2区集聚，或者，在沿海地区已形成制造业集聚的情况下导致集聚的趋势更加趋于强化。

四、区域经济发展差距展望

经济一体化促进P国国内贸易成本的迅速下降，进而强化了P国沿海与内地之间的"核心-边缘"关系。"核心-边缘"格局的形成使得沿海与内地的经济差距显得格外突出。但是，无论是从现代增长理论还是从世界工业化历史来看，不平衡发展似乎是大国工业化的必经之路。"核心-边缘"格局可以说是大国工业化过程中的一个不可超越的阶段。"核心-边缘"格局一旦形成，由于路径依赖的缘故，这一格局将在很长一段时间内被维持和巩固，任何试图通过增加制度成本来平衡区域差距的做法都是违背客观规律的，这样做的结果可能使"核心-边缘"关系维持得比预期的更为持久。如果能够顺应市场经济运作的内在规律，加快法制化建设，迅速全面地降低国内贸易成本，从而促进核心地区的进一步集聚，将使得核心地区更快地实现工业化。国内贸易成本的持续下降也可以使得边缘地区能够以相对低的价格获得制成品消费，从而导致边缘与核心地区之间的经济差距持续稳定地下降。

因此，当经济一体化导致制造业在1区集聚之后，随着大批农民转化为制造业工人及制造业份额在1区的稳步攀升，1区制造业工资将开始上扬。集聚导致的工资成本的上升对厂商集聚构成一种负反馈作用。当工资上升的不利影响（负的市场外部性）超过厂商之间的正的产业联系（正的市场外部性）时，出于对工资成本的考虑，厂商将发起向工资相对低廉的区域2转移生产的过程。由于劳动密集型产业对工资的变化最为敏感，因此，这一过程将首先从劳动密集型产业发端。随着厂商和投资在2区的增加，2区将建立自身的产业联系并使之强化，从而引致更多的厂商到2区投资兴办企业，并在2区创造大量新的就业机会，源源不断地将大批农民转化为制造业工人。产业和投资从1区向2区的转移顺序大体上依劳动密集度从高向低排列，或者说，依资本密集度从低向高排列。在产业和投资向2区转移的过程中，1区的率先工业化使得P国有可能对2区进行更为集中的资金投入；而且，随着技术进步和贸易成本的降低，2区将享有更多的外部经济，因而具有相当大的后发优势，有可能以比1区更快的速度加速实现工业化，最终在P国实现经济趋同,这一趋同将表现为产业份额与工人工资的逐渐趋同。这一过程在维纳布斯(1996)文献中已有明确的论述。因此,大国经济从封闭走向部分开放、再从部分开放走向全面开放的全部演化过程,可用图18-13和18-14来描述。由此我们可以推测,在大国开放情形下,大国国内区域经济发展格局将经历从对称结构到"核心-边缘"式的集聚形态再回复到对称结构的过程,即整个发展路径表现为一条"对称—集聚—对称"的倒"U"形曲线。

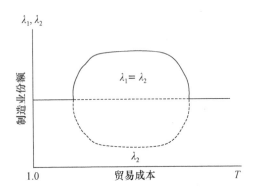

图 18-13　大国产业格局演化的倒"U"形构造

资料来源：Fujita M,Krugman P and A Venables. The Spatial Economy：Cities,Regions,and International Trade[M]. Cambridge：MIT Press,1999：257.

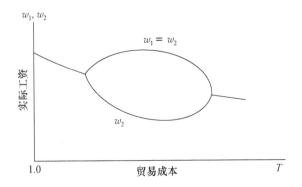

图 18-14　实际工资的区域差异及其演化

资料来源：Fujita M,Krugman P and A Venables. The Spatial Economy：Cities,Regions,and International Trade[M]. Cambridge：MIT Press,1999：258.

第四节　市场开放、贸易成本与经济增长的相互作用

现代经济增长在很大程度上取决于导致生产报酬递增的技术进步。这类技术进步表现为旧的方法、旧的工艺与旧的产品的退出和新的方法、新的工艺与新的产

品的产生。这一过程在熊彼特那里被称之为"创造性破坏"[①]。这一创造性破坏如果以某种连续的、渐进的方式存在,则整个经济活动因动态调整而付出的代价可能会相对小一些,经济进步可能更为稳定。在一个贸易自由化的世界,技术的扩散是一种持续的、连续的稳定的现象,如在现代发达资本主义世界,技术进步是一种常态。

对于封闭经济来说,由于投资、技术必须在很大程度上自给自足,未能置身于自由贸易的国际社会,因此不可能以无成本或低成本的方式接近最新技术和市场最新动向、偏好与需求,也无法从国际市场上获取先进的资本品或中间产品。这将表现在国内生产技术、国内商品与服务同国际流行技术、商品与服务的差距。长时间的封闭将使得这种差距积累起来,变得非常显著。这对于小国情形来说,尤为如此。

对于大国而言,巨大的人口规模意味着巨大的市场潜力,本来可以最容易地支持以报酬递增为基础的生产方式、更容易地安排区域分工和多种中间产品的专业化生产(如19世纪美国工业革命的情形)。但是,如果一个经济由管理制度和基础设施决定的贸易成本太大,国内市场过于分散,则细的专业化分工和多的生产环节与中间产品高效率生产的好处将会因产品在运输途中和交易过程中大大损耗而抵消,反而得不偿失。因此,分立的国内区域市场、高的贸易成本决定了生产不会采用在大的空间尺度上表现出报酬递增特点的生产技术,区域专业化分工程度难以提高,区域间产业结构雷同的现象不可避免。产业结构雷同意味着每种产品都会在每个区域生产,每个区域的生产规模都难以扩大,生产表现为高成本和低效率。低效率生产的结果必然导致低增长,低增长无法为改善通信、交通基础设施提供更多的投资,意味着贸易成本无法显著降低,经济将落入一个低增长的不发达陷阱,形成恶性循环,难以快速工业化。因而农民转化为工人的就业问题就不能根本解决。

由此看来,经济开放、制度进步和技术进步"三管齐下",是封闭经济走出不发达陷阱的必由之路。没有开放,技术和经济管理水平差异无法填平。开放的最直接的效应是扩大的市场(国际市场)的外部性,这种外部性在短时间内可以使一个先前封闭的国家表现出高速增长。但经济开放只能解决技术问题,改善基础设施,降低由技术所决定的那一部分贸易成本。更为重要的是,制度进步必须同步跟进。如果不同步,就会拖经济增长的后腿。对于法制化的市场经济的高效运行所必需的产权、投资、就业、社会保障等制度措施如果不能跟进,即使贸易成本的下降使得采用报酬递增技术生产有潜在的可能,也不能使之变为现实。采用新的生产技术,创造新的企业,按新的专业化分工从事生产,是在淘汰原有技术和生产工艺,淘汰

---

① Schumpeter J A. Capitalism, Socialism and Democracy[M]. New York: Harper and Brothers, 1942: 83.

原有的低效率企业,扬弃旧的分工的基础上实现的。所谓旧的不破,新的不来,"创造性破坏"基本上说的就是这个道理。而一切技术层面的革新,都是建立在制度革新基础之上的。没有制度成本的显著下降,投资保护跟不上,私人惜贷,有钱不投资,企业家精神难以生长发育,新的企业难以催生,亦无法创造工业化过程中所必需的就业机会。

一个封闭经济一旦开放,对外贸易依存度将越来越高,与外部世界再不容易分离。企业制度、宏观管理制度都必须跟进。因此,开放与改革是一条不归路。全面的开放要求全面的改革。全面的开放而改革不到位,在国际竞争中找不到自身的位置,在国际分工中无所适从,国内区域分工又不能明晰化,效率不能提高,旧的不合理的格局不能迅速调整,新的合理格局不能形成,将无法在国际分工中立于不败之地。

一个封闭经济从封闭走向开放,从有限开放走向全面的经济与贸易自由化,与世界经济全面一体化,经济结构将经历空前的变化,经济格局的演化将受到一系列因素的影响。中国从封闭经济走向改革开放,再由渐进式的改革开放走向全面的经济与贸易自由化,加入WTO,整个经济格局将发生意义深远的变化。

第五节　小　　结

模型分析表明,在大国开放过程中,对外贸易成本的差异或者导致大国经济格局逐渐偏离封闭情形下的对称结构,或者在已经形成产业集聚的条件下使既有的集聚效应更加强化和放大。经济开放将导致大国国内区域之间的经济总量和结构差异迅速扩大,先期区域差距的扩大有利于经济提前走出维纳布斯(1996)模型中所描述的"对称—集聚—对称"的倒"U"形轨迹,从而减小经济结构调整的时间成本和总体成本,促进不平衡发展的各个区域提前步入经济趋同阶段。

结合理论模型的模拟分析,亦可以就加入WTO对中国经济格局的影响这一问题,得出以下初步结论:

(1) 加入WTO将促进贸易成本的迅速下降,贸易成本的下降导致国内外制造业投资向沿海地区的转移,沿海—内地的核心-边缘关系更加强化;

(2) 制造业在沿海地区积聚导致沿海地区迅速工业化,制造业就业稳步上升;价格指数效率和本地市场效应引发内地缺乏竞争力的企业纷纷倒闭或转移生产,内地短期内失业上升;

(3) 积聚的制造业将沿海地区的大批农业劳动力转化为产业工人,在沿海地区率先工业化之后,沿海地区的工资水平迅速被抬高。工资水平的上升将导致劳动密集型的制造业企业向内地扩散,从而引发内陆地区的工业化进程;

(4) 由于沿海地区具有更高的工资水平和更多的制造业企业,在加入WTO之后相当长的时间内,沿海地区与内陆地区的经济差距将呈加速上升趋势。随着沿海地区制造业向内地扩散,这一差距将开始回落;

(5) 加入WTO将加剧中国经济发展的不平衡,但可以促进工业化进程的高速发展,从而减小经济结构调整的时间成本和总体成本,促进不平衡发展的各个区域提前步入经济趋同阶段。

参考文献

[1] An-guo Liu and Kai-zhong Yang. A path-dependent model of investment and employment flow in a large economy in a process of integration[J]. Chinese Geographical Science,2003,14(4):289—295.

[2] Dixit A K,Stiglitz J E. Monopolistic competition and optimumproduct diversity[J]. American Economic Review,1977,67:297—308.

[3] Fujita M,Krugman P. A J Venables. The Spatial Economy:Cities,Regions,and International Trade[M]. Cambridge:MIT Press,1999,239—343.

[4] Fujita M. A monopolistic competition model of spatial agglomeration:a differentiated products approach[J]. Regional Science and Urban Economics,1988,18:87—124.

[5] Krugman P,Venables A J. Globalization and the inequality of nations[J]. Quarterly Journal of Economics,1995,110:857—880.

[6] Krugman P. Development,Geography and Economic Theory[M]. Cambridge:MIT Press,1995.

[7] Krugman P. Geography and Trade[M]. Cambridge:MIT Press,1991c.

[8] Krugman P. Increasing returns and economic geography[J]. Journal of Political Economy,1991b,99:483—499.

[9] Krugman P. Increasing returns, monopolistic competition, and international trade[J]. Journal of International Economics,1979,9(4):469—479.

[10] Puga D,Venables A J. The spread of industry:spatial agglomeration in economic development[J]. Journal of the Japanese and International Economies,1996,10:440—464.

[11] Puga D,Venables A J. Trading Arangements and Industrial Development[C]. CEP Discusion Paper No. 319,London School of Economics,1996.

[12] Schumpeter J A. Capitalism,Socialism and Democracy[M]. New York:Harper and Brothers,1942,83.

[13] Venables A J. Equilibrium locations of vertically linked industries[J]. International Economic Review,1996,37:341—359.

第十九章 基于迁移有限理性的大国区域发展模型[①]

第一节 人口迁移、有限理性与空间有限理性

一、有限理性与空间有限理性

(一) 有限理性

理性的含义。理性的含义总是与主体和客体的特性相关,即用评价行为后果的主体的某一价值体系,去选择令人满意的备选行动方案(蒋炜等,1998)。因此为了不引起误解,有必要将理性与相应的"副词"联系在一起。一项决策如果真能在指定情况下使定量的价值最大化,则可称之为"客观"理性的。如果相对于决策者的主观知识,一项决策达到了价值最大化,那它就是"主观"理性的。手段对目的的适应如果是一个自觉的过程,就称为"自觉"理性的。反之,这个过程如果是(由人或组织)有意进行的,则称为"有意"理性的。如果一项决策是指向组织目标的,我们就说它是"组织"理性;如果它侧重于个人目标,就说它是"个人"理性(刘凤英,许锐,1999)。所以,理性的概念是相对的,我们要说明什么是理性,必须将其置于一定的环境当中。

西蒙的"有限理性"。理性决策模式的哲学思想来源于传统的"经济人"假设。"经济人"是指遵循经济的理性,而不受其他(宗教、道德、政治等)因素影响其行为的人。"经济人"所遵循的理性原则上包含下列四种先决条件:① 几种彼此可以相互代替的行为类别的存在;② 每种行为类别均能产生明确的结果;③ 经济主体对行为产生的结果拥有充分的信息;④ 经济主体拥有一套确定的偏

[①] 2003年,我于北京大学指导谢燮完成"人口有限流动的区域差异模型——NEG拓展框架"博士论文研究工作,本章在此文基础上修改而成。

好顺序表,使其能够前后一致地选择他认为适当的行为类别。在这样苛刻的假设前提下进行决策的主体被称为"经济人"。这种理想的理性决策模式在20世纪40年代末遭到了以赫伯特·西蒙为首的一些行政学家和组织学家的反对。西蒙驳斥了古典经济学理论上"经济人"的完全理性,而代之以有限理性的"行政人(管理人)"。对任何的组织和个人而言,其特征是具有学习及适应性的决策主体,而不是一个全能的理性主体(刘凤英,许锐,1999)。西蒙的"行政人"为有限知识与有限能力的复合。人在主观上有趋向理性的愿望,而在现实中其理性却是有限的。因而行政组织人的行为是寻求"满意"价值而非最大化价值。西蒙认为"行政人"的决策行为是:

第一,在多个备择方案中,管理者企图寻求一个令人满意或"足够好"的结果。这一满意标准可能遵循多种价值判断而不是单一目标的最大化过程。现实中的管理者确实是这样决策的。

第二,行政人所认知的世界并非真实世界,而是真实世界的简化。而行政人也满意这种简单化的世界。简化的世界才能够使行政人在有限时间和有限分析能力的基础上迅速进行决策。

第三,由于行政人采用的是满意的标准,而非最大利益,因此他们在作选择时,不是搜寻所有可能的结果和途径。满意隐含着行政人的主观判断和偏好。

第四,行政人通常采用十分简单的规则及手段或者习惯来从事决策。这些技术并不十分要求思考的能力。因此,经验或直觉常常用来解释行政人的这种简化的决策过程。

西蒙以睿智的眼光认识到人类理性是有局限的和有条件的,从而以更接近现实的"行政人"替代"经济人",并拓宽了微观经济学、决策理论与企业行为的研究领域。

复杂科学对"有限理性"的认识。圣塔菲研究所是20世纪80年代由几个诺贝尔奖获得者发起成立的一个松散的研究机构,其主旨是试图突破几个世纪以来的科学传统——还原论和分析的范式,将不同学科整合起来,从而形成对世界的全新认识。布莱恩·阿瑟(W. Brian Arthur)是其中的代表人物之一。其主要的研究领域在于经济中的正反馈现象和路径依赖。阿瑟从认知科学出发,对主流经济学的"经济人"假设以质疑。他认为,在复杂性存在的情况下,完美或演绎理性(deductive rationality)将土崩瓦解。这是因为人类的逻辑能力是有限的,同时逻辑能力有限的人的相互作用使人类的决策过程更为不确定。决策主体在决策时首先假设其他主体并非完全理性,所以他不得不在决策之前猜测别人的行为,从而使决策行为建立在相互联系和影响的主观信念之上。这样,经济学建立在客观性之上的决策机制不复存在了。阿瑟用"归纳推理"(inductive reasoning)来描述人类行为的有限理性,并在技术上将这样一个过程模型化,即"酒吧问题"(the bar problem)(Arthur,1994)。

假设 100 个人独自决定在一周的某个夜晚去酒吧娱乐。但是酒吧在少于 60 人的情况下才不至于太拥挤,每个人都可以玩得很尽兴。所以每个人如果预期到酒吧的人数大于 60 人,他就不会前往,只有他认为酒吧的人数少于 60 时他才会去。不存在共谋或者交换信息的情况。每个人的信息仅仅是上周的拥挤程度。假设每个人都有自身的几个备选策略,而其决策的依据随着上周的情形而更新。在这样的假设前提下,由计算机模拟出很有趣的结果。酒吧每周人数的均值收敛到 60(图 19-1)。这种由个人基于学习过程的有限理性却涌现出一个我们预先不了解的结果,恰好体现了复杂性的真髓:主体行为的有限理性、简单的学习规则、相互作用所产生的复杂图景。

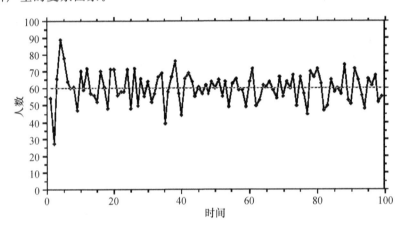

图 19-1　酒吧问题的模拟结果(Arthur,1994)

复杂科学所关注的适应性主体是有限理性的。这种有限理性的机制是通过学习、空间搜索向理性趋近,适应性主体更接近现实生活中的决策者,因而其推演的结果也更接近现实。

"有限理性"与进化博弈论。进化博弈论最早起源于生物学,自迈纳德等(Maynard,Price,1973)提出进化稳定策略(Evolutionarily Stable Strategy,ESS)这一基本概念以后,该理论逐渐被广泛地应用于生态学、社会学、经济学等领域。与经典的博弈理论不同,进化博弈理论并不要求经济主体是完全理性的,也不要求经济主体的行为满足预期一致性原则。这些假设更为符合经济主体的特征,因此进化博弈理论比经典博弈理论能更准确地预测经济主体的行为。

进化博弈理论以达尔文的生物进化论和拉马克的遗传基因理论为基本思想。在生物进化过程中,只有那些在竞争中能够获得较高支付(繁殖成活率)的物种才能幸存下来;获得较低支付的物种在竞争中被淘汰,即优胜劣汰。利用进化博弈理论研究参与人群体行为时,只要求参与人知道什么是成功的行为及什么是不成功的行为,而不必知道为什么是成功与不成功行为。该理论对参与人的理性要求较少因而与现实更接近,由此得出的结论可能对人类的群体行为做出更好的预测。

进化博弈理论的关键假定是：参与人群体并不是行为最优化者而是幼稚的，参与人不相信他们现在的行为会对对手未来的选择产生影响；参与人也不关心对手是否与他们进行同样的行为调整。他所能利用的信息来自以往博弈的历史，这种历史传达着对手将会如何做出选择的有关信息，同时对历史的观察使参与人知道哪些策略是成功的、哪些策略是不成功的，并以此作为决策的依据（张良桥，冯从文，2001）。

进化博弈论从有限理性出发，认为经济中参与人对世界的状态并非完全了解，参与人也不可能知道各种状态出现的客观概率及不同状态对自己支付的意义。在多数情况下参与人并不能对环境的任何变化做出最优反应，其决策是基于某种路径而非理性的计算结果，这种路径一般来自博弈的历史。

（二）空间有限理性

因为很难将空间变量引入模型，所以主流经济学通常对空间的因素避而不谈，这正如传统的经济学避而不谈人的有限理性一样，也是出于其处理能力的局限性而不得不做出的折中。空间地理学所研究的区位决策主体，是具有地理属性的主体，即每个决策主体首先要占据一定的空间，而其区位选择、经济活动都与空间以及由空间产生的交易成本发生联系。新经济地理学劳动力要素的流动通常被假定为：区域内经济的参与者是完全理性的，劳动者被较高的工资所吸引而发生迁移行为，直到他们的迁移使得区域间劳动力要素的真实工资均等化为止。新经济地理学在考察经济主体的迁移行为时，仅仅考虑到经济主体的迁移决策受经济因素的影响，而没有考虑其他因素。

在现实中，存在于区域空间的行为主体的迁移决策行为并非完全理性。首先，因为空间的阻隔，作为区域内的人可能并不能获得区域间劳动力工资差异的完全信息；其次，人们迁往某目的地的收益并不能单单以工资来衡量，文化、环境、社会等的影响因素不可忽略；第三，人们的迁移是有迁移成本的，这包括放弃目前工作机会的机会成本以及迁往目的地的交通成本、寻找工作的成本以及失业的风险等，这些因素将影响迁移决策；最后，迁移行为往往伴随着整个家庭的迁移，家庭成员对迁移的决策也会产生影响。因此，经济主体的区位选择并不是一个完全理性而是一个有限理性的决策过程。我们把有空间因素参与作用下形成的有限理性称为"空间有限理性"。空间有限理性的来源有五个方面。

（1）有限信息。空间有限理性的来源之一是经济主体对于空间经济变量的有限信息。"经济主体"的跨区域迁移、买卖等经济行为因为空间的阻隔，不可能获得完全的信息，从而削弱了决策的准确性；同时，获得这些信息需要支付成本，从而使"经济主体"的决策过程更为复杂。我们可以认为，空间信息的获取量与区域之间的空间距离成负向关系，与区域的经济实力成正向关系，这应当符合空间相互作用理论的模式。

(2) 有限能力。即便"经济主体"能够获得其决策所需的所有信息,但其处理信息的能力也是有限的。面对经济变量的大量空间信息,作为现实的、逻辑能力有限的、时间有限的"经济主体"是一筹莫展的。作为有限能力的"经济主体",通过其对区域间信息的分析所得出的主观判断与理想状况具有一定的偏差。

(3) 多种影响因素。"经济主体"的决策过程不但受经济因素的影响,还受其他非经济因素的影响,如国家边界、文化差异、国家贸易政策、区域政策等的限制,其决策行为表现为多目标、多价值取向的特征,这些都对其理性的决策行为产生影响。比如国与国之间人口流动的限制、我国的户籍管理制度等都表明政策因素对人口迁移决策的影响作用。

(4) 有限理性的相互作用。"经济主体"的决策行为与其他相类似的空间决策者的行为是交织在一起的。各主体的有限理性决策行为的交互作用,为我们呈现出一幅有限理性的网络,从而使决策结果更为不确定。"经济主体"是社会网络中的一个个节点,节点之间有各种各样信息的交流,且各节点间交流信息的强弱也有所不同,由此形成了信息交流的网络。每个环节的有限理性使得这样的交互过程的结果与理性的决策结果偏差更远。

(5) 人力资本。我们知道,具有较高学历的人的空间流动性更大,这说明人力资本与人的迁移决策过程相关。这是因为,首先,教育产生的人力资本使得高技术劳动力容易找到工作、容易适应社会环境;其次,区域间高技术劳动力的工资差异更大(Ottaviano,Thisse,2002)。根据空间有限理性来源的分析,可以假设经济主体的区位迁移行为的特征是:

(1) 因搜集空间信息有成本,且需要耗费时间,故只在一定范围(距离和时间)内搜索信息;

(2) 迁移决策不考虑别人迁移决策的影响;

(3) 空间距离影响获取信息的数量和质量,增加了迁移决策的不确定性,因而迁移的可能性与空间距离呈反向的非线性关系;

(4) 迁移行为不但受经济变量的影响,还受区域间的政策差异、文化差异等因素的影响。

二、人口迁移有限理性——空间有限理性的应用

人口迁移理论从时序上可以分为:重力模型、人力资本理论、期望收入理论、两部门模型、家庭决策、信息域网络、搜索模型等。下面对这些人口迁移的理论与模型进行简要回顾。

重力模型的含义是:两城市之间人口的迁移量与这两个城市各自的人口规模成正比,与两城市之间的距离成反比。写成表达式为:$M_{ij} \propto P_i P_j / D_{ij}^2$,其中$M_{ij}$为从城市$i$到城市$j$人口的迁移量,$P_i$、$P_j$分别为两个城市的人口,$D_{ij}$为二者之间的距离。该关系式以及在此基础上的一些简单修正,几百年来成为地理学

者和区域科学家最为常用的估计迁移的关系式。重力模型与实证的情况可以很好地符合，其弱点在于它不是一个个体行为的模型，它并不能描述个体的迁移决策。

第一个个体迁移决策的模型由斯贾斯坦德(Sjaastad,1962)于1962年提出。斯贾斯坦德将迁移决策与人力资本投资问题联系在了一起。潜在的迁移者会估计迁移的成本与收益，并迁往迁移净收益为正的地方。迁移成本包括旅行的货币成本，失去工作的机会成本，失去朋友、家庭、熟悉的环境等的"心理成本"。斯贾斯坦德将个体的迁移决策纳入收益最大化的框架下，同时考虑到诸多非经济因素对个体迁移决策的影响，甚至考虑到了时间的作用。

托达罗(Todaro,1969)沿用了斯贾斯坦德的一些观点，并将迁移者寻找工作的不确定性与失业都引入模型。迁移者比较目的地的预期收入和其在本地的实际收入，只有在两地的收入之差大于迁移成本时，迁移才可能发生。

更为著名的是哈利斯-托达罗模型。该模型假设农村工资固定，城市工人工资固定在市场出清水平。在城市现代部门获得工作的概率等于城市雇用率，不存在迁移成本。如果 $w_u(1-U) > w_r$，则农村向城市迁移。其中 w_u 为城市工人工资，w_r 为农村工资，U 为城市失业率。该模型比较简单，所以随后又有很多模型在此基础上进行修正。

明斯(Mincer,1978)的家庭决策理论指出，迁移往往是一个家庭，而不仅仅是某个个体所做出的决定。某个家庭迁移所产生的成本和收益不仅仅来自某个个人，而是所有成员的成本与收益之和。因此，家庭的迁移倾向相对于单个个体来说较小。

新经济地理学的劳动力迁移的动态很简单。因为正反馈的累积过程，某个区域的真实工资(消费者的效用水平)较高，这是唯一引起劳动者迁移的源泉。劳动者的迁移使得两区域之间真实工资的差异逐渐缩小，直到两个区域之间劳动力的工资完全相等为止。新经济地理学模型的劳动者并不是行为的主体，这种迁移决策不是某个个体做出的。同时，完全没有考虑迁移的空间因素，使得新经济地理学的迁移过程离现实相去甚远。新经济地理学的核心就是集聚过程向空间的扩展，可是在劳动力的迁移方面偏偏没有很细致地考虑空间因素，这不能不说是新经济地理学很大的缺憾。本研究将在此方面作相应的扩展。

（一）低技术劳动力的"有限理性"

在胡大鹏(Hu Dapeng,2002)的模型中，他针对我国的区域差异状况建立了一个新经济地理的空间集聚模型，并相应地给出了几个政策含义。在其基本的假设中，对劳动力进行了细分，将劳动力分为低技术的劳动力和高技术的劳动力。低技术的劳动力被制造业的高工资所吸引向城市迁移，但只能在区域内流动。高技术劳动力可以在区域间任意流动。低技术劳动力的迁移受户籍制度的制约，只有其中的一部分可以实现迁移。在其模型的处理中，实际的迁移人口为潜在的迁移人

口乘上一个系数 μ。这个 μ 被称作迁移限制系数,反映了政府对低技术劳动力迁移的限制强度。胡大鹏在其文中也提到,农村人口向城市的迁移与信息获取的难易、技能培训、交通成本、寻找工作的成本相关,而其中起关键作用的是政府的户籍制度和与之相应的用工规定及社会福利。笔者认为,可以将高技术劳动力和低技术劳动力的有限迁移全部纳入"空间理性"这个概念里,而不仅仅是政府迁移限制的结果,这样使得模型有更好的解释能力。

模型计算机模拟的结果显示,随着内地迁移限制系数的减小,而沿海的迁移限制系数不变,则沿海与内地真实工资之比有缩小的趋势,即曲线斜率为负(如图 19-2)。模型在不同的运输成本和贸易成本下都可以得出这样的结果。此结果的政策含义是,针对西部开发,可以在人口政策上适当放宽。人口流向城市,使得制造业的集聚程度更强,可以获得更大的集聚效应,从而减小沿海与内地的差距。

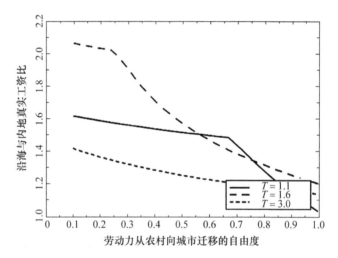

图 19-2　内地迁移限制系数的变化与沿海内地工资之比

资料来源:Hu Dapeng,2002.

(二)高技术劳动力的"有限理性"

在胡大鹏的文章中,高技术劳动力在区域间是可以任意流动的,其迁移决策的唯一规则是工资差异。也就是说,高技术劳动力的迁移决策是完全理性的。这对应着区域间高技术劳动力工资的均等化。为了更接近中国的现实状况,本研究认为高技术劳动力也是不完全流动的。虽然一个有知识的人可以获得更多的空间信息,也更容易找到工作,但其迁移决策通常面临着更高的机会成本。作为有限理性的"区域人",他不可能完全了解迁往某个目的地的成本和收益,并在净收益为正的情况下决定迁移。所以,笔者将在后面的模型中对这方面进行修正,将高技术劳动力的流动纳入"空间理性"的框架下。在这样的假设下,能够展现出区域间高技术劳动力的工资差异,从而对中国地区间劳动力的工资差异有一个更为全面的模拟与解释。

三、"空间理性"小结

本章"空间有限理性"的概念是在西蒙的"有限理性"的"行政人"的启发下,针对因空间或区位所产生的经济主体迁移决策的有限理性而提出的,阐述了"空间有限理性"的来源与特征,指出"空间有限理性"在人口迁移决策中的应用——人口流动空间有限理性。在下面的内容中,笔者将"空间有限理性"应用于高技术劳动力的迁移决策中,以期获得更有解释能力的结果。应该指出的是,本章所提出的"空间有限理性"应用于新经济地理学的思想仅仅局限于劳动者的迁移决策。实际上,劳动者对其效用和偏好仍然与传统的经济学一样,服从"经济人"的假定。由于新经济地理学微观基础的欠缺,要将经济主体的决策行为完全变为"有限理性"在处理上仍存在相当大的困难。

第二节 基 本 模 型

一、基本假设

(一) 空间结构

为了显示全球化过程对我国的沿海与内地的经济对比情况的影响,本模型在空间上有三个区域,沿海地区 C,内陆地区 I,以及除去前两者以外的区域 R。模型的空间结构如图 19-3 所示。沿海区域 C 有 2 个城市,内地区域 I 有 2 个城市。沿海区域 C 与内地区域 I 城市之间产品的运输成本率为 γ,区域 C 与区域 R 之间产品的贸易成本率为 t_1,区域 I 与区域 R 之间产品的贸易成本率为 t_2,规定 $1 < \gamma < t_1 < t_2$,即贸易成本(运输成本+关税)大于国内区域之间的运输成本。沿海因为距离世界经济中心较近,其贸易成本低于内地的贸易成本。设 γ 仅为空间交易费用率,而 t_1、t_2 不仅包括空间交易费用率,还包括关税等贸易障碍。沿海两城市之间产品的运输存在运输成本率 $\xi_1 > 1$,内地两城市之间产品的运输存在运输成本率 $\xi_2 > 1$。

上述空间结构不但能够体现两个本地区域在外部环境变化条件下的经济变动情况,而且能够体现外部环境不变时沿海与内地交易条件变化所引致的结果,还能够通过区域内城市间的运输成本率的变化来观察沿海与内地的经济变动状况。在胡大鹏(2002)的模型中,沿海与内地各有一个城市,因此其模型不能够揭示区域内交易条件的改善对经济集聚的影响。

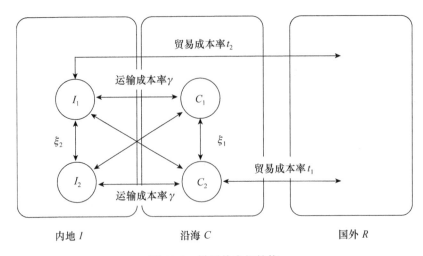

图 19-3 模型的空间结构

(二) 生产要素

与胡大鹏(2002)的模型一样,本模型的生产要素也为可耕种的土地和劳动力。对劳动力进行了细分,分为高技术劳动力和低技术劳动力。高技术劳动力可以在区域 C 和区域 I 之间流动,但其流动受"空间理性"的约束,即只有其中的一部分能够实现流动;为了与我国现实的人口流动状况更为接近,假设低技术劳动力不能在区域间流动,只能在一个区域内从农业部门流向制造业部门,且流动受政策限制(户籍制度)和劳动力市场不完备影响,只有其中的一部分可以实现流动。没有劳动力的国际流动,即不能流向区域 R。

与胡大鹏(2002)的模型的差别在于,在胡的模型中,高技术劳动力可以在区域 C 和区域 I 之间自由流动,而在这里高技术劳动力在区域间并非自由流动,其流动量是潜在迁移量乘以一个系数——空间理性系数。

(三) 生产部门

本模型有三个部门:农业部门、制造业部门和中间产品部门。农业部门使用土地和低技术劳动力在规模报酬不变、完全竞争的生产条件下生产无差别的农业产品;中间产品部门使用高技术劳动力在规模报酬递增的技术下生产有差别的中间产品;制造业部门在规模报酬不变的技术下使用低技术劳动力和中间产品作为投入品生产制造业产品。区域 R 生产和出口中间产品,进口制造业产品。区域 C 和区域 I 都从区域 R 进口中间产品,并向区域 R 出口制造业产品,不存在要素的国际流动。对于各部门,有的假设其报酬不变,有的假设其报酬递增,其依据主要来自新经济地理学惯常的处理方式。我们知道,农业部门实际上是报酬递减的部门,这里采用报酬不变的假设也是为了处理问题的方便。

(四) 禀赋

区域 C 有 2 个城市,分别有 H_{C_i} 个高技术劳动力,L_{MC_i} 个制造业工人,L_{AC_i} 个农业工人,土地 G_{C_i};区域 I 有 2 个城市,分别有 H_{I_i} 个高技术劳动力,制造业工人 L_{MI_i} 个,农业工人 L_{AI_i} 个,土地 G_{I_i},$i=1,2$。在后面的模拟计算时,各城市的禀赋条件的取值没有完全按照现实的情况代入,而是按照一定的比例关系引入模型当中。这是因为,本模型不是计量经济学模型,现实的数据与模型的初始参数以及结果都有一定的距离,因此,模型所给出的价格、工资等指标的绝对大小并没有实际的意义,有意义的结果是指标的相对大小(如沿海制造业劳动力与内地制造业劳动力的工资比)以及它们的变动情况。所以,在后面所给出的计算结果中,多是相同变量的比值。

二、消费者行为

(一) 效用函数

消费者消费一定量的农产品和制造业产品,这些产品可能在本地生产,也可能在外地生产,消费者消费外地生产的产品需承担运输成本。不同城市生产的农产品和制造业产品是有差别的,它们之间的替代弹性分别为 δ 和 σ。通常来说,制造业产品的替代弹性小于农产品的替代弹性 ($\sigma<\delta$),也即制造业产品的差别化程度更高。消费者的需求弹性为 v。消费者的效用函数为

$$u_i = [A_{C_1 i}^{(\delta-1)/\delta} + A_{C_2 i}^{(\delta-1)/\delta} + A_{I_1 i}^{(\delta-1)/\delta} + A_{I_2 i}^{(\delta-1)/\delta}]^{(1-v)\delta/(\delta-1)}$$
$$[M_{C_1 i}^{(\sigma-1)/\sigma} + M_{C_2 i}^{(\sigma-1)/\sigma} + M_{I_1 i}^{(\sigma-1)/\sigma} + M_{I_2 i}^{(\sigma-1)/\sigma}]^{v\sigma/(\sigma-1)}, \quad i=C_1,C_2,I_1,I_2 \quad (19-1)$$

其中,u_i 为各城市消费者的效用水平,δ、σ 分别为农产品和制造业产品的替代弹性,$A_{C_1 i}$ 为在 i 地消费、在 C_1 生产的农产品,依此类推。$M_{C_1 i}$ 为在 i 地消费、在 C_1 生产的制造业产品,依此类推。

(二) 消费者的预算约束

城市 C_1 消费者的预算约束:

$$p_{AC_1} A_{C_1 C_1} + p_{AC_1} \xi_1 A_{C_2 C_1} + p_{AI_1} \gamma A_{I_1 C_1} + p_{AI_2} \gamma A_{I_2 C_1} + p_{MC_1} M_{C_1 C_1} + p_{MC_2} \xi_1 M_{C_2 C_1}$$
$$+ p_{MI_1} \gamma M_{I_1 C_1} + p_{MI_2} \gamma M_{I_2 C_1} = E_{C_1} \quad (19-2)$$

城市 C_2 消费者的预算约束:

$$p_{AC_1} \xi_1 A_{C_1 C_2} + p_{AC_1} A_{C_2 C_2} + p_{AI_1} \gamma A_{I_1 C_2} + p_{AI_2} \gamma A_{I_2 C_2} + p_{MC_1} \xi_1 M_{C_1 C_2} + p_{MC_2} M_{C_2 C_2}$$
$$+ p_{MI_1} \gamma M_{I_1 C_2} + p_{MI_2} \gamma M_{I_2 C_2} = E_{C_2} \quad (19-2^*)$$

城市 I_1 消费者的预算约束:

$$p_{AC_1} \gamma A_{C_1 I_1} + p_{AC_1} \gamma A_{C_2 I_1} + p_{AI_1} A_{I_1 I_1} + p_{AI_2} \xi_2 A_{I_2 I_1} + p_{MC_1} \gamma M_{C_1 I_1} + p_{MC_2} \gamma M_{C_2 I_1}$$
$$+ p_{MI_1} M_{I_1 I_1} + p_{MI_2} \xi_2 M_{I_2 I_1} = E_{I_1} \quad (19-3)$$

城市 I_2 消费者的预算约束:

$$p_{AC_1} \gamma A_{C_1 I_2} + p_{AC_1} \gamma A_{C_2 I_2} + p_{AI_1} \xi_2 A_{I_1 I_2} + p_{AI_2} A_{I_2 I_2} + p_{MC_1} \gamma M_{C_1 I_2} + p_{MC_2} \gamma M_{C_2 I_2}$$
$$+ p_{MI_1} \xi_2 M_{I_1 I_2} + p_{MI_2} M_{I_2 I_2} = E_{I_2} \quad (19-3^*)$$

以上各式中,P_{AC_1}、P_{AC_2}、P_{MC_1}、P_{MC_2} 分别为城市 C_1 的农产品价格、城市 C_2 的农产品价格、城市 C_1 的制造业产品价格、城市 C_2 的制造业产品价格,P_{AI_1}、P_{AI_2}、P_{MI_1}、P_{MI_2} 分别为城市 I_1 的农产品价格、城市 I_2 的农产品价格、城市 I_1 的制造业产品价格、城市 I_2 的制造业产品价格。

三、生产者行为

(一) 农业部门

农业部门使用一般的低技术劳动力和土地作为投入品,在规模报酬不变的生产技术下生产农产品。生产函数为

$$A_i = L_{Ai}^{1-\rho} G_i^{\rho}, \quad i = C_1, C_2, I_1, I_2$$

其中,L_{Ai} 为区域 $i = C_1, C_2, I_1, I_2$ 农业的低技术劳动力,G_i 为城市 i 土地的投入量。

(二) 制造业部门

制造业部门使用一般的低技术劳动力和有差别的中间产品作为投入品,在规模报酬不变的生产技术下生产制造业产品。

$$M_i = L_{Mi}^{1-a} \left\{ \left[\sum_N S_j^{(\varphi-1)\varphi} \right]^{\varphi/(\varphi-1)} \right\}^a, \quad i = C_1, C_2, I_1, I_2$$

L_{Mi} 为城市制造业部门所使用的低技术劳动力数量。N 为可获得的从区域 $i = C_1, C_2, I_1, I_2, R$ 的中间产品种类数,$\varphi > 1$ 为替代弹性,S_j 为某种中间产品。由于中间产品差别化程度比制造业产品和农产品都高,因此替代弹性 $1 < \varphi < \sigma < \delta$,这将在后面的数学模拟中予以体现。

(三) 中间产品部门

中间产品部门的生产要素仅为高技术劳动力,并在规模报酬递增的生产条件下生产中间产品。为体现报酬递增,通常采用线性的生产函数。

$$S_i = \frac{1}{b} h_i - \frac{a}{b}$$

a 为固定投入品,b 为边际投入品,h_i 为厂商雇用的高技术劳动力数量,S_i 为城市 i 某一代表性厂商的中间产品产量。

上述生产函数形式的采用,与一般的新经济地理学模型相同。

(四) 劳动力流动

如果在没有政府政策限制的情况下,低技术劳动力均衡时(一个城市内农业劳动力的真实工资等于制造业劳动力的真实工资)从本区域农业部门到城市制造业部门的迁移量为 ΔL_{Mi},$i = C_1, C_2, I_1, I_2$。则在政策限制的作用下,只有其中的 $\mu_L \in [0,1]$ 的部分允许迁移,μ_L 称为迁移限制系数,则低技术劳动力的实际迁移量为 $\mu_L \cdot \Delta L_{Mi}$。

对于高技术劳动力,如果他们在区域间可以自由流动,则在均衡时从区域 I 迁往区域 C 的高技术劳动力为 ΔH。在考虑到空间理性的情况下,实际只有 $\mu_H \in$

$[0,1]$的部分发生迁移,μ_H被称为空间理性系数,高技术劳动力的实际迁移量为$\mu_H \cdot \Delta H$。

对于低技术劳动力,实际的情况是,他们的流动既受到政府政策限制的作用,还受到空间理性的作用,因此其流动比例相对较小,所以有$\mu_L \leqslant \mu_H$,这会在后面的数学模拟中得以体现。

四、模型方程

上述模型的推导流程如图19-4所示。

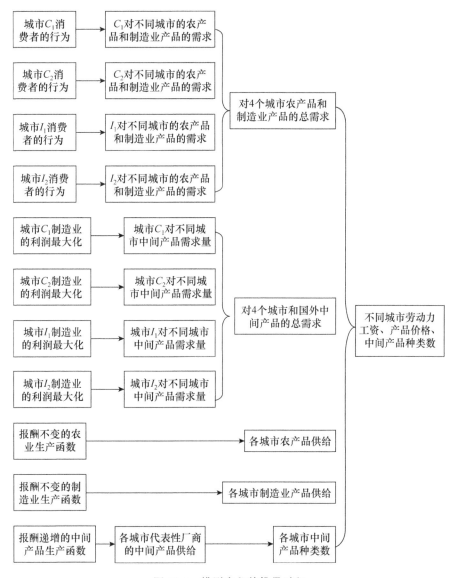

图19-4　模型方程的推导过程

方程的推导参见附录，对附录中所推导的方程进行整理可以得到如下一组方程：

$$M_{C_1} = P_{MC_1}^{-\sigma} Q_{MC_1}^{\sigma-1} \nu E_{C_1} + (P_{MC_1}\xi_1)^{-\sigma} Q_{MC_2}^{\sigma-1} \nu E_{C_2} + (P_{MC_1}\gamma)^{-\sigma} Q_{MI_1}^{\sigma-1} \nu E_{I_1}$$
$$+ (P_{MC_1}\gamma)^{-\sigma} Q_{MI_2}^{\sigma-1} \nu E_{I_2} + (P_{MC_1}t_1)^{-\sigma} Q_{MR}^{\sigma-1} E_R \tag{19-4}$$

$$M_{C_2} = (P_{MC_2}\xi_1)^{-\sigma} Q_{MC_1}^{\sigma-1} \nu E_{C_1} + P_{MC_2}^{-\sigma} Q_{MC_2}^{\sigma-1} \nu E_{C_2} + (P_{MC_2}\gamma)^{-\sigma} Q_{MI_1}^{\sigma-1} \nu E_{I_1}$$
$$+ (P_{MC_2}\gamma)^{-\sigma} Q_{MI_2}^{\sigma-1} \nu E_{I_2} + (P_{MC_2}t_1)^{-\sigma} Q_{MR}^{\sigma-1} E_R \tag{19-5}$$

$$M_{I_1} = (P_{MI_1}\gamma)^{-\sigma} Q_{MC_1}^{\sigma-1} \nu E_{C_1} + (P_{MI_1}\gamma)^{-\sigma} Q_{MC_2}^{\sigma-1} \nu E_{C_2} + P_{MI_1}^{-\sigma} Q_{MI_1}^{\sigma-1} \nu E_{I_1}$$
$$+ (P_{MI_1}\xi_2)^{-\sigma} Q_{MI_2}^{\sigma-1} \nu E_{I_2} + (P_{MI_1}t_2)^{-\sigma} Q_{MR}^{\sigma-1} E_R \tag{19-6}$$

$$M_{I_2} = (P_{MI_2}\gamma)^{-\sigma} Q_{MC_1}^{\sigma-1} \nu E_{C_1} + (P_{MI_2}\gamma)^{-\sigma} Q_{MC_2}^{\sigma-1} \nu E_{C_2} + (P_{MI_2}\xi_2)^{-\sigma} Q_{MI_1}^{\sigma-1} \nu E_{I_1}$$
$$+ P_{MI_2}^{-\sigma} Q_{MI_2}^{\sigma-1} \nu E_{I_2} + (P_{MI_2}t_2)^{-\sigma} Q_{MR}^{\sigma-1} E_R \tag{19-7}$$

$$A_{C_1} = (1-\nu)\big[P_{AC_1}^{-\delta} Q_{AC_1}^{\delta-1} E_{C_1} + (P_{AC_1}\xi_1)^{-\delta} Q_{AC_2}^{\delta-1} E_{C_2} + (P_{AC_1}\gamma)^{-\delta} Q_{AI_1}^{\delta-1} E_{I_1}$$
$$+ (P_{AC_1}\gamma)^{-\delta} Q_{AI_2}^{\delta-1} E_{I_2} \big] \tag{19-8}$$

$$A_{C_2} = (1-\nu)\big[(P_{AC_2}\xi_1)^{-\delta} Q_{AC_1}^{\delta-1} E_{C_1} + P_{AC_2}^{-\delta} Q_{AC_2}^{\delta-1} E_{C_2} + (P_{AC_2}\gamma)^{-\delta} Q_{AI_1}^{\delta-1} E_{I_1}$$
$$+ (P_{AC_2}\gamma)^{-\delta} Q_{AI_2}^{\delta-1} E_{I_2} \big] \tag{19-9}$$

$$A_{I_1} = (1-\nu)\big[(P_{AI_1}\gamma)^{-\delta} Q_{AC_1}^{\delta-1} E_{C_1} + (P_{AI_1}\gamma)^{-\delta} Q_{AC_2}^{\delta-1} E_{C_2} + P_{AI_1}^{-\delta} Q_{AI_1}^{\delta-1} E_{I_1}$$
$$+ (P_{AI_1}\xi_2)^{-\delta} Q_{AI_2}^{\delta-1} E_{I_2} \big] \tag{19-10}$$

$$A_{I_2} = (1-\nu)\big[(P_{AI_2}\gamma)^{-\delta} Q_{AC_1}^{\delta-1} E_{C_1} + (P_{AI_2}\gamma)^{-\delta} Q_{AC_2}^{\delta-1} E_{C_2} + (P_{AI_2}\xi_2)^{-\delta} Q_{AI_1}^{\delta-1} E_{I_1}$$
$$+ P_{AI_2}^{-\delta} Q_{AI_2}^{\delta-1} E_{I_2} \big] \tag{19-11}$$

$$E_i = w_{Ai} L_{Ai} + w_{Mi} L_{Mi} + w_{Hi} H_i, i = C_1, C_2, I_1, I_2 \tag{19-12}$$

$$E_R = w_{HR} H_R \tag{19-13}$$

$$L_{Mi} = \left[(1-\alpha) \frac{P_{Mi}}{w_{Mi}} \right]^{1/\alpha} \alpha P_{Mi} M_i Q_{Si}^{-1}, i = C_1, C_2, I_1, I_2 \tag{19-14}$$

$$S_{C_1} = \alpha P_{MC_1} M_{C_1} p_{SC_1}^{-\varphi} Q_{SC_1}^{\varphi-1} + \alpha P_{MC_2} M_{C_2} (P_{SC_1}\xi_1)^{-\varphi} Q_{SC_2}^{\varphi-1} + \alpha P_{MI_1} M_{I_1} (P_{SC_1}\gamma)^{-\varphi} Q_{SI_1}^{\varphi-1}$$
$$+ \alpha P_{MI_2} M_{I_2} (P_{SC_1}\gamma)^{-\varphi} Q_{SI_2}^{\varphi-1} \tag{19-15}$$

$$S_{C_2} = \alpha P_{MC_1} M_{C_1} (P_{SC_2}\xi_1)^{-\varphi} Q_{SC_1}^{\varphi-1} + \alpha P_{MC_2} M_{C_2} P_{SC_2}^{-\varphi} Q_{SC_2}^{\varphi-1} + \alpha P_{MI_1} M_{I_1} (P_{SC_2}\gamma)^{-\varphi} Q_{SI_1}^{\varphi-1}$$
$$+ \alpha P_{MI_2} M_{I_2} (P_{SC_2}\gamma)^{-\varphi} Q_{SI_2}^{\varphi-1} \tag{19-16}$$

$$S_{I_1} = \alpha P_{MC_1} M_{C_1} (p_{SI_1}\gamma)^{-\varphi} Q_{SC_1}^{\varphi-1} + \alpha P_{MC_2} M_{C_2} (p_{SI_1}\gamma)^{-\varphi} Q_{SC_2}^{\varphi-1} + \alpha P_{MI_1} M_{I_1} p_{SI_1}^{-\varphi} Q_{SI_1}^{\varphi-1}$$
$$+ \alpha P_{MI_2} M_{I_2} (p_{SI_1}\xi_2)^{-\varphi} Q_{SI_2}^{\varphi-1} \tag{19-17}$$

$$S_{I_2} = \alpha P_{MC_1} M_{C_1} (p_{SI_2}\gamma)^{-\varphi} Q_{SC_1}^{\varphi-1} + \alpha P_{MC_2} M_{C_2} (p_{SI_2}\gamma)^{-\varphi} Q_{SC_2}^{\varphi-1}$$
$$+ \alpha P_{MI_1} M_{I_1} (p_{SI_2}\xi_2)^{-\varphi} Q_{SI_1}^{\varphi-1} + \alpha P_{MI_2} M_{I_2} p_{SI_2}^{-\varphi} Q_{SI_2}^{\varphi-1} \tag{19-18}$$

$$S_R = \alpha P_{MC_1} M_{C_1} (P_{SR} t_1)^{-\varphi} Q_{SC_1}^{\varphi-1} + \alpha P_{MC_2} M_{C_2} (P_{SR} t_1)^{-\varphi} Q_{SC_2}^{\varphi-1}$$
$$+ \alpha P_{MI_1} M_{I_1} (P_{SR} t_2)^{-\varphi} Q_{SI_1}^{\varphi-1} + \alpha P_{MI_2} M_{I_2} (P_{SR} t_2)^{-\varphi} Q_{SI_2}^{\varphi-1} \quad (19\text{-}19)$$

$$w_{Mi} L_{Mi} = (1-\alpha) P_{Mi} M_i, i = C_1, C_2, I_1, I_2 \quad (19\text{-}20)$$

$$L_{Ai} = (A_i / G_i^{\rho})^{1/(1-\rho)}, i = C_1, C_2, I_1, I_2 \quad (19\text{-}21)$$

$$w_{Ai} L_{Ai} = P_{Ai} A_i, i = C_1, C_2, I_1, I_2 \quad (19\text{-}22)$$

$$P_{Si}(1-1/\varphi) = w_{Hi} b, i = C_1, C_2, I_1, I_2, R \quad (19\text{-}23)$$

$$P_{Si} S_i = w_{Hi} h_i, i = C_1, C_2, I_1, I_2, R \quad (19\text{-}24)$$

$$h_i = a + b S_i, i = C_1, C_2, I_1, I_2, R \quad (19\text{-}25)$$

$$n_{si} = H_i / h_i, i = C_1, C_2, I_1, I_2, R \quad (19\text{-}26)$$

未知数包括总收入 E_i、中间产品需求量 S_i、高技术劳动力工资 w_{Hi}、中间产品价格 P_{Si}、中间产品厂商雇用高技术劳动力数量 h_i、中间产品种类数 n_i，以上所有指标 $i = C_1, C_2, I_1, I_2, R$。还包括制造业产品价格 P_{Mi}、农产品价格 P_{Ai}、制造业工人工资 w_{Mi}、农业劳动力工资 w_{Ai}、制造业产量 M_i、农业产量 A_i，以上指标 $i = C_1, C_2, I_1, I_2$，这样共有 54 个未知数。54 个方程，54 个未知数，且每个方程是独立的，因而构成了一个非线性方程组的定解问题。方程解的存在性由后面数学模拟的结果得到证实（详见本章文末附录）。

在以上方程中的中间变量——价格指数的表达式为

$$Q_{AC_2}^{1-\delta} = P_{AC_2}^{1-\delta} + (P_{AC_1} \xi_1)^{1-\delta} + (P_{AI_1} \gamma)^{1-\delta} + (P_{AI_2} \gamma)^{1-\delta} \quad (19\text{-}27)$$

$$Q_{MC_2}^{1-\sigma} = P_{MC_2}^{1-\sigma} + (P_{MC_1} \xi_1)^{1-\sigma} + (P_{MI_1} \gamma)^{1-\sigma} + (P_{MI_2} \gamma)^{1-\sigma} \quad (19\text{-}28)$$

$$Q_{AC_1}^{1-\delta} = P_{AC_1}^{1-\delta} + (P_{AC_2} \xi_1)^{1-\delta} + (P_{AI_1} \gamma)^{1-\delta} + (P_{AI_2} \gamma)^{1-\delta} \quad (19\text{-}29)$$

$$Q_{MC_1}^{1-\sigma} = P_{MC_1}^{1-\sigma} + (P_{MC_2} \xi_1)^{1-\sigma} + (P_{MI_1} \gamma)^{1-\sigma} + (P_{MI_2} \gamma)^{1-\sigma} \quad (19\text{-}30)$$

$$Q_{AI_1}^{1-\delta} = (P_{AC_1} \gamma)^{1-\delta} + (P_{AC_2} \gamma)^{1-\delta} + P_{AI_1}^{1-\delta} + (P_{AI_2} \xi_2)^{1-\delta} \quad (19\text{-}31)$$

$$Q_{MI_1}^{1-\sigma} = (P_{MC_1} \gamma)^{1-\sigma} + (P_{MC_2} \gamma)^{1-\sigma} + P_{MI_1}^{1-\sigma} + (P_{MI_2} \xi_2)^{1-\sigma} \quad (19\text{-}32)$$

$$Q_{AI_2}^{1-\delta} = (P_{AC_1} \gamma)^{1-\delta} + (P_{AC_2} \gamma)^{1-\delta} + P_{AI_2}^{1-\delta} + (P_{AI_1} \xi_2)^{1-\delta} \quad (19\text{-}33)$$

$$Q_{MI_2}^{1-\sigma} = (P_{MC_1} \gamma)^{1-\sigma} + (P_{MC_2} \gamma)^{1-\sigma} + P_{MI_2}^{1-\sigma} + (P_{MI_1} \xi_2)^{1-\sigma} \quad (19\text{-}34)$$

$$Q_{SC_1}^{1-\varphi} = n_{C_1} P_{SC_1}^{1-\varphi} + n_{C_2} (P_{SC_2} \xi_1)^{1-\varphi} + n_{I_1} (P_{SI_1} \gamma)^{1-\varphi} + n_{I_2} (P_{SI_2} \gamma)^{1-\varphi}$$
$$+ n_R (P_{SR} t_1)^{1-\varphi} \quad (19\text{-}35)$$

$$Q_{SI_1}^{1-\varphi} = n_{C_1} (P_{SC_1} \gamma)^{1-\varphi} + n_{C_2} (P_{SC_2} \gamma)^{1-\varphi} + n_{I_1} P_{SI_1}^{1-\varphi} + n_{I_2} (P_{SI_2} \xi_2)^{1-\varphi}$$
$$+ n_R (P_{SR} t_1)^{1-\varphi} \quad (19\text{-}36)$$

$$Q_{SC_2}^{1-\varphi} = n_{C_1} (P_{SC_1} \xi_1)^{1-\varphi} + n_{C_2} P_{SC_2}^{1-\varphi} + n_{I_1} (P_{SI_1} \gamma)^{1-\varphi} + n_{I_2} (P_{SI_2} \gamma)^{1-\varphi}$$
$$+ n_R (P_{SR} t_1)^{1-\varphi} \quad (19\text{-}37)$$

$$Q_{SI_2}^{1-\varphi} = n_{C_1} (P_{SC_1} \gamma)^{1-\varphi} + n_{C_2} (P_{SC_2} \gamma)^{1-\varphi} + n_{I_1} (P_{SI_1} \xi_2)^{1-\varphi} + n_{I_2} P_{SI_2}^{1-\varphi}$$
$$+ n_R (P_{SR} t_2)^{1-\varphi} \quad (19\text{-}38)$$

$$Q_{MR}^{1-\sigma} = (P_{MC_1}t_1)^{1-\sigma} + (P_{MC_2}t_1)^{1-\sigma} + (P_{MI_1}t_2)^{1-\sigma} + (P_{MI_2}t_2)^{1-\sigma} \quad (19\text{-}39)$$

五、模型的简化：区域内两城市对称情形

为了简化问题，假设城市 C_1 和城市 C_2 的禀赋条件及各变量都是相等的，城市 I_1 和城市 I_2 的禀赋条件和各变量也是相等的，则有

$$w_{MC}L_{MC} = (1-\alpha)P_{MC}^{1-\sigma}[(1+\xi_1^{-\sigma})Q_{MC}^{\sigma-1}\nu E_C + 2\gamma^{-\sigma}Q_{MI}^{\sigma-1}\nu E_I + t_1^{-\sigma}Q_{MR}^{\sigma-1}E_R]$$

$$w_{MI}L_{MI} = (1-\alpha)P_{MI}^{1-\sigma}[2\gamma^{-\sigma}Q_{MC}^{\sigma-1}\nu E_C + (1+\xi_2^{-\sigma})Q_{MI}^{\sigma-1}\nu E_I + t_2^{-\sigma}Q_{MR}^{\sigma-1}E_R]$$

$$L_{MC}^{1-\rho}G_{MC}^{\rho} = (1-\nu)P_{AC}^{-\delta}[(1+\xi_1^{-\delta})Q_{AC}^{\delta-1}E_C + 2\gamma^{-\delta}Q_{AI}^{\delta-1}E_I]$$

$$L_{MI}^{1-\rho}G_{MI}^{\rho} = (1-\nu)P_{AI}^{-\delta}[2\gamma^{-\delta}Q_{AC}^{\delta-1}E_C + (1+\xi_2^{-\delta})Q_{AI}^{\delta-1}E_I]$$

$$L_{Mi} = \left[(1-\alpha)\frac{P_{Mi}}{w_{Mi}}\right]^{1/\alpha}\alpha P_{Mi}M_i Q_{Si}^{-1}, \quad i=C,I$$

$$(H_C/n_{SC} - a)/b = \alpha p_{SC}^{-\varphi}[(1+\xi_1^{-\varphi})P_{MC}M_C Q_{SC}^{\varphi-1} + 2P_{MI}M_I \gamma^{-\varphi}Q_{SI}^{\varphi-1}]$$

$$(H_I/n_{SI} - a)/b = \alpha p_{SI}^{-\varphi}[2P_{MC}M_C \gamma^{-\varphi}Q_{SC}^{\varphi-1} + (1+\xi_2^{-\varphi})P_{MI}M_I Q_{SI}^{\varphi-1}]$$

$$(H_R/n_{SR} - a)/b = \alpha P_{SR}^{-\varphi}(2P_{MC}M_C t_1^{-\varphi}Q_{SC}^{\varphi-1} + 2P_{MI}M_I t_2^{-\varphi}Q_{SI}^{\varphi-1})$$

$$w_{Mi}L_{Mi} = (1-\alpha)P_{Mi}M_i, \quad i=C,I$$

$$P_{Si}(1-1/\varphi) = w_{hi}b, \quad i=C,I,R$$

$$(P_{Si} - bw_{Hi})H_i/n_i = P_{Si}a, \quad i=C,I,R$$

方程共有 19 个。未知数包括 w_{Hi}、P_{Si}、n_i，其中 $i=C,I,R$，和 P_{Mi}、P_{Ai}、w_{Mi}、w_{Ai}、M_i，其中 $i=C,I$，共有 19 个未知数，且每个方程都是独立的，故方程可解。

上述方程中的中间变量的表达式如下：

$$Q_{AC}^{1-\delta} = (1+\xi_1)^{1-\delta}P_{AC}^{1-\delta} + 2(P_{AI}\gamma)^{1-\delta}$$

$$Q_{MC}^{1-\sigma} = (1+\xi_1)^{1-\sigma}P_{MC}^{1-\sigma} + 2(P_{MI}\gamma)^{1-\sigma}$$

$$Q_{AI}^{1-\delta} = 2(P_{AC}\gamma)^{1-\delta} + (1+\xi_2)^{1-\delta}P_{AI}^{1-\delta}$$

$$Q_{MI}^{1-\sigma} = 2(P_{MC}\gamma)^{1-\sigma} + (1+\xi_2)^{1-\sigma}P_{MI}^{1-\sigma}$$

$$Q_{SC}^{1-\varphi} = (1+\xi_1)^{1-\varphi}n_C P_{SC}^{1-\varphi} + 2n_I(P_{SI}\gamma)^{1-\varphi} + n_R(P_{SR}t_1)^{1-\varphi}$$

$$Q_{SI}^{1-\varphi} = 2n_C(P_{SC}\gamma)^{1-\varphi} + (1+\xi_2)^{1-\varphi}n_I P_{SI}^{1-\varphi} + n_R(P_{SR}t_1)^{1-\varphi}$$

$$Q_{MR}^{1-\sigma} = 2(P_{MC}t_1)^{1-\sigma} + 2(P_{MI}t_2)^{1-\sigma}$$

$$E_i = w_{Ai}L_{Ai} + w_{Mi}L_{Mi} + w_{Hi}H_i \quad i=C,I$$

$$E_R = w_{HR}H_R$$

六、模型的数学模拟结果

上述方程组是包含 19 个未知数、19 个方程的非线性方程组。由于方程组的非线性，解析解不能获得，我们只有采取数值方法获得数值解。本模型的数学模拟过程可以用图 19-5 来表示。

下面给出数学模拟的参数值（参数的设定参照胡大鹏模型的参数）：

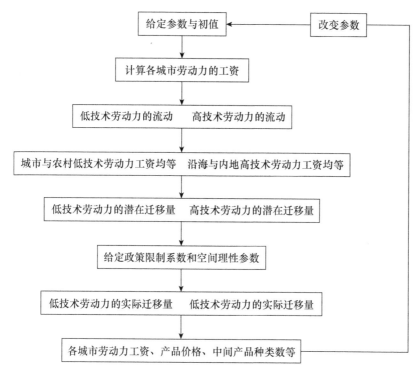

图 19-5　模型的数学模拟过程

禀赋：土地 $G_{C_1}=G_{C_2}=200$，$G_{I_1}=G_{I_2}=400$；这样的设定表明内地城市的土地资源更为丰富，这与现实状况相一致。沿海城市农业低技术劳动力 $L_{AC_1}=L_{AC_2}=400$，制造业低技术劳动力 $L_{MC_1}=L_{MC_2}=200$；内地城市农业低技术劳动力 $L_{AI_1}=L_{AI_2}=800$，制造业低技术劳动力 $L_{MI_1}=L_{MI_2}=200$；这样的设定表明单位土地上沿海与内地农业低技术劳动力相等，单位土地上制造业低技术劳动力沿海比内地高 1 倍。沿海高技术劳动力 $H_{C_1}=H_{C_2}=100$，内地高技术劳动力 $H_{I_1}=H_{I_2}=60$，国外高技术劳动力 $H_r=320$。这样的假设表明单位土地上沿海的高技术劳动力比内地的高技术劳动力高 2.33 倍。前面已经述及，各城市的禀赋条件不可能按照目前我国的现实状况一一对应，只是符合一定的相对关系，因此后面计算结果的各指标的大小就没有现实意义，各指标的相对大小以及变化趋势才是我们要着重关注的。

参数：沿海与内地之间的运输成本率 $\gamma=1.6$，沿海城市之间的运输成本率 $\xi_1=1.2$，内地城市之间的运输成本率 $\xi_2=1.4$。这样的假设表明区域间的交易成本大于区域内的交易成本，并且内地各城市间的交易成本大于沿海各城市间的交易成本。沿海与国外贸易的贸易成本率 $t_1=2$，内地与国外贸易的贸易成本率 $t_2=2.5$。这表明沿海由于地理位置离世界经济中心较近，所以具有对外贸易的区位优势。

农产品的替代弹性 $\delta=5.0$，制造业产品的替代弹性 $\sigma=3$；不同种类中间产品的替代弹性 $\varphi=1.68$。制造业产品的替代弹性小于农产品的替代弹性，这表明制造业产品的差别化程度更高，更不易被替代。而中间产品的替代弹性最高，这表明了中间产品不可替代程度的加深。

消费者的需求弹性 $v=0.5$，制造业对中间产品的需求弹性 $\alpha=0.5$，农产品生产对土地的需求弹性 $\rho=0.4$；中间产品生产的固定成本 $a=0.8$，中间产品生产的边际成本 $b=0.4$。低技术劳动力流动的政策限制参数 $\mu_L=0.5$，高技术劳动力的空间理性参数 $\mu_H=0.7$。这也就是说，在政府对劳动力流动限制的情况下，只有潜在的迁移人数的 50% 实现了迁移。同时，对于高技术劳动力，由于"空间理性"的作用，其中只有潜在迁移量的 70% 实现了迁移。在不考虑政府对低技术劳动力流动的限制时，则有 $\mu_L=\mu_H=0.7$。即在没有政策限制时，低技术劳动力的流动只受空间理性的限制，故高技术劳动力和低技术劳动力的空间理性参数相同。

对于本模型，可以调整的参数有：第一，两区域与国外的贸易成本率 t_1 和 t_2。当它们从 1 变化到很大时，在其他参数不变的情况下，考察人口的迁移状况以及随之而产生的沿海与内地经济对比的变动情况。第二，沿海与内地的运输成本率 γ。同样地，考察在其他参数不变的情况下，它的变化对人口的迁移以及经济的集聚有怎样的影响。第三，低技术劳动力流动的政策限制参数 μ_L。它的变化对应着政府对劳动力流动限制的强度，我们可以借以观察到政府政策强度对区域人口流动以及制造业的集聚的影响。第四，城市之间的运输成本率 ξ_1 和 ξ_2 的变化。其含义是，当二者都为 1 时，对应于区域内两城市间的自由贸易，相当于形成了联系紧密的城市网络，我们可以借以观察到城市网络对沿海与内地产业的集聚及人口迁移的影响。

（一）全球化进程对区域差异的影响（贸易成本率的变化）

我们来观察随着沿海与内地对外贸易成本的变化，我国沿海与内地的经济差异是如何变化的。调整贸易成本的大小，计算在不同贸易成本的情况下均衡后的各变量的值。由于地理位置的因素，在计算中假设内地与国外贸易的贸易成本率比沿海与国外贸易的贸易成本率高 0.5。

(1) 沿海与内地劳动力工资的差异，参见图 19-6。从图中我们可以观察到，随着我国开放程度的加深（贸易成本减小），首先，沿海与内地各种劳动力的工资比都大于 1，这说明沿海劳动力工资较高；其次，沿海与内地制造业劳动力工资比和农业劳动力工资比都呈现上升的趋势，而高技术劳动力的工资比显著下降，这说明全球化进程拉大了区域间低技术劳动力的工资差异，却减小了区域间高技术劳动力工资的差异。

(2) 区域内劳动力工资的差异，参见图 19-7。在区域内，随着全球化进程的进一步加深，沿海和内地制造业劳动力工资与农业劳动力工资之比也呈上升趋势。可见，全球化趋势使得低技术劳动力的工资差异无论在区域间还是区域内都变大了。

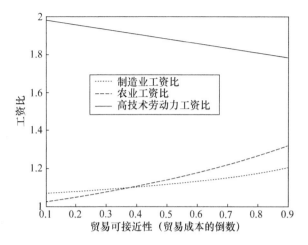

图 19-6　贸易可接近性变化时区域间劳动力工资比

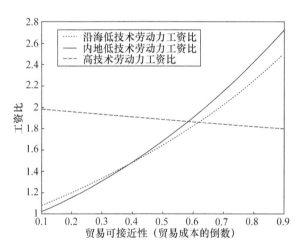

图 19-7　贸易可接近性变化时区域内劳动力工资比

(3) 制造业的集聚。因为没有低技术劳动力跨区域的流动，所以制造业的集聚只能用制造业人均产出来表示。我们将人均产出比大于 1 并有进一步增大的趋势的情形称为制造业集聚。

沿海制造业人均产出为
$$AM_C = M_C/L_{MC}$$
内地制造业人均产出为
$$AM_I = M_I/L_{MI}$$
则制造业人均产出比为
$$RM = AM_C/AM_I$$
沿海劳动力人均工资为
$$Aw_C = (w_{MC}L_{MC} + w_{AC}L_{AC} + w_{HC}H_C)/(L_{MC} + L_{AC} + H_C)$$

内地劳动力人均工资为

$$Aw_I = (w_{MI}L_{MI} + w_{AI}L_{AI} + w_{HI}H_I)/(L_{MI} + L_{AI} + H_I)$$

沿海劳动力真实人均工资为

$$Rw_C = Aw_C Q_{MC}^{-\nu} Q_{AC}^{1-\nu}$$

内地劳动力真实人均工资为

$$Rw_I = Aw_I Q_{MI}^{-\nu} Q_{AI}^{1-\nu}$$

其中，Q_{MC}、Q_{AC}、Q_{MI}、Q_{AI}分别为制造业产品在沿海城市的价格指数、农产品在沿海城市的价格指数、制造业产品在内地城市的价格指数、农产品在内地城市的价格指数。那么，人均真实工资比则为$RPCI=Rw_C/Rw_I$。根据以上表达式，计算结果如图19-8所示。首先，人均产出比和人均工资比都大于1，这说明制造业在沿海集聚。其次，随着贸易可接近性的增大，两个区域的人均制造业产出比和人均工资比都呈现上升的趋势。这说明全球化进程使制造业在沿海更为集聚。第三，当人口自由流动时，两个区域的人均工资之比相对较小。这说明人口的自由流动能够在全球化进程中在一定程度上减小区域间劳动力工资的差异。

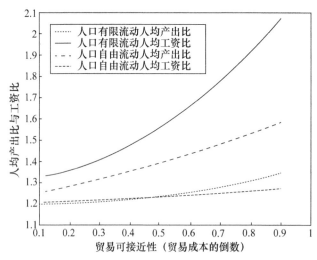

图19-8　人均产出比与工资比在不同情况下的比较

（4）劳动力的迁移和城市化的进程，参见图19-9。首先，随着我国对外开放程度的加剧，沿海和内地低技术劳动力从农村向城市的迁移都呈现上升的趋势，这说明全球化进程有助于推动我国的城市化进程；其次，高技术劳动力从内地向沿海的迁移量随着对外开放程度的加深而呈现减小的趋势，这说明全球化进程有助于避免内地高技术劳动力向沿海的流失。根据图19-10所示，随着我国对外开放的深化，在不考虑政府对低技术劳动力的限制时，沿海与内地的城市化率都比有政策限制时更高，这说明政府对劳动力的限制延缓了沿海与内地的城市化进程。

（5）中间产品种类数，参见图19-11。首先，沿海的中间产品种类数远高于内地中间产品种类数，这也是制造业在沿海集聚之源；其次，随着我国对外开放程度的加剧，沿海与内地的中间产品种类数都变化不大，而国外的中间产品种类数呈下降趋势。

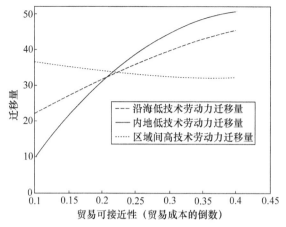

图 19-9 不同贸易可接近性时的各种劳动力的迁移量

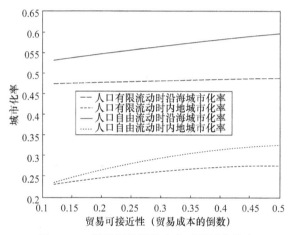

图 19-10 贸易可接近性变化时的城市化率

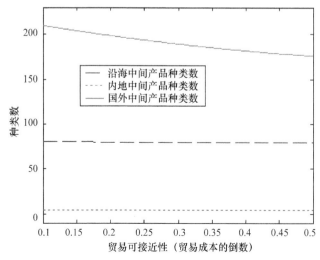

图 19-11 贸易可接近性变化时中间产品种类数

(二)区域间贸易壁垒对区域差异的影响(运输成本率的变化)

(1)劳动力工资的区域差异,参见图 19-12。第一,随着区域间贸易壁垒的减弱,沿海与内地制造业工资比、农业工资比都呈现下降趋势。这表明,区域间贸易壁垒的逐渐消除有助于减小区域间低技术劳动力的工资差异。第二,随着区域间交流得更为通畅,高技术劳动力工资比呈现上升趋势。

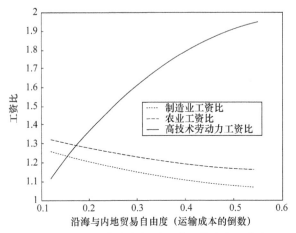

图 19-12 运输成本变化时区域间劳动力工资比

(2)劳动力工资的区域内差异,参见图 19-13。第一,随着区域间贸易壁垒的减小,沿海与内地的制造劳动力工资与农业劳动力工资之比呈现下降趋势,说明沿海与内地交易条件的改善有利于缩小各区域内的城乡差距。第二,沿海制造业劳动力工资与农业劳动力工资之比低于内地制造业劳动力工资与农业劳动力工资之比,说明沿海的城乡差距低于内地的城乡差距。

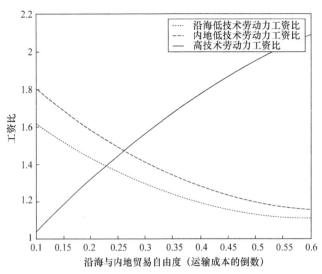

图 19-13 运输成本变化时区域内劳动力工资比

(3) 人均产出比与人均工资比,参见图 19-14。第一,在沿海与内地之间交易成本下降的过程中,人均产出比与人均工资比都有下降的趋势,这说明随着沿海与内地交流条件的改善,沿海与内地的差距将减小。第二,人均产出比比人均工资比减小得更快,说明工人的工资差异有一定的惯性,工资的调整滞后于产业的调整。

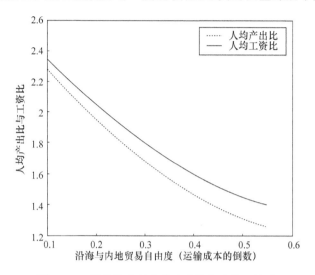

图 19-14　沿海和内地人均产出比与人均工资比

(4) 劳动力的流动,参见图 19-15 和图 19-16。第一,沿海低技术劳动力向城市的流动趋势比较明显,而内地低技术劳动力向城市的流动呈减少趋势。高技术劳动力由内地向沿海的流动呈缓慢增长的态势。第二,沿海城市化率缓慢升高,而内地城市化率缓慢降低。这是因为,内地农业劳动力向城市流动有减少趋势,同时内地高技术劳动力还有向沿海城市流动的趋势,致使内地城市化率下降。

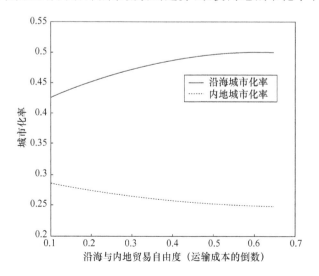

图 19-15　沿海与内地城市化率

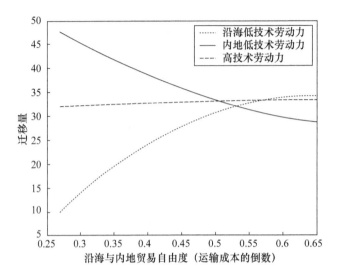

图 19-16 运输成本变化时劳动力迁移量

（三）政府限制劳动力流动的作用（迁移限制系数的变化）

（1）区域间劳动力工资的差异，参见图 19-17。第一，随着政府对劳动力流动限制的减弱，制造业与农业劳动力工资的比率变化不甚明显；第二，沿海与内地高技术劳动力的工资比首先有下降趋势，在政策限制进一步放开以后，高技术劳动力的工资差异又呈上升趋势。

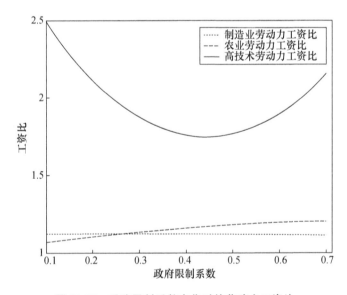

图 19-17 迁移限制系数变化时的劳动力工资比

（2）人均产出比和人均工资比，参见图 19-18。第一，随着政府对劳动力迁移限制的减弱，沿海与内地的人均产出比的变化不甚明显。第二，人均工资比呈现先增大后变小的倒"U"形变化过程。

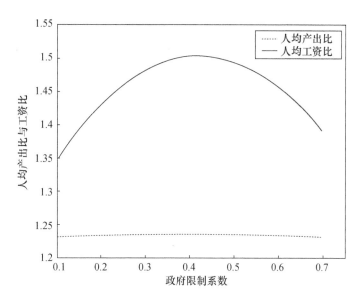

图 19-18　迁移限制系数变化时的人均产出比和人均工资比

（3）区域内劳动力的工资差异，参见图 19-19。区域内低技术劳动力工资的差异也随着迁移限制系数的增大而呈现倒"U"形的变化过程。

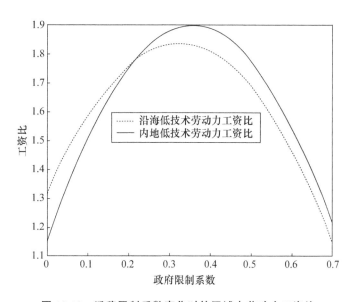

图 19-19　迁移限制系数变化时的区域内劳动力工资比

(4) 劳动力的迁移量,参见图 19-20。随着政府对劳动力流动限制的放宽,低技术劳动力从农村向城市迁移量不断增加。

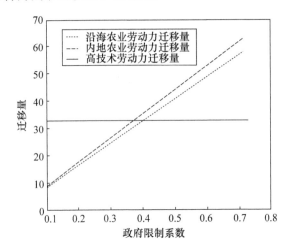

图 19-20　迁移限制系数变化时的劳动力的迁移

(四) 区域内自由贸易

区域内自由贸易,指的是沿海的两个城市间的贸易成本率 ξ_1 为 1,内地两城市间的贸易成本率 ξ_2 也为 1,即区域内贸易无贸易成本。

(1) 高技术劳动力工资比,参见图 19-21。我们对照城市间有贸易成本和无贸易成本的情形。可以看到,随着贸易可接近性的不断增加,沿海与内地的高技术劳动力工资比都有上升的趋势,而城市间无贸易成本时,沿海与内地高技术劳动力工资比上升的幅度更大。

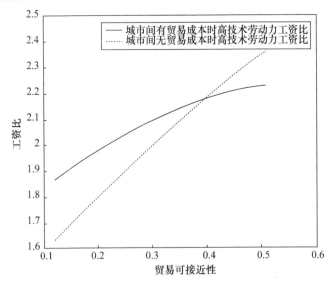

图 19-21　高技术劳动力工资比的比较

（2）城市化率,参见图 19-22。首先,沿海的城市化率在两种情况下都高于内地的城市化率。其次,城市间有贸易成本时,沿海的城市化率比城市间无贸易成本时更高,内地在两种情况下差别不显著。

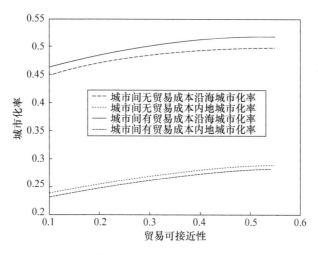

图 19-22　城市化率的比较

（3）低技术劳动力工资比,参见图 19-23。第一,区域内城市自由贸易时沿海低技术劳动力工资比高于区域内非自由贸易时的情形,这表明区域内自由贸易拉大了城乡差距。第二,区域内自由贸易时内地的城乡差距大于沿海的城乡差距;当区域内非自由贸易时,二者的差距不明显。

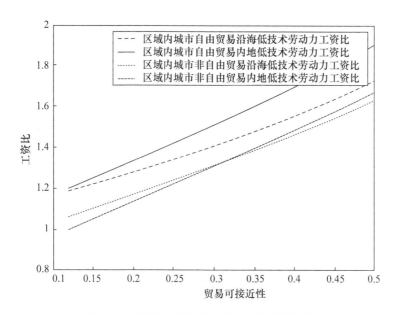

图 19-23　区域内低技术劳动力工资比的比较

(4) 人均产出比与人均工资比,参见图 19-24。第一,区域内城市间自由贸易时,沿海与内地的人均产出比更高,这表明制造业向沿海集聚的趋势更明显。第二,区域内城市间自由贸易时,沿海与内地的人均工资比也更高,这表明城市间的自由贸易拉大了沿海与内地劳动力工资的差异。

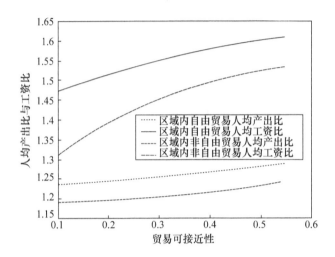

图 19-24 人均产出比与人均工资比的比较

(5) 劳动力的迁移,参见图 19-25。第一,我们可以看到,沿海与内地低技术劳动力向城市的迁移都随贸易可接近性的提高而提高,而内地增长的幅度更大。第二,高技术劳动力的迁移基本上没有变化。

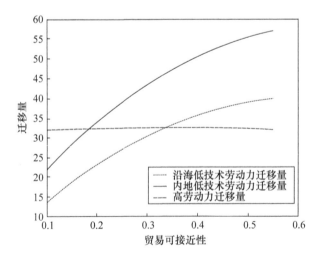

图 19-25 劳动力的迁移量

（五）计算结果的分析

1. 对外贸易成本率的变化对产业集聚和人口流动的影响

（1）沿海与内地劳动力的工资差异。根据前面的计算结果，随着我国对外开放程度的加深，制造业劳动力工资和农业劳动力工资的差异都不断扩大，而高技术劳动力工资差异呈缩小趋势。这与我国改革开放后的区域差异现实状况相似。随着我国经济外向度的不断提高，制造业为了获得更高的利润，宁愿选址在沿海地区。这是因为，首先，沿海地区有较大的本地市场，离本地市场较近可以节约运输成本。其次，离国际市场较近，在向国外出口制造业产品和进口中间产品方面都可以节约运输成本。第三，沿海地区中间产品种类较多，这有利于制造业产品的生产。所有这些原因使制造业不断向沿海集聚。另外，因为我国的户籍制度以及相应的社会保障系统不够完善，使得劳动力跨区域流动在一定程度上被遏制。沿海制造业的集聚导致劳动力工资有上升的压力，这种压力主要由劳动力从本区域农村流向城市来缓解。劳动力流动的主体在区域内，这使得我国区域间的工资差异没有因为劳动力的流动而减小，而是扩大了。与此同时，户籍制度基本上对高技术劳动力不形成限制，其迁移决策主要取决于能否获得更多的目的地信息，也即其迁移决策仅受"空间理性"的约束。所以，随着我国对外开放程度的加深，高技术劳动力不断向沿海流动（对应着"孔雀东南飞"现象），使得高技术劳动力工资的区域差异不断缩小。

（2）区域内劳动力工资的差异。随着全球化进程的不断推进，区域内劳动力工资差异也呈现扩大的趋势。这里所说的区域内劳动力工资差异指的是一个区域内制造业低技术劳动力工资与农业低技术劳动力工资的差异。前面提到，劳动力的主要流向是区域内从农村流向城市，而这种流动受政府政策的限制，只有一部分实现了流动。一方面，制造业在沿海的集聚对劳动力形成了更大的需求；另一方面，劳动力的供给却受政府的限制。现实的情况是，区域内劳动力工资在产业集聚和劳动力流动的双重作用下呈现扩大的趋势，这说明劳动流动不能跟上产业集聚的步伐，政府的政策在这里起了关键的作用。通过上面的分析，全球化过程中低技术劳动力的工资差异无论在区域间还是区域内都变大了，但全球化不是劳动力工资差异扩大的必然原因，政府对劳动力流动的政策限制是一个重要的原因。

（3）产业集聚。首先，制造业有在沿海集聚的趋势，这在上面已经分析。其次，当人口自由流动时，两个区域的人均工资之比相对较小，这说明人口的自由流动能够在全球化进程中在一定程度上减小区域间劳动力工资差异。因此，政府对劳动力流动的限制加大了区域间劳动力的工资差异。

（4）城市化。随着我国对外开放程度的加深，我国沿海与内地的城市化率都呈现升高的趋势。我们知道，一个地区的城市化过程可以近似地用逻辑斯蒂（Logistic）曲线（Karmeshu,1998）来表示，也就是"S"曲线，参见图19-26。即城市化过程表现为持续增长、加速增长直至减速增长，最后在某个稳定状态左右波动这样四个阶段。当今主要的几个发达国家的城市化水平已经达到了上述过程的最后阶段,一般在80%左右波动。通常的认识是,当城市化率达到30%时,城市化进程进入加速发展时期。我国的城市化进程正处于加速发展时期。

高技术劳动力从内地向沿海的迁移量随着对外开放程度的加深而呈现减小的趋势,这说明全球化进程有助于避免内地高技术劳动力向沿海的流失。对于本模型而言,因为高技术劳动力工资的区域差异会随着全球化进程而缩小,从而减弱了高技术劳动力跨区域流动的动力,使得高技术劳动力向沿海流动越来越少。

(5)中间产品。沿海的中间产品种类数远高于内地中间产品种类数,这在一定程度上说明了生产者服务业的发达程度。生产者服务业的发达程度对于制造业的发展至关重要。如果生产者服务业存在着报酬递增,那么一个较大的市场对于生产者服务业和制造业都是有利的。市场较大,制造业的产出就大,它所能支撑的中间产品种类数就更多,每个中间产品生产厂商都能够在较大规模下生产中间产品,由于规模经济的作用,它们生产的中间产品的价格就较低,这对制造业也是有利可图的。所以,本章的累积因果循环关系,是在中间产品部门生产的报酬递增以及中间产品部门与制造业部门的前后向联系中体现出来的。

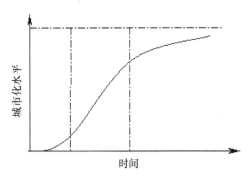

图19-26 城市化的发展历程

2.区域间贸易成本对区域差异的影响

(1)劳动力流动与城市化过程。随着区域间贸易成本的降低,内地低技术劳动力向城市的流动呈减少趋势,因此,沿海城市化率缓慢升高,而内地城市化率缓慢降低。内地农业劳动力向城市流动在减少,而内地高技术劳动力还有向沿海城市流动的趋势,致使内地城市化率下降。

(2)产业集聚。在沿海与内地之间交易成本下降的过程中,人均产出与人均工资的差异都在缩小,这说明随着沿海与内地交流条件的改善,产业向沿海集聚的趋势减弱。我们知道,新经济地理学模型的一般结论是,区域间贸易成本的减小首先会导致产业在一个区域集聚;随着贸易成本的进一步减小,经济又会重新回到对称分布的状态。集聚的原因在于某一区域在占据优势后的极化效应起主导作用。分散的原因在于对制造业产品需求的分散。在我们这里,减小区域间的贸易成本只有一个作用,就是扩散效应居主导地位,导致沿海与内地的差距缩小。

(3)区域间劳动力的工资差异。随着区域间贸易壁垒的减弱,沿海与内地制造业工资、农业工资的差异都逐渐缩小,而农业工资差异减小得更快。也就是说,减小我国区域间的运输成本、消除条块分割、摒弃区域间纷繁多样的贸易壁垒和非贸易壁垒,有助于减小区域间劳动者的工资差异,并最终缩小我国内地与沿海的差距。另外,随着我国区域间交流的通畅,高技术劳动力的工资差异在扩大。这是因为,随着我国区域间贸易壁垒的降低,制造业有向内地扩散的趋势,而内地制造业的发展来源于从沿海和国外进口中间产品。对沿海中间产品的需求增大提高了沿海高技术劳动力的工资。

(4)区域内劳动力工资的差异。随着区域间贸易壁垒的减小,沿海与内地的制造业劳动力工资与农业劳动力工资之比呈现下降趋势,说明沿海与内地交易条件的改善有利于缩小各区域内的城乡差距。沿海制造业劳动力工资与农业劳动力工资之比低于内地制造业劳动力工资与农业劳动力工资之比,说明沿海的城乡差距低于内地的城乡差距。

3.政府限制劳动力流动的强弱对区域差异的影响

(1)劳动力的迁移。显而易见,政府对劳动力流动的限制减弱能够使劳动力从农村向城市的迁移量不断增大。现实的情况是,我国正处于加速城市化阶段,农村人口向城市涌动是不可逆转的潮流和趋势。农村由于人均土地量不断减少(城市用地的不断扩张),再加上农业生产率的不断提高,使得大量的农业人口成为农业剩余劳动力。这些农业剩余劳动力只要有可能,就会向城市流动。在现有的条件下,只有其中的一部分发生了现实的流动。政府对劳动力直接和间接的限制是原因之一。

(2)劳动力工资的差异。随着政府对劳动力流动限制的减弱,区域间低技术劳动力工资差异变化不大。而在区域内,政府限制减弱首先导致低技术劳动力工资差异的扩大。这可能是在政府放宽限制的初期,制造业在城市的集聚效应居于主导地位,从而拉动低技术劳动力工资的差异变大。随着政府限制作用的进一步减弱,大量农业劳动力涌入城市,从而减小了城乡低技术劳动力的工资差异。对于高技术劳动力,政府对其流动并没有直接限制。随着政府对低技术劳动力流动限制的减弱,高技术劳动力的工资差异首先减小,接着又会随着政府对低技术劳动力限制的进一步放宽而扩大。这种变化趋势正好与区域内低技术劳动力工资差异的变化趋势相反。

(3)产业集聚。随着政府对劳动力流动限制的减弱,沿海与内地的人均产出比变化不甚明显。由于本模型不存在低技术劳动力的跨区域流动,因此政府对劳动力限制的减弱对产业集聚的影响微乎其微。

4.区域内自由贸易对区域差异的影响

区域内自由贸易,对应着区域内两个城市之间商品的运输不需要支付运输成本,在现实中对应于联系紧密的城市网络或城市群。

(1) 劳动力的迁移。随着贸易可接近性的提高,沿海和内地低技术劳动力从农村向城市的流动量都在增加,这与前面区域内城市间有贸易成本时的结果一样。对于前面的结果,当两城市之间有贸易成本时,沿海低技术劳动力的迁移量可能高于内低地技术劳动力的迁移量,也可能低于内地低技术劳动力的迁移量。而在这里,内地低技术劳动力的迁移量始终高于沿海低技术劳动力的迁移量。这说明,在形成城市集群的情况下,内地的城市化过程似乎更为显著。

(2) 制造业的集聚。区域内自由贸易时,制造业向沿海的集聚趋势更为明显。这是因为,区域内自由贸易相当于中间产品部门能够以更大规模生产产品。而对于沿海来说,这种规模经济效益相对于内地来说更为显著,从而使得沿海中间产品的价格更低。中间产品部门与制造业部门之间的上下游联系,使得沿海制造业不断扩张。

(3) 区域内劳动力工资差异。区域内城市自由贸易时沿海低技术劳动力工资比高于区域内非自由贸易时的情形,这表明区域内自由贸易拉大了沿海的城乡差距,对内地也有同样的结果。对该结果的解释:区域内自由贸易时,相当于制造业可以获得更多种类的中间产品,更多种类的中间产品投入意味着报酬递增性更强,从而拉大了城乡劳动力的工资差异。同时,在区域内自由贸易时,内地的城乡差异大于沿海的城乡差异,这与前面所得结果相同。

七、模型的特征

本模型与胡大鹏(2002)模型既有相同又有不同。

(一) 相同点

(1) 沿海与内地的产出比大于 1,制造业在沿海集聚,沿海的区位优势在两个模型中都能够得以体现。

(2) 随着对外开放程度的增加,沿海与内地的产出比呈增加的趋势。对外开放有助于制造业在沿海的进一步集聚。

(3) 在对外贸易成本较低的情况下,随着区域间的一体化进程,沿海与内地的产出比呈减小的趋势。

(二) 不同点

(1) 运输成本的反效应。在胡大鹏的模型结果中,当贸易成本率较高时,随着区域间的一体化进程,沿海与内地的产出比首先呈现下降趋势,后又升高,见图 19-14。而在本研究中,不存在这样的反效应。

(2) 迁移自由度对产出和工资的影响。在胡大鹏的模型结果中,随着迁移自由度的增加,沿海与内地制造业产出比和劳动力工资比都呈现上升趋势。而在本研究中,制造业产出比变化不大,低技术劳动力工资比呈现倒"U"形变化趋势,高技术劳动力工资比呈现"U"形变化趋势。

(3) 本研究考虑了区域内城市群对区域间差异的影响,在胡大鹏的模型中没有这样的考虑。

(4) 本模型的假设条件认为高技术劳动力也是有限流动的,从而模拟出高技术劳动力工资的区域差异,而在胡大鹏的模型中,高技术劳动力自由流动,因而区域间高技术劳动力的工资无差异。

第三节 小 结

一、模型的现实含义

本研究是在抽象出我国区域经济发展中的特征事实的基础上,建立的新经济地理学模型。通过对模型的推演和计算,所得结果与我国区域经济发展的现状相一致,并能够对我国沿海与内地的差异提供一定的解释。模型与现实的契合点包括:

(1) 沿海的优势地位明显。无论产业集聚、劳动力工资、中间产品种类数、生产者服务业,还是城市化率,沿海都比内地相应的指标高。这与我国当前的区域差异现状相吻合。

(2) 全球化趋势使得低技术劳动力的工资差异无论在区域间还是区域内都变大了。目前我国劳动力工资的城乡差距、沿海与内地劳动力工资的差距就是一个很好的佐证。

(3) 全球化趋势加剧了制造业在沿海的集聚。

(4) 沿海的城乡差异低于内地的城乡差异,这也与我国的现实状况相一致。

二、模型对我国区域经济发展的启示

1. 减小区域间贸易成本对我国区域经济发展产生的结果

(1) 有助于减小区域间和区域内低技术劳动力的工资差异,扩大区域间高技术劳动力的工资差异。目前我国沿海与内地劳动力工资差异显著,这种差异主要表现在农民和城市居民的工资差异上,也就是低技术劳动力的工资差异。通过减小区域间的交易成本,加强沿海与内地的联系,消除区域间人为的贸易障碍等因素,这种差异将会得到缓解。

(2) 随着沿海与内地交流条件的改善,制造业向沿海的集聚趋势将减弱。目前,我国的东西差距问题比较严重,所以中央政府提出了"西部大开发"战略。"西部大开发"就是要在国际经济的新背景下,在我国当前的经济发展阶段上,进一步发展西部经济,缩小东西差距。通过改善沿海与内地的交易条件,可以对"西部大开发"的目标起到一定的促进作用。

2. 政府减弱对劳动力流动限制的作用

(1) 对高素质劳动力的作用。政府对劳动力流动限制的放宽,最终会拉大沿海与内地高技术劳动力的工资差异,这有助于我国区域间人才的流动和交流,吸引高素质人才到更为适当的岗位上发挥才干。

(2) 有助于减小城乡差距。我国目前是典型的二元经济,由于20世纪70年代末的农村经济体制使得农村的劳动生产率得到了很大提高,从而从农业游离出大量的剩余劳动力。城市劳动力工资较高使得农村劳动力有向城市迁移的动力,但政府政策的限制阻碍了流动的自由进行,使得农业劳动力收入进一步走低。虽然政府对劳动力流动限制的放宽程度较小时,会加大城乡差距,但随着政府对劳动力流动限制的进一步放宽,城乡差距最终会减小。

(3) 有助于加快城市化进程。城市化水平在一定程度上标志着一个国家经济发展的水平,我国的城市化水平相对较低,尚处于城市化的加速发展时期。城市化水平的不断提高与经济的发展相辅相成,互为因果。因此,加快城市化水平,能够使我国的经济更上一个台阶。尽管城市化过程中会产生许多负面(犯罪率上升、污染、贫民窟等)社会现象,但城市对经济发展的主导作用已是举世公认的。通过政府对劳动力限制的减弱,我国的城市化进程将进一步加快。

3. 培育城市群对区域差异的作用

区域内城市之间的自由贸易对应着城市群的情形。其对我国区域差异的影响是:

(1) 有助于制造业在沿海的集聚。产业在沿海的集聚不是坏事,而是更有利于规模经济效益的发挥。长期以来,我国的城市发展观"严格控制大城市规模,合理发展中小城市,积极发展小城镇"一直左右着我国城镇发展的思路。根据有关文献(陈伟民,蒋华园,2000)结论,我国的城市发展政策应当从重点发展小城镇转向发展较大规模的城市。

(2) 加大了沿海与内地高技术劳动力工资的差异。城市群的形成和城市规模效益的发挥使得高技术劳动力工资的差异更为显著,有利于高技术劳动力的跨区域流动,从而实现高技术劳动力更为高效、合理地配置。

(3) 城市群的形成拉大了城乡差距,并且内地的城乡差距大于沿海的城乡差距。城市集群的形成使得城市的集聚效应更为明显,如果政府对劳动的限制没有减弱,则势必会拉大城乡劳动者的工资差异。

附 录

(一) 城市 C_1 的消费者行为

首先解城市 C_1 的消费者对各种产品的需求函数,其效用函数为

$$u_{C_1} = [A_{C_1C_1}^{(\delta-1)/\delta} + A_{C_2C_1}^{(\delta-1)/\delta} + A_{I_1C_1}^{(\delta-1)/\delta} + A_{I_2C_1}^{(\delta-1)/\delta}]^{(1-\nu)\delta/(\delta-1)} [M_{C_1C_1}^{(\sigma-1)/\sigma} + M_{C_2C_1}^{(\sigma-1)/\sigma} + M_{I_1C_1}^{(\sigma-1)/\sigma} + M_{I_2C_1}^{(\sigma-1)/\sigma}]^{\nu\sigma/(\sigma-1)} \quad (1)$$

预算约束为

$$p_{AC_1}A_{C_1C_1} + p_{AC_1}\xi_1 A_{C_2C_1} + p_{AI_1}\gamma A_{I_1C_1} + p_{AI_2}\gamma A_{I_2C_1} + p_{MC_1}M_{C_1C_1} + p_{MC_2}\xi_1 M_{C_2C_1} + p_{MI_1}\gamma M_{I_1C_1} + p_{MI_2}\gamma M_{I_2C_1} = E_{C_1} \quad (2)$$

对于上述最大化过程，它等价于下述两组最大化过程：

$$\max \quad u_{C_1}^A = [A_{C_1C_1}^{(\delta-1)/\delta} + A_{C_2C_1}^{(\delta-1)/\delta} + A_{I_1C_1}^{(\delta-1)/\delta} + A_{I_2C_1}^{(\delta-1)/\delta}]^{(1-\nu)\delta/(\delta-1)}$$
$$\text{s.t.} \quad p_{AC_1}A_{C_1C_1} + p_{AC_1}\xi_1 A_{C_2C_1} + p_{AI_1}\gamma A_{I_1C_1} + p_{AI_2}\gamma A_{I_2C_1} = (1-\nu)E_{C_1} \quad (3)$$

和

$$\max \quad u_{C_1}^M = [M_{C_1C_1}^{(\sigma-1)/\sigma} + M_{C_2C_1}^{(\sigma-1)/\sigma} + M_{I_1C_1}^{(\sigma-1)/\sigma} + M_{I_2C_1}^{(\sigma-1)/\sigma}]^{\nu\sigma/(\sigma-1)}$$
$$\text{s.t.} \quad p_{MC_1}M_{C_1C_1} + p_{MC_2}\xi_1 M_{C_2C_1} + p_{MI_1}\gamma M_{I_1C_1} + p_{MI_2}\gamma M_{I_2C_1} = \nu E_{C_1} \quad (4)$$

由方程(3)可以得到

$$A_{C_1C_1} = P_{AC_1}^{-\delta}(1-\nu)E_{C_1}/[P_{AC_1}^{1-\delta} + (P_{AC_2}\xi_1)^{1-\delta} + (P_{AI_1}\gamma)^{1-\delta} + (P_{AI_2}\gamma)^{1-\delta}]$$
$$= (1-\nu)P_{AC_1}^{-\delta}E_{C_1}Q_{AC_1}^{\delta-1} \quad (5)$$

其中，

$$Q_{AC_1}^{1-\delta} = P_{AC_1}^{1-\delta} + (P_{AC_2}\xi_1)^{1-\delta} + (P_{AI_1}\gamma)^{1-\delta} + (P_{AI_2}\gamma)^{1-\delta} \quad (5')$$

$$A_{C_2C_1} = (P_{AC_2}\xi_1)^{-\delta}(1-\nu)E_{C_1}/[P_{AC_1}^{1-\delta} + (P_{AC_2}\xi_1)^{1-\delta} + (P_{AI_1}\gamma)^{1-\delta} + (P_{AI_2}\gamma)^{1-\delta}]$$
$$= (1-\nu)(P_{AC_2}\xi_1)^{-\delta}E_{C_1}Q_{AC_1}^{\delta-1} \quad (6)$$

$$A_{I_1C_1} = (P_{AI_1}\gamma)^{-\delta}(1-\nu)E_{C_1}/[P_{AC_1}^{1-\delta} + (P_{AC_2}\xi_1)^{1-\delta} + (P_{AI_1}\gamma)^{1-\delta} + (P_{AI_2}\gamma)^{1-\delta}]$$
$$= (1-\nu)(P_{AI_1}\gamma)^{-\delta}E_{C_1}Q_{AC_1}^{\delta-1} \quad (7)$$

$$A_{I_2C_1} = (P_{AI_2}\gamma)^{-\delta}(1-\nu)E_{C_1}/[P_{AC_1}^{1-\delta} + (P_{AC_2}\xi_1)^{1-\delta} + (P_{AI_1}\gamma)^{1-\delta} + (P_{AI_2}\gamma)^{1-\delta}]$$
$$= (1-\nu)(P_{AI_2}\gamma)^{-\delta}E_{C_1}Q_{AC_1}^{\delta-1} \quad (8)$$

由方程(4)可以得到

$$M_{C_1C_1} = P_{MC_1}^{-\sigma}\nu E_{C_1}/[P_{MC_1}^{1-\sigma} + (P_{MC_2}\xi_1)^{1-\sigma} + (P_{MI_1}\gamma)^{1-\sigma} + (P_{MI_2}\gamma)^{1-\sigma}]$$
$$= P_{MC_1}^{-\sigma}Q_{MC_1}^{\sigma-1}\nu E_{C_1} \quad (9)$$

其中，

$$Q_{MC_1}^{1-\sigma} = P_{MC_1}^{1-\sigma} + (P_{MC_2}\xi_1)^{1-\sigma} + (P_{MI_1}\gamma)^{1-\sigma} + (P_{MI_2}\gamma)^{1-\sigma} \quad (9')$$

$$M_{C_2C_1} = (P_{MC_2}\xi_1)^{-\sigma}\nu E_{C_1}/[P_{MC_1}^{1-\sigma} + (P_{MC_2}\xi_1)^{1-\sigma} + (P_{MI_1}\gamma)^{1-\sigma} + (P_{MI_2}\gamma)^{1-\sigma}]$$
$$= (P_{MC_2}\xi_1)^{-\sigma}Q_{MC_1}^{\sigma-1}\nu E_{C_1} \quad (10)$$

同理得

$$M_{I_1C_1} = (P_{MI_1}\gamma)^{-\sigma}Q_{MC_1}^{\sigma-1}\nu E_{C_1} \quad (11)$$

$$M_{I_2C_1} = (P_{MI_2}\gamma)^{-\sigma}Q_{MC_1}^{\sigma-1}\nu E_{C_1} \quad (12)$$

（二）城市 C_2 的消费者行为

首先解城市 C_2 的消费者对各种产品的需求函数，其效用函数为

$$u_{C_2} = [A_{C_1C_2}^{(\delta-1)/\delta} + A_{C_2C_2}^{(\delta-1)/\delta} + A_{I_1C_2}^{(\delta-1)/\delta} + A_{I_2C_2}^{(\delta-1)/\delta}]^{(1-v)\delta/(\delta-1)}$$
$$[M_{C_1C_2}^{(\sigma-1)/\sigma} + M_{C_2C_2}^{(\sigma-1)/\sigma} + M_{I_1C_2}^{(\sigma-1)/\sigma} + M_{I_2C_2}^{(\sigma-1)/\sigma}]^{v\sigma/(\sigma-1)} \tag{13}$$

预算约束为

$$p_{AC_1}\xi_1 A_{C_1C_2} + p_{AC_1}A_{C_2C_2} + p_{AI_1}\gamma A_{I_1C_2} + p_{AI_2}\gamma A_{I_2C_2} + p_{MC_1}\xi_1 M_{C_1C_2} + p_{MC_2}M_{C_2C_2}$$
$$+ p_{MI_1}\gamma M_{I_1C_2} + p_{MI_2}\gamma M_{I_2C_2} = E_{C_2} \tag{14}$$

对于上述最大化过程，它等价于下述两组最大化过程：

$$\max \quad u_{C_2}^A = [A_{C_1C_2}^{(\delta-1)/\delta} + A_{C_2C_2}^{(\delta-1)/\delta} + A_{I_1C_2}^{(\delta-1)/\delta} + A_{I_2C_2}^{(\delta-1)/\delta}]^{(1-v)\delta/(\delta-1)}$$
$$\text{s. t.} \quad p_{AC_1}A_{C_1C_2} + p_{AC_1}\xi_1 A_{C_2C_2} + p_{AI_1}\gamma A_{I_1C_2} + p_{AI_2}\gamma A_{I_2C_2} = (1-v)E_{C_2} \tag{15}$$

$$\max \quad u_{C_2}^M = [M_{C_1C_2}^{(\sigma-1)/\sigma} + M_{C_2C_2}^{(\sigma-1)/\sigma} + M_{I_1C_2}^{(\sigma-1)/\sigma} + M_{I_2C_2}^{(\sigma-1)/\sigma}]^{v\sigma/(\sigma-1)}$$
$$\text{s. t.} \quad p_{MC_1}M_{C_1C_2} + p_{MC_2}\xi_1 M_{C_2C_2} + p_{MI_1}\gamma M_{I_1C_2} + p_{MI_2}\gamma M_{I_2C_2} = vE_{C_2} \tag{16}$$

由最大化问题(15)可以得到

$$A_{C_1C_2} = (P_{AC_1}\xi_1)^{-\delta}(1-v)E_{C_2}/[(P_{AC_1}\xi_1)^{1-\delta} + P_{AC_2}^{1-\delta} + (P_{AI_1}\gamma)^{1-\delta} + (P_{AI_2}\gamma)^{1-\delta}]$$
$$= (1-v)(P_{AC_1}\xi_1)^{-\delta}E_{C_2}Q_{AC_2}^{\delta-1} \tag{17}$$

其中，

$$Q_{AC_2}^{1-\delta} = P_{AC_2}^{1-\delta} + (P_{AC_1}\xi_1)^{1-\delta} + (P_{AI_1}\gamma)^{1-\delta} + (P_{AI_2}\gamma)^{1-\delta} \tag{17'}$$

同理可得

$$A_{C_2C_2} = (1-v)P_{AC_2}^{-\delta}E_{C_2}Q_{AC_2}^{\delta-1} \tag{18}$$
$$A_{I_1C_2} = (1-v)(P_{AI_1}\gamma)^{-\delta}E_{C_2}Q_{AC_2}^{\delta-1} \tag{19}$$
$$A_{I_2C_2} = (1-v)(P_{AI_2}\gamma)^{-\delta}E_{C_2}Q_{AC_2}^{\delta-1} \tag{20}$$

由最大化问题(16)可以得到

$$M_{C_1C_2} = (P_{MC_1}\xi_1)^{-\sigma}vE_{C_2}/[P_{MC_2}^{1-\sigma} + (P_{MC_1}\xi_1)^{1-\sigma} + (P_{MI_1}\gamma)^{1-\sigma} + (P_{MI_2}\gamma)^{1-\sigma}]$$
$$= (P_{MC_1}\xi_1)^{-\sigma}Q_{MC_2}^{\sigma-1}vE_{C_2} \tag{21}$$

其中，

$$Q_{MC_2}^{1-\sigma} = P_{MC_2}^{1-\sigma} + (P_{MC_1}\xi_1)^{1-\sigma} + (P_{MI_1}\gamma)^{1-\sigma} + (P_{MI_2}\gamma)^{1-\sigma} \tag{21'}$$

同理可得

$$M_{C_2C_2} = P_{MC_2}^{-\sigma}Q_{MC_2}^{\sigma-1}vE_{C_2} \tag{22}$$
$$M_{I_1C_2} = (P_{MI_1}\gamma)^{-\sigma}Q_{MC_2}^{\sigma-1}vE_{C_2} \tag{23}$$
$$M_{I_2C_2} = (P_{MI_2}\gamma)^{-\sigma}Q_{MC_2}^{\sigma-1}vE_{C_2} \tag{24}$$

（三）城市 I_1 的消费者行为

首先解城市 I_1 的消费者对各种产品的需求函数，其效用函数为

$$u_{I_1} = [A_{C_1I_1}^{(\delta-1)/\delta} + A_{C_2I_1}^{(\delta-1)/\delta} + A_{I_1I_1}^{(\delta-1)/\delta} + A_{I_2I_1}^{(\delta-1)/\delta}]^{(1-v)\delta/(\delta-1)}$$
$$[M_{C_1I_1}^{(\sigma-1)/\sigma} + M_{C_2I_1}^{(\sigma-1)/\sigma} + M_{I_1I_1}^{(\sigma-1)/\sigma} + M_{I_2I_1}^{(\sigma-1)/\sigma}]^{v\sigma/(\sigma-1)} \tag{25}$$

$$p_{AC_1}\gamma A_{C_1I_1} + p_{AC_1}\gamma A_{C_2I_1} + p_{AI_1}A_{I_1I_1} + p_{AI_2}\xi_2 A_{I_2I_1} + p_{MC_1}\gamma M_{C_1I_1} + p_{MC_2}\gamma M_{C_2I_1}$$
$$+ p_{MI_1}M_{I_1I_1} + p_{MI_2}\xi_2 M_{I_2I_1} = E_{I_1} \tag{26}$$

对于上述最大化过程，它等价于下述两组最大化过程：

$$\max \quad u_{I_1}^A = [A_{C_1I_1}^{(\delta-1)/\delta} + A_{C_2I_1}^{(\delta-1)/\delta} + A_{I_1I_1}^{(\delta-1)/\delta} + A_{I_2I_1}^{(\delta-1)/\delta}]^{(1-\nu)\delta/(\delta-1)}$$

$$\text{s.t.} \quad p_{AC_1}\gamma A_{C_1I_1} + p_{AC_1}\gamma A_{C_2I_1} + p_{AI_1}A_{I_1I_1} + p_{AI_2}\xi_2 A_{I_2I_1} = (1-\nu)E_{I_1} \quad (27)$$

$$\max \quad u_{I_1}^M = [M_{C_1I_1}^{(\sigma-1)/\sigma} + M_{C_2I_1}^{(\sigma-1)/\sigma} + M_{I_1I_1}^{(\sigma-1)/\sigma} + M_{I_2I_1}^{(\sigma-1)/\sigma}]^{\omega/(\sigma-1)}$$

$$\text{s.t.} \quad p_{MC_1}\gamma M_{C_1I_1} + p_{MC_2}\gamma M_{C_2I_1} + p_{MI_1}M_{I_1I_1} + p_{MI_2}\xi_2 M_{I_2I_1} = \nu E_{I_1} \quad (28)$$

由最大化问题(27)可以得到

$$A_{C_1I_1} = (P_{AC_1}\gamma)^{-\delta}(1-\nu)E_{I_1}/[(P_{AC_1}\gamma)^{1-\delta} + (P_{AC_2}\gamma)^{1-\delta} + P_{AI_1}^{1-\delta} + (P_{AI_2}\xi_2)^{1-\delta}]$$

$$= (1-\nu)(P_{AC_1}\gamma)^{-\delta}E_{I_1}Q_{AI_1}^{\delta-1} \quad (29)$$

其中，

$$Q_{AI_1}^{1-\delta} = (P_{AC_1}\gamma)^{1-\delta} + (P_{AC_2}\gamma)^{1-\delta} + P_{AI_1}^{1-\delta} + (P_{AI_2}\xi_2)^{1-\delta} \quad (29')$$

同理可得

$$A_{C_2I_1} = (1-\nu)(P_{AC_2}\gamma)^{-\delta}E_{I_1}Q_{AI_1}^{\delta-1} \quad (30)$$

$$A_{I_1I_1} = (1-\nu)P_{AI_1}^{-\delta}E_{I_1}Q_{AI_1}^{\delta-1} \quad (31)$$

$$A_{I_2I_1} = (1-\nu)(P_{AI_2}\xi_2)^{-\delta}E_{I_1}Q_{AI_1}^{\delta-1} \quad (32)$$

由最大化问题(28)可以得到

$$M_{C_1I_1} = (P_{MC_1}\gamma)^{-\sigma}\nu E_{I_1}/[(P_{MC_1}\gamma)^{1-\sigma} + (P_{MC_2}\gamma)^{1-\sigma} + P_{MI_1}^{1-\sigma} + (P_{MI_2}\xi_2)^{1-\sigma}]$$

$$= (P_{MC_1}\gamma)^{-\sigma}Q_{MI_1}^{\sigma-1}\nu E_{I_1} \quad (33)$$

其中，

$$Q_{MI_1}^{\sigma-1} = (P_{MC_1}\gamma)^{1-\sigma} + (P_{MC_2}\gamma)^{1-\sigma} + P_{MI_1}^{1-\sigma} + (P_{MI_2}\xi_2)^{1-\sigma} \quad (33')$$

同理可得

$$M_{C_2I_1} = (P_{MC_2}\gamma)^{-\sigma}Q_{MI_1}^{\sigma-1}\nu E_{I_1} \quad (34)$$

$$M_{I_1I_1} = P_{MI_1}^{-\sigma}Q_{MI_1}^{\sigma-1}\nu E_{I_1} \quad (35)$$

$$M_{I_2I_1} = (P_{MI_2}\xi_2)^{-\sigma}Q_{MI_1}^{\sigma-1}\nu E_{I_1} \quad (36)$$

（四）城市 I_2 的消费者行为

首先解城市 I_2 的消费者对各种产品的需求函数，其效用函数为

$$u_{I_2} = [A_{C_1C_2}^{(\delta-1)/\delta} + A_{C_2C_2}^{(\delta-1)/\delta} + A_{I_1C_2}^{(\delta-1)/\delta} + A_{I_2C_2}^{(\delta-1)/\delta}]^{(1-\nu)\delta/(\delta-1)}$$

$$[M_{C_1I_2}^{(\sigma-1)/\sigma} + M_{C_2I_2}^{(\sigma-1)/\sigma} + M_{I_1I_2}^{(\sigma-1)/\sigma} + M_{I_2I_2}^{(\sigma-1)/\sigma}]^{\omega/(\sigma-1)} \quad (37)$$

$$p_{AC_1}\gamma A_{C_1I_2} + p_{AC_1}\gamma A_{C_2I_2} + p_{AI_1}\xi_2 A_{I_1I_2} + p_{AI_2}A_{I_2I_2} + p_{MC_1}\gamma M_{C_1I_2} + p_{MC_2}\gamma M_{C_2I_2}$$
$$+ p_{MI_1}\xi_2 M_{I_1I_2} + p_{MI_2}M_{I_2I_2} = E_{I_2} \quad (38)$$

对于上述最大化过程，它等价于下述两组最大化过程：

$$\max \quad u_{I_2}^A = [A_{C_1I_2}^{(\delta-1)/\delta} + A_{C_2I_2}^{(\delta-1)/\delta} + A_{I_1I_2}^{(\delta-1)/\delta} + A_{I_2I_2}^{(\delta-1)/\delta}]^{(1-\nu)\delta/(\delta-1)}$$

$$\text{s.t.} \quad p_{AC_1}\gamma A_{C_1I_2} + p_{AC_1}\gamma A_{C_2I_2} + p_{AI_1}\xi_2 A_{I_1I_2} + p_{AI_2}A_{I_2I_2} = (1-\nu)E_{I_2} \quad (39)$$

$$\max \quad u_{I_2}^M = [M_{C_1I_2}^{(\sigma-1)/\sigma} + M_{C_2I_2}^{(\sigma-1)/\sigma} + M_{I_1I_2}^{(\sigma-1)/\sigma} + M_{I_2I_2}^{(\sigma-1)/\sigma}]^{\omega/(\sigma-1)}$$

s.t. $\quad p_{MC_1}\gamma M_{C_1I_2} + p_{MC_2}\gamma M_{C_2I_2} + p_{MI_1}\xi_2 M_{I_1I_2} + p_{MI_2} M_{I_2I_2} = \nu E_{I_2}$ (40)

由最大化问题(39)可以得到

$$A_{C_1I_2} = (P_{AC_1}\gamma)^{-\delta}(1-\nu)E_{I_2}/[(P_{AC_1}\gamma)^{1-\delta} + (P_{AC_2}\gamma)^{1-\delta} + P_{AI_2}^{1-\delta} + (P_{AI_1}\xi_2)^{1-\delta}]$$
$$= (1-\nu)(P_{AC_1}\gamma)^{-\delta}E_{I_2}Q_{AI_2}^{\delta-1} \quad (41)$$

其中,

$$Q_{AI_2}^{1-\delta} = (P_{AC_1}\gamma)^{1-\delta} + (P_{AC_2}\gamma)^{1-\delta} + P_{AI_2}^{1-\delta} + (P_{AI_1}\xi_2)^{1-\delta} \quad (41')$$

同理可得

$$A_{C_2I_2} = (1-\nu)(P_{AC_2}\gamma)^{-\delta}E_{I_2}Q_{AI_2}^{\delta-1} \quad (42)$$
$$A_{I_1I_2} = (1-\nu)(P_{AI_2}\xi_2)^{-\delta}E_{I_2}Q_{AI_2}^{\delta-1} \quad (43)$$
$$A_{I_2I_2} = (1-\nu)P_{AI_1}^{-\delta}E_{I_2}Q_{AI_2}^{\delta-1} \quad (44)$$

由最大化问题(40)可以得到

$$M_{C_1I_2} = (P_{MC_1}\gamma)^{-\sigma}\nu E_{I_1}/[(P_{MC_1}\gamma)^{1-\sigma} + (P_{MC_2}\gamma)^{1-\sigma} + P_{MI_2}^{1-\sigma} + (P_{MI_1}\xi_2)^{1-\sigma}]$$
$$= (P_{MC_1}\gamma)^{-\sigma}Q_{MI_2}^{\sigma-1}\nu E_{I_2} \quad (45)$$

其中,

$$Q_{MI_2}^{\sigma-1} = (P_{MC_1}\gamma)^{1-\sigma} + (P_{MC_2}\gamma)^{1-\sigma} + P_{MI_2}^{1-\sigma} + (P_{MI_1}\xi_2)^{1-\sigma} \quad (45')$$

同理可得

$$M_{C_2I_2} = (P_{MC_2}\gamma)^{-\sigma}Q_{MI_2}^{\sigma-1}\nu E_{I_2} \quad (46)$$
$$M_{I_1I_2} = (P_{MI_1}\xi_2)^{-\sigma}Q_{MI_2}^{\sigma-1}\nu E_{I_2} \quad (47)$$
$$M_{I_2I_2} = P_{MI_2}^{-\sigma}Q_{MI_2}^{\sigma-1}\nu E_{I_2} \quad (48)$$

(五) 国外的消费者行为

国外仅仅被看作进出口市场,其生产与出口 S 产品,进口制造业产品。故其典型的消费者的效用函数为

$$\max \quad u^* = [M_{C_1R}^{(\sigma-1)/\sigma} + M_{C_2R}^{(\sigma-1)/\sigma} + M_{I_1R}^{(\sigma-1)/\sigma} + M_{I_2R}^{(\sigma-1)/\sigma}]^{\sigma/(\sigma-1)}$$

s.t. $\quad (p_{MC_1}t_1)M_{C_1R} + (p_{MC_2}t_1)M_{C_2R} + (p_{MI_1}t_2)M_{I_1R} + (p_{MI_2}t_2)M_{I_2R} = E_R$ (49)

其中 t_1 为沿海地区与外国之间的贸易成本率,t_2 为内陆地区与外国之间的贸易成本率,规定 $t_2 > t_1$。解此最大化问题可以得到

$$M_{C_1R} = (P_{MC_1}t_1)^{-\sigma}E_R/[(P_{MC_1}t_1)^{1-\sigma} + (P_{MC_2}t_1)^{1-\sigma} + (P_{MI_1}t_2)^{1-\sigma} + (P_{MI_2}t_2)^{1-\sigma}]$$
$$= (P_{MC_1}t_1)^{-\sigma}Q_{MR}^{\sigma-1}E_R \quad (50)$$

其中,

$$Q_{MR}^{1-\sigma} = (P_{MC_1}t_1)^{1-\sigma} + (P_{MC_2}t_1)^{1-\sigma} + (P_{MI_1}t_2)^{1-\sigma} + (P_{MI_2}t_2)^{1-\sigma} \quad (50')$$
$$M_{C_2R} = (P_{MC_2}t_1)^{-\sigma}Q_{MR}^{\sigma-1}E_R \quad (52)$$
$$M_{I_1R} = (P_{MI_1}t_2)^{-\sigma}Q_{MR}^{\sigma-1}E_R \quad (53)$$
$$M_{I_2R} = (P_{MI_2}t_2)^{-\sigma}Q_{MR}^{\sigma-1}E_R \quad (54)$$

（六）对制造业产品和农产品的总需求

对城市 C_1 生产的制造业产品的需求包括：本地需求、城市 C_2 的需求、城市 I_1 的需求、城市 I_2 的需求和国外的需求，汇总(9)、(21)、(33)和(45)，得

$$\begin{aligned} M_{C_1} &= M_{C_1 C_1} + M_{C_1 C_2} + M_{C_1 I_1} + M_{C_1 I_2} + M_{C_1 R} \\ &= P_{MC_1}^{-\sigma} Q_{MC_1}^{\sigma-1} \nu E_{C_1} + (P_{MC_1}\xi_1)^{-\sigma} Q_{MC_2}^{\sigma-1} \nu E_{C_2} + (P_{MC_1}\gamma)^{-\sigma} Q_{MI_1}^{\sigma-1} \nu E_{I_1} \\ &\quad + (P_{MC_1}\gamma)^{-\sigma} Q_{MI_2}^{\sigma-1} \nu E_{I_2} + (P_{MC_1}t_1)^{-\sigma} Q_{MR}^{\sigma-1} E_R \end{aligned} \tag{55}$$

对城市 C_1 的农产品的需求包括：本地需求、城市 I_1 的需求与城市 I_2 的需求，即

$$\begin{aligned} A_{C_1} = (1-\nu) [& P_{AC_1}^{-\delta} Q_{AC_1}^{\delta-1} E_{C_1} + (P_{AC_1}\xi_1)^{-\delta} Q_{AC_2}^{\delta-1} E_{C_2} \\ & + (P_{AC_1}\gamma)^{-\delta} Q_{AI_1}^{\delta-1} E_{I_1} + (P_{AC_1}\gamma)^{-\delta} Q_{AI_2}^{\delta-1} E_{I_2}] \end{aligned} \tag{56}$$

对城市 C_2 生产的制造业产品的需求量包括：本地需求、城市 C_1 的需求、城市 I_1 的需求、城市 I_2 的需求和国外的需求，即

$$\begin{aligned} M_{C_2} &= M_{C_2 C_1} + M_{C_2 C_2} + M_{C_2 I_1} + M_{C_2 I_2} + M_{C_2 R} \\ &= (P_{MC_2}\xi_1)^{-\sigma} Q_{MC_1}^{\sigma-1} \nu E_{C_1} + P_{MC_2}^{-\sigma} Q_{MC_2}^{\sigma-1} \nu E_{C_2} + (P_{MC_2}\gamma)^{-\sigma} Q_{MI_1}^{\sigma-1} \nu E_{I_1} \\ &\quad + (P_{MC_2}\gamma)^{-\sigma} Q_{MI_2}^{\sigma-1} \nu E_{I_2} + (P_{MC_2}t_1)^{-\sigma} Q_{MR}^{\sigma-1} E_R \end{aligned} \tag{57}$$

对城市 C_2 的农产品的需求包括：本地需求、城市 I_1 的需求与城市 I_2 的需求，即

$$\begin{aligned} A_{C_2} = (1-\nu) [& (P_{AC_2}\xi_1)^{-\delta} Q_{AC_1}^{\delta-1} E_{C_1} + P_{AC_2}^{-\delta} Q_{AC_2}^{\delta-1} E_{C_2} \\ & + (P_{AC_2}\gamma)^{-\delta} Q_{AI_1}^{\delta-1} E_{I_1} + (P_{AC_2}\gamma)^{-\delta} Q_{AI_2}^{\delta-1} E_{I_2}] \end{aligned} \tag{58}$$

对城市 I_1 的制造业产品的需求量包括：本地需求、沿海城市 C_1 的需求、沿海城市 C_2 需求、城市 I_2 的需求和国外的需求，即

$$\begin{aligned} M_{I_1} &= (P_{MI_1}\gamma)^{-\sigma} Q_{MC_1}^{\sigma-1} \nu E_{C_1} + (P_{MI_1}\gamma)^{-\sigma} Q_{MC_2}^{\sigma-1} \nu E_{C_2} + P_{MI_1}^{-\sigma} Q_{MI_1}^{\sigma-1} \nu E_{I_1} \\ &\quad + (P_{MI_1}\xi_2)^{-\sigma} Q_{MI_2}^{\sigma-1} \nu E_{I_2} + (P_{MI_1}t_2)^{-\sigma} Q_{MR}^{\sigma-1} E_R \end{aligned} \tag{59}$$

对城市 I_1 的农产品的需求包括：本地需求沿海城市 C_1 的需求、沿海城市 C_2 需求和城市 I_2 的需求，即

$$\begin{aligned} A_{I_1} = (1-\nu) [& (P_{AI_1}\gamma)^{-\delta} Q_{AC_1}^{\delta-1} E_{C_1} + (P_{AI_1}\gamma)^{-\delta} Q_{AC_2}^{\delta-1} E_{C_2} \\ & + P_{AI_1}^{-\delta} Q_{AI_1}^{\delta-1} E_{I_1} + (P_{AI_1}\xi_2)^{-\delta} Q_{AI_2}^{\delta-1} E_{I_2}] \end{aligned} \tag{60}$$

对城市 I_2 的制造业产品的需求包括：本地需求、沿海城市 C_1 的需求、沿海城市 C_2 需求、城市 I_1 的需求和国外的需求，即

$$\begin{aligned} M_{I_2} &= (P_{MI_2}\gamma)^{-\sigma} Q_{MC_1}^{\sigma-1} \nu E_{C_1} + (P_{MI_2}\gamma)^{-\sigma} Q_{MC_2}^{\sigma-1} \nu E_{C_2} + (P_{MI_2}\xi_2)^{-\sigma} Q_{MI_1}^{\sigma-1} \nu E_{I_1} \\ &\quad + P_{MI_2}^{-\sigma} Q_{MI_2}^{\sigma-1} \nu E_{I_2} + (P_{MI_2}t_2)^{-\sigma} Q_{MR}^{\sigma-1} E_R \end{aligned} \tag{61}$$

对城市 I_2 的农产品的需求包括：本地需求沿海城市 C_1 的需求、沿海城市 C_2 需求和城市 I_2 的需求，即

$$\begin{aligned} A_{I_2} = (1-\nu) [& (P_{AI_2}\gamma)^{-\delta} Q_{AC_1}^{\delta-1} E_{C_1} + (P_{AI_2}\gamma)^{-\delta} Q_{AC_2}^{\delta-1} E_{C_2} \\ & + (P_{AI_2}\xi_2)^{-\delta} Q_{AI_1}^{\delta-1} E_{I_1} + P_{AI_2}^{-\delta} Q_{AI_2}^{\delta-1} E_{I_2}] \end{aligned} \tag{62}$$

上述方程中
$$E_i = w_{Ai}L_{Ai} + w_{Mi}L_{Mi} + w_{Hi}H_i \quad i = C_1, C_2, I_1, I_2 \quad (63)$$
$$E_R = w_{HR}H_R \quad (64)$$

(七) 对 S 产品的需求和制造业劳动力的需求

城市 C_1 的制造业的生产函数为
$$M_{C_1} = L_{MC_1}^{1-\alpha} \{ [\sum_1^N S_j^{(\varphi-1)/\varphi}]^{\varphi/(\varphi-1)} \}^\alpha = L_{MC_1}^{1-\alpha} \{ [n_{C_1}S_{C_1C_1}^{(\varphi-1)/\varphi} + n_{C_2}S_{C_2C_1}^{(\varphi-1)/\varphi} + n_{I_1}S_{I_1C_1}^{(\varphi-1)/\varphi}$$
$$+ n_{I_2}S_{I_2C_1}^{(\varphi-1)/\varphi} + n_R S_{RC_1}^{(\varphi-1)/\varphi}]^{\varphi/(\varphi-1)} \}^\alpha \quad (65)$$

利润为
$$\pi_{MC_1} = P_{MC_1}M_{C_1} - w_{MC_1}L_{MC_1} - [P_{SC_1}n_{C_1}S_{C_1C_1} + P_{SC_2}\xi_1 n_{C_2}S_{C_2C_1} + (P_{SI_1}\gamma)n_{I_1}S_{I_1C_1}$$
$$+ (P_{SI_2}\gamma)n_{I_2}S_{I_2C_1} + (P_{SR}t_1)n_R S_{RC_1}] \quad (66)$$

一阶条件和零利润条件可以得到
$$S_{C_1C_1} = \alpha P_{MC_1}M_{C_1}p_{SC_1}^{-\varphi}/[n_{C_1}P_{SC_1}^{1-\varphi} + n_{C_2}(P_{SC_2}\xi_1)^{1-\varphi} + n_{I_1}(P_{SI_1}\gamma)^{1-\varphi}$$
$$+ n_{I_2}(P_{SI_2}\gamma)^{1-\varphi} + n_R(P_{SR}t_1)^{1-\varphi}] = \alpha P_{MC_1}M_{C_1}p_{SC_1}^{-\varphi}Q_{SC_1}^{\varphi-1} \quad (67)$$
$$Q_{SC_1}^{1-\varphi} = n_{C_1}P_{SC_1}^{1-\varphi} + n_{C_2}(P_{SC_2}\xi_1)^{1-\varphi} + n_{I_1}(P_{SI_1}\gamma)^{1-\varphi}$$
$$+ n_{I_2}(P_{SI_2}\gamma)^{1-\varphi} + n_R(P_{SR}t_1)^{1-\varphi} \quad (67')$$
$$S_{C_2C_1} = \alpha P_{MC_1}M_{C_1}(P_{SC_2}\xi_1)^{-\varphi}Q_{SC_1}^{\varphi-1} \quad (68)$$
$$S_{I_1C_1} = \alpha P_{MC_1}M_{C_1}(p_{SI_1}\gamma)^{-\varphi}Q_{SC_1}^{\varphi-1} \quad (69)$$
$$S_{I_2C_1} = \alpha P_{MC_1}M_{C_1}(p_{SI_2}\gamma)^{-\varphi}Q_{SC_1}^{\varphi-1} \quad (70)$$
$$S_{RC_1} = \alpha P_{MC_1}M_{C_1}(p_{SR}t_1)^{-\varphi}Q_{SC_1}^{\varphi-1} \quad (71)$$
$$L_{MC_1} = \left[(1-\alpha)\frac{P_{MC_1}}{w_{MC_1}}\right]^{1/\alpha} \alpha P_{MC_1}M_{C_1}Q_{SC_1}^{-1} \quad (72)$$

城市 C_2 的制造业的生产函数为
$$M_{C_2} = L_{MC_2}^{1-\alpha} \{ [\sum_1^N S_j^{(\varphi-1)/\varphi}]^{\varphi/(\varphi-1)} \}^\alpha = L_{MC_2}^{1-\alpha} \{ [n_{C_1}S_{C_1C_2}^{(\varphi-1)/\varphi} + n_{C_2}S_{C_2C_2}^{(\varphi-1)/\varphi} + n_{I_1}S_{I_1C_2}^{(\varphi-1)/\varphi}$$
$$+ n_{I_2}S_{I_2C_2}^{(\varphi-1)/\varphi} + n_R S_{RC_2}^{(\varphi-1)/\varphi}]^{\varphi/(\varphi-1)} \}^\alpha \quad (73)$$

利润为
$$\pi_{MC_2} = P_{MC_2}M_{C_2} - w_{MC_2}L_{MC_2} - [P_{SC_1}\xi_1 n_{C_1}S_{C_1C_2} + P_{SC_2}n_{C_2}S_{C_2C_2} + (P_{SI_1}\gamma)n_{I_1}S_{I_1C_2}$$
$$+ (P_{SI_2}\gamma)n_{I_2}S_{I_2C_2} + (P_{SR}t_1)n_R S_{RC_2}] \quad (74)$$

一阶条件和零利润条件可以得到
$$S_{C_1C_2} = \alpha P_{MC_2}M_{C_2}(P_{SC_1}\xi_1)^{-\varphi}/[n_{C_1}(P_{SC_1}\xi_1)^{1-\varphi} + n_{C_2}P_{SC_2}^{1-\varphi} + n_{I_1}(P_{SI_1}\gamma)^{1-\varphi}$$
$$+ n_{I_2}(P_{SI_2}\gamma)^{1-\varphi} + n_R(P_{SR}t_1)^{1-\varphi}] = \alpha P_{MC_1}M_{C_1}(P_{SC_1}\xi_1)^{-\varphi}Q_{SC_2}^{\varphi-1} \quad (75)$$

其中

$$Q_{SC_2}^{1-\varphi} = n_{C_1}(P_{SC_1}\xi_1)^{1-\varphi} + n_{C_2}P_{SC_2}^{1-\varphi} + n_{I_1}(P_{SI_1}\gamma)^{1-\varphi} + n_{I_2}(P_{SI_2}\gamma)^{1-\varphi} + n_R(P_{SR}t_1)^{1-\varphi} \tag{76}$$

$$S_{C_2C_2} = \alpha P_{MC_2} M_{C_2} P_{SC_2}^{-\varphi} Q_{SC_2}^{\varphi-1} \tag{77}$$

$$S_{I_1C_2} = \alpha P_{MC_2} M_{C_2} (p_{SI_1}\gamma)^{-\varphi} Q_{SC_2}^{\varphi-1} \tag{78}$$

$$S_{I_2C_2} = \alpha P_{MC_2} M_{C_2} (p_{SI_2}\gamma)^{-\varphi} Q_{SC_2}^{\varphi-1} \tag{79}$$

$$S_{RC_2} = \alpha P_{MC_2} M_{C_2} (p_{SR}t_1)^{-\varphi} Q_{SC_2}^{\varphi-1} \tag{80}$$

$$L_{MC_2} = \left[(1-\alpha)\frac{P_{MC_2}}{w_{MC_2}}\right]^{1/\alpha} \alpha P_{MC_2} M_{C_2} Q_{SC_2}^{-1} \tag{81}$$

城市 I_1 的制造业的生产函数为

$$M_{I_1} = L_{MC_1}^{1-\alpha}\left\{\left[\sum_1^N S_j^{(\varphi-1)/\varphi}\right]^{\varphi/(\varphi-1)}\right\}^\alpha = L_{MI_1}^{1-\alpha}\{[n_{C_1}S_{C_1I_1}^{(\varphi-1)/\varphi} + n_{C_2}S_{C_2I_1}^{(\varphi-1)/\varphi} + n_{I_1}S_{I_1I_1}^{(\varphi-1)/\varphi} + n_{I_2}S_{I_2I_1}^{(\varphi-1)/\varphi} + n_R S_{RI_1}^{(\varphi-1)/\varphi}]^{\varphi/(\varphi-1)}\}^\alpha \tag{82}$$

利润

$$\pi_{MI_1} = P_{MI_1}M_{I_1} - w_{MI_1}L_{MI_1} - [P_{SC_1}\gamma n_{C_1}S_{C_1I_1} + P_{SC_2}\gamma n_{C_2}S_{C_2I_1} + P_{SI_1}n_{I_1}S_{I_1I_1} + (P_{SI_2}\xi_2)n_{I_2}S_{I_2I_1} + (P_{SR}t_1)n_R S_{RI_1}] \tag{83}$$

一阶条件和零利润条件可以得到

$$S_{C_1I_1} = \alpha P_{MI_1}M_{I_1}(P_{SC_1}\gamma)^{-\varphi}/[n_{C_1}(P_{SC_1}\gamma)^{1-\varphi} + n_{C_2}(P_{SC_2}\gamma)^{1-\varphi} + n_{I_1}P_{SI_1}^{1-\varphi} + n_{I_2}(P_{SI_2}\xi_2)^{1-\varphi} + n_R(P_{SR}t_1)^{1-\varphi}] = \alpha P_{MI_1}M_{I_1}(P_{SC_1}\gamma)^{-\varphi}Q_{SI_1}^{\varphi-1} \tag{84}$$

$$Q_{SI_1}^{1-\varphi} = n_{C_1}(P_{SC_1}\gamma)^{1-\varphi} + n_{C_2}(P_{SC_2}\gamma)^{1-\varphi} + n_{I_1}P_{SI_1}^{1-\varphi} + n_{I_2}(P_{SI_2}\xi_2)^{1-\varphi} + n_R(P_{SR}t_1)^{1-\varphi} \tag{85}$$

$$S_{C_2I_1} = \alpha P_{MI_1}M_{I_1}(P_{SC_2}\gamma)^{-\varphi}Q_{SI_1}^{\varphi-1} \tag{86}$$

$$S_{I_1I_1} = \alpha P_{MI_1}M_{I_1} p_{SI_1}^{-\varphi}Q_{SI_1}^{\varphi-1} \tag{87}$$

$$S_{I_2I_1} = \alpha P_{MI_1}M_{I_1}(p_{SI_2}\xi_2)^{-\varphi}Q_{SI_1}^{\varphi-1} \tag{88}$$

$$S_{RI_1} = \alpha P_{MI_1}M_{I_1}(p_{SR}t_2)^{-\varphi}Q_{SI_1}^{\varphi-1} \tag{89}$$

$$L_{MI_1} = \left[(1-\alpha)\frac{P_{MI_1}}{w_{MI_1}}\right]^{1/\alpha}\alpha P_{MI_1}M_{I_1}Q_{SI_1}^{-1} \tag{90}$$

城市 I_2 的制造业的生产函数为

$$M_{I_2} = L_{MI_2}^{1-\alpha}\left\{\left[\sum_1^N S_j^{(\varphi-1)/\varphi}\right]^{\varphi/(\varphi-1)}\right\}\alpha = L_{MI_2}^{1-\alpha}\{[n_{C_1}S_{C_1I_2}^{(\varphi-1)/\varphi} + n_{C_2}S_{C_2I_2}^{(\varphi-1)/\varphi} + n_{I_1}S_{I_1I_2}^{(\varphi-1)/\varphi} + n_{I_2}S_{I_2I_2}^{(\varphi-1)/\varphi} + n_R S_{RI_2}^{(\varphi-1)/\varphi}]^{\varphi/(\varphi-1)}\}^\alpha \tag{91}$$

利润

$$\pi_{MI_2} = P_{MI_2}M_{I_2} - w_{MI_2}L_{MI_2} - [P_{SC_1}\gamma n_{C_1}S_{C_1I_2} + P_{SC_2}\gamma n_{C_2}S_{C_2I_2} + (P_{SI_1}\xi_2)n_{I_1}S_{I_1I_2} + P_{SI_2}n_{I_2}S_{I_2I_2} + (P_{SR}t_2)n_R S_{RI_2}] \tag{92}$$

一阶条件和零利润条件可以得到

$$S_{C_1 I_2} = \alpha P_{M I_2} M_{I_2} (P_{SC_1} \gamma)^{-\varphi} / [n_{C_1} (P_{SC_1} \gamma)^{1-\varphi} + n_{C_2} (P_{SC_2} \gamma)^{1-\varphi} + n_{I_1} (P_{SI_1} \xi_2)^{1-\varphi}$$
$$+ n_{I_2} P_{SI_2}^{1-\varphi} + n_R (P_{SR} t_2)^{1-\varphi}] = \alpha P_{M I_2} M_{I_2} (P_{SC_1} \gamma)^{-\varphi} Q_{SI_2}^{\varphi-1} \qquad (93)$$

其中

$$Q_{SI_2}^{1-\varphi} = n_{C_1} (P_{SC_1} \gamma)^{1-\varphi} + n_{C_2} (P_{SC_2} \gamma)^{1-\varphi} + n_{I_1} (P_{SI_1} \xi_2)^{1-\varphi} + n_{I_2} P_{SI_2}^{1-\varphi}$$
$$+ n_R (P_{SR} t_2)^{1-\varphi} \qquad (94)$$

$$S_{C_2 I_2} = \alpha P_{M I_2} M_{I_2} (P_{SC_2} \gamma)^{-\varphi} Q_{SI_2}^{\varphi-1} \qquad (95)$$

$$S_{I_1 I_2} = \alpha P_{M I_2} M_{I_2} (p_{SI_1} \xi_2)^{-\varphi} Q_{SI_2}^{\varphi-1} \qquad (96)$$

$$S_{I_2 I_2} = \alpha P_{M I_2} M_{I_2} p_{SI_2}^{-\varphi} Q_{SI_2}^{\varphi-1} \qquad (97)$$

$$S_{R I_2} = \alpha P_{M I_2} M_{I_2} (p_{SR} t_2)^{-\varphi} Q_{SI_2}^{\varphi-1} \qquad (98)$$

$$L_{M I_2} = \left[(1-\alpha) \frac{P_{M I_2}}{w_{M I_2}} \right]^{1/\alpha} \alpha P_{M I_2} M_{I_2} Q_{SI_2}^{-1} \qquad (99)$$

因此,制造业对城市 $i = C_1, C_2, I_1, I_2, R$ 的 S 产品的总需求为

$$S_{C_1} = \alpha P_{MC_1} M_{C_1} p_{SC_1}^{-\varphi} Q_{SC_1}^{\varphi-1} + \alpha P_{MC_2} M_{C_2} (P_{SC_1} \xi_1)^{-\varphi} Q_{SC_2}^{\varphi-1} + \alpha P_{MI_1} M_{I_1} (P_{SC_1} \gamma)^{-\varphi} Q_{SI_1}^{\varphi-1}$$
$$+ \alpha P_{MI_2} M_{I_2} (P_{SC_1} \gamma)^{-\varphi} Q_{SI_2}^{\varphi-1} \qquad (100)$$

$$S_{C_2} = \alpha P_{MC_1} M_{C_1} (P_{SC_2} \xi_1)^{-\varphi} Q_{SC_1}^{\varphi-1} + \alpha P_{MC_2} M_{C_2} P_{SC_2}^{-\varphi} Q_{SC_2}^{\varphi-1} + \alpha P_{MI_1} M_{I_1} (P_{SC_2} \gamma)^{-\varphi} Q_{SI_1}^{\varphi-1}$$
$$+ \alpha P_{MI_2} M_{I_2} (P_{SC_2} \gamma)^{-\varphi} Q_{SI_2}^{\varphi-1} \qquad (101)$$

$$S_{I_1} = \alpha P_{MC_1} M_{C_1} (p_{SI_1} \gamma)^{-\varphi} Q_{SC_1}^{\varphi-1} + \alpha P_{MC_2} M_{C_2} (p_{SI_1} \gamma)^{-\varphi} Q_{SC_2}^{\varphi-1} + \alpha P_{MI_1} M_{I_1} p_{SI_1}^{-\varphi} Q_{SI_1}^{\varphi-1}$$
$$+ \alpha P_{MI_2} M_{I_2} (p_{SI_1} \xi_2)^{-\varphi} Q_{SI_2}^{\varphi-1} \qquad (102)$$

$$S_{I_2} = \alpha P_{MC_1} M_{C_1} (p_{SI_2} \gamma)^{-\varphi} Q_{SC_1}^{\varphi-1} + \alpha P_{MC_2} M_{C_2} (p_{SI_2} \gamma)^{-\varphi} Q_{SC_2}^{\varphi-1} + \alpha P_{MI_1} M_{I_1} (p_{SI_2} \xi_2)^{-\varphi} Q_{SI_1}^{\varphi-1}$$
$$+ \alpha P_{MI_2} M_{I_2} p_{SI_2}^{-\varphi} Q_{SI_2}^{\varphi-1} \qquad (103)$$

$$S_R = \alpha P_{MC_1} M_{C_1} (P_{SR} t_1)^{-\varphi} Q_{SC_1}^{\varphi-1} + \alpha P_{MC_2} M_{C_2} (P_{SR} t_1)^{-\varphi} Q_{SC_2}^{\varphi-1} + \alpha P_{MI_1} M_{I_1} (P_{SR} t_2)^{-\varphi} Q_{SI_1}^{\varphi-1}$$
$$+ \alpha P_{MI_2} M_{I_2} (P_{SR} t_2)^{-\varphi} Q_{SI_2}^{\varphi-1} \qquad (104)$$

$$w_{Mi} L_{Mi} = (1-\alpha) P_{Mi} M_i, i = C, I_1, I_2 \qquad (105)$$

在城市 C_1,有代表性的 S 厂商的利润函数为

$$\pi_{SC_1} = P_{SC_1} S_{C_1} - w_{hC_1} h_{C_1}$$

将 s_{C_1} 和 h_{C_1} 的表达式代入利润函数得

$$\pi_{SC_1} = P_{SC_1} S_{C_1} - w_{hC_1} h_{C_1} = P_{SC_1} S_{C_1} - w_{hC_1} (S_{C_1} b + a)$$
$$= S_{C_1} (P_{SC_1} - w_{hC_1} b) - w_{hC_1} a = [\alpha P_{MC_1} M_{C_1} p_{SC_1}^{-\varphi} Q_{SC_1}^{\varphi-1} + \alpha P_{MC_2} M_{C_2} (P_{SC_1} \xi_1)^{-\varphi} Q_{SC_2}^{\varphi-1}$$
$$+ \alpha P_{MI_1} M_{I_1} (P_{SC_1} \gamma)^{-\varphi} Q_{SI_1}^{\varphi-1} + \alpha P_{MI_2} M_{I_2} (P_{SC_1} \gamma)^{-\varphi} Q_{SI_2}^{\varphi-1}] (P_{SC_1} - w_{hC_1} b) - w_{hC_1} a$$
$$\qquad (106)$$

上式对 P_{SC_1} 求导得

$$(-\varphi)S_{C_1}(P_{SC_1} - w_{hC_1}b)/P_{SC_1} + S_{C_1} = 0$$

$$P_{SC_1}(1 - 1/\varphi) = w_{hC_1}b \tag{107}$$

由农业生产函数可以得到农业雇用的工人数为

$$L_{Ai} = (A_i/G_i^\rho)^{1/(1-\rho)}, i = C_1, C_2, I_1, I_2 \tag{108}$$

工资率为

$$w_{Ai}L_{Ai} = P_{Ai}A_i, i = C_1, C_2, I_1, I_2 \tag{109}$$

（八）中间产品种类数的决定

$$P_{Si}(1 - 1/\varphi) = w_{hi}b, i = C_1, C_2, I_1, I_2, R \tag{110}$$

$$P_{Si}S_i = w_{hi}h_i, i = C_1, C_2, I_1, I_2, R \tag{111}$$

根据生产函数得到

$$h_i = a + bS_i, i = C_1, C_2, I_1, I_2, R \tag{112}$$

根据禀赋条件可得

$$n_{si} = H_i/h_i \quad i = C_1, C_2, I_1, I_2, R \tag{113}$$

同理，(22)~(25)对城市 C_2, I_1, I_2 和 R 也有类似的方程。

方程(55)、(56)、(57)、(58)、(59)、(60)、(61)、(62)、(63)、(64)、(72)、(81)、(90)、(99)、(100)、(101)、(102)、(103)、(104)、(105)、(108)、(109)、(110)、(111)、(112)、(113)共含有方程 54 个。

未知数 $E_i、S_i、w_{Hi}、P_{Si}、h_i、n_i$， $i = C_1, C_2, I_1, I_2, R$

$P_{Mi}、P_{Ai}、w_{Mi}、w_{Ai}、M_i、A_i$， $i = C_1, C_2, I_1, I_2$

共有 54 个未知数，且每个方程都是独立的，故方程可解。

参考文献

[1] Arthur W Brian. Inductive reasoning and bounded rationality[J]. American Economic Reviews,1994(84): 406—411.

[2] Hu Dapeng. Trade,rural-urban migration,and regional income disparity in developing countries: a spatial general equilibrium model inspired by the case of China[J]. Regional Science and Urban Economics,2002(32): 311—338.

[3] Karmeshu. Demographic models of urbanization[J]. Environment and Planning B: Planning and design,1998,15: 47—54.

[4] Maynard Smith J, Price G R. The logic of animal conflict[J]. Nature,1973, 246(5427):15—18.

[5] Mincer Jacob. Family migration decisions[J]. Journal of Political Economy, 1978,86(5):749—773.

[6] Ottaviano G, Tabuchi T, Thisse J F. Agglomeration and trade revisited[J]. International Economic Review,2002,43(2):409—435.

[7] Sjaastad L A. The costs and returns of human migration[J]. Journal of Political Economy,1962,70:80—93.

[8] Todaro M P. A model of labor migration and urban unemployment in less developed countries[J]. The American Economic Review,1969,59:138—148.

[9] 陈伟民,蒋华园. 城市规模效益及其发展政策[J]. 财经科学,2000,(04):67—70.

[10] 蒋炜,程少川,席酉民,汪应洛. 有限理性与信息处理模型研究综述[J]. 控制与决策,1998,(03):3—5.

[11] 刘凤英,许锐. 有限理性的奠基人——西蒙评传[M]. 太原:山西经济出版社,1999.

[12] 谢燮. 人口有限流动的区域差异模型——新经济地理学拓展框架[D]. 北京:北京大学,2003

[13] 张良桥,冯从文. 理性与有限理性:论经典博弈理论与进化博弈理论之关系[J]. 世界经济,2001,(8):74—78.

第二十章　新经济地理学预期问题[①]

时间是时间过程的重要维度，NEG理论更是与时间动态不可分割。首先，NEG的基本目标是构建空间结构内生的模型，不同空间单元之间的"流"，无论是劳动力、资本抑或知识的流动，对于空间结构的塑造至关重要。其次，由于空间摩擦作用的存在，选择"流"的主体应承受损失。最后，现实世界中，大到全球南北区域结构的出现，中到一个国家城市体系的产生，小到一个城市内部空间结构的演化，都是一个长期的动态发展过程。因此，经济活动的主体在进行"流"或"留"的区位决策之时，必定在"流"的预期收益和预期成本之间进行痛苦的权衡。这种不确定的、变动不居的预期将影响规模经济、运输成本和要素流动这三者的相互作用，规定了空间动态的特征，实为NEG空间均衡的另一决定性力量。NEG专注于推动空间的回归，自然不免忽视对时间的处理和分析，而这一点又常为该理论的分析评论者所忽略。

预期有什么作用呢？存在多重均衡是新经济地理学的重要特征。多重均衡来源于均衡方程的非线性特征。在不同的参数下，某个区域可能成为制造业集聚的核心，在另外的情况下，经济又有可能分散均衡。对于经济的演化和长期均衡的确定，可能有两个原因(Krugman,1999)：

第一，历史可能扮演决定性的角色。这种历史可能是偏好、技术和要素禀赋，过去的环境对初始条件的影响是决定性的。

第二，预期在确定某一特定长期均衡所扮演的角色更为重要。如果经济主体将未来的收入也考虑进入其决策过程当中，则预期变得相当重要。

Harris和Ionannides(2000)通过引入房地产和土地建立模型。假设劳动力对未来具有预期能力，工人能够计算在某一城市的当前工资值。工人的迁移决策影响了土地价格和房地产，因此某一城市人口的期望由土地价格和房地产所反映，这对当前工资的计算产生了影响。

[①] 本部分系在笔者与其博士研究生李玉成合作发表论文《新经济地理学预期问题的回顾与展望》(广西社会科学,2008(6))基础上修改而成，感谢李玉成博士合作。

Ottaviano(1999)模型的结果是：如果大区域的初始优势并不明显，如果贸易和迁移成本足够低，则锁定效应将受到挑战。其模型的特征在于它修正了制造业劳动力的迁移决策。迁移被假设成为有成本的。迁移流越大，迁移成本越大。这对迁移过程具有负的作用。如果在另一区域工作的未来效用的贴现减去迁移成本大于不迁移情况下未来效用的贴现，则迁移发生。如果经济差异不是太大，则预期的路径也就是真实的路径。

Baldwin(1999)模型的一个结论是，新经济地理学标准的事后迁移行为同二次迁移成本和静态预期情况下的最优行为是一致的。因此，地理经济学经常遭到批评的迁移方程和前一决策过程并不是有些人认为的那样原始。

因此，本章试图从预期的角度来观察、分析、评价 NEG 的得与失，并指出改进的方向。

第一节 工人对区位工资的静态预期

Baldwin 等学者指出："早期 NEG 模型一个令人吃惊的特征是：它们处理动态问题，迁移是其集聚的核心和灵魂，却从未讨论动态方程或者给出一个迁移的方程。"(Baldwin,Richard,2003)最典型的就是 Krugman 开创性的核心-边缘模型，在该模型中，工人的迁移是集聚得以发生的媒介，但 Krugman 对此只是简单地提及工人向提供更高实际工资的区域迁移，而对工人的迁移行为、迁移成本和迁移动态并未做任何探讨(Krugman,1991)。因此，尽管该模型研究的是经济的空间动态，却几乎看不到时间动态的存在。

实际上，Krugman 的核心-边缘模型隐含假定了工人对区位工资的静态预期：工人都是完全"近视"(myopic)的，仅仅根据当期工资差异决定迁移行为。随后，Fujita、Krugman、Tabuchi 和 Brueckner 等大部分学者都把基于劳动力迁移联系的 NEG 模型假定为静态预期。这些模型的共同特点是没有给出工人的跨期效用函数，而工人的迁移动态都可以用下面的特异性(adhoc)迁移方程来表示：

$$\overset{\&}{L}_A = (\omega_A - \omega_B)L_A(1-L_A) \tag{20-1}$$

其中，$\overset{\&}{L}_A$ 是 A 区域迁向 B 区域的工人占 A 区域与 B 区域全部工人的比例，ω_A 和 ω_B 分别是 A 区域和 B 区域的实际工资水平，L_A 则是 A 区域的工人占比。该方程表示当期实际工资差异越大，工人空间分布越均匀，则工人的迁移率就越大。该方程也表明，工人的迁移动态调整是逐渐完成的。这说明存在不同的调整成本，或者存在不同的收益，亦或工人的偏好本就是异质的，而这又与模型的假设相违背。如果考虑现实中的迁移成本和收益，则上述迁移动态又隐含了另外三个缺陷：第一，工人只考虑了迁移的工资收益。假设若迁移成本超过了迁移的工资收益，工人必然不愿迁移;若迁移成本发生变化,必然影响工人的迁移预期和决策。这两种重要情形都没有在特异性迁移方程中反映出来。第二,工人只考虑了一期的迁移收益。实际上,真正决定工人迁移决策的应该是未来全部收益的贴现值。第三,工人对迁移收益的预期是确定的。实际上,这部分收益常因面临失业的风险而表现出不确定性。由此看来,这种特异性的迁移动态只是为了方便得到模型的角点解($L_A=0$ 或 $L_A=1$)和内点解($\omega_A=\omega_B$)而构造出来的。

Ottaviano 等(Ottaviano et al.,2002)和 Forslid 等(Forslid et al.,2003)学者根据马歇尔调整模式给出了熟练工人迁移动态的另一种表达形式,此种形式得到广泛的使用:

$$h^{\&} = dh/dt = \begin{cases} W(h,\varphi) & \text{if} \infty < k < 1 \\ \min\{0, W(h,\varphi)\} & \text{if} h = 1 \\ \max\{0, W(h,\varphi)\} & \text{if} h = 0 \end{cases} \quad (20\text{-}2)$$

其中,h 表示某个区域的熟练劳动力份额,$h^{\&}$ 表示变动速率,t 为时间,φ 为贸易自由度,$W(h,\varphi)$ 表示当期的间接效用差异。式(20-2)和式(20-1)并无本质区别,式(20-2)只是把劳动力当期工资差异和空间分布格局转化为当期间接效用差异,以之衡量调整速率,同时便于在熟练劳动力的分布空间上进行连续分析。

在静态预期的基本假定下,有些 NEG 模型考虑了空间距离、固定迁移成本、就业/失业率、随机区位偏好等因素,以完善上述特异性迁移方程。不过这些改变都未能解决迁移动态与静态预期假设不相容的问题。

第二节 厂商对区位利润的静态预期

在基于投入-产出联系的 NEG 模型中,厂商迁移替代工人迁移成为集聚的核心。早期基于投入-产出联系的 NEG 模型同样忽略了厂商空间格局调整的动态方程,比如 Venables 的具有开创性的垂直联系模型中,也只是简单地假定厂商的相对数量根据利润差异做出反应(Venables,1996)。当然,也可以认为 Venables 隐含假定了厂商对区位利润的静态预期,体现为下面的特异性调整动态:

$$S_A^{\&} = (S_A - S_B)S_A(1 - S_A) \quad (20\text{-}3)$$

式(20-3)与式(20-1)如出一辙,$S_A^{\&}$ 是 A 区域迁向 B 区域的厂商占全部厂商的比例,S_A 和 S_B 分别是 A 区域和 B 区域的利润水平,S_A 则是 A 区域的厂商比例。在 Venables 之后的大多数基于投入-产出联系的 NEG 模型,都采用了与式(20-3)相同的区位调整动态方程,其含义是:当前区位利润差异越大,厂商分布越均匀,则厂商的区位调整速率越高。显然,这个动态方程与工人迁移动态方程(20-1)存在着同样的缺陷。

此外,另有两类特殊形式的 NEG 模型,其迁移动态也由厂商或者资本所有者对利润的预期所规定,即所谓的"自由资本模型"(Free Capital Model)和"自由企业家模型"(Free Entrepreneur Model)。自由资本模型假定资本所有者不能流动,资本可以进行国际流动以追逐规模经济,所得到的收益则返回本地。在这种模型中,资本所有者对区位利润持静态预期,资本的区位调整遵循方程(20-3)所描述的动态,所不同的只是厂商数目为资本数目所取代。在自由企业家模型中,熟练工人被视为自我雇用的企业家,能够进行跨区域流动以追逐规模经济,他们把利润计入效用,对区位效用持静态预期,其区位调整遵循方程(20-2)所描述的动态。

把基于投入-产出联系的模型和上述两类模型相结合,就产生了所谓的"自由资本垂直联系"模型(Footloose Capital Vertical Linkage Model,简称 FCVL)和"自由企业家垂直联系模型"(Foot loose Entrepreneur Vertical Linkage Model,简称 FEVL)。进一步还可以把 FEVL 模型和 FCVL 模型相结合。在这些模型中,厂商或者资本家对利润都持静态预期,其区位调整也都遵循方程(20-3)所描述的动态。

第三节　预期和历史的相互作用

多重均衡总是与处理报酬递增的模型相伴相生,NEG 模型也不例外。对于多重均衡的选择存在两种基本观点:历史决定论和预期决定论。历史决定论者通常采用马歇尔调整模式来处理资源的配置方式,即生产要素逐步转向当期回报最高的地方。前述采用静态预期假设的 NEG 模型都可归为历史决定论。预期决定论者则认为要素的调整完全取决于其他要素的行动,因而可能出现自我实现的预期亦或出现协调失败。历史决定论存在的问题是:如果要素根据当期回报差距逐渐调整,则必定存在调整成本,这样,要素所有者就不仅关心当期回报,而且关心未来回报。未来回报取决于其他要素所有者的调整决策——这同样取决于其他要素所有者对未来的预期。因此,预期也可能决定均衡的选择。

Krugman 认为现实中存在历史和预期相互作用的情形,并构建了一个启发性的单要素、单区域、两部门模型来说明(Krugman,1991)。在该模型中,工人的目标是一生效用最大化,Krugman 把在部门之间的转换看成一个投资决策。任一时点,工人的决策取决于三个因素:他观察到的现期工资差异,与经济中该时点工人转换量的二次方成正比的转换成本,他对其他人是否进行转换的预期。这样,工人的预期就成为前瞻性的,模型的部门转换动态为

$$\overset{\&}{L}_x = \gamma_q \tag{20-4}$$

其中,$\overset{\&}{L}_x$ 是 x 部门的劳动力变化量,γ 是边际转换成本,代表调整速度,q 是部门转换作为一项"资产"的影子价格,两者又由方程组(20-5)所给定。

$$q(t) = \int_t^\infty (\pi - 1) e^{-r(\tau - r)} d\tau$$
$$rq = (\pi - 1) + q^\& \tag{20-5}$$
$$q^\& = rq - \pi(L_x) + 1$$

其中,r是世界市场给定的利息率,$\pi-1$是工人在两部门的当期回报率之差,$q^\&$是影子资产的资本收益率。当均衡时,影子资产的回报率必定等于两部门当期回报率之差加上影子资产的资本收益率。

由方程(20-4)和(20-5)定义的(L_x, q)空间中的经济动态系统,即可分析预期和历史如何影响模型均衡的选择。Krugman发现,特定参数条件下,在L_x轴上存在一个特殊的区间——他称之为交叠部(over-lap)。如果不存在交叠部,历史在模型的均衡选择中总是具有决定性的作用。如果存在交叠部,则在交叠部之外,历史决定长期均衡——经济单调收敛于当期回报较高的部门;在交叠部之内,预期决定长期均衡——自我实现的预期使得任一均衡都有可能。交叠部的大小取决于三个参数:一是利息率r。如果r足够大,未来贴现就很低,工人不会去关注他人的未来决策,也不会出现自我实现的预期。二是外部经济强度。如果外部经济强度很小,工人的决策就缺乏足够的相互依赖,同样也不会出现自我实现的预期。三是调整速度γ。如果γ很小,经济的调整速度就很慢,要素回报在很长一段时期内都接近当前水平,最后的均衡就会由历史所决定。这表明,当历史决定多重均衡的选择时,采用静态预期假设是可以接受的,而当预期决定多重均衡的选择时,就得假设新的预期形式——方程(20-4)和(20-5)所采用的前瞻预期就是一种可能的替代选择。在NEG模型中,就预期和历史如何相互作用的问题,Ottaviano和Baldwin分别进行了分析。

Ottaviano通过改进Krugman的交叠部研究方法来考察长期均衡的局部稳定性。Ottaviano发现,当贴现率无限接近0时,预期在集聚力量很强大时(企业层次的规模经济非常重要、报酬递增部门在经济中很重要以及交易成本很低)发生作用,导致均衡不稳定,反之,则预期不起作用,静态预期是一种非常方便的假设(Ottaviano,2001)。

Baldwin运用李雅普诺夫直接法分析NEG模型中静态预期与前瞻预期之间的关系。他的结论是:如果迁移成本(假设与迁移量的二次方呈正比)足够高,采用前瞻预期假设对核心-边缘模型的主要结论毫无影响,静态预期不失为一种非常方便的假设。如果迁移成本较低,采用前瞻预期假设就会导致自我实现的预期的出现。Baldwin还证明,引入前瞻预期假设对经济系统的断裂点和持续点没有影响,对标准核心-边缘模型的局部稳定性也不产生影响,只在迁移成本比较低时对全局稳定性有影响(Baldwin,2001)。

第四节 新区位增长模型中的前瞻预期

如前讨论可知,静态预期在多数情形下对于 NEG 模型是一个方便实用的简化假设。如果要把集聚与增长结合起来研究,在一个具有增长动态的 NEG 模型(以下称之为新区位增长模型)中假设经济行为主体具有静态预期就不合逻辑了。与一般 NEG 模型相比,新区位增长模型多了一个 R&D 部门,经济的增长表现为专利数量的增长,也表现为垄断竞争部门的厂商数目增长,均衡须满足两个条件——稳定增长路径和长期区位均衡。新区位增长模型都采用了前瞻预期的假设。Walz 最早把增长和集聚结合起来进行研究,也是第一个在 NEG 模型中引入前瞻预期假设的学者(Walz,1996)。在 Walz 的模型中,熟练劳动力可以完全自由流动,决定区位均衡的是企业家对利润的预期。企业家是前瞻预期的,具有创业精神,其向家庭筹措风险资本,用以研发新的专利品种,专利受到管制只能在区内销售。企业家是否进行投资取决于预期收益流现值是否大于专利研发成本:

$$v^i(t) = \int_t^\infty e^{-[s-t]r} G^i(s) ds \geq c_n^i \tag{20-6}$$

其中,$v^i(t)$ 是 t 时刻在 i 区域投资研发专利的预期收益流现值,c_n^i 是经济拥有专利数为 n 时的专利生产成本,r 是资本市场上的瞬时利率。G^i 是用该专利进行生产的下游垄断竞争厂商的瞬时利润,它等于该专利的销售收入,取决于垄断竞争厂商的区位分布。家庭持有财富,向企业家贷款以获利,其投资行为必须满足资本市场的无套利条件。但 Walz 并未给出经济偏离区位均衡时资本的区位调整动态。

此后,众多学者从不同角度开发出与 Walz 开发的具有相同预期形式的新区位增长模型。Baldwin 和 Forslid 最早开发出劳动力不完全自由流动的新区位增长模型(Baldwin,2000)。他们的模型假设厂商和劳动力都是前瞻预期的,其中厂商对利润的预期形式类似于 Walz 等人的模型。工人根据预期效用流现值的差异而不是根据当期效用的差异来进行迁移决策,其迁移动态为

$$m = L^\& = W(1-L)/\gamma$$
$$W^\& = pW - \ln(\omega - \omega^*) \tag{20-7}$$

其中,ω 和 ω^* 分别表示北区和南区的实际工资水平,L 代表迁往北部的劳动力比例,m 代表迁移率,p 是主观贴现率,γ 是一个常数。W 是迁移作为一项投资资产的影子价格。

由于方程(20-7)是非线性的,因而只能讨论几种特殊的情形,不能在连续空间上求解。Fujita 和 Thisse 的新区位增长模型对此有所改进,给出了一个较易处理的工人迁移动态(Fujita,Thisse,2003)。与 Baldwin 和 Forslid 的研究不同,Fujita

和 Thisse 假设工人的迁移成本(以效用表示)与迁移率(不是二次方)成正比。熟练工人 j 面临的问题是选择何时迁移、迁移几次以最大化一生效用,工人的迁移动态表示为

$$\lambda^{\&}(t) = \delta e^{\gamma_t}[V(0;t) - V(0;T)]$$

$$= \frac{\delta}{\gamma} e^{\gamma_t} \ln\left[\frac{a_H + W(U;t)}{a_H + W(0;T)}\right] - \mu \delta e^{\gamma_t} \int_t^T e^{-\gamma_s} \ln\left[\frac{P_A(s)}{P_B(s)}\right] ds \quad (20-8)$$

其中,$\lambda^{\&}(t)$ 是迁移率,δ 是一个大于 0 的常数,γ 是主观贴现率,$V(0;t)$ 代表一个选择 t 时刻进行迁移的熟练工人的一生效用(未扣除迁移成本),$W(0;t)$ 表示选择 t 时刻进行迁移的熟练工人一生的工资水平,a_H 是一个常数,$P_A(s)$ 和 $P_B(s)$ 分别代表 A 区和 B 区的现代部门(垄断竞争)的产品价格指数,是消费者对该部门产品的支出份额。显然,该迁移动态方程在可解性上比 Baldwin 和 Forslid 所提出的方程(20-7)更进一步。

谭成文在其博士论文中对 Fujita 和 Thisse 的模型进行了改进,对模型中的熟练劳动力进行了细分,只有一部分熟练劳动力用于专利研发部门,另一部分用于人力资本的自身积累。因此,经济增长的源泉同时包含了卢卡斯等人所强调的人力资本投资和罗默等人所强调的知识溢出,使经济增长的源泉更加接近现实。在谭成文的模型中,熟练劳动力对工资的前瞻预期与 Fujita 和 Thisse 模型基本一致,唯一的差别是临近稳定均衡时迁移工人面临一个固定的正迁移成本而不是零迁移成本(谭成文,2002)。

新区位增长模型属于 NEG 模型的前沿,到目前为止,这方面的研究并不多,而能够在这一框架内处理工人的前瞻预期的模型更是少之又少。

第五节 新经济地理学研究的历史与预期问题展望

时间和空间是一切经济现象的两个基本维度,忽略任何一个维度都会妨碍我们把握真正的经济规律、发展可信的经济理论。因此,如何发展出可信又适用的预期形式,夯实时间维度的微观经济基础,应成为 NEG 未来研究的重点之一。在笔者看来,可从以下四个方面着手:

第一,丰富静态预期与前瞻预期的研究。如果实证数据支持,则不妨接受静态预期或前瞻预期。这就需要通过收集历史数据来分析,或者通过问卷调查来评估,甚至通过心理学实验测试经济当事人的预期倾向。在采用前瞻预期的 NEG 模型中分析经济当事人存在战略性相互作用的情形,可能发现许多被忽略却重要的事实和结论。应用新的数学方法,整合传统迁移文献对人类迁移的研究成果,有助于开发出更为合理、更易处理的要素区位调整动态。

第二,借鉴预期研究的丰富成果。自 Muth(1961)提出"理性预期假说"以来,预期已经成为当代宏观经济学的核心和前沿领域之一,并产生了丰富的研究成果。可惜的是,尚无文献正式地、详细地讨论如何把理性预期学派的研究成果应用到 NEG 模型中以改进预期。外推型预期、适应型预期等较为常见的非理性预期形式以及影响最大的理性预期,都尚未在现有 NEG 模型中得到应用。因此,借鉴理性预期学派的研究成果以推进 NEG 预期问题的研究,将会是一项非常有意义的工作。

第三,探讨有限理性下的空间预期。Sheffrin 指出,很多经济学家相信金融市场是理性和有效的,却认为劳动市场对新信息的反应不那么敏感并且有自己的惯性(史蒂文·M.谢弗林,1990)。在 NEG 模型中,经济当事人的区位决策同时受到时间的阻隔和空间的摩擦,比一般决策面临更大的不确定性,他们能否进行理性预期确应受到更大的质疑,尤其是劳动力进行迁移决策时的预期,多半是"有限理性"的。Simon 开创的行为学派对于"有限理性"积累了丰硕的研究成果(Simon,1959),Pred 最早把"有限理性"引入区位决策研究(Pred,1967),即如果假定 NEG 模型中的经济当事人是"有限理性"的,将会产生何种预期模式,这些模式是否更加符合现实经验和理论逻辑以及对模型均衡又会产生什么样的变化等。最近,已经有学者开始这项工作。谢燮在其博士论文中对于有限理性进行了比较详细的回顾和总结,并给出了两个非常有趣的概念:"空间理性"——经济行为主体进行区位决策时受制于空间不确定性因素而采取的有限理性称为空间理性;"区域人"——进行区位决策时具有"空间理性"特征的经济行为主体(谢燮,2003)。"区域人"的预期是一种介于静态预期和前瞻预期之间的折中型预期。可惜的是,谢燮对于"空间理性"和"区域人"预期的数学表达却语焉不详,也未能给出一个令人信服的迁移动态。

第四,发展时空结合的 NEG 理论。要推进 NEG 预期问题的研究,需要大力发展时空结合的 NEG 理论,在完善丰富理论的过程中更有助于找到最合理可行的预期模式,这包括:① 集聚与增长的结合研究,即新区位增长理论。Knapp 指出,集聚和增长几乎是人类社会中唯有的两个长久经受检验的经济特征事实,而且有大量的证据表明两者之间存在相互影响(Knapp,2004)。对两者进行结合研究,不但具有重要的现实意义——两者都是备受各国政治家和学者关注的重大问题,而且具有重要的理论意义——这是考察经济中时空关系的全新领域。② 集聚与转型的结合研究。一国经济集聚过程总是和该国经济社会中的重大转型——如城市化和工业化——相伴相生。把过去常被割裂的两个过程重新统一起来进行研究,同样具有重要的现实和理论意义。③ 时间理性和空间理性的结合研究。宏观经济学中的理性预期主要是一种"时间理性",指的是经济行为主体在单点空间中面临跨时决策时的理性。空间经济学所考虑的理性则主要是一种"空间理性",指的是经济行为主体在单点时间中面临多空间决策时的理性。将"时间理性"与"空间理性"相结合,开发出空间版本的理性预期,并应用到 NEG 模型中,将是一项重要的任务。

第六节 小 结

通过引入垄断竞争的市场结构,NEG 赋予区位理论坚实的微观经济基础,成功地实现了"空间的回归"。然而,对空间的过分关注导致对时间的相对忽视,削弱了 NEG 的微观经济基础。在现有的 NEG 模型中,对于时间的处理只有静态预期和前瞻预期这两种比较极端的方式。

静态预期假设了一种非理性的经济行为主体。这一主体一方面能力非常有限,只能获得当期信息;另一方面又近乎完全近视,只能简单地根据当期要素价格差异进行区位决策。使用静态预期假设的 NEG 模型不得不默认要素区位调整不发生成本,却又给出了暗示成本存在的区位调整动态,这是一个无法解决的矛盾。接受静态预期假设,等于接受历史决定均衡选择的信念。

前瞻预期假设了一种理性的经济行为主体。这一主体熟知自己的偏好和效用函数,不管这些偏好和效用函数是如何复杂。除了能够获得过去的信息外,这一主体还能完美地预见未来的区位要素价格,并据之进行区位决策。他们坚信其他人也使用同样的函数来预测未来的要素价格,并采取同样的决策。前瞻预期在本质上是一种理性预期,只是要比理性预期强得多——因为理性预期仅仅假设经济中分散个体的预期总和是无偏的,而前瞻预期却假设个体的预期也不会有误差。采用前瞻预期假设的 NEG 模型都假定要素区位调整发生的成本可能源于区位调整行为的外部不经济性,也可能源于其他因素所施加的一个固定费用。这类模型过于复杂,以致很难导出迁移动态的解析形式,因而主要在逻辑上比静态预期假设优越,在均衡分析上反而不如静态预期。接受前瞻预期假设,等于接受历史和预期都可能决定均衡选择的信念。然而,现有采用前瞻预期假设的 NEG 模型都假定经济行为主体之间不存在战略性相互作用,从而忽略预期决定均衡选择这一过于复杂的情形,只分析由历史决定的均衡。

参考文献

[1] Baldwin R. Agglomeration and endogenous capital[J]. European Economic Review,1999,43(2):253—280.
[2] Baldwin Richard, Forsilid Rikard. Trade liberalization and endogenous growth: a Q-theory approach[J]. Journal of International Economics,2000(4):497—517.

［3］ Baldwin Richard. Core-periphery model with forward-looking expectations [J]. Regional Science and Urban Economics,2001(2): 21—49.

［4］ Baldwin Richard. Economic Geography and Public Policy[M]. UK: Princeton University Press,2003: 487.

［5］ Forslid Rikard,Ottaviano Gianmarco. An analytically solvable core-periphery model[J]. Journal of Economic Geography,2003(7): 229—240.

［6］ Fujita Masahisa, Thisse Jacques-Franois. Does geographical agglomeration foster economic growth? And who gains and loses from it? [J]. The Japanese Economic Review,2003(6): 121—145.

［7］ Harris T F,Ioannides Y M. Productivity and metropolitan density[J]. Research Papers in Economics,2000,5:1—26.

［8］ Knapp Thijs. Models of Econonic Geography: Dynamics,Estimation and Policy Evaluation [M]. Ridderkerk, The Netherlands: Labyrint Publication, 2004: 1—219.

［9］ Krugman P. The role of geography in development[J]. International Regional Science Review,1999,22(2):142—161.

［10］ Krugman Paul. Historyversus expectations[J]. The Quarterly Journal of Economic,1991(5): 651—667.

［11］ Krugman Paul. Increasing returns and economic geography[J]. Journal of Political Economy,1991(6): 483—499.

［12］ Martin P,Ottaviano G I P. Growing Locations: Industry in a model of endogenous growth[J]. European Economic Review,1999(43):281—302.

［13］ Muth John. Rational expectations and the theory of price movements[J]. Econometrica,1961(7): 315—335.

［14］ Ottaviano G I P. Integration geography and the burden of history[J]. Regional Science and Urban Economics,1999,29(2):245—256.

［15］ Ottaviano Gianmarco, Tabuchi Takatoshi, Thisse Jaques-Francois. Agglomeration and trade revisited [J]. International Economic Review, 2002(3): 1—21.

［16］ Ottaviano Gianmarco. Monopolistic competition,trade,and endogenous spatial fluctuations [J]. Regional Science and Urban Economics, 2001(2): 51—51.

［17］ Pred A. Behavior and Location. Foundations for a Geographic and Dynamic Location Theory[M]. Lund: The Royal University of Lund Press,1967: 312—314.

［18］ Simon Herbert. Theories of decision-making in economics and behavioral science[J]. The American Economic Review,1959(6):253—283.

[19] Venables Anthony. Equilibrium locations of vertically linked industries[J]. International Economic Review,1996(5):341—359.

[20] Walz U. Transportcosts, intermediate goods, and localized growth [J]. Regional Science and Urban Economics,1996,26(6):671—695.

[21] 李玉成,杨开忠.新经济地理学预期问题的回顾与展望[J].广西社会科学,2008(06):86—91.

[22] 史蒂文·M.谢弗林.理性预期[M].李振宁译,北京:商务印书馆,1990:1—217.

[23] 谭成文.基于人口移动和知识溢出的经济增长与集聚研究[D].北京:北京大学博士论文,2002.

[24] 谢燮.人口有限流动的区域差异模型:NEG拓展框架[D].北京:北京大学博士论文,2003.